Udo Fröhlich

Die Burnout-Klinik
Wenn das Leben deine Pläne ändert

Ein humorvoller Tatsachenroman

Hober Verlag
Hamburger Straße 6
32760 Detmold

www.hober-verlag.de
hober-verlag@gmx.de

Druck:
epubli GmbH
10999 Berlin

Covergestaltung:
Ariane Weiß-Krömker

Copyright:
Hober Verlag 2020

Für Ariane

Rechtlicher Hinweis

Obwohl dieses Buch auf Tatsachen beruht, sind alle Orte, Personen und Einrichtungen frei erfunden. Ähnlichkeiten mit lebenden, oder verstorbenen Personen wären rein zufällig und keinesfalls beabsichtigt. Außderdem habe ich mir aus dramaturgischen Gründen erlaubt, einzelne Situationen weit stärker eskalieren zu lassen, als dies in der Realität zu erwarten wäre.

„Manager erlernen das Management des Mürbe-Machens.
Diese Arschlöcher!"

- Nik Reiman -

Da ist keiner der dich auffängt, wenn du fällst
und der dir jetzt Mut macht, bist du selbst
und doch in dieser Dunkelheit,
stehst du plötzlich im Lichtblick
zum ersten mal siehst du es
zum ersten mal zweifelst du nicht.

-Klaus Hoffmann-

Vorwort

Liebe Leserin, lieber Leser,
schön, dass Du Dich für mein Buch entschieden hast.

Mit welcher Erwartungshaltung möchtest Du es lesen? Willst Du einfach nur gut unterhalten werden? Möchtest Du wissen, wie jemand in solch eine Lebenssituation geraten konnte? Bist Du möglicherweise selbst betroffen und interessierst Dich für Menschen, denen leider Ähnliches wiederfahren ist? Interessiert Dich der Ablauf in einer Psycho-Somatischen -Rehaklinik, weil Du bereits Deine Koffer für einen Aufenthalt packst? Möchtest Du das Gefühl bekommen, Du hättest es möglicherweise besser machen können?

Nun, ich habe mit meinem Buch versucht, irgendwie verschiedene Lebensbereiche und Umstände, die davon betroffen sind, die später zu den beschriebenen Situationen führen oder die es berührt, anzusprechen. Ich wollte auf keinen Fall nur ein "Burnout-Klinik-Tagebuch" veröffentlichen, sondern durchaus Einblicke in ein Leben vorher, währenddessen und nachher ermöglichen; immer mit einem humorvollen Blick betrachtet. Denn der Humor ist das, was man sich bewahren muss; ein Schutz, um doch noch etwas in der Spur zu bleiben.

Daher sage ich einfach: Viel Spaß beim Lesen, Nachdenken und gute Unterhaltung. Es darf durchaus gelacht werden .

Udo Fröhlich,
im August 2019

1. Diagnose

„Ich ziehe jetzt den Stecker!"
Das waren die Worte meines Hausarztes Dr. Leppner, nachdem ich zum dritten Mal in diesem Jahr seine Praxis aufsuchte, um ihm mitzuteilen, dass ich mich wieder nicht besonders gut fühlte. Eine präzisere Beschreibung meines Zustands oder genauere Erklärung meiner jeweiligen Verfassung war mir nicht möglich. Ich fühlte mich total schlapp. Zudem war ich müde.
Gut, das hat jeder mal. Jeder schläft ab und zu schlecht. Ich war außerdem völlig unmotiviert. Okay, auch so etwas kommt vor, wenn es im Job nicht so richtig rund läuft. Aber bei mir war da zusätzlich etwas anderes. Abgesehen von meiner Müdigkeit fühlte ich mich zudem körperlich geschwächt; quasi zu erschöpft zum Arbeiten.
Alles Quatsch! Ich fühlte mich schlichtweg beschissen! Ausgepowert! Luft raus! Platt! Nichts geht mehr! Game over!
Leider plagte mich gleichzeitig mein Gewissen. So etwas gab es normalerweise nicht. Man ist immer in der Lage, zu arbeiten, wenn man nicht an einer ausgeprägten Grippe laboriert oder einen Blinddarmdurchbruch hat. Selbst dann bekommt man im Job immer noch einiges hin. Ich habe es trotz alledem ständig so praktiziert. Bei Halsschmerzen, leichtem Fieber bis maximal 39,8 Grad oder entzündeten Atemwegen war ich weiterhin brav zur Arbeit gefahren. Ja gut, beim Blinddarmdurchbruch wäre ich natürlich zu Hause geblieben. Blieb mir zum Glück ohnehin erspart. Im Laufe der Jahre meiner Betriebszugehörigkeit hatte ich mich zu 100 Prozent mit der Firma, die mich als Logistikleiter beschäftigte, identifiziert. Ich war die Loyalität in Person. Dann fällt einem ein dermaßen enormer Einsatz nicht allzu schwer. Dann zieht man sein Ding durch. Dann macht man einfach immer weiter. Dafür wird man ja bezahlt. Gut bezahlt. Das Gehalt war stets pünktlich auf dem Konto. So etwas gab einem Planungssicherheit und das war insbesondere für mich überaus wichtig. Teure Urlaube, hochwertige Anschaffungen, ein schickes Auto, häufiger lecker auswärts Essen und der übrige Spaß für ein glückliches und zufriedenes Leben wurden so verwirklicht. Immer gemeinsam mit meiner Frau; des Öfteren war sogar unser Sohn mit dabei, je nachdem was anstand. Es passte alles; alle Beteiligten in meinem fa-

miliären Mikrokosmos waren zufrieden.
Glaubte ich - denn dann kam alles völlig anders... .

***

Plötzlich hatte sie mich verlassen. Meine damalige Frau Karin. Nach 23 Jahren Ehe. Dabei hatten wir erst kürzlich die Feierlichkeiten für unsere Silberhochzeit geplant, um uns früh genug damit zu befassen. Das Ziel der Silberhochzeitsreise war sofort ausgewählt worden: Las Vegas. In einer der dortigen Elvis-Kapellen wollten wir uns dann nochmals das „Ja"-Wort geben, während im Hintergrund „Love me tender" aus der Konserve dudelte und ein angetrunkener Angestellter, der Trauungen am Fließband vollzog, die Zeremonie abhielt. Unser Sohn Marc hätte zusammen mit seiner zu der Zeit aktuellen Freundin (deren Namen ich mir wahrscheinlich wieder nicht zu merken brauchte) Blüten gestreut; währenddessen Karin und ich zum überteuert angemieteten Cadillac schritten.
„Du hast Dich verändert. Wir haben uns verändert. Ich möchte noch mal so richtig durchstarten, mein Leben verändern und das kann ich mir mit Dir nicht vorstellen. Ich werde Dich definitiv verlassen." Das waren ihre Worte. Das war ihre Begründung, sich von mir zu trennen. Per SMS geschickt! Das war das Unbegreifliche daran! Eine SMS, die mich während meiner Arbeit im Büro erreichte.
Mein Handy vibrierte auf meinem Schreibtisch im Versandbüro von Steigermann-Objektmöbel und bewegte sich dabei langsam zur Schreibtischkante hin. Die unangenehme Nachricht kam mir in gewisser Weise entgegengekrochen. Ich schaute wohl ziemlich blöd aus der Wäsche, nachdem ich ihre Zeilen auf dem Display meines Handys gelesen und verstanden hatte. Deswegen sprach mich mein gegenüber sitzender Mitarbeiter sowie Stellvertreter irritiert an: „Nik? Was ist los? Du wirst ganz blass!" Ich starrte weiterhin auf mein Handy. Ich las die SMS ein drittes und viertes Mal. Dann hielt ich meinem Kollegen stumm das Display direkt vor sein Gesicht. Seine Pupillen bewegten sich von links nach rechts die entsetzlichen Zeilen entlang. Er schluckte. „Scheiße! Du hast ein Problem."
Dabei wollte ich mich an diesem Morgen einem seit längerem vorhandenen Problem stellen.

Mein Job entwickelte sich zu der Zeit immer stressiger und arbeitsintensiver. Ich war dagegen jemand, der sich nicht darüber beklagte. Wahrscheinlich auch aus Angst, sonst seinen Job zu verlieren. Die Situation wurde zudem nicht besser, nachdem der damalige Geschäftsführer Herr Stahl mir einen Logistikmanager vor die Nase setzte. Herr Schnaller wurde zwar zunächst als Stabsstelle ohne angebliche Weisungsbefugnisse eingestellt, entpuppte sich allerdings nicht nur sehr schnell als komplettes Arschloch, sondern wurde noch dazu mein Vorgesetzter. Mein Leben bei Steigermann-Objektmöbel gestaltete sich für mich immer unerträglicher. Die Überstunden fielen mir zusehends schwerer. Anstatt zu Steigermann-Objektmöbel fuhr ich nur noch zur Arbeit. Es kam sogar so weit, dass ich ausschließlich Dienst nach Vorschrift verrichtete. Ich, der Versand-und Logistikleiter, das Vorbild der Truppe, die Gewissenhaftigkeit in Person. Karin hatte mich in den letzten Jahren des Öfteren zu unserem gemeinsamen Hausarzt Dr. Leppner geschickt, fast schon hingeprügelt. Ich würde abends immer so fertig aussehen und es sei nicht normal, dass ich am Wochenende zu gar nichts mehr Lust hätte und nur stumpf auf dem Sofa DVDs schaute. Dazu sah ich total ausgelutscht und beschissen aus. Keine Lust auf die „Lust" kam erschwerend hinzu. Dem Doktor erzählte ich irgendetwas von *„ein wenig erschöpft"* und *„komme gerade nicht so richtig aus dem Quark."*
Die Beruhigungströpfchen standen dann eine gewisse Zeit auf meinem Büroschreibtisch und die Aufputschpillchen, die überhaupt keine Nebenwirkungen erzeugten und selbstverständlich sofort wieder abgesetzt werden durften, trug ich ständig in meiner Hosentasche bei mir. Eine Krankschreibung lehnte ich jedes Mal ab. Wozu auch? Ich funktionierte ja gewissermaßen. Ich **funktionierte** tatsächlich nur noch. Monatelang las ich Lebensratgeberbücher. Ich verschlang sie regelrecht. Manchmal versuchte ich sogar, ein paar der schlau gemeinten Lebenshilfen oder kleinen Aufgabenstellungen darin anzuwenden und durchzuführen. Meistens rauschten die Buchstaben und Sätze geradezu vor meinen Augen vorbei, ohne bleibende Erinnerungen in meinem Hirn zu hinterlassen; das morgendliche Angrinsen im Spiegel- eine der wahnsinnig erfolgversprechenden Übungen aus einem dieser Bücher-, fand ich sofort lächerlich. *Mit mir aus der Krise!* Das entdeckte ich auf der Internetseite eines Coaches. Diesem Mann brachte ich mindestens den Gegenwert eines einwöchigen Malle-Urlaubs in sein Büro, damit er so schlaue Sachen

mit mir besprach wie: *Mich kriegt keiner klein* oder *Ich bestimme über mein Leben.* Am Ende der Coachingzeit fragte er mich, was denn mein weiteres Lebensziel wäre. Da ich zu dem Zeitpunkt zwar gecoacht, aber natürlich immer noch psychisch angeschlagen war, antwortete ich brav das, was dieser glatzköpfige Einpeitscher von mir erwartete: „Ich erledige meinen Job weiter und niemand bestimmt über mein Leben außer ich selbst." Dafür bekam ich einen erhobenen Daumen bei der Verabschiedung von ihm.
Somit ackerte ich wie blöde stetig weiter und veränderte rein gar nichts in meinem Leben. Der Stapel der Ratgeberbüchlein wuchs parallel stetig an.

*

Jetzt war auch noch Karin weg. Ab sofort hatte ich auf einen Schlag zwei riesige Baustellen in meinem Leben. Meinen stressigen Scheiß-Job und meine in meinen Augen doch seit Jahren superfunktionierende Ehe, die nunmehr nicht nur den Bach runterging, sondern von einem reißenden Fluss weggespült zu werden schien.
„Ich glaube, ich fahre mal eben nach Hause."
Als Logistikleiter hatte ich nach 26 Jahren Betriebszugehörigkeit gewisse Freiheiten, die ich mir zugestand und auch nahm. Mal eben zu Hause vorbeizuschauen gehörte logischerweise dazu. Ich brauchte mit dem Auto fünf Minuten bis zu meinem Wohnhaus. Mit dem Fahrrad waren es etwa zwölf Minuten, aber ich liebte es, mein SUV auf dem Parkplatz prestigeträchtig zu parken; frei nach dem Motto: „Meiner ist größer."
„Was soll das?", fragte ich Karin und hielt ihr mit ausgestrecktem Arm in unserer Küche das Handy vors Gesicht.
Um sie zu erinnern, was sie mir da für einen Schwachsinn gesimst hatte. Ich bemerkte zunächst überhaupt nicht, dass sie heulte. Mit zittrigem Arm hielt ich ihr das Display mal dicht und mal etwas weiter entfernt vor ihre Augen. Wie bei einem Sehtest. Sie blinzelte und schniefte.
„Du bist so anders geworden, Nik", schluchzte sie.
„Wie? Anders?"
„Du bist aggressiv geworden. Du schreist in letzter Zeit ständig herum. Du lebst nur noch für die Firma. Obwohl die so blöd zu Dir sind. Du kümmerst Dich gar nicht mehr um uns! Marc ist das auch schon

aufgefallen." Ich fragte sie merkwürdigerweise gar nicht, ob sie mich denn nicht mehr lieben würde. Ich fragte mich das ja selbst nicht mal. Ich stand total unter Schock. Sollte ich sie in dieser Situation in den Arm nehmen und liebevoll trösten? Dabei war ich doch derjenige, der verlassen werden sollte und dem man Trost zusprechen musste. Ich war zu geschockt, um überhaupt eine Träne herauszudrücken. So fühlte es sich vermutlich an, wenn ein Autofahrer nach einem heftigen Frontalcrash leicht verletzt aus dem Autowrack krabbelt, sich die Hose abklopft und dann die Straße entlang schlendert, als ob er Brötchen holen wollte.
Ich hob die Schultern und sah Karin fassungslos an. Die heulte wieder drauflos.
Unser Sohn Marc war in dem Jahr 20 Jahre alt geworden und lebte seit wenigen Monaten in einer kleinen WG in der nächst größeren Stadt. Seine Ausbildung zum Altenpfleger lief nicht zufriedenstellend für ihn. Diese Branche war seit langem für ihre miserablen Arbeitsbedingungen verschrien. Marc leistete häufig in seiner Freizeit eine Art Bereitschaftsdienst ab und wurde dann des Öfteren angerufen, um für eine Kollegin oder einen Kollegen vertretungsweise einzuspringen. Ich hatte nicht wirklich intensiven und vor allen Dingen, regelmäßigen Kontakt zu ihm. Somit entging mir einiges, was in seinem Leben oder Job passierte. Karin berichtete mir das ein oder andere Mal Sachen über Marc, weil sie öfter nach ihrem Feierabend bei ihm vorbeischaute und die beiden zusammen einen Kaffee tranken. Ich glaube, ich war zu der Zeit erst ein einziges Mal in seiner WG-Bude. Marc war ein richtiges „Mama-Kind", wie man so sagt. Und ausgerechnet diese Mama nahm sich vor, uns zu verlassen. Na ja, in erster Linie nur mich. Obwohl sich später herausstellte, dass sie komplett alle Verbindungen zur Heimat und ihrem sozialen Umfeld hinter sich ließ. Rigoros. Definitiv. Endgültig. Sie hat das im Anschluss wahrhaftig so durchgezogen.
Es dauerte wenige Tage, da zog sie in ihre eigene, kleine Wohnung um, die sie sich heimlich vor ein paar Wochen im Internet ausgesucht hatte und seitdem die Miete bezahlte. Ohne Möbel aus unserer Wohnung mitzunehmen. Danke, Karin. Vorher hatte sie aber schon still und leise ein paar unserer gemeinsamen Sparkonten so gut wie leer geräumt, um sich im Vorfeld ein Bett, Waschmaschine, Toaster, Geschirr und viele Kleinigkeiten mehr zu kaufen. Online, mit ihrem Arbeitgeber als Lieferadresse. Dort wurden die ganzen Sachen zunächst zwischengelagert. Bis

zum Finale. Ihre blöden Arbeitskolleginnen waren fast alle verlassene Singles. Da bekam sie vollkommene Rückendeckung; frei nach dem Motto: „ Männer sind doch alle Arschlöcher!"
Um unsere finanziellen Belange hatte ich mich nie intensiv gekümmert. Ich hatte da absolutes Vertrauen zu meiner damaligen Frau. Die Kontoauszüge von diesen Sparkonten hatte sie mir kurz vor ihrem Auszug auf mein Kopfkissen gelegt. So als Nachweis. Damit ich feststellte, dass immer noch kleine Restbeträge drauf waren. Immerhin. Sehr fürsorglich, Karin. Ich forderte die fehlenden Beträge auf gar keinen Fall von ihr zurück, da sie unglaublicherweise keine zusätzlichen Unterhaltsforderungen an mich stellte. Aber so hatte sie es mir wirklich vor ein paar Jahren gesagt. Ich weiß den näheren Zusammenhang und Anlass nicht mehr. „Wenn wir uns mal trennen sollten, stehe ich auf eigenen Beinen. Ich brauche keine finanzielle Unterstützung von meinem Mann." Vielleicht hätte ich damals besser zuhören, nachhaken oder einfach darüber nachdenken sollen. Aber, hätte das etwas geändert?
„Was hältst Du von einer Paartherapie?", fragte ich sie kurze Zeit nach ihrem Auszug. Sie war kurzfristig vorbeigekommen, um sich ihre restlichen Klamotten in ihren Corsa zu laden. Wie auch immer war mir die Idee in den verwirrten Kopf gekommen, ich müsse auf jeden Fall um meine Ehe kämpfen, zumindest einen Versuch starten; so warf ich den Begriff des Paartherapeuten in den Raum. Ich selbst stand nach wie vor unter Schock und war nicht in der Lage, diesbezüglich einen klaren Gedanken zu fassen. Ich hätte zu dem Zeitpunkt weiterhin keine Antwort auf die Frage geben können, ob ich Karin noch liebte. Wahrscheinlich hätte ich das geantwortet, was man von mir erwartete. Was sich gehörte. Zu Gefühlsäußerungen war ich nicht im Geringsten imstande. Außerdem lief dieser merkwürdige Film sehr schnell ab. Zu schnell für mich, um überlegt zu reagieren. Mir war zu diesem Zeitpunkt nicht eine Sekunde lang bewusst, was da ablief und mit mir passierte; was mit unserer Ehe geschah.
„Nein. Ich komme auf keinen Fall zu Dir zurück!" Das war eine klare Ansage! Karins Blick war bei dieser Äußerung kalt. Erschreckend kalt! Sie packte weiter ihre Sachen zusammen und legte ihren Haustürschlüssel auf die Kommode im Flur. Den nahm ich stumm und stammelte ein „Tschüss!", was sie allerdings schon gar nicht mehr hörte.
Nach 23 Jahren Ehe ging meine Frau soeben aus dem Haus und war von

da an meine Ex-Frau. Ich stand minutenlang wie angewurzelt im Flur und lauschte, ob sie nicht doch zurückkommen würde. Nur wozu? „Ich hab's mir nochmal anders überlegt, Nik." Wohl eher: „ Ich habe meine Kulturtasche im Bad vergessen." Endlich löste sich eine Träne aus meinem linken Auge, dann startete das rechte Auge mit der Tränenausschüttung. Ich setzte mich auf den Fußboden im Flur, lehnte mich an die Wand und heulte wie ein gequälter Schlosshund. Richtig begriffen hatte ich die ganze Situation nicht.

Inzwischen bekam ich ab und zu Besuch von unserem Sohn Marc. Allerdings entstand bei mir der Eindruck, er bemitleidete mich und spielte sich deswegen zum großen Ratgeber in der Lebenskrise seines Vaters auf. Er stellte sich praktisch über mich. Marc spielte seine Rolle. Offensichtlich steckte ich tatsächlich in einer Lebenskrise. Seine Besuche erfreuten mich dennoch. So bestand zumindest in dieser beschissenen Lage die Möglichkeit, sich wieder mehr anzunähern oder mindestens den Versuch zu wagen.

Während eines Besuchs bekamen Marc und ich uns fürchterlich in die Wolle. Da rutschte ihm: „Du bist so ein Scheiß- Vater! Ich habe gedacht: Scheiße, jetzt lässt Mama mich mit dem Alten alleine!", heraus.

Ich stellte offenbar ein gewaltiges Problem für ihn dar. Leider erlaubte es meine psychische Verfassung nicht, mich ausgiebig um die Problemlösung zu kümmern, ich hatte mit mir selbst genug zu tun. Sicherlich war das damals ein großer Fehler, den ich heute stetig bereue. Mit meinen Pillchen in der Tasche und den Tröpfchen auf dem Schreibtisch erledigte ich weiter meinen Job. Es war ein reines Ablenkungsmanöver, fiel mir später einmal im Nachhinein ein. Bloß nicht mit den Problemen befassen. Dabei arbeitete ich in meinem größten Problem und mit dem Problemerzeuger, was mein Dasein bei Steigermann-Objektmöbel anging: Schnaller.

Jeden Morgen wachte ich seitdem in Erinnerungen auf. In Karins und meiner ehemals gemeinsamen Wohnung. Erstaunlicherweise schlief ich relativ gut, meistens wenn ich spät ins Bett ging. Das Aufstehen und für die Arbeit zurechtmachen, fielen mir dafür umso schwerer. Mein Arbeitgeber Steigermann-Objektmöbel war letztendlich nur noch meine Arbeitsstätte, bei der ich zu erscheinen hatte. Meine Eigeninitiative sowie Lust auf den Job waren komplett verschwunden. Ich vermochte mich nicht mehr mit dem Unternehmen zu identifizieren. Innerliche Kündi-

gung nennt man so etwas bekanntlich. Doch ich ackerte selbstverständlich weiter, denn das Gehalt war ja immer pünktlich auf dem Konto. Obwohl es inzwischen weniger war. Kurze Zeit später hatte ich pflichtbewusst meine Steuerklasse geändert. Nach der räumlichen Trennung strebte ich zudem eine Kontentrennung an. Genauer: Kontensperre für meine Ex. Ist ja wohl logisch.
Der junge Sparkassenangestellte guckte ein wenig traurig, während ich vor ihm stand und das Scheitern meiner Ehe erklärte; im Anschluß schaute er nur verwirrt. Warum erzählte ich ihm das? Keine Ahnung. Ich hatte anscheinend Redebedarf. Der nächste Gang war dann zum Finanzamt und nach wenigen Minuten rutschte ich drei Steuerklassen höher auf die Pole-Position. Oder sagt man hinunter? Ich weiß es nicht. Ich bemerkte inzwischen nur, dass es weniger auf der Gehaltsabrechnung bedeutete. Somit konnte ich mich schon mal daran gewöhnen, dachte ich. Es funktionierte aber nicht so ganz. Man gewöhnt sich sehr schnell an **mehr** Geld. Es dauert aber verdammt lange, bis man sich auf **weniger** Kohle eingestellt hat.
Für Whisky-Abende, sowie mit meinem in Scheidung lebenden Kumpel Hagen in teuren Restaurants zu essen, reichte das Geld auf jeden Fall. Ich hatte mich für neun Tage bei ihm eingenistet. Mein verheultes Gesicht und zusammengesunkener Körper mit den hängenden Schultern signalisierten mir einen Tapetenwechsel. Hagen war Mathelehrer am Berufskolleg und fing an manchen Tagen erst um 10 Uhr mit seinem Unterricht an. Da war es für ihn kein Problem, einen Tag vorher mit mir Whisky zu saufen. Seine Unterrichtseinheiten waren eh Routineangelegenheiten. Die zwischengeparkten Schülerinnen und Schüler registrierten ohnehin nicht, was ihr Dasein auf dieser Schule zu bedeuten hatte. Ich bin normalerweise überhaupt kein Whisky-Trinker. Außerdem sagt man ja Whisky-Liebhaber. Das Gesöff muss genossen werden. Ich habe die zweifingerbreit gefüllten Gläser emotionslos in meinen Schlund gekippt. Hagen hatte einige Sorten von dem hochprozentigen Zeug auf der Kommode im Wohnzimmer stehen. Eine richtige Whiskyflaschen-Parade. Von teuer bis extrem teuer. Hagen war definitiv ein Whisky-Liebhaber. Leider enttäuschte ich ihn da auf ganzer Linie; trank ich doch am liebsten Southern Comfort mit Cola. Das war für Hagen ähnlich, als ob man statt Trüffel und Kalbsfilet lieber eine Currywurst mit Pommes essen würde. Ich aß auch Letzteres lieber.

Hagen war vor etwa fünf Jahren von seiner Frau betrogen worden. Nunmehr seine Ex-Frau. Hagen hatte wenigstens ein richtiges Feindbild in Gestalt des Liebhabers seiner Ex-Frau. Ich vermisste so ein derartiges greifbares Feindbild, an dem ich meine Wut und meinen Zorn auslassen konnte. Vermisste ich das wirklich? Wut oder Zorn auf meine Ex-Frau hatte ich erstaunlicherweise so gar nicht. Wahrscheinlich, weil mir nach fünf bis sieben Whiskys irgendwann selber die Einsicht kam, dass unsere Ehe in Wahrheit nur noch so dahindümpelte. War dem wirklich so? Wir waren doch beide zufrieden. War zumindest die meiste Zeit mein Eindruck. Wir hatten ausgiebige Urlaube gemacht und Reisen unternommen. Unzählige Hard Rock-Konzerte besucht, denn Karin stand auf dieselbe Musik wie ich, was schon enorm vorteilhaft war, zumal in unserem Freundeskreis niemand auf Hard Rock oder Metal stand. Alle Musicals erlebt und mitgesungen. Regelmäßig ins Kino und bei Horror-Filmen im Saal aufgeschrien. Mit unseren Freunden getroffen. Sie hatte definitiv Spaß dabei. Sex? Ist doch klar, dass man nach so langer Beziehungszeit nicht mehr täglich übereinander herfällt. Wöchentlich? Monatlich? Wir waren diesbezüglich doch zufrieden. Oder hatte nur ich den Eindruck? So etwas nennt man Betriebsblindheit. Ich merkte scheinbar nichts mehr. Ich arbeitete schließlich nur noch. Das versuchte mir mein Kumpel in unzähligen Gesprächen klarzumachen. Die arme Sau durfte sich ständig mein Gejammere anhören. Ja, ich habe gejammert. Mein Redebedarf, mein Erklärungsbedarf, war unermesslich. Ich ertappte mich immer wieder dabei, mich für das Scheitern meiner Ehe zu rechtfertigen.

Ich sah mich auf jeden Fall im Job gescheitert. Ich war in meinem beschissenen Leben gescheitert!

Das war unwiderruflich der Zeitpunkt, professionelle Hilfe in Anspruch zu nehmen. Dr. Leppner hatte mich schon häufiger wieder aufgerichtet, wenn ich psychisch angeschlagen war. Mal gab er mir die Beruhigungströpfchen, die ich prophylaktisch nahm, damit sich ein drohendes „Down" gar nicht erst weiterentwickelte. Dann wiederum erhielt ich die wundersamen Tablettchen, die meine miserable Stimmung wieder aufhellten, sobald ich mit einem Eimer schwarzer Gemütsfarbe durch das tiefe, dunkle Sorgen-Tal schritt.

Erst einmal wieder zum Hausarzt. Man schafft es nicht, tagein und tagaus als gescheiterte Persönlichkeit durch das scheinbar völlig verpfusch-

te Leben zu torkeln. Ich kündigte meinen engsten Mitarbeitern in der Firma ein paar Tage Auszeit an. Meine famosen Kollegen in der Versand-und Verladeabteilung zeigten vollstes Verständnis. Sie hatten mich in den letzten Wochen als chaotischen, konfusen Vorgesetzten erlebt, der dazu immer mehr Mist baute, den sie zum Teil bemerkten und glattbügelten. Ich gehe da jetzt nicht ins Detail. Das würde lange dauern. Sehr lange. Verdammt!
„Jungs, ich bin in den nächsten Tagen mal weg. So kann es ja nicht weitergehen." Darauf bekam ich auf der Verladerampe ein kollektives Kopfnicken. Ich informierte nur meine Kollegen über diesen Schritt. Einen Tag vorher war mir der Gedanke gekommen, eine ärztlich verordnete Auszeit zu nehmen. Einfach mal durchzuatmen und ein paar Tage die Seele baumeln zu lassen. Meinem Vorgesetzten sagte ich von diesem Vorhaben gar nichts. Er würde kommentarlos die Krankmeldung auf den Tisch bekommen.
Morgens gab es immer eine freie Sprechstunde bei meinem Hausarzt. Um Punkt 8 Uhr hockte ich mich mit 57 weiteren Patienten in sein Wartezimmer und 70 Minuten später saß ich ihm gegenüber. Dr. Leppner stoppte schließlich meinen Redefluss, bevor sich meine Augen komplett mit Tränenflüssigkeit füllten, mit den Worten:
„Ich ziehe jetzt den Stecker. Sie bleiben die nächsten Wochen mal zu Hause. Und ich überweise Sie an einen Psychiater. Sie haben da einiges zu verarbeiten, denke ich." Ich wusste darauf zunächst nichts zu sagen. Natürlich schien ich etwas verarbeiten zu müssen. Ich hatte extremen Stress im Job und war nach mehr als zwei Jahrzehnten von meiner Frau verlassen worden. Verarbeitet man Stress im Job und eine Trennung gleich mit dem vollen Programm und Werkzeugen aus der Seelenklempnerei? Benötigte man dazu unbedingt einen Psychiater? Möglicherweise merkte ich es selbst gar nicht, was tatsächlich in mir und mit mir los war. Ein paar Wochen frei zu haben deckte sich ja auch mit meiner Überlegung und klang in meinen Ohren passend. Anscheinend setzte Dr. Leppner nicht mehr ausschließlich auf die Wirkung seiner Tröpfchen oder Pillchen, sondern entschied, mal den Profi ranzulassen. Dabei hatte ich mir selber in den letzten Wochen ordentlich Mühe gegeben, indem ich kurz vorm Einschlafen Enstpannungs-CDs hörte, deren Meeresrauschen und Möwengekreische mich in einen geruhsamen und langen Schlaf bringen sollten.

Das war für mich als Freund des Heavy Metal eine Hardcore-Erfahrung. Geholfen hatte es nicht. Ich fuhr schlicht und einfach nicht runter, wie man so sagt. Ich lief weiterhin auf Volldampf, selbst nachts. Immer weiter machen, Nik. Nur nicht schlapp werden und zu viel über alles nachdenken, schien meine gedankliche Devise zu sein.

„Da haben Sie sicherlich Recht", sagte ich daher zwei Minuten später zu Dr. Leppner, während ich mir die Tränen mit einem Taschentuch wegtupfte. Er gab mir eine Liste mit Adressen und Ruf-Nummern einiger Psychiater. „Hat man da nicht immens lange Wartezeiten, bis man einen Termin bekommt?" So etwas hatte ich irgendwo mal gelesen.

„Ich schreibe einen Dringlichkeitsvermerk auf die Überweisung und falls Sie in den nächsten drei Wochen keinen Termin bekommen, lassen Sie mich anrufen." Dringlichkeitsvermerk. Erzeugte ich einen so desaströsen Eindruck? Ging es mir bereits so dreckig? Klar erlebte ich mich neben der Spur, sonst wäre ich nie auf den Gedanken einer Auszeit gekommen. Zu gar nichts zu gebrauchen. Selbst meine Frau (Ex-Frau) konnte mich nicht mehr gebrauchen. Mein Sohn scheinbar auch nicht. Und die Firma wollte mich ohnehin nicht mehr. So war zumindest mein Eindruck. Wegloben nennt man das. Mürbe machen. Zur eigenen Kündigung bewegen. Es war meinem Empfinden nach eine Art von Mobbing! Von denen da oben! Bossing wird das in Expertenkreisen genannt; ich landete erst kürzlich bei Google auf diesem Begriff. Nik, beruhige Dich! Ich spürte, wie mein Puls den Turbo anwarf und die Schraubzwingen auf meiner Brust von unsichtbarer Hand stärker angezogen wurden. Nik, bleib ruhig! Zu spät. Die Schlüsselworte waren bereits in meinem Hirn gefallen und lösten sämtliche Alarmsignale und Reaktionen aus. Dr. Leppner lies die Überweisung und Krankschreibung aus seinem Drucker rauschen und überreichte mir beide Zettel mit einem seltsamen Gesichtsausdruck. Erkannte ich da Mitleid? Ich nahm die Bescheinigungen und sagte: „Danke. Ich bleibe aber weiterhin auch in Ihrer Obhut?" Der Arzt nickte.

„Klar. Ich werde Sie weiter krankschreiben. Und ich gebe Ihnen ein Rezept mit. Moclobemid. Jeden Tag vier Tabletten. Immer nach dem Essen. Morgens und abends. Therapie begleitend." Therapie begleitend? Was für eine Therapie? Ach ja, der Psychiater. Es fühlte sich für mich wie ein Stigma an. Ich musste zum Psychiater. Ich hatte einen an der Klatsche. Ich war bekloppt. Darüber sprach man nicht. Im Laufe der Zeit

merkte ich aber, dass man sehr wohl darüber sprach; sogar sprechen musste, um nicht komplett verrückt zu werden.
Nach dem Arztbesuch suchte ich die praxisnahe Apotheke auf, um meine Psychopillchen zu holen, fuhr nach Hause und tütete schon mal die Krankschreibung ein; klebte die Briefmarke drauf. Alles sofort erledigen. Wie bei der Arbeit. Und bereits der zweite Anruf war ein Treffer. Die Psychiaterin Frau Dr. Wenger hatte schon nächste Woche einen Termin für mich. Vormittags. Ich hatte ja Zeit.
Bis zu diesem Termin klapperte ich meine weiteren engsten Freunde ab, um mich auszuquatschen. Alle nahmen sich für mich Zeit. Insgesamt zählten neben Hagen acht weitere Menschen; genauer vier Pärchen, zu meinem Freundeskreis.
Freunde, damit das klar ist, keine Bekannten. Personen, die ich nachts wegen irgendeinem Scheiß anrufen durfte und die mir dann halfen. O.k., war nie vorgekommen, aber ich war mir sicher, es wäre dann so. Bei dem ein oder anderen aß ich häufig zu Abend. Gab es mal etwas anderes für mich, als Ravioli oder Fastfood. Ich war nicht unbedingt der begnadete Koch und Bock hatte ich ohnehin nicht auf die Köchelei. Am Allerwenigsten auf das anschließende Aufräumen, weil die Küche dermaßen zugesaut war.
Die Gespräche mit meinen Freunden bekamen mir gut. Mehr macht man bei einem Psychiater doch auch nicht? Also, wozu dorthin gehen? Ich war, zugegeben, ein bisschen neugierig. Wie lange so ein Gespräch wohl dauerte? Konnte ich überhaupt viel erzählen?
Ich konnte. Nach 35 Minuten war der Spuk aber schon vorbei. Meine Redezeit bei Frau Dr. Wenger war zeitlich limitiert. Ich bemerkte immer wieder ihre versucht heimlichen Blicke zur Schreibtisch-Uhr. Ich laberte und laberte. „Hier ist eine Liste mit psychologischen Psychotherapeuten, die Sie bitte kontaktieren. Falls Sie in den nächsten drei Wochen keinen Termin bekommen, rufe ich für Sie an." Irgendwie kamen mir diese Worte bekannt vor. Ich war in einen richtigen Redefluss gekommen und Frau Dr. Wenger tippelte die ganze Zeit über in ihre Tastatur, während ich ihr mein Leben offenbarte. Es fiel mir erstaunlich leicht, vor dieser fremden Frau seelisch die Hosen herunter zu lassen. Es fielen bei meinem Geplapper häufig die Worte *Ehe, Trennung, Job, Scheiße, Sohn, Eltern* und *nicht allein sein können*. „Haben Sie jemanden, mit dem Sie um die Häuser ziehen könnten?" Ich sah die Psychiaterin ein wenig er-

staunt an. Spontan fiel mir Hagen ein.

„Warum?"

„Dann gehen Sie es an. Lenken Sie sich ab. Bleiben Sie besser nicht allein. Sind Sie krankgeschrieben?" Ich nickte und nahm dann ihre Telefonliste entgegen.

„Hat Ihnen Ihr Hausarzt schon Psychopharmaka verordnet?"

Auch diese Frage bejahte ich, wobei der Begriff „Psychopharmaka" ein negatives Empfinden bei mir auslöste. Wer derartige Tabletten schluckt, der ist definitiv bekloppt. Womöglich war mir so eine Sichtweise im Laufe der Jahre mal anerzogen worden.

So war demnach „Sitzen beim Psychiater". Nun kam noch ein psychologischer Psychotherapeut dazu. Was für eine Berufsbezeichnung. Gab es denn extra holzverarbeitende Tischler oder Steine in Zement legende Maurer? Auf jeden Fall telefonierte ich mich bis zur Nummer 17 der Liste durch, um einen psychologischen Psychotherapeuten mit einem freien Termin für mich anzutreffen.

Herr Böckler hatte zwar keinen Doktortitel, das fiel mir erst später bewusst auf und tat eigentlich nichts zur Sache; dennoch überlegte ich, wenn so einer kurzfristig einen Termin frei hat und 16 vor ihm nicht, taugt der dann etwas? Wahrscheinlich hatte aber lediglich ein Patient abgesagt und ich konnte einspringen. Ja, so klang es für mich plausibel. Schon nächste Woche sollte ich bei ihm vorbeischauen. Das Abenteuer ging weiter. Ja, es war für mich eine aufregende Angelegenheit. Diese Nummer, in der ich ab sofort drin war. Hineingeschmissen worden war. Im Grunde genommen von Karin. Verflucht! Meine Ehe war im Arsch! Ich war im Arsch! Mein Job war scheiße! Ich war sowieso scheiße! Es wurde höchste Zeit, dass etwas passierte.

Die Ursache oder: Wie alles begann

Vor sechs Jahren öffnete sich die Versandbürotür und die Personalchefin Frau Klöppke betrat mein Büro mit einem jüngeren, relativ klein gewachsenen, dürren männlichen Wesen im Schlepptau, den sie als Herrn

Schnaller vorstellte. Das Männchen trug ein zu großes Jackett zu einer gebügelten Jeans, denn die Bügelfalte stand wie eine Axtklinge fast senkrecht von den Beinen ab.

„Herr Schnaller wird sich im Übrigen etwa zwei bis drei Wochen Ihren Bereich ansehen, Herr Reimann. Er ist Logistikmanager für die gesamte Holding." Ich schaute beide ziemlich fragend und ratlos an. Logistikmanager? Für die ganze Holding? Was zum Teufel machte ein Logistikmanager? Vor allen Dingen, was machte der in meinem Büro? Ich erlebte zumindest, was „es" in dem Augenblick mit mir machte. Argwohn erzeugen, Wut aufbauen, Hass entwickeln, Puls beschleunigen und Enttäuschung bereiten. Mit einem Wort: Stress! Brauchte Firma Steigermann eine solche Position? Oblag das nicht alles meinem Verantwortungsbereich? Scheinbar nicht. Genauer: Man traute es mir nicht zu. Im Nachhinein stimmte das sogar. Ich war ohnehin über die Maßen ausgelastet und schob seit längerem Überstunden ohne Ende. Aber als Außertariflicher gehörte ein derartiges Arbeitspensum nun einmal dazu. War auf jeden Fall meine Überzeugung und Einstellung. Mein langjähriger Mitarbeiter, der mir seit über 20 Jahren gegenüber saß, stand als Erster von seinem Schreibtischstuhl auf und gab Schnaller die Hand. Ich begrüßte zunächst Frau Klöppke und drückte dann Schnallers Hand etwas zu kräftig, denn ich bemerkte ein Zucken in seinen Augen. Anmerken ließ er sich das nicht. Ganz schön abgewichst. „Auf gute Zusammenarbeit", gab der kleine Mann knapp von sich, bevor Frau Klöppke ihn wieder hinter sich herzog, um ihn in den anderen Büros dieses Gebäudes vorzustellen. Mein Kollege und ich setzten uns. Sein Blick sagte „Was soll das?", aus und ich fragte: „Was will der hier und warum wussten wir vorher nichts davon?"

Der Logistikmanager entpuppte sich in den darauffolgenden Tagen und Wochen als reines Zahlentier. Allem Anschein nach ließ sich nur anhand von Zahlen und Daten, die in irgendwelchen Excel-Tabellen oder Diagrammen sichtbar wurden, sein Erfolg und letztendlich seine Daseinsberechtigung bewerten. Das stellte ich während der Zusammenarbeit mit Schnaller in den nächsten Monaten immer häufiger fest, denn ich war derjenige, der ihm derartige Zahlen lieferte. Das daraus sieben Jahre wurden, erahnte ich damals nicht. Nahezu täglich holte er sich die Logistik-Kennzahlen von mir ab, um sie kurze Zeit später vernichtend zu beurteilen. Da hatte ich hier allem Anschein nach über 20 Jahre lang nur

Scheiße gebaut. Vergoldete Lkw beladen und akademisch zu hoch ausgebildete Fahrer von durchweg überbezahlten Spediteuren die Ware ausliefern lassen. Ich verstand die Welt nicht mehr. Gleichzeitig fing ich an, mir Sorgen um meine eigene Jobexistenz zu machen. Immer häufiger kreisten so absurde Gedanken durch meinen Schädel wie: Womöglich würde Schnaller feststellen, dass ich überflüssig bin oder sowieso zu teuer. Dieses negative Gedankenkarussell drehte in den nächsten Monaten beständig seine Runden in meinem Kopf.

Am schlimmsten empfand ich es weiterhin, dass man vorher nicht mit mir über seine Position und insbesondere Funktion gesprochen hatte. Nicht unbedingt, ob ich diesen Posten ebenfalls einnehmen wollte. Eher die Tatsache, dass da jemand vorgestellt wurde, der von denen da oben eingestellt worden war und offensichtlich ausschließlich meinen Zuständigkeitsbereich überprüfte. Der ausnahmslos schauen sollte, was bei mir seit zig Jahren grundverkehrt lief oder einer dringenden Verbesserung bedurfte. Aber das war typisch für Herrn Stahl, den damaligen Geschäftsführer. Der mochte mich ohnehin nicht. Mit seinen Vorgängern war ich immer bestens klar gekommen. Leider wurde jeder dieser fünf Herren im Jahresrhythmus im gegenseitigen Einvernehmen aus seinem Vertrag entlassen. So veröffentliche man derartige Tritte in den Arsch gewöhnlich.

Vor wenigen Jahren klingelte mein Büro-Telefon und am anderen Ende war Herr Stahl, Geschäftsführer für den Bereich Finanzen. „Wir haben uns soeben von Herrn Stallmann getrennt. Ich bin ab sofort auch für die Logistik geschäftsführend zuständig. Das habe ich übrigens jahrelang bei Weber-Textilien verantwortet. Kommen Sie bitte mal zu mir." Von da an hatte ich den ehemaligen Unterhosen-Hersteller zum Chef und von Anfang an stimmte die Chemie zwischen uns überhaupt nicht. Herr Stahl als Finanzmensch und Zahlenjongleur, traf auf mich, einen hemdsärmeligen, geradlinigen und hart malochenden Versandleiter, der sich in seinem ganzen Job-Leben nie mit Excel-Tabellen, Reportings, Frachtkennzahlenauswertungen oder derartigen abstrakten Dingen beschäftigt hatte; es gab nie die Notwendigkeit dazu. Wurde allerdings ab sofort von mir erwartet. O.k., einen Excel-Crash-Kurs hatte Firma Steigermann irgendwann vor einigen Jahren bezahlt. Es ist doch aber so, wenn man Dinge lernt und sie später im Tagesgeschäft selten nutzt und diese nicht regelmäßig Anwendung finden, schlafen sie wieder ein. Meine Ex-

cel-Kenntnisse befanden sich immer noch im Tiefschlaf. Aber darum ging es nicht wirklich. Herr Stahl wollte offensichtlich gewaltig an der Kostenschraube drehen. Ich erlebte, wie alle Abteilungsleiter seitdem in heller Aufruhr waren. Es herrschte auf allen Etagen eine gewaltige Unruhe. Zu dem Zeitpunkt ging es der Firma augenscheinlich nicht gut. Nach mehreren fetten Jahren kam offenbar nun eine Zeit der Entbehrungen. Genauer: Eine Zeit der Entlassungen; sodass auch ich aufgefordert wurde, einen Mitarbeiter aus der Verladekolonne zu entlassen. Das fiel mir enorm schwer, zumal ich zu allen meinen langjährigen Mitarbeitern ein inniges und annähernd freundschaftliches Verhältnis aufgebaut hatte. Es tat mir weh und beschäftigte mich gedanklich eine lange Zeit, dem jungen Mann damals die Kündigung auszusprechen.
Emotionale Mitarbeiterführung war genau mein Ding. Leider führte Herr Stahl eine stahlharte (na klar), gefühlskalte und auf Profit und Kostensenkung ausgerichtete Personalkultur ein. Man redete ab sofort ausschließlich von Kostenstellen. Als ob jeder Mitarbeiter mit einem Barcode herumlief, an dem per Scanner seine Unkosten, die er für die Firma erzeugte, abzulesen waren. *Biiep! Du bist zu teuer!*
Der Wind fegte merklich eisiger durch die Flure im Unternehmen. Das setzte mir extrem zu. Ich bemerkte meinen beschleunigten Puls, wenn Herr Stahls Nummer auf meinem Display zu lesen war. Nach wenigen Jahren war jetzt Herr Schnaller dazugekommen. Von vorneherein sah ich in ihm einen Handlanger von Herrn Stahl. Deswegen hatte Schnaller nie eine Chance bei mir. So hundertprozentig Mühe gab er sich aber nicht wirklich. „Ich bin nicht hier, um Freunde zu finden", sagte er mir passenderweise mal in einem Vier-Augen-Gespräch. Schnaller war ein eiskalter Manager-Typ, der vorab in anderen Firmen sein Unwesen getrieben hatte und sogar gerne damit prahlte. So prallten quasi zwei Welten des Öfteren im Versandbüro aufeinander. Ich, der emotionale Mensch und Schnaller, der gefühlskalte Lurch, der seine Mission erfüllen musste. Ja, genau so sah ich es nach einigen Monaten. Sein Auftrag lautete: Nik Reimann muss weg! Es folgten einige Vier- Augen-Gespräche, in denen ich Schnaller klarzumachen versuchte, dass ich nicht alle Vorschläge oder Änderungswünsche von ihm für umsetzbar hielt. Das war obendrein so eine Krux. Ich sollte meine Meinungen und Einschätzungen zu seinen Ideen abgeben und wenn ich darauf positiv (was es tatsächlich hin und wieder auch gab) reagierte, holte er sich das endgül-

tige O.K. von Herrn Stahl und die Belobigungen, wenn dann im Anschluss die erfolgreiche Umsetzung stattgefunden hatte. Lief dagegen eine Sache nicht wie geplant, bekam ich heftigst den Gegenwind zu spüren und mein Name fiel dann zwar in der oberen Hierarchieebene; aber im negativen Kontext. Das hörte ich nicht unmittelbar, sondern es drang über den prächtig funktionierenden „Buschfunk" an meine Ohren. Schnaller war ein Arschloch und nur auf seinen Vorteil bedacht. Er nahm sich fest vor, die Karriereleiter bis nach ganz oben zu stiefeln. Am besten dabei gleich ein paar Sprossen überspringen.

Im Laufe der Jahre gab Schnaller immer mehr zu erkennen, dass er zudem auf meinen Job scharf war. Einverleiben sozusagen. Ich hatte sogar zwischenzeitlich ein Logistik-Management-Fernstudium absolviert und erfolgreich abgeschlossen. Drei Jahre lang hockte ich mich jeden Abend zwei bis drei Stunden zu Hause an den Schreibtisch und paukte, schrieb meine Klausuren und legte final die Abschlussprüfung mit *„Sehr gut"* hin. Warum ich diese Prozedur überhaupt auf mich genommen hatte? Ich hatte weiterhin Angst um meinen Job und dachte mir, so ein Eintrag in der Vita und im Lebenslauf erzeugte sicherlich bei zukünftigen Bewerbungen einen ordentlichen Eindruck. Ja, ich war gedanklich längst beim Bewerbungen schreiben. Das stresste mich natürlich zusätzlich. Das Zeugnis und Zertifikat gab ich kommentarlos im Personalbüro ab. Lochen und in der Personalakte abheften. Mehr erwartete ich gar nicht.

Schnaller erzählte ich davon nichts. Ich erfuhr eines Tages über andere Abteilungsleiter, dass sie als außertarifliche Gutverdiener (und ich gehörte dazu) in diesem Monat einen Bonus erhalten hatten. Ich hingegen nicht!

„Sie haben nicht ordentlich mitgezogen und daher ist der Kelch dieses mal an Ihnen vorbeigegangen." Das waren die Worte der Personalchefin auf meine Nachfrage hin. Schnaller hatte damit meine Gehaltsstagnation bei der Geschäftsführung begründet, ohne vorher mit mir über meine scheinbar desolaten Leistungen zu sprechen. Und gleich die beiden folgenden Jahre ebenfalls. Auf diese Art und Weise sparte der Blödmann natürlich genauso gut Geld für das Unternehmen ein. Feine Methode und so leicht umzusetzen. Aber ich machte weiter treu und brav mit.

Zwischendurch suchte ich immer wieder Dr. Leppner auf und klagte ihm mein Leid im Job. Er sah aber zunächst die Notwendigkeit des Arbeitens

und Geldverdienens als immens wichtig an und verabreichte mir Tropfen, die mich beruhigten und Tabletten, die mir Spaß bereiteten. Ich sollte wieder gut drauf sein. „Bleiben Sie gelassen, Herr Reimann ", meinte mein Arzt damals zu mir. „Sie sind doch noch jung!"
Verdammt, mein Leben war im Grunde total super! Ich war glücklich verheiratet. Wohnte mit Karin im schuldenfreien Haus zusammen mit meinen Eltern. Mein Sohn war in eine WG gezogen, sodass die nächtlichen lautstarken Feiern im Gartenhaus Geschichte waren. Ich hatte einen duften Freundeskreis und unternahm einige tolle Aktionen gemeinsam mit meiner Frau. Es ging mir doch gut.
Ich arbeitete. Und arbeitete. Und arbeitete. Ich nahm brav meine Tröpfchen und Pillchen. Ich funktionierte prächtig weiter.

Dann bekam ich meinen Filmriss.

Als ich wieder zu mir gekommen war, stand Karin vor mir und fragte mich: „Weißt Du, wer ich bin?" Ich lag auf dem Sofa im Wohnzimmer, im Fernseher lief die Aufzeichnung eines Formel Eins-Rennens und neben meiner Frau (Ex-Frau) lagen die Einkaufstaschen, die sie vor Schreck hatte fallen gelassen, weil sie mich völlig apathisch und wirr an die Decke starrend vorfand. Seit Minuten lag ich wohl schon so da. Mein T-Shirt war vom Speichel vollgesabbert. Ich konnte mich nicht erinnern, dass ich aufgrund einer Krankschreibung seit zwei Wochen zu Hause war. Ich hatte einen Bandscheibenvorfall erlitten. „Ihr Rücken ist das Stressventil Ihres Körpers!", hatte mein Orthopäde seinerzeit festgestellt und das MRT diagnostizierte die Schädigung als operativ. Mein Knocheneinrenker riet mir ebenfalls dazu, die Messer wetzen zu lassen und ich wartete zu dem Zeitpunkt auf die sogenannte zweite Meinung. Ich wollte auf keinen Fall operiert werden. Allein schon, um meinem Kollegen und der Firma keinen wochenlangen Ausfall im Versandbüro zuzumuten. Da ich aber überhaupt nicht damit klar kam, nicht zur Arbeit gehen zu können und die Angst sich immens steigerte, Schnaller würde mir einen Strick daraus drehen; zusätzlich das schlechte Gewissen meinem Kollegen gegenüber, der meine Arbeit mitmachen musste und das in der Vorweihnachtszeit, wurde es meinem Körper anscheinend zu viel. Mit einem Puls von fast 200 und einem Blutdruck, der diastolisch und systolisch bei etwa 300 lag, kam ich auf die Stroke-Unit des

Klinikums. Karin war bei mir. Sie beantwortete alle Fragen der Ärzte und des Pflegepersonals. Ich erinnerte mich an rein gar nichts mehr. „Wir erstellen eine MRT Aufnahme vom Kopf. Waren Sie schon einmal im MRT?" Ich schüttelte mit dem Kopf, doch Karin korrigierte: „Ja, war er. Vor einer Woche wegen seines Rückens." Von fünf Begriffen und Bildern, die mir eine Ärztin während einer Untersuchung zeigte, merkte ich mir lediglich zwei. Gruselig. Wo ich doch ansonsten die Auslieferungen der letzten zwei Wochen und Vorausplanungen des nächsten Monats von Steigermann im Kopf behielt. Normalerweise.

Eine Woche blieb ich auf der Station und exakt eine Woche ist seitdem aus meinem Gedächtnis gestrichen, gewissermaßen von meiner Festplatte im Hirn gelöscht. Ich hatte eine stressbedingte Amnesie erlitten, erklärte mir der Chefarzt am letzten Tag. Selbst an den vor einer Woche gefeierten Geburtstag meiner Ex-Frau konnte ich mich nicht mehr erinnern. Der Verdacht auf Schlaganfall, Tumor oder ähnliche Horror-Szenarien bestätigten sich glücklicherweise nicht. „Ändern Sie Ihr Leben und etwas in Ihrem Job, Herr Reimann. Andere Menschen werden bei so einer Belastung ohnmächtig und bei Ihnen löscht das Gehirn eben ein paar Daten. Es bereinigt im Prinzip Ihre Festplatte", sagte Professor Reinhard vom Klinikum zaghaft lächelnd zu mir. *Mein Leben ändern. Etwas in meinem Job ändern.* Na, wenn's weiter nichts ist. Vermutlich würde ich mir höchstens neue Ratgeber zum Lesen kaufen. Genau so war es dann. Eine Woche später riet mir die zweite Meinung einer anderen orthopädischen Klinik, den Bandscheibenvorfall nicht zu operieren, sondern einen versierten Physiotherapeuten ran zu lassen. So habe ich es letztendlich durchgeführt. Nach insgesamt fünf Wochen Krankschreibung und halbwegs wiederhergestellter schmerzfreier Bewegung im Lendenwirbelbereich, fuhr ich wieder zur Arbeit.

Ich fühlte mich schlagartig wieder hundsmiserabel. Ich hatte den Eindruck, Schnaller hatte diese fünf Wochen als meinen vorgezogenen Erholungsurlaub registriert. Ich hatte in seinen Augen weiter nichts als fünf Wochen auf der faulen Haut gelegen. Denn schon schubste er mich nach meiner Rückkehr gleichzeitig in einige Projekte, die mich komplett vereinnahmten, verlangte ausgiebige Auswertungen seiner bescheuerten Tabellen; dazu das normale Tagesgeschäft und er selbst stieg zwischenzeitlich in Ruhe seine Karriereleiter weiter hoch. Der Druck auf mich wurde immer stärker und war kaum mehr auszuhalten. Ständig

blöde Kommentare von Schnaller zu meinen Ergebnissen oder zusätzliche Aufgaben, die nicht zu bewerkstelligen waren. Auf jeden Fall nicht bis 18 Uhr und immer häufiger stapelten sich zu Hause firmeninterne Belege oder Aufzeichnungen, sowie ausgedruckte Mails, die ich fristgerecht zu bearbeiten hatte. Wochenendunternehmungen bereiteten mir keinen Spaß mehr. Meine Samstage bestanden beständig aus DVD-Gucken. Filme nach meiner Wahl. Horror-Filme. Wie passend. Karin schaute mit. Nebenher hatte sie ihren Laptop auf dem Schoß und bestellte sich währenddessen Klamotten auf diversen Online-Portalen.
Sagte sie mir zumindest.
Stattdessen knüpfte sie längst nähere Kontakte zu Herren, die unzufrieden zu Hause saßen und das Abenteuer suchten. So möchte ich es mal vorsichtig ausdrücken. Karin bereitete ihren Abflug vor. Und ich merkte es nicht. Ich fiel häufig vor ihr todmüde ins Bett und schlief sofort ein. Sie kam irgendwann später des Nachts nach. Die Chats mit den Abenteurern hatten womöglich oftmals ein wenig länger gedauert. Ich nahm davon nichts wahr. Wollte es nicht wahrhaben? Ab und zu traf ich mich mit Hagen, wohingegen Karin zu Hause blieb und mit den abenteuerlichen Herren chattete. Ich habe das erst später erfahren.
Von ihrer besten Freundin, die sich schließlich bei mir offenbart hatte. Erwartungsgemäß war sie seit einer geraumen Zeit in Karins Vorhaben involviert gewesen. Aber Freundinnen untereinander halten dicht. Das ist ja auch in Ordnung. Zu dem Zeitpunkt schien unsere Ehe möglicherweise schon sehr stark zu bröckeln. Einsturzgefährdet! Karins späteren Äußerungen ihrer Freundin nach aber eher schon eine Teilruine. An einem Mittwochmorgen, sechs Jahre später, tippte sie dann die mein Leben auf den Kopf stellenden Zeilen in ihr Handy und drückte auf „senden". Ich war geschockt, wie ein Kaninchen vor einer Schlange. Und im Schockzustand reagiert man anders. Meistens irrational und völlig unerklärlich.
Ich bezweckte mich hardcore-mäßig abzulenken und abzureagieren. Zumal ich ja die offizielle Aufforderung dazu von meiner Psychiaterin erhalten hatte. „Bleiben Sie nicht alleine!" Vor Ärzten hatte ich ohnehin ziemlichen Respekt und hörte meistens immer auf deren Worte. Zu meinem Glück und seinem Unglück war mein geschiedener Kumpel Hagen in der Situation, alleine weggehen zu dürfen, ohne einer Partnerin Rechenschaft ablegen zu müssen. So besuchten Hagen und ich sämtli-

che Ü-30-Partys im Umkreis und die weitaus schlimmeren Ü-40-Veranstaltungen; auch Resteficken genannt. Ich war jedes mal völlig unter Schock unterwegs und benahm mich entsprechend. Ein unkontrollierter Chaot, der nicht registrierte, was ihm derzeit widerfuhr. Eine emotionale und tickende psychische Zeitbombe.

Ü-Partys und Partnerportale

Hagen wedelte mit zwei Eintrittskarten für eine Ü-30 Party vor meinen Augen. „Wollen wir da hin?", fragte er mich. Ich nippte derweil an einem Cappuccino, den er mir in seiner kleinen Single-Küche frisch zubereitet hatte. Die Senseo brummte erneut, um ihm seinen Kaffee in die Tasse zu füllen. Ich besuchte ihn wieder mal, weil mir zu Hause die Decke auf den Kopf fiel und ich quatschen wollte. Das Alleinsein bereitete mir immer noch Probleme. Leider steigerte sich dieses Gefühl überwiegend zum Abend hin ins Extreme, sodass ich häufig zum Telefon griff, um mich mit irgendjemandem zu unterhalten. Das schlimme Wort „Suizid" tauchte vermehrt und erschreckenderweise immer wieder auf; zum Glück rauschte es zu schnell durch meinen Kopf, um mich zu einer Überreaktion anzustiften. Fast immer telefonierte ich bei einem derartigen Anfall mit Hagen. Manchmal sogar nachts um halb 2. Hagen hörte klaglos zu und ließ ab und zu ein müdes Gähnen in den Hörer hinein. Mir halfen diese Telefonate dabei, derartige Gedanken wieder aus meinem Hirn zu verbannen; Hagen erzählte mir häufig ein paar Tage später, dass für ihn die Nacht nach so einem Gespräch gelaufen war. Das nenne ich einen Kumpel!
Aufgrund einer längeren Krankschreibung hatte ich weiterhin frei. Mein Gewissen beruhigte ich mit Gedanken wie: Ich bin ja nicht bettlägerig. Ich darf mich unter Menschen bewegen. Dann hätte ich doch arbeiten können? Nur allein der Gedanke an meinen Arbeitgeber und Schnaller erzeugte immer wieder ein extremes Druckgefühl auf meiner Brust und brachte meinen ohnehin durch Bluthochdruck angeschlagenen Puls zum

Rasen. Ich merkte unmittelbar, wie diese innere Unruhe in mir hochstieg und sich dabei in eine unkontrollierbare Nervosität verwandelte.
„Was ist mit Dir los?", fragte Hagen.
„Ich bin gedanklich wieder in der Firma. Lass uns auf diese Scheiß Party gehen. Ich fahre uns."
Das war im Übrigen meistens der Fall. Hagen trank bei unseren Unternehmungen gerne seine ein bis zwei Bierchen und später Whisky. Mir reichte Cola. Ich hatte ebenso ohne Alkohol Spaß. Das kannte ich aus der Zeit mit Karin. Karin und ich tranken oft beide nichts und ernteten dafür auf Feiern des Öfteren abfällige Blicke. Wir waren in den Augen der anderen Gäste dann Spaßbremsen.
Die Zeit mit Karin.
Schon seit einigen Wochen vorbei.
Erst?
Schon?
„Ich hole dich Samstag um 18 Uhr ab und wir essen vorher zusammen?" Hagen nickte. Das war völlig nach seinem Geschmack. Vor dem Saufen gepflegt die Plauze voll hauen.
Ich verbrachte die restlichen drei Tage bis zum Ü-30-Samstag mit Besuchen bei meinen Eltern und übrigen Freunden. Freitagabend, ich versuchte wieder, einen Abend in meiner eigenen Wohnung zu überleben, bekam ich überraschenden Besuch von Marc. Ich bereitete uns voller Freude spontan meinen legendären Schinkennudelauflauf zu, den wir mit reichlich Ketchup überschütteten. Marc war auf dem Weg zu einem Kumpel und schaute zum Essen bei mir vorbei. „Und, hast Du Kontakt zu Mama?", fragte ich ihn.
„Natürlich nicht. Die ist zur Zeit wohl irgendwo in Norddeutschland bei einem Typen." Ich merkte, wie sehr es ihn belastete, darüber zu reden. Ich fragte ihn daher nicht weiter, woher er seine Information hatte. Mir wurde in solchen Momenten immer bewusst, dass insbesondere mein Sohn die Trennung verarbeiten musste. Es spielte bekanntermaßen bei Scheidungen keine Rolle, ob die betroffenen Kinder 12, 16 oder 20 Jahre alt waren. Einen seelischen Schaden erlitten sie alle.
Bei einem Typen in Norddeutschland war sie also. Wahrscheinlich einer der Chat-Abenteurer. Sollte sie doch. Obwohl es mich ehrlich gesagt ein bisschen störte. Es traf mich nicht ernsthaft; es streifte mich. Ich konnte aber weiterhin keinen Groll gegen Karin hegen. Ich hatte mir in letzter

Zeit häufiger vorgenommen, mit diesem Kapitel in meinem Leben endgültig abzuschließen. Ich musste einen Haken darunter setzen, wenn ich weiterhin damit klar kommen wollte. Sie hatte mich nicht betrogen. Es gab keinen Nebenbuhler. Sie plante nur, ihr restliches Leben nicht mit mir zu verbringen. Wir hatten uns nach all den Jahren auseinandergelebt. So etwas kommt millionenfach vor. Aber es standen für mich ja einige Sitzungen beim psychologischen Psychotherapeuten an. Wer konnte schon sagen, was dabei alles zum Vorschein kam. Welche Kindheitserinnerungen und früh anerzogenen Verhaltensweisen dabei aus mir herausgekitzelt wurden und letztendlich für mein beschissenes Stressempfinden, die Nicht-Belastbarkeit und generell meiner Wesenswandlung verantwortlich waren. Die Ursachen für mein Scheitern!

„Mama fängt echt wieder bei null an." Marc schaute mir beim Essen in die Augen und schien auf eine Reaktion meinerseits zu warten. Sollte ich Karin jetzt Respekt zollen?

Stattdessen sagte ich lapidar: „Sie hat es ja selbst so gewollt." Schweigend aßen wir weiter und kurz danach machte sich Marc wieder auf den Weg. So oder so hinterließ er ein komisches Gefühl in mir. Neulich sagte er zu mir, seine Mutter hätte kurz vor ihrem Wegzug geäußert, ab jetzt wäre er **mein** Kind. War das eine Aufforderung, mich mehr um ihn zu kümmern? Für mich klang das eher wie eine Drohung. An Marc. Zudem war es im Grunde genommen schrecklich traurig. Für Marc. Als ob seine Mutter ihn abgeschoben hatte. Wie musste er sich jetzt fühlen? Verstoßen? Das Mama-Kind wird von seiner Bezugsperson Nummer Eins bei seinem größten Problembereiter, dem Vater, zurückgelassen. Ich nahm mir fest vor und sagte das Marc häufig, weiterhin immer für ihn da zu sein. Aber wie war man als Vater am besten für einen 20-Jährigen da? Wollte der das überhaupt?

Ich war schon früher, als Marc ein kleiner Junge war, nie der Knuddel-Papa, der sich Umarmungen und Liebkosungen einforderte oder sie selber übermäßig gab. Hatte ich das überhaupt genügend bei meiner Frau gemacht? War sie da eventuell von mir vernachlässigt worden? Keine Ahnung. Ich konnte aber mit ruhigem Gewissen behaupten, dass ich kein schlechter Vater war. Mist! Warum machte ich mir in letzter Zeit darüber so häufig Gedanken? Es gab wunderschöne Erinnerungen. All die aufregenden Kindergeburtstage von Marc, die ich mit meinen kreativen Ideen und originellen Spielen immer zu einem Highlight hatte werden lassen. Wie oft fuhr ich am Wochenende nachts durch die Gegend, um Marc und seine Freunde von irgendeiner aus dem Ruder gelaufenen Feier abzuholen. Nein, ich war garantiert kein miserabler Vater. Dennoch stellte ich offenbar ein Problem für meinen Sohn dar. Über kurz oder lang würde er es mir erklären. Zur Zeit mussten wir beide mit der neuen Situation mehr oder weniger klar kommen.

Auf jeden Fall erwartete mich am Samstag eine Super-Ablenkung und bereits heute Abend plante ich, mich etwas Außergewöhnlichem zuzuwenden, von dem mir Hagen in den letzten Tagen immer wieder abgeraten hatte, weil meine Trauerphase seiner Meinung nach definitiv noch nicht beendet war.

Nik Reimann begibt sich auf der Suche nach einer neuen Partnerin ins Internet; auf mindestens eines dieser Partnerportale. Meine Strategie bestand zunächst aus einer Orientierung auf den bekanntesten und am meisten beworbenen Internetseiten für paarungswillige Singles. Online den Markt abchecken und die Weide abgrasen. Die bebilderten Angebote prüfen. Andererseits stand ich weiterhin gewaltig unter Schock!

Nichtsdestotrotz setzte ich mich mit einem Bier auf mein Sofa, schaltete den Laptop ein und das AC/DC-Hintergrundbild erschien auf meinem Desktop. Bei mir stieg das Aufregungspotential parallel zu meinem Herzschlag. Obwohl bis jetzt gar nichts passiert war. Während der Computer hochfuhr, zückte ich mein Handy, um ein paar Selfies von meinem Gesicht anzufertigen; zusätzlich vom ganzen Schädel. Ich versuchte, möglichst freundlich dreinzuschauen und authentisch zu lächeln. Ich fand die Fotos ganz O.K., obwohl mein Lächeln mehr nach danebengegangener plastischer Chirurgie aussah; wie nachträglich aufgesetzt und laienhaft über Fotoshop bearbeitet. Unter Schock lächelt man eben anders. Zumal ich ja der Überzeugung war, dass man selbst als Mann ohne Fotos überhaupt keine Chance auf diesen Portalen hatte. Völlig logisch. Der erste Eindruck entsteht definitiv durch das äußere Erscheinungsbild. PARSHIP, DATING-CAFE, FRIENDSCOUT, ELITE-PARTNER ... .Ich klickte zunächst auf jeder Seite herum, um mir ein Bild von den jeweiligen Möglichkeiten zu schaffen. Bei dem ein oder anderen Foto einer netten Dame blieb ich verständlicherweise ab und zu hängen.

Dann drehte ich gedanklich plötzlich wieder völlig am Rad, indem ich spontan beschloss, mich auf allen Portalen anzumelden. Zumal die ersten zwei Wochen bei denen kostenlos angeboten wurden. In mir kam

schlagartig eine akute Torschlusspanik auf. Mit fast 50 bekommt man doch keine mehr ab. Die Schlacht ist geschlagen. Der Drops ist gelutscht. Ich wollte nicht nur, ich **musste** mich möglichst breit streuen, um überhaupt eine Frau abzubekommen. Rudis Resterampe online in gewisser Weise. Obwohl das für einige der Damen ehrlicherweise eine absolute Beleidigung war. Denn es waren durchaus eine Menge wirklich sehr attraktiver Frauen auf diesen Portalen präsent. Nur, bestand überhaupt die Chance, dass die so jemanden wie mich kennenlernen wollten? So einen gescheiterten Loser? Einen, der blind seine Ehe gegen die Wand gefahren hatte?
Der nicht erbittert und mit vollem Einsatz um den Erhalt seiner Beziehung gekämpft hatte? Der sich erbarmungslos seinem Schicksal ergab? Der zudem im Job total frustriert war, den Stress und Druck nicht mehr ertrug und sich ganz tief in eine Lebenskrise hinein bugsiert hatte?
Ich versuchte es dennoch. Somit loggte ich mich zuerst bei PARSHIP ein und tüftelte mir zunächst einen Text aus, der im Großen und Ganzen meine Person beschrieb, meine Hobbys und was ich mir unter einer Beziehung vorstellen würde. Zuletzt beschrieb ich meinen Job. Logistikleiter las sich überzeugend gut. Es fühlte sich immer noch gut an. Für den folgenden Montag nahm ich mir sowieso fest vor, wieder zur Arbeit zu gehen. Parallel startete in der Woche meine psychologische Psychotherapie. Sollte der Job mich erwartungsgemäß weiterhin fertig machen, konnte der Therapeut seine Aufbauarbeit leisten. Damit ich weiter brav durchhielt. Wie bescheuert man doch sein konnte!
Schon einen Tag später setzte ich jeweils zwei Fotos von mir in die übrigen Portale. Breit streuen lautete die Devise! Torschlusspanik! Fast 50!
167 Sympathieklicks ploppten innerhalb einer Woche auf meinem Laptop-Bildschirm auf! Ich flippte aus. Offensichtlich funktionierte meine Anzeige und ich schrieb in Ruhe die Damen an, die mich anscheinend zumindest interessant fanden; hatten sie doch den Sympathie-Smiley mit einem kurzen Text an mich geschickt. Hier merkte ich, wie stark das Auge dabei involviert ist. Ich betrachtete zunächst minutenlang wirklich nur die Fotos der Frauen, bevor ich meine Aufmerksamkeit auf deren Bewerbungstexte richtete. Musste ich mich deswegen schämen, der Fleischbeschau den Vorrang zu überlassen?
Samstag begab ich mich ja mit Hagen in die freie Wildbahn. Auf die Ü-30-Party. Bis dahin waren es noch zwei freie Tage bei mir. Krankschrei-

bungstage. Die nutzte ich, um täglich, später fast stündlich meinen E-Mail-Eingang daraufhin zu checken, ob eine der von mir kontaktierten Damen zurückgemailt hatte. Es hatten sich einige zurückgemeldet. Ich chattete oft bis nach Mitternacht und bereits einen Tag später führte ich die ersten Telefonate. Manche Frauen agierten da ja durchaus schmerzfrei, was die Herausgabe der Telefon- oder Handy-Nummern anging. Es waren durchweg lockere und angenehme Gespräche. Mein angeschlagenes Ego blühte ein bisschen auf. Diese Ablenkung bekämpfte erfolgreich die negativen Gedanken an meine eigentliche Lebenssituation, vor allem, weshalb ich in diese geraten war.
Hagen tat mir leid.
„Es läuft! Hagen! Es läuft!"
„Was?"
„Die Partnerportale."
„Du bist im Internet unterwegs?" Ich hatte Hagen noch gar nicht davon erzählt. Nun stand ich bei ihm vor der Haustür und überfiel ihn gleich mit meinen Worten, nachdem er müde blickend geöffnet hatte. Obwohl er seit Jahren wieder Single war, kam so etwas für ihn nicht im Geringsten in Frage. „Ja. Seit vorgestern und ich stehe mit einigen Frauen in Kontakt."
„Was für 'n Kontakt?"
„Chats. Wir schreiben uns." Hagen grinste.
„Du hast Karin doch nicht einmal richtig betrauert."
„Glaub mir, ich heule manchmal Rotz und Wasser zu Hause." Das stimmte sogar. An manchen Tagen erlebte ich mich stimmungsmäßig sehr negativ; ich ließ dann alle auf mich einstürzenden, deprimierenden Gedanken zu und öffnete sämtliche Schleusen. Das Alleinsein in der Wohnung erzeugte verstärkt an Wochenenden- speziell an Sonntagen-, weiterhin tieftraurige Gefühle und brachte negative Stimmungen in mir hervor, die dann wieder zu den besagten Anrufen führten.
„Und morgen gehen wir auf die Party." Hagens Grinsen wurde breiter.
„Willst Du mir jetzt ein schlechtes Gewissen machen oder was?", fragte ich ihn. Mit Hagen brauchte ich erst gar nicht darüber zu diskutieren, ob Partnerportale dazu taugten, eine Partnerin zu finden oder nicht. Er war diesbezüglich noch nicht so weit. Meinte er. Er fühlte sich selbst nicht richtig wohl **in** seinem Körper und **mit** seinem Körper (Hagen war ein wenig kräftig gebaut) und strahlte das demzufolge nach außen hin aus,

sodass es für ihn keinen Sinn ergab, mit aufgesetztem Lächeln und gespieltem Charme auf Frauen zuzugehen. Die Ü-30 Party besuchte er aus purer Freundschaft nur meinetwegen. Zumindest teilte er meine Freude, mahnte mich aber dennoch zur Vorsicht. „Sei nicht zu euphorisch!"
Am Samstagabend holte ich Hagen ab und wir besuchten zunächst unseren Lieblings-Kroaten, um einen Happen zu essen. Wie immer bestellten wir beide dasselbe. Es war wieder einmal köstlich. Ebenfalls wie immer: Sehr teuer. Der Kroate hatte überall ordentlich draufgeschlagen, nur nicht bei seinen Portionen. Hagen und mir war das aber egal. Wir hatten es ja. Noch.
Er wusste inzwischen, was seine Ex endgültig an Unterhalt forderte, speziell für Anna und Leon, ihren gemeinsamen Kindern. Hagens ganzer Stolz. Die waren ausgesprochen gut gelungen und vor allen Dingen, wohlerzogen. Ich mochte sie total.
„Ist ja mal ein Wunder, dass du an diesem Wochenende die Kinder nicht sitzen musst, damit Sabine mit ihrem Stecher um die Häuser ziehen kann", sagte ich zu Hagen.
„Wieso. Hab ich die Kinder so oft?"
„Allerdings. Bei mir entsteht sowieso seit langem der Eindruck, du bist bei Sabine immer auf Standby." Das war mein voller Ernst. Hagen riss sich trotz der Scheidung weiterhin gewaltig für seine Ex-Frau den Arsch auf, was bei mir den Eindruck erzeugte, er zog das ausschließlich aus erwartungsvollem Eigennutz so durch. In der Hoffnung, sie käme irgendwann zu ihm zurück. Der arme Hund. Er litt bestimmt fürchterlich.
Doch heute Abend stand selbst für ihn der Spaß im Vordergrund. Ü-30-PARTY in einem ehemaligen Kino. Die Bestuhlung war vom Veranstalter entfernt worden, ein DJ-Pult aufgebaut und gleich drei Theken, die alles, aber wirklich alles, anboten. Wir kamen gegen 22 Uhr dort an, die Stimmung kochte schon. Frauen wie Männer, einige in unserem Alter, tobten auf der Tanzfläche und bewegten sich rhythmisch zum Bass-Gewitter. Ich wettete, dass viele der Tanzwütigen am Montag im Wartezimmer saßen, um sich den gelben Schein abzuholen, weil sie annähernd bewegungsunfähig waren. Der Alkohol lockerte die Gemüter, Sehnen, Muskeln und Knochen. Hagen orderte sich sogleich ein Bier und gab mir eine Cola aus. Überhaupt hielt er mich den Rest des Abends frei. So war er. Spendabel ohne Ende. Gut, ich fuhr ihn dafür anständig wieder nach Hause. Während Hagen sich in eine Ecke stellte und den

Weibern auf ihre Ärsche glotzte oder sonst wohin, erblickte ich ein nett aussehendes Damen-Duo, welches Cocktails durch dicke Strohhalme schlürfte.

„Hallo, ich bin Nik!", sprach ich gleich beide an und gab artig jeder Dame die Hand. Die Zwei trugen jede einen Ehering. Macht ja nichts. Ich schämte mich bei dem Gedanken noch nicht einmal. So unbegreiflich war ich unterwegs. Nur völlig egozentrisch den Eigennutz im Schädel. Die Außenwelt zusammen mit der Außenwahrnehmung komplett ausgeblendet. Mit Vollgas und einem Tunnelblick polterte ich während dieser Zeit durch mein Leben.

Bei diesen beiden Frauen dachte ich gleichzeitig an Hagen. Wir hätten uns nur einigen müssen. Für Hagen hatte ich mir optisch die etwas kleinere, fülligere Frau vorgestellt. Aber Hagen wollte ohnehin nicht und ich bekam innerhalb meines Small-Talks heraus, dass die beiden Frauen eh nur Musik hören und sich ausquatschen wollten. Was hatte ich denn etwa erwartet? Jetzt schämte ich mich doch ein bisschen. Anschließend nuckelte ich an der nächsten Cola, die Hagen mir in die Hand drückte. Er wies unauffällig mit einem Finger auf eine ziemlich jung aussehende Frau, die allein an einer der Theken stand. „Die findest du klasse?", fragte ich ihn. Er nickte nur während er sein inzwischen fünftes Bier an den Mund führte. „Und? Sprichst du sie an?" Wie erwartet, schüttelte Hagen den Kopf.

„Ich fühle mich zu beschissen. Ich bin zu fett."

„Vielleicht steht die total auf Knuddelbären", versuchte ich, ihn ein wenig aufzumuntern und aus der Reserve zu locken. Ein erneutes Kopfschütteln. Es hatte keinen Zweck. Hagen erklärte mir, heute Abend nur etwas trinken zu wollen. Etwas viel zu trinken.

Also sprach ich sie an. Ich fühlte mich, als ob ich eine Palette Red-Bull gesoffen und zusätzlich ein paar Espresso obendrauf gekippt hatte. War das eine der Wirkungen meiner Psycho-Pillchen? Wie gestochen steuerte ich auf mein Ziel zu.

„Ich bin Jenni." Sie gab mir ihre zarte Hand.

„Ich bin Niklas. Also, Nik." Ich reichte ihr meine Hand, von der ich den Ehering abgestreift hatte. Schon sehr früh nach „ihrem" Auszug. Da wir uns im relativ sonnenarmen Herbst befanden, sah man keinen weißen Rand auf dem Fingerglied. Ich durfte Jenni ein alkoholfreies Bier ausgeben. Sie wollte nicht allzu lange bleiben, um ihren Babysitter pünktlich

abzulösen. „Wie alt ist denn deine Tochter?" Sie hatte mir deren Namen vorhin genannt. Antonia.
„Klingt nach einem italienischen Vater", kommentierte ich und bekam ein „Wieso?" zurück. Darauf bin ich dann nicht weiter eingegangen. „Meine Tochter ist fünf. Wie alt ist eigentlich dein Sohn?" Ich hatte Marc während unserer Plauderei voller Stolz erwähnt. „20!" Jetzt starrte mich Jenni total entgeistert an, als ob sie ein Alien erblickt hatte. „Wie alt bist du denn?" O.K., einerseits betrachtete ich das als Kompliment. Sie hatte mich anscheinend als jungen Mitte 30-Jährigen eingeschätzt. Möglicherweise sorgten die Lichtverhältnisse in dem riesigen Saal zusätzlich für Fehleinschätzungen des Alters von manchen Personen; wie zum Beispiel bei mir. Bei Tageslicht wäre Jenni womöglich erst gar nicht auf ein Gespräch mit mir eingegangen. „47." Denn das schoss mich soeben blitzartig aus ihrem Beuteschema. Ich war ab sofort keine „person of interest" mehr. Aus die Maus. Wahrscheinlich wartete sie noch auf meine Frage, ob ich sie adoptieren dürfte. Jedenfalls verabschiedete sie sich nach wenigen Worten und schlenderte aus dem Tanzbereich gleich zum Ausgang. Bestimmt musste dringend der Babysitter abgelöst werden.

Die erste Sitzung

Mein Wochenstart bei Steigermann-Objektmöbel verlief, wie ich es erwartet hatte. Es herrschte eine miese Stimmung unter meinen Mitarbeitern und Kollegen. Das lag daran, dass Schnaller sich während meiner Abwesenheit irgendwelche Projekte ausgedacht und schon an sie herangetragen hatte. Ich sollte deswegen um 9 Uhr gleich zu ihm kommen. Während meiner Krankschreibung hatte eine Auszubildende meinen direkten Versandbüromitarbeiter unterstützt, was leider mehr eine Belastung für ihn gewesen war, als eine Hilfe und das wiederum belastete mein Gewissen umso mehr. Mein Schnaller-Termin nahte und ich machte mich schon mal auf den Weg auf die andere Straßenseite ins Verwaltungsgebäude. Die letzten Nächte waren bei mir von vielen lang anhal-

tenden Wachphasen durchzogen worden. Ausgeruht war irgendwie anders. Motiviert und belastbar gänzlich von meiner Eigenschaftenliste gestrichen. Auf dem Weg heute Morgen zur Arbeit verspürte ich erschreckend wieder das Verlangen, mein SUV in den Gegenverkehr zu ziehen. Wieso sollte ich mir den ganzen Scheiß immer noch zumuten? BÄNG! Feierabend. Für immer und ewig. Heute Abend sollte ich wohl besser wieder mit Hagen telefonieren. Drei Minuten Pause am Fahrbahnrand und mehrmaliges Durchatmen ließen mich dann den Blinker setzen und in den Verkehr einfädeln.
Die Fahrstuhltür glitt auf, ich betrat die kleine Kabine, drückte auf „4" und atmete drei Mal tief durch. Trotzdem beschleunigte sich mein Puls. Zusätzlich hatte heimlich jemand einen Sack Zement auf meine Schultern gepackt und meine Brust in einen Schraubstock gezwängt, der jetzt allmählich zugedreht wurde, während die nicht vorhandene Fahrstuhl-Heizung auf Volldampf lief. Auf jeden Fall verließ ich den Fahrstuhl total verschwitzt, schlapp und keuchend, als ob ich im Eiltempo die Treppe hoch gerannt war. Ich begrüßte die Sekretärinnen der Geschäftsleitung dennoch überschwänglich fröhlich, bevor ich mich Schnallers Bürotür näherte. Ein zusätzlicher Impuls beschleunigte meinen Herzschlag turbomäßig. Mir schien die Schädeldecke wegzufliegen; meine Brust würde gleich gesprengt.
„Moin", sagte ich schnaufend zu Schnaller und schaute ihm in die Augen. Der kleine dürre Mann saß hinter seinem aufgeräumten Schreibtisch und betrachtete vermutlich irgendeine Tabelle oder ein Diagramm auf dem PC-Bildschirm. Zahlen, Daten, Fakten. Sein Lebensinhalt. „Guten Morgen", sagte mein Vorgesetzter zu mir. Ich setzte mich und fühlte mich zusehends unwohler. Dieser Mann strahlte eine Aura und Kälte aus, die sich zumindest für mich wie bei der Besichtigung einer Bofrost-Kühlhalle anfühlte. Ich versuchte, ihm während des Gesprächs immer in die Augen zu schauen. Warum ich das machte, weiß ich selbst nicht mehr. Das stand eventuell so in einem meiner Ratgeber-Büchlein. Ich wollte ihm demnach nicht zu ausgiebig meine Schwäche zeigen, die sich zusätzlich körperlich immer mehr bemerkbar machte. Was er mit mir besprach, interessierte mich nur sekundär. Das übliche Blabla eben. Welche Strategien, Projekte, Kosteneinsparungsmöglichkeiten oder Verpackungskonzepte demnächst anstehen oder entwickelt werden sollten; die Vorausplanung für das kommende Jahr und ... und... und ... . Ir-

gendwann schaute er während seiner Schilderungen etwas merkwürdig zu mir rüber, fast ein wenig irritiert. Wahrscheinlich registrierte dieses kalte Stück menschlichen Fleisches nun doch meine Gemütslage aufgrund meiner psychischen Verfassung. Wie dem auch sei. Ich nahm das dann zum Anlass, um ihm den Grund für meine üble Verfassung zu schildern; unter anderem, dass ich seit kurzem in Trennung leben würde. Ich wollte schlichtweg nur ehrlich sein. „Shit happens", war sein lapidarer Kommentar. Mitgefühl oder Verständnis durfte ich nicht erwarten. Alles, was er mir sagte, traf mich heftigst. Verletzte mich. Ich empfand schon so etwas wie Hass gegen diesen Mann. „Ich schaffe das nicht mehr alles", offenbarte ich ihm zusätzlich. Meine Stimme zitterte und kippte. Zuletzt hatte ich bei der berühmtesten aller Fragen- beim Heiratsantrag-, derartig zittrig geklungen. Damals allerdings vor Aufregung und Freude. Hier saß ich nervös mit den Knien wippend auf einem abgerockten Schreibtischstuhl, voller Angst, Wut und Zorn darüber, was für eine Macht dieser knochige Arsch über mich erlangt hatte. Ich gruselte mich vor mir selbst. Ich fühlte mich völlig ausgeliefert.

„Dann ist das nicht mehr der richtige Job für Sie." Es folgten weitere Äußerungen von ihm und irgendwelche gestammelten Erwiderungen meinerseits, die ich zu Hause nochmals überdachte und anschließend bereute, und zwar dahingehend, wesentlich abgebrühter und stärker auf seine Worte reagiert haben zu müssen. Das war in dem Moment aber ganz und gar nicht möglich. Auf jeden Fall verließ ich sein Büro mit dem Gefühl, so ging es nicht weiter. *Ändern Sie Ihr Leben. Ändern Sie etwas in Ihrem Job.*

Schnaller hatte mir eine schwere Aufgabe mit auf den Weg gegeben. Ich sollte mir überlegen, ob ich nicht eine niedrigere Position, als die des Logistikleiters einnehmen wollte. In den vorherigen Firmen sei immer **er** der Logistikleiter gewesen. Aha, daher wehte der Wind. Das hatte ich im Prinzip schon so vermutet. Ich stand ihm im Weg. Das hieß für mich, entweder zu kämpfen, um den Job zu behalten oder tatsächlich etwas kürzer zu treten. Nur, was würde das wiederum für mich bedeuten? Weniger Gehalt, vielleicht sogar die Entlassung? Nach 25 Jahren? Allein der Gedanke, nach so langer Betriebszugehörigkeit um meine Jobexistenz kämpfen zu müssen erzeugte ein totales Gefühl der Hilflosigkeit in mir. Mit welchen Waffen sollte ich denn kämpfen? Ich hatte mich doch eigentlich bereits widerstandslos ergeben.

In diesem Jahr stand darüberhinaus mein 25-jähriges Betriebsjubiläum an. Es wurde prompt vergessen! Alle Jubilare rannten mit ihren empfangenen Blumensträußen und Geschenkkörben aus dem Verwaltungsgebäude über die Straße, sowie einem Umschlag mit dem Jubiläumsgratifikationsschreiben der Gesellschafter. Ich beobachtete das Kommen und Gehen durch mein Bürofenster. Mein Telefon blieb jedoch stumm. Keine Einladung. Kein gar nichts. Ich war ja nur **der** Logistikleiter. Meine Enttäuschung saß tief. Der Gedanke, das passiert mit Absicht, verfestigte sich in mir. Erst als mein Kollege aus Mitgefühl selber im Personalbüro anrief: „Habt ihr nicht jemanden vergessen?", klingelte Minuten später mein Telefon, und die Personalchefin Frau Klöppke gratulierte und entschuldigte sich bei mir. „Ich dachte, Herr Schnaller hätte Sie eingeladen." Nach ungefähr drei Stunden standen dann Schnaller und die Klöppke mit einem Körbchen und Sträußchen, sowie dem Gratifikationsumschlag in meinem Büro. „Ich dachte, Frau Klöppke macht das", sagte Schnaller. Ich drückte verbal und gewiss auch optisch durch Körperhaltung und Mimik meine Enttäuschung aus. „Da sieht man mal, welchen Stellenwert ich hier noch genieße", rutschte es mir heraus. Nein, ich hatte diese Worte mutig und mit voller Absicht gesagt. Denn sie stimmten. Ich empfand mich bewusst vergessen. Ein weiterer Schritt, um mich fertig zu machen. Davon war ich felsenfest überzeugt. Die Entschuldigungen von der Klöppke und Schnaller gingen mir ohnehin am Arsch vorbei. Ich nahm sie ihnen nicht ab.

Der nächste Schritt in dieselbe Richtung folgte ein paar Wochen später. Ich bekam vom neuen Geschäftsführer eine Einladung zu einem Gespräch, bei dem Schnaller ebenfalls zugegen war. Ein paar Tage vorher erfuhr ich, dass man sich „einvernehmlich" von Geschäftsführer Stahl getrennt hatte. Warum hat der Schnaller nicht gleich mitgenommen? Es drang außerdem per Zufall in mein Ohr, dass alle Außertariflichen eine Gehaltserhöhung bekommen hatten. Ich mal wieder nicht! Die Begründung konnte ich mir selber zusammenreimen, daher schenkte ich mir den Weg zur Personalleitung.

Mit einer übelst beschissenen Laune und in angeschlagener körperlicher sowie seelischer Verfassung begab ich mich in das erste Gespräch mit Dr. Winter, dem neuen Geschäftsführer für den Logistikbereich. Der entpuppte sich als total netter und symphatischer Mann. In dem Gespräch ging es vornehmlich darum, dass Schnaller mir ein paar seiner

Aufgaben übertragen wollte. Ich nickte zunächst alles brav ab, ohne auch nur im Geringsten dabei auf mich zu achten oder darüber nachzudenken, welche Auswirkungen das für mich haben könnte. Auf jeden Fall viel mehr Arbeit, Druck und vor allem Stress. In der damaligen Situation hielt ich es aber für ratsamer, nichts zu sagen. Womöglich hätte ich mich sonst unmittelbar selbst abgeschossen. So schätzte ich die Situation damals ein.

Letztendlich hätte ich mir den Namen „Dr. Winter" gar nicht merken müssen. Nach einem knappen Jahr wurde er vom Hof gejagt. Schade, ich kam wirklich gut mit ihm zurecht. Es hatten einige nette Begegnungen und Gespräche unter vier Augen mit ihm stattgefunden; immerhin berichtete ich weiterhin direkt der Geschäftsleitung, wie es so schön hieß. Natürlich änderte sich auch das irgendwann. Der Gesellschafter persönlich griff seitdem immer stärker ins operative Geschäft ein. Ich hatte von da an keinen Geschäftsführer mehr als Puffer dazwischen. Dieser Gesellschafter signalisierte extrem, wie er sich die Umstrukturierung seines Ladens in den nächsten Jahren vorstellte. Mit neuen, jungen und studierten Leuten auf entscheidenden Positionen zum Beispiel. Die alte Garde, zu der ich logischerweise gehörte, sollte in absehbarer Zeit sukzessiv ersetzt werden; ein frischer Wind durch sämtliche Abteilungen des Unternehmens wehen. Diese, zugegebenermaßen prognostizierten Andeutungen, erzeugten vermehrt Angst in mir und verursachten einen Druck, den ich mir zum Teil selber auferlegte. Mit der Entlassung von Dr. Winter verließ ein netter Mensch die Firma, gleichzeitig beförderte man im selben Atemzug ein Oberarschloch zum Prokuristen: Schnaller. Ab sofort bedeutete das für mich, ihm direkt zu berichten. Seine neu geschaffene Abteilung nannte sich hochtrabend „Company Innovation Development Management." Auf Deutsch: Denn sie wissen nicht, was sie tun. Ein anderer Abteilungsleiter traf derzeit auf einen redseligen Schnaller, der ihm offenbarte, er wisse ehrlich nicht, was diese Abteilungsbezeichnung bezweckte; was nunmehr exakt seine Aufgabe wäre. Ich war auf jeden Fall geschockt!

„Warum?", fragte mein psychologischer Psychotherapeut Herr Böckler mich in unserer ersten Sitzung. Er saß in einem heftigst durchgesessenen Ohrensessel und ich ihm direkt gegenüber auf einem sehr dünnen Sitzkissen in einem knüppelharten Korbsessel, sodass ich jede Flechtung im Gesäß fühlte. Oder war das Rattan? Mein Arsch bekam mit Sicher-

heit ein Grillmuster eingedrückt.
„Warum erzeugte das Druck und letztendlich Stress?"
Ich brauchte gar nicht lange überlegen. „Weil ich meinen Job nicht verlieren will."
„Aber der Job macht Sie doch total fertig." Klar, der ältere Mann mit dem dünnen Fusselhaar hatte ja Recht. Ich blickte ihn fragend und wohl recht hilflos an. Herr Böckler kratzte bereits an der 60. Er war ziemlich groß und hager, mit einem ungepflegten Bart, der ebenfalls aus feinsten, dünnen Härchen zu bestehen schien. Irgendwie sah er lustig aus. Wie ein Albert Einstein von der Streckbank. Ich fasste aber sofort Vertrauen zu ihm, was enorm wichtig war. Diesem Mann würde ich die nächsten zwei Jahre ernsthaft alles erzählen. Gewissermaßen einen Seelenstriptease vorführen. Natürlich wusste ich zu dem Zeitpunkt noch nicht, dass ich Herrn Böckler in der Tat als Langzeittherapeuten in Anspruch nehmen musste und er mich besser kennenlernen würde, als irgendjemand, der bisher dachte, mich zu kennen.
„Aber ich verdiene dort gutes Geld", antwortete ich ihm.
„Geld ist Ihnen wichtiger als Ihre Gesundheit?" Was sollte denn diese blöde Frage? „Natürlich nicht. Aber soll ich kündigen?" Böckler grinste und schüttelte ganz langsam seinen Kopf. Sein wirres, dünnes Haar bewegte sich sanft in die jeweils entgegengesetzte Richtung, als ob feines Spinnengewebe seinen Kopf umspielen würde. „Das müssen Sie selbst entscheiden, wenn es Ihnen wieder besser geht." Ging es mir denn überhaupt so schlecht? Immerhin saß ich in dem Moment bei einem psychologischen Psychotherapeuten und quatschte nicht mit einem meiner Kumpels.
Folgerichtig schien es mir richtig schlecht zu gehen. Außerdem hatte mich meine Frau nach 23 Jahren Ehe verlassen. Mein Sohn distanzierte sich immer mehr von mir. Mein Job stresste mich unerträglich und das lag zum größten Teil daran, weil mein Vorgesetzter mir immer mehr Aufgaben und Projekte aufbrummte. Die Gesamtsituation setzte mir psychisch immens zu und alles zusammen machte mich zunehmend körperlich fertig. Meiner Mutter ging es gesundheitlich nicht gut. Schließlich musste sie sich um die Versorgung meines blinden Vaters kümmern.
Damit tat sich nämlich eine weitere Baustelle auf, die ich bearbeiten musste. Meine Eltern wohnten beide im Erdgeschoss meines Hauses.

Wohnrecht auf Lebenszeit. Das war verständlich und absolut in Ordnung. Obwohl ich in den letzten Tagen öfters daran gedacht hatte, wie geil es doch wäre, das Haus zu verkaufen, eine fette Abfindung von Steigermann-Objektmöbel zu kassieren, in eine billige Mietwohnung ans Meer zu ziehen und einen auf lauen Lenz zu machen. Einen langen Urlaub anzutreten. Quatsch! Ging doch alles gar nicht. Träum weiter, Nik! Aber es zeigte, wie sehr ich mich von allen Problemen distanzieren wollte. Den Schwierigkeiten davonrennen. Die Auszeit hätte ich mit Sicherheit nicht in meinem Heimatort verbracht. Es hätte mich aller Wahrscheinlichkeit nach an die Küste gezogen. Das war immer Karins Traum für den gemeinsamen Lebensherbst gewesen. Karin? Was machte denn jetzt meine Ex-Frau, beziehungsweise dieser Gedanke in meinem Kopf?
„Woran denken Sie gerade?"
Wie hatte er das bemerkt? Klar, er war ja schließlich ein Profi. „An meine Ex-Frau."
„Sehr gut. Denken Sie häufiger an sie?" Ich bejahte. Er meinte, dass wäre absolut normal und völlig verständlich. Letzten Endes hätte ich mein halbes Leben mit dieser Frau verbracht. Ich erschrak. Mein halbes Leben? Stimmt. Wahnsinn! Und es war ein schönes Leben. Zur Zeit war mein Leben eher weniger lebenswert. Aber seine darauffolgende Frage, ob ich Suizid-Gedanken hegen würde, verneinte ich besser mal. Außerdem würde ich dann den mit reichlich Spannung angehäuften heutigen Abend nach dieser Therapiesitzung verpassen. Herr Böckler sollte mir heute kein schlechtes Gewissen einreden oder gar irgendwelche Ratschläge geben, die ich ohnehin nicht befolgen wollte.
Ich hatte mein erstes Date! In circa zwei Stunden, unweit von Böcklers Praxis. Conny (Cornelia) hatte mir zwar kein Foto geschickt, aber ich fand ihre Chat-Texte so lustig und auf irgendeine Art interessant, sodass ich neugierig auf diese Frau geworden war, sogar ohne vorher mit ihr telefoniert zu haben. Heute war Mittwoch. Mein eigentliches erstes Date wäre am kommenden Freitag. Für das Nächste am Samstag und Sonntagnachmittag hätte ich sogar bis nach Bremen fahren müssen, um eine Frau persönlich kennenzulernen. Dummerweise hatte ich keinen Kilometerradius in den Portalen eingegeben. Ich suchte quasi deutschlandweit. Wie blöd! Wäre ich der Liebe wegen nach Garmisch Partenkirchen gezogen? Nee!
Obwohl?

Außerdem war ich bisher in meinem Leben nie umgezogen.
In den letzten Tagen notierte ich 13 Treffen mit sympathischen Frauen in meinen Handy-Kalender. Die nächsten Wochen wären somit sehr aufregend für mich geworden. Hagen meinte am Telefon treffend dazu: „Du bist verrückt. Bleib ruhig. Das kann richtig böse enden. Mit Enttäuschungen und so." Er hatte natürlich Recht; ich war ja immer noch in völliger Panik und Aufruhr. Schockzustand eben. Meine Arbeit bei Steigermann-Objektmöbel erledigte ich immer oberflächlicher. Das kannte ich überhaupt nicht von mir und meine Mitarbeiter ebenfalls nicht. Ich brauchte wieder dringend eine Auszeit. Mein Körper und Geist schrien förmlich gemeinschaftlich danach.
„Ich treffe mich heute Abend mit einer Frau."
Herr Böckler stutzte. „Das ging jetzt aber schnell. Seit wann sind Sie getrennt?"
Es war erst acht Wochen her, seitdem Karin ausgezogen war. Die Frage ignorierte ich daher mal gepflegt. Stattdessen gab ich vielmehr so etwas wie eine Rechtfertigung von mir: „Meine Psychiaterin hat mir dazu geraten, weil ich nicht allein sein kann." Nun lachte Böckler. „Ja, dann. Wenn Frau Doktor das sagt. Woher kennen Sie Ihre heutige Verabredung?" Was fragte der so voller Neugier?
„Aus dem Internet." Ich sah, wie sich sein Gesicht verzog. Möglicherweise dachte dieser konservative Knochen unmittelbar an irgendwelche Tittenseiten oder so. „Völlig solide und ungefährliche Partnerportale." Böckler entspannte sich wieder. Das einstündige Gespräch verlief weiter harmonisch und tat mir wirklich gut. Ich kotzte mich eine Weile über Firma Steigermann und insbesondere über Schnaller aus. Es war tatsächlich etwas anderes, als wenn ich zum Beispiel meinen Jobfrust bei Hagen abließ. Dann vereinbarten wir einen neuen Termin für die kommende Woche. Vormittags. Das bedeutete, ich fuhr im Anschluss nach so einem Gespräch wieder zur Arbeit. Dazwischen lagen jeweils 20 Kilometer Fahrtweg. Allein das klang normalerweise schon nach weiterem Stress. Ich bestätigte ihm seinen Terminvorschlag trotzdem.

Das erste Date

Ich hatte mir fest vorgenommen, Cornelia gleich reinen Wein einzuschenken, die Karten offen auf den Tisch zu legen. Ihr heute Abend die ganze Wahrheit zu erzählen.
Dafür musste es zunächst mal zu einem positiven Verlauf des Dates kommen. Möglicherweise versetzte sie mich ja. Bestimmt kam sie gar nicht. Mittwochabend. Wer hat schon an einem Mittwochabend Lust, auszugehen, geschweige denn, einen wildfremden Mann zu treffen? Immerhin hatte sie meine Selfies gesehen und mir einen „Smiley" gesendet, den ich ebenfalls erwidert hatte. Schon waren wir in Kontakt getreten.
Ich verließ meinen Therapeuten und schlug 45 Minuten Zeit mit Spazierengehen durch die Innenstadt mit den inzwischen geschlossenen Geschäften tot. Dann stellte ich mich pünktlich vor den Haupteingang des „Big Apple", einer Musikkneipe, unserem Treffpunkt. Ich schaute erst minütlich, später sekündlich auf meine Armbanduhr. Nach zehn Minuten Wartezeit dachte ich daran, aufzugeben. Da fiel mir ein, dass es einen weiteren Eingang um die Ecke vom Gebäude gab. So eine Art Hintereingang.
Dort stand sie. Und qualmte! Mist! Den „Raucher-Hinweis" hatte ich auf ihrer Profilseite vollkommen übersehen. Ich hätte sie als notorischer, militanter Nicht-Raucher niemals „angeklickt". Nun war es egal. Es sollte so sein. Ich bin nicht gläubig; jedoch betrachte ich Schiksalsfügungen mit einem speziellen Auge. Die folgende Begegnung war so eine. Definitiv!
Denn Conny war überwältigend! Wow! Es hatte sowas von bei mir geknallt! Die war es! Ich überspringe mal den weiteren Verlauf des Abends, der aus zumeist intensiven, ehrlichen und unterhaltsamen Gesprächen bestand; bei denen wir beide häufiger herzhaft ablachten. Sogar der Kellner fragte mehrfach nach unserer Essensbestellung, da wir jedes mal nicht in der Lage waren, uns überhaupt der Speisekarte zuzuwenden.
Ich hatte bei Conny einen phantastischen Eindruck hinterlassen, wie sie mir später immer wieder sagte. Wir trafen uns von dem Tag an nahezu täglich. Conny besuchte mich mindestens an vier Tagen in der Woche.

Das war für mich absolut in Ordnung und machte Sinn, weil ihre fast erwachsenen aber schulpflichtigen Kinder nicht gleich damit überfallen werden sollten, indem sie ihre Mutter mit einem fremden Kerl in ihrer Wohnung erlebten, der sogar bei ihnen übernachtete und morgens die Brotscheiben in den Toaster steckte. Mein Sohn lebte ja schon in seiner WG. Ich war diesbezüglich eindeutig der Flexiblere.
Meine sehr ehrlichen und offenen Worte am Kennenlernabend hatten Conny schwer beeindruckt. Schließlich war meine Scheidung noch nicht durch und daher überkamen sie verständlicherweise Gedanken, ich beschloss irgendwann zu meiner Ex zurückwollen. Diese Gefahr bestand aber nicht im Geringsten. War das ungewöhnlich? Hätte ich länger und intensiver trauern und Karin hinterherweinen müssen? Gab es dafür denn feste Regeln?
„Manche Männer heulen drei Wochen die Kissen voll und einige drei Jahre. Das ist bei jedem unterschiedlich", sagte mein Therapeut später, als ich ihm meine Bedenken äußerte. Ich war anscheinend von der schnelleren Truppe. Verdammt, ich konnte nicht alleine sein und deshalb war ich diese Problematik sofort intensiv angegangen.
Frau Doktor Wenger verordnete mir im Prinzip das Ausschöpfen aller heutzutage vorhandenen Möglichkeiten, um nicht weiter allein sein zu müssen. Dass ich dabei gleich den Sechser im Lotto erwischte und anklickte, schwante mir doch nicht. Aber so war es.

Kinder und Kindereien

Die Monate rasten dahin. Ich schwebte auf Wolke 57. Höher ging's nicht. Conny und ich waren beide total ineinander verknallt. Es gab Liebe auf den ersten Blick. Auf jeden Fall! Ich arbeitete erwartungsgemäß weiter, lieferte dagegen nur noch Dienst nach Vorschrift ab. Keinerlei extra Bemühungen mehr für irgendwelche Kolleginnen oder Kollegen, um versandtechnisch den Karren bei einigen Lieferungen, Terminen und versäumten Anfragen aus dem Dreck zu ziehen oder sonstige logistische

Glanzleistungen zu vollbringen, wie man es von mir gewohnt war; wie der Vertrieb es normalerweise erwartete. Das alles war ich nicht mehr. Andererseits gefiel ich mir in dieser Rolle überhaupt nicht. Ständig verplante Schnaller mich in irgendwelche Meetings. Dort saßen dann an dem riesigen Konferenztisch so circa 20 Leute wie die Ritter der Tafelrunde, von denen einer wichtiger war, als der andere. Und ich eben. Von dem annähernd zweistündigen Geplauder betrafen meinen Fachbereich nicht mehr als zehn Minuten. Oft verließ ich daher so eine Gesprächsrunde vorzeitig unter dem Vorwand des wartenden Tagesgeschäfts, um mich bei der gegenseitigen Beweihräucherung nicht länger zu langweilen. Diese verschwendete Zeit hing ich letzten Endes hinten an. Schnaller war dann jedes mal angepisst und ließ mich das später in irgendwelchen Vier-Augen-Gesprächen konkret spüren. Ich wurde zusehends frustrierter. Meine Motivation bewegte sich von Tag zu Tag gegen Null. Ich merkte, wie die Luft mehr und mehr aus mir raus wich und jegliche Energie verbraucht war. Meine körpereigenen Akkus mussten dringend nachgeladen werden. Nach Feierabend war ich ständig platt.
Schnaller hingegen schien wahrhaftigen Spaß daran zu haben, mich aus dem Tagesgeschäft herauszureißen und weiterhin zu Besprechungen einzuladen, an denen ich absolut kein Vergnügen hatte, weil sie für die Logistik ersichtlich keine sinnvollen Inhalte, geschweige denn relevanten Themen boten. Hauptsache ich bekam meinen eigentlichen Versandkram nicht geschissen und er fand deswegen häufig einen Grund, meine Tätigkeit zum wiederholten Mal in Frage zu stellen. Ich war mittlerweile der festen Überzeugung, ihm ging dabei immer einer ab. Ich kam mir des Öfteren nicht wie ein erfahrener, seit Jahren den Versand und die Logistik schmeißender leitender Angestellter vor, sondern wie ein Azubi während der Probezeit im ersten Lehrjahr. Dieses Gefühl vermittelte Schnaller mir inzwischen täglich.
Zusätzlich bekam ich weiterhin immer mehr Druck von ihm; sei es durch unmögliche Terminvorgaben bei seinen Projekten oder grundsätzlich durch die Zuteilung von Projektaufgaben, die ich ohne die Hilfe von mindestens sechs weiteren Abteilungsleitern ohnehin nie geschafft hätte. Deren Zeitfenster waren verständlicherweise nur begrenzt. Trotzdem versuchten die netten Kollegen, mir unter die Arme zu greifen, wo sie nur konnten; sahen sie mich doch jedes Mal immer verzweifelter über die Flure rennen. Ich kann nicht einmal detailliert beschreiben,

was er da so im Einzelnen von mir wollte. Vorwiegend Irrelevantes, Sinnloses und meistens nicht zielführend. Hauptsächlich Sachen, die später in Schnallers Schubladen vergammelten, weil sie von Anfang an zu keinem Verbesserungsvorschlag führten und niemals in der Praxis Anwendung gefunden hätten. Ich durfte mich aber tagelang mit so einem Mist befassen. Schnaller fand ständig irgendwelche Aufgaben für mich, die mich zwar beschäftigten, nach Fertigstellung hingegen nicht die geringste weitere Beachtung erfuhren. Warum mich das Alles peu a peu kaputt machte und ich kein „Leck mich am Arsch-Gefühl" mehr aufbrachte? Steter Tropfen höhlt bekanntlich den Stein. Ich war inzwischen so ein Stein, den man immer wieder sowohl mit größeren, als auch kleineren Anweisungen, direkten negativen Äußerungen oder- was noch weitaus schlimmer war-, nicht gleich ersichtlichen Kritiken bearbeitete. Ich nenne es mal frech und direkt hinterfotzig! Ich zuckte zusammen, sobald mein Telefon klingelte und ich Schnallers Namen im Display las. Bei jeder weiteren Begegnung mit ihm fühlte ich mich extrem unbehaglich. Es war dabei vollkommen egal, was er mir mitteilte oder wie er es mir übermittelte. Manchmal erhielt ich fiese Mails von ihm. Darin stand zwischen den Zeilen einer belanglos beginnenden Mail -dadurch höchst subtil-, was seiner Meinung zuletzt wieder so ganz und gar scheiße lief im Versand und ich mich überhaupt nicht darum kümmern würde. Eine ausgedruckte Mail dieser Art gab ich einmal Herrn Böckler zum Lesen und der wies mich auf diese raffiniert versteckten sprachlichen Formulierungen hin. *Management des Mürbemachens* wurde das genannt. Ich saß dann zum Beispiel im Nachhinein immer wie der Ochse vorm Berg an meinem Schreibtisch, starrte auf die Mail vor mir und überlegte angestrengt, wie ich die von Schnaller gestellte Aufgabe oder Erledigung seiner vielfachen Kritikpunkte angehen sollte. Vor allem fragte ich mich des Öfteren: Was will er überhaupt und warum? Ich fing an, derartige Vorhaben, beziehungsweise Aufgaben, von einem Tag zum anderen vor mir herzuschieben. Aber letztendlich holte mich der Müll sowieso irgendwann ein, spätestens wenn Nachfragen von seiner Seite kamen, die er dann jeweils seine Assistentin tätigen ließ. Tanja war dabei immer sehr nett und mir war völlig klar, sie konnte ja nichts dafür, dass unser gemeinsamer Vorgesetzter ein Arschloch war. Hörbar unangenehm stammelte sie dann ihre Fragen an mich herunter, die ich brav beantwortete. Meistens mit: „Sag dem Blödmann, ich brauche noch bis Ende

der Woche. Ich habe hier, wie er wissen sollte, noch andere Dinge zu tun." Ich setzte voraus, dass sie den Außen-Lautsprecher ihres Telefons nicht aktiviert hatte, denn sie saß mit in Schnallers Büro.
Mein normales Tagesgeschäft litt verständlicherweise enorm darunter, zusätzlich baute ich immer mehr Mist. Fehler schlichen sich nicht nur ein, sie wurden fast zum Standard. Meine Kollegen von der Verladerampe verzweifelten immer mehr an mir. Mein Kollege im Versandbüro erkannte ebenfalls, wie es täglich mit mir immer steter bergab ging. Ich stumpfte regelrecht ab und wurde ab und zu laut oder regte mich über Kleinigkeiten auf, selbst wenn es nicht unbedingt sein musste. Ich wurde normalerweise nie laut. Aber während dieser Zeit ging mir alles gehörig auf den Sack. Ich war ständig angespannt, sowie bis auf das Äußerste gereizt. Völlig aggro! Enorm kurze Zündschnur! So war ich vorher nie! Das setzte mir ordentlich zu. Ich fand mich selbst völlig scheiße! Meine Planzahlen zum Ende des Jahres für das darauffolgende Jahr inklusive der Kennzahlenplanungen und Budgetierung nahm ich mit nach Hause und versuchte diese Horror-Aufgaben vor Weihnachten zu erledigen. Urlaub bekam ich im Dezember eh nicht, denn seit über 20 Jahren war ich für die Inventur der Fertigwarenlager bei Steigermann verantwortlich und führte diese persönlich mit durch. Ich hasste Zahlen und Tabellen. Ich spürte den Druck auf mir immer weiter ansteigen. Diese Scheiß-Planungen und Excel-Tabellen-Ausfüllerei waren überhaupt nicht mein Ding. Vor lauter Verzweiflung wandte ich mich eines Tages von zu Hause mit einer Mail an Schnaller und bat ihn darin um Hilfe. Wie tief war ich gesunken; wie groß meine Verzweiflung? Seine prompte Antwort haute mich dann komplett aus den Latschen und sorgte weiterhin für kürzere Schlafphasen. War doch sowas von klar. Wenn ich schon vorher keine Motivation für die Zahlen-Jonglage hatte, so war sie jetzt endgültig aus meinen Hirnwindungen herausgekehrt worden. Am darauf folgenden Montag bat Schnaller mich folglich gleich zu sich in sein Büro. Er nörgelte herum wie ein kleiner Junge, dem man seine Sandkasten-Förmchen weggenommen hatte. Schnaller trat wütend die Tür zu, nachdem ich mich hingesetzt hatte. Seine Assistentin war zu dem Zeitpunkt nicht mit im Büro. Was mir einfallen würde, ihn bei den Planzahlen zu kontaktieren. Das wäre schon immer mein alleiniges Ding gewesen. Und so weiter und so fort. Im Anschluss seiner Standpauke warf er wutschnaubend seinen Autoschlüssel quer durch das Büro in eine Ecke.

Ich starrte ihn nur an. Er versuchte, meinem Blick auszuweichen. Ich starrte stur weiter, war aber gedanklich völlig woanders und nur deswegen war es mir möglich, ihn in der Situation überhaupt anzustarren. Meine Gedanken waren bei Conny. Der Gedanke an meine Traumfrau hätte mich ja eigentlich aufmuntern müssen. Passierte jedoch nicht. Schnaller laberte und laberte. Ich starrte und starrte. Zwischendurch musste ich mich sogar auf mein Augenblinzeln konzentrieren. Es war fürchterlich. Ich fühlte mich hundeelend. Hätte ein Außenstehender mein Erscheinungsbild beschrieben, wären Worte gefallen wie: gebeugt, hängende Schultern, abwesend und völlig geängstigt.

Nach diesem Gespräch schlurfte ich aus dem Verwaltungsgebäude und schleppte mich anschließend auf die Verladerampe. Mein Verlademeister schaute mich entsetzt an und fragte: „Warst du bei ihm?" Ich nickte, stützte mich an einem Pult ab, auf dem die Verladepapiere lagen und stammelte irgendetwas vor mich hin. „Gib ihm doch nicht so eine Macht über dich!" Exakt diese Worte hatte längst mein psychologischer Psychotherapeut zu mir gesagt. Die hatten ja alle gut reden. Schnaller sollte keine Macht über mich bekommen. Natürlich nicht. Das war gleichermaßen für mich eine unfassbar gruselige Vorstellung. Als ob Schnaller mich manipulieren konnte. Indirekt vollzog er es aber schon. In meinem Kopf waren immer wieder Gedanken: „Riskier nicht deinen Job. Du musst weitermachen." Und das tat ich letztendlich.

Einmal in der Woche fuhr ich immer kurz vor der Mittagspause zu meinem Therapiegespräch und im Anschluss sofort wieder zurück zur Arbeit. Unterwegs im Auto verschlang ich dann meine Brote und saute die Sitze mit Nutella oder Remoulade voll. An so einem Tag gönnte ich mir keine richtige Pause. Und fast jeden Abend kam Conny bei mir vorbei. Das war das Schöne an meinem neuen Leben, wenn ich es mal so bezeichnen darf. Wir fielen dann wie die Teenager übereinander her. An manchen Tagen blieb sie über Nacht und fuhr von meinem Haus aus zur Arbeit, denn ihre Kinder benötigten selbstredend keinen Babysitter mehr.

Ich erlebte täglich, wie meine betagten Eltern versuchten, mit der Situation klar zu kommen. Meine „Ex" Karin war über die Jahre zusätzlich wie eine Tochter für sie geworden. Ohne sich zu verabschieden, hatte sie durch ihren Auszug insofern genauso meine Eltern verlassen und das schmerzte diese überaus heftig.

Meine Eltern bemerkten in jedem von mir gesprochenen Satz, in was für einer katastrophalen Verfassung ich mich befand. Immer dann, wenn ich von der Arbeit kam oder morgens kurz vor dem Verlassen des Hauses von meinem Vater im Treppenhaus angesprochen wurde. Meine Eltern sorgten sich um mich und ich machte mir Sorgen um sie. Zusätzlich um meinen Sohn. Seine Besuche ließen irgendwann später nach. Er reagierte nicht mehr auf jede Whatsapp-Nachricht von mir. Rief ich ihn an, ignorierte er meinen Kontaktversuch. Das setzte mir des Weiteren psychisch enorm zu. Ich sah mich weiterhin in der Verantwortung für ihn und machte mir demzufolge meine Gedanken. Ein Gefühl, das zwischen „Loslassen" und „sich kümmern" schwankte. Ich saß da bezüglich meines erwachsenen Sohnes absolut zwischen zwei Stühlen.
Dann weiterhin immer wieder Schnaller. Es war zum Kotzen!
Meine Scheidung musste schließlich anwaltlich geregelt werden. Karin und ich wollten beide das Trennungsjahr verkürzen. Das war möglich, wenn man glaubhaft versichern konnte, dass es de facto keinen Sinn mehr ergab, länger zu warten, um eventuell wieder zusammenzukommen, weil das Fünkchen erneut zu lodern begann, um praktisch wieder entfacht zu werden. Karin hatte scheinbar inzwischen einen netten Kerl kennengelernt (hoffentlich keinen der Fick-Abenteurer) und ich bekannterweise meine Conny. Wir wollten beide unsere neuen Beziehungen ausleben und vertiefen. Unser gemeinsamer Anwalt, den ich aussuchte, brachte Karin und mich auf die Trennungsjahrverkürzung; vielmehr erzählte er mir in einem Gespräch davon. Ansonsten war Karin bei den Anwaltsgesprächen nie zugegen. Ich brauchte ihr nur schlicht und ergreifend mitzuteilen, was bei diesen Gesprächen jeweils herausgekommen war. Sie vertraute mir immer noch. Warum auch nicht.
Die Anwaltsgespräche empfand ich ehrlich gesprochen als hardcore. Ich empfand mich sogar ein bisschen schäbig dabei, weil dieser Anwalt ausschließlich negative Macho-Sprüche für meine Ex-Frau übrig hatte und diese herausbellte. Er vermittelte mir während seiner Gespräche den Eindruck, als hätte ich ihm den Auftrag erteilt, Karin so dermaßen niederträchtig und falsch dastehen zu lassen; an der Hecke entlangzuziehen, um für mich finanziell das Beste herauszuholen. Karin war doch unter dem Strich an allem Schuld. „Ihre Frau will Sie verlassen, nicht Sie haben den Stein ins Rollen gebracht!" Mein Anwalt war mit absoluter Sicherheit ein totaler Frauenhasser. Wahrscheinlich wurde man in ei-

nem derartigen Job so. Auf jeden Fall war ich überzeugt, dieser Anwalt vertrat besser grundsätzlich nur Männer vor Gericht. War anders gar nicht vorstellbar, so wie der loslegte. Mir fiel auf, dass er keinen Ehering trug. Auch diese Schlacht hatte er geschlagen. „Die kriegen wir ganz klein, Herr Reimann. Die hat zur Zeit Schmetterlinge im Bauch und unterschreibt Ihnen alles. Die bekommt nix mehr mit und erhält schon mal gar nichts." Ich fühlte mich zwar immer unwohler in seinem Büro, fand mich andererseits durchaus im Recht, was die von ihm ausgearbeiteten Scheidungsvertragsklauseln anging. Paragraphen waren nun mal Bestandteile des Scheidungsgesetzes. Wenige Wochen später traf ich mich kurz mit Karin in einem Café und sie unterschrieb gut gelaunt sämtliche vorbereiteten Papiere, in denen sie ihren Verzicht auf irgendwelche Unterhaltszahlungen bestätigte. Der Anwalt hatte diesbezüglich Recht; es war aber, ihrem Verhalten nach zu urteilen, absolut in Ordnung für sie. „Kein Problem. Wo soll ich unterschreiben?" Das Thema war somit schon mal vom Tisch. Karin und ich tranken anschließend einen Kaffee zusammen. Dabei zeigte sie mir freudig strahlend ein Foto ihres „Neuen" und ich zückte lustig mein Handy, um ihr Bilder von Conny zu zeigen. Wie zwei frisch verliebte Teenager gaben wir zu den jeweiligen Fotos unsere wohlwollenden Kommentare ab. „Nett, süß und mal etwas ganz Anderes", waren unsere beiderseitigen Meinungen. Ich konnte ab jetzt an meiner Trennung, meiner Ehe, definitiv einen Haken setzen. Das beruhigte mich sogar ein wenig. Nun hieß es nach vorne zu schauen.
Aber meine Situation bei Steigermann-Objektmöbel veränderte sich dadurch nicht im Geringsten und die ständige Angst, meinen Job zu verlieren, ließ mich nicht zur Ruhe kommen.

*

„Meine Kinder möchten Dich gerne kennenlernen, weil ich immer so viel von Dir erzähle", sagte Conny eines Tages zu mir. Wir waren inzwischen seit ein paar Wochen zusammen und sie besuchte mich weiterhin an den meisten Tagen in der Woche. Svenja hieß ihre 15-jährige Tochter und Björn deren 18-jähriger Bruder. Beim Pizza-Essen und anschließendem Billard-Spielen in einer urigen Musikkneipe in der Nähe von Connys Wohnort Walde sollte das Kennenlernen zwischen ihren Kindern und mir ablaufen. Ich fand die Idee sofort super. Für einen Moment hellte sich mein Gemütszustand auf, um dann aber wieder erheblich dunkel eingedämmt zu werden.

Mir fiel ein, dass ich bis zu diesem Treffen drei Tage arbeiten musste. Innerhalb dieser drei Tage fand ein weiteres Gespräch zwischen mir und der mal wieder runderneuerten Geschäftsführung statt. Es ging dabei vornehmlich um das Erreichen der unternehmerischen Ziele und deren Umsetzung in meiner Abteilung. In den letzten Wochen hatte ich ohnehin mehr oder weniger lieblos irgendwelche Überlegungen oder Erklärungen zu diesem Thema zu Papier gebracht, einige Male davon zu Hause. Mit Herz und Verstand konnte ich zur Zeit an diese Ausarbeitungen beim besten Willen nicht herangehen. Dafür war ich gedanklich zu weit von Steigermann-Objektmöbel entfernt, um mich fachlich dafür vollends einzubringen. Ich zwang mich regelrecht, wenigstens etwas in Richtung Zielvereinbarung sinngemäß niederzuschreiben. In dem Wort Zielvereinbarung steckt augenscheinlich das Wort „Vereinbarung" drin, welche einvernehmlich zwischen zwei Parteien erzeugt wird. Ich sah es hier aber eher wie eine Zielbestimmung und Vorgaben von einer Seite aus, die an mich gerichtet wurden. Egal.

Ich erhielt bei meiner Präsentation, der auch Schnaller beiwohnte, nur negative Anmerkungen vom neuen Geschäftsführer Herrn Platzek. Ach ja, mal wieder ein neuer in der Häuptlingsebene. Ein relativ junger Mann. Dazu leider ein äußerst „falscher" Mann mit zwei Gesichtern, wie sich später für mich herausstellte. Platzek lächelte einem ins Gesicht und sobald man sein Büro verlassen hatte, setzte er eine giftige E-Mail ab, die man nur kopfschüttelnd zur Kenntnis nehmen konnte oder am besten gleich seine Sachen zusammenpackte, um sich im Vorbeigehen die Arbeitspapiere aushändigen zu lassen.

Platzek markierte jeden seiner gesprochenen Kommentare mit einem traurig blickenden Smiley, den er neben der jeweiligen betroffenen Zeile auf meine Ausführungsunterlagen zeichnete. Oberfies! Wäre das ganze per Handy übermittelt worden, hätte der Geschäftsführer womöglich eine ganze „Kackhaufen"-Parade aus der Emoji-Liste eingefügt. Schnaller nickte brav jeden markierten Kommentar süffisant lächelnd ab und blickte mich wieder einmal dabei an, als ob ich ein frustrierter Lehrling im ersten Lehrjahr wäre, der in diesem Moment durch seine Zwischenprüfung fiel. Manchmal hob er kommentarlos achselzuckend die Schultern. Oberarschig! Stellte sich ein Vorgesetzter nicht vor seine Mitarbei-

ter und unterstützte sie zumindest moralisch? Schnaller ließ mich wieder am ausgestreckten Arm verhungern. Anscheinend bekam er einen innerlichen Vorbeimarsch, während ich immer mehr einknickte und bloß schnell aus dem Geschäftsführerbüro, der vierten Etage und dem Verwaltungsgebäude heraus wollte. Mein Herz raste wie ein Formel-Eins-Bolide in der letzten Runde auf der Zielgerade. Ich spürte meinen Puls in der gesamten Brust hämmern; in gewisser Weise hörte ich ihn sogar. Meine Stimme klang von Wort zu Wort brüchiger. Selbstbewusstsein? Was war das denn? Ein Erreichen der Abteilungsziele hätte eine Gehaltserhöhung bedeutet. Ich hatte doch nicht im Ernst damit gerechnet, oder? Selbst wenn ich eine wissenschaftlich ausgearbeitete, wochenlang recherchierte und von 13 Lektoren mit Doktortiteln gegengelesene Ausarbeitung vorgelegt und vorgetragen hätte, wäre die Beurteilung der Geschäftsführung und von Schnaller vernichtend ausgefallen. Garantiert! Die wollten mich nicht mehr und versuchten das eben auf diese Art und Weise zu übermitteln. Merk es endlich, Nik!
Ich wäre nach dem Gespräch am liebsten sofort ins Auto gestiegen und zu Conny gefahren, aber ich musste noch etwa drei Stunden arbeiten. Zwei Stunden davon leistete ich ab, dann verabschiedete ich mich von meinem Kollegen im Büro und der Verladung auf der Rampe in den Feierabend. Ich hatte eben etwas Dringendes zu erledigen. Jeder der Jungs bekundete mir sein vollstes Verständnis, ohne blöde Nachfragen zu stellen. Meine Mitarbeiter waren absolut klasse.
Da ich nicht abstempeln brauchte, verließ ich direkt das Gebäude und stieg in mein SUV. Zunächst fuhr ich zu Hause vorbei, um kurz mit meinen Eltern zu sprechen. Dann packte ich eiligst meine Sporttasche und programmierte mein Navi mit Zielort „Walde". Heute würde mich Conny ihren Kindern vorstellen und ich zum ersten Mal bei ihr übernachten. Ich war ein bisschen aufgeregt. Während der Fahrt nach Walde hörte ich meine Lieblings-Metal-Songs. Schließlich dauerte die Fahrt annähernd 45 Minuten und so hörte ich fast eine CD komplett durch. Das daneben gelaufene Gespräch in der Firma sollte so quasi aus meinem Schädel gedröhnt werden. Klappte allerdings nicht wirklich.
Conny stand bereits mit ihren Kindern draußen vor dem gewaltig großen Haus, in dem die drei wohnten. „Möchtest du mein Auto fahren?", fragte ich Björn und hatte damit schon mal bei ihm gewonnen. Conny hatte mir erzählt, dass ihr Sohn derzeit im begleitenden Fahren unter-

wegs sei. Mein SUV war da sicher ein attraktives Gefährt, zumal Björn ansonsten bloß den Micra seiner Mutter unterm Hintern hatte, noch dazu mit ihr als Beifahrerin. „Sehr gerne!", antwortete Björn mir erwartungsgemäß und ich warf ihm lässig den Autoschlüssel zu. Wir steuerten die Musikkneipe an, in der Conny einen Tisch reserviert hatte. Beim Pizza-Essen entstand ein lockerer Small-Talk, bei dem ihre pubertierende Tochter Interesse für mein Hobby zeigte: Gitarre spielen. Sie spielte seit drei Jahren und bekam sogar Unterricht. Björn war eher etwas schweigsamer, aber ansonsten ein sympathischer Kerl, der unverschämt charmant lächelte und damit garantiert bei den Mädchen punktete. Zur Zeit hatte er aber keine Freundin am Start. Conny schaute mich immer verliebt und aufmerksam an, wenn ich mit ihren Kindern sprach. Ich fühlte mich zwischen den Dreien sehr wohl. Ich verschwendete nicht einen Gedanken an meine Arbeit. Beim anschließenden Billard-Spiel lachten wir Vier häufig. Nicht nur, weil ich mich selten dämlich dabei anstellte. Conny war verdammt gut und lochte glücklicherweise dann die schwarze Acht ins falsche Loch ein. Es war ein rundum gelungener Abend; es wurde eine wundervolle Nacht in Connys Bett. Ich empfand mich geborgen und angekommen.

Nach etwa vier Stunden Schlaf meldete sich dann unverschämt mein Handy-Wecker, um mir zu signalisieren, ich hatte immer noch einen Job. Und dieser Job lag jetzt 40 Kilometer von meinem derzeitigen Standort entfernt; bedeutete etwa 45 Minuten Fahrtzeit. Von meinem Zuhause aus waren es keine zehn Minuten.

Wenn man eh keinen Bock mehr auf diesen Job hat, reduziert die Aussicht auf 45 Minuten Autofahrt die Motivation umso mehr. Wir frühstückten alle gemeinsam und ich erlebte somit ihr morgendliches Ritual. Björn war gut drauf und lachte öfters, während er sein Brot aß. Svenja hingegen verkörperte den typischen Morgenmuffel. Bloß kein Wort reden und möglichst angenervt gucken. Das bekam sie prima hin. Conny und ich waren definitiv keine Morgenmuffel, denn wir schäkerten am Frühstückstisch munter drauf los. Für Svenja megapeinlich; sie verdrehte ihre Augen. Ich verabschiedete mich von den Dreien und stieg in mein Auto.

Schlagartig wurde mir übel. Sofort schlug mein Herz wie wild. Meine Hände umklammerten fest das Lenkrad, als ob ich mich gegen Windstärke 12 ankämpfend daran festhalten musste. Ich starrte apathisch aus der Windschutzscheibe. Minuten später startete ich den Motor und fuhr behutsam los. Unterwegs schob ich eine Metal-CD in den Player, aber schon nach einem Song schaltete ich das Teil wieder aus. Ich war angespannt und genervt. Selbst diese Musik schaffte es nicht, zu mir durchzudringen. Ich war gedanklich völlig woanders. Auf der Verladerampe. Im Versandbüro. Bei Schnaller. Mein Puls hämmerte in dem Moment gefühlt in einer dreistelligen Schlagzahl. Der Gegenverkehr rauschte an mir vorbei. Die Bäume dicht an der Landstraße flogen durch meinen Blickwinkel, denn ich war mit einem Tunnelblick unterwegs. Wie auch immer erreichte ich den Mitarbeiterparkplatz von Steigermann und parkte ein. Ich stieg aber nicht aus. Ich war nicht in der Lage auszusteigen. Total blockiert. Eine unsichtbare Hand drückte mich fest in den Fahrersitz. Ich setzte eine Whatsapp an Conny ab. „Fühle mich beschissen. Möchte nicht ins Büro. Ich liebe Dich."

Als ob Conny auf eine Nachricht von mir gewartet hatte, kam prompt ihre Rückantwort: „Versuch es doch einfach nur und wenn es Dir zu viel wird, fährst du eben nach Hause oder gehst zum Arzt. Lass Dich nicht fertig machen. Ich liebe Dich."

Nach Hause fahren. Mein eigentliches Zuhause fühlte sich schon seit Wochen nicht mehr danach an. Mein Elternhaus war nur noch ein Platz zum Schlafen und der Wohnbereich meiner Eltern. Ich hatte zeitig alle Bilder und Fotos von den Wänden entfernt. Mein psychologischer Psychotherapeut hatte mir dazu geraten. Der meinte sogar, komplett neu zu renovieren und zu streichen. „Schmeißen Sie alles weg! Richten Sie sich neu ein. Richten Sie Ihr Leben neu ein." Immer schön langsam, Herr Böckler.

Ich stieg aus meinem SUV aus und schlurfte über den Firmenhof zur Verladerampe. Der Verlademeister begrüßte mich und vermutete sofort, was mit mir los war. „ Hast du heute wieder Termin im Krawattentempel?" Das war die Bezeichnung für das Verwaltungsgebäude.

Ich schüttelte den Kopf. „Nee. Ich hab nur keinen Bock mehr. Ich kann einfach nicht mehr."

„Mensch, mach keinen Scheiß! Warte doch, bis sie Dich rausschmeißen." Ich schaute meinen Verlademeister an und brauchte nichts zu sagen. Er erkannte selbst an meinem Gesichtsausdruck, dass ich so nicht war und so eine Nummer nicht durchzog. Das Telefon auf der Verladerampe klingelte und ich ging direkt mal ran. „Schnaller hat schon nach

dir gefragt." Es war mein Versandbürokollege. Seine Worte trafen mich wie ein Faustschlag in die Magengrube, dass mir fast übel wurde. Ich schluckte schnell meinen Rampen-Kaffee hinunter, schmiss den Plastikbecher in die Tonne und schlurfte mit hängenden Schultern zum Fahrstuhl, der mich ins Versandbüro bringen sollte. Es war wie auf dem Weg zu meiner eigenen Hinrichtung.
Der Arbeitstag richtete mich dann wirklich hin. Meetings, Gespräch bei Schnaller, ein wenig Tagesgeschäft, denn mehr Zeit gab der Arbeitstag nicht her. Fix und fertig fuhr ich gegen 17 Uhr wieder kurz bei meinen Eltern vorbei, um meine Tasche für eine Übernachtung bei Conny zu packen. Zu Hause erwarteten mich nicht nur meine Erzeuger sondern auch mein Sohn Marc. Der begrüßte mich mit den Worten: „Tach, Vaddern. Was siehst du scheiße aus!" Ich blickte in das besorgte Gesicht meiner Mutter, sagte „Hallo" und brach in Tränen aus. „Ich bin fix und fertig", stammelte ich. Meine Eltern und meinen Sohn ließ ich ratlos im Treppenhaus stehen, als ich die Treppe zu meiner Wohnung hochging. Dort fiel ich nur noch auf mein Sofa um hemmungslos loszuheulen. Marc war hinter mir hergekommen und stand im Türrahmen. „Was ist los, Vaddern?"
„Dieser Drecksladen macht mich kaputt!", schluchzte ich.
„Dann kündige doch." Wie leicht Marc das aussprechen konnte. Sofort schossen die üblichen Gedanken in meinen Schädel, wie „Das geht doch nicht", „das macht man nicht" oder „wovon soll ich dann leben?"
„Ach, Vaddern, ich hab da auch ein Problemchen", setzte Marc nach. Auch das noch. Das konnte ich jetzt gerade so richtig gebrauchen. „Was ist denn?" Ich rotzte ein Taschentuch voll. Marc ließ sich in meinen Fernsehsessel fallen. „Ich muss aus meiner WG raus. Schnellstmöglich. Kann ich nicht hier in deine Wohnung und Du ziehst zu Conny?" Marc hatte Conny bis jetzt gar nicht kennengelernt. Das wollte ich ursprünglich in den nächsten Tagen anbahnen. Ich hatte ihm bisher nur kurz von ihr erzählt. Er ignorierte weiterhin meine Anrufversuche. „Was ist denn passiert?", fragte ich und schnäuzte mir erneut die Nase. „Ärger und ich fühle mich total unwohl. Außerdem kommt Timo von seinem Australien-Jahr zurück und will mit mir zusammenziehen."
„Bist du schwul geworden?" Ich hatte anscheinend meinen Humor wiedergefunden. „Blödmann. Timo würde auch Miete zahlen." Ich überlegte. Meine Kündigungsgedanken waren eh wie weggeblasen. Das ging

doch wirklich nicht mal eben so. Zunächst musste die Priorität auf Marc gesetzt werden. Außerdem klang es verlockend, bei Conny einzuziehen. Gleichzeitig bedeutete das aber wieder eine Art Flucht vor Problemen. Ich würde meine Eltern zurücklassen. Das kam mir schon relativ krass und heftig vor. Andererseits wohnte dann zukünftig wieder ein Familienmitglied in der ersten Etage und das wäre für meine Eltern sicherlich in Ordnung. Der Gesundheitszustand meiner Mutter hatte sich nach einigen Arztbesuchen wieder halbwegs stabilisiert.

„Ich rede mit Conny. Sie kommt eh morgen zu mir zum Essen. Komm doch auch und wir besprechen alles Weitere." Marc nickte sogar.

„O.k.. Aber es müsste dann schon nächste Woche mit dem Umzug passieren." Ich bejahte, ohne darüber nachzudenken. Stattdessen schlich sich der Kündigungsgedanke wieder in mein Hirn. Was denn nun? Wie war ich bloß drauf? Glücklicherweise war morgen schon Freitag und das Wochenende in Sicht, da konnte ich hoffentlich mal ein wenig herunterfahren und mein „Schnaller-Horror-Buch" zuklappen. Ich packte meine Sporttasche und begab mich wieder zu meinen Eltern, die bereits mit einer Tasse entkoffeiniertem Kaffee auf mich warteten. Rentnerkaffee für Bluthochdruck-Kranke. Zumal ich ja seit meiner Amnesie täglich fünf Bluthochdruck-Tabletten schluckte, da war so eine harmlose Plörre zwischendurch in Ordnung. Wir unterhielten uns und ich machte besonders meiner Mutter klar, dass es mir wieder gut ginge. Obwohl das glatt weg gelogen war. „Du sagst uns ja sowieso nicht die Wahrheit", meinte denn auch mein Vater, dieser sensible Gefühls-Spürhund. Nach einer halben Stunde machte ich mich auf den Weg zu Conny. Meine Eltern blieben nachdenklich am Kaffeetisch sitzen.

Der nächste Tag war wieder ein beschissener Arbeitstag mit langweiligen Meetings, einer wirklich versandrelevanten Projektbesprechung und dazwischen das obligatorische Schnaller-Genörgel. Mein eigentliches Tagesgeschäft blieb, wie so oft in den letzten Wochen, völlig auf der Strecke. Sollte mir doch eigentlich egal sein; laut Schnaller kam bei mir ja eh nur unproduktiver Mist heraus. Dann besser die Füße still halten. Mein Versandkollege bot mir an, mehr Aufgaben oder Arbeiten zu übernehmen, damit ich mich intensiver um den Schnaller-Kram kümmern konnte. Ich wollte das gar nicht. Zumal mein Kollege mehr als ausgelastet war. Außerdem frisch verheiratet und erst vor kurzem Vater geworden. Seine junge Familie brauchte ihn demzufolge. Wer brauchte mich schon?

Ich kam aus einer Besprechung, die meines Erachtens nach mal ziemlich gut gelaufen war, zurück ins Versandbüro und setzte mich wieder an meinen Schreibtisch. Mein Kollege sah zu mir herüber. Besorgt.

„Alles in Ordnung. Ich denke, ich habe sie überzeugt", beruhigte ich ihn. In dem Moment blinkte ein E-Mail-Eingang auf meinem Bildschirm auf. Vom Gesellschafter persönlich. Dieser war zwar bei dem vorherigen Gespräch zugegen, hatte sich aber mehr im Hintergrund gehalten. Erst seit ein paar Monaten griff er vermehrt ins operative Geschäft ein. Mir war bewusst, dass er Schnaller häufig mit Aufgaben betraute, die meinen Arbeitsbereich betrafen. Ich war mir allzu sicher, Schnaller wurde oftmals gezielt persönlich von ihm auf mich angesetzt. Das Herrchen lässt gewissermaßen seinen Hofhund von der Kette. Ich öffnete mit Herzrasen und aufsteigender Übelkeit die Mail. Sie war fast eine komplette Bildschirmseite lang und der letzte Satz brannte sich in meinem Hirn fest: „Sie wollen nicht mehr und Sie können nicht mehr. Sie haben mit allen Konsequenzen zu rechnen." Auf meiner Stirn bildeten sich Schweißperlen. Meine Hände fingen plötzlich an zu zittern.

Was sollte das denn jetzt? Wieder ein besorgter Blick von meinem Kollegen. „Was ist los, Chief?"

„Sie wollen mich rausschmeißen", murmelte ich mehr so vor mich hin und starrte dabei auf den Bildschirm. Meine Augen wanderten immer wieder die fürchterlichen Zeilen entlang.

Ich ersehne den Feierabend herbei. Nein, ich machte schlichtweg unmittelbar nach dem Lesen dieser beschissenen E-Mail-Drohung Feierabend. Kraftlos und niedergeschlagen erhob ich mich, fuhr meinen PC herunter und gab meinem Mitarbeiter noch zwei bis drei kurze Anweisungen, die er für mich erledigen sollte. Beim Hinausgehen klopfte ich ihm auf die Schulter und flüsterte mehr, als das ich es sprach: „Bis Morgen dann. Ich muss mich hinlegen." Die Kollegen vom Verladepersonal unterbrachen nur kurz ihre Tätigkeiten, als ich über die Rampe geschlurft kam und meine Hand zum Abschied hob. Sie nickten nur und verrichteten ihre Jobs weiter. Jeder vermutete etwas. Auf dem Weg zum Auto versuchte ich krampfhaft, an etwas Schönes zu denken. Heute Abend würde ich Conny bei mir zu Hause bekochen und mein Sohn würde ebenfalls vorbeikommen. Ich versuchte ganz fest, diese angenehme Sache zu verinnerlichen, um die Mail aus meinen Gedanken zu vertrei-

ben. Wenigstens für heute Abend. Aber nach dieser E-Mail war das nahezu unmöglich. Die Fahrt nach Hause war zum Glück kurz und wurde von mir wie in Trance heruntergespult.
Nach einer kurzen Pause auf dem Sofa setzte ich heißes Wasser auf. Was hatte ich denn in der Besprechung Falsches gesagt? Ich schüttete die Nudeln in den Topf. Mein Verpackungskonzept war doch gewissenhaft ausgearbeitet und zufriedenstellend. Ich kippte die Tomatensaucenzutaten in einen weiteren Topf. In der E-Mail stand unter anderem etwas von „unvorbereitet und sich früher darum kümmern müssen."
Ich schnitt die Tomaten in Scheiben. Viel eher hätte ich mich gar nicht um dieses Projekt kümmern können. Ich fettete die Auflaufform ein. So ein Mist! Was machte ich denn nun? Ich stellte schon mal den Backofen an. Ich war sehr gut vorbereitet gewesen.
Mein Schädel brummte; meine Gedanken kreisten weiterhin nur um diese E-Mail. Ich legte mich wieder aufs Sofa.
Es klingelte. Das musste Conny sein. Ich drückte auf den Türöffner und Marc stampfte die Treppenstufen hoch. Wir umarmten uns. „Ich glaube, Conny ist auch vorgefahren", meinte Marc zu mir. Warum hatte er dann nicht die Haustür für sie offen stehen gelassen? Ich drückte auf Verdacht erneut den Türöffner und tatsächlich, Conny schob die Haustür auf und kam zu uns hoch. Sie hatte eine Sporttasche dabei. Scheinbar wollte sie bei mir übernachten. Super!
„Ich glaube, die wollen mich rausschmeißen." Conny und Marc standen beide noch in meinem Flur, nachdem sie sich ihrer Jacken entledigt hatten und blickten mich verwirrt an. „Ich bin Marc", sagte mein Sohn und gab Conny artig die Hand. „Conny", erwiderte sie und zog Marc zu einer Umarmung heran, die er über sich ergehen ließ. Denn ich hatte den Eindruck, als ob er eine gewisse Distanz zwischen ihnen beiden behalten wollte. „Entschuldigt. Das war unhöflich von mir. Aber ich habe heute eine absolut beschissene Mail vom Gesellschafter bekommen."
Beim Auflaufessen erzählte ich von dem Meeting und der anschließenden unerwarteten Mail vom Gesellschafter, in der er mir mit Konsequenzen drohte und das für mich eindeutig einer Kündigung gleichbedeutend war.
Ich laberte mir die Seele aus dem Leib und ließ Conny und Marc fast gar nicht zu Wort kommen. Ich redete mich vollkommen in Rage bis ich ir-

gendwann Connys Hand auf meinem Arm spürte. „Bleib doch ruhig, Nik. Die können dich nicht mal eben so rausschmeißen."
„Doch! Warum nicht? Wenn Schnaller das vorschlägt, ziehen die das durch!", schrie ich, während ich meine Gabel zu heftig in die Nudeln stach, das sie ein lautes Geräusch auf dem Teller erzeugte. Oh Gott! Was tat ich da gerade? Ich keifte Conny und meinen Sohn an, wie ein Waschweib, das seine Tage hatte. Mein Sohn und meine Partnerin sahen mich entsetzt an. „Vaddern, lass uns bitte mal über meinen Umzug reden."
Klar, deswegen war Marc ja zu mir gekommen. Die nächsten 15 Minuten gehörten meinem Sohn.
„Selbstverständlich kannst du zu uns ziehen", sagte Conny während des Gesprächs zu mir. Ich freute mich und Marc fiel ein Stein vom Herzen. In der darauffolgenden Woche würde mein Sohn demnach zurück in sein Elternhaus ziehen. Meine Eltern würde das riesig freuen. Und ich wechselte zum ersten Mal in meinem Leben meinen Wohnort.
Wie aufregend!

Umzug in ein neues Leben

Einen Tag später ließ ich den gestrigen Tag Revue passieren; wie Marc mit Conny zurechtgekommen war. War er das denn überhaupt? Hatten die beiden sich überhaupt unterhalten? Ich hatte keine Ahnung mehr. Ich erinnerte mich allerdings an meinen Aggro-Auftritt vor den beiden und meiner Kündigungsangst, die ich Conny und Marc immer wieder versuchte zu erklären.
„Dein Sohn ist echt nett, aber er geht schon ein wenig auf Distanz zu mir", meinte Conny, die im Bett neben mir lag und auf das dritte Wecksignal ihres Handys wartete. „Wie kommst du darauf?", fragte ich meine Partnerin und küsste sie sanft.
„Ich merke das an der Art seiner Umarmungen und wie er mich anschaut oder eben nicht. Er weicht mir aus." Sie hatte sicherlich Recht,

aber ich konnte ehrlich gar nichts dazu sagen, denn irgendwie war der gestrige Abend an mir vorbeigelaufen. Nachzuvollziehen war es durchaus, denn schließlich präsentierte ihm sein Vater an dem Abend nach relativ kurzer Zeit die neue Frau an seiner Seite. Verständlich, dass ein frisch dem Teenager-Alter entwachsener Mann diese Neuigkeit zunächst einmal zu verdauen hatte. Mein zubereitetes Essen schien aber allen gemundet zu haben. Ich erinnerte mich, die leere Auflaufform in den Spüler gepackt zu haben. Unmittelbar nach dem Essen verabschiedete sich Marc. Dabei gab er Conny bloß die Hand; keine Umarmung. Diese Erinnerungsfetzen gab es noch in meinen Hirnwindungen. Gedanklich war ich ohnehin ständig in der Firma und holte mir immer wieder die ominöse E-Mail vom Gesellschafter vor Augen. Ich hatte sehr aufgewühlt und schlecht geschlafen. „Du warst in der Nacht ganz schön aktiv und hast dich hin- und hergewälzt", meinte Conny beim Aufstehen.

„Ich fühle mich auch wie gerädert. Diese Scheiß-Mail. Es kotzt mich alles so an!" Ich wurde wieder lauter. Und das am frühen Morgen.

Im Bad gönnte ich mir nur eine Katzenwäsche, denn der Handy-Wecker hatte sich inzwischen das vierte Mal gemeldet. Ein Schälchen Frosties mit Milch, ein Schluck schwarzer Kaffee. Das war mein schnelles Frühstück, während Conny sich im Bad fertigmachte.

Ich fuhr zur Arbeit. Zumindest für ein paar Minuten in die Richtung. Dann hielt ich im nächsten Ort am rechten Fahrbahnrand an und heulte los. Ich war fix und fertig. Mein Körper zitterte heftigst unter Weinkrämpfen. Nach knapp fünf Minuten versuchte ich weiterzufahren. So konnte es ja nicht weitergehen. Es waren noch drei Wochen bis zu unserem ersten gemeinsamen Urlaub auf Langeoog. Womöglich sollte ich mir zumindest bis dahin für zwei Wochen nochmals den Stecker von meinem Hausarzt ziehen lassen. Morgen hatte ich außerdem wieder einen Termin beim Psycho-Mann, meinem Therapeuten, der diesen Vorschlag mit Sicherheit begrüßen würde. Mit diesem Gedanken erreichte ich verspätet den Mitarbeiterparkplatz bei Steigermann-Objektmöbel und parkte meinen Boliden. Unmittelbar danach setzte ich im SUV eine Whatsapp-Nachricht an Conny ab. Dazu hätte ich einfach die letzten Nachrichten an sie zu kopieren brauchen, denn diese lauteten fast immer gleich. „Ich habe keinen Bock mehr und möchte nicht aussteigen. Ich fühle mich beschissen." Von Conny kam dann jedes Mal eine lieb ge-

meinte Durchhalteparole, aber auch immer der Hinweis, wenn es gar nicht mehr auszuhalten war, zum Arzt zu fahren.
Heute machte ich schon um 16.30 Uhr Schluss und fuhr in den Feierabend. Es war alles in allem ein relativ entspannter Tag geworden. Selbst Schnaller ließ mich in Ruhe. Wenn es doch immer so wäre. Denn meine eigentliche Arbeit, mein Tagesgeschäft, bereitete mir ja Spaß und das schon seit Jahrzehnten. Mein kollegiales Umfeld passte total, sogar abteilungsübergreifend. Aber leider blieb so ein Tag wie dieser die absolute Ausnahme. Die meisten Arbeitstage fielen mir wahrhaftig nicht mehr leicht und schienen an meiner Gesundheit etwas zu verändern. Schnaller war da und brauchte nicht einmal physisch vor mir auftauchen. Ich kam jeden Tag völlig ausgepowert nach Hause, selbst an kürzeren Arbeitstagen, die ich mir eigenmächtig stundenmäßig gekappt hatte. Am Wochenende empfand ich keine Lust, irgendwelche Freunde zu treffen oder Unternehmungen mit Conny durchzuführen. Meine Kumpels waren ein „Nein" von mir seit langem gewohnt und ich bekam heraus, dass sie mich häufig gar nicht mehr fragten, ob ich Bock auf Kino hätte oder ähnliche Vorhaben. Die gemeinsamen Abende mit Conny verliefen wochenlang immer gleich ab. Wir unterhielten uns beim Abendessen, guckten irgendetwas im TV und begaben uns relativ früh ins Bett, wo wir uns lang und heftig liebten. Wir waren doch im Grunde noch so frisch verliebt und unternehmungslustig. Voller Tatendrang. Neugierig. Aber ich fühlte mich zu solchen Aktionen nicht mehr in der Lage. Ich wollte nichts mehr unternehmen. Was war nur mit mir los? Hatte ich mich verändert? Setzte schon der totale soziale Rückzug ein?
Zum ersten Mal gab Herr Böckler in unserer nächsten Sitzung meinem Befinden einen Namen: depressive Phase. Seiner Einschätzung nach würde die sich lange hinziehen. Mittelschwere Depression. Burnout. Alles Begriffe, die in unserem therapeutischen Gespräch an diesem Tag fielen. Böckler fand es echt klasse, dass ich mir wieder eine Auszeit verordnen lassen wollte. „Nutzen Sie die Ruhe für sich!", ermahnte er mich diesbezüglich. Ich brauchte Ruhe. Dringend!
Doch zunächst einmal zog mein Sohn in meine Wohnung und ich mit ein paar meiner Habseligkeiten zu Conny nach Walde.
Connys Vater besaß ein fettes BMW-SUV mit Anhängerkupplung, das er uns an dem Tag freundlicherweise zur Verfügung stellte. Er selbst weigerte sich, die ständige Hin-und Her-Fahrerei während meines Mini-Um-

zuges durchzuführen. Daher holten Conny und ich den BMW bei ihren Eltern zu Hause ab. Conny hatte sich vor ein paar Jahren einen Anhänger für kleinere Transporte gekauft, fuhr aber kein Fahrzeug mehr, mit dem sich ein Anhänger ziehen ließ. In diesen Anhänger luden wir einen TV-Schrank, mein ehemaliges Ehebett (Conny fand dieses Bett tatsächlich schicker, als ihr eigenes), meinen Mega-Flatscreen-Fernseher und meinen Crosstrainer. Marc und Timo halfen beim Packen der Umzugskartons mit meinen Klamotten und verstauten diese sowohl in meinen Wagen, als auch in das gewaltige PS-Monster von Connys Vater. Marc hatte nur seinen Fernseher und sein Bett aus der WG-Bude mitgebracht. Mehr war in der Tat nicht nötig, denn ich erlaubte den Jungs, meine übrigen Möbel zu benutzen. Marcs Kumpel Timo machte einen netten Eindruck auf mich und hinterließ ein zufriedenes Gefühl, den beiden jungen Männern meine Wohnung zu überlassen und zusammen mit meinen Eltern in einem Haus zu wohnen. Die Nebenkosten wollten sich die Kumpels teilen.
Von dem Tage an wohnte ich in Walde, einem verschlafenen 350-Seelen-Nest. In Connys Haus. Zusammen mit ihren Kindern. Zunächst fand ich das eine richtige Entscheidung.

Fix und fertig

Etwa nach einer Woche zog Timo wieder aus meiner Wohnung aus und mein Sohn wollte die 90 Quadratmeter gerne alleine nutzen. Timo bekam plötzlich einen Studienplatz in Würzburg. Es gab zunächst Diskussionen, in denen ich versuchte, meinem Sohn klar zu machen, dass Wohnen Geld kostet. Zumindest Gas, Wasser und Strom. Wenn er mir 50€ monatlich von seiner Ausbildungsvergütung abgeben würde, dürfte er alleine dort wohnen bleiben. Außerdem riet ich ihm, endlich den Kindergeldantrag zu stellen. Seit Monaten tat sich diesbezüglich gar nichts. Ich selbst hatte vor einiger Zeit zwei Mal versucht, diesen Antrag zu stellen; scheiterte aber jedes Mal an fehlenden Schulunterlagen, die mir

Marc nicht beisteuern konnte (oder wollte). Um endlich Ruhe in dieses Thema zu bringen, willigte ich zunächst ein, dass er wohnen bleiben durfte. Außerdem legte ich ihm nahe, sich ab und zu mal unten bei seinen Großeltern blicken zu lassen und denen grundsätzlich keinen Grund zur Sorge zu bereiten. Ich hatte seine letzten „Vorglüh-Feiern" in unserem Gartenhäuschen mit nächtlichen Besuchen im Schlafanzug meinerseits zu stark in Erinnerung. Er selbst vermutlich umso mehr, denn diese Auftritte von mir, um den Großteil der Gäste hinauszuwerfen, waren ihm immer sehr peinlich gewesen. Marc stimmte allen Forderungen und weiteren Vorschlägen von mir zu, indem er nickte und jedes Nicken mit „Kein Thema, Vaddern", kommentierte.

Mit dem Kindergeldantrag in Eigenregie war Marc weiterhin einverstanden und ich verließ mich mal wieder auf ihn. Letztendlich versuchte ich doch nur, eine Verantwortung zu übertragen. Zu der Zeit hielt ich es für das Beste, mich um manche Dinge nicht kümmern zu müssen. Ich hatte genug damit zu tun, mich um mich selbst zu sorgen. Ich war mir selbst Last genug. Schon bald hatte Marc größere Probleme an seinem Ausbildungsplatz, der ihm Überstunde um Überstunde abverlangte. Marcs Chefin schien die Arbeitspläne mehr oder weniger planlos anzufertigen und auf Fachkraft oder Azubi gar keine Rücksicht zu nehmen. Er erzählte mir häufig, dass sein Handy während der freien Zeit zu Hause ständig bimmelte und er angefordert wurde, um für eine Kollegin oder einen Kollegen einzuspringen. Dieser Stress zog selbst bei einem jungen Menschen wie Marc nicht in den hohlen Baum. Die Ausbildungsvergütung war nicht exorbitant hoch, dafür wohnte Marc aber mietfrei. Junge Menschen setzen in dem Alter jedenfalls andere Prioritäten hinsichtlich der Verwendung ihres zur Verfügung stehenden Geldes. Zusätzlich forderte sein Vater unverschämterweise Geld für sogenannte Nebenkosten. Es lief nicht durchweg rund für Marc. Leider machte mir Marc des Öfteren Vorwürfe oder gab mir sogar die Schuld an seinem Dilemma. Im Nachhinein lag die Ursache für sein Unbehagen und Verhalten im Fehlen seiner Mutter. Der Kontakt zu ihr war seinem Reden nach mehr als gering. Ich erfuhr aus kurzen Sprachnachrichten von ihr, dass Kontaktversuche ihrerseits meistens von Marc ignoriert wurden. Unser gemeinsamer Sohn steckte immer noch voller Wut und Zorn auf seine Eltern, die sich unglaublicherweise und für alle außenstehend Beteiligten ohne Vorwarnung getrennt hatten. Die ihm am nächsten stehenden Erwachsenen waren Schuld, dass es ihm schlecht erging. Derzeit gab es nur einen Erwachsenen, den er ab und zu greifbar vor sich hatte, um sich mit ihm zu streiten oder lautstark zu diskutieren: seinen Vater. Ich war an allem Schuld. Leider ließ meine damalige Verfassung das auch so zu, was mich zusätzlich belastete. Ich gab mir letztendlich die Schuld am Scheitern meiner Ehe, an meiner Nicht-Belastbarkeit im Job, an der Unzufriedenheit meines Sohnes und seiner Beziehung zu Karin und natürlich zu mir. Über kurz oder lang hätte ich mir darüber hinaus die Schuld am regnerischen Wetter gegeben. Conny leistete jeden Abend Aufbauarbeit bei mir. Sie tat mir unendlich leid. Ihr Beruf als Physiotherapeutin schlauchte sie schon genug. Da brauchte sie nicht zusätzlich nach Feierabend so einen Jammerlappen wie mich zu Hause sitzen zu haben. Das war ja seit Kurzem auch mein zu Hause.

Meine Eltern bereiteten mir ebenfalls Sorgen. Meine Mutter baute innerhalb weniger Wochen körperlich erneut immer mehr ab und meinem blinden Vater machte diese Situation erheblich zu schaffen; zumal er nicht mehr der Jüngste war. Ich ertappte mich bei dem Gedanken, wieder zu ihnen zu ziehen. Nein, das ginge auf gar keinen Fall. Ich musste auch an mich denken. Der Abstand zu meinen Eltern würde mir guttun. Er bekam mir bisher wirklich gut. Meine Psychiaterin und mein Therapeut hielten die Idee der Rückkehr in mein Elternhaus auch für gar keine gute Idee. Unterstützung in deren Haushalt regelte ich bei tatsächlichem Bedarf zum Beispiel über die Krankenkasse und einen Pflegedienst. Wenn es denn wirklich mal soweit kommen sollte. Außerdem wohnte immer noch Marc in der Etage über meinen Eltern. Aber mit derartigen Gedankenspielen versuchte ich mich zumindest, was das anging, zu beruhigen. Das gelang mir mal mehr und mal weniger. Mit meinem Wegzug von meinen Eltern wollte ich einen großen Teil Verantwortung und die ständige Bereitschaft, jederzeit für sie verfügbar zu sein, hinter mir lassen. Seit frühester Jugend war ich ständig verfügbar und mir wurde quasi anerzogen, immer hilfsbereit und fürsorglich zu sein. Jederzeit und meistens sofort. Insbesondere, wenn mein Vater aufgrund seiner Sehbehinderung Unterstützung benötigte.

„Das ist einer der Gründe, warum Sie heute so sind und hier vor mir sitzen", meinte Herr Böckler in einer unserer Sitzungen. Meine Alltags-Gewohnheiten und Verhaltensweisen setzte ich anstandslos auch in der Firma ein. Jederzeit und meistens sofort. Auf jeden Fall immer zu Ein-

hundertprozent.
Dr. Leppner schrieb mich sofort krank, und zwar gleich für zwei Wochen. Das bedeutete, ich würde nach Beendigung der Krankschreibung im Anschluss mit Conny nach Langeoog in den Urlaub durchstarten. Dort wollte ich dann mal ausgiebig die Seele baumeln lassen. Einfach mal tief durchatmen. Keine Gedanken an Schnaller und die Firma. Rein gar nichts machen. Außer Essen, schlafen, trinken und vögeln. Ich freute mich riesig darauf und Conny ebenfalls. Ihre Kinder würden während der Zeit mit ihrem Vater in den Urlaub fliegen. Mein Sohn plante einen Zelt-Trip mit seinen Kumpels. Während meiner Krankschreibung organisierte ich die Versorgung meiner Eltern. Dazu führte ich Telefonate mit der in der Nähe wohnenden Schwester meiner Mutter und der Diakoniestation. So hatten doch letztendlich alle etwas davon: Meine Eltern wurden versorgt und ich konnte mit ruhigem Gewissen in den Urlaub fahren; außerdem wäre ich bei einem eintretenden gesundheitlichen Notfall bei den Senioren in ein paar Stunden wieder zu Hause. Meine Krankmeldung schickte ich noch am gleichen Tag per Post zu Steigermann-Objektmöbel. Meine Verladejungs und meinen Versand-Kollegen rief ich persönlich an. Ich bekam von denen wieder absoluten Zuspruch. Natürlich. Ich liebte diese Bande. Ich ahnte zu dem Zeitpunkt nicht, dass ich sie über ein Jahr nicht wiedersehen würde.
Zwei Mal vor Reiseantritt besuchte ich Herrn Böckler und sprach mit ihm über meinen bevorstehenden Urlaub. „Sie machen das genau richtig. Erholen Sie sich gut und dann sehen wir mal weiter." Zum Herbst hin wollte ich auf jeden Fall wieder anfangen zu arbeiten. Bei Steigermann-Objektmöbel. Wo denn sonst? So äußerte ich mich Böckler gegenüber. Man kann sich ja mal etwas vornehmen und planen. Von Böckler bekam ich nur ein seltsames Lächeln. Ich konnte aber seine Gedanken lesen. Die besagten: *„Ja, ja. Plan du nur."* Für mich schien der Gedanke der Wiederaufnahme meiner Arbeit durchaus realistisch, immerhin zogen bis dahin einige Wochen ins Land. Wochen, in denen ich mich ausruhen und komplett runterfahren konnte. Meine Akkus wieder aufladen. Ich war doch zu jung, um überhaupt an den Ruhestand zu denken.
Die nächsten Tage schlief ich tagsüber sehr viel. Ich stand zwar jeden Morgen mit Conny auf und wir frühstückten zusammen, bevor sie sich auf den Weg zur Arbeit machte, allerdings war ich nachmittags so er-

schöpft, dass ich mich immer „kurz" hinlegte. Ich schlief dann immer über eine Stunde. Wovon war ich eigentlich überhaupt erschöpft? Vom Einkaufen? Müll raustragen? Vom Nichtstun?
Ich nahm weiter brav meine Spaß-Psycho-Pillchen ein. Stimmungsmäßig ging es mir gar nicht mal so schlecht. Ich hatte immer noch meinen Humor und beglückte Conny mit manch derbem Spruch. So hatte sie mich kennengelernt und das liebte sie an mir.
Dennoch spürte ich, das etwas nicht stimmte. Ich funktionierte irgendwie anders. Conny meinte einmal zu mir, ich wäre wohl „Dauer-High", mit meinen Pillenrationen. Womöglich hatte sie Recht. Aber ich fühlte mich so wesentlich besser als vor wenigen Tagen, heulend im Auto sitzend, auf dem Weg zur Arbeit. Jetzt mimte ich zunächst mal den Hausmann. Ich war zwar kein begnadeter Koch, aber so zwei Mal in der Woche köchelte ich abends simple Sachen aus einem günstig erstandenen Studentenkochbuch, um Conny zu entlasten. Ein Youtube-Mitkochvideo hätte beinahe dafür gesorgt, dass sich ein Becher Sauce Hollandaise lavaartig über meine Laptop-Tastatur ergoss; also blieb es bei den gedruckten Kochrezepturen. Die Waschmaschine bediente ich mittlerweile wie ein alter Waschbär. Es ging mir gut und wiederum nicht. Ständige Stimmungsschwankungen. Ich sah in den Spiegel und heulte oder lachte im Wechsel. Nachts schlief ich tief und fest. Jeden Morgen überhörte ich Connys-Handy-Wecker. Das Aufstehen fiel mir dafür zusehends leichter. Ich hatte ja nichts zu befürchten. Keinen Schnaller. Keine Meetings. Keine Projekte. Keinen Arbeitsstress. Nichts.
Dennoch wurde ich mindestens an drei Tagen in der Woche von Weinkrämpfen heimgesucht. Meistens nachdem ich Conny zum Abschied durch das Küchenfenster gewunken hatte und sah, wie sie mit ihrem Auto um die Ecke bog. Ihre Kinder waren glücklicherweise an solchen Tagen schon etwas früher zur Schule losgefahren. Svenja auf ihrem Fahrrad und Björn hoffte jeden Morgen, dass sein 80er-Jahre-Golf ansprang. Ich setzte mich wieder an den Küchentisch, hielt meinen Kopf zwischen den Händen und flennte drauflos. Keine Ahnung, warum ich das machte. Tun musste. Es war plötzlich alles nur scheiße in meinem Leben. Ich machte mir hauptsächlich Sorgen um meine berufliche Zukunft. Konnte ich überhaupt wieder bei Steigermann weiter arbeiten? Wollte ich das denn wirklich? Die wiederum wollten mich doch gar nicht mehr. Warum erhielt ich seit Wochen kein Lebenszeichen von meinem

Sohn? Merkwürdigerweise tauchte Karin immer mal wieder in meinen Gedanken auf. Das Schlimmste: Ich machte mir Vorwürfe, dass sie sich von mir hatte trennen müssen. Mit mir konnte man doch nicht leben. Meine Mutter wirkte immer hilfloser. Oder kam das mir nur so vor? Mein Vater wurde unbeholfener. War das ebenfalls nur meine Intention? Durften und konnten Conny und ich überhaupt unseren Urlaub antreten? Es war zum Verrücktwerden und so langsam kam es mir so vor, als ob ich auf dem besten Weg dorthin war. Bitte nicht!
Ich erzählte Conny jedes Mal nach ihrem Feierabend von meinen Heul-Attacken. Sie hatte soeben ihre Arbeitstaschen abgestellt und war aus dem Mantel geschlüpft; ihre Gedanken immer noch bei der Arbeit. Ich lauerte förmlich darauf, dass sie die Haustür aufschloss, um ihr endlich mein Leid zu klagen. Manchmal riss ich die Tür auf und empfing sie bereits mit meinem Genörgel. Sie tat mir unendlich leid. „Wir fahren ja in drei Tagen weg. Dann kommst du auf andere Gedanken", sagte sie und ging sofort ins Bad. Abstand nehmen.
Mein Koffer war relativ schnell gepackt. Schließlich veranstaltete ich auf der Frieseninsel keine Modenschau. Ich war ohnehin nie der Dressman-Typ und seit einigen Jahren konnte man meinen Modegeschmack als Holzfäller-Outfit bezeichnen. Conny benötigte den etwas größeren Koffer. Ihr war ein ordentliches Aussehen und Outfit wichtiger als mir. Wir hatten uns eine geräumige Ferienwohnung ausgesucht und gebucht. Ich nahm mir vor, jeden Morgen Brötchen zu holen. So kam ich immer an die frische Luft und stand weiterhin zeitig auf, um im Rhythmus zu bleiben. Außerdem machte es mir einfach Spaß, Conny zu verwöhnen und sei es nur mit einem gedeckten Frühstückstisch.
Während der Fahrt zum nordfriesischen Hafen, von dem die Passagierschiffe zur Insel Langeoog abfuhren, schweifte ich gedanklich immer wieder zu Steigermann-Objektmöbel ab. Ich war mir zwar sicher, dass der Versand ohne mich weiterlaufen würde, so wie es immer während meines Jahresurlaubs geschehen war. Jetzt waren es aber gleich fünf Wochen Abwesenheit von mir. Ich konnte ja zwischendurch immer mal wieder im Versandbüro anrufen.
„Wo steckst du denn mit deinen Gedanken schon wieder?", fragte mich Conny vom Beifahrersitz aus und schaute zu mir rüber. Wie hatte sie das schon wieder bemerkt? „Du guckst so angespannt und angestrengt, während du fährst." Die Ausrede, mich auf den Verkehr zu konzentrie-

ren, zählte auf dieser ländlichen und absolut verkehrsarmen Landstraße nicht.
„Ich bin im Büro", sagte ich daher wahrheitsgemäß. Conny schüttelte den Kopf.
„Na klar. Die kommen auch ohne dich zurecht."
Wir kamen weiterhin gut durch und zügig voran. Ich drehte ab und zu das Radio lauter, wenn ein akzeptabler Song gespielt wurde. Conny tanzte dann immer mit ihren Händen in der Luft, indem sie zur Musik geschmeidige Bewegungen mit Armen und Händen durchführte und dabei ihre Augen schloss. Ich fand das immer sehr bemerkenswert. Conny „fühlte" die Musik quasi. Leider durfte ich keine von meinen Metal-CDs einwerfen; da gab es für Conny nur eine Handbewegung und die führte beide Hände zu den Ohren.
Der Hafenparkplatz war nicht vollkommen überfüllt, sodass ich eine ausreichend große Parklücke für mein SUV fand. Wir schlenderten mit unseren Rollkoffern gemütlich zum kleinen Hafengebäude, um drinnen ein Fischbrötchen zu essen, bevor wir die Passagierfähre betraten.
Die Nordsee war glatt, die Frisia III glitt behäbig durch das Wasser. Die Sonne strahlte und wärmte unsere Gesichter an Deck. Ich suchte einen freien Sitzplatz, um einen kurzen Blick auf mein Handy zu werfen. War doch durchaus möglich, es hatte jemand meiner Kollegen versucht, mich zu erreichen. Dem war aber nicht so. „Na, was guckst du wieder nach? Ob du in der Firma gebraucht wirst?", fragte mich Conny. Verdammt, was machte ich hier eigentlich während unseres ersten gemeinsamen Urlaubs? Es war doch auch unhöflich Conny gegenüber. „Du hast Recht. Ich schalte das Ding jetzt aus." Stumm geschaltet reichte sicherlich zunächst. Wieso rief niemand an? Brauchten die mich denn gar nicht mehr?
Die Inselbahn ruckelte uns vom Hafen zum winzigen Bahnhof auf Langeoog. Nachdem wir unser Gepäck aus den Gepäckwaggons herausgepuhlt hatten, bestiegen wir eine der urigen Pferdekutschen, die vorm Bahnhofsgebäude standen, um Urlauber gemächlich zu ihren Unterkünften zu kutschieren. 20 Minuten starrten Conny und ich auf die Pferdeärsche und hörten dem melodischen Gebrumme des Kutschers zu. Dieser war nicht besonders gesprächig, aber ein begnadeter Melodienbrummer.
Die Ferienwohnung sah in echt besser aus, als im Prospekt. Wir würden

uns hier die nächsten Tage wohlfühlen.
Wir gingen oft spazieren. Stundenlang direkt über den Strand am Meer entlang. Wenn es denn mal da war. Aber selbst bei Ebbe genossen wir es, barfuß durch den Sand zu gehen oder durch das Watt zu waten. Ich holte tatsächlich jeden Morgen Brötchen, während Conny oftmals ein leckeres Rührei zubereitete. Mir ging es verdammt nochmal gut! Ich nahm regelmäßig meine Tabletten. Zu den Psycho-Pillchen hatten sich in den letzten Monaten weitere Blutdrucksenker gesellt, nachdem mein Hausarzt beim letzten Check-up wieder einen stark erhöhten diastolischen Wert bei mir gemessen hatte. „Das kommt immer noch vom Stress, Herr Reimann." Natürlich, das fehlte ja noch. Aber ich war „ganz gut eingestellt", wie Dr. Leppner mir sagte. Nach neun Tagen auf der Nordseeinsel hatte ich Steigermann-Objektmöbel aus meinen Gedanken verbannt. Fast. Mein Handy war weiterhin auf stumm gestellt und ich sah mehrmals am Tag aufs Display. Heimlich. Conny meinte irgendwann mal, ich würde sehr unruhig schlafen und dabei mit den Zähnen knirschen. Kein Problem. Schließlich hatte ich vor einigen Wochen eine Beiß-Schiene von meinem Zahnarzt angefertigt bekommen, die dem nächtlichen Knirschen entgegenwirkte. Conny hatte das nervende Geräusch bereits zu dem Zeitpunkt schon benannt und ich sofort einen Termin beim Dentisten ausgemacht.
„Sie sitzen nachts wahrscheinlich an irgendetwas gedanklich fest. Das kann Stress sein", meinte mein Zahnarzt. Ach, was? In der nächsten Nacht setzte ich mir somit wieder das übel schmeckende Plastikteil in den Mund.
Ansonsten verlief unser Urlaub völlig harmonisch. Wir vögelten täglich, oft mehrmals am Tag. Es war herrlich. Ich war endgültig im Urlaubsmodus angekommen.
Dann brummte und vibrierte mein Handy. Wir saßen gerade bei einem Cappuccino auf unserer Terrasse. „Ich gehe mal dran, O.K.?" Conny verdrehte nur die Augen, denn sie vermutete etwas. Es war mein Versandbüro-Kollege. Er suchte irgendwelche Unterlagen und benötigte von mir einen kurzen Rat zu einer wichtigen Lieferung an einen Großkunden. Normalerweise nichts Gravierendes. Dennoch spürte ich, wie sich mein Magen zusammenzog und ich mich heftig anspannte. Zuletzt stellte ich noch dazu die selten dämlichsten Fragen, die ich im Urlaub stellen konnte: „Und? Läuft es? Was macht Schnaller?"

„Das willst du gar nicht wissen", war die Antwort meines Kollegen. Sicherlich meinte er es gut mit mir; andererseits erzeugte er so eine große Neugier bei mir, gepaart mit Unsicherheit und Angstgefühlen. Warum auch immer. Aber so war es. Meine Handflächen fingen an zu schwitzen. „Dann weiterhin frohes Schaffen", sagte ich meinem Telefongesprächspartner und der wünschte mir noch einen schönen Urlaub. Der Urlaub war versaut. Schnaller führte irgendetwas im Schilde. Womöglich bereitete er meine Kündigung vor. Mein Herz schlug nach dem Telefonat wie kleine Fäustchen von innen gegen meinen Brustkorb. „Alles gut bei Dir?", fragte Conny besorgt und legte eine Hand auf meine Schulter. „Ja, ja. Alles in Ordnung. Ich mache mir nur wieder unnötige Gedanken." Diese Gedanken blieben leider für den Rest des Urlaubs. Ich schlief wesentlich unruhiger und hätte fast die Beiß-Schiene zerbissen. Zu den Spaziergängen hatte ich keine großartige Lust mehr. Conny wurde verständlicherweise sauer. Wir planten, am vorletzten Tag zur Nachbarinsel Baltrum überzusetzen. Am Inselhafen wurden derartige Ausflüge mit kleinen Fischkuttern angeboten. Einerseits freute ich mich auf diese Abwechslung, andererseits rückte aber der Tag meines Arbeitsbeginns wieder ein Stück näher. Völlig angespannt betrat ich die Planken des Kutters. „Setz doch mal den Rucksack ab. Das ist doch nicht gut für deinen Rücken!", ermahnte mich Conny. Ich hörte auf ihren Rat. Mein Rücken schmerzte in der Tat ein wenig.
Zumal ich ja vor zwei Jahren einen Bandscheibenvorfall erlitten hatte. Bisher betäubte ich den immer mit Schmerzmitteln, wenn er sich bemerkbar machte, um weiterhin schön brav zur Arbeit gehen zu können. Ibuprofen und Diclofenac gehörten während so einer Schmerzphase einige Wochen zu meinen Grundnahrungsmitteln. Doch früher oder später ließ deren Wirkung nach und die Schmerzen wurden unerträglich. Mein Orthopäde schickte mich in „die Röhre". Auf der MRT-Aufnahme sah man dann einen astreinen Vorfall im Lendenwirbelbereich. Der erste Chirurg einer nahegelegenen Klinik wetzte schon seine Messer. Doch ich holte mir eine zweite Meinung und landete somit bei einem fähigen Physiotherapeuten, sozusagen ein Kollege von Conny, nur in der Nähe meines Arbeitgebers ansässig. Deswegen suchte ich ihn idealerweise während meiner Mittagspausen auf oder direkt nach Feierabend. Der Therapeut leistete sehr gute Arbeit. Ich brauchte die OP nicht mehr. Die Schmerztabletten konnte ich eines Tages weglassen. Wenn es ans He-

ben oder Tragen ging sollte ich aber vorzugsweise auf mich achten; so der Rat des Therapeuten und meines Orthopäden. Übrigens: So einen Vorfall bekommt man auch, wenn man Stress hat. „Der Rücken, so scheint es, ist das Stressventil Ihres Körpers", erläuterte mir daher mein Orthopäde. Ich würde immer wieder mal Schmerzen bekommen, wenn ich nicht auf mich acht geben würde. Auf jeden Fall konnte ich nach der Physiotherapie zunächst eine Weile schmerzfrei weiterarbeiten und Schnallers Anweisungen befolgen. Allerdings wurden die Abstände zwischen den Schmerzschüben irgendwann immer geringer und mein Griff zu den Betäubungstabletten geschah daher wieder häufiger. Ich wollte aber auf gar keinen Fall unters Messer sondern lediglich nur weiter meinen Job erledigen.

Der Kutter legte an Baltrum an und wir hüpften aus dem Boot. Das Wetter war ideal für einen ausgiebigen Spaziergang zur Inselerkundung. Der nächste Kutter würde uns in etwa drei Stunden wieder abholen. Zeit genug, um unterwegs eine Kleinigkeit zu essen. So war unser Plan.

Während des Spaziergangs kreisten meine Gedanken ausschließlich um Schnaller, Steigermann-Objektmöbel und bevorstehende Projekte, während Conny die herrliche Gegend genoss und mit Worten beschrieb. Ich blickte zwar ebenfalls ab und zu auf die Dünenlandschaft, nahm aber mein Umfeld gar nicht wirklich wahr sondern dachte an die unlösbaren Aufgaben, die Schnaller mir nach meiner Rückkehr mit Sicherheit auferlegen würde. Ich merkte zunächst gar nicht, wie ich hinter Conny zurückfiel. Irgendwann drehte sie sich nach mir um. „Wo bleibst du denn? Gehe ich zu schnell?" Ich war kaputt. Völlig erschöpft. „Lass uns mal die nächste Bank ansteuern. Und ich habe Kohldampf", jammerte ich keuchend. Conny nahm meine Hand und wir schlenderten langsam über die Strandpromenade. Wie ein altes Rentnerpaar, dachte ich. Wir erreichten eine Bank und ich ließ mich wie ein nasser Sack darauf fallen. Ich stöhnte. „Dein Rücken?", fragte mich Conny besorgt.

„Nein. Alles. Mir tut irgendwie alles weh." Seltsam, aber es stimmte. Ich spürte jeden Knochen und jeden Muskel. Als ob ich einen Achttausender bestiegen und anschließend einen Marathon absolviert hatte. Ich war vollkommen fertig. Den Liter Mineralwasser aus der Flasche im Rucksack kippte ich fast ohne abzusetzen hinunter. Mein Hunger war dagegen wieder weg. Conny aß eine Banane. „Was ist denn mit dir los, Nik?" Ich stützte mich mit den Ellenbogen auf meine Knie und schaute sie seitlich an. Mir schossen die Tränen in die Augen und ich heulte los. Mal wieder. „Ich kann nicht mehr. Ich bin total fertig und ich weiß nicht, wie das kommt." Conny legte einen Arm um mich und sagte: „Doch! Das wissen wir beide. Es ist der Job und besonders dieser Schnaller, was dich fertig macht." Ich schluchzte und nickte. Mir lief die Nase. Conny reichte mir ein Taschentuch. „Ich kann da Montag gar nicht wieder hin." „Du gehst Montag zum Arzt, Nik und lässt dich wieder krank schreiben." Mein Herz raste und ich fühlte meinen Puls an allen möglichen Stellen wummern. Den Spaziergang konnten wir nicht zu Ende machen. Wir blieben bis zur Abfahrt des nächsten Kutters auf der Bank sitzen, schwiegen oder quatschten. Zwischendurch brach ich immer wieder in Tränen aus.

Langeweile I

Ich war nicht mehr in der Lage, weiter zur Arbeit zu fahren. Deshalb fuhr ich am Montag nach unserer Rückkehr von Langeoog geradewegs zu Dr. Leppner, damit er mir wieder den Stecker zog. „Sind Sie noch in Therapie?" Ich nickte.
„Das ist gut und Sie sollten das weiterhin in Anspruch nehmen." Die Gespräche mit Herrn Böckler brachten mir auf jeden Fall etwas. Ab jetzt ging ich sie wieder stressfreier an, weil ich im Anschluss von so einer Sitzung nicht mehr ins Büro fuhr. „Ich schreibe Sie zunächst mal wieder krank. Drei Wochen?" Ich sagte nichts sondern starrte auf den PVC-Fußboden vom Behandlungszimmer. „Vier Wochen?"
Ich erschrak, hob den Kopf und stotterte: „N-n-nein. Drei Wochen sind absolut genug." Es war so unglaublich, wie ich mir scheinbar die Länge meiner Fehlzeit aussuchen konnte. „Sie werden länger zu Hause bleiben, Herr Reimann. Das versichere ich Ihnen." Mit diesen Worten überreichte er mir die Krankmeldung und gab mir die Hand. „Wir sehen uns in drei Wochen. Schonen Sie sich. Erleben Sie schöne Dinge mir Ihrer

Partnerin; unternehmen Sie etwas." Ach ja, ich hatte ihm mal von Conny erzählt und welchen positiven Einfluss sie seither auf mich nahm. Draußen auf dem Praxisparkplatz schickte ich ihr sofort ein lachendes Emoji und ein „Ich habe drei Wochen Zusatzurlaub!" Als ich in mein Auto einstieg, fühlte es sich so an, als ob mir ein tonnenschwerer Findling vom Herzen fiel; ich seit langem wieder frei durchatmen konnte. Ich erlebte mich auf eine Art befreit und unbeschreiblich beschwingt. Paradoxerweise voller Tatendrang, denn die Begriffe Depression und Burnout geisterten stetig durch meinen Schädel. Ich strotzte vor Energie, vermochte auf der anderen Seite nichts damit anzufangen. Ich wollte es allen erzählen. Ich wollte meine Freunde treffen. Alle. Sofort. Das war natürlich nicht realisierbar, sie arbeiteten selbstverständlich alle. So fuhr ich zunächst mal nach Hause. Dort angekommen überkam mich stattdessen das Bedürfnis, mich hinzulegen. Mir war schlagartig nach Sofa zumute. Ich schlief volle zwei Stunden tief und fest. Scheinbar hatte mein Körper nach so einem Befreiungsschlag genau das gebraucht. Morgen würde ich demnach ausschlafen können. Dagegen nahm ich mir fest vor, in diesen drei Wochen immer mit Conny zusammen aufzustehen und mit ihr zu frühstücken, um in meinem Rhythmus zu bleiben. Ich schwor mir, nicht in einen Langschläfer-Modus abzudriften; aus Angst, dann für den Rest des Tages nichts mehr hinzubekommen. So wie ein typischer Hartz IV-Empfänger, zumindest wie RTL II oder ich ihn mir vorstellten. In Jogginghose und Feinripp-Unterhemd den ganzen Tag vor der Glotze. Bier und Chipstüten in greifbarer Nähe; zwischendurch am Sack kratzend die Post aus dem Briefkasten holen. Niemals! Never ever! Nicht mit Nik.

Schon am zweiten Tag überhörte ich Connys Handy-Weckruf und bemerkte überhaupt nicht, als sie aufstand und in der Küche mit Geschirr klapperte, während sie den Tisch deckte. Ich schlief weiter wie ein Stein. „Tschüss, Süßer. Bis heute Nachmittag!", trällerte Conny durch die halb geöffnete Tür ins Schlafzimmer und hauchte mir einen Kuss auf die Stirn. Ich war sofort wieder im Land der Träume und wachte erst drei Stunden später wieder auf. Mist! So hatte ich mir das zu Hause bleiben nicht vorgestellt.

Aber jetzt war es nun einmal passiert. Startete ich diesen Tag eben erst gegen 10 Uhr. Womit überhaupt? Was hatte ich geplant? Einkaufen. In Ordnung. Conny hatte mir ja kürzlich in verständlichen Sätzen die

Waschmaschine erklärt. Ich würde heute Handtücher waschen.
Gegen Mittag kam ich von meiner Einkaufsrunde zurück. Obwohl es kein Groß-Einkauf war, schlürte ich gemütlich um die Regale- um alle Regale-, im Marktkauf, warf mir zwei Energy-Drinks in den Einkaufswagen; die im Laufe des Tages für nötigen Anschub sorgten und blätterte am Zeitungsregal in fast allen dieser neuartigen „Hippie-Esotherik-das Leben ist schön"-Zeitschriften. Im Auto aß ich ein Snickers, das ich mir wie ein Fünfjähriger an der Kasse nahm und fuhr kauend nach Walde zurück. Dort sah das Sofa wieder herrlich verlockend aus. Ich legte mich für ein kurzes Nickerchen hin, welches dann doch zwei Stunden dauerte. Was war bloß mit mir los? Wieso konnte -und vor allen Dingen-, wollte ich so unendlich schlafen? Simple Erklärung: Ich war völlig erschöpft und mein Körper schrie lautstark nach Ruhe und Erholung. Ich selbst hingegen fragte mich ständig, ob ich das so überhaupt verdient hatte. Stand mir diese Ruhezeit wirklich zu? Ich konnte die Situation weder begreifen noch akzeptieren; geschweige denn mir eingestehen. So war ich gestrickt. Man(n) muss arbeiten gehen. Ich durfte doch die Kollegen nicht im Stich lassen. Hoffentlich wurde ich nicht entlassen. Ich brauchte doch die Kohle. **Wir** brauchten das Geld, um so weiterzuleben, wie bisher. Pflichtbewusstsein kam vor Genesung. Im Grunde hatte ich doch nichts. Typisch ich. Mein Geist und mein Körper sahen das hingegen etwas anders und bremsten mich täglich aus.
Nach einigen Tagen genoss ich die Ruhemomente sogar. Endlich.
Überdies kam ich kurze Zeit später mit dem Alleinsein klar, nachdem Conny morgens zur Arbeit und ihre Kinder zur Schule gefahren waren. Das Alleinsein-Können, dabei sein eigenes „Ich" auszuhalten, war schließlich häufig Thema bei den Gesprächen mit Herrn Böckler. Anfangs fiel es mir schwer und die Heulattacken, sowie meine „schwarzen Gedanken" und dieses „das Leben ist völlig scheiße"-Gefühl setzten wieder ein. Ich ertrug es nicht, alle Gefühlsregungen und Gedanken zuzulassen, die unmittelbar in meinen Kopf schossen, sobald der Letzte das Haus verlassen hatte und ich sprach- und hilflos am Küchentisch sitzen blieb. Mein Schädel wurde jedes Mal geöffnet und alle negativen Gedanken und Emotionen hineingekippt; zusätzlich mit schwarzer Depressionsfarbe verrührt. Kaum auszuhalten. Durch das Weinen ließ ich meinen Gefühlen freien Lauf; ich ließ es raus. Das war gut so und zweifellos besser, als irgendetwas in sich hineinzufressen.

Meine Therapiegespräche liefen regelmäßig weiter und die Krankschreibungen reihten sich nahtlos aneinander. Aus Wochen wurden Monate. Jedes mal schaute mir Dr. Leppner nur schweigend in die Augen und fragte nichts. Er sah, was mit mir los war. Ich bekam inzwischen bei jedem Praxisbesuch weitere volle vier Wochen Ruhe verordnet. Ruhe von Steigermann-Objektmöbel. Abstand vom Stress. Arschlochfreie Wochen.

Ich unternahm stattdessen schöne Dinge. Spazierengehen gehörte dazu, außerdem las ich sehr viel. Ich genoss immer mal wieder das Draußen-Sein in unserem riesigen Garten, obwohl dieser wild gewachsen war und mir zudem der grüne Daumen für einen strukturierten Wildwuchs fehlte. Den Anblick und das Erleben von Flora und Fauna zu genießen. Davon gab es glücklicherweise in Walde reichlich. Ich widmete mich vermehrt meinem Hobby: E-Gitarre spielen. Na ja, was ich so spielen nannte. Power-Chords schrammeln, während im Hintergrund eine AC/DC-CD in Triebwerklautstärke dröhnte. Der nächste Nachbar wohnte über 100 Meter Luftlinie entfernt und war selber Liebhaber lautstarker Musik, wie er mir einmal in einem „Über den Zaun"-Gespräch mitteilte. Ich hatte ihn vor ein paar Tagen beim Einkaufen getroffen, mich kurz vorgestellt und vorsichtig nachgefragt, ob ich ihm mit meinem Krach die Mittagsruhe versauen würde; er war als Rentner häufig zu Hause. Mindestens zwei Mal in der Woche nahm ich die Fahrtstrecke in Kauf, um meine Eltern zu besuchen. Ich merkte dann immer, wie gut ihnen das tat, gleichzeitig beruhigte ich mein Gewissen. So oder so dachte ich, sie seien seit meinem Wegzug zu Conny ein wenig zu kurz gekommen; ich hatte sie allein gelassen. Jeden Morgen frühstückten Conny und ich miteinander; je nach deren Stundenplänen häufig dann mit ihren Kindern. Im Anschluss erledigte ich mein Tagesgeschäft. Getränke holen, einkaufen oder ab und zu in den Baumarkt. Jeden zweiten Tag befüllte ich die Waschmaschine, den Trockner und die Geschirrspülmaschine. Nachmittags legte ich mich immer hin und schlief gut und gerne ein ganzes Stündchen auf dem Sofa im Wohnzimmer, mit einem aufgeschlagenen Buch auf der Brust. Häufiger dachte ich an meinen Job. Was machten die anderen wohl gerade? Lief es? Klar lief es. Was erwartete ich? Einen Anruf? „Komm zurück. Hier bricht alles zusammen!" Da konnte ich sicherlich lange warten. Doch, ich wartete in der Tat auf eine Reaktion von Steigermann-Objektmöbel. Warum? Keine Ahnung. Selbstbestätigung? Ich war doch wichtig. Anscheinend nicht ganz so wichtig. Herr Böckler hatte mir zu Beginn seiner Therapie geraten, sämtliche Kontakte zu Kolleginnen und Kollegen abzubrechen, um einen wirklichen Abstand von meinem Arbeitgeber zu erlangen. Meinen Standby-Modus aufzugeben. Also blockierte ich diesbezüglich konsequent alle abgespeicherten Firmen- Kontakte bei Whatsapp und in meinem E-Mail Account. Wenn mein Festnetztelefon klingeln sollte, würde ich zunächst abheben, aber sobald sich jemand von meinem Arbeitgeber am anderen Ende der Leitung melden würde oder ich eine bekannte Nummer im Display erkannte, wäre der Hörer sofort wieder auf der Ladestation. Ich wollte und sollte mit niemandem von Steigermann reden. Was sollten die mir überhaupt erzählen? „Komm zurück!" „Halte durch!" „Was soll der Scheiß?" Andererseits wartete ich schon auf irgendeine Reaktion von denen. Wenigstens eine Postkarte. „Alles Gute und gute Besserung!" Aber es kam enttäuschenderweise nichts. Herr Böckler fragte mich dann in einer unserer nächsten Sitzungen, ob ich die Arbeitskollegen vermissen würde.

Ich vermisste sie komischerweise nicht. Das antwortete ich ihm spontan auf seine Frage. Ich vermisste meine Kollegen überhaupt nicht. Verstand das andererseits aber so gar nicht. Nach so langer Zeit einer ausgesprochen ausgezeichneten Zusammenarbeit. Vor allen Dingen hatte ich mit diesen Menschen in Summe mehr Zeit verbracht, als mit meiner Ehefrau.

Dann musste ich heulen „Ich kann dort nicht mehr hin. Ich kann dort nicht mehr arbeiten." Dabei griff ich reichlich Papiertücher aus einer Spenderbox, die Böckler auf einem kleinen Tischchen neben mir platziert hatte und schnäuzte mir die Nase. Er schaute mich ernst an. „Das müssen Sie zur Zeit ja auch nicht."

In unseren Gesprächen kam immer wieder meine Kindheit zur Sprache und das einiges meiner nicht vorhandenen Stressresilienz damit zusammenhängen würde. Ich hatte dafür keine Erklärung. Was hatte der vierjährige Nik mit dem Arbeitsstress des 47-jährigen Nik zu tun? Herr Böckler erklärte mir das nicht ernsthaft sondern erwähnte es nur immer häufiger. Eventuell verstand ich es nicht. Schon seit meinem vierten Lebensjahr übernahm ich Aufgaben, um meinem blinden Vater zu helfen. Ich las ihm mit vier Jahren aus der Zeitung seine heißgeliebten Fußball-Nachrichten vor. Damals brauchte man für eine Mannschaftsauf-

stellung noch keinen Fremdsprachenkurs. Offenbar hatten meine Eltern während meiner prägenden Kinderjahre erzieherisch einiges falsch gemacht. Größeres Unheil erlebte ich nicht oder es wurde von mir ferngehalten. Meine Kompetenzen hinsichtlich der Betreuung meines Vaters wuchsen stetig. „Sie sind seit Ihrem vierten Lebensjahr in einer Beschäftigung", meinte Böckler einmal zu mir. Weshalb kam ich mit so Leuten wie Schnaller nicht klar? „Ihnen fehlt das dicke Fell. Sie haben es nicht gelernt, „Nein" zu sagen. Ihr eigener Anspruch an sich selbst ist immens hoch und daher oftmals unerreichbar." Böckler lieferte mir einige weitere derartige Ansichten, die meinen allmählichen psychischen Niedergang begründeten. Aha! Soso! Verstehe! Ich verstand es aber nur ein bisschen. Sollte ich meine Eltern nach über 40 Jahren dafür zur Rechenschaft ziehen? „Schaut, was ihr aus mir gemacht habt!" Quatsch!
Schnaller war für mich einzig und allein der Arsch, der mir im Job das Leben zur Hölle gemacht hatte. Er war an allem Schuld! Basta! Meine Wut auf diesen Mann steigerte sich immer mehr, je öfter ich in meinen Therapiesitzungen bei Böckler über ihn sprach. Über diesen eiskalten Manager ausführlich nachdachte. Die Analyse meines seelischen Ungleichgewichts führte immer wieder zu einem Namen: Schnaller! Der wurde für mich zu einem Schlüsselwort, welches unmittelbar Assoziationen zu „arbeitsunfähig, Burnout und krank" erweckte. Zum ersten Mal fiel im Zuge dessen das Wort „Mobbing". Daran hatte ich bisher gar nicht gedacht. Schnaller mobbte mich. Auch das noch! Mir wurde während der Sitzungen bei Böckler immer klarer, wie sich Schnaller in mein Leben eingemischt hatte und mich in gewisser Weise negativ beeinflusste. Da ich mich sozial total über meinen Job identifizierte, hatte das logischerweise gravierende Auswirkungen auf meine Psyche. Ich schaffte meinen Job nicht mehr. Nach über 20 Jahren war da plötzlich jemand, der meine langjährige gute Arbeit in Frage stellte und ich ließ das zu. Ich ließ mich fertig machen. Ich bekam das Gefühl übermittelt, meinen Job nicht mehr hinzubekommen. Es einfach nicht mehr drauf zu haben. Ein Loser vor dem Herrn. Selbstwertgefühl auf einer Skala von eins bis zehn: Grob bei minus 9. Selbstbewusstsein? Was war das denn? Unglaublich, was Schnaller in mir angerichtet; erschreckend, was dieser Typ mit mir angestellt hatte. Was hatte er weiter mit mir vor?
„Aber Sie haben doch über 20 Jahre die Logistik geleitet", sagte Böckler zu mir. Klar, aber das konnte doch jeder. So zumindest sah ich das. Ich

war in den letzten Wochen sogar der Ansicht, man konnte mich nicht einmal mehr an die stumpfe Ablage ins Archiv setzen. Ich traute mir rein gar nichts mehr zu. Mal ganz davon abgesehen, dass ich mich überdies körperlich zu schwach fühlte, einen Acht bis Zehn-Stunden-Job abzuleisten.
An Tagen, an denen ich als Hausmann wenig zu erledigen hatte, weder Einkaufen noch Saugen, Wischen oder die Waschmaschine bedienen musste, stürzten immer wieder „schlimme" Gedanken auf mich ein. Negative Gefühle übermannten mich und zogen mich derartig runter, dass ich nur stumpf am Küchentresen saß und apathisch durch das Küchenfenster nach draußen starrte. Manchmal weinte ich dabei. Ich stellte in solchen Momenten mein komplettes Leben in Frage. Immer wieder. Woran es lag, dass ich seit einiger Zeit hier in Walde hockte und rein gar nichts mehr machen konnte. Ich war aber doch privat wieder sehr glücklich. Oftmals spielte ich sogar mit dem Gedanken, Conny einen Heiratsantrag zu machen. Jedoch hätte ich es überhaupt nicht ertragen, wenn sie „nein" sagen würde oder sich das möglicherweise überlegen wollte. Wie früher die Zettelchen mit „Ja", „Nein" oder „Vielleicht". Wer wollte denn schon so einen Nichtsnutz ehelichen? So einen Jammerlappen. Mit ihrer Abweisung wäre ich nicht klar gekommen.
Wenn Conny von ihrer Arbeit nach Hause kam und sich kurz hinlegen wollte, freute ich mich immer, sie wiederzusehen. Ich ließ sie dann eine viertel Stunde in Ruhe runterfahren und bereitete in der Zeit einen Kaffee für uns zu. Grundlegend war diesbezüglich doch alles in bester Ordnung. Wieder in Ordnung. Nur mein Sohn sah das womöglich anders. Seit einigen Tagen mal wieder kein Lebenszeichen von ihm. Nur blaue Häkchen bei Whatsapp, wenn ich mich auf diese Weise nach seinem Wohlbefinden erkundigt hatte. Rief ich ihn an, ging er ohnehin nicht ans Telefon. Aber musste ich ständig hinter meinem erwachsenen Sohn her telefonieren? Ich wähnte mich da selbst immer in einer Zwickmühle. Zum einen der sorgende Vater, zum anderen der Elternteil, der zwar in seiner Nähe war, aber ihn gleichzeitig ziehen lassen sollte. Seine Mutter war ja endgültig weggezogen. Irgendwo ins Allgäu. So erzählte Marc es mir vor längerer Zeit. Darunter litt er weiterhin enorm. Egal wie, ich konnte es ihm und mir selbst nicht recht machen. „Ihr Sohn ist erwachsen. Sie sollten sich zur Zeit nur um sich selbst kümmern", meinte Böckler. „Der meldet sich schon und dann müssen sie gestärkt sein." Das

hörte sich an, als ob ich mich auf irgendwelche Hiobsbotschaften einstellen sollte. Aber klar, dass sofort wieder so ein Gedanke bei mir entstand.

Ich las Stellenanzeigen. Scheinbar dachte ich fundiert über einen Arbeitgeberwechsel nach. Ich bereitete das zunächst relativ belanglos vor und schickte gar keine Bewerbungen raus. Auf der anderen Seite verfasste ich schon mal einen Lebenslauf. Der war wenig überraschend bei mir sehr überschaubar. Nur zwei Unternehmen, die mich während meiner beruflichen Karriere beeinflusst hatten: mein Ausbildungsbetrieb Spedition Drexler und eben Steigermann-Objektmöbel. Ein paar Tage später entwarf ich ein universelles Anschreiben, welches ich theoretisch für jedes Bewerbungsschreiben anwenden konnte. Das war schon genial und rückte mich in meiner eigenen Selbstwertskala einen halben Platz nach oben. Obwohl ich nicht wahrhaftig an einen Jobwechsel dachte. Zunächst hatte ich Spaß am Zusammenstellen dieses Schriftstücks. Ich setzte dafür ein Stück weit meine Kreativität ein.

Conny gegenüber hatte ich ständig ein verdammt schlechtes Gewissen, so gar nichts zu tun. Ich fand es für sie unzumutbar, mitzuerleben, wie ihr Partner morgens im Bademantel das Frühstück zubereitete, ihr anschließend einen Abschiedskuss auf die Wange drückte, um sich dann gelangweilt ins Bad zu schleichen. Nach dem Duschen zog ich mich an und fuhr dann meistens Einkaufen. Ich wettete, jede Kassiererin im Marktkauf in Walde kannte mich inzwischen. Der lange Typ mit der Baseball-Kappe. Jeden Tag wanderte ich um die unzähligen Regale des Supermarktes, selbst wenn ich gar nichts kaufte. Nur so. Aus purer Langeweile. Um irgendetwas zu machen. Mein Ritual bestand dann häufig nur aus dem Kauf einer Red Bull-Dose und eines Hanuta. J-e-d-e-n Tag. Trotz der täglichen Zuckerbomben nahm ich dabei aber nicht zu. Schön, ich absolvierte regelmäßig Rentner-Joggen, auch Stockentenrennen genannt: Nordic-Walking. So kam ich an die frische Luft und tat etwas für meinen Körper. Kam Conny von der Arbeit nach Hause, überfiel ich sie förmlich mit den Schilderungen meines Tagwerks. Wen ich so alles getroffen hatte. Welche witzigen Situationen ich beim Einkaufen erlebte. Wie aufregend! Was für Glanztaten ich im Haushalt vollbracht hatte. Ich war Connys Haushalts-Superman oder ihr Tages-Held. So nannte sie mich immer lachend, bevor sie sich für 15 Minuten im Wohnzimmer aufs Sofa legte. Danach ging mein Redefluss weiter. Mein Redebedarf

war lange nicht gestillt. Conny war fast jeden Abend meine zusätzliche Psychotherapeutin, mein weiblicher Böckler. Die Arme. Oft heulte ich beim Erzählen los und Conny tröstete mich. Aber ihre beruhigenden Worte fanden nicht direkt den Weg in mein Hirn. Was sollte sie anderes sagen? Alles wird gut. Natürlich.
Aber für mich fühlte sich alles nur viel schrecklicher an und Schnaller war hauptsächlich Schuld daran. Steigermann-Objektmöbel hatte mich fertig gemacht. Es war nur zum Heulen. Das tat ich ja zur Genüge.

Der Antrag

Ich bekam weitere drei Krankschreibungs-Verlängerungen von Dr. Leppner und Weihnachten näherte sich mit Riesenschritten. Unvorstellbar! Das hätte ich nach meiner ersten Krankschreibung niemals gedacht. Immer wenn ich diesen Wisch in den Händen hielt, plagte mich wieder mein schlechtes Gewissen, dazu Gedanken wie zum Beispiel: Wann ist das hier alles vorbei? Wann starte ich wieder durch?
Ich hatte meine damalige Lebenssituation längst nicht akzeptiert oder mich damit abgefunden. Es ängstigte mich, wie sich meine Stimmungen plötzlich und scheinbar ohne äußeren Einfluss veränderten.
Oft fuhr ich nach so einem Arztbesuch zum Marktkauf und kaufte mir zur Feier des Tages irgendeinen Mikrowellen-Fraß, den ich dann genüsslich zu Hause verspeiste. Dazu trank ich ungesundes, zuckerhaltiges Zeug. Überhaupt ernährte ich mich seit Wochen total ungesund. Mein Hanuta an der Kasse war davon das Hochwertigste. Aber, ich nahm weiterhin nicht annähernd zu. Mein Körper war, so schien es, in einen anderen Stoffwechselmodus übergegangen. Ich verbrannte wesentlich schneller und effektiver. Mein Organismus lief permanent auf Hochtouren und verbrauchte Energie.
Dr. Leppner meinte, das läge an meinem Stresszustand, in dem ich mich weiterhin befinden würde. Selbst im Schlaf schien ich Kalorien zu verbrennen. Ich war eine wandelnde Anspannung. Obwohl ich seit Mona-

ten nicht mehr zur Arbeit fuhr, sah man mir den Stress im Gesicht noch an. Ich war nahe am Limit.
Kein Schwein rief mich an, genauer, kein Kollege von Steigermann-Objektmöbel. Warum auch? Weil ich es erwartete? Genau! Der telefonische Hilferuf blieb aus. War doch klar. Die kamen eindeutig ohne mich zurecht. Wenigstens eine Karte hätten sie doch mal schreiben können. Nur, ich hatte mich ja wider Erwarten aus dem Staub gemacht und denen rein gar nichts erzählt. Ferner hatten sie ganz gewiss längst bemerkt, dass ich die Whatsapp-Kontakte gelöscht hatte. Das ließ durchaus Raum für Spekulationen. So wirklich wusste niemand von meinem Arbeitgeber, was mit mir los war. Die Krankschreibungsformulare schickte ich kommentarlos immer pünktlich per Post direkt ins Personalbüro. Ohne irgendwelche Zettelchen mit lieben Grüßen oder Ähnlichem, obwohl die Damen dieser Abteilung mich seit zig Jahren kannten und schätzten. Somit konnten sie nicht planen, ob und wann ich wiederkommen würde. Das wiederum befriedigte mich ein bisschen, da bin ich ganz ehrlich. Das sollte denen genau so ergehen. Nur litt garantiert am meisten mein Versandbürokollege darunter. Machte er überhaupt Urlaub? Überstunden ohne Ende vermutete ich. Sollte mir doch egal sein. Es **musste** mir verdammt egal sein.
Ich fuhr weiterhin zweimal in der Woche bei meinen Eltern vorbei. Mal frühstückten wir zusammen, ein anderes Mal schaute ich kurz auf einen Kaffee rein, aber immer kündigte ich meinen Besuch per Whatsapp zusätzlich bei meinem Sohn Marc an, der bekanntlich die obere Etage bewohnte. Ich informierte ihn über meine elterlichen Besuche nach dem Motto: Komm doch mal runter und iss ein Brötchen mit. Wir könnten dann quatschen. Worüber? Hauptsache Kontakt zueinander haben. Doch ich bekam lediglich die obligatorischen blauen Häkchen, als Bestätigung der gelesenen Nachricht angezeigt. Marc ging mir weiterhin bewusst aus dem Weg. Manchmal klingelte ich sogar oben bei ihm, jedoch wurde die Flurtür nicht geöffnet, obwohl ich wusste, er war da. Leider lief ich nicht die Treppe zu ihm hoch, um anzuklopfen. Es erzeugte in mir das Gefühl, ihn damit unter Druck zu setzen und einen erzwungenen Kontakt wollte ich auf keinen Fall. Marc musste von sich aus wieder den Weg zu mir suchen.
Natürlich traf es mich. Es setzte mir zu und stimmte mich nachdenklich. Einerseits fühlte ich mich verantwortlich für meinen Sohn, auch wenn

dieser bereits erwachsen war, andererseits war der Abstand, den Marc zu mir hielt gewiss zu etwas nütze. Seiner persönlichen Entwicklung half das eindeutig besser, als wenn ich ständig klammerte. Bei Problemen durfte er sich jederzeit an mich wenden, dazu hatte ich genügend Signale gesendet. Das meinte sogar Herr Böckler zu mir. Ich sollte Abstand zu meinem Sohn gewinnen. Ihn sein Leben leben lassen. Der würde sich schon melden, wenn er etwas brauchte oder Hilfe von mir benötigte. Ich sollte ihn weiterhin die Trennung seiner Eltern verarbeiten lassen. Denn einzig und allein daran würde es liegen, dass Marc mich ignorierte.

Ach ja, die Trennung. Da lasteten immer noch Schuldgefühle auf mir, die womöglich nicht sein durften. „Sie trifft insofern keine Schuld", meinte Böckler, „es war die alleinige Entscheidung Ihrer Frau."

„Ex-Frau!", verbesserte ich ihn, merkte aber gleichzeitig, das würde noch einige Sitzungen bei meinem Therapeuten brauchen, bis ich diese Suche nach meiner Schuld aufgeben oder das Eingestehen meiner Unschuld an der ganzen Misere annehmen konnte. Zunächst versuchte mir Böckler weiterhin klarzumachen, weshalb ich derzeit nicht mehr in der Verfassung war, meinen Versandleiter-Job auszuführen. Meine zu früh an mich herangetragene Verantwortung für meinen Vater hatten wir vor einiger Zeit herausgefunden. Seit Kurzem näherte ich mich in den Böckler- Gesprächen meiner Ausbildungszeit. Nachdem ich sang-und klanglos durch das Abitur gefallen war beschloss ich, nicht zur Nachprüfung anzutreten, da ich zwischenzeitlich den Ausbildungsplatz zum Speditionskaufmann bei Spedition Drexler bekommen hatte. Ich sah keine Notwendigkeit, das Abitur nachzuholen und dafür etliche Lernstunden zu investieren. Davon abgesehen fehlte mir jegliche Motivation, denn meine damalige Freundin erleichterte mir meine Prioritätensetzung. Ich hatte allerdings gar keine Lust auf Speditionskaufmann.

Nach unzähligen Absagen auf Bewerbungen zum Bankkaufmann und Industriekaufmann erhielt ich endlich eine Zusage von Spedition Drexler. Es war meine einzige Bewerbung für eine Ausbildung im Speditionsgewerbe. Na gut, wurde ich eben Speditionskaufmann. So war ich damals. Bloß nicht weiter bemühen. Den Weg des geringsten Widerstandes. Eine Zusage nach dem Vorstellungsgespräch und damit war meine Suche nach dem passenden Job für mich erledigt. Laut Herrn Böckler wurden da im Grunde genommen schon die Weichen für meinen späteren

Totalausfall bei Steigermann-Objektmöbel gestellt. Ich funktionierte über 20 Jahre ganz vortrefflich und blieb geradlinig in der Spur. Inzwischen würde ich die letzten sieben Jahre eher als „Durchhalten" bezeichnen. Die Strukturen waren vorgegeben und wuchsen, beziehungsweise entwickelten sich mit mir mit. Wenn mich die damalige Geschäftsführungsebene in Ruhe und selbstständig sowie eigenverantwortlich agieren ließ, lieferte ich einen super Job ab. Ich absolvierte mit Bravour ein paar Fortbildungen und fühlte mich richtig wohl. Stress? Na klar. Ja und? Es gibt bekannterweise sogar positiven Stress und genau so würde ich das bezeichnen.

Erst nachdem Herr Stahl bei Steigermann-Objektmöbel mein zuständiger Geschäftsführer wurde und Schnaller letztendlich dazu stieß, wurde es ungemütlicher für mich, um nicht zu sagen unerträglicher. Nachdem sich dann innerhalb weniger Jahre ein paar Geschäftsführer die Klinke in die Hand gaben und der Gesellschafter rigoros gravierende Umstrukturierungen durchsetzte, fingen meine Brennstäbe allmählich an, heftigst zu glühen, um später herunterzubrennen. Ich war nicht mehr anpassungsfähig, um mit den veränderten Gegebenheiten und passierenden Entwicklungen mitzuhalten. Mein altes und bekanntes Kartenhäuschen brach zusammen. Meine heile Welt löste sich um mich herum auf. Im Job durch Schnaller und letztendlich privat dann bei der Trennung von Karin.

Ich rotzte bei Böckler heulend fünf Papiertücher voll. „Lassen Sie es zu. Gönnen Sie sich weiterhin Ruhe." Ich nickte und schnäuzte in ein weiteres Papiertuch. „Denken Sie mal über eine Kur nach. Eine Reha." Ich blickte ihn erstaunt aus geröteten Augen an.

„Reha?"

Böckler nickte. „Fünf bis sechs Wochen Ruhe und Erholung. Man kümmert sich um Sie. Sie dürfen sich ausschließlich um sich selbst kümmern." Meine Gedanken fuhren Karussell. Bei mir schossen sofort irgendwelche Horrorszenarien in meinen Schädel. Sechs Wochen in der einsamsten Abgeschiedenheit. Ohne Conny. Täglich zusammen mit unzähligen Bekloppten in irgendwelchen stumpfsinnigen Stuhlkreisen hocken. Keine Conny. Den ganzen Tag nur Anwendungen, die mir ohnehin nichts bringen würden. Keine Conny. Akribisch getaktete Tagesabläufe und zerkochtes Kantinenessen. Keine Conny.

„Wo denn?", fragte ich Böckler.

„Das bestimmt Ihr Rentenversicherer und den Antrag stellt Ihr Arzt."
Gleich am nächsten Tag suchte ich Dr. Leppner auf und erzählte ihm von meinem gestrigen Gespräch mit Böckler. „Kein Problem. Den Antrag stelle ich und ich bin überzeugt davon, dass das der richtige Schritt für Sie ist."
Bereits drei Wochen später erhielt ich Post von meinem Rentenversicherer. Das ging ja schnell. War anscheinend doch akut bei mir. Ich öffnete den Umschlag und las, ich sollte mich mit der Dr. Waldemar Bruck-Klinik in Bad Weilingen in Verbindung setzen. Beim Googeln erfuhr ich, dass Dr. Waldemar Bruck mindestens sieben Kliniken unterhielt, davon vier in Bad Weilingen und fast alle waren Psychosomatische-Institutionen. Ein Ort voll von rückenkranken Bekloppten erwartete mich. Bad Weilingen lag am Arsch der Welt und ein Stück weiter. Von der Autobahnausfahrt circa 100 Kilometer ins Land hinein. Na toll! Und in dieser Ghosttown sollte ich sechs Wochen verbringen?
Es wurden in dem Schreiben nur fünf Wochen angesetzt. Na denn.
Ich rief dort an und kam mir sofort nach Beginn des Telefonats in die Nazi-Zeit versetzt vor. Schlimmer, denn mein Gegenüber am anderen Ende der Leitung schien direkt aus einem Propaganda-Seminar zu kommen. Es war eine männliche Stimme, die aus meinem Telefonhörer plärrte. „Wir märrrken Sie vor. Sie hörrrän in den näächstön Taaagen widdär von uns. Dann möössen Sie aber auch zum vorrrbästimmten Täärmin ärrrscheinen!"
„Jawoll!", brüllte ich in den Hörer, fast hätte ich meine Hacken zusammengeknallt. Gruselig. Schätzungsweise kümmerte sich bald Dr. Göbbels mit seinen braunen Pflegern um meine Belange. Ich hatte aber keine Wahl oder Alternative. Eine Ablehnung meinerseits hätte bedeutet, nach weiteren Monaten Wartezeit einen neuen Termin zu bekommen und dann war die Wahrscheinlichkeit sowieso groß, dass es wieder zur selben Drill-Anstalt gehen würde.
Schon drei Tage später kam ein Rückruf vom Führerbunker. Ich sollte am 07. April einrücken. Das war in zwei Wochen. Nik, dachte ich, das Abenteuer beginnt. Aber ich hatte es ja so gewollt. Möglicherweise brachte es tatsächlich etwas für mich. Ich versuchte, mir im Anschluss des Telefongesprächs vorzustellen, mit welchem Ergebnis ich nach den fünf Wochen wieder nach Hause reisen wollte. Genügend Rückgrat, um Schnaller mal die Meinung zu sagen? Ausreichend Selbstbewusstsein,

um bei Steigermann-Objektmöbel weiter als Versand-und Logistikleiter zu bestehen? Etwa die Kündigung durchzuziehen? Und was dann?
Ich war einerseits gespannt, andererseits überkam mich ein bisschen Angst. Zukunftsangst. Immerhin hatte Conny einen Versandleiter kennengelernt und der entpuppte sich seit geraumer Zeit als jammernder Loser und Nichtsnutz, der in zwei Wochen mit ein paar Durchgeknallten und einem Rollatorengeschwader durch den Kurpark schlurfte. Genau so stellte sich meine Situation für mich dar. Dabei durfte ich mir aber hundertprozentig sicher sein, dass Conny den **Menschen** Nik liebte und nicht den dahinterstehenden Job. Ich beschloss, in den verbleibenden Wochen nochmals alle Freunde zu besuchen und selbstverständlich meine Eltern. Ich versuchte, Kontakt zu meinem Sohn herzustellen, um ihn dazu zu bewegen, meine Eltern eventuell mal nach Bad Weilingen zu kutschieren, damit sie mich besuchten. Und er dann natürlich auch. Meine Mutter würde diese weite Strecke selber niemals fahren und nach den Zugverbindungen wollte ich erst gar nicht schauen. Das wäre ohnehin zu strapaziös für die betagten Menschen. Wahrscheinlich sieben Mal umsteigen und drei Stunden Aufenthalt auf einem heruntergekommenen Bahnhof irgendwo in Mitteldeutschland, mit vollgesifftem Bahnhofsklo.

Vorbereitungen

Hagen umarmte mich und wünschte mir nach meinem Verabschiedungsbesuch bei ihm ganz viel Spaß mit meinem Kurschatten. Sicher nicht! Ich war total glücklich mit Conny und würde niemals eine Mitpatientin händchenhaltend durch den Kurpark geleiten, um sie anschließend in meinem Zimmer flachzulegen. Anderseits wollte ich mich aber nicht komplett abkapseln und in den fünf Wochen zum Außenseiter abgestempelt sein. Wenn man mich fragen würde, ob ich in das ein oder andere Café mitkäme, würde ich es möglicherweise machen. So war zumindest mein Plan. Obwohl, Plan würde ich es dann doch nicht nennen. Das hörte sich so erwünscht an. Falls ich dort auf keine netten Leute traf, wollte ich nicht mit irgendwelchen Typen losziehen, nur um etwas zu unternehmen. Ich konnte genauso gut für mich alleine sorgen. Inzwischen hatte ich das ja gelernt. Ich nahm mir vor, reichlich Bücher mitzunehmen. Mit Sicherheit gab es dort eine ausreichende Programmpalette im TV. Ganz so hinterwäldlerisch würden die in der Klinik schon nicht sein und hatten garantiert Sat-TV. War zumindest meine Hoffnung. Womöglich sahen dort alle nur zu festgelegten Zeiten im Gemeinschaftsraum fern. Jeden Sonntag Tatort und freitags „Wer wird Millionär". Im Anschluss gingen alle brav ins Bettchen und das Licht erlosch automatisch. Nein, so war es bestimmt nicht. Hatte ich vor einigen Tagen nicht ein Infoschreiben von der Klinik erhalten? Ich klappte meinen Laptop auf (durfte ich den mitnehmen?) und gab erneut „Dr. Waldemar Bruck-Klinik" in die Suchzeile ein. Es öffnete sich eine Frontalansicht der Klinik und eine Auflistung der Leistungen. Beim Scrollen entdeckte ich den Button „Zimmerausstattung". Satelliten-TV und WLAN las ich. Na bitte, geht doch! Schließlich fand ich Fotos der Zimmerinneneinrichtungen. Oh Gott! Das sah dann doch eher aus wie U-Haft, nur ohne Gitter vor den Fenstern. Eher spartanisch und klein. *Nik, du bist ja nicht zum Vergnügen dort. Das wird kein Wellness.* Wobei der Kurgedanke an sich doch ein bisschen davon mit sich führte, meiner Meinung nach. Ich erinnerte mich aber an das Telefonat mit dem Göbbels-Double. Wenn die gesamte Pflege-und Therapeutenmannschaft in dem Kurkasten ähnlich wie er gestrickt waren, würde es ganz sicher kein Erholungsurlaub; eher ein Bootcamp-Drill. *Mensch Nik, lass es doch einfach mal auf dich zukommen.* Mit diesem Gedanken versuchte ich mich in den verbleibenden Tagen zu Hause zu beruhigen.

Am nächsten Tag frühstückte ich mit meinen Eltern. Ich merkte meiner Mutter an, dass sie meiner Sache eher skeptisch gegenüber stand. „Hoffentlich verändern die dich da nicht." Was meinte sie mit verändern? Gehirnwäsche oder so ähnlich? Wahrscheinlich.

Ich wollte dort auf jeden Fall ausgiebig Sport treiben. Laut Internetpräsentation bot die Klinik reichlich Sportmöglichkeiten an. Nordic-Walking und in den Fitnessraum stand bei mir ganz weit oben auf der Aktivitätenliste. „Bin gespannt, was für Anwendungen die mit dir machen, Nik", meinte meine Mutter. Stimmt, ich bekam auch Anwendungen. In meinem Fall viele Gespräche mit irgendwelchen Experten auf dem Gebiet der Psychologie. Dabei fiel mir eine Szene aus Loriots „Ödipussi" ein: Der Stuhlkreis mit den Bekloppten. Ich schmunzelte und meine Mutter bemerkte es. „So musst du wiederkommen."

„Wie?"

„Lächelnd. Du sollst wieder lächeln, Nik." Sie hatte ja so Recht. Ich lachte in letzter Zeit wahrhaftig viel zu selten. Meinem sozialen Umfeld war das mit Sicherheit schon stärker aufgefallen, als mir selbst; nur traute sich niemand, es mir direkt zu sagen. Mir war aber oft nicht ständig zum Lachen zumute. Ich schlief weiterhin relativ gut. Mir schien der Schlaf zu reichen. Mein Körper hatte sich offenbar ausreichend erholt, um die täglichen kleinen Aufgaben erledigen zu können. Mehr aber auch nicht. An acht bis zehn Stunden Versand-Arbeit war definitiv nicht zu denken. Ich dachte aber in diesem Augenblick daran und mein Schmunzeln brach abrupt ab. Ich schaute wieder ernst. „Was ist los?", fragte meine Mutter dann prompt.

„Ach, nichts. Ich war gerade gedanklich bei Steigermann-Objektmöbel."

„Was die mit dir gemacht haben. Gehst du da denn wieder hin?" Diese Frage hatte ich mir in den letzten Tagen selber öfters mal gestellt. Ich konnte sie mir aber beim besten Willen nicht beantworten. Ich wollte erst mal die Reha abwarten. Gleichzeitig wusste ich aber, dass ich mir selbst wieder nur Aufschub besorgte. Ich war mir absolut nicht sicher. Vor meiner Abreise hatte ich einen Termin bei Böckler. Mal horchen, wie er meine berufliche Zukunft einschätzte.

Einen Tag später rief mich mein Sohn an. „Hallo Vaddern. Ich habe von Oma und Opa gehört, du machst 'ne Kur?" Ich freute mich riesig über seinen Anruf, wollte es ihn aber nicht direkt wissen lassen. Möglichst gleichgültig sprechen und seinen Anruf als normal und gewöhnlich erscheinen lassen.

„Ja. Nächste Woche geht es los."

„Wohin?" Ich nannte ihm den Ort, mit dem er aber erwartungsgemäß nichts anfangen konnte. „Wie lange fährt man?"

„So zwei Stunden", antwortete ich.

„Ich komme dann mal mit Oma und Opa vorbei." Somit hatte sich eine Sorge von mir glücklicherweise in Wohlgefallen aufgelöst. Meine Eltern werden mich besuchen kommen und mein Sohn ebenfalls. „Dann erhol dich da mal schön." Ich bejahte, laberte etwas von „werde mir Mühe geben" und wartete, ob da noch irgendetwas von ihm kam. Eine Bitte

um Unterstützung zum Beispiel, weil er mit seiner Ausbildungsvergütung nicht klar kam. Doch es kam nichts, außer einem: „ Mach's gut, Vaddern!"
Ich verabschiedete mich ebenfalls und wischte über das Display meines Handys, um das Gespräch zu beenden. Ich hatte ihn gar nicht nach seinem Befinden gefragt. Aber vermutlich wollte er darüber gar nicht sprechen. Er wollte sich tatsächlich nur gemeldet haben, vermutete ich. Auf jeden Fall war ich nach dem Gespräch ein bisschen erleichtert.
Ich saß wieder Böckler gegenüber und sagte zunächst gar nichts. Er blickte ebenfalls stumm zu mir. Mir fiel dabei auf, dass er weder einen Notizblock oder sonst irgendetwas in den Händen hielt, um sich Notizen von meinen Ausführungen zu machen. Jetzt, in diesem Augenblick bemerkte ich das erst. Merkte der Kerl sich wirklich alles? Oder ging ihm das Gejammere so am Arsch vorbei und er sah es überhaupt nicht für notwendig an, davon irgendetwas schriftlich festzuhalten. War er denn nicht verpflichtet, einen Bericht für die Krankenkasse anzufertigen?
Böckler grinste und fragte mich: „Na, schon aufgeregt vor der großen Reise?" Ich nickte. „Ein bisschen. Vor allen Dingen denke ich darüber nach, was danach kommt."
„Das warten wir direkt mal ab, Herr Reimann." Falsche Antwort. Ich hasste dieses Abwarten. Ich war jetzt schon seit sieben Monaten zu Hause und hatte immer noch das Gefühl, nicht so wirklich zur Ruhe gekommen zu sein. Heruntergefahren? Nicht so richtig. Auf andere Gedanken gekommen? Nur abends im Bett mit Conny. Ansonsten rannte ich jeden Morgen zum Briefkasten, um nach dem Steigermann-Objektmöbel-Kündigungsscheiben zu sehen. Was völliger Quatsch war. Nach so langer Betriebszugehörigkeit und innerhalb einer Krankschreibung durften die mir gar nicht kündigen.
Stattdessen bekam ich eine Einladung zu einem Wiedereingliederungsverfahren von Frau Klöppke, der Personalchefin. Ich schrieb lapidar zurück, dass ich mich dazu derzeit nicht in der Lage fühlte. Vorher hatte ich darüber mit Dr. Leppner gesprochen. „Sie gehen da nicht hin!" Selbstverständlich nicht. Steigermann-Objektmöbel gehörte ab sofort zur verbotenen Zone. Danger!
Somit stand ich vor unserem Bett, auf dem mein Koffer geöffnet lag und hielt meine Bermuda-Badehose in der Hand. Ich entschied, sie nicht mitzunehmen. „Aber es gibt dort doch ein Schwimmbecken und gege-

benenfalls hast du ja Bock drauf, Nik." Conny stand plötzlich neben mir, ich hatte ihr Erscheinen gar nicht mitbekommen, weil ich völlig in Gedanken versunken war. "Nee, auf Schwimmen hatte ich noch nie Bock. Schon als kleiner Junge nicht."

"Klar, der kleine Nik brauchte nie Dinge tun, bei denen er keinen Spaß hatte", äffte Conny meine Stimme nach. Ich legte die Badehose wieder in den Schrank zurück und packte weiter meinen Koffer. Conny ging kopfschüttelnd aus dem Zimmer.

Ich wollte mit ihrem Nissan Micra die Reise antreten und sie durfte während der Zeit mein SUV fahren. Meinen Laptop wollte ich auf jeden Fall mitnehmen. Es gab ja WLAN. Ein paar Bücher hatte ich mir kürzlich beim Buchhändler im Ort gekauft. Ich würde ja sicherlich enorm viel Zeit zum Lesen bekommen. Ich würde grundsätzlich ganz viel Zeit haben. Zum Nachdenken? Grübeln? Heulen? Aus dem Fenster hüpfen? Mal sehen. Der Koffer ging locker zu und meine Sporttasche wurde zum Glück nicht allzu schwer. Mit diesen beiden Gepäckstücken belud ich den Nissan. Falls mir Wäsche fehlen sollte, könnte Conny mir die bei ihren Wochenendbesuchen mitbringen und gleichzeitig meine Schmutzwäsche mit nach Hause nehmen. Außerdem gab es in Bad Weilingen garantiert das ein oder andere Klamottengeschäft oder einen Supermarkt. Ich wäre immer noch in der Zivilisation.

Der Micra-Kofferraum war voll und mein Navi flugs programmiert. Morgen früh um 7.30 Uhr plante ich loszufahren. Kurz nachdem Conny zur Arbeit losgefahren war.

In dieser Nacht bekam ich nicht eine Minute ein Auge zu. Irgendwann setzte ich mir meine neue Beiß-Schiene in den Mund, nachdem Conny mich mehrfach in die Seite gestupst hatte, weil ich knirschte wie ein zähnefletschender Wolf.

Die Anreise

Ich schloss die Heckklappe von Connys Nissan Micra und ging zurück zur Haustür. Dort stand mein Traumweibchen, um mich zu verabschieden. Conny hatte es extra so eingerichtet, dass sie heute später mit ihrer Arbeit anfing, um mich bis zur letzten Minute bei sich zu haben. Wir umarmten uns. Wir küssten uns. Mir kamen die Tränen. Wie sollte ich bloß die nächsten 35 Tage überstehen. Was für ein Mensch würde ich nach der Entlassung sein? Der Begriff „Gehirnwäsche" geisterte in den letzten Tagen durch meinen Schädel; sogar meine Mutter schien davon gehört oder eher in einem ihrer Regenbogen-Klatschblätter gelesen zu haben. Hoffentlich völliger Blödsinn. Conny wollte mich jedes Wochenende besuchen. Ohne Übernachtung in einer der umliegenden Hotels, so hatten wir es besprochen. Meistens samstags, damit am Sonntag möglicherweise der ein oder andere Freund kommen konnte. Ich erwartete schon, dass ein Teil meiner Freunde vorbeikommen würde. Auf jeden Fall freute ich mich jetzt schon auf den Besuch von Marc und meinen Eltern.

Um Punkt halb acht ließ ich den Motor an und fuhr, durch die Seitenscheibe winkend davon. 200 Kilometer lagen nun vor mir, ungefähr die Hälfte davon durch bewaldete Pampa. Ich wollte kurz vor dem Verlassen der Autobahn eine Rast einlegen. Wer konnte schon sagen, welche seltsamen Lokalitäten mich in den ganzen Kuhdörfern erwarteten? Darauf wollte ich mich nicht verlassen. Wahrscheinlich gab es in jedem Ort einen Gasthof „Zur Post" oder „Zum Hirsch", in denen jeder Auswärtige beim Betreten von misstrauischen Blicken beäugt und mit den Worten „Wir bedienen hier keine Fremden", wieder herauskomplimentiert wurde. Mit Sicherheit tuckerte kilometerweit der obligatorische Traktor vor mir her, durch die Dorfstraßen wehten die kugelrunden Steppenhexen-Sträucher, die man aus Wild West-Filmen kennt. Was ich mir alles vorher ausmalte.

Die erste Autobahn war relativ frei und ich prügelte den Elefantenrollschuh bis 145 Km/h. Der Motor jaulte so heftig, dass ich das Radio lauter aufdrehte, um überhaupt ein paar der besten Songs der 80er und das Beste von Heute hören zu können. Auf jedem Sender lief die gleiche verquirlte Kacke. Im Laufe der Jahre hatte ich mich daran gewöhnt, dass meine Musik nicht im Radio lief. Zumindest nicht besonders häufig und wenn, dann nur nachts. Daher war ich immer mit reichlich CDs ausgestattet. Zumindest in meinem Auto. Leider vergaß ich, einige der Hard Rock- und Metal-Scheiben in den Micra umzupacken. Daher musste ich mich mit der musikalischen Auswahl der Musikredaktionen der Radiosender abfinden. Grausam!

Ich wechselte die Autobahn und nahm das letzte Stück bis zur Abfahrt auf eine Bundesstraße in Angriff. Nach etwa einer halben Stunde fuhr ich ab und hatte ab jetzt etwa 100 Kilometer Landstraße vor mir. Und einen Traktor. Natürlich. Ich war leider Nummer fünf in der Kolonne dahinter. Die Pole -Position schien ein scheintoter Fahrer einzunehmen, der es vorzog, mit 25 km/h hinter der Landzugmaschine herzufahren, statt den Blinker zu setzen. Denn die Bundesstraße war zum größten Teil geradlinig und überschaubar, jedoch nicht, wenn derjenige mit 15 Dioptrien versuchte, an einem Trecker vorbeizusehen. Der Traktor bog ab und deswegen führte ab jetzt der fahrende Methusalem die Schlange an. Ich schätzte ohnehin, dass in dieser Gegend hauptsächlich höchst betagte Menschen hinter dem Steuer saßen; die Jugend war bei passender Gelegenheit in die Städte geflüchtet. Außerdem erfüllte die Nummer Eins meiner Kolonne ein weiteres Klischee: Er fuhr einen Mercedes aus den 80er-Jahren. Die ersten Fahrzeuge hinter ihm setzten schon zum Überholen an und ich schloss mich ihnen an. Dann meldete sich meine Blase. Es war dringend. Aber weit und breit kein Ort oder ein Gasthof in Sicht. Die hätten mich ja sowieso nicht hereingelassen. Stattdessen nur Wald und Wiesen. Die Strecke führte in Serpentinen einen kleinen Berg hoch und schlängelte sich durch extrem dichten Wald, sodass ich es für besser hielt, die Scheinwerfer einzuschalten. Ganz sicher gab es hier sogar Wölfe. Aber ich musste unbedingt eine Stelle finden, an der ich halten konnte, um mich ins Gebüsch zu schlagen. Nach drei weiteren scharfen Kurven sah ich so etwas wie eine Feldwegeinmündung; in diesem Fall eher ein Waldweg. Ich blinkte, obwohl hinter mir weit und breit niemand war, und fuhr vorsichtig auf den matschigen Weg; rollte noch ein paar Meter und schaltete den Motor aus. Mit schnellen Schritten, weil ich bereits spürte, wie die ersten Liter quasi schon den Weg aus der Blase suchten, lief ich dichter ins Unterholz. Ich schaute mich kurz um und sah, dass in einigen Kilometern Entfernung ein Fahrzeug die Serpentinen herauffuhr. Die Scheinwerferkegel tasteten sich hin-und her-schwenkend den Hügel hinauf. Ich nahm mein bestes Stück in die Hand und suchte Sichtschutz hinter einem Baum. Wasser Marsch! Mit einem leichten Seufzer ließ ich den Dingen ihren Lauf, während ich mich beiläufig umblickte und auf dem Waldboden um mich herum ein Meer von weißen Fähnchen, die lustig im Wind flatterten, entdeckte. Das waren alles Papiertaschentücher, die Leute in ähnlichen

Notsituationen benutzt und liegen gelassen hatten. Ich hatte doch in der Tat die am meisten frequentierte Wildkacker-und Pisser-Stelle des Waldes gefunden. Erst jetzt kroch der eklige Gestank in meine Nase. Wie gestochen bewegte ich mich vom Baum weg und versuchte möglichst schnell den Gürtel meiner Hose zu schließen. Bloß weg von dieser Kloake! Gleichzeitig achtete ich darauf, nicht auf eines der Papiertaschentücher zu treten. Das wäre es noch!
Den kleinen Nik in der Hand, fand ich mich plötzlich im Scheinwerferlicht eines Audis wieder, der seitlich neben dem Nissan Micra hielt. Anscheinend hatte der Fahrer dasselbe Bedürfnis. „Sie Wildpisser!", fluchte der ältere Herr allerdings, der sich aus dem Luxusschlitten quälte. „Habt ihr alle keine Klos?", zeterte er weiter.
„Entschuldigung. Aber es war dringend", erwiderte ich und es war mir megapeinlich. Der alte Mann trug eine olivgrüne Latzhose und Gummistiefel. Ich schätzte, er gehörte zur hiesigen Bauerngarde und fuhr regelmäßig Streife, um Leute wie mich aufzugreifen. Was wollte er nun machen? Meinen kleinen Nik als Beweismittel fotografieren? Mich mit der Mistforke aus dem Kofferraum erstechen? Oder sah der Dorfsheriff so aus wie er? Dann würde er mich an Ort und Stelle festnehmen. Ich stapfte stur an ihm vorbei zu meinem Fahrzeug. „Wenn alle in deinen Garten scheißen. Was dann?", rief er hinter mir her. „Ich hab nur gestrullt", antwortete ich und stieg in mein Auto. Ich setzte zurück und sah im Innenspiegel, wie er sich wieder hinter das Lenkrad quetschte. Der alte Bauer war sehr beleibt, sodass selbst so eine große Limousine nicht genügend Platz bot. Verfolgte er mich? Fast wollte ich mehr Gas geben, aber dann dachte ich, was kann er mir schon anhaben? Aussage gegen Aussage. Und ich konnte es mir nicht vorstellen, dass er die anderen Wildpisser und Kacker alle erwischt und angezeigt hatte. Mit Sicherheit nicht. Die nächste halbe Stunde blieb er hinter mir. Dann blinkte er nach rechts und fuhr auf eine Hofeinfahrt. Womöglich zu seinem Bauernhof, wo ihn seine Olle und 150 Kühe sehnsüchtig erwarteten, wobei bei Letzteren die Zitzen vermutlich häufiger von ihm berührt wurden, als bei der Bäuerin. Nik, was sollen jetzt diese bescheuerten Gedanken? Immerhin humorvolle. Ich rollte doch etwas entspannter weiter. Im Nachhinein war ich froh, ihn losgeworden zu sein.
Mein Weg führte weiter durch einige malerische Orte und ich hielt schließlich vor einer kleinen Dorfbäckerei, um mich mit etwas Süßem

und einem Kaffee zu belohnen. Die Ladentür schlug oben gegen ein Glockenspiel, welches lustig vor sich hinklimperte. Es schien gar nicht mehr aufzuhören. Der Laden war leer. Selbst hinter dem Bedientresen befand sich niemand. Aber ich hatte ja gewissermaßen geläutet. Doch es kam keine Bedienung. „Hallo!", rief ich. Ich schaute erneut auf die Teigwaren in der Vitrine des Verkaufstresens und als ich wieder hochblickte, stand plötzlich eine ältere Dame in einem weißen Kittel hinter dem Glastresen. Ich hatte sie gar nicht kommen gehört. Sie lächelte mich schweigend an. „Guten Morgen", sagte ich. „Einen Bienenstich und eine Tasse Kaffee, bitte."

„Mitnehmen?", fragte die Bedienung mich.

„Nein, ich würde alles gleich hier verzehren."

„Den Kuchen auch?" Was sollte denn diese Frage?

„Natürlich. Den Kuchen und den Kaffee." Ich sprach etwas langsamer und fast hätte ich gleichzeitig versucht, durch Gestiken mein Ansinnen zu verdeutlichen. Sie lächelte nach wie vor und drehte sich dann zu ihrer Kaffeemaschine um, stellte eine Tasse unter das Gerät und drückte auf einen Knopf. Es brummte und zischte. Dann zischte es nur noch. Die Tasse blieb leer. Inzwischen hatte sie mir mein Stück Bienenstich auf einen Teller gelegt und diesen auf den Verkaufstresen gestellt. Die ältere Dame lächelte weiterhin. Sie schien immer zu lächeln. Was für ein freundlicher Mensch. „Jetzt ist das Scheiß-Ding kaputt!", fluchte sie lautstark und schlug mit der Hand oben auf die Kaffeemaschine. Das Zischen erstarb. Aus allen möglichen Geräteöffnungen kam Dampf. Wieder schlug sie mit der Hand auf das Gerät. „Mach schon! Scheiß-Teil!" Ich blickte entsetzt. Offenbar nicht nur wegen ihrer unerwartet harten Reaktion, sondern weil sie dabei tatsächlich immer noch lächelte. Sie fluchte lächelnd. „Ist schon in Ordnung. Ich esse nur den Kuchen. Was bekommen Sie?" Wie eine Wilde prügelte sie seitlich auf das Gerät ein und schlug mit der Faust vor die Front. Es scheppertejedes Mal ordentlich. Doch es tat sich nichts. „Einsfuffzig", sagte sie, wieder zu mir gewandt. Plötzlich setzte das Brummen wieder ein und kurz darauf ergoss sich herrlich duftender Kaffee in die Tasse. „Geht doch", sagte ich lächelnd zu ihr. Ihr Lächeln erstarb abrupt. „Dann drei Euro", meinte sie ernst zu mir. Was hatte ich Falsches gesagt? Während ich in meinem Portmonee kramte, nahm sie die Tasse unter dem Gerät hervor und stellte sie ebenfalls auf den Glastresen. Sie blickte immer noch total

ernst. Ich stellte mich an einen der drei Stehtische und trank meinen Kaffee, der vorzüglich schmeckte und aß den Bienenstich, der aufgrund seiner Puddinglastigkeit sehr lecker mundete. Als ich einmal kurz zum Verkaufstresen schaute, sah ich niemanden mehr. Wie vorher erschienen, so war die alte Dame wieder verschwunden. Als ob ein Phantom mich bedient hatte. Ich trank aus und verließ die Bäckerei. Das Glockenspiel bimmelte. Ich hörte es sogar draußen auf dem Weg zum Micra.
Laut Navi erreichte ich in circa 20 Minuten mein Fahrtziel. Kein Traktor, keine Baustelle und kein Schulbus. Ich kam flott voran.
Dann erblickte ich sie. Die Dr. Waldemar-Bruck-Klinik. Mein Zuhause für die nächsten fünf Wochen. Sie lag durchaus malerisch, zum Teil von hochgewachsenen Nadelbäumen verdeckt an einem Waldhang, den ich im zweiten Gang hochfuhr. Je näher ich kam, desto mehr wichen die romantischen Gedanken beim Betrachten der grauenhaften, schlichten Architektur des Betonklotzes. 70er-Jahre Plattenbau-Look. Das traf die Beschreibung der Architektur dieses Kastens am besten. Ich schlich mit 25 km/h den Hügel hinauf und versuchte mich zu orientieren, wo mein Fahrzeug abgestellt werden konnte. Direkt vorm Haupteingang standen schätzungsweise 20 Leute in Jogginghosen oder Leggings oder schlicht nur in Jeans und fuchtelten mit Ski-Stöcken herum. Ohne Schnee? Ohne Skier? Mensch, Nik, was denkst du für einen Mist. Das waren Nordic-Walking-Stöcke und die Menschen wärmten sich für ihren Walk auf. Und schon fielen mir meine vergessenen, eigenen Nordic-Walking-Stöcke ein. Die Klinik stellte aber bestimmt genügend Leihstöcke zur Verfügung. Conny könnte mir meine Stöcke bei ihrem Besuch mitbringen.
Jetzt wollte ich aber erst mal ankommen und parken. Ich fuhr ganz vorsichtig auf die Aufwärmtruppe zu, die daraufhin kollektiv ihre Stöcke sinken ließ und mich anstarrte. Durch die heruntergelassene Seitenscheibe fragte ich: „Darf man hier halten?" Da löste sich ein junger Mann aus der Gruppe und kam ein paar Schritte auf mich zu. „Zum Anmelden, ja. Ansonsten ist links vom Gebäude ein Parkplatz." Er wies mit seinem Nordic-Walking-Stock haarscharf an meinem Gesicht vorbei in die Richtung und marschierte dann wieder zu seiner Gruppe zurück. Ich rief ein „Danke!" hinterher und stellte den Motor aus. Mein Blick schweifte einmal am ganzen Klinikgebäude entlang und von oben nach unten. Vor manchen Fenstern entdeckte ich Balkone, aber längst nicht vor allen. Klar, niemand sollte den finalen Schritt machen und die Fens-

ter in den oberen Etagen ließen sich womöglich gar nicht öffnen. In meiner Fantasie hörte ich einen Schrei und das Geräusch, wenn ein Körper auf ein Wagendach knallte. So ein Blödsinn! Direkt neben dem Haupteingang stand der Raucherpavillon. In Wirklichkeit verglast, sah aber eher aus, wie mit grauer Folie zugetackert. Man konnte nicht mehr hineinsehen und umgekehrt garantiert keinen Blick herauswerfen. Die Tür öffnete sich. Ein gewaltiger Rauchschwall waberte nach draußen und eine Gestalt entstieg dem Nebel. Ich fühlte mich an die alte Version von „The Fog" erinnert. Die große Gestalt hustete mehrfach und schritt auf einen vor dem Pavillon stehenden Rollator zu. Ich bemerkte die gigantischen Ausmaße der Person. Godzilla schob mit dem Rollator an mir vorbei und hustete währenddessen ein „Hallo!" in meine Richtung. Ich nahm meine Unterlagen und schritt durch die Glasschiebetür ins Foyer der Klinik.

Einchecken

„Guten Morgen", flötete ich der älteren Dame entgegen, die auf einem Hocker stand, um an ihr Schließfach im Foyer heranzukommen. Direkt hinter der Eingangstür befand sich ein Vorraum, der an einer Seite komplett mit Schließfächern vollgepackt war. Die oberste Reihe dieser Fächer befand sich in circa zwei Meter Höhe, sodass etwas kleiner geratene Menschen, als ich es mit meinen 190 Zentimetern war, nur mit Hilfe eines Hockers oder sogar einer kleinen Trittleiter an ihr jeweiliges Fach gelangen konnten. Die ältere Dame reckte ihre Ärmchen aus, um den Schließfachschlüssel ins Schloss zu prokeln. Das hatte schon etwas von Senioren-Artistik und sah dazu gefährlich aus. „Kann ich Ihnen helfen?", fragte ich daher.
„Danke, junger Mann. Aber ich mache das hier täglich." Dann eben nicht. Vielleicht gehörte das ja zu ihrer Therapie. Selbstständigkeitsübung oder so ähnlich. Ich begab mich weiter in Richtung Rezeptionstresen und entdeckte etwa zwei Meter davor auf dem Boden eine hand-

breite gelbe Linie. Anscheinend sollte aus Diskretionsgründen an dieser Linie gewartet werden. Selbstverständlich. Wieso kam mir in dem Moment der Gedanke an eine Selbstschussanlage? „Stop!", schrie der Rezeptionist.

„Ja. Klar", sagte ich nur und blieb wie Gonzo angewurzelt stehen. Vor mir wurde gerade eine junge, fette Dame bedient. Schade, so ein hübsches Gesicht. Aber eben total fett. Mir wurde wieder bewusst, dass in diesem Etablissement nicht nur psychische Störungen sondern obendrein orthopädische Krankheiten, sowie Essstörungen rehabilitiert wurden. Die junge Frau gehörte eindeutig zu Letzterem, hatte aber sicherlich auch orthopädische Handicaps und das wiederum führte bekanntlich zu psychischen Defiziten. Ein Teufelskreis! Ich versuchte, an ihr vorbeizublicken und reckte mich seitlich äußerst weit nach rechts heraus, als ob ich hinter einem Bus die Straße überqueren wollte. Der Empfangsmitarbeiter sah ebenfalls an der jungen Frau vorbei und blickte mich direkt an. „Wör sönd gleich färrrtig. Bötte etwas Gääduld", wies er mich an. Diese Stimme weckte Erinnerungen an das Telefonat mit einem Mitarbeiter dieser Klinik kurz nach meinem Reha-Antrag. Jetzt konnte ich sein Namensschild lesen: Herr Braun. Er hätte womöglich nicht passender heißen können. Adolf Braun. Quatsch! Der Vorname entsprang ungewollt meiner Phantasie.

Die dicke Frau wandte sich von Herrn Braun ab und watschelte an mir vorbei zum Ausgang. Vermutlich wollte sie ihr Gepäck holen und der Truck mit ihren 38 XXL-Koffern parkte separat hinter der Klinik an der Rampe zum Lieferanteneingang. Ich war fies. „Haben Söö bereits dos Meiste mitgehört?", fragte mich der Rezeptionist. War das etwa eine Fangfrage, um zu prüfen, ob ich ein Lauscher war? „Nein. Ich habe gar nichts mitbekommen", log ich. Herr Braun trug ein weißes Hemd und darüber eine schwarze ärmellose Weste. Auf seiner dicken Nase saß eine Brille mit halben Gläsern. Er sah aus wie ein Telegraphierer aus dem Wilden Westen. „Härzlich Willkommen in därrr Dr. Waldämar-Brock-Klinik!", jodelte er fröhlich. Seltsam daran war nur, dass er dabei ein ernstes Gesicht machte. Das musste man erst mal können. Ich war beeindruckt und gleichzeitig ziemlich irritiert. „Ist ätwas nöcht in Orrrdnung?", fragte der Telegraphierer mich.

„Nein. Äh..doch. Alles gut. Hier sind meine Papiere." Ich schob ihm meine bereits zu Hause ausgefüllten Anmeldeformulare und meinen Medikamentenplan hin. „Das gääben Sö bitte in Ihrärrr Ätage beim Pfläägedienst ab." Den Medikamentenplan gab er mir zurück. „Sö haaaben Zimmärrr 301 in därrr drittän Ätage. Dort drüben sönd die Faaahrstühle." Er wies auf die andere Seite des Foyers und reichte mir den Zimmerschlüssel herüber. Etwa zehn Patienten (oder sagte man Insassen?) warteten vor drei Fahrstuhltüren. Da wusste ich noch nicht, dass man in diesem Gebäude Zweidrittel der Zeit mit dieser Warterei verbrachte. Es sei denn, man nahm die Treppe. Aber ich bin von Natur aus faul, deshalb wurde ich ebenfalls zu einem Wartenden.

„Sö dürrrfen Bäsuch ämpfangen, allerrrdings nicht auf Ährem Zimmer." Bitte? Hatte ich mich da gerade verhört? Wo sollte ich denn mit Conny vögeln? Im Gemeinschaftsraum oder in der Klinik-Bücherei? „Ab 22 Uhr härrrscht Nachtrohe und nachmittags von 13 bis 15 Uhr allgemeine Roohe. Im Aufänthaltsberrreich auf därrr dritten Ätage haben wir WLAN." Es klang mehr wie „Wäählaan". Was, nur im Aufenthaltsraum? Mist, dann konnte ich mir eben keine Pornos ansehen. „Um 23 Uhr äst Zapfenstreich. Wärrr später aus dem Orrrt zuröck kommt, kommt nöcht määhr rrrein. Dö Haupttür schlößt um 23 Uhr automootisch." Nach dieser Ansage grinste Herr Braun. „Sö können nun Ähr Gepäck auf Ähr Zimmer bringen und falls Sö mit däm Auto angerrreist sönd, das Fahrzeug ll-links von der Klinik auf däm öffentlichen Parrrkplatz abställlen. Wochenticket 25€ und därrr Automat nömmt nur Münzen." Bitte? 25 Tacken für's Parken? Kaufe ich die Parkfläche gleich mit? In Münzen? Ist der Parkscheinautomat gleichzeitig ein einarmiger Bandit und ich habe Chancen auf den Jackpot? „O.K. . Danke. Dann hole ich mal eben mein Gepäck rein und parke mein Auto." *„Und klaue einer Rentnerin ihr Kleingeld",* dachte ich bei dem Gedanken an den unverschämten Parkscheinautomaten. Herr Braun nickte nur.

Ich stellte den Koffer und die Sporttasche zu weiteren Gepäckstücken frisch Angereister ins Foyer.

Der Klinikparkplatz war eine alte, terrassenartig angelegte Schotterfläche, die darüber hinaus in enorm steiler Hanglage lag. Ich stellte mir Menschen mit Krücken oder Rollatoren vor, die aus ihrem Fahrzeug stiegen und dann nicht weiter wussten. Es war schier unmöglich, mit einer Gehbehinderung vom Auto weg- oder wieder hinzukommen. War man gut zu Fuß, so bestand hier die Gefahr, umzuknicken und aus einem Psycho-Patienten wurde zusätzlich ein Orthopädie-Fall. Wie prak-

tisch, um Auslastungskapazitäten voll auszunutzen. Ich ging vorsichtig Schritt für Schritt den Buckelpisten -Parkplatz hinunter, bis meine Füße auf dem Bürgersteig aufsetzten. Am Fuße des Hangs stand der ominöse Parkscheinautomat. Jetzt nur genügend Münzen zusammenkratzen. Mein Portmonee war heute leider kein Münzengrab. Ich bekam 13 Euro zusammen. Das bedeutete, ich musste zurück zur Rezeption und wechseln, um erneut den Parkplatz-Spaziergang anzutreten. Nach zehn Minuten stand ich wieder hinter einem Neuankömmling im Foyer und wartete, bis ich erneut vor Herrn Braun trat. „Können Sie mir den klein machen?" Er nahm den 20-Euroschein von mir und drehte sich auf seinem Stuhl herum, um hinter sich eine alte Metallschatulle zu öffnen. Dort drin befand sich das ganze Klimpergeld. Herr Braun drehte sich zu mir zurück und schob mir einige Zwei-und Ein-Euro-Münzen rüber, als ob ich mir Jetons fürs Roulette bestellt hatte. Dabei sagte er kein Wort. Herr Braun funktionierte stets nur wie ein Schweizer Uhrwerk. „Danke", sagte ich höflich und war schon wieder auf dem Weg zum Abenteuer-Parkplatz. „Hauptgewinn!" hätte eigentlich im Display des Parkscheinautomaten aufblinken müssen; stattdessen stand dort nur „Wochenticket". Das bedeutete für mich, kommende Woche, wie auch immer ich das anstellen wollte, reichlich Münzen zu ergattern, um diesen Kleingeldräuber erneut zu füttern. Für die Kohle würde mein Auto (Connys Wagen) mindestens gewaschen und von Innen gereinigt.
Träum weiter, Nik! Ich begab mich zurück zum Haupteingang und wollte nach meinen Gepäckstücken greifen, als mein Blick wieder auf die vielen Schließfächer im Eingangsbereich fiel. Herr Braun hatte gerade keinen Neuankömmling abzufertigen, also schritt ich schnurstracks zu seinem Anmeldetisch oder nennt man es Rezeptionsboard? Er blickte mich gar nicht an sondern stellte stumm ein Schildchen vor sich. *„Bin gleich wieder da"* stand drauf.
„Ich hab da noch eine Frage", begann ich. Braun wies nur mit einem Finger auf das Schildchen und ließ dann dickfellig vor meinen Augen ein riesiges Rollo herunter. Das Kasperletheater hatte nun geschlossen. Die Schießbude machte Pause. Mir fiel dazu noch reichlich Blödsinn ein. Auf jeden Fall war ich über diese unmögliche Reaktion des Rezeptionisten sehr überrascht und ein wenig sauer. Ich sprach spontan einen Patienten an, der offensichtlich auf dem Weg zum Raucherpavillon war. „Hallo! Entschuldigung, was hat es bitte mit den Schließfächern auf sich?"

Der Mann blieb stehen und antwortete: „Da drinnen finden Sie Ihre täglichen Therapieänderungen und am Wochenende Ihren Therapieplan. Und falls die Lieben Ihnen schreiben, liegt das dann auch da drinnen." Er lächelte ein nikotingelbes Lächeln. Ich bedankte mich und schlürte mit meinen Packstücken zu den Fahrstühlen. Und wartete. Und wartete. Und wartete. „Dauert heute wieder", meinte ein Mitwartender.
„Dauert das denn immer so lange?" Er nickte. Da es sich um drei Fahrstuhlkabinen handelte, sah es ein bisschen so aus, als ob man sich in der alten Jörg Dräger-Show „Geh aufs Ganze" befinden würde.
Tor 2 geht auf und dahinter steht der „ZONK"! Ich schmunzelte.
Kabine 2 ging dann tatsächlich auf und gab die Sicht auf ein Rollatorgeschwader frei. Der ZONK wäre mir lieber gewesen, dann hätte ich noch in die Fahrstuhlkabine gepasst. So sahen mich drei Rollator-Nutzer an und zogen ihr „Tut uns leid"-Gesicht. Tor 1 öffnete sich unmittelbar danach und ich schnappte mir meine Sporttasche, den Koffer und stieg ein. Der Mitwartende ebenfalls. Wir hatten nicht den meisten Platz. Die beiden adipösen Patienten in der Fahrstuhlkabine quetschten sich jeweils, so gut es ging in eine Ecke. Es ging eigentlich partout nicht. Die Fahrstuhltür schloss sich nicht. „Ihre Tasche baumelt in der Lichtschranke", klärte mich einer der Dicken auf. Ich zog meine Tasche zurück; die Kabinentür glitt sanft zu. Der andere Dicke schnaufte und schwitzte. Er hatte sich ein Badehandtuch um den speckigen Hals gelegt. Ich tippte auf Muckibuden-Besuch. Leider konnte ich aufgrund eingeschränkter Bewegungsmöglichkeit mein Gesicht nicht von ihm wegdrehen, sodass ich in den vollen Genuss seines nicht vorhandenen Deosprays kam. Er roch wie eine alte Fritteuse, bei der man längere Zeit das Fett nicht gewechselt hatte. Ich versuchte, flach zu atmen. Da entglitt meinem Dicken gegenüber ein leiser Rülpser, der es aber in sich hatte. Ich atmete gar nicht mehr. Etage 1 wurde erreicht. Die Kabinentür glitt auf und auf dem Flur standen sieben Menschen, die mitfahren wollten. Keine Chance. Wir waren sowas von voll. Es ging dann merkwürdigerweise auf einen Schlag hoch bis auf die Fünf. „Hier muss ich raus", sagte der Dicke aus der anderen Ecke. Dazu musste der mit mir eingestiegene Patient den Fahrstuhl verlassen, damit sich die riesige Fleischmasse aus der Kabine bewegen konnte. Die Kabinentür blieb ewig lange offen. Klar, sie war so getimet, dass auch der letzte Rollator von einer hüftkranken

Oma mit zwei Gipsbeinen herausgerollt werden konnte. Die Kabinentür war schon fast wieder geschlossen, als eine braungebrannte Kralle durch den Schlitz stach und die Tür zum Wiederöffnen zwang. Eine ältere Dame in einem weißen Bademantel und Badelatschen stieg ein. Sie tropfte. Ich hoffte, es war Wasser vom Duschen oder aus dem Schwimmbad. Oder doch Inkontinenz? Bitte nicht! „Hallo zusammen!", trällerte die Dame munter. Sie war enorm gebräunt und erinnerte im Gesicht etwas an eine Gucci-Tasche, die in einer Wagentür eingeklemmt kilometerlang auf der Straße mitgeschliffen worden war. Entsetzlich!

Es ging dann Gott sei Dank direkt wieder runter, jedoch nur bis zur vierten Etage. Mit einem „Tschüss!" verließ einer unserer männlichen Mitfahrer den Fahrstuhl. Dadurch besorgte ich mir wieder Abstand zu meinem Dicken, der inzwischen unentwegt rülpste. Was hatte er getrunken? Pure Kohlensäure oder beim Adipositas-Schwimmen das halbe Nichtschwimmer-Becken leer gesoffen? Wir hielten auf der „Drei" und ich griff mir meine Gepäckstücke. „Wo steigen Sie denn aus?", fragte ich Moby Dick. „Auch hier", rülpste er zurück und tapste hinter mir her. Die tropfende Dame winkte mit ihrer Krallenhand. Ich würde in meiner ersten Nacht böse Träume haben.

Station 3

Nachdem ich den Fahrstuhl auf meiner Station verlassen hatte, erblickte ich zuerst ein riesiges Pappschild, das von der Decke baumelte und in altdeutscher Schrift „Wartebereich" anzeigte. Wie passend. Da war Herr Braun scheinbar hier nebenbei der Schilder-Beschrifter. Der Wartebereich bestand aus einem schäbigen Couchtisch, auf dem alte Zeitschriften sowie uralte „Apotheken-Umschau"-Exemplare lagen; auf einem Titelbild wurde vor Sonnenbrand im Jahrhundertsommer 2003 gewarnt. Sechs durchgesessene Armlehnstühle dienten als Sitzgelegenheiten. Der ganze Bereich strahlte das Flair eines Wartezimmers von einem kurz vor dem Ruhestand stehenden Proktologen aus. Gegenüber befand sich die

Stationsanmeldung. Daher stellte ich mein Gepäck ab und klopfte vorsichtig an die Milchglastür. Dabei fiel mein Blick auf eine digitale Personenwaage, die direkt neben dieser Tür stand. Das Auffällige an dieser Waage war wiederum, dass sie ein separates, verkabeltes Display hatte, welches für jedermann gut sichtbar an der Wand befestigt war. Unter dem Display war ein schlichtes Regalbrett montiert, auf dem ein Kugelschreiber lag. Offenbar musste jeder sein Gewicht in irgendeine persönliche Tabelle eintragen, während alle im Wartebereich Sitzenden das Gewicht vom Display mitlasen. Das war bestimmt ab und zu etwas peinlich. Ich dachte verstärkt an die Adipositas-Patienten. Das Display fing dann hell an zu blinken und gab akustische Signale von sich. „Highscore! Tagesrekord!" Ich war wieder gedanklich ausgesprochen gemein unterwegs.
Die Milchglastür öffnete sich und ich erblickte eine junge, kleine, dickliche Frau in typischen weißen Pflegeklamotten. Auf ihrem Namensschild stand Schwester Anastasia. Na, da wusste ich schon mal gleich, wo ihre Wiege stand. „Guten Morgen. Niklas Reimann. Ich bin soeben eingetroffen", sprach ich sie freundlich an. Schwester Anastasia lächelte und sagte: „ Sie dürfen ruhig erst aufs Zimmer gehen. Wenn sie haben eingerichtet, kommen sie einfach wieder vorbei und wir beginnen mit Aufnahme." Sie rollte das „R" so süß. Wie sollte ich denn mein Zimmer einrichten? Gab es hier ein Möbellager und jeder durfte sich seine Möblierung aussuchen? Was dachte ich wieder für einen Blödsinn. Das lag unter Garantie an meinen Spaß-Pillchen. „O.K.", sagte ich, „dann mal bis später."
Ich schnappte mir wieder meine Gepäckstücke und bewegte mich zur Flurtür hin, die den Wartebereich vom Wohnbereich abtrennte. Die Tür ließ sich nicht öffnen. Ich zog und drückte mit aller Kraft. Es passierte nichts. Plötzlich hörte ich hinter mir Gelächter und drehte mich um. Eine ziemlich groß gewachsene Frau in meinem Alter (schätzte ich) stand hinter mir und grinste. „Hi, ich bin Beatrice. Du musst den Wandknopf drücken." Sie zeigte mit dem Zeigefinger auf einen sehr großen Schalter, der mit einem Behinderten-Logo direkt neben der Tür angebracht war. Ich tat, wie mir geheißen und die Tür schwang automatisch auf. „Die Rollatorengeschwader kommen sonst nicht durch", meinte Beatrice. Ich gab ihr die Hand und stellte mich ebenfalls vor. „Danke. Da hätte ich ja lange drücken und ziehen können." Wir lachten beide und

ich verabschiedete mich mit einem: „ Man sieht sich."
Der Flur, an dessen Ende mein Zimmer lag, war menschenleer. Ich hörte nicht das geringste Geräusch. Das einzige Geräusch erzeugte ich selbst, indem ich meinen Rollkoffer über den Teppich zog und schnaufend die Sporttasche trug. Ich schloss meine Zimmertür auf und betrat das Refugium, welches die nächsten 35 Tage mein zu Hause bedeutete. Ich hatte gerade das Gepäck abgestellt, als mir tatsächlich die ersten Tränen über die Wangen liefen und ich wusste nicht, warum das jetzt passierte. Aber ich ließ es geschehen. Ich schloss die Tür ab und warf mich heulend auf mein Bett. Die Matratze war butterweich, sodass ich das Gefühl bekam, bis auf den Boden durchzusacken. Als ob überhaupt kein Lattenrost drunter lag. Ich heulte minutenlang weiter. Dann brummte mein Handy. Conny! Sie hatte mir eine Whatsapp geschickt. „Bist du gut angekommen, Liebster?" Ich fiel in einen richtigen Weinkrampf und war nicht in der Lage, ihr zu antworten. Irgendwann merkte ich, dass ich mein Kopfkissen vollgeheult hatte. Ich schnäuzte mir die Nase, nahm mein Handy und tippte „Bin gut angekommen" sowie „vermisse Dich jetzt schon" als Whatsapp-Nachricht für Conny. Während einer weiteren Heulattacke drückte ich auf „senden".
Verdammt! Aber deswegen war ich doch hier. Trotzdem fühlte es sich nicht gut an. In mir kamen leider Zweifel auf, ob der Aufenthalt hier konkret etwas bringen würde, so wie ich Nervenbündel derzeit drauf war. 35 Tage in Isolation. Erst in Connys Haus und während meiner Krankschreibungszeit hatte ich gelernt, allein zu sein. Aber gleich 35 Tage am Stück! Ich würde ja nicht komplett allein sein, versuchte ich einen tröstenden Gedanken zu erzeugen. Tagsüber gab es zweifelsohne ein straff gestecktes Therapieprogramm, welches ich zu absolvieren hatte und mir wahrscheinlich gar keine Zeit zum Nachdenken blieb. Dann folgten aber die Nächte. Einsame Nächte. 35 Nächte ohne Conny. Nik, reiß dich zusammen! Vorerst heulte ich weiter.
Bestimmt ergab sich die ein oder andere Gelegenheit, mit anderen Patienten etwas zu unternehmen. Bad Weilingen hatte gewiss einige interessante Sehenswürdigkeiten in der näheren Umgebung oder kulturelle Veranstaltungen, die man besuchen konnte. Kurorchester am Sonntag. Mir graulte es davor, wobei das möglicherweise nur ein Klischee war. Letztendlich lag es doch an einem selbst, was man aus seiner Zeit machte. 35 Tage.

Ich wuppte meinen Koffer auf das Bett. Meine Klamotten passten locker in den zweitürigen Schrank am Fußende meines Bettes. Direkt vorm Fenster stand ein kleiner Schreibtisch, darauf stand der Flatscreen-Fernseher; mittig im Raum ein Hochlehnstuhl.
Ich blickte nach draußen. Mein Ausblick endete auf einem Mitarbeiterparkplatz, der an der Anlieferzone der Klinik grenzte. Dahinter erstreckte sich der naheliegende Wald. Ich nahm mir vor, während meiner Zeit hier einige Waldspaziergänge zu absolvieren. Allerdings überlegte ich, dass diese Idee mit meinem Orientierungssinn nicht so gut war. Nicht dass die hier eine Suchaktion starten mussten. Auf dem Schreibtisch lag die Fernbedienung vom Fernseher und ich schaltete das Gerät ein. Tatsächlich empfing ich sieben Programme, glücklicherweise auch ProSieben, um lohnende Filme zu gucken. Ich war ein wenig erleichtert. Es hätte diesbezüglich schlimmer kommen können. Ein Blick ins Bad offenbarte mir eine winzige Dusche und direkt daneben das Klo. Von der Decke baumelte eine Schnur mit einem roten Griff, der vom Klo bequem zu greifen war. Daran hing wiederum ein kleines Schildchen: „Nur im Notfall ziehen". Wie jetzt? Nach dem Kacken nicht gleich die Spülung ziehen? Warten, bis das Klo voll ist? Schließlich identifizierte ich die Schnur als Notfallstrippe, falls mir im Bad übel wurde. Konnte nach einem derben Schiss in der Tat so sein. Gegenüber war ein winziges Waschbecken anmontiert. Für eine Einzelperson absolut ausreichend. Es wirkte alles pikobello sauber. Das komplette Zimmer war mit einem Polyacryl-Teppich ausgelegt. Ich hatte mal gelesen, derartige Flore waren sogar abwaschbar. Wie praktisch, wenn man es nicht mehr bis aufs Klo schaffte. Ich hatte wieder die tropfende Dame im Fahrstuhl vor Augen.
Erst jetzt entdeckte ich das kleine Heftchen, welches vorher mal auf meinem Kopfkissen gelegen hatte. Aufgrund meiner Heulattacke war es seitlich neben mein Bett gerutscht. Die Hausordnung. Das war ein weiterer Unterschied zu einem Wellness-Hotel: Statt eines süßen Betthupferls gab es hier eben die Hausordnung zu lesen. Ich wollte sie mir später gönnen.
Ich hing meine Jacken auf die Garderobenhaken neben der Zimmertür und warf meine Jogginghose über die Rückenlehne des Stuhls.
Jetzt zog ich in Erwägung, mich wieder zur Anmeldung auf meiner Station, zum sogenannten Pflegestützpunkt zu begeben.

Ich trottete gemütlich den Flur entlang und wäre fast mit einer Frau zusammengestoßen, die in diesem Moment aus einem Zimmer herausgestürzt kam. „Oh, entschuldige bitte. Ich bin wieder so ungestüm", duzte sie mich.
„Ist ja nichts passiert", entgegnete ich. Sie reichte mir ihre schlanke Hand.
„Marlies."
„Nik", stellte ich mich vor.
„Ich mache dein Zimmer sauber. Und natürlich die anderen hier auf dem Flur", sprach sie weiter. Ich schaute in zwei wache Augen, die in einem ordentlich abgefeierten Gesicht lagen, welches von einer nicht zu bändigenden grauen Mähne umgeben war. „Gehst du jetzt zur Blutabnahme?", fragte Marlies mich. Blutabnahme? Damit hatte ich nicht gerechnet beziehungsweise mich nicht darauf eingestellt. Ich hasste spitze Nadeln, die in einen hineingerammt wurden und wenn dann erwartungsgemäß Blut floss, ging es mir gewaltig an die Substanz. Obwohl ich ein wahrer Horror-Freak war und Filme dieses Genres liebte. Aber die blutige Realität machte mich fertig. „Ja, anscheinend. Wenn die das beim Anmelden gleich so vorhaben", sprach ich weiter.
„Klar. Literweise", lachte Marlies und wandte sich von mir weg, um in schnellen Schritten den Flur entlang zu hasten. An dessen Ende stand ihr Versorgungswagen mit allen möglichen Putzutensilien.
Ich drückte auf den Türöffner und stand kurz darauf wieder im Wartebereich. Zwei Stühle waren besetzt. „Hallo", grüßte ich und bekam ein kollektives „Hallo!" zurück. Etwas unschlüssig schaute ich zwischen Stühle und Milchglastür hin und her. Ich entschloss mich, anzuklopfen. Schwester Anastasia öffnete wieder. „Ah, Herr Reimann. Sie dürfen noch einen Moment sitzen. Ich rufe auf." Somit hockte ich mich zu den anderen Beiden.
„Auch neu?", fing ich mal ein Gespräch an. Der Mann mir gegenüber nickte; schwieg aber ansonsten. Die Frau neben ihm starrte auf den Fußboden. „Orthopädie oder Psychiatrie?", fragte ich neugierig weiter. „Psychosomatisch", antwortete der Kerl. Die Frau starrte weiter den schäbigen Fußboden an. Ich tippte bei ihr ebenfalls auf Psychiatrie. Vielleicht konnte sie aufgrund starker Rückenschmerzen nicht sprechen; demzufolge eher ein Orthopädiefall. Nach Adipositas sah sie zumindest nicht aus. Den Rest einer Konversation schenkte ich mir dann. Sollen die

doch auch mal etwas sagen. Sie sagten aber beide nichts. Egal. Genug Smalltalk. War eh nicht so mein Ding.

„Herr Reimann, bitte!" Die Milchglastür war aufgeflogen und Schwester Anastasia winkte mich herbei. Ich überreichte ihr brav meine Anmeldeformulare, die mir Herr Braun von der Rezeption ausgehändigt hatte. „Wir nehmen jetzt bisschen Blut ab, dann wiegen und messen. Stationsarzt wird heute Nachmittag genauer untersuchen. Haben Sie Medikamentenplan?" Natürlich hatte ich meinen Medikamentenplan dabei. Schließlich nahm ich täglich fünf Pillchen zu mir. Gegen Bluthochdruck und seit neuestem meine *„Nik ist gut drauf-Psycho-Pillchen."* „Haben Sie Tabletten von zu Hause mitgebracht?" Hatte ich. „Falls Sie benötigen neue Tabletten, bitte immer eine Tag vorher Bescheid. Nächste Tag um 14 Uhr ist Medikamentenausgabe." Hatte ich dann zur Kenntnis genommen.

Ich wog genauso viel wie zu Hause und war erwartungsgemäß nicht geschrumpft. Schwester Anastasia meinte, ich würde einen sportlichen Eindruck machen. Schön, wenn jemand mit einer leichten Plauze, einem Bandscheibenvorfall und angerissenem Meniskus trotzdem nach Leichtathlet aussah. Ich grinste. Aber letztendlich hatte die Klinik vor ein paar Tagen sämtliche Untersuchungsberichte meiner Ärzte erhalten und der Stationsarzt würde sich die mit Sicherheit genau ansehen. Hoffte ich doch mal.

Dann stach die kleine, dickliche Schwester zu. Ich sah zu ihrer Kollegin Schwester Sofia rüber, die hinter einem Schreibtisch saß und irgendwelchen Papierkram zu bearbeiten schien. Schwester Sofia sah verdammt gut aus. Da schaute ich doch gerne hin und ließ mich vom Blut- Abzapfen ablenken. Ich versuchte zu lächeln, während mein Blut durch einen dünnen Schlauch in mindestens vier Glasröhrchen umgeleitet wurde. Da war bestimmt auch eine Blutspende mit dabei, die ich hiermit unfreiwillig abgegeben hatte. „So, das war es schon. Bitte Pflaster auf Einstich drücken." Ich befolgte ihren Hinweis.

„Wann muss ich denn zum Stationsarzt?" Jetzt sah Schwester Sofia zu mir herüber. „Das finden Sie gleich in Ihrem Schließfach." Ihr Blick wanderte wieder auf ihre Papiere.

Ah, mein Schließfach! Es wurde spannend. Was da wohl alles drin war? Ich verließ den Anzapfraum und steuerte auf die Pinnwand des Wartebereichs zu. Die hatte ich mir beim Warten eben gar nicht angesehen.

Ich war zu intensiv in das Gespräch vertieft gewesen.
Die Pinnwand war mit alten Ansichtskarten vollgesteckt. Ich erblickte die Poststempel und rechnete mal zurück. Die jüngste Karte, die ich entdeckte, datierte vom August 1982. „Es hat mir hier sehr gut gefallen, Ingrid." Oder: „ sehr nette Leute hier. Tolles Team." Aha. Soso. Ich überflog noch ein paar weitere Karten, die alle irgendwelche Landschaftsmotive hatten und mir fiel auf, dass sie durchweg jeweils einen ähnlichen Text in einer identischen Handschrift besaßen. Hier gab es einen Dank- und Grußkartenschreiber! Aber seit Anfang der 90er-Jahre bekam er nichts mehr zu tun. Ich lachte vor mich hin und begab mich zu den drei Fahrstuhlkabinen. Es stand niemand dort. Ich drückte den Fahrstuhlanforderungsknopf und wartete. Und wartete. Und wartete.
Pling! Die mittlere Kabinen-Tür öffnete sich. Drei Adipositas Patienten grinsten mich an. Kabine voll. Ich wartete weiter.
Nach einer gefühlten Ewigkeit verließ ich den Fahrstuhl im Erdgeschoss und begab mich direkt zu den Schließfächern im Eingangsbereich. Herr Braun lugte über seine halbe Lesebrille und sah ernst zu mir herüber. Warum bloß fühlte ich mich in diesem Moment so unwohl? Mein Zimmerschlüssel war gleichzeitig der Schließfachöffner. Voller Neugier entnahm ich dem schmalen Fach eine DIN-A 5 große Kladde und ein Schreiben, in dem mir mein Untersuchungstermin beim Stationsarzt Dr. Schamowski mitgeteilt wurde. Ich sollte ihn heute um 14 Uhr aufsuchen. Dann konnte ich doch in aller Ruhe Mittag essen und mich noch etwas hinlegen. Denn nach Ausruhen war mir gerade ganz extrem. Natürlich hatte ich auch Hunger. Der Speisesaal war in der zweiten Etage. Wenn sich alle 200 Patienten auf den Weg zur Futterkrippe aufmachten, würde es mit Sicherheit ewig vor den Fahrstuhlkabinen dauern. Daher beschloss ich, besser die Treppe zu nehmen. Doch zunächst stellte ich mich wieder mittig vor die drei Fahrstuhltüren.
Pling! Die linke Tür fuhr auf und die Kabine war erstaunlicherweise leer. Stank aber, als ob dort drinnen seit Wochen eine tote Katze verweste. Wer war kurz vor mir damit gefahren? Der-oder Diejenige musste definitiv ernsthaft krank sein. Ich versuchte, flach zu atmen. Auf der nächsten Etage stieg ein älterer Mann zu. Dieser sah mich vorwurfsvoll an, als ob ich den heftigsten Furz aller Zeiten in der Kabine abgelassen hätte.
„Ich war es nicht", meinte ich lapidar und lächelte.
„Ist echt ekelig, was?", bemerkte er. Ich war erleichtert und somit un-

verdächtig. Der Mann rülpste. Ich schaute erschrocken und perplex zu ihm rüber, doch er blickte stumm und teilnahmslos an die Kabinendecke. Er stieg zusammen mit mir auf Station 3 aus. „Mahlzeit!", rief ich ihm nach. Er drehte sich zu mir um und entgegnete etwas überrascht ebenfalls ein „Mahlzeit!"
Ich setzte mich auf mein Bett und warf einen Blick in die Kladde. Auf meinem Nachttisch lag immer noch die Hausordnung. Die war letztendlich wichtig, daher las ich zunächst darin. Fing sogleich mit „A", wie Alkohol an. Im gesamten Gebäude herrschte absolutes Alkoholverbot. Logisch. Ich stellte mir einen sturzbesoffenen Adipositas-Patienten vor, der den schmalen Flur entlang torkelte und im Vorbeigehen einen zittrigen Opa samt Rollator an die Wand drückte. Mensch,Nik! Oder nächtliche Feiern unter den Depressions-Patienten. Mit drei Promille sprang es sich wesentlich besser aus der sechsten Etage. Mir fiel dazu ein Song ein: „I believe I can Fly..." Ich lachte über meinen eigenen Scheiß. „B", wie Besucher. Es wurden keine Besuche auf den Zimmern gestattet. Von wegen! Conny würde ich schon irgendwie hereinschmuggeln. Handys nur auf dem Zimmer. Das fand ich absolut in Ordnung. Dann wurden die Essenszeiten aufgeführt sowie die Ruhezeiten. Es gab eine Mittagsruhe und ab 23 Uhr den Zapfenstreich. Tatsächlich schloss sich der Eingangsbereich dann elektronisch selbst ab, ohne das Herr Braun auf ein Knöpfchen drücken musste, las ich. Fort Knox. Nichts ging dann mehr. Wer bis 23 Uhr nicht in der Klinik zurück war, verbrachte die Nacht im Auto oder musste sich irgendwo einnisten. Auch das gab es sicherlich. Ich würde mit Bestimmtheit davon hören.
In der Kladde befand sich mein erster Therapieplan. Annähernd ein leeres Blatt. Lediglich der Untersuchungstermin bei Dr. Schamowski war eingetragen. In dieser Woche schien man nicht allzu viel mit mir vorzuhaben. Ich ging aber davon aus, dass eventuell schon Morgen ein neues, volleres Therapieplan-Blatt in meinem Schließfach liegen würde. Die Kladde war gewissermaßen mein Klinik-Therapie-Tagebuch. Ich würde sie also entsprechend in den nächsten fünf Wochen füllen. Darauf war ich total gespannt. Immer noch auf dem Bett sitzend fielen mir die Augen zu. Noch eine halbe Stunde bis zum Mittagessen.

Essen fassen

Ich hatte klug gehandelt, indem ich die Treppe nahm. Die Schlange vorm Speisesaal-Eingang war immens und der Fahrstuhl spuckte im Minutentakt weitere hungrige Menschen aus. Noch zwei Minuten.
Dann öffnete sich die Glasschiebetür und im Eingangsbereich erwarteten drei Servicekräfte die mehr oder weniger hereinstürmenden Patienten. Es gab da nämlich einige von ihnen, die nicht allzu gut zu Fuß waren und denen wurde das Essen direkt an den Tisch gebracht.
Ich wandte mich zunächst an Herrn Brünger, den Service-und Speisesaal-Leiter. Ich fand ihn an einem hohen Stehpult lehnend, auf dem er die Tischbelegungspläne oder Sitzordnung liegen hatte. „Guten Tag, Reimann." Ich reichte Herrn Brünger die Hand. Herr Brünger war etwa 40 Jahre alt und sehr schlank. Er war wie ein Oberkellner mit einem weißen Hemd und einer schwarzen Hose bekleidet. Brünger sah auf eine vor ihm liegende Liste und fuhr mit dem Zeigefinger die Namen herunter. „Reimann, sagten Sie?" Ich nickte. „Sie sind gar nicht angemeldet. Tut mir leid. Kein Essen." Ich schaute ihn verdutzt an. Brünger brach in schallendes Gelächter aus. „Spaaaß! Tisch 4, ich bringe Sie hin." Ich lachte nun ebenfalls etwas gequält mit, dachte aber, was ist das denn für einer? Am Tisch saß bereits ein Schwarzer; also, ein farbiger Mann. Dieser entblößte seine schneeweißen perfekten Zähne, als er mich freundlich anlächelte, sich erhob und mir die Hand reichte. „Abebe Dibaba. Kannst mich Abby nennen."
„Niklas Reimann. Für Dich Nik." Brünger legte einen grünen Plastik-Chip vor mir auf den Tisch. „Sie bekommen zunächst mal Schonkost. Das ist zwar mit Fleisch, aber etwas weniger."
„Warum?", fragte ich und sah auf Abbys blaue Marke.
„Ich habe viele Allergien. Ich bekomme Spezialnahrung", erklärte mir Abby spontan, nachdem er meinen Blick auf seine Essensmarke bemerkt hatte.
„Ihre Blutwerte geben das scheinbar so vor, Herr Reimann. Dr. Schamowski hat Sie für Schonkost eingetragen. Das können Sie aber nach einer Woche ändern." Dr. Schamowski hatte sich schon mal keinen Freund in mir gemacht, obwohl ich ihn noch nicht einmal kennengelernt hatte. Mit einem „Guten Appetit!" verabschiedete sich Herr Brünger

und stellte sich wieder hinter sein Empfangs-Stehpult mit der Namensliste. Womöglich würde er heute 157 Mal denselben Gag bringen.
„Hi, ich bin der Stefan." Neben mir stand plötzlich ein großer Mann in meinem Alter, schätzte ich und hielt mir zur Begrüßung seine Hand hin. Ich erhob mich und ergriff die Hand. „Oh, darfst ruhig sitzen bleiben", meinte er amüsiert über meine Höflichkeit.
„Ich bin Nik."
Er setzte sich neben mich. Vor ihm lag eine gelbe Essensmarke. Stefan durfte demnach ein Allesesser sein. Abby und Stefan erzählten mir, dass sie gleichzeitig mit mir angekommen waren. Abby hielt mir sogar spontan mal seine Handgelenke hin, um mir die verheilten Narben seines Ritzens zu zeigen. „Ich habe mich immer selbst verletzt. Ich musste mich spüren. Deshalb kann ich zur Zeit meinen Beruf als Ergotherapeut nicht ausüben. Damit hatte ich mich vor drei Jahren selbstständig gemacht."
Außer einem „Oh!" bekam ich nichts raus. Ich war zu überrascht, fast schon überrumpelt über soviel Offenheit. Aber klar, hier in der Klinik hatte jeder irgendein Päckchen mit sich zu tragen, entweder orthopädisch oder psychisch. Manche erschreckenderweise Beides. „Und ich muss hier runterfahren, um nicht mehr so aggro unterwegs zu sein", erklärte mir Stefan im Anschluss. „Ich habe vor einigen Wochen einem Typen vor der roten Ampel in die Fresse gehauen."
„Wieso das denn?", fragte ich wie ein Schulkind.
„Der fuhr nicht los, obwohl die Ampel auf „Grün" gesprungen war. Da bin ich ausgestiegen und habe an seine Seitenscheibe geklopft, die der Mistkerl dann brav heruntergelassen hat. Dann hab ich ihm spontan in die Schnauze geschlagen."
„Das ist Körperverletzung", sagte ich klugscheißend.
„Ach nee?", meinte Stefan belustigt, „Das war mir schon klar, aber in dem Moment egal. Der Typ hat wahrhaftig die Bullen gerufen und ich muss nach der Reha vorm Kadi erscheinen."
„Deswegen bekommst Du hier eine Reha?", fragte ich neugierig.
„Ich habe auch Stress. Privat und im Job. Meine Ehe gibt es nur noch auf dem Papier und außerdem macht mir Opel das Leben zur Hölle."
„Du arbeitest bei Opel?"
„Ja, als Betriebsschlosser. Und ich will es immer jedem Recht machen, verstehst Du?"
Ich nickte. „Geht mir ähnlich. Ich habe mich kaputt gearbeitet. Mein

Akku ist leer. Und meine Frau ist auch weg. Ich habe aber schon wieder eine Neue." Warum erzählte ich ihm das in diesem Augenblick? Keine Ahnung. Aber in dieser Klinik hatte man unmittelbar das Gefühl, unter Gleichgesinnten oder Gleich-Betroffenen zu sein und dann fällt es einem wesentlich leichter, einiges von sich Preis zu geben; man fasste hier ziemlich schnell Vertrauen.
Kurz darauf erschien Anne, eine Frau Ende Fünfzig, die neben Abby Platz nahm. Sie gab mir die Hand und ich erfuhr, dass sie ihre kranke Mutter zu Hause pflegte und zusätzlich halbtags arbeitete, was ihr Körper hingegen nicht mehr schaffen würde. Leider bekam sie fast keine Unterstützung durch ihren Mann. Hier wollte sie Kraft schöpfen und Ruhe finden, um die nächsten Monate weiter planen und überstehen zu können. Während ihrer Reha kümmerte sich ein Pflegedienst um ihre Mutter. Ihr Mann half inzwischen sogar ein wenig bei der Betreuung. „Weil er es jetzt muss. Ich bin ja nicht da", meinte Anne.
Unser Tisch war somit komplett. Mit diesen Leuten würde ich die nächsten 35 Tage meine Mahlzeiten einnehmen. Ich war gespannt. „Komm, wir gehen mal gucken", sprach Abby und forderte mich mit einer Handbewegung auf, ihm zu folgen. „Wir schauen mal, was es für einen Nachtisch gibt."
„Und deine Allergien?", fragte ich ihn.
„Nicht beim Nachtisch", antwortete Abby lachend und zeigte mir wieder seine strahlend weißen Zähne, die mich ein bisschen an eine Mini-Lichterkette erinnerten.
Es gab Joghurtbecher in verschiedenen Geschmacksrichtungen. Das fand ich vollkommen in Ordnung. Eine ältere männliche Person neben mir eher nicht. „Wieder Fertigfraß", maulte der Mann. Es war allgemein sehr unruhig im Speisesaal. Zum einen suchten immer noch einige Patienten ihre Plätze auf und zum anderen bildeten sich vor den Essensausgaben die ersten Schlangen. Ich entdeckte ein reichhaltiges Salatbuffet mit diversen Dressing-Behältnissen. An verschiedenen Stellen standen Obstschalen mit Äpfeln und Bananen. Ich war soweit zufrieden. Aber der Hauptteil meiner Ernährung lag ja bis jetzt nicht auf meinem Teller. Ich orientierte mich, um herauszufinden, wo ich meinen Chip gegen ein Essen eintauschen konnte. „Du darfst an die lange Schlange dort drüben. Ich bekomme es gleich sofort separat herausgegeben", sagte Abby und entfernte sich.

Es gab drei Schlangen vor den einzelnen Essensausgaben. Schonkost, vegetarisches Essen und das „normale" Essen. Über jedem Tresen hingen Schilder mit der entsprechenden Chip-Farbe. „Mahlzeit!", rief mir eine nette Küchenangestellte über den Tresen herüber und nahm meinen Chip entgegen. Fast gleichzeitig reichte sie mir einen Teller mit meinem Essen. Hähnchenschnitzel mit Kartoffeln, Gemüse und etwas Sauce. Es sah lecker aus und roch auch so. Lediglich die Portionsgröße erinnerte mehr an einen Kinderteller im Restaurant. Ich setzte mich wieder an meinen Tisch, nachdem ich mir vorher einen Joghurt-Becher mitgenommen hatte. „Keinen Salat? Zu gesund?", stichelte Stefan.
„Stimmt. Den könnte ich noch gebrauchen", sagte ich und stand wieder auf. Mir fiel dabei auf, dass vor dem Salatbuffet so gut wie kein Adipositas-Patient stand. Kam mir allerdings logisch vor. Von nichts kommt nichts. Ich war gemein.
Beim Rückweg zum Tisch hörte ich, wie ein Patient zu einem anderen sagte: „ Morgen nimmst du mal meine Marke. Damit du satt wirst."
Aha, hier wurden also die Essensmarken untereinander getauscht. Die bunten Chips bildeten gewissermaßen so etwas wie eine eigene Währung. Gib mir deinen Vollkostchip, dann gebe ich dir heute Nachmittag einen Kaffee aus. Warum auch nicht. Jeder sollte sich schließlich wohlfühlen.
Die Lautstärke behielt während des Essens ihr hohes Level. Es wurde reichlich gequasselt und geschmatzt. Die Adipositas-Patienten saßen gemeinsam in einem separaten Saalbereich, wo ich sie fast ausschließlich zum Schonkosttresen watscheln sah. So wie ich selbst vorhin. Vielleicht würde ich in den nächsten Tagen bei Herrn Brünger meinen Chip mal gegen einen Vollkostchip eintauschen dürfen. Oder musste ich womöglich auf die Ergebnisse der nächsten Blutanalyse warten? Ich nahm mir vor, Dr. Schamowski heute Nachmittag während meines Termins darauf anzusprechen. Mir war schon klar, dass sich meine relativ ungesunde Ernährung seit der Trennung von Karin, irgendwie bemerkbar machte. Bequemes Essen bedeutet leider häufig ungesund zu essen. Seitdem Conny mich bekochte, hatte sich mein Körper mittlerweile wieder etwas regeneriert.
Aber was wollte ich denn? Das Hähnchenschnitzel und die Beilagen waren wirklich sehr schmackhaft. Ich war nur nicht satt geworden. Der nachträgliche Salat und Joghurtbecher schafften es auch nicht, ein Sätti-

gungsgefühl herbeizuführen. Abby grinste mich an. „Du kannst noch etwas vertragen, was?" Ich nickte, während ich den Joghurt-Löffel abschleckte.

„Ich hatte ein Schweineschnitzel. Mir reicht das", sagte Stefan.

„Ist schon klar. Damit wäre ich auch zufrieden", erwiderte ich.

„Armer Nik. Musst du so hungern?", kam von Anne. Ich schmunzelte und meinte dann: „Ich hole mir gleich im Ort ein bis zwei Snickers. So, jetzt wisst ihr es!"

Brünger stand zufällig neben mir. „Das klingt aber nicht sehr gesund und verantwortungsbewusst. Das muss ich dem Stationsarzt melden." Er sah mich mit ernster Miene an.

„Was kostet es an Bestechungsgeld, damit Sie die Schnauze halten?"

„Der Mann ist unbestechlich. Ich hab's ebenfalls schon versucht", sagte Abby und lachte laut. Ich sah, wie sich ein schelmisches Grinsen in Brüngers Gesicht ausbreitete. Er hatte mich wieder verarscht. Brünger klopfte mir auf die Schulter und räumte unsere Teller auf einen Servierwagen.

„Schon wieder kein Pudding mehr da?", rief ein Patient und stand fassungslos vor dem Tisch, auf dem erst vor einigen Minuten reichlich Joghurt-Becher standen. Gut, dass ich mich rechtzeitig davon bedient hatte. Anscheinend war der Nachtisch knapp kalkuliert oder es versorgten sich Patienten heimlich mit einer Zimmer-Ration für später. „Drüben gibt es bestimmt wieder Waffeln", sprach Anne.

„Wie, Waffeln?", fragte ich erstaunt.

„Im Nebensaal bei den Rollator-Rockern steht häufig ein Tisch mit heißen Waffeln und Sahne. Manchmal sogar Hawaii-Toast oder so'n Kram", erklärte Anne.

„Gut zu wissen", sagte ich.

Auf jeden Fall bekam ich den Eindruck, dass ich hier normalerweise keinen Hunger schieben brauchte. Gut, heute knurrte mein Magen ein wenig weiter, aber ich dachte bereits daran, mir heute Nachmittag im hauseigenen Café ein schönes Stück Käsekuchen zu gönnen. Dann passte es doch alles wieder. Und obendrauf die Snickers.

Dr. Frankenstein-Lecter

Um Punkt 14 Uhr entließ mich der Fahrstuhl in der zweiten Etage auf den Flur, an dem das Behandlungszimmer von Dr. Schamowski lag. Ich schlenderte den Flur entlang und klopfte zaghaft an die schlicht mit „Arzt" beschriftete Zimmertür. Nichts. Ich klopfte etwas kräftiger. Immer noch nichts. „Der ist auf dem Klo", meinte eine Stimme in unmittelbarer Nähe. Gegenüber des Behandlungszimmers, in einer kleinen Nische, standen drei Stühle und bildeten den Wartebereich. Dort saß eine junge Frau und lächelte zu mir herüber. Ich setzte mich neben sie.
„Müssen Sie auch zur Untersuchung?", fragte ich sie.
„Nicht ganz. Dr. Frankenstein soll mir nur neue Tabletten verschreiben, damit der Pflegestützpunkt die herausrückt."
„Dr. Frankenstein?"
Sie lachte. „Den Namen hab ich ihm nicht gegeben. Aber der Typ genießt hier nicht den besten Ruf." Dabei wies sie mit dem Zeigefinger auf eine Tür, die sich am Ende der Nische befand und mit einem „WC"-Schild gekennzeichnet war. Kurz darauf hörte ich laut und deutlich das Rauschen einer Klospülung. Die WC-Tür ging auf und ein in Weiß gekleideter Mann um die 60 verließ den gekachelten Raum. Ein übler Gestank waberte zu uns herüber. Dr. Frankenstein hatte offenbar einen Schiss abgesetzt. Der Wartebereich lag aber auch sehr ungünstig. Im Grunde genommen direkt im Dunstkreis des Klos. Schamowski würdigte uns keines Blickes. *„Was für ein arrogantes Arschloch",* kam es mir in den Sinn. Der Arzt ging in sein Behandlungszimmer und schloss die Tür. „Wahrscheinlich muss er sich jetzt erst wieder sammeln, nachdem er sein Tagesgeschäft erledigt hat", sagte ich. Die Mitpatientin prustete laut los. „Genau. Übrigens, ich bin Nicole." Sie gab mir ihre Hand und ich stellte mich ebenfalls vor. Die Frau war mir sympathisch. „Was macht denn so ein junges Ding wie Du hier?", fragte ich sie.
„Prophylaktisch. Hatte einen Auslandseinsatz. Ich bin beim Bund." Ich musste sie ziemlich erstaunt angesehen haben, denn sie sprach sofort weiter. „Somalia. Drei Monate. Nichts passiert, aber wir dürfen dann immer eine 3-wöchige Kur antreten."
„Um dann ins nächste Krisengebiet versetzt zu werden?"
Sie schüttelte den Kopf. „Nee, ganz so wild ist es auch nicht. Aber nach

ungefähr drei Monaten kann es durchaus wieder passieren. Aber dazu hat man sich ja verpflichtet." Ich nickte und dachte nur: *"Schön blöd."* Die Behandlungstür flog auf. "Herr Reimann", rief der Mann in Weiß. Ich versuchte, ein Lächeln in seinem Gesicht zu entdecken. Vergebens.
"Wann komme ich denn mal dran?", fragte Nicole noch schnell, bevor Schamowski die Tür wieder hinter sich zuzog. "Gleich." Dann schloss er die Tür.
"Wie geht es, Herr Reimann?", fragte Schamowski mich und rollte das "R", sodass in mir selbst bei ihm der Verdacht aufkam, den hat die Klinik billig im Osten eingekauft. Wahrscheinlich im Doppelpack mit Schwester Anastasia. *Wenn Sie die kleine Dicke einstellen, geben wir Ihnen diesen abgewrackten Doktor gratis dazu oder umgekehrt.*
"Nicht so gut, sonst wäre ich nicht hier", entgegnete ich ihm frech und zeigte schnell ein zaghaftes Lächeln. "Das ist schon klar. Ich gucke heute bei Ihnen nur auf Körper. Psyche macht Kollege." Ach so. Ich war mir in dem Moment erst wieder bewusst, dass ich eine sogenannte psychosomatische Reha durchlief. Geist und Körper gewissermaßen. Und mein Körper hatte ebenso seine nicht unerheblichen Wehwechen. Ich hatte der Klinik im Vorfeld leider nur meine psychologischen Befunde zukommen lassen; war ich doch der festen Ansicht, die Priorität würde sicherlich auf meine stark gebeutelte Psyche gelegt. Den Bandscheibenvorfall und vor wenigen Monaten erlittenen Meniskusanriss hatte mir mein Orthopäde in den Einlieferungsdokumenten bescheinigt. Meine übrigen Rückengeschichten, als da wären ein Morbus Bechterew und ein Scheuermann, beide aber zum Glück nicht bis zum Äußersten ausgeprägt; quälten mich aber seit 1998 immer mal wieder in Schüben, musste dieser seltsame Arzt normalerweise vor sich dokumentiert liegen haben. Hauptsächlich in Stressmomenten machten sich die Rückenschmerzen häufiger bemerkbar. Zuletzt gesellte sich dann der Bandscheibenvorfall hinzu. Was bin ich doch für ein Wrack.
Ich zählte dem Arzt zunächst vorsichtshalber alle Krankheitsbilder auf, die dieser allem Anschein nach extrem gelangweilt zur Kenntnis nahm, ohne in seine vor ihm liegenden Unterlagen zu schauen. "Wie weit kommen Sie mit Fingern?" Was wollte er jetzt? Ich streckte einfach mal meine Arme aus. "Kommen Sie bis Boden?" Ach so, das. Ich bückte mich und konnte annähernd mit den Fingerspitzen meine Unterschenkel berühren; dann setzte der Schmerz ein. "Gut. Drehen Sie mal Kopf." Ich

schaute zuerst über meine linke Schulter und anschließend über die rechte. Ich wollte scherzeshalber „nein, nein", dazu sagen, schenkte es mir bei diesem humorlosen Fatzke aber. Dann sollte ich mich auf die Pritsche setzen. Schamowski klopfte mit Zeige-und Mittelfinger auf meinen Kniescheiben und unmittelbar darunter herum. „Tut weh?" Ich schüttelte mit dem Kopf. „Ziehen Sie alles aus, bis auf Unterhose."
Ich gehorchte und stand fast nackt vor diesem nicht lächeln wollenden Typen. Obwohl, wenn er jetzt anfangen würde zu lächeln, gäbe mir das sehr zu denken. „Sie stehen etwas schief", bemerkte er. „Liegt e-ven-tu-ell an meinen Rückengeschichten", vermutete ich sarkastisch.
„Tragen Sie Einlagen?"
Slipeinlagen?" , dachte ich und musste innerlich darüber lachen. Schamowski guckte ziemlich blöd, als ob er meine Gedanken erraten hätte. Er meinte natürlich Schuheinlagen. „Nein", sagte ich. In den Klinikformularen war ich nach Operationen gefragt worden und hatte wahrheitsgemäß die vor ungefähr zwei Jahren durchgeführte Entfernung meiner Schilddrüse angegeben. Dieses Organ versuchte der Doktor seltsamerweise mit einer Art Zangengriff seiner rechten Hand bei mir am Hals zu ertasten. „Ah, gut beweglich."
„Was denn?"
„Ihre Schilddrüse."
„Die gibt es gar nicht mehr." Schamowski blickte mich verdutzt an.
„Sie wurden operiert?"
„Wie ich es im Fragebogen angekreuzt hatte." Wieder setzte er seinen Zangengriff an. „Komplett entfernt?"
„Ja." Er zuckte mit den Schultern. Na denn.
„Machen Sie Sport?", fragte er weiterhin belanglos. Überhaupt machte er auf mich einen völlig unmotivierten Eindruck. „Nordic Walking und Rückengymnastik."
„Gut." Immerhin. Nun fing er an, auf meinen Weichteilen herumzudrücken. Seitlich meiner Plauze, direkt auf der Plauze und meine Nieren wurden ordentlich durchgeknetet. Ich empfand keinerlei Schmerzen. Ansonsten hätte es ihm sonst womöglich Spaß bereitet.
Plötzlich klingelte sein Handy. Wie unverschämt. Aber klar, so ein wichtiger Mann musste allzeit erreichbar sein. Er nahm das Gespräch entgegen und verließ kommentarlos den Raum. Ich lag weiterhin fast nackt auf seiner Pritsche. Ich richtete mich auf und griff nach meinem Ober-

hemd auf dem Stuhl neben Schamowskis Schreibtisch. Dabei fiel mein Blick auf die Papiere, die auf dem Schreibtisch lagen und ich begann neugierig zu lesen.

„Scheidungsklage in Sachen Schamowski/Schamowski". Aha, der Typ ließ sich scheiden oder lebte bereits in Scheidung. Vielleicht war er deshalb so mies gelaunt und lustlos. Der hatte gerade andere Dinge im Kopf und an der Backe. Willkommen im Club. Dennoch, unseren Job müssen wir trotzdem alle machen. Nur ich nicht. Mist! Aber ich war ja schließlich krank und zur Reha hier. Als ob ich mir selbst ins Gewissen reden musste. Ich schüttelte mit dem Kopf und überflog die weiteren Zeilen des Schreibens. Es ging darin unter anderem um einen Gerichtstermin zur Klärung der Unterhaltszahlungen an seine Ex-Frau. Der Kerl würde als Arzt mit entsprechendem Gehalt ordentlich abdrücken.

Es war denkbar, man hatte ihn in diese Klinik strafversetzt. Er hatte sich in einer anderen Klinik etwas zu Schulden kommen lassen und war kurz davor, seine Approbation zu verlieren. Mensch Nik, was denkst du für einen Scheiß!

„Weiter geht's!" Mit diesen Worten kam Dr. Schamowski wieder ins Behandlungszimmer gestürmt. Ich musste heftig errötet sein, schätzte ich, weil er mich vor seinem Schreibtisch stehend vorgefunden hatte. Mein Herz raste. „Ich wollte mein Hemd überziehen. Es wurde so langsam kalt hier", stammelte ich und hielt ihm mein Oberhemd hin, als ob ich es ihm zum Kauf anbot. „Bitte legen Sie sich wieder auf Pritsche." Meistens ließ er den Artikel weg, fiel mir so auf. Ich legte mich hin und Dr. Schamowski schnallte mir die Manschette des Blutdruckmessgerätes um den Arm. Machte man das nicht im Sitzen? Hier anscheinend nicht. Jeder hat da so seine Methoden. Er pumpte das Blasebälgchen so stark auf, dass ich dachte, mein Arm wird gleich taub. Dr. Schamowski grunzte etwas Unverständliches und starrte schnaufend auf die Anzeige. „Ist gut", meinte er, während er mir die Manschette wieder abnahm. „Dann komme ich ja durch, was?", scherzte ich. Keine Reaktion. Ich gab auf. Dr. Schamowski setzte sich an seinen Schreibtisch und sah vor sich auf eine Art Tabelle. „Kraftsport?", fragte er mich.

„Wie? Zu Hause?"

„Hier."

„Ach so. Ja, warum nicht?"

„Nordic Walking?" Wobei das „Walking" wie „Worrrkink" von ihm ausgesprochen wurde. „Gerne."

„Bewegungssport in Halle und Rückengymnastik." Das wurde nun nicht als Frage gestellt. Er machte irgendwelche Häkchen in seiner Tabelle. „Moorpackung?" Ich nickte einfach mal. Warme Erde richtete bestimmt keinen Schaden an. „Elektrotherapie gegen Verspannungen."

„Bin ich verspannt?"

„Ja." Er setzte sein Häkchen. Dann folgte ein tiefer Schnaufer und der Arzt blickte mich auf einer gewissen Art und Weise traurig an. Möglicherweise war sein Blick gerade über das Scheidungsverfahrensschreiben geglitten. Der Arme. „Fragen?" Das war die Gelegenheit für mich, ihn auf meine Essensmarken anzusprechen. „Ich bekomme Schonkost." Schamowski nickte. „Ja. Schlechte Blutwerte."

„Komisch. Bei meinem Hausarzt waren die Werte neulich noch ganz O.K. ." Ich blickte ihn ein wenig hoffnungsvoll an. „Machen diese Woche besser Schonkost. Nächste Woche sehen wir weiter", sprach er und reichte mir die Hand. Das war es wohl mit der Voruntersuchung. Ich drückte seine Pranke, die sich etwas fleischig anfühlte, zog mich wieder an und verabschiedete mich. Als ich durch den Türrahmen schritt, sprang Nicole sofort auf und kam auf mich zu. „Na endlich." Sie wollte an mir vorbei gleich zum Arzt durchgehen. Doch Schamowski sagte: „Bitte noch warten. Ich muss erst Bericht schreiben." Nicole flippte aus. „Seit fast einer Stunde hocke ich hier schon, nur um meine scheiß Pillen verschrieben zu bekommen. Was ist das hier für ein Scheiß-Laden!"

„Man sieht sich", sagte ich zu ihr und ging den Flur entlang zu den Fahrstuhlkabinen. Ich wollte mal in mein Schließfach schauen.

Seltsame Begegnungen

„Elliot das Schmunzelmonster" stand im Fahrstuhl und grinste mich an. Auf jeden Fall erinnerte mich der große, dicke Mann, der in diesem Augenblick im hellgrünen Bademantel und in Mega-Flip-Flops mit einem weißen Handtuch um den Hals vor mir stand, unwahrscheinlich an das

Zeichentrickmonster des Disney-Films aus den 70er Jahren. „Hallo", hauchte er. Trotz seiner enormen Körpergröße klang seine Stimme mehr wie ein Flüstern. Er trug eine Brille, hinter der seine Augen zwar riesig erschienen, aber unsagbar traurig dreinschauten. Überhaupt sah sein Gesicht so aus, als ob er gleichzeitig grinsen und heulen wollte, sich aber nicht entscheiden konnte. „Hallo! Na, schwimmen?" Das Elliot-Double nickte und lächelte oder war kurz davor zu heulen, es ließ sich beim besten Willen aus seiner Mimik nicht erkennen.

Der Fahrstuhl erreichte die Etage mit dem Schwimmbad; doch der große Mann stieg nicht aus. Stattdessen stand eine kleine, ältere Frau auf der Etage und ich erschrak. „Mister Magoo" im Frauenkörper! Der extrem kurzsichtige Zeichentrick-Typ aus der „Trickfilmzeit mit Adelheid"-Epoche meines Lebens in den 80er-Jahren stand in Frauenkleidung vor der Fahrstuhlkabine. Fand hier soeben ein Stelldichein der Trickfilmfiguren meiner Jugend statt? „Bin ich hier auf der 4?" fragte „Frau Magoo".

„Nein, auf der 1", antwortete ich und sah in ihr sorgenvolles Gesicht. Die kleine Dame trug eine Brille, die ihre Augen fast auf Stecknadelkopfgröße schrumpfen ließ. Zusätzlich kniff sie diese zu Schlitzen zusammen, um womöglich etwas schärfer zu sehen. Scheinbar ohne Erfolg. „Ich fahre schon seit fast einer Stunde mit dem Fahrstuhl rauf und runter", klagte sie.

„Hat Ihnen denn niemand geholfen?", wollte ich fragen, doch die Kabinentür schloss sich bereits. Magoo hatte wieder eine Chance verpasst. Sie tat mir leid. Elliot schmunzelte. Was für ein Zeug nahm er? Was hatte man ihm verabreicht? „Orthopädie?", fragte ich ihn daher. Er schüttelte seinen gewaltigen Kopf und flüsterte: „Depressionen." In diesem Moment kam ich mir vollkommen lächerlich vor. Wie scheiße musste es diesem Typen gehen, so zugedröhnt wie der war? Ich dagegen war doch total gut drauf. Worüber hatte ich mich zu beklagen? Warum war ich denn überhaupt in dieser Klinik? Dass selbst ich täglich Psychopharmaka zu mir nahm, bedachte ich in dem Moment gar nicht oder es war zwischenzeitlich zur Gewohnheit bei mir geworden. Der große Mann stieg zusammen mit mir im Erdgeschoss aus und schlappte bis zu den Schließfächern hinter mir her. Die skateboard-großen Flip-Flops klatschten beim Gehen Applaus. Er holte seinen Schlüssel aus der Bademanteltasche und bückte sich zur untersten Schließfachreihe hinunter. Was war das für ein Vollidiot, der hier die Schließfächer zuteilte. Ich erinnerte mich an die ältere Dame, die wie ein Akrobat auf einem Hocker balancierte, um an ihr Schließfach in der obersten Reihe zu gelangen. Andererseits die Fächer im Vorfeld nach Körpergröße einzuteilen, war gar nicht möglich. Wie sollte das gehen? Trotzdem. Es war schon sehr merkwürdig.

Ich kam locker an mein Fach heran und fand es leer vor.

Neben mir keuchte Elliot und fummelte mit seiner Pranke in dem schmalen Metallfach herum. In so einer gebückten Haltung kam seine Ähnlichkeit mit dem Zeichentrick-Drachen verstärkt zur Geltung. Wenn man ihm jetzt zwei Pappflügel auf den Rücken tackerte und einen Drachenschwanz anband, wäre er nahezu perfekt. Ich schmunzelte. Was für bekloppte Gedanken, die mir mein Hirn da sendete. Und ich war erst ein paar Stunden hier. „Nicht mehr zum Schwimmen?", wandte ich mich nochmals an den großen Mann im Bademantel neben mir. Diesmal schüttelte er den Kopf wie ein Faltenhund, sodass seine Wangen hin- und her- schlackerten. „Müde", hauchte er mir zu und tapste zurück zu den Fahrstuhlkabinen. Ich schaute ihm nach und dachte: „Arme Sau. Was ist Dir nur widerfahren?"

Ich überlegte, einen nachmittäglichen Spaziergang zu machen und vernahm gleichzeitig Rauchgeruch in unmittelbarer Nähe. Es schien etwas zu brennen oder zumindest zu schüren.

„Was für ein Scheiß-Plan! Wieder keine Pausen dazwischen!", nölte ein Patient neben mir, der mit einem Papier in der Hand vor seinem geöffneten Schließfach stand. Anscheinend sein neuer Wochenplan mit den Therapieeinheiten. Der Rauchgeruch kam von ihm herüber. War dieser Typ etwa so dickfellig und hielt eine brennende Zigarette in der Hand? Nein, er stank selbst extrem nach Rauch. Dieser Mann kam womöglich frisch aus dem Raucherpavillon, denn ihn umgab das Flair eines ausgebrannten Ölfasses. Eklig! „Guck dir diesen Mist an", sprach das Räuchermännchen zu mir, hielt mir den Plan vors Gesicht, während ich ihn angewidert ansah. „Was ist denn damit?", fragte ich ihn, denn ich hatte keine Ahnung sondern nur die besagte Vermutung. Und die bestätigte sich. „Ich habe nächste Woche nicht einen Tag mit einer längeren Unterbrechung. Immer volles Programm."

„Dann kommt doch keine Langeweile auf", flachste ich lachend.

„Super! Ich bin Torsten." Er gab mir seine Hand und ich stellte mich ebenfalls vor. „Kommste mit, eine rauchen?", fragte Torsten.

„Bin Nichtraucher und wollte eigentlich gerade in die Stadt."
Mit einem „Dann viel Spaß", verabschiedete sich Torsten und schlenderte wieder zum Raucherpavillon. Ich blickte ihm hinterher. „Noch eine arme Sau." Wahrscheinlich bestand sein Tagesablauf aus dem Pendeln zwischen Schließfach-Foyer und Raucherpavillon. Irgendwann dazwischen erhielt er seine Therapien und die scheinbar nicht zu knapp, wie er mir eben zu verstehen gab. Wenigstens schadete er dann nicht seiner Gesundheit. Vielleicht durfte Torsten während der Therapieeinheiten Raucherpausen einlegen. Was für schräge Vögel mir wohl noch über den Weg liefen? Ich setzte mich wieder in Bewegung.
Von der Klinik führte eine steile Straße in die Stadt hinab, die mir für Rollatoren-Nutzer oder Rollstuhlfahrer undenkbar zu befahren erschien. Runter kamen diese Leute immer irgendwie, aber der Rückweg schien mir für diese gehandicapten Patienten nicht vorstellbar. Ich erzeugte derweil ein Bild vor meinem geistigen Auge, wo ein einsamer Rollator unten in der Stadtmitte angerollt kommt und vor einen Pflanzkübel prallt, während sein Besitzer auf der abschüssigen Straße gestürzt liegt und um Hilfe ruft.
Mir kam in diesem Moment tatsächlich eine Rollator-Frau entgegen. Ich grüßte freundlich und bekam ein Kopfnicken zurück. Mehr war anscheinend auch nicht möglich, so wie diese Dame keuchte und schwitzte, indes sie mit durchgestreckten Armen ihren Rollator vor sich herschob. Seit wann war sie mit dem Aufstieg zur Klinik beschäftigt?
Der Weg in die Stadt dauerte etwa 15 Minuten und ich empfand das als angenehm. Die Sonne schien ein wenig, aber nicht zu heiß, schließlich war es erst April. Ein paar Wolken klebten am Himmel, der allerdings nicht nach Regen aussah. Wo wollte ich nochmal hin? Egal. Nur ein wenig in die Stadt reinschnuppern. Nach Versorgungsmöglichkeiten, wie zum Beispiel einem Supermarkt oder nach Apotheken schauen. Dabei würde ich bestimmt das ein oder andere nette Café sowie die ein oder andere einladend aussehende Kneipe entdecken. Vielleicht hatte ich in den kommenden fünf Wochen ja doch einfach mal Lust, abends auf ein Bierchen in die Stadt zu gehen; vielleicht in weiblicher oder männlicher Begleitung. Wichtig war bei diesem Vorhaben, den Zapfenstreich nicht aus den Augen zu verlieren. Um 23 Uhr wurde abgeschlossen und aus der Klinik wurde Fort Knox. Somit war von vornherein geklärt, dass so ein Abend nicht ausuferte. Mit Sicherheit trat man dann unmittelbar die

Heimfahrt an und bekam zusätzlich einen Negativ-Vermerk beim Rentenversicherer; gewissermaßen einen Klassenbucheintrag für das spätere Leben.
„Hi! Na, auch neu?", sprach mich eine durchaus attraktive Frau an, die mir entgegen kam.
Ich guckte zunächst ein wenig erstaunt, weil ich weiterhin in meinen „Zapfenstreich-Gedanken" steckte. „Äh, ja. Heute angekommen. Und Du?" Wir blieben stehen.
„Ich bin Sylvia. Gestern eingecheckt. Vier Wochen wird der Bau mein zu Hause", sagte sie lächelnd, zeigte auf die Klinik und gab mir dann die Hand. „Nik. Ich darf den Luxus eine Woche länger auskosten." Wir lachten beide. Sylvia schätzte ich auf Mitte Vierzig. Sie trug eine auffällig große, blau-getönte Sonnenbrille und hatte ihre langen schwarzen Haare zu einem Zopf nach hinten gebunden. Ihre enge Jeans betonte die umwerfende Figur. Ja, gucken darf man doch. „Ich wollte mir ein bisschen die Stadt anschauen", sagte ich und ertappte mich insgeheim dabei, mir zu wünschen, Sylvia begleitete mich. „Dann viel Spaß. Man sieht sich." Damit verabschiedete sich Sylvia und schlenderte gemütlich weiter. Ich drehte mich nach wenigen Sekunden kurz und heimlich nach ihr um. In diesem Fall schaute ich nur auf ihren Arsch. Verdammt! Ich war ein funktionierender Mann. DAS funktionierte so richtig gut bei mir. Aber ich liebte einzig und allein meine Conny. Basta!
Ich ging weiter.
Auf der rechten Seite erblickte ich einen Friseur. Na gut, ich habe nicht unbedingt den modischen Haarschnitt, der einen Frisurenmeister herausfordern würde, aber ich müsste in den nächsten Wochen sicherheitshalber mal die Stoppeln auf einen Millimeter heruntergrasiert bekommen. Selber traute ich mir das nicht zu, beziehungsweise mein einziger Versuch diesbezüglich endete in einer frisurtechnischen Katastrophe. Ich sah im Anschluss aus wie ein abgelehnter Hare-Krishna-Jünger, der nach einem Alkoholmissbrauch den Rasierer an seinen Schädel gesetzt hatte. Ließ ich hingegen die Stoppeln wachsen, ähnelte ich nach circa drei Wochen „Stromberg".
„Ohne Termin" stand auf einem Aufsteller vorm Friseurgeschäft. Prima, da schaute ich in etwa zwei Wochen rein.
Ich ging langsam weiter die Hauptstraße entlang und blieb hier und da vor einem Speisekarten-Kasten eines Restaurants oder Cafés stehen,

um mich preislich zu orientieren. Ich wurde positiv überrascht. Den obligatorischen Kurortzuschlag hatte ich mir höher vorgestellt. Die Preise für Bier, Schnitzel und Kaffee fand ich absolut in Ordnung.

„Willst Du schon auswärts essen?", fragte mich plötzlich jemand von hinten und legte seine Hand auf meine Schulter. Ich sah in das schwarze Gesicht von Abebe und dieser setzte gleichzeitig sein blendend weißes Lächeln auf. Abebe trug lässig eine Lederumhängetasche über einer Schulter und sah in seiner modischen ausgeblichenen Jeans wieder unverschämt jugendlich aus. Niemals war dieser Mann 62 Jahre alt. Never! Aber er war es nun einmal und den Neid musste man ihm lassen. Abebe wirkte in erster Linie durch sein gesamtes Erscheinungsbild und Auftreten wesentlich jünger.

„Ich gucke nur, Abby. Unser Essen hat mir geschmeckt und ich hoffe, das bleibt so."

„Am Wochenende gibt es nur Eintopf. Den wirst Du hassen," mutmaßte Abebe.

„Keine Alternative?", fragte ich. Abebe schüttelte den Kopf.

„Nur Eintopf. Und der wird fast durchsichtig gekocht. Schlimmer als eine Suppe." Ich las wieder die Speisekarte des Restaurants, vor dem Abebe und ich standen. Nach wenigen Sekunden hatte ich die Burger-Auswahl entdeckt und meinen Entschluss gefasst. „Sonntags werde ich hier das ein oder andere Mal einkehren. Kommst Du dann mit?"

Abebe verneinte. „Ich vertrage so einiges von eurer deutschen Küche nicht", meinte er.

„Die Burger sind doch amerikanisch", verbesserte ich.

„Aber sie werden deutsch zubereitet." Abebe sah mich ernst an. Er hatte ja Recht.

Abebe und ich schlenderten gemeinsam noch ein Stück weiter, bevor wir in eine Nebenstraße einbogen und diese als Abkürzung zur Klinik zurücknahmen. Unterwegs erfuhr ich Einiges aus Abebes aufregendem aber traurigem Leben. Abebe war aus Massar in Kenia geflüchtet, als der Bürgerkrieg seine Familie erreicht und wortwörtlich getroffen hatte. Seine Frau und sein Bruder waren während eines Häusergefechts erschossen worden. Abebe hatte sich seinen einzigen, damals jugendlichen Sohn geschnappt und war zunächst wochenlang auf der Flucht, bis er über einen Schleuser nach Europa gelangte. Seine gesamten Ersparnisse waren dabei drauf gegangen. Aber sein Sohn und er befanden sich

nun in Sicherheit. Über Wien und München gelangten sie irgendwann beide nach Stuttgart. Dort bekam Abebe einen Job, bildete sich eigenständig weiter und absolvierte sogar eine Ausbildung zum Ergotherapeuten, der ihn später in die Selbstständigkeit führte. Sein Sohn lernte schnell deutsch, erzielte die mittlere Reife und fing unterschiedliche Ausbildungen an, die er leider allesamt abgebrochen hatte. Einige Zeit später zog er in eine WG nach Stuttgart und kurz darauf wollte er zusammen mit einem Mädchen nach Freiburg umziehen. Er setzte dieses Vorhaben auch in die Tat um; allerdings brach von dem Tag an der Kontakt zu Abebe ab. Das verärgerte Abebe aber noch mehr machte es ihn traurig. „Irgendwann wird er sich wieder bei mir melden", meinte Abebe zu mir, nachdem wir das Foyer der Klinik erreicht hatten. Wir öffneten beide unsere Schließfächer und fanden unsere Wochenpläne darin vor. Ich würde morgen um acht Uhr, also noch vor dem Frühstück, mit einer Moorpackung bei Frau Schäde starten.
Es ging ab morgen definitiv mit der Reha so richtig los. Ich war noch mehr gespannt.

Moorpackung

Vor dem Einschlafen hatte ich fast eine Stunde mit Conny telefoniert und dabei nicht ein einziges Mal geflennt. Ich fand, ich hatte mich einigermaßen im Griff. Das Telefonat tat mir in der Seele gut und währenddessen übermannte mich die Müdigkeit.
Am nächsten Morgen wachte ich wie gerädert auf. Die Matratze war zu weich und massiv durchgelegen. Hätte sich eine Heftzwecke unter meinem Bett befunden, wäre ich wohl mit dem Arsch darauf gelandet. Ich konnte unmöglich weitere 34 Nächte auf diesem Ding verbringen; also musste ich mich bei der Stationsleitung melden. Ein Blick auf die Uhr und in mein Therapieheftchen sagte mir jedoch, dass zunächst meine erste Moorpackung anstand und die Matratzenreklamation sogar bis nach dem Frühstück warten musste. Ich stand vom Bett auf und ver-

suchte mich vom Oberkörper beginnend kerzengerade zu machen. Ich reckte und streckte mich wie ein alter Opa. Nach meinem gedanklichen Countdown ab drei brachte ich mein Rückgrat mit einem Ruck krachend in die Streckung und schrie vor Schmerzen auf.

Anschließend probierte ich die entgegengesetzte Bewegung, indem ich versuchte, mit den Fingerspitzen den Boden zu berühren. Ich erreichte lediglich meine Knie. Beweglichkeit sah anders aus. Aber reichlich Sporteinheiten in diesem Betonbunker würden da sicherlich Abhilfe schaffen. Dr. „Frankenstein" Schamowski hatte mir davon ja so einige verordnet. Mein Therapieplan beinhaltete diesbezüglich die ersten Aktivitäts-Termine. Außerdem war ich ohnehin ein sportlicher Typ. Nach so einer Nacht auf einer derartigen Matratze würde selbst ein Fabian Hambüchen wie ein bewegungsloser Sack am Reck baumeln. Er würde das Reck noch nicht einmal erreichen.

Zuvor stellte sich mir die Frage, wie geht man so eine Moorpackung an? Sollte ich dort möglichst spärlich bekleidet erscheinen, weil die Behandlung letztendlich nackt erlebt werden musste? Ich hatte doch überhaupt keine Ahnung; entschied mich aber, mein Zimmer in Jogging-Hose und Motörhead-T-Shirt zu verlassen. Falls ich mich tatsächlich entblättern musste, würde das dann schnell vonstattengehen; die Klinik taktete die einzelnen Therapieeinheiten mit Sicherheit dicht aufeinanderfolgend, damit die jeweiligen Therapeuten nicht in Langeweile verfielen und womöglich das Quatschen anfingen. Oder im Raucherpavillon rumhingen. Gut, dass ich mir darüber Gedanken machte.

Auf dem Flur begegnete mir Marlies. „Guten Morgen, mein Liebster!", flötete sie mir entgegen, während sie ihren Putzkram-Rollwagen vor sich herschob. „Moin", erwiderte ich ebenso fröhlich.

„Bleibst Du länger weg?", fragte sie mich in ihrer kumpelhaften Art, die mich ganz und gar nicht störte. „Moorpackung und anschließend Frühstück. Dauert also."

„Prima, dann fange ich mit Deinem Zimmer an." Ich ging den Flur weiter entlang und hörte, wie sie meine Zimmertür aufschloss. Meine private Putze. Bei diesem Gedanken grinste ich.

„Entschuldigung", hauchte Elliot, als er fast mit mir zusammengestoßen wäre. Er hatte unmittelbar sein Zimmer verlassen und war etwas ungestüm durch die Tür geschritten, wie auch immer er das in seinem Tran angestellt hatte. „Ist ja nichts passiert", entgegnete ich und schlenderte weiter. Da fiel mir ein, dass ich mein Therapiemäppchen im Zimmer vergessen hatte. Schließlich wurde darin jede Behandlung eingetragen, gegengezeichnet und abgestempelt. Der Nachweis für meinen Rentenversicherer und Kuraufenthaltsbezahler, dass ich brav an jeder Therapie und Info-Veranstaltung teilgenommen hatte. Bei Fehlzeiten oder fehlenden Unterschriften bekam ich bestimmt mächtig Ärger, wie zum Beispiel Strafverlängerung der Reha in der geschlossenen Abteilung oder später gar eine Rentenkürzung. Ich drehte mich auf einem Hacken wieder um und stieß erneut mit Elliot zusammen, der unfassbar weitere drei Meter geschafft hatte. „Verzeihung. Nun sind wir quitt", meinte ich lachend. Elliot lächelte. Oder schaute betrübt. Ich erkannte es absolut nicht; seine hinter der Glasbausteinbrille riesig erscheinenden Augen schienen heute Morgen komplett von Tränensäcken umgeben zu sein. Er trug dieses Mal keinen Bademantel sondern eine dunkelblaue Jogginghose, die man locker einem Zirkuselefanten über die Hinterbeine hätte ziehen können. Der Typ war eine gewaltige Fleischmasse.

Marlies erschrak, als ich plötzlich in mein Zimmer stürmte und das Therapiemäppchen vom Schreibtisch nahm. „Sorry!", rief ich und eilte wieder hinaus. Ich wollte pünktlich zu meiner ersten Therapieeinheit erscheinen. Elliot war nicht sehr weit gekommen. Ich vermutete, dass er ebenfalls den Fahrstuhl nutzen wollte und überholte ihn daher auf dem ohnehin sehr engen Flur nicht. Ich hatte Recht. Der massige Mann blieb schnaufend vor den drei Fahrstuhltüren stehen. „Schon gedrückt?", fragte ich ihn, obwohl ich sah, dass das Anforderungslämpchen bereits zwischen den Fahrstuhltüren leuchtete. Elliot nickte. Ganz bedächtig.

PLING! Tür Nummer drei glitt auseinander und gab eine hell erleuchtete Kabine frei. Ich überließ Elliot den Vortritt. Der voluminöse Mann drückte auf das „E". Ich schlussfolgerte auf Sporthalle oder Schließfächer. Letzteres wahrscheinlich, weil er kein Handtuch bei sich trug. „Mist. Handtuch vergessen", brummelte er leise, nachdem sich die Kabinentür geschlossen hatte. Ich machte ein mitleidiges Gesicht. Elliots Augen blickten durch seine dicken Brillengläser ein wenig traurig zu mir herüber. Am liebsten hätte ich diesen großen Mann umarmt. Ihn getröstet. *Handtuch vergessen; wie schrecklich!* Was dachte ich für einen Mist?

Der Fahrstuhl hielt auf der „2". Nachdem die Tür sich geöffnet hatte, schaute uns Magoo mit zusammengekniffenen Augen an. Die alte, kleine Dame tippelte in die Kabine, beugte sich hinunter und berührte fast die Bedienknöpfe mit ihrer Nase. „Wo soll es denn hingehen?", fragte ich höflich, um ihr zu helfen. „Zur Sporthalle", erwiderte sie erleichtert. „Ist bereits gedrückt", sagte ich und Magoo lächelte an mir vorbei, dahin wo sie mein Gesicht vermutete. Auf der „1" stieg ich aus und verabschiedete mich von meinen Mitfahrgästen. Elliot hob sanft die rechte Hand bis auf Bauchhöhe an und vollführte ganz sanfte Winkbewegungen.

Ich orientierte mich anhand der Beschilderung dieser Etage. „Moorpackung" las ich und setzte mich in die ausgewiesene Pfeilrichtung in Bewegung. Ein Blick zur Uhr; ich würde pünktlich sein.

Im Wartebereich der Moorpackungsbehandlung oder wie man das auch immer nennen wollte, saßen vier Patienten. Drei ältere Frauen und ein relativ jung aussehender Mann. Ich tippte auf einen Bundeswehrsoldaten. Vielleicht kam er aus demselben Bataillon wie Nicole, die ich bei „Dr. Frankenstein" getroffen hatte. Prophylaktisch zur Reha, damit er keinen seelischen Schaden wegen seines Auslandseinsatzes nahm.

„Morgen", grüßte ich und setzte mich neben den vermeintlichen Soldaten. Irgendwie murmelten alle Wartenden einen Morgengruß zurück. Der Wartebereich lag direkt am Zugangsflur zum Gymnastikraum. Aus diesem kamen in dem Augenblick ungefähr zehn Personen und schritten im Entenmarsch an uns vorbei. Jeder der Zehner-Gruppe grüßte. Jeder! Zehn Mal „Guten Morgen." Es ging mir spätestens nach dem siebten Gruß auf den Sack. Denn meine Mitwartenden und ich grüßten höflich zurück. Volle zehn Mal! Nummer Zehn der Vorbeigehenden bekam nur noch ein klägliches „Morgen" von mir erwidert. Warum machte mir das etwas aus? Warum war ich wegen so etwas Banalem angenervt?

Die Moorbehandlungsraum-Tür flog schwungvoll auf und eine kleine, drahtig aussehende ältere Frau mit einer Frisur, die eigentlich nur der Wind durch eine Orkanböe fabriziert haben konnte, trat in den Wartebereich. Ihr Namensschild wies sie als Frau Schäde aus. Frau Schäde trug eine blaue Pflegermontur. Statt im üblichen Weiß war ihre Dienstkleidung eben blau. Fehlte nur das ARAL-Logo und ich hätte ein Waschprogramm bei ihr angefordert.

Frau Schäde hielt einen kleinen Zettel in der Hand, von dem sie die Namen der nächsten Patienten ablas, die sich in ihre Obhut begeben sollten. „Herrrr Reiiiimann!", blökte sie. Fast hätte ich salutiert. „Hier!", rief ich laut und sprang ihr entgegen. Sie schrie die Namen der anderen drei

Patienten, obwohl diese so wie ich nur etwa zwei Meter von ihr entfernt auf den Plastikstühlen saßen. „Frau Schreiber in Kabine eins, Herr Reimann in die Zwei, Frau Gestner-Bröcker in die Drei, Herr Bless in die Vier und Frau Deppke in die Fünf. Dann haben wir's."
Die „Kabinen" waren lediglich durch Vorhänge abgetrennte Bereiche, in denen jeweils eine einfache Pritsche und ein Stuhl standen. Auf den Pritschen lagen ein Handtuch und ein weißes Bettlaken. Ich setzte mich zunächst locker auf die Pritsche und hörte, wie Frau Schäde in irgendeiner Nachbarkabine ihre Anweisungen herauströtete. „Schön mit dem Gesicht auf das Handtuch, damit der Sabber aufgefangen wird. Nach der Behandlung bitte Handtuch und Laken zusammenfalten und in die Box am Ende des Flures werfen. Sie dürfen ruhig dabei einschlafen." Ich wurde schlagartig müde. Kein Wunder, nach der Nacht auf der Weichgummi-Matratze. Ich musste mich nach dem Frühstück unbedingt um eine neue Schlafunterlage für mein Bett kümmern.
„Na, wen haben wir denn hier? Den Herrn Reimann. Schäde, guten Morgen." Ich erschrak aus meinem Tagtraum, der mich auf der Pritsche unmittelbar ergriffen hatte; wenn auch nur für Sekunden und zum Glück keine Sexphantasie. Die kleine, in blau gekleidete Frau mit der Orkanfrisur lächelte mich an. Ich murmelte ein „Guten Morgen" und wartete auf weitere Anweisungen. „Bis auf den Schlüpper bitte alles ausziehen." Gut, legte ich vor dieser Dame eben einen kurzen Strip hin; zumal ich ohnehin damit gerechnet hatte. Nachdem ich meine Klamotten über die Stuhllehne gehangen hatte, kritzelte Frau Schäde ihren Namen in mein Therapieheftchen und meinte: „Ich stempel hier nicht. Das schmiert immer so. Und nun einmal flach auf den Bauch legen." Dabei klopfte sie mit einer Hand auf die Pritsche, die sie inzwischen so mit dem Bettlaken bedeckt hatte, dass es an einer Seite lang herunterhing. Seitlich unter meinen Kopf schob sie ein Handtuch. Für den Sabber. Ich lag total entspannt und total richtig. „Einen Moment noch, Herr Reimann, ich hole jetzt das Moor." Nach diesen Worten riss sie den Eingangsvorhang der Kabine beiseite und lief mit schnellen Schritten in ihren Gummischlappen zum Ende des Therapiebereichs. So hörte es sich zumindest an. Außer ihren Schritten, die sich wie das Geräusch vieler, gleichzeitig benutzter Fliegenklatschen anhörten, vernahm ich keinen Laut. Ich schloss erneut die Augen.
„Was machen wir denn beruflich?", wollte Frau Schäde plötzlich von mir

wissen, während sie mir vier kleine Kissen, vollgestopft mit matschiger Moorpampe, auf Schultern und Rücken legte. Ordentlich und symmetrisch auf meinem Astralkörper verteilt.

„Versandleiter oder Logistikleiter. Ist auch egal." Ich merkte, wie mir diese simple Antwort schwerfiel. Ich merkte außerdem, dass ich gedanklich sofort wieder in meine berufliche Situation katapultiert wurde. „Langsam weiter atmen. Nicht so unruhig. Die Packungen bleiben sonst nicht liegen", ermahnte Frau Schäde mich. Ich spürte selber meinen verstärkten Herzschlag, bewegte nervös den Oberkörper hin und her und versuchte durch ruhigeres, konzentriertes Atmen, wieder herunterzufahren. „Ja, wegen des Scheissjobs bin ich ja hier", sagte ich und atmete hörbar aus. Im selben Moment schossen mir zusätzlich Gedanken an meine Ex, meinen Sohn, meine Eltern und meine neue Beziehung mit Conny in den Kopf. Ich hatte ein regelrechtes Kopfkarussell in der Birne eingeschaltet. An Entspannung war zunächst gar nicht zu denken. „In ein paar Wochen sieht Ihre Welt schon ganz anders aus. Dann freuen Sie sich wieder, zur Arbeit zu gehen."

„Mhmm", machte ich nur, obwohl ich mir das zur Zeit so gar nicht vorstellen konnte, während das Gedankenkarussell ordentlich Fahrt aufnahm. „ Und als Mann haben Sie es doch ohnehin viel leichter. Man wird Sie wieder mit offenen Armen in Empfang nehmen. Als Frau werden sie doch nur schief angeschaut, weil sie ja ständig schwanger werden." Was lief denn jetzt für ein Film? Frau Schäde stopfte das Bettlaken fest und griff nach einer schweren dicken Wolldecke, die sie mir zusätzlich über meinen Unterleib legte. „Frauen dürfen doch nur bis zur Schwangerschaft arbeiten. Danach will sie keiner mehr haben", ätzte sie weiter. Ich schwieg als Unbeteiligter besser mal. „In 20 Minuten bin ich wieder bei Ihnen. Wo geht es dann hin?", fragte sie und bewegte sich Richtung Kabinenvorhang. „Frühstücken. Gott sei Dank. Ich habe nämlich mächtigen Kohldampf." Frau Schäde lachte, schlappte aus der Kabine und zog den Vorhang zu.

Mir fielen sofort die Augen zu. Schnaller geisterte durch meinen Schädel wie ein Alptraum-Monster. Ich wollte ihn unbedingt aus meinen Gedanken bekommen. Ich wollte einfach nur hier liegen und mich entspannen. Es klappte beim besten Willen nicht. Hätte ich im Bett gelegen, hätte ich mich ruhelos hin und her gewälzt, was hier natürlich absolut nicht möglich war. Ich würde fast einen Meter tief fallen und dann von

Moorkissen erschlagen. Schön, hätte ich mich schon mal an den Erdgeruch gewöhnt.
Irgendwann war ich tatsächlich eingenickt, denn ich erschrak, als Frau Schäde plötzlich das Laken von meinem Körper riss. Die Moorpackungen hatte sie bereits vorher von mir unbemerkt entfernt und weggebracht. Unglaublich! Ich hatte rein gar nichts davon mitbekommen. „Gut geschlafen, Herr Reimann?", fragte Frau Schäde etwas schelmisch. Ich nickte und wischte mir gleichzeitig mit einem Papiertuch, das sie mir gereicht hatte, feuchte Erdpartikel von den Schultern. Den Rücken hatte sie mir abgewischt. Ich roch ein wenig nach nassem Hund. „Das bleibt nicht aus, dass immer ein bisschen aus den Paketen heraustritt", entschuldigte sie die leichte Verunreinigung.
„Wenigstens ein Grund zum Duschen", scherzte ich. Die Sturmfrisur wippte lustig vor und zurück, während Frau Schäde sich heftigst über meine Bemerkung amüsierte. „Dann bis Übermorgen, Herr Reimann." Ich nahm mein Therapieheftchen und verabschiedete mich. Das Heftchen war zum Glück mit einem Schutzumschlag versehen, auf dem ich den Schmierfilm fühlte, den Frau Schäde darauf hinterlassen hatte.
Mein Körper fühlte sich schlapp an. Mein Magen knurrte wie ein Hund, passend zu meinem Geruch. In der Fahrstuhlkabine roch es dieses Mal nach Furz und Rauch. Da fiel ich gar nicht weiter auf. Echt eklig. „Na, im Moor gewesen?", fragte mich ein junger Mann, der mir gegenüber in der Fahrstuhlecke stand. Er war etwa Ende 20 und hatte ein knallrotes Gesicht. Mir war klar, dass in der Klinik auch Alkoholkranke behandelt wurden, mit dem Ziel, von ihrer Sucht loszukommen. Mein Fahrstuhlmitfahrer war hundertprozentig so ein Entzugs-Kandidat. Selbst durch das Geruchspotpourri der Kabine kam sein Atemgestank durch. Eindeutig keine Bierfahne, da kannte ich mich dann doch etwas aus. Eher Wodka. Oder doch Jägermeister? Etwa Whisky? Seine Augen quollen ein wenig aus dem Kopf. Die Nase war roter als das übrige Gesicht, und das kam definitiv nicht vom Sonnenbrand. Nichtsdestotrotz schien er meinen Moor-Geruch wahrzunehmen. Also antwortete ich ihm ehrlich mit: „Ja. Bin völlig müde." Mit meinen schläfrigen Augen nahm ich seinen Kleidungsstil zur Kenntnis. Trainingsanzug aus den 80er-Jahren. Vermutlich von seinem Vater. Dazu die obligatorischen Asiletten in Dunkelblau. Aus einer der Hosentaschen lugte eine Zigarettenschachtel. Genau, das passte. Aus der anderen ein Flachmann? Nein, das dann doch nicht.

Aber es hätte mich wirklich nicht gewundert. Der Typ sah so oder so fertig aus. „Und selbst?", rutschte es mir heraus. „Rückengymnastik. Aber erst mal frühstücken", war seine Antwort. Der arme Mitturner bei der Gymnastikgruppe, der in seinem unmittelbaren Dunstkreis mitmachen durfte.
Damit erklärte sich der komplette Kabinenduft für mich. Ich fuhr mit der Klinik-Sau Fahrstuhl.
Wenn gleich jemand zusteigen würde, müsste ich mir überlegen, wie ich mich nicht als Gestanksursache in Verdacht brachte. Aber ich roch ja weiterhin nach Moor. Mist!
PLING! Die Tür glitt auf und Frau Magoo blinzelte in die Kabine. „Fährt der nach unten?", fragte sie leise und verzog ihr kleines Stuppsnäschen. „Nein. Zunächst auf die 3", erklärte ich ihr.
„Dann fahre ich mal mit." Sie betrat zögerlich den Fahrstuhl und rümpfte erneut ihre Nase. „Oh, darf man hier Hunde mitnehmen?"
Ich verkniff mir das Lachen und malte mir wieder aus, welche Fahrstuhl-Odyssee ihr möglicherweise bevorstand. Hoffentlich kam sie noch rechtzeitig zum Frühstück. Der Alki schaute verwirrt auf die kleine, ältere Dame und machte leise „Wuff".

Zugluft

Der Fahrstuhl entließ mich auf meiner Etage. Ich schaute auf die Uhr und entschied, mich vor dem Frühstück um meine Matratze zu kümmern.
Im Wartebereich des Pflegestützpunktes saß ein großer, dünner Mann. Anhand seiner Körperhaltung in der eingenommenen Sitzposition schätzte ich ihn locker auf zwei Meter. Er war enorm gebräunt, was die sichtbaren Hautpartien zeigten und daher vermutlich häufig in Mutter Natur unterwegs. Anderseits konnte sich die Sonne hier in den letzten Wochen jahreszeitlich bedingt nicht allzu oft gezeigt haben. Vielleicht war der lange Dürre ein fleißiger Solariumgänger. Mit müden Augen sah

er zu mir rüber und nuschelte ein „Morgen." Seine Ellenbogen hatte er auf spitze Knie gestützt, das schmale Kinn ruhte in seinen riesigen Händen. Der Typ sah trotz seiner Urlaubsbräune dennoch ausgemergelt aus. Gleichzeitig erinnerte er mich an den jungen Mann von eben, der mit seiner Whisky-Fahne zum Fahrstuhlkabinen-Duftcocktail beigetragen hatte. Wenn ich sanft einatmete, während ich vor der Pflegestützpunkttür stand, waberte ein leichter Alkoholduft von dem Dürren zu mir herüber und suchte sich seinen Weg durch mein Geruchsorgan. Scheinbar hatte auch er bereits flüssig gefrühstückt. Zumindest vermutete ich diesbezüglich den Grund für sein Dasein in der Klinik. Ich grüßte den schlaksigen Mann zurück und klopfte an die Milchglasscheibe der Stützpunkttür. Schwester Sofia öffnete und lächelte mich freundlich an. „Guten Morgen Herr Reimann. So früh schon?" Sie erinnerte sich an mich? Hatte ich gestern zu heftig beim Blutabzapfen gejammert?
„Ja, der frühe Vogel", zwitscherte ich. „Ich kann auf meiner Matratze nicht schlafen. Die ist wirklich sehr, sehr weich."
„Möchten Sie eine Neue?", fragte Schwester Sofia mich.
„Nein, ich wollte nur fragen, ob wir das Polster nicht mal gemeinsam testen können", dachte ich. Nik, wie bist du denn drauf? Aus! Stop! Aber dieser Gedanke schoss mir nach ihrer blöden Frage wirklich unverhofft in den Kopf. „Das wäre echt super", antwortete ich stattdessen. „Kein Problem. Ich informiere den Facility-Manager. Der wird sich kümmern."
Facility-Manager ! Respekt ! Hat sich vom Hausmeister hochgearbeitet. Ich musste häufig über derartige internationalisierte Berufsbezeichnungen lachen. Front-Office-Manager nannte sich zum Beispiel die Empfangsdame bei Steigermann-Objektmöbel und ein Kollege war nicht mehr als Außendienstmitarbeiter unterwegs sondern ging als Area-Sales-Manager auf Reisen. Für mich klang das mehr nach Landverkäufer und einen Plant-Manager würde ich eher in einer Gärtnerei sehen, als in der Betriebsleitung eines Unternehmens. Egal. So war es nun einmal im Zuge der Globalisierung. „Dann schicken Sie den Hausmeister mal vorbei", sagte ich dann ein wenig gehässig und zwinkerte ihr zu. „Gerne", meinte Schwester Sofia und schloss die Tür. Der lange Typ im Wartebereich rülpste. „Schon gefrühstückt?", wandte ich mich an ihn.
„Nee. Muss nüchtern zur Blutabnahme." Das „nüchtern" bezog sich bei ihm in der Tat nur aufs Essen weglassen. Mich zog es unter die Dusche und dann freute ich mich auf das Frühstücksbuffet.

Die Dusche bekam mir richtig gut. Unmittelbar nach dem Aufstehen hatte ich nämlich einen leichten Schmerz verspürt, immer wenn ich meinen Kopf nach links oder rechts drehte, der in den letzten Minuten intensiver geworden war. Außerdem zog dieser Schmerz inzwischen bis in die Schultern hinein. Zugluft! Das war mein erster Gedanke und auf jeden Fall hatte die durchgenudelte Matratze ihren Beitrag dazu geleistet. Heißes Wasser soll dabei ja guttun. Demzufolge heiß duschen. Ich war eh ein Warmduscher. Vor einigen Jahren hatte ich regelmäßig morgens Wechselduschen praktiziert. Jedes Mal, wenn mich das kalte Wasser berührte, schrie ich so laut, dass die Nachbarn vermutlich glaubten, meine (Ex)-Frau und ich gaben uns Sado-Maso-Spielen hin oder ich litt unter einer fürchterlichen Verstopfung. Daher war derartiges Gebaren nach wenigen Tagen Geschichte. Das Wechselduschen. Die Ehe dauerte noch ein paar Jahre.
Das heiße Wasser half nicht besonders lange gegen den Schmerz. Ich erinnerte mich, dass ich eben während der Moorpackungen, bäuchlings auf der Pritsche liegend, so gut wie keine Schmerzen verspürte. Nachdem ich mich abgetrocknet hatte, legte ich mich nackt auf den Bauch in mein Bett und drehte den Kopf vorsichtig nach links. Dann ganz behutsam auf die rechte Seite. Dabei zog es ein wenig stärker an der jeweiligen Halsmuskulatur. Langsam senkten sich die Matratze und mein Bauch nach unten, bis mein Bauchnabel gefühlt fast den Boden erreichte. Ein Glück, dass dieses durchgelegene Teil ausgetauscht wurde. Ich zog mich frühstückstauglich an. Ein Blick auf meine Armbanduhr ergab, ich konnte meine Zugluftschmerzen vorher noch im Pflegestützpunkt vortragen. Die könnten mir sicherlich eine Salbe geben.
Schwester Sofia öffnete mir wieder. „Ah, Herr Reimann. Wollen Sie Ihre Matratze doch behalten?"
„Natürlich nicht", antwortete ich auf ihre Scherzfrage. „Ich habe etwas Zugluft abbekommen und hätte gerne eine Salbe. Ist das möglich?" Sie schaute mich mitleidig an, als wollte sie mir anbieten, mal auf das schlimme Aua zu pusten, sagte aber nur: „Ich darf Ihnen leider nicht einfach so eine Salbe herausgeben, aber ich kann Ihnen einen Termin bei Dr. Schamowski machen." Ich musste ziemlich entsetzt geschaut haben, denn Schwester Sofia fragte sofort: „Oh, ist es so schlimm?" Dabei hatte ich nur aufgrund ihres Vorschlags, mich diesem Quaksalber anzuvertrauen, so seltsam geschaut. „Nein, alles gut. Ja, machen Sie mir mal bit-

te einen Termin."
Sie setzte sich hinter einen Schreibtisch und blickte auf den Monitor des PCs. „Er hat heute um 11 Uhr Zeit."
„Ein Wunder, dass er überhaupt Termine vergeben musste. Wer wollte freiwillig zu diesem Griesgram?", dachte ich.
„Spitze! Dann tragen Sie mich bitte ein."
Mein Magen knurrte heftig. „Sie müssen jetzt aber ganz dringend in den Frühstückssaal", meinte Schwester Sofia lachend.
„Nicht zu überhören, was?" Ich verließ den Pflegestützpunkt und stellte mich vor die drei Fahrstuhltüren. Zusammen mit Magoo, die seit einer halben Stunde die Etagen abfuhr und heilfroh war, mir zu begegnen, fuhr ich in die 2. Etage, wo sich der Speisesaal befand. Mein Magen gab ein weiteres, immens lautes Knurren von sich. „Oh, Sie waren das neulich mit dem Hund", stellte Magoo belustigt fest. Ich hielt mir die Hand vor den Mund, um nicht lauthals loszulachen. Eine Erklärung für mein Knurren gab ich ihr dann aber nicht. PLING! Wir stiegen beide aus.
„Aggro"-Stefan saß schon am Tisch; Anne erschien fast gleichzeitig mit mir. „Guten Morgen", flötete ich und setzte mich. Abebe kam dazu und sprach ein lautes: „Morgen" in meine Richtung. Die anderen beiden grüßten eher zurückhaltend. „Alles klar bei euch?", fragte ich und erwartete eigentlich keine ehrliche Antwort. Was sollte man auf so eine Frage schon Geistreiches sagen? Das „How are you doing?" im Amerikanischen war da ja nichts anderes. Man sagte es einfach so und erwartete keine Rückmeldung. Total oberflächlich. „Geht so", meinte Stefan und Anne gab ein: „ Alles gut ", von sich, was in meinen Ohren aber überhaupt nicht ehrlich klang.
„Alles spitze", haute Abebe raus. Der war anscheinend super drauf.
„Dir geht es ja richtig gut, was?", wandte ich mich direkt an ihn.
„Ja. Ich freue mich über das tolle Wetter, Nik." Der Typ war schlicht der Hammer. Draußen lugte die Sonne ein bisschen durch die Wolkendecke hervor und Abebe strahlte, als ob sich der Sommer ankündigte. Aber so eine Einstellung war ja haargenau richtig. Stefan schien wieder irgendetwas nicht zu passen und Anne hatte wahrscheinlich wieder eine blöde SMS von ihrem Mann erhalten. Möglicherweise konnte dieser mal wieder die Mikrowelle nicht bedienen. Annes Mann war zum ersten Mal für längere Zeit auf sich alleine gestellt und hatte zusätzlich seine pflegebedürftige Schwiegermutter an der Backe. Er empfand sein derzeitiges Da-

sein somit als Höchststrafe. Bei Anne brummte daher häufig das Handy, wenn ihr Mann wieder eine Frage hatte, weil er zu Hause nicht zurechtkam. Wie ein Kind, das Mamis Rat benötigte. So ähnlich sprach Anne dann mit ihm. „Hat er denn die Mikrowelle korrekt verschlossen?" Anne redete mit ihrem Mann in der dritten Person. „Dann muss er der Diakonie Bescheid geben." Die Pflege ihrer Mutter lief hauptsächlich über eine Pflegerin, die täglich vormittags von der ortsansässigen Diakoniestation vorbeigeschickt wurde. Kleinigkeiten mussten allerdings von den Angehörigen selbst erledigt werden. Zur Zeit eben von Annes Mann, der sich sogar extra Urlaub während ihres Kuraufenthaltes genommen hatte. „Da merkt er mal, wie das ist und was ich täglich leiste", erzählte sie uns am Tisch. „ Es fehlten eben Tabletten für meine Mutter. Dafür ist auch die Diakoniestation zuständig. Nur mein Gatte dachte, er müsste den Arzt um ein Rezept bitten und dann zur Apotheke fahren. Dabei habe ich ihm das Prozedere lang und breit erklärt." Anne verdrehte ihre Augen.
„Nun weiß er ja wieder Bescheid", meinte ich.
„Ich hätte Deine Mutter in ein Heim gesteckt", knurrte Stefan.
„Wie herzlos", fauchte Anne.
„Nee, vernünftig. Dein Kerl ist doch hoffnungslos überfordert", konterte Stefan. Nun mischte sich auch Abebe ein. „Er macht das bestimmt richtig gut und braucht nur ab und zu Annes Hilfe." Anne nickte. Die Stimmung blieb gereizt. Ich startete einen Versuch, das Gespräch auf ein anderes Thema zu lenken. „Habt ihr alle keinen Hunger? Der Kaffee duftet doch schon herrlich." Stefan warf mir einen Seitenblick zu und grummelte: „Der duftet aber nur gut. Die Plörre schmeckt heute nach Pisse." Anscheinend war er bereits in den „Genuss" des Heißgetränks gekommen. Da ich nicht so auf Tee als Alternative stand, musste und wollte ich mich selbst vom Geschmack überzeugen. „Dann teste ich das Pipi-Getränk mal", sagte ich und erhob mich von meinem Platz.
In einer Ecke des Speisesaals standen zwei große Warmhaltebehälter auf einem Tisch, die mit „Kaffee" beschriftet waren. In unmittelbarer Nähe lagen Zuckertütchen und Milchpäckchen griffbereit. Stefan schloss sich mir an. „Ach?", meinte ich nur und sah ihn an. „Der Tee ist nichts für mich", erklärte er und füllte seine Kaffeetasse. Die Brötchen dufteten verführerisch, sodass zwei Stück gleich auf meinem Teller landeten. Morgens bin ich ein Süßer und deshalb schnappte ich mir je ein Marme-

lade- und Honig-Portionspäckchen. Auf einem separaten Tisch lagen Unmengen an Käse und Aufschnitt auf Tellern angereichert, aus einer gewaltigen Glasschale hätte ich mir einen Apfel oder eine Banane herausnehmen können. Vielleicht an einem anderen Tag. Im Vorbeigehen griff ich zwei Butterpäckchen und begab mich wieder auf meinen Platz. Anne und Abebe schienen immer noch auf Essenssuche zu sein. Ich ließ Stefan zu seinem Platz durch und setzte mich neben ihn. „Bist du heute scheiße drauf?", fragte ich ihn.

„Ich bin immer scheiße drauf. Deswegen bin ich hier", war seine Antwort. Er hatte ja Recht und ich sollte nicht so blöde Fragen stellen. Ich biss in mein Brötchen und genoss tatsächlich den Kaffee. Mir schmeckte er. „Du trinkst deinen Kaffee wie ich", warf Abebe ein, während er sich setzte. „Wie meinst du das?", fragte ich.

„Schwarz", antwortete er. Ich blickte daraufhin wohl ziemlich blöd. Auch Anne sah ihn von der Seite ein wenig irritiert an, als sie zunächst ihren Teller absetzte. Dann mussten wir alle gemeinsam am Tisch lachen. „Du bist mir einer", sagte ich und legte vor lauter Lachen meine Brötchenhälfte auf den Teller zurück.

Ich mochte diesen schwarzen Kerl. Der hatte so viel Elend gesehen und so grauenhaftes Unheil erlebt und machte nichts als das Beste aus seiner Situation. Ich hatte enormen Respekt vor Abebe. Meine Sache erschien mir dagegen so unbedeutend. Andererseits war diese Sichtweise wieder typisch für mich. Mich nicht so wichtig zu nehmen. Dabei war ich unter anderem deswegen in der Klinik. Ich sollte mich wieder wichtig nehmen. Ich musste für mich sorgen und auf mich achten. Der wichtigste Mensch war ich. Also holte ich mir noch ein Brötchen. „Oh, da hat aber jemand Hunger", meinte Stefan und grinste zum ersten Mal. „Oh, da bekommt aber einer endlich mal bessere Laune", entgegnete ich ebenfalls grinsend. Letztendlich mussten wir alle doch das Beste daraus machen, um den meisten Nutzen aus diesem Aufenthalt zu ziehen.

Bis zu meinem Termin beim Seltsam- Doc Schamowski blieb mir ein wenig Zeit und die wollte ich zum Entspannen nutzen. Deshalb war ich ja ebenfalls hier in der Klinik. Niemand wartete auf mich und ich hatte keine notwendigen Aufgaben zu erledigen. Theoretisch ein zufriedener Zustand, wenn denn die Ursachen und Umstände nicht wären. Wäre ich in der Birne okay, wäre ich nicht hier. Fünf Wochen lang! Jetzt in diesem Moment, auf dem Weg zu meinem Zimmer; nachdem ich mich von mei-

nen Tischnachbarn verabschiedet hatte, wurde mir das wieder richtig bewusst. Und immer wieder schweiften meine Gedanken dann weiter bis zu der Zeit danach oder was ich mir dafür ausmalte, meistens in tiefschwarzer Farbe. Was wird nach der Reha passieren? Bin ich dann meinen Job los? Bekomme ich überhaupt einen neuen Job, so alt, wie ich doch schon bin?
Diese negative und sorgenvolle Gedankenspirale zog mich extrem runter.
„Alles im Lot mit Dir?", fragte mich Marlies, die plötzlich neben mir stand und mich besorgt anschaute, nachdem ich den Kopf wieder leicht angehoben hatte. „Ja, ja. Schon gut. Mir wurde nur wieder bewusst, wie viel Zeit ich hier verbringen muss", antwortete ich ihr und steckte meinen Zimmerschlüssel ins Schloss. „Du wirst hier schon deinen Spaß haben", tröstete sie mich. Ich fand das total nett und lächelte gequält. Mit einer lockeren Winkbewegung verabschiedete sich Marlies. Echt lieb, meine Putze.
Ich warf mich heulend auf die durchgenudelte Matratze und knallte fast direkt bis zum Boden durch. Es war mir egal. Ich heulte drauf los. Mist, ich konnte doch nicht schon wieder mein Kopfkissen durchnässen und kramte in meiner Hosentasche nach einem Papiertaschentuch. „Ich werde verdammt nochmal meinen Spaß haben!", sagte ich laut zu mir selbst. Aber ich war nicht wirklich davon überzeugt.
Dann klopfte es an der Tür. Ich erwartete ein: „Zimmerservice. Wir bringen Ihnen das Menü!" Fehlanzeige. Stattdessen rief sofort eine bullige Stimme: „ Facility-Management. Es geht um Ihr Polster." Ich erhob mich träge, schnäuzte mir die Nase und schlurfte zur Tür. Davor stand ein großer, stiernackiger Mann in einer grünen Latzhose. „ Bölter. Guten Tag." Er streckte mir eine Teflonpfanne entgegen, die sich beim näheren Hinschauen als seine Hand entpuppte. „Reimann. Genau, meine Matratze. Die ist sehr weich", schniefte ich, was der Bulle von einem Kerl allerdings vollkommen ignorierte. Wahrscheinlich begegnete er täglich irgendwelchen verheulten Memmen oder angetrunkenen Alkis, die ihm ihre Wünsche oder Verärgerungen entgegen rülpsten. Der große Facility-Manager betrat mein Zimmer und stemmte sich mit beiden Fäusten auf die Matratze, die er locker bis zum Boden hätte herunterdrücken können, wenn der Lattenrost nicht gewesen wäre, der besorgniserregend knartschte. Aber wie schaffte ich es, mit meinem Arsch

oder Bauch den Boden zu berühren? Na ja, fast. Der Lattenrost musste bestimmt ebenfalls getauscht werden. Oder ich musste mich auf Diät setzen. Passierte derzeit ja ohnehin mit meiner Schonkost.

„Manche stehen ja auf so weiche Dinger. Also, so Polster", meinte der Goliath und grinste mich an.

„Ich nicht. Ich habe Rücken und meinen Sie nicht, dass der Lattenrost ebenfalls kaputt ist?"

„Nein", blökte die riesige Latzhose. „Der ist tippitoppi. Das ist nur die Matratze. Aber ich schaue ihn mir trotzdem mal an." Mit einer Hand zog Bölter das Polster vom Bett, als ob es sich um eine Fußmatte handeln würde und machte erstmal einen erstaunten Gesichtsausdruck.„Der Lattenrost steht überall auf „soft". Ist kein Wunder, dass Sie durchhängen."

Ich fragte verdutzt: „Wie jetzt? Soft. Der Lattenrost muss auf hart oder hard (ich betonte das weiche „d") gestellt werden und dann kann ich wieder vernünftig darauf liegen?" Der Latzhosen-Grizzly nickte und begann sofort, sämtliche Plastik-Schieber an den Lattenverstrebungen nach außen zu schieben, wo tatsächlich ein „Hard" auf die jeweiligen Holzlatten aufgedruckt war. Mit einer Hand griff er sich wieder die Matratze und ließ diese auf den Lattenrost fallen. „Mal testen?" , fragte er mich. Ich legte mich auf mein Bett und machte in Rückenlage rhythmische Bewegungen mit meinem Becken. „Da fehlt das Weibchen, was?", grölte Bölter mit einem Dezibel-Lachen und zwinkerte mir zu.

„Genau", flachste ich, „aber ich liege deutlich besser. Dass ich da nicht selber drauf gekommen bin."

„Für irgendetwas muss ich ja schließlich nutze sein", meinte Bölter und bewegte seinen gewaltigen Körper bereits zur Tür hin. „Vielen Dank", sprach ich und hob meine Hand. „Gerne", kam vom Facility-Manager zurück und dann fiel die Tür wieder ins Schloss.

Ich döste noch ein Weilchen auf meiner neu justierten Matratze, beziehungsweise ausgerichtetem Lattenrost, um mich dann auf den Weg zu Dr. Frankenstein- Schamowski zu machen. Unterwegs überlegte ich, was ich denn nochmal von ihm wollte. Dann fielen mir mein schmerzender Nacken und die Salbenverschreibung ein. Obwohl mein Nacken inzwischen fast Ruhe gab und lediglich meine Halsmuskulatur ein wenig zwickte; insbesondere eben bei meiner Bewegungseinheit auf der Matratze. Egal, so eine Salbe konnte man immer gebrauchen. Nur kein schlechtes Gewissen, Nik. Manche suchen den Arzt mit einem Reißnagel am Daumen auf.

Dr. Schamowski stand vor seiner Behandlungszimmertür und schien bereits auf mich zu warten. Ein Blick auf meine Uhr bestätigte, ich war pünktlich. „Es wird Zeit", meinte der Doktor allerdings ernst mit düsterem Blick. Wie immer. „Ich würde sagen: Punktlandung", sagte ich fröhlich.

„Was haben wir denn?", fragte der muffelige Arzt und ließ sich auf seinen Schreibtischstuhl fallen. Mir fiel mit einem flüchtigen Blick auf, dass sein Schreibtisch, beziehungsweise, was sich darauf befand, genau so aussah, wie gestern. Schien nicht gerade überarbeitet zu sein, dieser Halbgott in Weiß.

„Nacken und Halsschmerzen", jammerte ich etwas übertrieben und rieb mir demonstrativ den Nacken.

„Lutschen Sie Bonbon?", fragte mich der skurrile Mann.

„Ab und zu. Macht doch jeder. Wieso? Bekommt man davon Nackenschmerzen?"

„Hals-Bonbon", kam von ihm kurz zurück.

„Nee, ich habe keine Halsschmerzen in dem Sinne. Eher äußerlich. Die Muskulatur. Ich tippe auf Zugluft."

Dann griff er zu. So ähnlich musste sich ein Karnickel fühlen, wenn man es in den Nacken fasste und hochhob. Ich schrie vor Schmerzen auf. Die Klaue vom Arzt löste sich. Ich atmete heftig aus. „Tat weh?" Was sollte jetzt diese blöde Frage. Glaubte er, ich stand auf Sado-Maso und mir war eben einer abgegangen? „Tat höllisch weh!", entgegnete ich laut.

„Das steckt tiefer. Ich habe Ihnen doch Elektro-Therapie aufgeschrieben. In Therapieplan. Sie sind stark verspannt. Kennen Sie Elektrotherapie?" Der Pillendreher hatte Recht. Bei unserer ersten Begegnung hatte er eine Moorbehandlung und die Elektroschocks auf meinen Therapieplan gesetzt.

Ich wusste von diversen Besuchen beim Orthopäden, was da Harmloses auf mich zukam. Eben leicht kribbelnder Strom, der die entsprechenden Schmerzbereiche über Elektroden sanft durchströmte und so zu Muskelentspannungen und Lockerungen führte. Aber nach dem Hardcore-Griff vom Doc vorhin konnte ich mir bei ihm unter einer Elektrotherapie sogar den elektrischen Stuhl vorstellen oder eine Badewanne voller Zitteraale, in die er mich tauchen würde.

Dennoch bejahte ich seine Frage. „Keine Salbe?", fügte ich aber an. Kopfschütteln.
„Elektrotherapie wird helfen. Verspannungen und Nacken." Dr. Frankenstein- Schamowski erhob sich schnaufend und geleitete mich zur Tür. Wo hatte dieser Mann seinen Doktortitel gekauft? Oder hatte er den in der Sowjetunion für spezielle Verdienste in der Partei bekommen? War dieser Mann womöglich ein Spion?

Hausordnung

Ich schlenderte gemütlich zu meinem Zimmer zurück. Unterwegs begegnete mir Magoo, wie immer hilflos und desorientiert. Mit zusammengekniffenen Augen sah sie mich fragend an. Die alte Dame brauchte gar nichts zu sagen. „Sie sind auf der „3", sagte ich automatisch. „Danke. Dann bin ich wieder falsch ausgestiegen", meinte Magoo kopfschüttelnd und setzte ihre Trippelschritte in entgegengesetzter Richtung fort.
Ich öffnete meine Zimmertür und beschloss, mich erneut der Hausordnung zu widmen, dieses Mal intensiver. Schließlich hatte ich bis zu meinem nächsten Termin etwas Zeit. Mein nächstes verbindliches Erscheinen war die Begrüßung der Neuankömmlinge durch die Klinikleitung im großen Vortragsraum.
Auf dem kleinen Heftchen mit dem Titel „Hausordnung der Dr. Waldemar Bruck-Klinik , Bad Weilingen" war auf der Vorderseite ein äußerst vorteilhaftes Foto der Klinik. Ich glaubte sogar eher an eine professionelle Bearbeitung. Der DDR-Plattenbau-Look war offensichtlich verändert worden. Das Gebäude auf dem Foto wurde zum Teil von hohen Bäumen verdeckt, die es in Wirklichkeit gar nicht gab, zumindest nicht in unmittelbarer Nähe, wie auf dem Foto abgebildet. Darauf war ein Gebäudeteil fast gar nicht mehr zu sehen. Der Raucherpavillon fehlte zum Beispiel gänzlich, obwohl er sich nur wenige Meter neben dem Haupteingang befand. Geschickt getrickst, Herr Fotograf oder eben die Werbeagentur. So eine hölzerne und verglaste Dunstglocke war aber ohne

Frage nicht gerade ein Hingucker.

Ich blätterte weiter und stieß zunächst auf Rechte und Pflichten der Patienten. Dabei fiel mir beim Durchblättern auf, dass die Rechte wesentlich weniger Seiten beanspruchten. Aus den Pflichten wurden dann einige Seiten später die Regeln für ein gutes Miteinander. Von 13 bis 15 Uhr sollte man zum Beispiel die elektrischen Türöffner nicht mehr betätigen, weil deren Brummgeräusche die Mittagsruhe störten. Das bedeutete für die Rollator-Nutzer und Rollstuhlfahrer, während dieser Zeit nur mit äußerster Kraftanstrengung, die ohne elektronischer Hilfe nur sehr schwer zu bewegenden Türen öffnen zu können. Mit einer Hand am Rollator abstützen und mit der anderen Hand die Zugbewegung am Türgriff durchführen. Bitte dabei nicht allzu laut stöhnen, es ist ja schließlich Mittagsruhe. Konnte aber außerdem bedeuten, dass während der Mittagsruhe Rolli-Fahrer im Zimmer zu bleiben hatten. Basta!

Ich stieß wieder auf „A" wie Alkoholverbot. Natürlich war die Klinik kein Halli-Galli-Spaßhotel. Gut möglich, dass die ein oder andere adipöse Patientin leichte Beute für Männer wäre, die eben auf ausgeprägte Rundungen standen und während ihrer Kur ein schnelles Abenteuer suchten. Andererseits gab es ja den Ort Bad Weilingen mit all seinen Kneipen und Cafés. Und reichlich Alkohol! Wer es demnach darauf ankommen lassen wollte, hatte immer eine Gelegenheit. Ich musste unwillkürlich an Sylvia denken, die ich unterwegs getroffen hatte. Gedanklich hob ich drohend meinen Zeigefinger, um mich selbst zu schelten. Nik, so etwas macht man nicht. Ich stellte mir doch aber nur gerade vor, wie ich eventuell mit ihr irgendwo einen Caipi schlürfen würde. Nein, selbst das macht man nicht, wenn man in einer festen Beziehung ist. Ich schüttelte energisch den Kopf, um meine wirren Gedanken los zu werden und holte mir sofort Connys Gesicht vor Augen und ihr strahlendes Lächeln. Wie sie immer den Kopf ein wenig schief hielt, wenn sie mich verliebt ansah. Meine Conny. Schon bekam ich etwas Pipi in die Augen. Sozusagen Freudentränen.

Was Sylvia wohl für Probleme hatte? Weswegen war sie hier? Sie sah absolut nicht nach Essstörungen aus -weder in Richtung Fresssucht, noch in die andere Richtung gehend-, daher ordnete ich sie den Psycho-Patienten zu. Na toll, dann würden sich womöglich zwei depressive Bekloppte annähern. Gleich und gleich gesellt sich gern. Die beiden könnten sich dann gegenseitig so richtig schön runterziehen. Ich brachte mich da wieder in ein Spiel, welches ich überhaupt nicht spielen wollte. Ob das irgendwelche Nebenwirkungen von meinen Spaß-Pillchen waren; ordentlich meinen Testosteronhaushalt durchzurühren? Gleichzeitig befand ich mich trotz alledem immer noch in einer relativ frischen Verliebtheitsphase mit Conny, die rationales und klares Denken oftmals verdrängte und stattdessen seltsame sexistische Gedankenspielchen zuließ. Mein Psychopharmaka feuerte vermutlich ständig aus allen Rohren auf meine Synapsen. Mit dieser Vermutung versuchte ich mich zu beruhigen und gleichzeitig schämte ich mich dafür. Ich wollte heute Abend unbedingt mit Conny telefonieren. Sowieso.

Im Brandfall nicht die Fahrstühle benutzen. So eine Vorschrift kannte man ja. Andererseits wäre so mancher Rollator-oder Rollinutzer doch vollkommen aufgeschmissen, wenn die Hütte hier brennen würde. Alle Rollator-Nutzer sammeln sich im Brandfall am Info-Point auf ihren jeweiligen Fluren und warten auf die Drehleiter der Feuerwehr. Das dachte ich mir natürlich aus und stellte mir weiter vor, wie etwa zehn solcher gehandicapten Personen nervös von einem Bein auf das andere traten und sich dabei an ihren Rollatoren festhielten. Die Griffe dieser Teile wurden durch die Hitze bedingt immer heißer und fingen an zu schmelzen. Die ersten Rolli-Fahrer kamen mit weit aufgerissenen Panikgesichtern hinzu. Ein Fenster wurde von außen geöffnet und ein freundlicher Feuerwehrmann in seinem Drehleiterkorb rief: „Keine Panik! Wir holen Sie hier alle raus. Dauert nur etwas. Bitte einzeln nach vorne rollen!" Dann brach das Chaos aus. Ich lachte über meine Hausordnung und schüttelte den Kopf wegen meiner blödsinnigen Phantasie-Gedanken. Aber das war doch in dem Moment fernab von einer Depression. Oder?

Ich las zunächst weiter. Es durfte kein Besuch in den Zimmern verköstigt oder beherbergt werden. Allein schon das altertümliche Wort „beherbergen" fand ich seltsam, passte aber in dieses Umfeld. Wir Patienten wurden hier gewissermaßen in einer gewaltigen Herberge versorgt. Verköstigt. Auch so ein Wort, dass nicht unbedingt zu meinem alltäglichen Sprachgebrauch gehörte. In meinen Worten lautete diese Vorschrift oder Regel: Nichts auf den Zimmern essen und es wird nicht rumgevögelt!

Da konnten sie mich aber alle mal so was von am Arsch lecken! Ich hatte auf jeden Fall in den nächsten Tagen vor, mir die ein oder andere Kleinigkeit vom Bäcker als Snack zwischendurch mit auf mein Zimmer zu nehmen. An den strengen Augen des Rezeptionisten Herrn Braun vorbeigeschmuggelt. „Was hoooben Sie dänn dooo?", würde er womöglich fragen und sich weit über sein Pult hinausbeugen. „Bitte mal die Tüte mit därrr Aufschrrrift „Wan Tan-Chinarrrestaurrrrant" vorrrzeigen und öffnen!" „Das moss ich leiderrr konfissszierrren. Hierrr äst kein ostasiatischesss Ässen errrlaubt!" Nein, er würde sagen: „ Dö Verköstigong sälbst mötgebrrrachterrr Speisen aus ausländischen Etablissemoonts äst in döserrr Härrrberge ontersagt!" Ich lachte auch über diesen Teil der Hausordnung. Klar wollte ich Conny mein Zimmer zeigen und auf jeden Fall ein Nümmerchen schieben. Wollen wir doch mal sehen, was an den Wochenenden um mich herum so alles in den Zimmern abging. Welche eindeutigen Geräusche ich zu hören bekomme, außer dem lauten Udo Lindenberg-Genuschel nachmittags aus dem Nachbarzimmer. Täglich ab 15 Uhr kam ich in den Genuss alter Udo-Songs. Ob ich wollte oder nicht. Und zwar richtig laut. Wenn es sich ergab, wollte ich den Urheber dieser Geräuschkulisse mal darauf ansprechen, denn bisher hatte ich ihn oder sie nicht zu Gesicht bekommen. Ich war doch wohl nicht spießig geworden? Nein, ich war bloß kein Lindenberg-Fan.

Das Fotografieren innerhalb des Gebäudes war untersagt. Was sollte ich hier schon knipsen? Das Frühstücksbuffet wäre dabei das interessanteste Objekt. Oder täglich meinen Teller mit dem Mittagessen und dann gleich als Anhang an Conny gesendet. Schau, wie ich hungern muss! Auf keinen Fall die Patienten während ihrer Übungseinheiten. Keuchende und schwitzende Körper. Alte Körper. Dicke Körper. Niemals!

Selfies! Ich im Wartebereich vor der Moorpackung. Ich, während der Moorpackungsbehandlung. Ich, danach. Frau Schädes Sturmfrisur. Irre aufregend!

Des Weiteren wurde auf angemessene Kleidung hingewiesen. Das war aber auch so was von notwendig. Manche Patientin hielt sich doch tatsächlich für so schön, dass sie sich kleidete wie ein Teenager, obwohl ihr Körper aussah wie über sechzig und sie in Wirklichkeit erst Anfang Vierzig war. Adipösen Menschen stehen einfach keine Leggings! Und in einer Schlange vorm Buffet kann man häufig nicht woanders hinschauen, außer auf seinen Vordermann. Und wenn dieser oder diese dann derartig unvorteilhaft gekleidet ist, vergeht einem echt der Appetit! Viele Patienten kommen unmittelbar nach ihrer Sporteinheit oder Bewegungstherapie in Jogginghose und viel zu engem T-Shirt in den Speisesaal und greifen dann vor Schweiß triefend mit schwitzigen Fingern ihren Teller vom Stapel, um beim Salatschaufeln ihre Achselnässe zu präsentieren. Igitt!

Ich blätterte weiter und las nochmals den Paragraphen zur Nachtruhe. Um 23 Uhr war Zapfenstreich. In der Tat hörte ich in der Nacht, wenn ich bei unruhigem Schlaf häufig wach lag, kein Geräusch. Das schien hier gewissenhaft beachtet zu werden. Wenn daher einer der Alk-Freunde mal über das Ziel hinausschoss, stand er spätestens ab 23 Uhr vor verschlossener Tür. Die Haupteingangstür fuhr nämlich automatisch um diese Uhrzeit zu und verriegelte sich. „Du kommst hier nicht rein!", hätte ich mir zusätzlich als automatische Ansage dazu vorstellen können. Es gab zwar eine Not-Nacht-Klingel, aber deren Benutzung würde richtig teuer werden, weil der Facility-Manager dann von zu Hause zur Klinik angefahren kommen musste und am nächsten Tag selbstverständlich Meldung machte. Diesen klobigen Kerl wollte ich auf keinen Fall nachts aus dem Schlaf bimmeln, um ihm dann später in seine müden Augen zu schauen, während er seine Radkappenhände zu melonengroßen Fäusten ballen würde. Ich sah da bei mir keine Gefahr, irgendwo zu versacken und kanonenvoll des nächtens die Nachtglocke zu bimmeln und um Einlass zu bitten. Mit wem sollte ich schon in der Kneipe versacken? Mit wem wollte ich denn gerne versacken? Ich wollte auf jeden Fall in diesem Moment nicht weiter darüber nachdenken.

Das Rauchverbot. Selbstverständlich auch außerhalb der Klinik. Zumindest auf dem Klinikgelände. Es würde sicherlich kein Klinik-Aufpasser hinter einem Patienten bis in den Ort hinterherlaufen, um die Einhaltung des Rauchverbots zu kontrollieren. Ich stellte mir gerade Torsten vor einem Café vor, wie er sich eine Zigarette anzündete und unmittelbar von einem satten Wasserstrahl aus einer Super-Soaker-Wasser-Pumpgun getroffen wurde, die ein komplett in Camouflage gekleideter Klinik-Mitarbeiter abgefeuert hatte.

Schließlich gab es ja den Raucherpavillon. Das Räucherhäuschen. Den Nebelpalast.

Aus Holz und Glas, welches immer wie Milchglas aussah, obwohl es das nicht war. Direkt neben dem Haupteingang aufgestellt. Dann haben es die rauchenden Rollifahrer nicht zu weit, um sich zwecks Amputation des zweiten Beines, die Adern des noch vorhandenen Beines blutundurchlässig zu quarzen. Was hatte ich wieder für schäbige Gedanken,

über die ich dennoch schmunzelte. Aber der Raucherpavillon war ein Teil der Klinik, den ich in den nächsten Wochen mit Sicherheit niemals betreten würde. Ich wollte mich nicht einmal in der Nähe aufhalten, selbst wenn so ein Typ wie Torsten versuchte, mich auf ein Schwätzchen dort festzunageln.
Dann doch lieber der Patientenchor. Was las ich da? Tatsächlich. Die Klinik unterhielt einen Patientenchor. Aber das waren dann logischerweise alle paar Wochen ständig wechselnde Mitglieder. Der Chorleiter oder die Chorleiterin studierten mit Adipösen, Rheumatikern und Depressiven lustige Wanderlieder ein. Bei so einer Vorstellung oder einem Auftritt der „Traurigen Dicken" oder „Rheumatischen Trinker" wäre ich gerne im Publikum. Ich las weiter, dass an der Rezeption Notenblätter ausgeliehen werden könnten. Herr Braun reicht bei Interesse einem Chormitglied voller Stolz altes Liedgut der 30er-und 40er-Jahre über den Tresen. Womöglich war sogar das „Horst-Wessel-Lied" dabei.
Ich überflog weitere Absätze und nahm die wichtige Anmerkung zur Kenntnis: *Unsere Sitzmöbel in den Zimmern sind bis 120kg belastbar.* Das konnte für einige Patienten durchaus zum Problem werden. Viele Zimmer waren deshalb sicherlich mit ausgedienten Elefantenhockern aus dem Zirkus bestückt.
Es wurde höchste Zeit, mit Conny zu telefonieren, bevor ich mich vollkommen meinen sarkastischen Gedanken hingab. Ein Blick auf die Uhr sagte mir jedoch, dass Conny noch arbeitete. Also verschob ich das Telefonat auf den Abend. Wie immer. Und bis zum Begrüßungstermin der Klinikleitung hatte ich genügend Zeit, ein kleines Nickerchen zu halten. Nik macht nun ein Nickerchen. Mit einem Lächeln legte ich mich auf mein Bett und schloss einfach mal die Augen.

Die Begrüßung

Mein Handy klingelte und vibrierte, sodass ich aus einem Tiefschlaf gerissen wurde. Von wegen, nur ein Nickerchen. Voll eingepennt war ich. Wie ein Klappmesser richtete ich mich erschrocken in meinem Bett auf, bei dem die Matratze tatsächlich nicht mehr so extrem einsackte und griff zum Handy. Ich hielt es an mein Ohr und nuschelte ein „Reimann." Da erst bemerkte ich, dass ich gar keinen Anruf bekommen hatte, sondern nur mein Handy-Wecker bimmelte. Ich deaktivierte den Weckalarm und setzte mich auf die Bettkante. Mein Blick glitt schläfrig durch das Zimmer und landete schließlich auf meiner Armbanduhr. Mist! Nur noch fünf Minuten bis zum Begrüßungstermin durch die Klinikleitung im großen Saal. Wieso hatte ich Dussel den Alarm so kurz vor knapp eingestellt? Nutzte alles nichts, ich musste mich beeilen. Ich fand es selber immer mega peinlich, wenn irgendwelche Leute zu öffentlichen Veranstaltungen zu spät erschienen und diese dann unterbrochen werden mussten, damit sich derartige Schnarchnasen auf ihre Plätze setzen konnten, weil sich vorher eine ganze Sitzreihe zum Spalier erhob, während sich diese Trottel zu ihrem Platz quetschten. Fast wäre ich selbst zu solch einer Trägheitskartoffel mutiert. Ich sah an mir herunter und fand mein „Motörhead"-T-Shirt durchaus angemessen.

Schnellen Schrittes ging ich über den langen Flur zum Fahrstuhl. Unfassbarerweise öffnete sich sofort eine Kabinentür. Allerdings war die Kabine voll. War ja klar. Weil ich es eilig hatte, verabredeten sich alle Trödelbarden der Klinik zur kollektiven Fahrstuhlblockade. Ich grüßte aber freundlich und wartete mit meinem „Ärger-Dich-Nik-Gesicht", bis sich die Fahrstuhlkabine wieder schloss. Pling! Die nächste Tür glitt auf. Frau Magoo stand im Fahrstuhl. „Möchten Sie auch zur Begrüßung?", fragte ich die kleine, fast blinde Frau.

„Ja. Bin ich hier denn richtig?"

„Nein. Ich nehme Sie mit."

„Das ist aber sehr freundlich von Ihnen, junger Mann." Ich kam garantiert in den Pfadfinder- Himmel. Zumindest hatte ich heute meine gute Tat vollbracht. „So, hier müssen wir raus. Folgen Sie mir einfach", sagte ich und ging voraus. Magoo versuchte, mit mir Schritt zu halten, doch es gelang ihr nicht wirklich; deshalb verlangsamte ich meine Geh-Geschwindigkeit bis sie hinter mir hertippeln konnte.

„Das hätte ich ja niemals gefunden", meinte sie treffend.

Der Raum war schon annähernd mit Menschen gefüllt. Ich setzte mich neben einen jüngeren Mann im Jogginganzug, der mich mit einem zaghaften „Hallo" begrüßte. Eindeutig ein Depri, war meine Vermutung. Für einen Adipösen eindeutig zu dünn. Letztendlich könnte er ein Orthopädiefall sein. Ich ließ den Blick durch die Reihen wandern und schätzte das Publikum auf 40 bis 50 Leute. Eine kunterbunte Mischung aus Psychos, Dickleibigen und Bewegungseingeschränkten. Wo blieben die Alkis oder halb Verhungerten? Lautes Gebrabbel und Gemurmel bildete die Geräuschkulisse. Ich wandte mich zu meinem linken Sitznachbarn, um ein wenig Smalltalk zu betreiben, dieser lief unmittelbar feuerrot an und schaute weg. Gut. Belassen wir es dabei. Dann betrat Herr Prengel den Raum, der Klinikleiter. Unser Herbergsvater. Wie auf Kommando wurden alle still. Respekt, Herr Prengel! Allein sein Erscheinen reichte für die kollektive Verstummung aus. Prengel trug einen perfekt sitzenden dunkelblauen Anzug und hatte sich seine relativ langen, stellenweise ergrauten Haare, hinter die Ohren gegelt. Ich schätzte ihn auf Anfang 50, quasi in meinem Alter. Er hatte keinerlei Papiere bei sich, auf der normalerweise seine Rede geschrieben stand. So ein aufgeblasener Wichtigtuer laberte ohnehin alle paar Tage jedes mal dasselbe und leierte seinen Text daher auswendig herunter.

„Ich darf Sie auf das Allerherzlichste in der Dr. Waldemar-Bruck Klinik begrüßen und hoffe, dass Ihr Aufenthalt bei uns zu einem für Sie zufriedenstellenden Ergebnis mit dem Ziel eines zufriedeneren Lebens führen wird." Wenn das mal nicht zu hoch gesteckt war, Herr Prengel. Mein Leben sollte nach diesen fünf Wochen zufriedener sein. Wie das denn? Wieder Spaß am Job? Etwa bei Steigermann-Objektmöbel? Mit Schnaller, dem Oberarschloch? 40 Stunden die Woche meinen Arsch aufreißen, um immer montags die Scheiße vorgehalten zu bekommen, die man im Laufe der vergangenen Woche angeblich angerichtet hatte? Erneut nächtelang nicht mehr pennen? Sozialer Rückzug und keinen Bock, irgendetwas zu unternehmen? Wo hing das Abschleppseil?

Mein Kopf bewegte sich während meiner wütenden Gedanken fast von selbst ein wenig nach links und ich sah in das entsetzte Gesicht meines Sitznachbarn. „Was ist mit Dir?", fragte er mich flüsternd. Da erst merkte ich, wie sich meine Horror- Gedanken scheinbar auf meinen Gesichtsausdruck und meine Körperspannung ausgewirkt hatten. Ich schien mit einer Fratze zu gucken und hatte die Schultern fast bis zu den Ohren gezogen. Außerdem knirschte ich dabei wie ein Leitwolf mit den Zähnen. „Sorry. Hatte da gerade so einen Gedanken", murmelte ich und senkte meinen Blick auf meine Knie.

„Wenn ich bitte um Aufmerksamkeit bitten darf?", sprach Prengel in meine Richtung. Ich fühlte mich wie beim Spicken in der Schule erwischt. Dieser Mann musste wahnsinnig gute Ohren haben oder aber sein geschulter Blick hatte meine seltsame Veränderung erkannt. Prengel erzählte kurz den geschichtlichen Hintergrund „seiner" Klinik und dessen Eigentümers. Wir erfuhren, wie viele Kliniken Doktor Waldemar Bruck allein in Bad Weilingen sein Eigen nennen durfte, sodass man davon ausgehen konnte, im Ort immer auf irgendwelche Patienten aus seinen Behandlungsbunkern zu treffen.

„Und das Allerwichtigste ist Ihr Therapieheft. Das müssen Sie bitte immer zu jeder Behandlung hier im Haus mitbringen. Das ist Ihr Nachweis für den Rentenversicherungsträger, an allen Maßnahmen teilgenommen zu haben. Sonst bekommen Sie womöglich Ärger. Und das wollen wir doch alle nicht. Oder?"

Sollte jetzt jeder Zuhörer ein lautes „Nein!" brüllen oder was erwartete der Gegelte?

Es setzte ein Raunen und allgemeines Gemurmel ein. „ Halten Sie sich bitte an unsere Hausordnung, damit wir ein freundliches und respektvolles Miteinander erleben." Der Saal schwieg erneut abrupt. Dieser Mann im Designeranzug da vor uns war definitiv von einer riesigen Respektsaura umgeben.

„...wünsche ich Ihnen einen erfolgreichen und angenehmen Aufenthalt. Schönen Tag noch." Nach diesen Worten verließ Prengel eilig den Saal und nahm den aufbrausenden Applaus gar nicht mehr wahr. Zwei Bodyguards hätten hier durchaus ins Bild gepasst. Warum klatsche gerade jeder nahezu frenetisch, wenn der Redner sich einen Scheiß um die Wirkung seiner Rede scherte? Ich ertappte mich erstaunlicherweise ebenfalls beim rhythmischen Hände-Zusammenführen. Das gehörte sich so und alle machten mit. Somit schloss ich mich dem Herdentrieb an und klatschte sogar heftiger. Fast hätte ich auf zwei Fingern gepfiffen. Dieser Mann strahlte eine enorme Wirkung aus. Ich empfand ein bisschen Neid. Wenn ich doch auch wieder so wurde.

War ich denn jemals so ein respekteinflößender, charismatischer Logistikleiter gewesen? Ich hatte doch immer meine eigenen Methoden angewandt, um mich durchzusetzen. Meine emotionale Mitarbeiterführung sorgte in meiner Abteilung für reibungslose Abläufe und zufriedene Mitarbeiter. Nur zum Schluss klappte das Alles nicht mehr. Es gelang rein gar nichts mehr, weder bei meinen Aufgaben und Tätigkeiten, noch

hinsichtlich der Ansprache an meine Mitarbeiter. Ich erreichte sie häufig gar nicht. Sie nahmen mich allem Anschein nach schon seit Längerem nicht mehr für voll; wie denn, wenn ihnen ein ego-loser Vorgesetzter gegenüberstand. Deswegen war ich ja letztendlich hier. Das ist hier kein Wellness-Hotel und du machst keinen Urlaub, Nik! Meine innere Stimme sprach zu mir, denn ich musste mir ab und zu immer wieder den Ernst der Lage vor Augen führen. Ich befürchtete, die ganze Angelegenheit sonst zu sehr auf die leichte Schulter zu nehmen.
Alle Zuhörer schoben sich aus dem großen Raum und das übliche Geplauder setzte wieder ein. Ich beobachtete, wie jemand auf dem Flur an einem Adipösen vorbeizugehen versuchte und von links nach rechts tänzelte. Ich fand es lustig.
Auf dem Weg zum Fahrstuhl begegnete ich meinem Speisesaaltisch-Sitznachbarn Stefan.
„Hi! Na, alles klar bei Dir?", fragte er mich und machte dabei ein sehr ernstes Gesicht.
„Das war doch mal ein richtig wichtiger Termin, was?", entgegnete ich und lächelte. Stefans Miene blieb unverändert. „Bei Dir denn alles im Lot?", fragte ich wiederum. „Alles scheiße! Habe zu Hause Post bekommen." Stefan setzte sich auf einen der Stühle, die in jedem Treppenhaus in der Nähe des Fahrstuhls standen. Er bedeutete mir, mich auf den Stuhl neben ihn zu setzen. Ich schaute auf meine Uhr und setzte mich dann, weil mir bis zur Elektrotherapie etwas Zeit blieb. „Dieses blöde Arschloch!" Stefan ballte beide Fäuste und stützte sich mit den Ellenbogen auf seinen Knien ab. „Was ist denn los?", fragte ich.
„Ach, ich hatte Dir doch von meinem Ausraster an der Ampel erzählt." Ich blickte ihn erwartungsvoll an. Eigentlich kannte ich die Story ja schon, aber ich wollte Stefan nicht in seinem Redefluss unterbrechen. Deswegen hörte ich mir erneut die Erzählung von seinem Ausraster in Form eines gewalttätigen Verhaltens gegen einen anderen Verkehrsteilnehmer an einer roten Ampel an. Ich übernahm hier mal die Rolle des Therapeuten. Stefan ließ die Hände herabsinken und atmete hektisch. „Bleib ruhig, Stefan. Was ist dann passiert?" Einen guten Kumpel hätte ich jetzt an die Schulter gefasst; aber Stefan war nun einmal nur ein Mitpatient und saß zufällig bei jeder Mahlzeit neben mir am Tisch. Stefan wurde etwas lauter, als er an der Stelle seines Erlebnisses angekommen war, an dem er die Fäuste hatte sprechen lassen. Stefan schnaufte und

darauf folgte ein längeres Schweigen. Ich starrte wieder völlig entsetzt, obwohl ich die Geschichte schon kannte. „Du hast den Opa also in seinem Auto verprügelt?" Stefan nickte nur.
„Weil er noch nicht losgefahren war?" Nicken.
„Und heute Morgen rief meine Frau an, dass ich eine Anzeige zugeschickt bekommen habe", erzählte Stefan.
„Allerdings", meinte ich nur. Plötzlich sprang er wie von einer Wespe gestochen auf und stellte sich vor mich hin. Dabei streckte er seinen rechten Zeigefinger nach mir aus und sagte ziemlich laut, sodass es mir fast peinlich wurde: „Ich weiß selber, dass ich Scheiße gebaut habe. Deswegen bin ich ja auch hier. Aber ich hatte mich damals bei dem alten Sack entschuldigt und er fuhr weiter." Ich erhob mich und sagte zu ihm: „Du kannst es hier und jetzt sowieso nicht ändern oder rückgängig machen. Das musst du zu Hause regeln."
„Zu Hause ist doch auch alles scheiße. Es ist alles scheiße, Nik!" Stefan drehte sich um und ging zur Treppe, die er dann -zwei Stufen gleichzeitig überspringend-, herunterlief. Ich blieb zunächst irritiert vor dem Fahrstuhl stehen, bis mich das bekannte Pling! aus meiner Starre riss. Ich quetschte mich in die überfüllte Kabine und sah anhand der Etagenknöpfe, dass meine Etage bereits angewählt worden war. Ich atmete hörbar und lange aus. Das Gespräch eben mit Stefan hatte mir doch ein wenig zugesetzt. War Stefan allen Ernstes der Überzeugung, es wäre mit seiner Entschuldigung an der Ampel abgetan gewesen? *„Entschuldigen Sie bitte, dass ich Ihnen ein Auge blau gedroschen und fast einen Kieferbruch verursacht habe. Alles wieder gut?"*
Meine in wenigen Minuten beginnende Elektrotherapie würde sicherlich dazu beitragen und dafür sorgen, wieder runterzukommen. Hatte ich denn überhaupt noch Schulterschmerzen? Ich begann leicht mit den Schultern zu kreisen und beobachtete dabei die übrigen Fahrstuhlmitfahrenden. Doch, es zog immer noch etwas im rechten Schulterblatt; außerdem war ich doch so was von angespannt.
Ich ging kurz in mein Zimmer, um mir ein Handtuch und das Therapieheftchen zu holen, obwohl ich gar nicht wusste, ob ich das Handtuch überhaupt benötigen würde.
Der Wartebereich für die Elektrotherapie war derselbe, wie zur Moorpackung. Die beiden Therapieräume lagen sich gegenüber. Frau Schädes energische Stimme klang zu mir herüber. „Frau Wiiilmsmann bitte in die

Zwei und Frau Deeegenhardt in die Drei!" Ich wusste, was diesen beiden Damen gleich Angenehmes bevorstand. Zwanzig Minuten unter wohliger Wärme mit leichtem Erdgeruch pennen. Ich bewegte meinen Kopf leicht nach links und dann wieder nach rechts. Es tat ein bisschen weh. Ich hob beide Schultern an. Es tat etwas mehr weh. Hatte ich etwa ein schlechtes Gewissen, ich würde hier einem Patienten, der es weitaus nötiger hatte, den Platz wegnehmen? Aber so kannte ich das schon von mir. Eher an andere denken, als an mich selbst. Schön blöd. Falsch: Blöd erzogen worden.
Räucher-Torsten kam um die Ecke und setzte sich neben mich. Er roch wieder wie ein brennender Tabakladen, in dem zusätzlich sämtliche alkoholischen Getränke in den Flammen explodiert waren. „Morgen, Nik."
„Morgen, Torsten." Er sah mich aus geröteten Augen an. Gott, sah dieser Mann wieder fertig aus. Ich vermutete sogar, dass er in der letzten Nacht womöglich den Zapfenstreich verpasst und draußen genächtigt hatte. Außerdem trug Torsten ohnehin immer dieselben Klamotten. Fiel mir auf, der ich seit drei Tagen im Motörhead-T-Shirt rumlief. Ich schaute an mir herunter und ein leichter moorlastiger Erdgeruch waberte von unten kommend in meine Nasenlöcher. Ich sollte mir an die eigene Nase fassen. Nach dieser Therapie würde ich mein Volbeat-Shirt überstreifen. „Nackenschmerzen?", fragte Torsten und hauchte mich beim Sprechen an. Ich unterdrückte einen Würgereiz und nickte, was sogar ein wenig Schmerzen verursachte. Demnach war ich hier richtig und es stand mir zu.
„Ich auch. Hab draußen wohl kalte Luft abbekommen." Ach! Zapfenstreich verpasst? Anders konnte ich es mir bei ihm nicht vorstellen.
„Immer dieses rein und raus aus dem Raucherhäuschen", sprach er weiter.
„Dann hör doch damit auf", entgegnete ich.
„Aber hier drinnen darf ich ja nicht qualmen. Also muss ich immer raus und wieder rein." Ich merkte, mein Tipp war zwecklos.
Die Tür zur Elektrotherapie flog auf und ein großer Mann in Weiß beugte sich halb durch den Türrahmen. „Herr Kisker, bitte." Ich hätte fast vor Lachen losgeschrien. Torsten stand nämlich auf und ich setzte seinen Namen gedanklich zusammen: Torsten Kisker, wie die Schnapsbrennerei aus Ostwestfalen. Das passte ja wie die Faust aufs Auge. Sein Name

war bei ihm Programm, das stand mal fest. „Bitte noch ein klein wenig Geduld, Herr Reimann." Ich nickte und verspürte wieder einen leichten Schmerz. Ich durfte mich auf jeden Fall hier einer Elektrotherapie unterziehen. Mein Gott, was war ich zudem noch angespannt!

Im Wartebereich war ein stetes Kommen und Gehen. Immer wieder ließ sich Frau Schäde blicken und holte ihre Patienten zu sich ins Reich der warmen Erdmassen. Eine Karawane von zwölf Patienten watschelte im Entenmarsch an mir vorbei, um den Rückengymnastikraum aufzusuchen. Zwölfmal „Guten Morgen!" Ich machte nur neunmal mit.

Nach einer knappen Viertelstunde öffnete sich die Tür zur Elektrotherapie und Torsten (Schnapsbrenner) Kisker latschte heraus. „Hab's überlebt", meinte er grinsend, hob den nikotin-gelben Daumen und zwinkerte mir zu. „Wir sind hier ja nicht auf dem elektrischen Stuhl", sprach der große Mann in Weiß direkt hinter ihm und zeigte anschließend auf mich. „Herr Reimann, bitte." Ich hatte auf dem Behandlungsstuhl Platz genommen und nahm intensiv Torstens Geruch wahr. Fürchterlich. Wahrscheinlich wärmte er sich gerade wieder im Raucherpavillon auf. „Hier steht: Anspannung", las mir der große Mann von einem Zettel vor. Sein Namensschild wies ihn als Herrn Klumpp aus. „Das ist mal wieder typisch Schamowski. Das kann Alles oder Nichts bedeuten. Meistens möchte man von mir den Nacken unter Strom gesetzt bekommen."

„Genau. Bei mir ähnlich. Ich habe etwas Zug abbekommen", erwiderte ich.

„Ordentlich eingesalbt?", fragte Herr Klumpp.

„Gar keine Salbe von Franken...äh Schamowski bekommen", sagte ich erstaunt. Klumpp schmunzelte ob meines Versprechers. „Da wurde mal wieder gespart, was? Dann wollen wir uns der Sache mal annehmen. Bitte mal beide Arme anheben." Ich tat, wie mir geheißen und schrie unvorstellbar laut vor Schmerzen auf. „Aha. Das sind dann die Schulterblätter", stellte Klumpp lapidar fest. Ich war hier goldrichtig. Ich hatte wahrhaftig immer noch starke Schmerzen; noch dazu an anderer Stelle. Ich durfte hier sein. Ich zog mein Shirt aus und Klumpp nahm mir das Handtuch ab. „Brauchen wir hier nicht." Dann befestigte er an drei Stellen im Schulterbereich meines Körpers Elektroden, unter die er jeweils einen feuchten, kleinen Schwamm gesteckt hatte. „Das leitet besser. Und jetzt sagen Sie mir bitte, wenn es kribbelt." Nach diesen Worten drehte Klumpp an einem Regler eines technischen Gerätes, von dem aus Kabel zu den Elektroden auf meiner Schulter führten. Ich spürte zunächst gar nichts. Dann bekam ich das Gefühl, als sei ich in einen Ameisenhaufen gefallen. Zumindest mit dem oberen Rücken. „Kribbelt", gab ich an.

„Dann können wir noch etwas mehr geben", sagte Klumpp und drehte weiter am Regler. Hing seine Zunge dabei heraus? Machte ihm das Spaß, die Schmerzgrenze seiner Patienten auszuloten? War er irre? „Jetzt merke ich es aber dolle", sagte ich etwas energischer. Meine Muskelfasern unter den Schultern tanzten inzwischen Rock'n Roll. „So muss es sein. Zehn Minuten. Nach dem Klingeln einfach den Regler auf Null drehen und die Elektroden mit den Schwämmchen neben sich auf den Tisch legen." Dann verschwand Herr Klumpp. Mein Blick fiel auf ein leuchtend gelbes Hinweisschild. *„Keine Patienten mit Herzschrittmacher!"* Was dann wohl passierte? „Upps! Haben Sie denn das Schild nicht gelesen, Herr Müller? Herr Müller? HEEERR MÜÜÜLLEEER!!!"

Jetzt begannen meine Schultern, sich abwechselnd leicht auf-und wieder abzusenken. Ganz minimal, aber es war eben spürbar und irgendwie komisch, weil ich keine Kontrolle darüber hatte. Mich wunderte, dass ich von Herrn Klumpp überhaupt keine Einführung zur Wirkungsweise dieser Therapie erhalten hatte. Er setzte scheinbar einfach voraus, dass ich wusste, was hier gemacht wurde und somit auf mich zukam. Hätte ich einen Herzschrittmacher, wäre es sowieso zu spät, denn das lebenswichtige Schild sah ich erst, nachdem die Stromstöße bereits munter durch meine Schultern jagten. In meinem Alter hat man eben nicht so ein Ding. Basta! Fahrlässig. Ich schaute auf den mitlaufenden integrierten Wecker des Strom aussendenden Gerätes. Noch fünf Minuten. Ich war von Klumpp an weiteren Behandlungsbereichen vorbeigeführt worden, hatte dort aber niemanden sitzen gesehen. Die Bereiche waren, genau wie bei der Moorbehandlung, nur durch Vorhänge voneinander abgetrennt.

Was machte Klumpp dann den ganzen Tag? Oder war eher nachmittags die Rush-Hour der Stromstöße? Dann war der Strom günstiger. Der Wecker stand inzwischen auf zwei verbleibende Minuten. Ich sah auf den Strom-Regler. Komm, Nik; die letzten zwei Minuten volle Pulle! Ganz vorsichtig drehte ich den Regler auf der Skala etwas weiter zum roten Bereich hin. Meine Schultern zuckten, als ob ich ständig „Keine Ahnung" oder „weiß nicht" anzeigte. Das Kribbeln wurde intensiver. Es fühlte sich so an, als ob die Muskeln die Haut um die Schulterblätter herum sprengen wollten. Unangenehm war es allerdings immer noch nicht. Plötzlich schlug ungewollt mein linker Arm aus und klatsche meine Hand mit dem Handrücken gegen die Wand. Schnell drehte ich den Regler wieder auf das notwendige Maß herunter, da schrillte der Wecker. Mein linker Arm baumelte leicht zuckend neben mir, während ich mit der Rechten die Pflasterstreifen, die die Elektroden fixiert hatten, abknibbelte. Herr Klumpp stand schon vor mir. „War es angenehm?" Ich nickte wahrscheinlich mit hochrotem Kopf und verspürte keine Schmerzen. Super Gerät. Möglicherweise hatten es die letzten zwei Minuten voll gebracht. „Was ist mit Ihrer Hand?", fragte Klumpp mit Blick auf selbige. Meine linke Hand wies an den Fingerknöcheln leichte Abschürfungen auf. Ich entdeckte aus dem Augenwinkel heraus sogar winzige Blutströpfchen an der Raufasertapete, wo der Elektrostoß meine Hand hatte hinschnellen lassen. „Zu hastig die Elektroden entfernt. Freitag komme ich wieder", sagte ich belanglos und zog mein Shirt über. Klumpp drückte mir etwas skeptisch blickend mein Therapieheft in die Hand und ich grabschte mit meiner Linken nach dem Handtuch. Ich konnte es nicht festhalten, weil mir aufgrund eines Taubheitsgefühls meine Finger nicht gehorchten. Mit rechts ging es dann, sodass ich zaghaft lächelnd an Klumpp vorbei schlich und mich verabschiedete. Ich spürte seinen Blick im Nacken. Hoffentlich ließ das Kribbeln in den Fingern meiner linken Hand bald nach.

Bis zum Abendessen hatte ich reichlich Zeit und weitere Anwendungen waren heute für mich nicht vorgesehen. Scheinbar wollte man es bei mir die ersten Tage ruhig angehen lassen. In drei Fingern meiner Linken kehrte so langsam wieder Leben ein.

Ich wollte den Gemeinschaftskühlschrank auf meiner Etage mit irgendetwas Leckerem befüllen. Meistens meinte ich damit taurin- und koffeinhaltige Getränke. Ich stand total auf das süße, ungesunde Zeug. Außerdem wollte ich nicht gelangweilt auf meinem Zimmer rumhängen sondern hatte Bock auf „in die Stadt gehen". Ich fühlte mich in dem Moment ohnehin ziemlich gut. Die Erwartungshaltung hinsichtlich meiner bevorstehenden Wochen in der Klinik überlappte die negativen Gedanken, mit denen ich mich ansonsten beschäftigen musste oder besser: Die mich beschäftigten, ob ich wollte oder nicht. Also, Nik, alles gut soweit. Ich verließ die Klinik ohne Jacke, obwohl der Kalender den Monat

April auswies. Aber draußen schien frühlingshaft die Sonne.
So schlenderte ich gemütlich auf dem Bürgersteig die Hauptstraße entlang. Fast jedes Fahrzeug fuhr augenscheinlich schneller als die erlaubten 50 km/h; und das innerhalb eines Kurortes! Die meisten Fußgänger waren wesentlich älter als ich und einige von ihnen schoben einen Rollator vor sich her. Sollte dann ein Rollatornutzer den Zebrastreifen, auf dessen Höhe ich gerade stand, überqueren wollen, so wäre das für denjenigen ein Himmelfahrtskommando. Der Zebrastreifen lag extrem ungünstig in einer scharfen Kurve. Zügig die Straße überqueren war für diese gehandicapten Menschen schier unmöglich. Deshalb liefen so viele Leute außerhalb des Zebrastreifens über die Straße. Eben, weil es an jeder anderen Stelle schlicht und ergreifend ungefährlicher war. Unglaublich! Welcher Stadtplaner hatte sich die Stelle für die Fußgängerüberquerung ausgedacht? Mit Sicherheit kein Rollatornutzer oder Rollifahrer. Oder zählte das in Bad Weilingen zur natürlichen Auslese? Auf diese Art hielt man zumindest den Bevölkerungsanteil mit Gehbehinderung in einem erträglichen, kostengünstigen Rahmen. Ein Hupkonzert schreckte mich auf. Eine ältere Dame- natürlich am Rollator-, war mittig auf dem Zebrastreifen stehen geblieben, um sich die Nase zu schnäuzen. Ein Opel Roadster-Fahrer stieg demzufolge gehörig in die Eisen, um die Oma nicht zu erwischen. Selbstverständlich haute der Fahrer erst mal ordentlich auf die Hupe. Dicht hinter ihm kam ein Mercedes-Kastenwagen zum Stehen und meinte ebenfalls, die Hupe betätigen zu müssen. Oma steckte bedächtig ihr Stofftaschentuch wieder in die Manteltasche und setzte ihren Weg tippelig fort. Als ob sie von dem kleinen Verkehrsstau, den sie selbst verursacht hatte, gar nichts mitbekam. Ich grinste und ging kopfschüttelnd weiter. Hinter mir hörte ich den Roadster-Fahrer durch sein Seitenfenster schreien: „Kann man der Omma nicht den Rollatorführerschein wegnehmen?" Darüber musste ich sogar laut lachen.
Ich steuerte zielstrebig den Discounter an. Seit einigen Wochen hielt ich es immer für notwendig, irgendeine Koffein-und Taurin-Bombe zu mir zu nehmen, um in Schwung zu kommen und zu bleiben. Das empfand ich unter anderem als eines der schlimmsten Übel meiner Verfassung: Die sich anschleichende Lethargie. Dieses unmotivierte Gefühl, nicht aus dem Quark zu kommen. Mein Therapeut meinte, ich wäre nicht in der Lage, in stillen Momenten mit mir etwas anzufangen. Das führte

dann dazu, dass ich denken würde, mir fehlte der notwendige Elan, um überhaupt irgendetwas zu unternehmen. Trank ich dann ein Red Bull oder Ähnliches, merkte ich, wie meine Lebensgeister erweckt wurden und ich etwas mehr Tatendrang verspürte. Ein normaler Kaffee reichte mir da nicht. Außerdem zog ich es vor, spontan mal in einen Supermarkt zu gehen und zwei bis drei Dosen eines Energy-Drinks zu kaufen, als mich Kaffee schlürfend zu den Rentnern ins Café zu setzen. Das würde ich hier allerdings bestimmt das ein oder andere Mal auch noch machen. Das gehörte eben zu einem Kurortleben dazu. Lauter so spießige Sachen wie: Kaffee zu trinken, übers Wetter zu reden oder spazieren zu gehen.
Außerdem war mir nach etwas festem Süßen. Irgendein Riegel oder so etwas in der Art. Meistens wurden es ein Snickers und ein Hanuta. Ich wurde zum Glück nicht fett davon. Mein Bauch neigte ein bisschen mehr zur Wölbung, aber ich fand es total altersgerecht. Conny übrigens auch. Das war mir wichtig. Obwohl ich in ihrer Gegenwart meine Plauze ein wenig einzog. Bei manchen Gelegenheiten war das aber schlichtweg unmöglich, wie zum Beispiel beim Sex. Wobei es mich da nicht im Geringsten störte; ich ließ meine Eitelkeit außen vor und Conny schien trotz meiner Wanne ihren Spaß zu haben. Gingen wir aber gemeinsam nebeneinander, so konzentrierte ich mich doch auf das Bauch-Einziehen, damit meine Oberhemden nicht wie ein Vordach über meinem Schritt schwebten. Ich trug meine Hemden aus der Hose. Sah wesentlich cooler aus. Wirkte jünger. Ach, was weiß ich!
So stand ich mit zwei Dosen meines Lieblings-Erfrischungsgetränks und zwei Hanutas an der Kasse und lächelte die junge Kassiererin an. Die dachte doch bestimmt: „Wieder einer von den Bekloppten aus den Bruck-Kliniken:" Als ob das die Kassiererin wirklich interessieren würde. Das waren ausschließlich meine bescheuerten Gedanken. Ich hatte häufiger den Eindruck oder das Gefühl, alle Leute um mich herum starrten mich an oder achteten besonders auf mich. Ein richtiges Beklommenheitsgefühl kam dann in derartigen Situationen in mir auf. Egal, ob ich in eine Kneipe, in die Kinositzreihe oder den Supermarkt ging: Die Menschen dort glotzten ausschließlich mich an. Ich wurde natürlich immer unsicherer in meinen Bewegungen und machte mit Sicherheit einen verängstigten und angespannten Eindruck, weil ich ja ohnehin unter höchster Konzentration meinen Bauch einzog und dazu unter Anspan-

nung stand. An der Kasse kramte ich immer nervös nach dem Kleingeld- jede Oma war da schneller-, in der Kinoreihe kontrollierte ich mehrfach mein Ticket, damit ich bloß den richtigen Platz ansteuerte. Bitte keine Schwäche oder Blöße zeigen und womöglich einen blödsinnigen Fehler begehen, der mich möglicherweise in eine peinliche Situation bringen könnte.

„Fünf Euro und Dreizehn Cent, bitte!" Ich starrte die Kassiererin fragend an. Sie sah gelangweilt zu mir hoch. „Fünfdreizehn."

„Äh, klar. Mal schauen. Irgendwo hab ich bestimmt dreizehn Cent klein." Ich nestelte mein Portmonee aus der Hosentasche und kramte nach dem Klimpergeld. Gleichzeitig kam selbstverständlich das Gefühl in mir hoch, den ganzen Ablauf an der Kasse zu stören und unnötig zu verzögern. Garantiert beschwerte sich gleich jemand aus der Warteschlange. Ich gab der Kassiererin einen Zehn-Euroschein und entschuldigte mich dafür, dass ich das nicht gleich so gemacht hatte. „Kein Thema", sagte sie und ließ kurz darauf das Wechselgeld in meine Hand fallen. Nervös griff ich die beiden Getränkedosen und die Hanutas, ohne vorher mein Portmonee wieder vernünftig weggesteckt zu haben. Das klemmte ich unbeholfen in meine rechte Hand und ging eilig Richtung Ausgang. Dort erst steckte ich das Portmonee wieder in die Hosentasche. Ein Hanuta aß ich direkt vor dem Supermarkt und schmiss das Verpackungspapier in einen Mülleimer. Ich machte mich wieder auf den Weg zur Klinik. Die Sonne hatte immer noch ordentlich Kraft, sodass ich sogar ein wenig anfing zu schwitzen. Ich versuchte für mich herauszufinden, woran zu erkennen war, ob die Passanten, die reichlich unterwegs waren, irgendwelche Patienten oder eben nur Besucher, beziehungsweise Ortsansässige waren. Die Menschen, die mir entgegenkamen und denen ich ganz kurz direkt ins Gesicht sehen konnte, machten mir meine Analyse relativ leicht. Ein gestresster Gesichtsausdruck deutete für mich auf einen depressiven Patienten hin. Wohingegen ein auffälliges Lächeln in einem Zufriedenheit ausstrahlenden Gesicht nur einem Besucher oder Einheimischen zuzuordnen war. So war zumindest meine Wahrnehmung. Ich konnte mir aber nicht erklären, warum ich dieses Gesichtsscannen überhaupt durchführte. Wieder einmal einer meiner blödsinnigen Gedanken oder Einfälle. Ging mir übrigens auf Stadtfesten in meiner Region ähnlich. Die beim Bummeln auf mich zuströmenden Menschenmassen wurden von mir in Zehnergrüppchen nach Bekannten abgecheckt und gescannt, um denen rechtzeitig aus dem Weg zu gehen, um mich keinen blödsinnigen und anstrengenden Smalltalks aussetzen zu müssen. Schließlich ging ich auch an meinen schlechten Tagen meiner Partnerin zu Liebe auf solche Feste, setzte die Fröhlich-Maske auf und machte gute Miene zum anstrengenden Event. Nur blödes und belangloses Gequatsche mit irgendwelchen Leuten, die ich kannte, wollte ich dann nicht zusätzlich überstehen müssen.

Ich erreichte die Klinik und warf im Eingangsbereich einen schnellen Blick in mein Fach. Es war leer und somit lief zumindest dieser Tag weiter so ereignislos ab, wie es auf meinem Therapieplan vorgemerkt war. Auf dem Weg zum Fahrstuhl grüßte ich Herrn Braun höflich und er nickte mir hinter seinem Rezeptionstresen zu, wobei er mir einen strengen, kontrollierenden Blick über seine halbe Lesebrille zuwarf. Was wollte er denn kontrollieren? Gut, ich schmuggelte im Grunde genommen Lebensmittel ins Gebäude. Das war aber nicht verboten, denn wir reden hier ja nicht über eine Currywurst mit Pommes. Dennoch erzeugte er bei mir ein schlechtes Gewissen. Ich fühlte mich ertappt. So ein Blödsinn! Aber ich war ja schließlich seit sehr langer Zeit ohne Rückgrat und mit eingestampftem Selbstbewusstsein unterwegs. Daher interpretierte ich in so ziemlich jede Geste, Mimik oder Äußerung oftmals daneben liegende Vermutungen hinein. Immer direkt auf mich bezogen. Ich war ja ohnehin an allem Schuld.

Nervös wartete ich vor den drei Fahrstuhltüren, bis das erlösende Pling! ertönte und sich die rechte Tür öffnete. Die Kabine war leer. Unfassbar! Ich hechtete fast hinein, nur um dem Blick von Nazi-Braun zu entkommen. Dabei schossen mir Gedanken durch den Kopf, wie: Braun greift bestimmt zum Hörer und meldet der Security, dass ich Lebensmittel in die Klinik geschmuggelt habe. Außerdem missfiel ihm mein Motörhead-T-Shirt-Motiv und ich wurde auf die neue Kleiderordnung hingewiesen, nachdem ich das dreistündige Verhör und die Belehrung über satanische Bildnisse auf Kleidungsstücken bei der Klinikleitung überstanden hatte. Ich schlug mir mit der flachen Hand vor meinen Schädel und sagte zu mir selbst: „Mensch, Nik, was für eine Scheiße! Bleib locker, Mann." Der Fahrstuhl hielt, die Türen schoben sich auseinander und Sylvia stand mir gegenüber. „Hi," hauchte sie.

„H...hallo", stammelte ich total unsouverän.

„Alles gut bei dir?", fragte sie mich und schaute mich etwas besorgt an.

„Äh, ja. Bei mir ist alles klar. Bei dir?" Was sollte denn diese blöde Frage? Als ob sich zwei schüchterne Teenager auf einer Party auf dem Weg zum Klo begegneten und verzweifelt Annäherungsversuche starteten. „Ich habe gleich rhythmische Gymnastik bei Herrn Markus. Und du?" Gleichzeitig glitt sie an mir vorbei in die Fahrstuhlkabine. Ich roch ihr Parfum. Himmlisch! „Mein Plan ist ab jetzt leer. Also, ich habe nichts. Keine Therapien. Heute", stammelte ich.

„Viel Spaß noch", wünschte Sylvia mir und die Fahrstuhltüren fuhren zusammen. Ich stand fast eine Minute vor der geschlossenen Kabine und sog immer noch ihren wahnsinnigen Duft in meine Nase. Plötzlich änderte sich die Luftzusammensetzung rapide und veränderte sich zu einem ekligen Gestank. Als ob irgendwo auf dem Flur ein Altölfass stehen würde, in dem ein leichtes Feuerchen vor sich hin glühte. Stattdessen stand Torsten hinter mir und hatte sich bereits eine Zigarette in den Mund gesteckt, die er unmittelbar nach Verlassen des Gebäudes anzünden würde. „Geile Schnitte, was?" wandte er sich an mich. Es war mir schrecklich peinlich. „Äh..ja, sieht ganz gut aus. Aber ich bin in einer glücklichen Beziehung." Pling! Torsten glotzte mich seltsam an und betrat den Fahrstuhl. „Alter, brauchst dich vor mir nicht zu rechtfertigen. Mach das mit deiner Ollen aus." Er lachte hustend oder hustete lachend und dann schlossen sich die beiden Türen.

Genau. Meine Olle. Das war Conny. Meine Süße. Und ich war verdammt noch mal glücklich mit ihr! Keine Ahnung, warum Begegnungen mit Sylvia bei mir immer so ein Gefühlschaos verursachten. Letztendlich war ich aber ein diesbezüglich weitestgehend funktionierender Mann. Dazu unglaublich in Conny verliebt und daher womöglich voller Schmetterlinge im Bauch und mit Testosteron vollgepumpt. Ich flippte deswegen gefühlsmäßig beim Anblick einer hübschen Frau aus wie ein Feng-Shui-Experte bei einer Wohnungsbesichtigung im Plattenbau. Heute Abend würde ich besonders lange und intensiv mit Conny quatschen.

Ich ging den Flur entlang bis zur Küchennische, in der sich ein Kühlschrank befand. Den hatte ich bereits gestern mal inspiziert und festgestellt, dass sich einige Patienten diesen teilten und diverse Fächer mit fettarmem Aufschnitt, Mineralwasser, Obst und Gemüse belegt hatten; also fast ausschließlich gesundem Zeug. Wurde Zeit, das Kühlschrank-Niveau ein wenig zu senken.

Seltsamerweise blickte ich in einen Kühlschrank, der bis auf zwei Äpfel, mit Colaflaschen und reichlich Bifi-Salamis vollgepackt war. Ich zählte ferner fünfzehn Rahmjoghurts.

Dieser Kühlschrank war bestens ausgestattet, um eine Diät abrupt abzubrechen. Es war definitiv nicht der Kühlschrank in meiner Etage oder die Patienten hatten plötzlich ihr Gesundheitsbewusstsein geändert. Ich schloss die Kühlschranktür und warf einen Blick auf die gegenüberliegende Zimmertür. 213. Also war ich in der falschen Etage ausgestiegen. Sylvias Anblick hatte mich scheinbar völlig verwirrt. Ich schmunzelte über meine Desorientierung. Andererseits sahen in diesem Gebäudeteil annähernd alle Etagen gleich aus. Somit nahm ich meine beiden Getränkedosen wieder an mich und marschierte erneut zum Fahrstuhl. Dort wartete schon Frau Magoo und starrte hilflos auf die geschlossenen Kabinentüren. „Wo soll es denn hingehen?", fragte ich höflich.

„Ich habe gleich Therapie in Raum 425. Aber ich glaube, ich bin schon wieder auf der falschen Etage ausgestiegen." Natürlich war es so. Die Kabinentür glitt auseinander und ich nahm die alte Dame mit in den Fahrstuhl. „Ich fahre jetzt bis auf die Drei. Sie bleiben dann noch eine Etage drinnen, O.K.?", sagte ich zu Magoo. Sie blinzelte mir ins Gesicht oder es sah hinter ihren dicken Brillengläsern zumindest so aus und nickte. Auf meiner Etage angekommen wies ich nochmals darauf hin, dass sie in der nächsten Etage die Kabine verlassen müsse. Den Raum müsste sie allerdings dort erfragen. „Danke, junger Mann. Wenn ich Sie nicht hätte." Sie hob die Hand, was ich mir schenkte, denn sie hätte es ohnehin nicht gesehen. „Schönen Tag noch", sagte ich zu ihr und verließ die Fahrstuhlkabine. Nachdem ich meine Energy-Drinks in den Kühlschrank gestellt hatte, wollte ich eine Nachricht mit einigen Emojis an Conny senden. Gewissermaßen auch, um mein schlechtes Gewissen wegen Sylvia zu beruhigen. Conny sollte ruhig wissen, dass bei mir alles in Ordnung war und es mir gut ging. „Hallo mein Schatz („Kussmund"), mir geht es hier tatsächlich sehr gut und ich freue mich gleich auf das leckere (hoffentlich) („Smiley") Abendessen. Habe am Tisch ganz nette Leute („Totenkopf, Alienkopf, Kürbis"). Bin auf meine Gesprächsrunde gespannt, denn das wird sicherlich das Wichtigste meiner Therapie hier werden („Äffchen mit Händen vorm Mund"). Wie hältst du es ohne mich aus? („Geiler Smiley"). Du genießt wahrscheinlich die Ruhe („ZzzZzz"). Lass uns doch heute Abend mal telefonieren („labernder Smiley"). Bis später. Ich liebe Dich („37 Herzen"). Nik („Smiley mit Son-

nenbrille").
Ich berührte das „Senden" Feld auf meinem Smartphone und merkte, wie sich meine Augen ein wenig mit Tränenflüssigkeit füllten. Es waren weiterhin einige verdammte Wochen, die ich hier runterreißen musste. Ich suchte mir eine gedankliche Durchhalteparole. Nach der Reha wird alles besser. Super Motivationsspruch. Sehr originell, Nik!
Meine Armbanduhr verriet mir, das Essen müsste in wenigen Minuten im Speisesaal vorbereitet sein. Mein Magen bestätigte mir, Nahrung aufnehmen zu wollen.
Also nichts wie zurück zum Fahrstuhl. „Elliot Schmunzelmonster" stand ebenfalls vor den drei Fahrstuhltüren und wartete auf das erlösende Pling! Man konnte bei diesem Mann gewiss nicht von einem unruhigen oder gar nervösem Gehabe sprechen. Wahrscheinlich würde er genauso entspannt dreinschauen, wenn im Hintergrund der Feuerlöscher explodieren würde. Diesen Hünen schien rein gar nichts aus der Ruhe zu bringen. Aber irgendetwas besorgte ihm diese Ruhe. Irgendein ominöses Medikament. Anders konnte ich es mir nicht erklären. Elliot lächelte und schaute gleichzeitig wieder so tief traurig drein, als ob sich sein Hirn nicht zwischen zwei Emotionen entscheiden konnte. „Nabend!", trötete ich. Das Lächeln des großen Mannes wurde zu einem breiten Grinsen. „Guten Abend. Auch Hunger?", fragte er mich. Ich nickte und bejahte kurz. Die mittlere Kabinentür glitt auf und gab den Blick auf vier Adipositas-Kolosse frei. Hinsichtlich seiner Gewichtsmaximalbelastung war dieser Fahrstuhl hoffnungslos überladen. Noch dazu bot er keinem weiteren Fahrgast mehr Platz. Dachte ich. Doch dann setzte sich Elliot in Bewegung und drückte sich hinein. „Hallo", sprach er die anderen Patienten an und quetschte sich mittig an den Vieren bis zur Kabinenwand vorbei. Zaghaft hob er die linke Hand und winkte mir zu; wissend, dass ich weiter warten musste. Frechheit! Dieser Schelm. Diese Aktion hätte ich ihm überhaupt nicht zugetraut. Wie man sich doch in manchen Menschen täuschen konnte. Der nächste sich öffnende Fahrstuhl bot genügend Platz und ich betrat zusammen mit Stefan den Speisesaal.
„Entschuldigung für meine blöde Reaktion heute", sprach er mich an, während wir unseren Tisch ansteuerten, an dem bereits Abebe und Anne saßen. „Alles gut, Stefan. Ich hab's ja nicht persönlich genommen und irgendwie haben wir doch alle hier unser Päckchen zu tragen." Abebe grinste über beide Bäckchen.

„Hallo Bleichgesichter", scherzte er und zeigte seine blendend weißen Zähne. Anscheinend hatte er sich auf diesen Moment vorbereitet und gefreut, uns diesen Spruch zu sagen. „Oh, du warst wohl zu lange in der Sonne, Abby", entgegnete ich ihm und lächelte ebenfalls. Darauf lachten alle am Tisch und sogar der Nachbartisch hatte etwas davon mitbekommen und amüsierte sich mit. Sylvia saß an besagtem Tisch und lächelte zu mir herüber. Ich versuchte, nicht allzu gefühlslastig zurückzulächeln, auch wenn so etwas sehr schwierig war, beziehungsweise es sich als nahezu unmöglich entpuppte. Immer wieder mein schlechtes Gewissen. Immerhin hatte ich eines. Da würde manch einer hier im Saal sicherlich anders reagieren und Sylvia anmachen, um eventuell mal in ihr Zimmer schauen zu dürfen, um dort möglicherweise zu testen, ob auch ihre Matratze stark durchgelegen war. „Guten Appetit", wünschte Sylvia mir.

„Danke. Lass es dir auch schmecken", erwiderte ich und merkte, wie ich im Gesicht rot anlief. Sylvia hielt ihre Schonkostmarke hoch und fragte: „Und du?" Ich zeigte ihr meine identische Marke. „Aber nur diese Woche", sagte ich dazu.

„Hast du doch gar nicht nötig", meinte sie und ich merkte, wie sich meine Hautfarbe der Färbung einer Roten Bete anpasste. „Du aber auch nicht", gab ich Sylvia ihr Kompliment zurück. Feuerlöscherrot. „Wollt ihr beiden alleine für euch sein?", fragte Anne spöttisch. „Äh, nein. Ich hab doch hier den besten Tisch", versuchte ich mich aus der Nummer herauszureden und zwinkerte Anne zu. „Du alter Charmeur", meinte Abebe.

Wir hatten eine gute Stimmung am Tisch und das gefiel mir. Die Drei wurden im Laufe der Zeit so etwas wie Bezugspersonen für mich. Aber zu diesem Zeitpunkt hatte ich meine Therapiegruppe noch nicht kennengelernt. Meine Tischnachbarn waren aus völlig anderen Gründen hier zur Behandlung und daher nicht zu meiner Therapiegruppe zugehörig. Wahrscheinlich wäre so eine Sitzkonstellation im Speisesaal kontraproduktiv für den Therapieverlauf; wenn man sogar beim Essen miteinander zu tun hatte. So lag es an jedem selber, ob er jemanden außerhalb der Therapien treffen oder sprechen wollte.

Als ich an diesem Tag abends auf meinem Zimmer hockte und Connys Nummer wählte, schossen mir sofort Tränen in die Augen und ich konnte auf Connys „Hallo, Süßer", zunächst gar nicht reagieren. Zusätzlich

lauerte versteckt in meinem Hinterkopf mein schlechtes Gewissen wegen meiner Begegnungen und Gespräche mit Sylvia.
„Was ist los, Nik?", fragte Conny, nachdem sie mich ein paar Sekunden hatte heulen lassen. „Alles gut, Süße. Ich musste gerade an Dich denken."
„Das hoffe ich für Dich, wenn du meine Nummer ins Handy tippelst", sprach Conny mit einem Lachen. Das holte mich ein wenig wieder auf den Boden zurück. Gott, wie ich diese Frau liebte! Wir plauderten ziemlich viel dummes und blödes Zeug. Allzu viel konnte ich ihr auch noch nicht aus der Klinik berichten. Beide erschraken wir, dass plötzlich über eine Stunde Gesprächszeit verstrichen war und wir beide müde wurden. Wir verabschiedeten uns dann ein paar Minuten lang. Ich schlief in dieser Nacht herrlich.

Gruppentherapie

Heute sollte ich an meiner ersten Gruppentherapie teilnehmen. Ich hatte mir gleich nach dem Frühstück den neuen Therapieplan aus meinem Schließfach geholt und den Termin dort entdeckt. Dr. Schwalbe würde die Gruppe anleiten. Da im Therapieplan leider keine geschlechtsspezifische Anrede verwendet wurde, vermutete ich nur, dass es sich um einen männlichen Therapeuten handelte. Hier war es anscheinend öfters Usus, derartige geschlechtslose Namensnennungen bei Personen mit einem akademischen Grad zu verwenden. Warum das so gehandhabt wurde, wusste wahrscheinlich nur der Klinikleiter Herr Prengel. Alle anderen Nachnamen bekamen die „Frau" oder den „Herrn" vorangestellt, wie es sich gehörte.
Ich war durchaus etwas aufgeregt. Gruppentherapie bedeutete gewiss, vor mehreren fremden Menschen das seelische „Ich" nach außen zu kehren und einen kollektiven Seelenstriptease hinzulegen. Dazu musste man erst mal bereit sein; vor allen Dingen sich Derartiges zu trauen. Andererseits würde ich zudem höchstwahrscheinlich den Seelenmüll der

anderen Therapieteilnehmer erfahren. Damit musste ich ebenso zukünftig klarkommen.
Als ich heute Morgen aufstand, fühlte ich mich ohnehin nicht allzu gut. Ich schwankte unglücklicherweise mal wieder gedanklich zwischen „weg hier und nach Hause" sowie „hoffentlich bringt der ganze Mist hier etwas." Ich war total unzufrieden und niedergeschlagen. Ich konnte wieder einmal absolut nicht damit umgehen, dass meine Zukunft so ungeplant vor mir lag. Würde ich nach meiner Reha weiter bei Steigermann-Objektmöbel arbeiten, oder würde ich als Arbeitsloser nach Hause zurückkehren? Die Situation war erneut für mich unerträglich. Seit über 20 Jahren war ich es gewohnt, meinen jeweiligen Tagesablauf zu planen; oftmals Wochen im Voraus, was das Berufliche anging. Selbst meine privaten Aktivitäten und gemeinsamen Unternehmungen mit meiner Ex-Frau waren immer vorab zwischen uns abgesprochen, durchgeplant und dann im Kalender fixiert worden. Spontanität war nicht so mein Ding. Ich hasste Überraschungsbesuche und schämte mich jedes mal fremd, wenn ich selber dann bei einem Überraschungsbesuch mitmachen musste. *„Der wird sich richtig freuen!"* Ich schob dann meistens ein: „Zu meinem Geburtstag braucht ihr das aber nicht zu machen", hinterher. Meine letzten Geburtstage wollte und hatte ich sowieso nicht großartig gefeiert. Es kam dann zum Glück niemand, um mich zu überraschen. Meine Worte hatten also Wirkung gezeigt. Außerdem hatten meine tollen Freunde Verständnis für meine gesundheitlichen Besonderheiten.
Ausnahmsweise regnete es draußen. Wie passend zu meiner Stimmungslage. Ich öffnete trotzdem mein Zimmerfenster, um den nächtlichen Mief in die Freiheit zu entlassen. Auf die leckeren Brötchen gleich beim Frühstück freute ich mich sogar ein bisschen, wenn ich mich anstrengte. Gleich die drei anderen Nasen meines Esstisches zu treffen, hellte meine Stimmung zusätzlich ein wenig auf. Diese Stimmungsschwankungen machten mich häufig fertig. Manchmal wünschte ich mir, eine Stimmungsnuance sollte doch bitte mal den ganzen Tag über so bleiben. Meinetwegen einen Tag lang mies drauf sein. Da wüsste ich dann Bescheid und was die nächsten Stunden mit mir los war. Stattdessen schwankte ich mehrmals am Tag zwischen „heute geht's ja" und „alles ist scheiße". Nun gut, ein weiterer Grund, weswegen ich hier weilte. Glaubte ich. Hoffte ich.
Ich ging zu den Fahrstuhlkabinen und erlebte ein kleines Wunder. Fast

gleichzeitig öffneten sich alle drei Kabinentüren und waren leer, was fast schon ein Foto wert war. Es wunderte mich ohnehin schon, dass sonst niemand mit mir wartete, nicht einmal Magoo. „Morgen", brummelte plötzlich eine Stimme neben mir. Elliot hatte sich, wie auch immer, scheinbar angeschlichen und grinste mich traurig an oder schaute betrübt fröhlich. Unfassbar, wie er das in diesem Augenblick mimisch anstellte. „Auch zum Frühstück unterwegs?", fragte ich den großen Mann.

Er nickte und erwiderte: „Die Waage lügt." Dabei zeigte er hinter uns auf die Waage vom Pflegestützpunkt. Ich hatte gar nicht wahrgenommen, dass er auf der Wiegeplattform gestanden hatte. „Zeigt sie dir ein falsches Gewicht an?", fragte ich. Elliot nickte erneut.

„Gestern hat sie meine gesamten Diätpläne über den Haufen geschmissen", sprach er unter scheinbar größerer Anstrengung mit leiser Stimme, als ob er mir ein Geheimnis zuflüsterte. „Ich soll in den paar Tagen sieben Kilo zugelegt haben."

„Aber das bedeutet doch, deine Diät fortzusetzen." Elliot schüttelte seinen Kopf wie ein Kodiakbär, der sich nach erfolgreichem Lachsfang das Flusswasser aus dem Pelz schleudert. „Das bedeutet, die Diät ist für den Arsch!", sagte Elliot ziemlich laut und stapfte in die mittlere Fahrstuhlkabine. Dort verzog er angewidert sein Sackgesicht. „Nimm einen anderen Fahrstuhl", riet er mir. „Hier stinkt es gleich nach Knoblauch und Furz." Da glitt die Kabinentür auch schon zu. Ich stutzte zunächst und blickte ein wenig verwundert, befolgte schließlich seinen Rat beziehungsweise nahm seine Warnung ernst und betrat die rechte Kabine. Das war die richtige Entscheidung. Hier stank es zumindest nur nach Fürzen.

Abebe saß am Tisch und schlürfte eine Orange aus. Ja, er aß sie nicht sofort, sondern saugte immer zuerst den Fruchtsaft aus der Frucht, bevor er sich anschließend das labberige Fruchtstückchen in den Mund schob. „Hallo Nik", grüßte er wie immer gut gelaunt. „Hi, Abby. Schmeckt's?" Er nickte nur, da sich das nächste Stück in seinem Mund befand. Stefan schlug mir mit der Hand auf die Schulter und beugte sich zu mir herunter. „Abby ist ein Obstvampir." Wir drei lachten. Anne kam um die Ecke und stellte ihre gefüllte Teetasse auf den Tisch. Sie sah etwas fertig aus. „Ich habe mal wieder kein Auge zugetan", bestätigte sie ihr Erscheinungsbild. Vermutlich hatte sie unsere fragenden Gesichtsausdrücke korrekt gedeutet. „Ständig kreisen meine Gedanken um zu Hause und ob Rainer alles hinbekommt." Rainer war ihr Mann und wir wussten aus vorherigen Berichten von Anne, wie unselbstständig er war, was die eigenständige Verpflegung, Wäsche waschen, Haushalt führen, Mutter pflegen und Blumen gießen betraf. Aus ihren Erzählungen entstand ein ungefähres Bild von ihrem Kerl. Im Job top, aber den normalen Alltag bekam er nicht geschissen. Na, ich hatte gut reden. Ich bekam ja mal gar nichts mehr hin.

Ich holte mir zwei Brötchen und ausschließlich süßen Aufstrich, sowie einen großen Pott Kaffee. Unser übliches Morgengeplänkel startete. Abebe nörgelte über seinen Sohn, der ihn seit Jahren mied. Immerhin war der „Junge" schon 32 Jahre alt. Da muss ein Vater nicht mehr unbedingt parat stehen. Meine Meinung. Stefan machte sich über den Rückengymnastik-Betreuer Herrn Markus lustig. „Der ist stockschwul. Ich versuche nächstes Mal, nicht direkt neben ihm auf der Matte zu liegen, so wie der immer guckt." Stefan meinte das todernst. Er blickte dabei skeptisch. Wir hielten es alle für das Beste, darauf gar nichts dazu zu sagen. Dann blieb Stefan nämlich ruhig.

Anne zeigte zum wiederholten Mal Fotos ihrer musikalischen Tochter, die auf irgendwelchen regionalen Veranstaltungen mit ihrer Gitarre Lieder zum Besten gab und „super ankommt" und demnächst „unter Garantie eine CD herausbringt." Wir ließen Anne in dem Glauben, indem Abby und ich unsere „Oohs" und „Aahs" von uns gaben.

So frühstückten wir Vier gemütlich und entspannt. Fast. Stefans Schläfenader wölbte sich dermaßen hervor, als ob sie jeden Augenblick platzen würde. Das war ein sicheres Zeichen für seine Angespanntheit. Stefan war immer angespannt. Wenigstens sagte er nichts. Nichts Aggromäßiges. Der Typ schien irgendetwas gedanklich zu verarbeiten. Mir wurde in solchen Momenten immer bewusst, dass ich neben einer tickenden emotionalen Zeitbombe saß. Zum Glück tickte sie in dem Moment nur.

Nach dem Frühstück schnappte ich mir mein Therapieheftchen und begab mich auf direktem Wege zu den Fahrstuhlkabinen. Für einen kurzen Augenblick überlegte ich, für die beiden folgenden Etagen die Treppe zu nehmen. Hätte ich es bloß getan!

Die erste sich öffnende Fahrstuhlkabine war nicht nur voll, sie schien zudem geruchsmäßig mit der identisch zu sein, die Elliot vorhin genommen hatte. Ich übte mich in dreiminütiger Flachatmung, dann verließ ich fluchtartig die Kabine und orientierte mich auf dieser Etage nach meinem Therapieraum. Die Beschilderung der Räume auf diesem Flur war wieder völlig identisch mit allen anderen Etagen. Fast hätte ich vermutet, erneut falsch ausgestiegen zu sein. Doch dann erblickte ich eine offen stehende Tür und eine Zimmernummer, die sich mit der Angabe auf meinem Therapieplan deckte. Ein wenig behutsam, um nicht zu sagen schüchtern, betrat ich den relativ kleinen Raum. Ursprünglich war dieses Zimmer- wie die meisten auf den jeweiligen Etagen-, irgendwann ein normales Patientenzimmer gewesen. Doch derzeit standen dort einige Stühle, die artig zu einem Kreis aufgestellt worden waren und ein in der Ecke stehender Tisch als einziges Mobiliar. Drei Stühle waren schon besetzt. Ein Mann, etwa in meinem Alter, reichte mir seine Hand und stellte sich als Dieter vor. Nachdem ich brav meinen Namen genannt und mich gesetzt hatte, ergriff Dieter sogleich das Wort. „Dann fehlen ja nur noch Alexander, Klaus, Manuela, Beatrice und Petra. Spitze." Ich war ein wenig verwirrt. War dieser „Dieter" unser Therapeut; und in dieser Gruppe duzte man sich so ohne Weiteres? Ich hatte eine Idee, um das herauszufinden. „Wann erhalten wir die Unterschrift im Heftchen? Vorher oder nachher?", fragte ich Dieter. Der schaute mich durch seine Glasbausteinbrille verdutzt an. „Ist dir das so wichtig, Nik?" Upps, dachte ich, da werde ich doch tatsächlich sofort mal getestet. Wahrscheinlich ist Dieter unser Therapeut und hat soeben eine psychotherapeutische Frage an mich gerichtet; meine Psychotherapie startete quasi ab jetzt. Pass auf, Nik, was du darauf antwortest. „Nö", antwortete ich. „Meine nur." Dieter blickte mich weiter erwartungsvoll an. Plötzlich hörten wir Gemurmel und sich nähernde Schritte. Die übrigen Patienten betraten den Stuhlkreis. Eine außerordentlich große, hagere Frau hatte sogar ein Spiel mitgebracht. Wobei mir gefühlsmäßig nicht nach Spiele spielen zumute war. Ich spielte grundsätzlich keine Gesellschaftsspiele, denn ich konnte absolut nicht verlieren. Vielleicht musste in dieser Gruppe jeder einmal etwas zur allgemeinen Belustigung beitragen und eben ein Spiel mitbringen oder mal aus einem Buch vorlesen, was er gerade las. Irgend so etwas. Daraus ließen sich im Anschluss einige Rückschlüsse auf die psychische Verfassung der Person ziehen. Welche Spiele mag ein Depressiver? Welche Bücher liest man während oder nach einem Burnout? Was sollte das Ganze bringen? *„Nik geht es heute*

nicht so gut. Lasst uns eine Partie Mensch-ärger-Dich-nicht spielen."
Toll.
Ich blickte Dieter an und erwartete, dass er die Gesprächsrunde eröffnete; schien er doch eindeutig der Therapeut zu sein, Herr Dr. Dieter Schwalbe.
Stattdessen ergriff die hagere, dürre Frau das Wort, nachdem sie sich eine widerspenstige Locke ihrer Mähne aus der Stirn gestrichen hatte. Vor ihr auf dem Fußboden lagen das Brettspiel und ein Tütchen mit irgendwelchen Steinchen. „Hallo, alle miteinander und herzlich willkommen zu unserer ersten Gruppengesprächsrunde. Mein Name ist Dr. Schwalbe und ich werde Sie in den nächsten Tagen, ja sogar Wochen, mindestens zwei Mal wöchentlich therapeutisch begleiten. Sowohl in dieser Konstellation hier, als auch in Einzelgesprächen. Zunächst sollten wir uns alle gegenseitig vorstellen und wir beginnen im Uhrzeigersinn mit Herrn Berger. Dabei wies sie mit einem knöchrigen Zeigefinger auf Dieter, den Pseudo-Therapeuten. Dieter blickte zunächst alle Teilnehmer dieses Stuhlkreises durch seine dicken Brillengläser an. Er hatte die Beine betont lässig übereinandergeschlagen. Seinen Scheitel schien Dieter heute Morgen mit dem Lineal in seine Fettfrisur gezogen zu haben. Total akkurat, dieser Mann, nur Haarewaschen war nicht so sein Ding.
„Mein Name ist Dieter Berger. Ich bin 55 Jahre jung und zum dritten Mal in dieser Klinik..."
„Wie kommt denn sowas?", rutschte es mir heraus. Dieter schaute daraufhin ein wenig irritiert zu mir herüber. Als ob ich eine völlig blöde Frage gestellt hatte, wo doch drei Aufenthalte in einer Psycho-Schmiede das Normalste von der Welt zu sein schienen.
„Ich habe halt jobmäßig immer wieder ins Klo gegriffen", antwortet Dieter dann doch souverän. „Und jedes Mal bekam ich wieder meine Depression." Erst jetzt fielen mir Dieters Birkenstock-Latschen auf. Die passten ansonsten so gar nicht zu seinem übrigen Kleidungsstil, den ich als konservativ spießig einstufen würde. Seine Öko-Schlappen würden viel besser zu der Dame passen, die sich nun spontan zu Wort meldete, obwohl Dieter in dem Augenblick seinen Mund für einen weiteren Satz öffnete. „Ich heiße Manuela Ebersbacher, ihr dürft mich Manu nennen und bin seit vier Jahren 30." Darüber lachten alle. „Seit sieben Jahren versucht das Arbeitsamt, mir irgendeine Scheiße zu vermitteln und das macht mich fertig."

„*Deswegen bekommt man eine Reha?*", überlegte ich und betrachtete gleichzeitig Manuelas bunte Klamotten. Zu einer hellroten Cordhose trug sie ein giftgrünes Batikoberteil. Ihre Füße steckten in total ausgelatschten Adidas-Turnschuhen.

„Is was?", wandte sie sich plötzlich an mich, sodass ich regelrecht erschrak; so sehr war ich in meinen Gedanken versunken, was diese schrille Person mit den feuerroten Haaren und bunten Klamotten anging. „Äh, nein. Alles in Ordnung. Ich musste nur das Gesagte verarbeiten", stammelte ich hervor und hoffte, sie nahm es mir ab. Manuela grinste schelmisch, als ob sie mir ein „Erwischt!" vermitteln wollte. Auf jeden Fall waren wir wohl noch Freunde. Neben Manuela saß Beatrice, die nun begann, aus ihrem Leben zu erzählen. „Ich heiße Beatrice Tümmler, wie der Delfin und bin 51 Jahre alt. Nach meiner Scheidung hatte ich mehrere Typen, aber die konnte man alle komplett in der Pfeife rauchen. Von denen war mir so gut wie keiner gewachsen. Selbst mein Chef nicht. Obwohl ich mit dem nichts hatte. Der wollte gerne. Ich aber nicht. Da war höchstens der ein oder andere Kollege, der..."

„Frau Tümmler, bitte etwas kürzer", warf unsere Therapeutin ein.

„Klar. 'Tschuldigung. Wenn ich mal ins Reden komme. Also, ich hab irgendwann meinen Job geschmissen, um ein Jahr mal gar nichts zu machen. In diesem Jahr wurde mir auch klar, die Marketing-Leitung brauche ich nicht mehr zu machen. Brötchenverkäuferin in Siegburg wäre genau das Richtige. Und das habe ich nach diesem Kururlaub auch vor." Nach diesen Worten lehnte Beatrice sich lässig zurück und streckte ihre langen Beine von sich; im Gesicht ein zufriedenes Lächeln.

Frau Dr. Schwalbe nickte nun mir zu. Ich merkte, wie ich leicht errötete und zunächst nicht wusste, wohin ich meinen Blick lenken sollte. Ich schluckte. „Also, ich bin der Nik Reimann. Nik steht für Niklas. Ich finde Nik aber besser. Seit 48 Jahren weile ich auf diesem Planeten und leite davon die Hälfte meines Lebens den Versand bei Steigermann-Objektmöbel..."

„Kenne ich", sprach Dieter dazwischen und schaute bewunderungssuchend in die Runde. Dieter kannte meinen Arbeitgeber. Wow, Dieter!

„Ja, wer kennt diese Firma nicht. Trotzdem macht sie mich fertig und ich weiß nicht, wie es jobmäßig mit mir weitergehen soll." Wieder schluckte ich. Verdammt, sammelte sich da etwa Pipi in meinen Augen? „Seit knapp einem Jahr lebe ich in Trennung, bin aber inzwischen wieder glücklich liiert. So, das soll es zunächst mal von meiner Seite gewesen sein." Ein kleiner Stein fiel mir vom Herzen. Meine Augen waren feucht. Vor ein paar Jahren hatte ich locker in etlichen Meetings in der Firma meine Präsentationen vorgetragen. Viele Gespräche mit leitenden Angestellten unserer Kunden souverän geführt und Lieferungsorganisationen kompetent abgewickelt. Damals hatte ich noch so etwas wie ein Selbstbewusstsein oder Selbstwertgefühl. In dem Moment saß ich dort in einem Stuhlkreis und kam mir wie ein neuer Mitschüler einer Oberstufenklasse vor, der beichtete, dass er seine Hausaufgaben nicht gemacht hatte. Dann musste ich losheulen. „Entschuldigung", stammelte ich.

„Alles in Ordnung. Hier muss sich niemand entschuldigen", sagte Dr. Schwalbe. Ich kramte ein angewärmtes Papiertaschentuch aus meiner Hosentasche und schnäuzte mir die Nase. Kurz darauf konnte ich schon wieder ein wenig scheu in die Runde lächeln. Ich fühlte mich winzig. Ich schaute zu meinem Sitznachbarn und erteilte ihm so das Wort. „Ja, ich bin der Alexander Priem mit „E" und bin 45 Jahre jung."

Alexander war ein braun gebrannter, glatzköpfiger, durchtrainierter Mann in knallengen Jeans und einem zu engen T-Shirt, in dem seine Brustmuskeln verstärkt zur Geltung kamen. Im Gesicht eine zarte Nickelbrille. Trotzdem schien dieses Muskelpaket ja ein Problem zu belasten, sonst wäre es nicht hier. „Vor sechs Wochen haben mich meine Frau und Tochter verlassen und sind drei Häuser weiter zu meinem Nachbarn gezogen. Der ist auch der neue Lover meiner Frau. Ich Vollidiot habe nichts gemerkt."

„Warum ist deine Tochter abgehauen?", wollte Manuela wissen. Dieter nahm seine Nickelbrille in die Linke und blickte mit zusammengekniffenen Augen zu Manuela herüber. „Wenn ich das wüsste, säße ich womöglich gar nicht hier." Es wurde plötzlich absolut still in der Runde. Alexander räusperte sich und sprach weiter. „Wir führen einen regelrechten Rosenkrieg. Und das Schlimmste ist, ich wohne in der Nähe oder umgekehrt. Ich sehe das neue Glück fast täglich. Aber ich sehe meine Tochter nicht mehr." Er vergrub das Gesicht in seinen Händen und seufzte. „Wie alt ist deine Tochter?", fragte Manuela. Mensch, war diese Frau neugierig.

„17 und steht kurz vorm Abi. Mit einer super Note." Ich wartete nur auf Manuelas Frage, welche Note es denn als Endresultat vermutlich geben

würde. Stattdessen erzählte Alexander weiter: „Eins Komma Null. Sagenhaft und dann dürfte sie sogar Medizin studieren. Ich bin total stolz auf meine Jessica." Jetzt brachen bei Alexander alle Dämme und er weinte drauf los. Wieder Stillschweigen. Ein paar der Stuhlkreisteilnehmer senkten verlegen ihre Blicke zu Boden. Manche sahen Alexander an. Nach wenigen Minuten hatte er sich wieder beruhigt. „Ich werde mit der Gesamtsituation einfach nicht fertig. Ich möchte auf keinen Fall das Saufen anfangen oder sonst einen Blödsinn machen." Aha, deswegen war „Mister Urlaubsbräune" hier. Angst vor dem totalen Absturz. Das klassische Ding. Frau weg...Job weg...Alkohol! „Wir werden Ihnen helfen, Herr Priem. Gemeinsam", wandte sich Dr. Schwalbe an das muskelbepackte Häufchen Elend, das dort vor ihr auf seinem Stuhl saß und den Kopf mit dem Gesicht in beide Hände gelegt hatte, sodass man weiterhin ein leises Schluchzen hörte. Alexander nickte sanft.
„Sobotka ist mein Name. Klaus Sobotka", sprach plötzlich Klaus Sobotka los. Alle Augenpaare, außer Alexanders, richteten sich auf ihn. „Ich bin 32 Jahre alt und klettere für mein Leben gern."
„Wo?", fragte Manuela. Klar, wer sonst.
„In Berlin. Dort lebe ich seit zwei Jahren."
„Und da kann man klettern?", fragte Manu weiter.
„Klar, in Kletterparks. Die schießen dort wie Pilze aus dem Boden", antwortete Klaus und dabei bekam sein Blick etwas Strahlendes. Dieses Thema schien ihm besonders Freude zu bereiten. „Seit fast fünf Jahren bin ich arbeitslos und werde sowieso keinen Job mehr finden, der zu mir passt." Dieses Thema schien ihm nicht soviel Spaß zu bereiten. Seine Miene wurde ernster, fast schon traurig. „Für mich ist einfach noch kein Job geschaffen worden."
„Aber Du bist doch so jung", warf Dieter ein und seine Augen wurden hinter den Vergrößerungsgläsern seiner Brille noch größer. Dieter sah ein bisschen so aus wie ein Uhu mit Seitenscheitel. „Trotzdem gibt es für mich keine Arbeit, die zu mir passt. Das ist einfach so!" Klaus richtete sich kerzengerade auf.
„Auch diesen Punkt werden wir hier ausführlicher besprechen", kam es von unserer Therapeutin. „Nun muss sich noch Frau Steffen vorstellen. Bitte sehr." Mit einer einladenden Geste erteilte sie Petra Steffen das Wort. Die wurde immer kleiner auf ihrem Stuhl und senkte den Blick.
„Bin....Steffen....Mob....Mann....weh...", flüsterte sie. Mehr hatte ich

akustisch nicht verstanden. „Bitte etwas lauter", wurde Petra dann von Dieter aufgefordert. Petra brach komplett in Tränen aus. „Mann...versuche ja....es gelingt...verdammter Mist... ." Der Rest ihrer Worte ging in ihrem hemmungslosen Weinen unter. Diese Frau tat uns allen leid, davon war ich überzeugt. Ihre gebeugte Körperhaltung verstärkte diesen Eindruck zusätzlich. „Lassen Sie es ruhig heraus und wir werden Sie in den nächsten Tagen noch richtig kennenlernen. Und es wird Ihnen hier gutgehen", meinte Dr. Schwalbe. Von Petra kam nichts mehr, außer einigen Schluchzlauten und Naseschniefen.
So hatten wir uns alle mehr oder weniger kennengelernt. Es war eine bunte Truppe in der jeder sein Päckchen zu tragen hatte.
Frau Dr. Schwalbe griff zu dem Spielbrett, welches sie mitgebracht hatte und legte es in die Mitte unseres Stuhlkreises; zusätzlich entleerte sie ein Beutelchen mit gefärbten, kleinen Kieselsteinen. Das Spielbrett maß in etwa einen Meter im Quadrat und hatte eine tortenartige Einteilung. Jedes Tortenstück war beschriftet. „Ängstlich", las ich dort und „voller Tatendrang" oder „ ich wäre heute gerne liegen geblieben".
„Jeder nimmt sich drei Steinchen gleicher Farbe und legt sie auf ein Feld, das am besten seine derzeitige Stimmung oder Gefühlslage beschreibt."
Ich sah mir Frau Dr. Schwalbe etwas genauer an, während sie die „Spielregeln" beschrieb. Im ersten Leben könnte sie tatsächlich ein Kerl gewesen sein. Ein hagerer, sehniger Kerl.
Sie war so unglaublich groß und ihre gelockte, aber arg zerzauste Frisur hing ihr fast über beide Augen. Ihre Bügelfaltenhose besaß in Knöchelhöhe einen 70er-Jahre-Schlag. Ihr weißes Oberteil erschien viel zu groß, weil sie viel zu dünn war. Frau Dr. Schwalbe hatte definitiv keine Titten. Sie trug einen Ring an der rechten Hand, demnach schien es einen Mann in ihrem Leben zu geben, der auf Brüste grundsätzlich keinen großen Wert legte. Oder eben etwas Gleichgeschlechtliches. „Jetzt sind Sie an der Reihe, Herr Reimann", forderte sie mich plötzlich auf und schreckte mich aus meinen Gedanken. „Äh, ja. Also....", stammelte ich und blickte von den nicht vorhandenen Brüsten meiner Therapeutin auf die am Boden liegenden Steinchen, die noch übrig waren. Ich ergriff die drei pinkfarbigen Kiesel und legte sie verteilt auf die Felder „wäre am liebsten heute liegen geblieben", „bin mies drauf" und „gespannt, was mich erwartet".

„Warum sind Sie mies drauf?", fragte mich meine Therapeutin dann sogleich. Eigentlich hatte ich bei meiner Felderauswahl spontan agiert und meine Steinchen platziert. Hauptsache, die Felder trugen eine negative Aussage. Wenn alles toll wäre, bräuchte ich ja nicht in dieser Runde mit Steinchen zu werfen.

„Ich wäre jetzt gerne woanders", antwortete ich und erwartete die Nachfrage „Wo denn?" Die kam aber nicht.

Stattdessen trötete Manu: „ Zu Hause. Ist doch klar!" Ich nickte.

„Ich bin gerne hier", flüsterte Petra. „Zu Hause ist mein Mann und da will ich nicht sein." Wenigstens sprach sie nun in ganzen Sätzen und war sogar einigermaßen akustisch zu verstehen. Ich hatte mir ihre Steinchenfarbe gemerkt und sah, dass alle drei Kiesel auf dem Feld „Heute wäre ich am liebsten liegen geblieben" lagen.

Fast alle Teilnehmer oder Patienten hatten ihre Kiesel auf negativ beschriftete Felder abgelegt. Nur Beatrice Tümmler belegte „Fühle mich super". Das forderte mich zu einer Frage auf. „Warum fühlst du dich super, Beatrice?"

„Gute Frage, Herr Reimann", kommentierte Dr. Schwalbe.

„Weil ich nach dieser Reha meinen Job hinschmeißen werde und in einer Bäckerei Brötchen verkaufe." Sie sagte diese Worte mit einer solchen Bestimmtheit und Selbstsicherheit, dass ich sie ein bisschen beneidete. Anscheinend hatte Beatrice tatsächlich einen Plan. „In einer Bäckerei in Siegburg. Das liegt bei mir in der Nähe", fügte sie erneut an. Bei mir entstand der Eindruck, als wenn Beatrice immer dieselben Sätze abspulte, um sich deren Inhalt dauerhaft auf ihrer Hirn-Festplatte abzuspeichern, bis sie selber daran glauben konnte. Ich nickte respektvoll und sagte dann passend: „Respekt. Dein Weg scheint geplant zu sein."

„Das hat sie eben doch schon erzählt", warf Manuela plötzlich ein.

„Das macht überhaupt nichts", sagte unsere Therapeutin. „Je öfters wir manche Worte hören, desto stärker handeln wir danach. Jeder von Ihnen sollte sich sein eigenes Mantra zulegen und immer wieder hervorholen."

Das nahm ich mal als „Hausaufgabe" mit und hatte ziemlich schnell eine Idee: „Mein neues Leben beginnt jetzt!"

Zur Zeit verlief mein Leben völlig planlos, schoss es mir dann durch den Kopf. Schon vor einigen Monaten, als Karin mich verlassen hatte, nahm mein Leben eine gewaltige Planänderung vor. Klar, ich hatte in der Zwischenzeit Conny kennengelernt und war somit wieder in einer Beziehung; einer festen Partnerschaft und deswegen, was das anging, eigentlich wieder in der Spur. Nichtsdestotrotz wurde für mich bestimmt, wie mein Leben weitergelebt werden sollte. Ich wurde aus meinem gewohnten Trott herausgerissen und war in ein Lebenschaos hineingeschmissen worden, das ich von nun an sortieren musste, wenn ich nicht völlig daran verzweifeln wollte. All diese Gedanken suchten sich ihren Weg durch meine Hirnwindungen, während Dr. Schwalbe weiter sprach und irgendetwas von „Mut, Selbstbestimmtheit und Veränderung" schwafelte. Wahrscheinlich war sie wieder auf Beatrice Tümmlers Äußerung hinsichtlich ihrer beruflichen Veränderung eingegangen. Ich saß einfach nur da, nickte vor mich hin und dachte nach. Brötchen wollte ich definitiv nicht verkaufen. Erst recht nicht in Siegburg.

Gesunde Ernährung

Die Therapie-Stuhlkreis-Steinchenlegesitzung dauerte dann geschlagene zwei Stunden. Danach war ich vollkommen ausgepowert. Ich fühlte mich leer, obwohl hier jeder so vollgequatscht worden war. 120 Minuten reden und zuhören; schwierige Themen besprechen, bei der eigenen Psyche blank ziehen, strengt enorm an. Mein Psychotherapeut in der Heimat, Herr Böckler, hörte sich so eine Scheiße tagtäglich viele Stunden lang an. Die arme Sau. Wurde aber mit Sicherheit ordentlich bezahlt.
Na, denn.
Ich ließ mich im Anschluss auf mein Bett fallen und döste sofort ein. Es ergab sich sogar ein Traum:
Sylvia kam im Kurpark auf mich zugelaufen. Sie war nackt. Ich hatte, zugegebenermaßen, auch nicht gerade viel an. Immerhin trug ich Sportschuhe. Was zum Teufel wollte ich als Flitzer im Bad Weilinger Kurpark? Ich lief ihr entgegen. Je näher ich ihr kam, desto mehr veränderte sich ihr Aussehen in das von meiner Conny. Schließlich kam mir die nackte

Conny entgegengelaufen. Dann war ja wieder alles in Ordnung. Ich wachte mit einem Mordsständer auf.
Was stand eigentlich heute noch so auf dem Programm, beziehungsweise im Therapieheftchen?
Ich setzte mich auf die Bettkante und erhob mich langsam. Das Strecken fiel mir schwer. Ich wurde alt. Auf dem winzigen Schreibtisch lag mein Therapieheft neben dem Flatscreen, der bisher gar nicht zum Einsatz gekommen war. Doch vorher unterzog ich den kleinen Nik einer kalten Dusche, damit ich nicht weiter wie ein Einhorn herumlief.
Um 14 Uhr Ernährungsberatung. Bis dahin war reichlich Zeit, um in der Stadt ein paar nutzlose Besorgungen zu machen und das Mittagessen wurde ebenfalls vorher eingenommen.
Ich fühlte mich plötzlich entspannt und gut gelaunt. Mein Volbeat-Shirt saß zwar etwas stramm über meinem Bauch, aber unter der warmen Jacke würde das niemandem auffallen. Außerdem kannte man inzwischen meinen Kleidungsstil in der Klinik. Wenn man denn überhaupt von Stil sprechen konnte. „Du holst in Deinen Klamotten die Pubertät nach", war diesbezüglich häufig Connys Kommentar. Sicherlich hatte sie zum Teil Recht. Andererseits fühlte ich mich in derartigen Sachen sauwohl und darum ging es doch letztendlich. Ich hörte nicht nur die Musik dieser Bands, ich zog mir darüber hinaus ihre Shirts an.
Meine Zimmertür fiel hinter mir ins Schloss und gleichzeitig öffnete sich die Tür vom Nachbarzimmer. Dieter aus meiner Steinchenlegestuhlkreisgruppe kam ebenfalls aus seinem Zimmer. Ich hatte bisher gar nicht bemerkt, dass einer meiner Therapiegruppenteilnehmer direkt neben mir wohnte, noch dazu Dieter. Dabei war mir an manchen Tagen die Musik von nebenan total auf die Nerven gegangen, die sich ihren Weg durch die papierdünne Zimmerwand in meinen Gehörgang suchte. Vornehmlich nachmittags. Meistens Udo Lindenberg. Nur hatte ich bisher den Besitzer der monströsen Stereoanlage, aus der diese laute Musik herausschallte, nicht zu Gesicht bekommen. „Stört es Dich, wenn ich gleich etwas Musik höre?", fragte Dieter mich und grinste vom Scheitelansatz bis zur fliehenden Stirn. „Ich bin eh weg", antwortete ich und wollte gerade ein „Gott sei Dank!" hinterher werfen, beließ es aber dabei.
Warum fragte er mich ausgerechnet jetzt, wo er doch bereits vor Tagen mit der Beschallung begonnen hatte? Egal. Ich ging weiter den Flur ent-

lang. Mein Magen knurrte.

Als ich den Pflegestützpunkt mit seinen antiken Postkartengrüßen an der Pinnwand erreicht hatte, schweifte mein Blick beiläufig zur Waage hin, genauer zum Display, welches gut sichtbar wie ein optischer Alarm vor sich hinblinkte. Wenn es so etwas gegeben hätte, wäre dieser hundertprozentig ausgelöst worden, denn ich entzifferte die Zahl 155 und fragte mich: „Wer wiegt denn soviel?" Klar, mir waren in der Klinik reichlich dickleibige adipöse Menschen begegnet. Allerdings hatte ich mir keine Gedanken darüber gemacht, was so ein Fleischungetüm auf die Waage brachte. Nun wusste ich es.

„Die lügt immer noch", sagte plötzlich eine murmelnde Stimme neben mir. Es war das Elliot-Schmunzelmonster-Double. „Warst du da drauf?", fragte ich ihn und wies auf die Wiegeplattform. Er nickte und grinste. Oder fing gleich zu heulen an. Verdammt, seine Mimik war der reinste Gesichtszirkus. „Ich hätte Dich nicht so schwer eingeschätzt", munterte ich ihn auf, zumindest versuchte ich es.

„Ich wiege mittlerweile 160", flüsterte er.

„Das sieht man Dir aber echt nicht an", log ich ein bisschen. Er war schon ein ordentlicher Brocken und sein Bademantel, den er mal wieder trug, kaschierte nicht alles. Mit seinem Bademantelgürtel konnten schätzungsweise bis zu drei Personen gleichzeitig Seilhüpfen. Elliot stand zudem auf riesigen Füßen, die wieder in den Surfboard-Badelatschen steckten.

„Ich bin ja nicht zum Abnehmen hier." Dabei hob er behäbig seinen rechten Zeigefinger. Stimmt, er sollte wahrscheinlich irgendwann von den Tonnen Psychopharmaka herunterkommen, die er sich täglich einschmiß. Wir wünschten uns gegenseitig einen schönen Tag und gingen unserer Wege.

Das Wetter war herrlich; die Sonne schien bei einer angenehmen Frische. Schnellen Schrittes spazierte ich den Bürgersteig entlang, um in den Ort zu gelangen.

Zum wiederholten Mal beobachtete ich alte Menschen, die mit ihren Rollatoren statt über den Zebrastreifen an anderen Stellen die kurvige Straße überquerten. Unverantwortlich. Aber die Leute waren alt genug. Wurden bei diesem Verhalten aber bestimmt nicht viel älter. In den nächsten Tagen erlebte ich womöglich, wie ein Rollator durch die Gegend flog und kurz darauf die Oma hinterher, nachdem ein Monster-SUV sie angestupst hatte. Hoffentlich nicht! Aber so abwegig wäre das gar nicht mal.

Bremsen quietschten in der Nähe. Ein Cabriolet-Fahrer rief aus seiner Nobelkarosse heraus: „ Pass doch auf, Opa!" Dann gab er erneut Gas. Der angesprochene Opa saß in einem E-Rollstuhl und war wie ein Formel-Eins-Bolide am Scheitelpunkt über die Straße gefahren. Eben Ideallinie. Er reagierte gar nicht auf die Worte des Autofahrers. Er hatte sie womöglich nicht einmal gehört.

„Die leben hier ganz schön gefährlich, die alten Leute, oder?", fragte mich plötzlich eine Person mit einer bekannten Stimme hinter mir. Ich drehte mich etwas erschrocken um und sah in Sylvias hellgrüne Augen, die mich durch ihre große Brille anblickten. „Äh, hi!", grüßte ich zaghaft. Ich merkte, wie sich ein wohliges Gefühl in der Magengegend und etwas tiefer ausbreitete. Was erzeugte diese Frau nur für Empfindungen in mir? „Man kann hier auf alte Menschen wetten. Wer schafft es und wer kommt nicht heile auf die andere Straßenseite", flachste ich. Sylvia lachte und ging direkt neben mir. „Kurz in die große Stadt?", fragte sie mich.

„Ich muss meinen Kühlschrank auffüllen", antwortete ich.

„Oh, du hast einen Kühlschrank auf dem Zimmer; eine Mini-Bar?" Ich schüttelte lachend den Kopf und erzählte ihr vom Gemeinschaftskühlschrank in der kleinen Küchennische auf der Etage. Das war in ihrer Etage natürlich ebenso eingerichtet. Die nächsten Meter legten wir schweigend zurück. Warum auch immer, mir gelang in dem Moment überhaupt kein Smalltalk. Ich fand gar kein Thema, über das ich mit Sylvia reden wollte. Wie blöd! „Herrlich! Sonnig und kühl. Und ich bin einigermaßen schmerzfrei", sagte dann Sylvia und endlich wurde unser Schweigen gebrochen. Sie hatte mir mal von ihren heftigen Rückenproblemen erzählt. Oft kam sie morgens nur schwer aus dem Bett und an Spaziergänge war an solchen Tagen gar nicht zu denken. „Das freut mich", sagte ich und meinte es auch so. „Dann sind die hier bei Dir auf einem guten Weg?", erkundigte ich mich. Sylvia nickte schweigend. Unbewusst genoss ich ihre Begleitung bis in den Ort. Selbstverständlich kam immer wieder mein schlechtes Gewissen Conny gegenüber zum Vorschein. Aber ich sagte mir einfach, es sei so in Ordnung und ich machte ja keinen fürchterlichen Blödsinn, den ich anschließend noch fürchterlicher bereuen würde. Ich schlenderte ganz selbstverständlich nur mit einer

Mitpatientin in den Kurort. Sylvias Parfum duftete nach frischen Blüten oder ähnlich.

An der Durchgangsstraße trennten sich dann unsere Wege. Sylvia steuerte ein Geschäft mit Ansichtskarten an und mich zog es in den Supermarkt zu meinen Energy-Drinks. Zeitlich hätte ich Sylvia durchaus noch begleiten können, aber so fühlte es sich für mich besser an. Mit sechs taurin- und koffeinhaltigen Getränkedosen im Plastikbeutel ging ich schnellen Schrittes die leichte Anhöhe zur Dr. Waldemar Bruck-Klinik hinauf. In einer halben Stunde wurde der Speisesaal geöffnet. Ich war weiter gut in der Zeit.

Auf meiner Etage eroberten meine Getränkedosen das oberste Fach des Kühlschranks. Ein Fach darunter standen ein paar rechtsdrehende Joghurts und ganz unten lagen diverse Gemüsesorten, wie zum Beispiel Paprika und Karotten. Meine Zuckerbomben senkten das Gesundheitsniveau dieses Kühlschranks rapide. Es war mir egal. Ich liebte dieses Dreckszeug.

Vor den verschlossenen Speisesaal-Schiebetüren herrschte ein Andrang, als ob Apple sein neues iPhone auf den Markt schmeißen würde. Rollatoren und Krücken klapperten aneinander, der ein oder andere Rollstuhl näherte sich gefährlich Füßen, die nur in Badelatschen steckten. Nicht auszudenken, was von so einem Fuß übrig blieb, wenn ein Adipositas-Rollifahrer mal kurz drüberzuckelte.

Es ging los; vielmehr hinein. Obwohl jeder seinen festen Sitzplatz besaß, drängten einige Patienten wie bei einer Helene Fischer-Privatvorstellung mit freier Sitzplatzwahl.

Ein Rollator wurde mir in die Hacken geschoben. Ich drehte mich um und blickte in ein finsteres, bärtiges Gesicht, welches zu einem kleinen, dicken Mann gehörte, der anscheinend nicht schnell genug zu seinem Essens-Chip kam. „Schön langsam", mahnte ich.

„Rollator hat Vorfahrt", kam von ihm zurück und da er dabei lächelte, nahm ich ihm den Scherz ab und quasi als Entschuldigung an.

Die Ernährungsberaterin Frau Schwidde stand heute Abend wieder zwischen dem Salat-und Dessertbuffet, mit vor ihrer Hühnerbrust verschränkten Armen. Außerdem schien sie jedem Patienten auf den Teller zu gucken, um zu kontrollieren, was derjenige sich da gegen seine Essensmarke eingetauscht hatte. Sofort kam wieder mein Gewissen hervor. Dabei brauchte ich mir ernährungstechnisch überhaupt nichts vornehmen. Ich hatte weder Übergewicht, noch bahnte sich eine Bulimie bei mir an. Lediglich meine Blutwerte schienen ein paar Stoffe zu enthalten, die in geringeren Mengen einfach besser für mich wären. Bei mir reichten daher kleinere Portionen aus, um diese Sache in den Griff zu bekommen. Die nächste Blutuntersuchung würde mit Sicherheit dazu führen, dass ich meine Schonkost-Marke gegen eine normale Essensmarke eintauschen durfte. Dann brauchte ich mich nicht mehr am Dessert satt zu essen.

Ich beobachtete, wie übergewichtige Frauen versuchten, ihren Teller durch eine seitliche Körperdrehung aus Frau Schwiddes Blickfeld zu tragen. Es wurden Salatblätter zur Tarnung über Schnitzel geworfen. Ein Adipositas-Kandidat legte sich demonstrativ nur drei Salatblätter und etwas Rote Bete-Stücke, sowie eine Karotte auf den Teller. Nachdem die Ernährungsberaterin kurz den Blick abgewandt hatte, wurde schnell der halbe Dressingkrug über das bis dahin gesunde und überschaubare Ensemble gekippt. Bitte, geht doch. Ich würde heute Nachmittag Frau Schwidde in ihrem Ernährungsberatungsseminar sozusagen in Aktion erleben.

„Die dürre Frau vorm Buffet werde ich nachher noch genauer kennenlernen", sagte ich daher zu Stefan, der bereits am Tisch saß und sein Gulasch mümmelte. Er nickte mit vollem Mund, schluckte und sagte: „Hört, hört! Stehst du auf solche Rippchen?" Abebe brach in schallendes Gelächter aus, sodass es mir echt peinlich wurde, insbesondere im Beisein von Anne. Doch die lachte ebenfalls. „Rippchen! Nicht schlecht Stefan", sprach Abby während seines Lachanfalls. „Aber so schlecht sieht die tatsächlich gar nicht aus", kam es ziemlich ernst aus Stefans Mund. Ich gab ihm Recht. Vor allen Dingen hatte sich Frau Schwidde so gekleidet, dass ihre Wespentaille zur Geltung kam, gleichzeitig vertuschten ihre wallenden Ärmel die dünnen Ärmchen. Ihre Beine waren zwar enorm schlank, aber durchaus sehenswert, wie sie so in der engen Jeans steckten. Dazu kam ihre lange Mähne, die vorne zum Teil über die nicht vorhandenen Brüste hing und hinten den Rücken hinunter fast bis zum Mandarinen-Knackärschchen reichte.

„Auf jeden Fall guckt die jedem seinen Teller madig oder erzeugt hier ein schlechtes Gewissen, wenn mehr als eine Kartoffel auf dem Teller liegt", lästerte ich. Abby fiel bei seinem weiteren Lachanfall fast ein Stück rote Beete aus dem Mund. Ich hörte besser auf, Witze zu machen, wenn es nicht peinlicher werden sollte.

Meinen Nachtisch trug ich wie auf einem Präsentierteller völlig bewusst und demonstrativ an Frau Schwidde gut sichtbar vorbei. Drei Schlag Quark und fast ein halber Liter Himbeersirup befanden sich in meiner Dessertschale. Basta! Sie lächelte mich an. Ich lächelte zurück. Gott, war die süß! Aber verdammt dünn! Andererseits konnte so eine Klinik schlecht ein Nilpferd als Ernährungsberaterin einstellen. Wie sah das denn aus oder wirkte auf die Betroffenen? *Die weiß scheinbar selbst nicht, wie es geht.*

Mein Hähnchenschnitzel hatte mir gemundet, das Dessert füllte den restlichen Platz in meinem Magen aus; ich verabschiedete mich von den anderen Tischnachbarn. „Ich lege mich noch ein Weilchen auf's Ohr. In zwei Stunden lasse ich mich von dem Hungerhaken da vorne ernährungsmäßig beraten", sagte ich in die Runde, klopfte mit den Fingerknöcheln auf den Tisch und verließ den Speisesaal.

Vor den Fahrstuhlkabinen stand Frau Magoo. Ratlos wie immer. „Hatten Sie schon Ihr Mittagessen?", fragte ich sie.

„Ja, ja. Ich warte nur auf den Fahrstuhl." Sie lächelte mich an und kniff ihre kleinen Äuglein fester zusammen. Auf diese Art versuchte sie, meine Gesichtskonturen zu erkennen. Womöglich ein hoffnungsloses Unterfangen. Sie konnte echt froh sein, dass das Hauptgericht jedem Patienten fertig aus der Küche über den Tresen gereicht wurde. Nicht auszudenken, was sich Magoo ansonsten auf ihren Teller schaufeln würde.

„Wo wollen Sie denn hin?", fragte ich dann weiter fürsorglich, nachdem wir gemeinsam die relativ volle Kabine betreten hatten. Magoo quetschte sich in die hinterste Ecke der Fahrstuhlkabine und ihr Gesicht wurde von der gewaltigen Plauze eines adipösen, relativ jungen Mannes, verdeckt. Na ja, sie sah ja ohnehin nichts. „In die 2. Vielen Dank." Ich drückte entsprechende Knöpfe für Magoo und mich. Pling! „Hier müssen Sie raus", sagte ich zu der älteren, stark kurzsichtigen Dame.

„Danke und noch einen schönen Tag", entgegnete sie und trippelte aus der Kabine. Wie fand diese fast blinde Frau eigentlich die richtige Zimmertür? Ich stellte mir vor, wie sie an mehreren Türen anklopfte, bevor sie ihren Schlüssel ausprobierte. Ich hatte Bilder im Kopf und musste grinsen. „Die stand schon mal in meinem Zimmer und fing an, sich auszukleiden", sprach der dicke junge Mann neben mir. „Dachte wohl, sie wäre in ihrem Zimmer und könnte duschen. Ich hatte die Tür nur kurz

angelehnt." Er lachte sehr zaghaft, dennoch hüpfte sein Bauch auf und ab, als ob er leichte Sprünge auf einem Trampolin durchführte.
„Ja, ganz schön blind, die Dame", meinte ich und starrte immer noch auf die Wabbel-Plauze vor mir, die nun langsam zur Ruhe kam. Erschöpft fiel ich auf mein Bett. Wovon war ich denn wieder so müde? Seit Tagen leistete ich doch so gut wie gar nichts. Ich leistete überhaupt nichts. Nichts Produktives zumindest und die kleinen Dinge im Klinik-Alltag schienen mir so zuzusetzen. Ich war schließlich nicht ohne Grund in diesem Psycho-Bunker, zusammen mit fetten Menschen, deren Problem darin bestand, dass sie ihren Hunger nicht in den Griff bekamen und natürlich Gleichgesinnten. Nicht zu vergessen die ganzen Alkis, die mit ihren Plastiktüten beim Betreten der Klinik die glasüblichen Klimpergeräusche verursachten und immer krampfhaft versuchten möglichst geräuschlos an Herrn Braun vor seinem Rezeptionstisch vorbeizuschleichen, indem sie die vollen Tüten eng an die Brust drückten.
„Nik, wo bist du hier nur gelandet?", fragte ich mich selber. Was machte Conny gerade? Wie ging es meinem Sohn? Meinen Eltern? All diese Gedanken und Fragen kreisten in diesem Moment durch meinen Schädel, während ich versuchte, die Augen zu schließen und ein bisschen zu dösen. Ich schlief tief und fest ein. Fünf Minuten vor meinem Ernährungsberatungstermin rappelte meine innere Uhr, denn ich wurde schlagartig wach. „Hinterm Horizont geht's weiter...", trällerte Udo Lindenberg aus dem Nachbarzimmer in gewöhnungsbedürftiger Lautstärke. Meine innere Uhr hatte mittlerweile einen Radiowecker. Ich kannte ja inzwischen den wahren Verursacher dieses Lärms. Danke, Dieter, dass du mich geweckt hast. Hastig schlüpfte ich in meine Gummi-Clogs, schnappte mein Therapieheftchen und zupfte an meinem Volbeat-Shirt, damit es den Bauchnabel bedeckte. Wenn ich Glück hatte, konnte ich sofort in den Fahrstuhl hüpfen.
Pling! Tatsächlich; Kabine zwei fuhr ihre Türen für mich auf. Voll! „Wir sind voll", meinte einer der Fahrstuhlkabineninsassen wie zur Bestätigung. „So früh schon betrunken?", witzelte ich. Hinter den sich wieder schließenden Kabinentüren vernahm ich das Lachen der Mitfahrenden.
Die „Drei" öffnete sich und war leer. Wahnsinn! Dafür stank diese Kabine mal wieder nach einem Potpourri aus Fürzen, fauligem Atem, Alkohol, Chlor und Knoblauch. Hardcore-Fahrstuhl-Driving war jetzt angesagt. Ich versuchte, flach zu atmen. Mir wurde während der 30-sekündi-

gen Fahrt fast speiübel. Ich hechtete förmlich aus der Kabine, nachdem diese auf meinem angewählten Stockwerk gehalten hatte und schnappte nach Atemluft wie ein Apnoe-Taucher nach einem Rekord-Tauchgang. Fast hätte ich einen Rollator-Patienten, der vor der Kabine wartete, umgerempelt. Stattdessen knallte ich mit meinem linken Schienbein vor sein Rollatorgestell. „Au! Mist! Verdammt!", schrie ich, fasste mir gleichzeitig ans Bein, während ich weiterlief. „Entschuldigung!", rief ich kurz, als ich um die Ecke bog.

In dem Raum, in dem die Ernährungsberatung oder besser, das Ernährungsseminar, stattfand, saßen schon zehn Patienten. Ich scannte sie schnell ab und bemerkte, dass sich kein einziger Adipöser darunter befand. Wobei derartige Menschen es doch am dringendsten nötig hatten. Dieses hier war ein Seminar und keine Therapie, machte ich mir dann selbst klar. Adipöse benötigen so etwas wie eine Ernährungstherapie, da reicht eine kleine Wissensvermittlung nicht aus. Die wissen oftmals selber, dass Vieles von dem, was sie sich einverleiben, schlichtweg nur Dreck ist.

An der gegenüberliegenden Wand war eine Leinwand heruntergelassen worden, davor hing in ausreichendem Abstand der Beamer von der Decke. Das Gerät brummte leise und sendete einen grellen Lichtstrahl zur Leinwand. Frau Schwidde fummelte an einem Notebook herum, um die richtige „Folie" auszusuchen, die sie uns gleich auf die Leinwand projizieren würde. Sie schien ein wenig nervös zu sein. Sie war sehr jung und hatte daher vermutlich nicht allzu viele Seminare dieser Art abgehalten. Die Routine musste sie sich demnach noch erarbeiten. Oder die Technik funktionierte nicht so richtig. „Es geht gleich los, meine Damen und Herren", wandte sie sich an ihr Publikum. Während sie sich über ihren Laptop beugte, wölbte sich der weit ausgeschnittene Kragen ihres Pullovers nach unten und dabei hätte man ihre winzigen Brüste sehen müssen. Aber da war nichts. Frau Schwidde hatte wirklich keine Brüste. Na und? Gucken darf ich, beschwichtigte ich mich. Aber es gab nichts zu sehen. War ich jetzt enttäuscht? Ein bisschen, gestand ich mir selbst ein. Man war in dieser Klinik in gewisser Weise einer sexuellen Quarantäne ausgeliefert. Es lief in dieser Richtung nichts. Wie denn auch? *Alki springt mit adipösem Schwabbel in die Kiste. Depressiver fasst Rollator-Nutzerin unsittlich an.* Das wäre Stoff für einen Film. Ich freute mich auf das Wochenende, wenn Conny mich besuchen käme. Dann wäre die sexuelle

Abstinenz definitiv für ein Weilchen vorbei. Es sei denn, man hatte mir hier bis dahin alle Gedanken an Sex aus dem Hirn entfernt; meine Festplatte im Schädel auf FSK 6 heruntergesetzt. Aber warum sollten die hier so etwas tun? „Alles in Ordnung bei Ihnen, Herr Reimann?", fragte mich Frau Schwidde plötzlich und bedeckte mit ihrem dürren Körper eine Projektion auf der Leinwand. Scheinbar hatte sie mit ihrer Show begonnen, während ich meinen bescheuerten Gedanken nachhing. Dabei bemerkte ich selber, wie ich sie immer noch anstarrte. Oh Gott, wie peinlich! „Alles gut. Ich war nur in Gedanken", sagte ich und war froh, mir jetzt keine Ausrede einfallen lassen zu müssen.

Auf der Leinwand war die sogenannte Ernährungspyramide zu sehen. Oben an der Spitze, flächenmäßig am wenigsten einnehmend, erkannte ich Törtchen, Süßigkeiten und Zucker. Das war mir doch ohnehin klar. Zucker ist ungesund. Das wusste man einfach. Dafür brauchte ich keine extra Beratung oder so ein Seminar besuchen. „Zucker wirkt sich negativ auf Depressionen aus", hörte ich Frau Schwidde sagen und lauschte interessiert ihren Ausführungen. „Ich meine allerdings nur den industriellen Zucker. Und es bedeutet nicht, dass man mehr Zucker isst, weil man depressiv ist sondern das Risiko, eine Depression zu bekommen, ist 23fach höher, wenn man industriellen Zucker zu sich nimmt." Das erstaunte und erschreckte mich gleichzeitig, war ich doch ein regelrechter Zuckerjunkie. Insbesondere meine Energy-Booster bestanden bekannterweise zum größten Teil nur aus Zucker. Ich hatte ja heute den Etagenkühlschrank im Prinzip mit Zucker aufgefüllt. Demnach kühlte ich dort meine Depression vor.

„Stevia ist ein guter und gesunder Zuckerersatz", erklärte Frau Schwidde. Alle nickten bestätigend. Als ob alle anderen schön brav Stevia in ihren Kaffee hinein tröpfelten oder streuten; ich kannte das Zeug überhaupt nicht. Von wegen. Sie wanderte die Pyramide eine Etage tiefer und äußerte sich zum Fleischkonsum. Das bedeutete für mich, zukünftig das Restaurant mit dem gelben „M" und wie sie alle hießen zu vermeiden. Ab und zu war schon in Ordnung. Doch wie definierte ich für mich „ab und zu"? Ich würde mir das garantiert gesundheitstauglich auslegen. Ich kannte mich doch. Die ersten blöden Kommentare fielen. „Was für ein langweiliges Leben", meinte ein jüngerer Mann, der seine Basecap nicht abgesetzt hatte. Der Käppi-Träger erntete für seinen blöden Kommentar allgemeines Gelächter. Frau Schwidde war durchaus bewusst, dass das meiste, was sie heute erzählte, negative Assoziationen bei den Zuhörern hervorrief. Es drehte sich dabei häufig um Verzicht von leckeren, aber ungesunden Speisen und die negativen Folgen selbiger usw. Worte, die hier niemand gerne hören wollte, obwohl fast jedem klar war, sie betrafen auch ihn. Jetzt aber daraus zu schlussfolgern, ich hätte bei dem ein oder anderen weggelassenen Burger oder der ein oder anderen Currywurst weniger, weiter Spaß bei Steigermann-Objektmöbel gehabt, wäre eindeutig vermessen. Der letzte Cheeseburger brachte dann mein Burnout. Ganz bestimmt. Gemüse und Obst. Mehrmals täglich. Na klar! Die Vegetarier werden alle über 100 Jahre alt. Vorausgesetzt, sie verzichten auf das Rauchen und den Alkohol. Letzteres waren bei mir nur ein paar Bierchen am Wochenende. Ich hatte mir fest vorgenommen, trotz meiner bedrückenden Stimmungslage und manch schwarzen Tagen, niemals zur Flasche zu greifen. Auf gar keinen Fall das klassische Klischee des Säufers erfüllen, dem die Frau wegrennt und der anschließend den Job verliert. Ich hatte meinen Job nicht verloren. Ich war nicht mehr in der Lage, ihn zu erfüllen und hatte daraus die Konsequenzen zu ziehen. Aber so weit war ich noch nicht, mir das einzugestehen. Ich betrachtete mich zur Zeit weiterhin als Loser und Gescheiterten. Ehe gegen die Wand gefahren und den Job nicht mehr auf die Reihe bekommen.

Außerdem aß ich jeden Tag meinen Salat zum Mittagessen. So! Basta! Das musste reichen. Ach so: Morgens sogar häufig eine Banane. Das klang doch ernsthaft nach bewusster Ernährung. Mein Hauptgericht am Mittag lassen wir bei dieser Betrachtung mal außen vor. Die Portionen waren echt klein.

Vollkornprodukte und etwas Milch. Reichlich Wasser oder Tee. Diese Sachen nahmen die größte Fläche der Pyramide ein. Immer schön ein Mehrkorn-Bütterchen und literweise Tee dazu saufen. Dann aber bitteschön ordentlich Leberwurst aufs Brot. Nee, das ging dann wieder nicht. Den Leberwurstwunsch äußerte ich lautstark, es wurde gelacht; sogar Frau Schwidde lächelte, aber selbstverständlich korrigierte sie meine blöde Anmerkung. „Es gibt einige gesunde Brotaufstriche oder Beläge, Herr Reimann." Ja, ist ja gut. Ich nickte und versuchte, einsichtig zu schauen. Gott, hatte sie hübsche Beine. Und einen sexy Knackarsch. Zuckerstangen und darüber ein saftiges Äpfelchen. Ich grinste bei diesem Gedankenbild. Frau Schwidde guckte etwas irritiert zu mir herüber.

Es wurde des Weiteren über Fleisch und Fisch gesprochen, bzw. von der Seminarleiterin monologisiert. Sie nannte uns Fisch als wichtigen Omega 3-Fettsäure-Lieferanten bei der Ernährung. Fleisch sollte wirklich nur in geringen Mengen verspeist werden. Ist ja gut. Ich habe verstanden, Frau Schwidde.
Die 60 Minuten vergingen zügig und kurzweilig. Die ein oder andere Wortmeldung wurde zum Schluss ausdiskutiert, wenn sie denn ernst gemeint war. Den ein oder anderen blöden Spruch wusste Frau Schwidde oftmals souverän zu kontern. Beim Verlassen des Seminarraumes dachte ich über den frisch erworbenen Input nach und überlegte, welche neuen Erkenntnisse ich daraus zog. Nicht allzu viel Neues. Ich hatte das Meiste praktisch schon gewusst, es nur nicht im alltäglichen Leben umgesetzt. Körperlich fühlte ich mich ja auch wohl. Meine Psyche war im Arsch. Und dass das zum Teil an meiner ach so ungesunden Ernährungsweise lag, leuchtete mir nicht so richtig ein. Für mich war eindeutig Schnaller bei Steigermann-Objektmöbel die Wurzel meines Übels und nicht meine Hanutas. Dieser Drecksarsch! Vielleicht sollte ich meinen Aggro-Tischnachbarn Stefan mal bei Schnaller vorbeischicken oder beiden eine zufällige Ampelbegegnung arrangieren. Verdammt, ich gab diesem Mistkerl Schnaller wieder zu viel Platz in meinem Kopf und Macht über mich! Plötzlich fiel mir ein, ich hatte meine Tablettenrationen nicht nachbestellt. Für morgen fehlten mir eine Blutdrucktablette und ein Psychopillchen. Ich musste ganz schnell auf den Pflegestützpunkt und meine Medikamente ordern. Hoffentlich spielte der Fahrstuhl mit. PLING! PLING! Gleich zwei Kabinen öffneten sich und beide waren leer. Erstaunlich! Ich hämmerte auf die „Drei", als ob das den Fahrstuhl zu einer schnelleren Beförderung bewegen würde. Die Kabinentüren waren noch nicht vollständig aufgeglitten, als ich schon hinaus hechtete und schnurstracks auf die Pflegestützpunkttür zusteuerte. Sie war verschlossen. Mist! Ich klopfte an das Milchglas der Tür. Nichts. Plötzlich sah ich schemenhaft eine Gestalt hinter dem Glas. „Hallo!", rief ich in meiner Verzweiflung. Anastasia öffnete die Tür und sah mich übelgelaunt an. „Was ist?", fragte sie lustlos. „Ich brauche für Morgen mein Lercanidipin und Moclobemid", sagte ich schnell atmend. „Zu spät. Sie hätten heute Mittag ordern müssen." Das klang mehr wie „orrrdärrrn missen". „Ich weiß, aber ich hatte Stress..." Sie unterbrach mich.

„Stress ist nicht gut. Deswegen Sie sind auch hier, Herr Reimann. Morgen früh um 9 Uhr können Sie Bestellung aufgeben und Mittag abholen."

„Habt ihr denn keine Pillchen hier oben rumliegen?" Danach wurde ihr Gesichtsausdruck ernster und fast schon wütend; wegen dieser selten dämlichen und unverschämten Frage. „Irgendwelche Pillchen ganz sicher nicht einfach so herumliegen, Herr Reimann. Vielleicht sprechen Sie Dr. Schamowski." Hannibal Lecter? Dr. Frankenstein? Mit Sicherheit nicht. Dann musste es Morgen früh eben mal ohne Tabletten gehen. Um 9 Uhr bekamen mein Organismus und Geist dann ihre Mittelchen. Ich entschuldigte mich, wünschte höflich einen schönen Abend und schlenderte dann zum Gang in Richtung meines Zimmers. „Ja, ja", sagte Anastasia nur, während sie die Tür hinter mir abschloss. *„Nastrovje!"*, dachte ich und lachte. Aber ganz leise.

Ich ruhte mich tatsächlich nur sehr kurz aus. Irgendwie steckte eine innere Unruhe in meinem Körper und drängte mich zur Bewegung. Ich beschloss daher, mich wieder auf den Weg ins Foyer zu machen und nach einem Blick in mein Postfach einen Spaziergang durch den Kurpark zu unternehmen. Vor der Postfächerwand traf ich Stefan. „Hi. Kommst Du mit?", fragte er mich.

„Wohin?", stellte ich verständlicherweise meine Gegenfrage. Was lungerte der Typ hier herum und quatschte scheinbar den Erstbesten an? Das Los war dabei auf mich gefallen. „Ins „Sahnehäubchen" nach Ginstern." Stefan schaute mich erwartungsvoll an, als ob er soeben den genialsten Vorschlag des Tages an den Mann gebracht hatte.

„Häh? Sahnehäubchen? Wo ist Ginstern?" Er hatte mich ein wenig kalt erwischt. Ich war einerseits unschlüssig, andererseits aber neugierig und da sich mein körperliches Empfinden nach Action sehnte, wartete ich seine Erklärung ab.

„Das ist ein Café, welches für seine Windbeutel überregional bekannt ist. Nicht weit von hier. Eben in Ginstern."

Ich schaute auf meine Uhr, als ob ich abchecken wollte, ob überhaupt noch Windbeutel-Time war; zudem fand ich es ganz schön pervers, nach einem Ernährungs-Seminar ein derartiges Kalorienmonster zu verspeisen. „Fährst Du?", fragte ich trotzdem. Stefan nickte und haute mir auf die Schulter.

„Geil, Nik. Mir fiel gerade die Decke auf den Kopf und da dachte ich, guckste mal, wer sich unten so alles 'rumtreibt. Siehe da: Der Nik! Geil, Alter. Klar fahre ich."

Die Fahrt in Stefans Opel Astra dauerte nur zehn Minuten; zum Teil lag das an seiner provokanten Fahrweise. Stefans Fahrstil passte zu seiner Verfassung. Ich hoffte, es kam zu keiner problematischen Ampelphase; jedoch schien die grüne Welle eingetaktet worden zu sein. Der Parkplatz vom „Sahnehäubchen" war ordentlich gefüllt. Es schienen zusammen mit uns weitere Leute am späten Nachmittag Hunger auf Kalorienbomben zu verspüren. Die Temperaturen erlaubten es uns sogar, im Biergarten nach einem Tisch Ausschau zu halten. „Hallo Nik!", rief mich plötzlich eine weibliche Stimme, die mir durchaus bekannt vorkam. Sie gehörte Sylvia und die saß in männlicher Begleitung an einem Tisch in unserer Nähe. Seltsamerweise musterte ich den Typ neben ihr aus der geringen Entfernung. Die beiden hielten sich über ihrem Tisch an den Händen. Schien demnach ihr Partner zu sein. Seltsam, von ihm hatte sie mir bisher gar nichts erzählt. Oder war das etwa ein Patient aus unserer Klinik? Ein Pfleger? Arzt? „Hallo, Erde an Nik! Bist Du da?" Stefan knuffte mich vor die Brust. Wir saßen uns gegenüber, ich blickte aber anscheinend immer noch an ihm vorbei zum Tisch, an dem Miss-Waldemar-Bruck-Klinik mit ihrem Stecher saß. „Äh, was? Hallo Sylvia!" Ich winkte kurz und sah dann wieder Stefan an. „Alter, die hat es Dir aber angetan, was? Die ist im Übrigen verheiratet, wie Du siehst." Stefan grinste mich diabolisch an. Ich errötete.

„Woher weißt Du das?", fragte ich ihn dann doch.

„Bin mal mit ihr spazieren gegangen. Man kann sich echt angenehm mit ihr unterhalten. Da hat sie es mir erzählt. Der Kerl hält trotz ihrer gesundheitlichen Probleme total zu ihr."

„Was Du so alles weißt", sagte ich und überlegte *„Warum hat sie mir das nie erzählt?"*

Zum Glück kam endlich die Bedienung und sorgte für einen Themenwechsel.

„Du musst hier deren Windbeutel probieren", empfahl Stefan und mir fiel zufällig das pralle Dekolleté unserer Kellnerin auf, als Stefan „Windbeutel" aussprach. Das sorgte für eine erneute Gesichtsrötung. Ich spürte, wie sich die Temperatur in meinem Gesicht erhöhte. „Fein. Nehme ich." Stefans Grinsen wurde ein bisschen breiter, nachdem er sich die Spezialität des Hauses bestellt hatte und die gewaltigen Möpse endlich

aus meinem Blickfeld entschwanden. Wann hörte denn die hormonelle Steuerung meiner Gedanken mal auf? Ich schaute mich etwas um und erschrak: Ein anderer Tisch bekam soeben drei Windbeutel serviert. Die drei Teller passten so eben auf die Tischplatte; die Windbeutel hatten Schwanenform und füllten den gesamten Teller aus. Dazu waren sie enorm hoch. Die drei Damen ließen ein gemeinsames „Ooh!" verlauten und nickten zustimmend und bewundernd. „Das schafft man doch gar nicht", stellte eine Dame fest. In der Tat standen drei Monster-Windbeutelschwäne auf dem Tisch; mindestens 7000 Kalorien. Je Schwan. Sie mochte da wohl Recht haben. Gleichzeitig sah ich, wie unsere Bedienung vier Teller von einem Tisch abräumte, der von den Gästen freigemacht wurde. Alle Vier hatten ihre Windbeutelschwäne nicht aufgegessen. Mir schien es, als ob jeder Esser mindestens die Hälfte der Sahne-Blätterteig-Ungetüme auf seinem Teller übriggelassen hatte. Was für eine Lebensmittelverschwendung! Obwohl die Tischkarte auch Eis und diverse Kuchensorten vorhielt, hatte ich den Eindruck, hier wurden fast ausschließlich Windbeutel-Schwäne bestellt. Und natürlich Kaffee.
„Bitte schön!" Ich schaute kaum über meinen Schwan, nachdem die Kellnerin unsere Teller vor uns hingestellt hatte. Stefan duckte sich hinter den Blätterteigkörper; ich sah ihn fast nicht mehr. Er schmeckte köstlich; jeder Bissen landete jedoch wie Blei in meinem Magen. Es fühlte sich so an, als ob ich ein Stück Butter essen würde. Nach vier Happen gab ich auf, während die Sahne aus meinen Mundwinkeln quoll. „Mach mal so", deutete Stefan mir an und wischte mit seinem Zeigefinger über seine Lippen. Ich bedankte mich für den Hinweis und tupfte mir mit der Serviette den Mund ab. „Boah, ich kann echt nicht mehr. Das schafft man doch nicht." Mitnehmen wollte ich den Schwan-Sahne-Kadaver allerdings auch nicht. Wann sollte ich den in der Klinik essen? Wie stellte ich es an, das Sahnegematsche an Braun vorbeizuschmuggeln? „Aber lecker", kommentierte Stefan mit vollem Mund kauend. Dann resignierte er. „Zahlen?", fragte er mich.
„Klar. Bloß weg von diesem dekadenten Ort", antwortete ich. Stolze 7,50€ je Windbeutelschwan drückte jeder ab und wir legten beide einen Euro Trinkgeld drauf. Die Bedienung räumte unsere halbvollen Teller ab und brachte sie routiniert ins Gasthaus; fragte nicht einmal, ob es zuviel war. Sie war es so gewohnt. Wahrscheinlich hing im Café an der Wand die Bestenliste derjenigen, die sich dieses Sahneungetüm tatsächlich

komplett einverleibt hatten. Was geschah mit den Resten? Von der Menge oder Masse her konnte daraus locker zumindest ein kompletter Schwan geformt werden. Igitt! Stefan startete den Opel und wir fuhren zur Klinik zurück. Mir war schlecht.

Wehrsportgruppe Jäger

Mein Schlaf wurde von häufigem Magengrummeln und der weiterhin bestehenden Übelkeit unterbrochen. Ich gelangte in keine Tiefschlafphase. Gegen 3 Uhr hockte ich mich aufs Klo und wartete auf Erleichterung. Kotzen brauchte ich zum Glück nicht. Ich war auf dem Klo eingeschlafen, denn kurze Zeit später kribbelten meine Oberschenkel, die ebenfalls eingeschlafen waren. Dummerweise gelang es mir nicht, mich von der Keramik zu erheben. Ich versuchte, mich zu erinnern, ob ich überhaupt einen Schiss abgesetzt hatte. Fiel mir beim besten Willen nicht mehr ein. So langsam kehrte wieder Leben in meine Beine und ich erhob mich vorsichtig, warf einen Blick in die Schüssel; da war augenscheinlich nichts passiert. Mein Magen erweckte aber immer noch einen unzufriedenen Eindruck. Hundemüde schleppte ich mich wieder ins Bett. Um fünf in der Früh wurde ich erneut wach. Das war nicht weiter schlimm. Das unmittelbar darauf einsetzende beängstigende Gefühl und die mich einlullende Leere machten mir zu schaffen. Ich versuchte sogar, gegen Tränen anzukämpfen. *Verdammt, Nik, du hast doch lediglich einen halben Windbeutel-Schwan verdrückt und dir ging es doch gestern ganz gut!* Gedanklich versuchte ich mich zu trösten und zu beruhigen, so wie ich es öfters praktizierte, wenn die Klauen der Depression nach mir griffen. Leicht fiel mir das nicht. Ich versuchte es aber dennoch immer wieder, dank der unzähligen Therapiegespräche, die ich schon geführt hatte. Es nutzte nichts, ich musste aufstehen. Also schlurfte ich übelgelaunt zurück ins Bad und konnte wenigstens pinkeln. Hatte so ein Windbeutelmutant Nebenwirkungen bei mir ausgelöst? Vertrug sich eine so gewaltige Menge Sahne nicht mit meinen Psychopharmaka? Das Gefühl, heute nicht mehr das Zimmer verlassen zu wollen, wurde immer stärker. Ich stellte die Überlegung an, eine kalte Dusche könnte meine Lebensgeister, insbesondere mein Gemüt, möglicherweise in Schwung bringen. Doch die Überwindung, gleich einem kalten Wasserstrahl ausgesetzt zu sein, war dann doch zu groß und ich blieb meinem Warmduscher-Ego treu. Ich duschte fast eine halbe Stunde lang. Meine Verfassung hellte sich ein wenig auf. Um in Bewegung zu bleiben zog ich mir meinen Jogginganzug an und nahm das Treppenhaus hinunter ins Foyer, um in mein Schließfach zu schauen. Da hatte ich seit gestern Nachmittag nicht mehr hineingesehen. Sicherlich erwartete mich ein neuer Therapieplan für die nächsten Tage. Diese Erwartung, was sich in meinem Schließfach befinden würde, erfüllte mich sogar mit etwas Spannung und Vorfreude. Der Rezeptionstresen war um diese Zeit nicht besetzt. Braun lag friedlich im Führerbunker und schlief. Tatsächlich zog ich einen Zettel aus dem kleinen Metallfach. Um 11 Uhr würde ich mich demnach heute zum ersten Mal in der Sporthalle körperlich ertüchtigen. Das gab damals eine kleine Diskussion mit Dr. Frankenstein -Schamowski. Ich erzählte ihm von meinen Rückengeschichten und dem Meniskusanriss im rechten Knie seit einem Treppensturz in Connys Haus. Nüchtern. Ich hatte nicht den Eindruck, als ob ihn das großartig interessieren würde. „Dann absolvieren Sie eben nicht alle Übungen", riet er mir lapidar. Man merkte, dass dieser Mann studiert hatte. Heute war der Tag gekommen, wo ich echten Sport treiben sollte. Zu Hause bewirkten meine Nordic-Walking-Runden, dass es hinsichtlich meiner Fitness nichts zu beanstanden gab und bei miserablem Wetter stieg ich auf meinen Crosstrainer, den ich sogar mit zu Conny genommen hatte. Sport bekam mir grundsätzlich gut, wenn er denn rückenschonend betrieben wurde und mein Knie nicht allzu sehr in Anspruch nahm. Ich hatte da meinen Weg gefunden. Außerdem wirkte sich Sport positiv auf meine Psyche aus. Mal ordentlich Dampf ablassen und ins Schwitzen geraten brachte meinen Organismus in Wallung und bewirkte zusätzlich, dass sich meine Gedankenströme anders ausrichteten, könnte man sagen; in eine positive Richtung. So freute ich mich auf die Aktionen in der Sporthalle. Wie hieß der Therapeut? Ich sah auf meinen Therapieplan und las „Herr Jäger". Na denn, Waidmanns Heil! Ich trat vor die Haupttür der Klinik und mein Blick schweifte über die Blumenbeete vom Eingangsbereich bis zum Raucherpavillon. Drinnen

schienen einige Personen ihrem Laster zu frönen. So früh morgens. Aufstehen, pinkeln, rauchen. Hoffentlich in der Reihenfolge! Die morgendliche Luft war herrlich -außerhalb des Kippentempels-, sodass ich ein wenig den Bürgersteig in Richtung Parkplatz schlenderte. Mein Parkticket verlangte erst übermorgen wieder eine Verlängerung. Auf dem Weg zurück zu meinem Zimmer klopfte ich beim Pflegestützpunkt an die Milchglasscheibe und, als ob Anastasia auf mich gewartet hatte, öffnete sie die Tür und sagte: „Ich habe schon mit Ihnen gerechnet, Herr Reimann. Gleich heute Morgen habe ich Medikamentenplan von Ihnen studiert und Tabletten komplett organisiert." Sie sah mir wahrhaftig ein wenig stolz in die Augen. Das Tabletten organisieren klang allerdings so, als ob Anastasia ihren Klinik-Dealer aufgesucht hatte und ich deshalb irgendwelche russischen Pseudo-Pillchen schlucken musste; aus eigener Herstellung. In Wirklichkeit überreichte sie mir drei reguläre Schachteln von den Tabletten, die ich täglich zum Blutdruck senken und Stimmungsaufhellen zu mir nahm. Ich war schwer beeindruckt und grinste sie zufrieden an, während ich ihr die Packungen abnahm. „Danke, Schwester."
Ich brachte meine Beute in mein Zimmer. Bis zum Frühstück nahm ich mir eine kleine Prise Schlaf.
Beim Frühstück verzichtete ich auf ein zusätzliches Brötchen, damit mein Magen gleich beim Sport nicht rebellierte, außerdem schien das Sättigungsgefühl vom Windbeutel immer noch anzuhalten. Wer weiß, was dieser Jäger alles mit uns anstellte. Anne fiel erwartungsgemäß meine Weißmehlabstinenz auf. „Du machst das genau richtig, Nik."
„Danke, Mami", scherzte ich.
Die Sporthalle grenzte direkt ans Klinikgebäude und war durch einen schmalen Durchgang im Erdgeschoss zu erreichen. An den Wänden dieses Ganges hingen Fotos von Menschen in unterschiedlichen sportlichen Betätigungen. Ein Sprinter, Gewichtheber, eine Joggerin und ein Basketball spielender Mann waren abgebildet. Alles Modellathleten. Als ich mir hingegen meine Leute ansah, die in diesem Augenblick gemeinsam mit mir durch den Gang zur Sporthalle schlurften, kam mir der Gedanke: *„Viel Arbeit für Herrn Jäger".* Das war natürlich absoluter Unsinn. Niemand war hier, um sich derart zu stählen oder körperlich zu verändern. Wir wollten im Grunde genommen alle nur in Bewegung kommen. Ein bisschen Sport treiben. Nicht mehr und nicht weniger. Insgesamt fanden sich zehn einigermaßen motivierte Menschen, einschließlich

mir, in der Halle ein. Wir setzten uns zunächst auf eine Art Fensterbank, die entlang der großen und von der Straße einsehbaren Fensterfront entlanglief. Dadurch war die Sporthalle von der Straße aus einsehbar. Die gewaltigen Fensterscheiben ergaben ein Schaufenster, durch welches das spazieren gehende Publikum depressive Menschen Sport treiben sehen konnte. An den Scheiben fehlten die Hinweisschilder, wie zum Beispiel: *„Nicht an die Scheiben klopfen oder mit Blitzlicht fotografieren. Patienten könnten ausflippen!"* Jeder von uns hatte ein Handtuch dabei und legte sein Therapieheftchen neben sich. Schön brav und artig, wie damals in der Grundschule. Zwei Typen fielen mir deutlich auf, die jetzt schon mit hochrotem Kopf und Schweißperlen auf der Stirn neben mir saßen. „Hoffentlich schikaniert er uns nicht wieder so wie letztes Mal", meinte einer der Rothäute.

„Habt ihr das schon einmal miterlebt?", fragte ich den direkt neben mir Sitzenden.

„Jep. Jäger ist ein Schleifer. War angeblich mal Spieß beim Bund und lebt das hier immer noch aus", keuchte der Mann neben mir und ich roch leider seinen fauligen Atem. Ein Gemisch, welches mir schon mal unangenehm im Fahrstuhl aufgefallen war. Tabak und Bier oder ähnliche Substanzen. Dann meldete sich sein Kumpel zu Wort und hauchte mit jedem Satz ähnliche Müffel-Schwaden in meine Richtung. „Ich musste letztens abbrechen. Ich war so platt. Der Kerl spinnt echt." Na, das machte ja enorm Mut und erzeugte eine hohe Erwartungshaltung. Normalerweise hatte ich nichts gegen körperliche Anstrengung, auspowern und das Gefühl, etwas geschafft zu haben. Was für ein Mensch kam gleich aus der Therapeutenumkleidekabine oder was auch immer sich hinter der grünen Stahltür verbarg? Ich hatte mir nach den Erzählungen der beiden Atem-Kloaken jetzt schon ein Bild gemacht. Ich stellte mir einen über zwei Meter großen muskelbepackten Fleisch-Schrank mit einem nebelhornartigen Sprachorgan vor. Die Trillerpfeife immer im Mund und kontinuierlich benutzend.

Die Stahltür öffnete sich. Zehn Augenpaare starrten in die Richtung. Es fehlten nur die obligatorischen Rauchschwaden, die den großen Auftritt von Herrn Jäger in Szene setzten, sowie lautstarke Hymnen-Musik. Der „Darth Vader-Soundtrack" würde extrem gut passen, überlegte ich und erschrak ein wenig, als Herr Jäger die Sporthalle betrat und sich vor uns positionierte. Wenn man beim Star Wars-Thema bleiben wollte, dann

stand dort eher C3PO vor uns; größenmäßig. Jäger war außerdem nicht sonderlich muskulös oder breitschultrig. Eher ein Schmalhans. Nein, ein drahtiger, sehniger, ziemlich dünner Mann, der mehr an einen Marathon-Läufer erinnerte, als an einen Bodybuilder.
Er trug einen schwarzen Jogginganzug und schlichte, weiße Laufschuhe. Um seinen Hals baumelte tatsächlich an einer langen Schnur eine Trillerpfeife. Die betätigte er dann gleich mal. Augenblicklich erstarb jegliche Konversation. Jeder war zunächst mit seinem erlittenen Tinnitus beschäftigt. „Bitte Ruhe, nö!", schrie Jäger in einem schrillen, kreischenden Ton. Ja, genau, er schrie. Aus Leibeskräften. Ich wunderte mich, wie soviel Dezibel aus so wenig Körpermasse und minimalem Klangvolumen herausplärren konnten. Alle Augenpaare waren auf ihn gerichtet; Jäger bekam unsere volle Aufmerksamkeit. Er hatte alles korrekt gemacht. Der Trainer hatte seine Mannschaft eindeutig im Griff.
„Ich bin Roland (es klang mehr wie Röland) Jäger und der Sporttherapeut dieser Klinik. In den nächsten Wochen werden wir also in dieser Gruppenkonstellation noch häufiger das Vergnügen haben, nö. Zumindest wird es mein Vergnügen sein. Hähähäää! Und das meine ich ehrlich, nö." Diese Worte sagte er dann doch in einer normalen Lautstärke. Mir fiel sein stetig angereihtes „nö" nach fast jedem Satz auf, sodass jedes Gesprochene immer nach einer Frage klang. War wohl eine seiner Macken. Es war für mich an der Zeit, Herrn Jäger auf meine Wehwehchen aufmerksam zu machen, damit ich womöglich nicht alle Übungen mitmachen musste. Ich hob dazu meinen linken Arm, wie bei einem Aufzeigen im Matheunterricht. „Bitte", sagte Jäger und deutete mit seiner rechten Hand auf mich. „Ja, äh, ich bin der Nik Reimann und habe Rücken, wie Horst Schlämmer so schön sagt." Allgemeines Gelächter und darauffolgendes Gemurmel. Trillerpfeife! Tinnitus. Stille. „ Aha. Und was machen Sie dann hier, nö? Aber gut. Sie brauchen ja nicht alle Stationen wie vorgegeben durchlaufen, nö." Stationen? Jäger bemerkte meinen fragenden Gesichtsausdruck und schob hinterher: „Wir werden hier jede Woche ein Zirkeltraining mit zehn Stationen und Übungen absolvieren. Jede Station zwei Minuten, nö."
„Äh, ich habe auch einen Meniskusschaden", fügte ich ein wenig schüchtern an. Seltsamerweise erzeugte diese Äußerung weiteres Gelächter. „Sagen Sie mal besser, was Sie nicht haben, Herr Reimann, nö", meinte Jäger zu mir und hatte nach diesem Spruch fast alle Anwesen-

den am Boden liegen. Zunächst vor Lachen. Mir wurde es so langsam immer unangenehmer. „Na schön. Ich kann es zumindest versuchen", gab ich klein bei, damit wieder Ruhe einkehrte. Er wandte sich von mir weg und sah den anderen Patienten in ihre Gesichter, die sofort versuchten, wieder ernst zu gucken. Jäger flößte trotz fehlender Körpermasse Respekt ein, das war mal sicher. Oder es war seine Trillerpfeife.
Die Zirkeltraining-Stationen waren über die gesamte Halle verteilt. Station eins würde ich mal als „Medizinball gegen die Wand schmeißen" bezeichnen. Denn genau das versuchte man dort zwei Minuten lang. Ich hatte nach etwa 20 Sekunden und fünfmal gegen die Wand schmeißen den Eindruck, mein Medizinball wog 50 Kilogramm. Die Trillerpfeife pfiff. „So, ab jetzt eine Minute Pause und dann geht jeder zur nächsten Station, nö", befahl Jäger und alle reagierten, wie ihnen befohlen worden war. Hürdenlaufen. Allerdings Hürden für Shetland-Ponys. So eine Hürde hatte maximal 30 Zentimeter Höhe, war also machbar. Zehn dieser Hürden waren im Abstand von jeweils einem halben Meter hintereinandergestellt worden. Innerhalb von zwei Minuten sollte jeder diesen Mini-Pferdchen-Parcour möglichst oft bewerkstelligen; dabei sollte schön brav über die Hürden gehüpft werden. „Das geht mit meinem Meniskus überhaupt nicht", meinte ich mutig an Jäger gewandt. Der blickte mich genervt an. Geht nicht, gibt's nicht, las ich aus seinem Gesichtsausdruck. „Sie **gehen** dann über die Hürden. Aber schön zügig, nö. Klar?" Es fehlte jetzt nur, dass ich salutierte und die Hacken zusammenknallen ließ. Meine rechte Hand zuckte schon. Ich nickte und grummelte ein: „Kann's ja versuchen."
„Das klappt schon, nö", meinte Jäger. Es klappte in der Tat, sah aber echt bescheuert aus, wie ich 190-Zentimeter-Riese über diese Spielzeughürden stolzierte. Immer wieder redete ich mir nach jeder Runde ein, ich bin hier schließlich in einer Reha-Klinik. Man erwartete hier keine sportlichen Höchstleistungen. Ehrlich gesprochen war ich selbst zu Hause nicht unbedingt der geborene Leichtathlet, absolvierte immerhin mindestens drei Mal die Woche meine 45-minütige Nordic-Walking-Runde durch unseren Wohnort. Joggen war aufgrund meiner Rückengeschichten und inzwischen wegen des Meniskusanrisses nicht mehr möglich. Trillerpfeife. Pause. Wechsel zur nächsten Station. Das waren Gymnastikbänder, die an einer Sprossenwand befestigt waren. Ich sollte mich wie ein alter Gaul in die Gummischleife stellen und quasi

so weit wie möglich nach vorn preschen. Das Gummiband sorgte für den Widerstand und demzufolge die Kraftanstrengung, um wenigstens vier Meter vorwärtszukommen. Nach drei Versuchen bis maximal zwei Meter Strecke riss mich das Gummi-Gymnastikband rückwärts von den Sportschuhsohlen. Ich knallte mit dem Rücken auf den Hallenboden. Trillerpfeife. Warum das denn jetzt? Die anderen konnten doch ungestört weitermachen. Stattdessen kam Jäger zu mir gerannt und ein paar der anderen Teilnehmer schlenderten ebenfalls in meine Richtung. Gaffer! Wehe, ich entdeckte bei irgendjemandem ein Handy! Gott, war mir das peinlich. Denn mir fehlte nichts. Klar, der Aufprall hatte zunächst weh getan, aber ich stand bereits wieder auf meinen Beinen und hatte sogar das Gummiband erneut vorm Bauch. „Sind Sie verletzt, Herr Reimann?", fragte Jäger mich. Es klang keineswegs besorgt. Mehr so wie eine Feststellung. „Nein. Warum? Bin gestolpert." Hörte ich da das ein oder andere verkniffene Lachen? Frechheit! Trillerpfeife. Alle begaben sich wieder zu ihren Stationen und ich versuchte erneut, die Sprossenwand aus der Wand zu reißen. Diesen Eindruck hinterließ ich bei den vorbeischlendernden Spaziergängern in diesem Moment durch meinen Anblick. Auch die nächste Station musste von mir in einer „Light"-Version bewältigt werden. Normalerweise sollten die beiden aneinander gereihten Turnbänke hüpfend-abwechselnd von links nach rechts hinüber-, überwunden werden. Da ich nicht mehr zum Hüpfer taugte, sollte ich über die Bänke herüberlaufen; von rechts einen Fuß auf die Bank setzen und dann auf die linke Seite gehen. Anschließend das Ganze in umgekehrter Richtung. Diese Übung hätte sogar Elliot geschafft. Magoo ebenfalls, da war ich mir sicher. Ich fühlte mich völlig fehl am Platze und ein Stück weit erniedrigt; wie der typische kleine dicke Junge mit der Brille auf einem Kindergeburtstag, den niemand in seine Mannschaft wählt. Als ob Jäger großen Spaß daran hatte, mich hier vor versammelter Mannschaft lächerlich zu machen. Denn ich war augenscheinlich der einzige gehandicapte Teilnehmer dieses Zirkeltrainings. Alle anderen Patienten konnten die Übungen mal mehr und mal weniger sauber, aber auf jeden Fall so wie im Lehrbuch vorgesehen, absolvieren. Ich nahm mir vor, Jäger nach der letzten Station zu fragen, ob ich an den weiteren Übungstagen überhaupt erscheinen sollte. Schließlich waren fast ein Drittel des Trainings von mir nicht wie angedacht zu bewerkstelligen. „Na und? Sie machen es doch auf Ihre Art und Weise. Es geht um Bewegung. Einfach nur bewegen, nö. Drücken gibt es bei mir nicht, nö." Das letzte „Nö" quiekte Jäger förmlich heraus. Der Mann ließ so gar nicht mit sich reden. „Aber, ich merke auch ein wenig mein Knie", jammerte ich.

„Das ist klar und vollkommen normal. Vollkommen, Herr Reimann. Sind halt ungewohnte Bewegungen, nö. Warten Sie mal ab, nach dem dritten Mal spüren Sie nichts mehr. Höchstens Muskelkater. Das ist aber gewollt, nö." Jäger lachte wieder sein „Hähähäää!". Er lachte mich aus.

„Und mein Rücken? Die Medizinbälle sind nicht gerade rückenfreundlich." Ich startete den nächsten Versuch. „Dann nehmen Sie nächstes Mal Volleybälle. Die dürften selbst Sie aufheben können, nö." Das hatte wiederum ein großer Teil der anderen Zirkeltraining-Absolventen gehört und das Gelächter brach erneut aus. Ich hasste Jäger. Mit solchen Typen kam ich absolut nicht klar. Der Kerl erinnerte mich immer mehr an Schnaller, das Riesenarschloch bei Steigermann-Objektmöbel. Schnaller hatte anscheinend sein Double hergeschickt oder sich klonen lassen, um sein Werk zu vollenden: Reimann fertig zu machen. Was für bekloppte Gedanken in meinem Schädel. Ich schüttelte den Kopf, als ob ich die Gedanken dadurch wegbekam und hielt Jäger anschließend lustlos mein Therapieheft zur Unterschrift hin. Er schnappte sich meinen Kugelschreiber aus dem Heft und setzte seine Unterschrift ins entsprechende Feld. Ich hatte mit einem „Jäger,nö" gerechnet. Den Kugelschreiber nahm er dann für weitere Unterschriften bei den Anderen. Ich verließ kurzfristig die Halle. Mir reichte es.

Da ich doch ganz ordentlich ins Schwitzen geraten war, wollte und musste ich unbedingt duschen. Direkt nach dem Mittagessen unterzog ich mich einer weiteren Moorbehandlung. Mein nächster neuer und unbekannter therapeutischer Tagesordnungspunkt am heutigen Tag fand um 14 Uhr statt und lautete: Rückengymnastik. Das hörte sich schon eher nach geeigneten Bewegungsabläufen an. Ich hatte nach dem Mittagessen und den Matschkissen von Frau Schäde mehr als eine Stunde Zeit, um mich zu regenerieren. Inzwischen war mir immer mehr klar geworden, wie wichtig diese kleinen Päuschen für mich waren. Ich schlief dabei meistens schon nach sehr kurzer Zeit ein und mein Handywecker holte mich nach etwa einer halben Stunde immer aus einem völligen Tiefschlaf heraus. Oft mit wüsten und wirren Träumen. Häufig handelten diese von meinem Job. Es waren in solchen Fällen ausschließlich

Albträume.

Die Dusche würde mich erfrischen und hoffentlich sogar meine Stimmung ein wenig aufhellen, die leider den direkten Weg in den Stimmungskeller angetreten hatte, als sich auf dem Weg zu meinem Zimmer dieser schwarze Gedanke in meinem Hirn einnistete. Dieser unerträgliche „Was wird nach der Reha mit mir passieren?"-Gedanke. *Musst Du kündigen, Nik? Bleibt Conny bei Dir, auch wenn Du Deinen Job loswirst, Nik? Wie wird Dein Sohn damit umgehen, Nik?* Ich sah meine Zimmertür und gleichzeitig schien sich diese immer weiter von mir zu entfernen. Ich lief auf einem Laufband und konnte mein Ziel gar nicht erreichen. Ich schlug mir die Hände vors Gesicht und blieb kurz stehen, atmete tief ein und aus und setzte dann meinen Weg fort. Ich ergriff den Türknauf meiner Zimmertür wie einen Rettungsanker. Den Auslöser dieser wirren Gedanken und seltsamen Wahrnehmung kannte ich: Zukunftsängste! Es war für mich weiterhin nicht auszuhalten, nicht genau über meine Zukunft Bescheid zu wissen; planlos durch das Leben zu taumeln. Alles mal eben auf sich zukommen zu lassen gelang mir überhaupt nicht. Allein im Job war mein Tagesablauf fast nur von Terminen und Planungen vorbestimmt, die ich zum Teil selbst durchführte oder die andere getätigt hatten und nach denen ich mich richten musste. Das Endergebnis nach diesem Klinik-Aufenthalt kannte ich nicht und sagte mir niemand. Andererseits hatte ich bisher nicht direkt danach gefragt. Wahrscheinlich, weil ich das Ergebnis nicht hören wollte; war es doch mit Sicherheit negativ für mich. Leider war es mir selbst nicht möglich zu erklären, was denn „negativ" sein könnte, was es bedeutete oder was ich mir normalerweise erhoffen würde. Auf jeden Fall war das einer der Gründe, weshalb es mir immer wieder unverhofft und wie aus heiterem Himmel beschissen ging. Ich musste endlich lernen, jeden Tag für sich zu betrachten und schlichtweg so hinzunehmen. Wenn es irgendwo gelingen konnte, dann in dieser Klinik, abseits vom normalen Alltag; fern vom Job mit reichlich Abstand zu Schnaller. Von nun an trieb ich hier ohne Vorausplanungen durch mein Leben und einzig der Stundenplan meiner Reha entschied in den nächsten Wochen täglich, wo ich mich wann- für relativ kurze Momente -, einzufinden hatte. Wie ein Schüler von Unterrichtsstunde zu Unterrichtsstunde latschte ich von einer Therapieeinheit zur nächsten. Dazwischen gab es zwar immer genügend Freizeit, die ich meistens zu nutzen vermochte. Entweder legte ich mich hin und las in einem der mitgebrachten Bücher oder ich schlief. Logisch, die Stadt hatte ich ebenfalls schon des Öfteren aufgesucht. Ich bekam hier meine Zeit tatsächlich ganz gut rum. Wenn nur die Abende nicht wären. Die Nächte, bis ich endlich eingeschlafen war. Zur Zeit lag es mir fern, mich zum Beispiel mit meinen Tischgenossen abends auf ein Bierchen in einer Kneipe im Ort zu treffen oder irgendwelche kulturellen Veranstaltungen zu besuchen. Laut Anschlagsäule im Foyer konnte man hier durchaus einige künstlerische Darbietungen oder Ausstellungen genießen. Ich hatte mich allerdings bisher nicht so genau mit der Art dieser kulturellen Ereignisse befasst. Auf die obligatorischen Kurkonzerte in der Stadthalle hatte ich auf jeden Fall keinen Bock. Das ergab sich bestimmt noch; gehörte es doch zum Kurleben-Klischee dazu.

Ich hatte mich nach dem Duschen ins Bett gelegt, um meine halbe Stunde Ruhe zu absolvieren, als ich von einem seltsamen Brummton geweckt wurde. Dieser dumpfe Ton schien von zwei Seiten auf mich einzuwirken. Vrrrmmmm...Vrrrrmmmm! Hörte ich ununterbrochen.

Dann war erst wieder für circa eine Minute Ruhe, bevor das Vrrrmmmm....Vrrrmmm..erneut hinter den Wänden von beiden Seiten meines Zimmers zu vernehmen war. Nach einer Weile identifizierte ich das merkwürdige Brumm-Geräusch als Handy-Vibrationen. Meine Zimmernachbarn bekamen Kurz-Nachrichten geschickt und hatten ihre Mobiltelefone auf Vibration gestellt, sodass sie wahrscheinlich jedes mal über den Schreibtisch vibrierten oder auf dem Nachttisch herumbrummten. Auf jeden Fall lagen sie auf einem hölzernen Klangkörper. Wie blöd. Ein schwacher Klingelton ohne Vibration wäre allem Anschein nach eindeutig besser. Die Konversationen über SMS oder Whatsapp dauerten eine geschlagene Stunde. In gemächlicher Lautstärke geführte Telefonate wären hierbei wesentlich angebrachter. An mein Päuschen war nicht mehr zu denken. Ich überlegte, an die Zimmertüren der Verursacher zu klopfen, änderte dann mein Vorhaben, um nicht als meckernder Spießer abgestempelt zu werden. Ich wollte keinen Ärger und mit allen gut auskommen. Typisch für mich als Harmoniejunkie. Das steckte seit meiner Kindheit in mir drin. Es allen Recht machen zu wollen, um möglichem Ärger aus dem Weg zu gehen. Erst kamen die anderen, dann kam ich. Auch so ein Ding, was mir mehr geschadet als genutzt hatte. Das wollte ich unbedingt in einer der nächsten Psycho-Gesprächsrunden ansprechen, nahm ich mir vor.

Mein Mittagessen verlief harmonisch. Alle am Tisch waren scheinbar gut drauf und verströmten eine „Uns geht's hier doch gut"- Stimmung. Selbst Stefan war zahm wie ein Lamm und mümmelte an seinem Salat. Abby zeigte zwischendurch sein typisches, blendendes Lächeln, welches so ansteckend war wie eine schlimme Krankheit. Anne reichte zum wiederholten Mal Fotos ihrer erwachsenen Tochter herum und sprach von ihr, als ob sie frisch eingeschult worden war. Ich nahm mir zwei Mal vom leckeren Dessert, denn es gab zu meiner Freude heute Quark mit Mandarinen. Mit einem „Wir sehen uns", verabschiedete ich mich und machte mich auf den Weg zu Frau Schäde und ihren Moorpäckchen. Das Prozedere war wieder dasselbe, nur Frau Schädes Gesprächsthema - Monologthema -, war heute ein anderes: Veganes Essen. Sie selbst sei zwar hin und wieder Vegetarierin, bräuchte aber mehrmals die Woche ihr Fleisch und vegan wäre ihr zu anstrengend. „Da bist du beim Einkaufen fast nur noch am Packungen lesen", meinte sie zu mir, während mir, auf dem Bauch liegend, bereits die Augen zufielen und die Dame mit der Sturmfrisur ihre nach Friedhof stinkenden Pakete auf meinem Rücken verteilte. Frau Schäde weckte mich, als sie die Moorpäckchen wieder von meinem Rücken entfernte. Ich verabschiedete mich von ihr und schlurfte müde zum Fahrstuhl. Auf meinem Zimmer holte ich weiteren Schlaf nach. Glücklicherweise hörte ich meinen Handy-Weckton, um mein Handtuch zu schnappen und mich pünktlich auf den Weg zur Rückengymnastik zu machen. Ich hatte gehört, es gab dort oftmals wenig Platz, weil jeder Teilnehmer zunächst seine Übungsmatte ausbreitete und die Nachzügler nur noch Plätze in der Raummitte, quasi auf dem Präsentierteller, bekamen. Das musste ja nicht gerade sein, dass mich zehn Augenpaare dabei beobachteten, wie ich unter größter Anstrengung auf der Matte sitzend mit den Fingerspitzen meine Knie berührte. Währenddessen konnte dann jeder meine Knochen knacken hören. Meine Beweglichkeit würde sich sowieso stark in Grenzen halten.

Der Gymnastikraum war noch belegt; ein paar Patienten standen murmelnd davor. Fast jeder hatte eine Jogginghose an oder manche Frau eine Leggings, ob es der jeweiligen Person modisch guttat oder nicht. Die Tür flog auf und etwa zehn Leute kamen laut sprechend aus dem Raum, grüßten und watschelten an uns Wartenden vorbei. Keiner von uns machte den Anfang, den Raum zu betreten. Plötzlich erschien ein schlanker, groß gewachsener Mann im Türrahmen, dem die schlangen-

artige Beweglichkeit ins Gesicht geschrieben schien und lächelte zu uns herüber. „Keine Bange, ich bin harmlos. Bitte hereinspaziert", sprach der durchtrainierte Mann mit weibischem Unterton, der in meinen Augen durchaus als Ballett-Tänzer durchgehen konnte. Er öffnete zunächst alle Fenster und das war bitternötig. In dem Raum stand die Luft. Es roch nach einem Gemisch aus Schweiß, Urin und Mundgeruch. Fast so wie in den Fahrstuhlkabinen. Welche Art von Rückenübungen wurde hier praktiziert, dass die Teilnehmer derartig ins Schwitzen gerieten? Ich wusste inzwischen, dass einige Patienten grundsätzlich und von sich aus übelst rochen. „Bitte nehmen Sie sich zunächst eine Unterlage und breiten diese mit genügend Abstand zu ihrem Nachbarn auf dem Boden aus", sagte der Tänzer. „Mein Name ist übrigens Markus; Tobias Markus und ich verbringe die nächsten 45 Minuten mit Ihnen und sorge dafür, dass Sie Sehnen merken, die Sie vorher nie gemerkt haben und Muskelbewegungen durchführen, die Sie sich niemals zugetraut hätten." Hatte er da eben seinen Doppelvornamen genannt oder hieß er mit Nachnamen Markus? Egal, ich würde Herr Markus zu ihm sagen. „Ich habe einen Bandscheibenvorfall, Herr Markus", sprach ich ihn dann sogleich an. Schon mal den Wind aus den Segeln nehmen. Von wegen, Muskelbewegungen und Sehnen bemerken. „Dann sind Sie hier genau richtig", erwiderte der Bewegungsmeister und lächelte mich an. Irgendetwas gefiel mir an diesem Lächeln nicht. Es war zu offensichtlich und zu liebevoll, fast etwas aufdringlich. In diesem Moment zwinkerte Herr Markus mir sogar zu. Ich war ein wenig perplex und stand zunächst bewegungsunfähig, mit der Gummimatte in den Händen, nur so da. Der Typ war stockschwul; das stand mal fest und bestätigte Stefans Äußerung am Tisch. Ausgerechnet ich gehörte scheinbar zu seinem Beuteschema. Aufpassen, Nik!
Ich rollte zunächst meine Bodenmatte aus, die anschließend giftgrün und aus Weichgummi vor mir lag. Der Gedanke, wer dort vor mir draufgelegen und Körperflüssigkeiten abgesondert hatte, schoss in meinen Kopf. Ich bekam ein leichtes Ekelgefühl, erkannte aber, es war nicht zu ändern. Ich versuchte einen heimlichen Blick auf den Therapeuten zu werfen, um weitere typisch schwule Merkmale an ihm zu erkennen; aus reiner Neugier. Herr Markus stand vor einer Wand und hatte die Hände in die Hüften gestemmt. Blinzelte er zu mir rüber? Bemerkte ich da gerade ein erneutes Zwinkern?

Einige der 15 Teilnehmer dieses Kurses oder dieser Therapieeinheit lagen sehr dicht nebeneinander. Überhaupt war der Raum extrem voll und nachdem die Fenster vom warmen Ballett-Tänzer wieder geschlossen worden waren, waberte gleich frischer ekliger Mief hindurch. Das lag unter anderem daran, dass ein paar Patienten meinten, die Übungen besser in Socken durchzuführen. So lag mein Kopf bei der ersten Übung direkt neben den Füßen eines älteren Herrn, der allein schon gefühlte drei Minuten benötigte, um sich in Rückenlage zu bringen. Ich versuchte, flach zu atmen. Herr Markus lag nahezu diagonal zu mir und sein Körper war durch seine gewaltig großen Sportschuhe, die er trug, verdeckt. Ich starrte, bildlich ausgedrückt, vor eine „Nike"- Sohlenwand. „Wir pressen nun unsere Lendenwirbel auf die Matte. Immer beim Ausatmen", kam sein Kommando. Nein, er formulierte wesentlich angenehmer und höflicher als Jäger aus der Sporthalle. Er betonte lediglich das Verb „pressen" seltsam und ich wertete es sofort als weiteres Indiz.
Mein Bandscheibenvorfall sagte sogleich „Hallo!" „ Oh...das ist gar nicht gut", meinte ich mehr zu mir selbst.
„Nun heben wir unser Gesäß leicht an, indem wir die Füße fest aufsetzen und den Po anheben", sprach Markus und turnte die Übung mit Leichtigkeit vor. Arsch anheben, das hatte er drauf. Bei einigen sah das dann echt nach Arsch hochhieven aus, bei anderen rührte sich hingegen gar nichts. Diese Leute keuchten nur. Unter leichten Schmerzen erhob sich mein Allerwertester von der Matte. „30 Sekunden so halten und schön gleichmäßig atmen", sprach der bewegliche Markus. Klar, er hatte an seinem Hintern am Allerwenigsten zu schleppen. Aus meiner Perspektive sah Markus bei dieser Übung, die er brav weiter vorturnte, aus wie eine Knochenbrücke im Jogginganzug. Der Stoff seiner übergroßen Jogginghose schlabberte lose an seinen Oberschenkeln. Einen Arsch konnte ich an diesem Mann nicht erkennen. So genau wollte ich aber nicht hinschauen, womöglich fiel ihm das dann noch auf und ich erhielt im Anschluss die Einladung zu einem Date. Nik, jetzt ist es aber langsam gut!
Die nächsten Übungen sollten dann in Bauchlage erfolgen. Bei meinem Mattennachbarn bedeutete das minutenlanges Wenden des Körpers. Er stöhnte und ächzte. Er tat mir leid. Eine wohlbeleibte Frau mit entsprechendem Vorbau bekam zwar die Drehung hin, lag dann auf ihrer gewaltigen Plauze, hielt diese Position allerdings nur für ein paar Sekun-

den aus, weil sie schlicht und ergreifend nicht mehr atmen konnte. Ihr übermächtiger Busen quoll an beiden Seiten weg, sodass sie mich an ein Luftkissenboot erinnerte. „Ich ersticke!", schrie sie und rollte auf die Seite. „Jeder nur so, wie er schafft", sagte Markus beruhigend. Die Frau hatte einen feuerlöscherroten Kopf bekommen und schnappte-inzwischen auf dem Rücken liegend-, immer wieder nach Luft. Herr Markus lag ebenfalls auf dem Bauch und man sah keinen Unterschied zur Rückenlage. Lediglich seine Nasenspitze zeigte nach unten und nicht mehr in die Luft. Die Schlabber-Jogginghose ließ kein Oben und Unten seines Unterkörpers erkennen. „Arme nach vorn strecken und Beine gerade machen; dann alles leicht anheben", forderte Markus sanft auf. Fiel mir nicht sonderlich schwer. Die dickeren Turner unter uns hoben entweder nur ihre Beine oder Arme an; alle Extremitäten gleichzeitig war schier unmöglich. Der Geruch im Raum wurde immer schlimmer. Möglicherweise hatte einer der Teilnehmer in Bauchlage gefurzt. Ganz leise. Aber das sind ja bekanntlich die Schlimmsten. Hinzu kam der seltsame, gummiartige Geruch der Übungsmatten, die bestimmt Generationen an Schweiß aufgesaugt hatten. Es wurden dann noch ein paar unspektakuläre Übungen im Stehen absolviert, die gleichzeitig den gesamten Bewegungsapparat lockern sollten. Mir wurde etwas übel; waren etwa noch Reste vom Sahne-Schwan in mir? Ich wollte hier schnellstmöglich raus. „So, dann sehen wir uns übermorgen alle wieder und dann geht es so richtig ans Strecken und Dehnen. Sie glauben gar nicht, wozu ihr Körper in der Lage ist." Das waren Markus Schlussworte für heute. Daraufhin nahm jeder seine Unterlage und warf diese in eine Raumecke auf einen Mattenstapel. Auf einigen Matten sah ich glänzende Flecken. Pfützen. Ekelerregend. Oder war ich bloß zu empfindlich? Beim Herausgehen zwinkerte Herr Markus mir wieder zu.

Ich schlenderte gemütlich zum Foyer, grüßte Herrn Braun, der allerdings nur kurz nickte und öffnete mein Postfach. Kein neuer Therapieplan. Da ich Überraschungen nicht besonders mochte, war ich zufrieden. Alles blieb in dieser Woche anscheinend so, wie ich es bereits zur Kenntnis genommen hatte. Ich schloss mein Postfach ab und merkte, wie ein widerlicher Geruch von der rechten Seite herüberwehte. Ich drehte den Kopf in die Richtung der Geruchswahrnehmung und schaute in zwei stark gerötete Augen, die in einem aufgedunsenen, rötlichen Gesicht lagen. Dieses Gesicht entblößte ein verfaultes Lächeln und sofort wehte

die nächste Gestankwolke zu mir herüber. Mussten hier einige Patienten ihre Zahnbürsten wegen möglicher Verletzungsgefahr abgeben? Kein Mundwasser auf dem Zimmer aufgrund der Vergiftungsgefahr? Die Klinik entpuppte sich zu einem Sammelsurium der ekelhaften Gerüche.
„Na, nichts Neues?", fragte das stinkende Gesicht. Ich schüttelte den Kopf und meinte kurz: „Nö." Der Typ hatte zwei Plastiktüten in den Händen, die er abstellte und mit einer Hand in seiner Jeans nach dem Postfachschlüssel fingerte. Er trug eine Fettfrisur. Immerhin das Gel gespart. „Ich bin Peter. Wie lange halten sie dich denn gefangen?", fragte Peter mich. Ich erhaschte einen genaueren Blick auf den Inhalt seiner Einkaufstüten und erkannte nur Bierflaschen. Peter schien meinen Blick bemerkt zu haben, denn er sagte: „ Ein bisschen Spaß." Wieder begutachtete ich unfreiwillig sein gelb-braunes Lächeln und gleichzeitig hielt ich die Luft an. „Ich bin der Nik und habe fünf Wochen bekommen", sprang ich auf seinen Gefangenenjargon an.
„Und? Gefällt es dir, Nik?", fragte Peter und schloss sein leeres Postfach wieder ab.
„Geht so. Aber hätte schlimmer kommen können", antwortete ich. Gleichzeitig überlegte ich mir einen Satz, der mich aus dieser skurrilen Unterhaltung herauslösen konnte. „Ich hab schon einige solcher Läden erlebt", meinte Peter. „Kannste alle vergessen. Trocken hat mich keiner bekommen." Er lachte wieder und für einen kurzen Moment glaubte ich, Peter war darauf auch noch stolz. Das konnte ich mir aber überhaupt nicht vorstellen. Im Grunde genommen war er doch eine arme Sau, die übelst dem Alkohol verfallen war. „Mal gucken, ob Nazi-Braun mich durchlässt oder wieder die Tüten konfisziert und mich beim Prengel anscheißt." Als ob er es gehört hatte, sah Braun streng zu uns herüber, den Blick über seine halbe Lesebrille gerichtet. Etwa zehn Personen kamen gleichzeitig aus den Fahrstuhlkabinen und bewegten sich zum Rezeptionstresen. Braun war abgelenkt und Peter huschte mit schnellen Schritten zu den Fahrstühlen und erwischte eine offen stehende Kabine. Seine Tragetaschen klimperten. Arme Sau.
Obwohl die Fahrstuhltüren bereits zugeglitten waren, glaubte ich weiterhin das Geklimpere der Bierflaschen in Peters Tüte zu hören. Plötzlich stand eine andere Person neben mir, annähernd zwei Meter groß, ebenfalls übelriechend, ungepflegt und mit zwei Tragetaschen beladen. Ich vermutete mit ähnlichem Inhalt. Der Riese schlurfte parallel neben

mir zum Fahrstuhl. Ich begriff sofort, dass ich ihm Deckung vor Braun geben sollte. Der diskutierte aber weiterhin mit der vor ihm stehenden Patientengruppe. Die Fahrstuhlkabine war leer, wir stiegen beide ein und Goliath fing an zu erzählen. „Hallo, ich bin der Bernd und wäre dir ewig dankbar, du verpfeifst mich nicht." Ich schaute ihn etwas irritiert an, begriff dann aber, was er meinte. Natürlich hatte ich der Hausordnung entnommen, dass in der gesamten Klinik und sogar auf dem Gelände Alkoholverbot herrschte. Peter und Bernd schien dieses Verbot aber nicht im Geringsten zu stören. „Geht klar", murmelte ich nur und fühlte mich wie ein Erstklässler bei der Aufnahmeprüfung in einer Jungsbande. „Ist auch nur am Wochenende", sprach Bernd weiter. Als ob mich das interessierte. „Hauptsache, ich finde heute Abend wieder auf mein Zimmer", schob er hinterher. Ich war doch etwas neugierig.

„Wieso?", fragte ich daher und hob den Kopf, um Augenkontakt zu bekommen. „Peter und ich gehen gleich noch in den Ort und meistens schaffen wir auch den Zapfenstreich. Nur neulich war ich zuerst auf dem falschen Flur ausgestiegen und stand vor einer Zimmertür, in die mein Schlüssel nicht passte. War ja logisch." Bernd lachte und ich konnte mir ein Schmunzeln nicht verkneifen, weil gerade Bilder in meinem Kopf abliefen. „Als ich meinen richtigen Flur erreicht hatte, wusste ich aber meine Zimmernummer nicht mehr. Also hab ich an jeder Tür meinen Schlüssel ausprobiert. Du glaubst gar nicht, wie viele Leute einen leichten Schlaf hatten und ihre Tür öffneten." Bernd lachte laut und ich überlegte, wie schlimm stand es um diesen Mann, dass er von einer Etage zur nächsten einfach mal seine Zimmernummer vergaß. „Aber heute brauchst du ja nicht mehr los", sagte ich und deutete auf seine prall gefüllten Tragetaschen.

„Was? Wieso? Ach so. Nee, das ist für später, wenn wir wieder auf dem Zimmer sind." Ich zuckte ein wenig zurück, fragte aber dennoch: „ Wir?" „Peter und ich. Peter hat doch auch etwas gebunkert, so wie ich den kenne. Dann geht der Spaß weiter." Oh, mein Gott! Es bestätigte sich, weshalb die beiden Kerle hier waren, aber ich nahm gleichzeitig zur Kenntnis, dass die Reha zur Zeit rein gar nichts bewirkt hatte. Von Peter hatte ich ja eben erfahren, dass er bereits zahlreiche Versuche, vom Alkohol loszukommen, gestartet hatte. Wahrscheinlich waren sie beide in dieser Klinik Neuankömmlinge und hatten demzufolge reichlich Therapie- oder besser Entzugszeit vor sich. „Gott sei Dank geht es übermorgen wieder nach Hause", sagte Bernd dann aber und verließ die Kabine, nachdem die Türen aufgeglitten waren. Ich rief ein „Tschüss!" hinterher, als er sich nach dem Verlassen des Fahrstuhls zu mir umdrehte und die rechte Hand zusammen mit der Tragetasche zu einem Verabschiedungsgruß anhob. Die Flaschen klimperten, die Kabinentür schloss sich wieder. Ich war in der alkoholgeschwängerten Raumluft allein. Die beiden Kerle machten mich nachdenklich. Aber ich hatte mich schließlich nur um mich selbst zu kümmern. Dass ich beide sozusagen vor der Klinikleitung deckte, war mir schon total unangenehm. Letztlich schadete es den beiden Trinkern nur. Aber was sollte ich machen, wenn womöglich beide in zwei Tagen abreisten? Hauptsache, die bekamen mich hier wieder in Ordnung. Und was dann?

Wohin ging meine Reise weiter? *„Bitte jetzt nicht wieder diesen Film, Nik!"* Ich hielt mir die Hände vors Gesicht und sagte „Nein" zu mir selbst. Mit beiden Handflächen schlug ich auf die Kabinenwand und rief immer wieder ein lautes „Nein!" Kurz vor dem Erreichen meiner Etage beruhigte ich mich wieder. *„Geduld, Nik. Nur Geduld."* Genau das lernte man hier: Geduld zu haben. Meine Lernphase hatte erst kürzlich begonnen.

Ich schaute mir auf meinem Fernseher im Zimmer einen Film im ZDF an; irgendein Fernsehspiel. Gedanklich schweifte ich immer wieder vom Filmgeschehen weg zu den beiden Alkoholikern von heute Abend, Bernd und Peter. Wie lange waren die hier in der Klinik auf Entzug gewesen? Drei Wochen? Auf jeden Fall ohne jegliches Resultat. Die Klinikärzte waren eben keine Hexenmeister. Aber, was wusste ich schon über eine Sucht? Zum Glück war ich in meinem bisherigen Leben immer meilenweit davon entfernt gewesen.

In irgendeiner Zeitschrift hatte ich mal gelesen, dass Depressive, insbesondere Männer, sehr leicht zur Flasche greifen oder anfangen zu rauchen. So ein Mensch befindet sich häufig in einer Abwärtsspirale, was sein körperliches Wohlergehen und eigenes Empfinden angeht. Es ist ihm häufig scheißegal. So war ich zum Glück absolut nicht. Im Gegenteil, ich freute mich auf die erste Einheit im Kraftraum und letztendlich hatte mir sogar die „Wehrsportgruppe Jäger" gutgetan.

Mein Handy brummte und vibrierte neben mir auf dem Nachttisch. Ich schaute aufs Display, obwohl der Film in diesem Augenblick äußerst spannend wurde. „Conny" las ich und mein Herz hüpfte. Gleichzeitig merkte ich, wie meine Augen gewässert wurden. Ich drehte die Lautstärke des Fernsehers herunter und nahm das Gespräch an. „Hi, Schätzchen", heulte ich in mein Handy hinein. Ja, in derTat, ich musste schlagartig weinen, bekam keine Silbe mehr heraus. „Hey, Nik, was ist los? Geht es Dir nicht gut?", fragte mich meine Traumfrau. „Doch. Nein. Ach, es ist alles so scheiße", stammelte ich und schniefte. Eben war aber doch noch alles relativ in Ordnung mit mir. Was ein Name im Display für Gefühle und Emotionen auslösen konnte. Ich fing mich so langsam wieder und versicherte Conny glaubhaft, dass es mir wirklich gut ging und ich mich einfach nur über ihren Anruf freute. Der dauerte dann eine glatte Stunde. Von dem Film bekam ich gar nichts mehr mit. Wozu gab es die Mediathek? Nach unzähligen Küssen ins Handy-Mikro beendete ich das Gespräch und sank selig auf mein Kissen. Ich war echt so was von froh, diese Frau getroffen zu haben. Und das Beste: Am Wochenende besuchte sie mich. Dann würde es mir scheißegal sein, ob Besuch auf dem Zimmer sein durfte oder nicht. Sollte Nazi-Braun doch zum Kontrollieren hochkommen.

Der Oberarzt und ein seltsames Seminar

Ich hatte in der letzten Nacht ausgezeichnet geschlafen und wurde mit einer monströsen Morgenlatte wach. An wen hatte ich denn in meinem Traum gedacht? Conny? Sylvia? Keine Erinnerung mehr. Es war 7 Uhr und Zeit für eine erfrischende Dusche, bevor ich mich zum Frühstücksbuffet begab. Ein Schwall kaltes Wasser sorgte dann schnell wieder für normale Verhältnisse in der Leistengegend.
Nachdem ich mich angezogen hatte, warf ich einen Blick auf meinen aktuellen Therapieplan und sah, dass ich heute den Oberarzt, Herrn Dr. Abid Kalil kennenlernen würde; in einem Einzelgespräch. Ich malte mir aus, wie diese Psychologie-Koryphäe mich in die Mangel nehmen würde. Wenn jemand genau analysieren konnte, was mit mir los war, dann

der Oberarzt dieser Psycho-Klinik. Immerhin hatte er tagein und tagaus mit Leuten wie mir zu tun, hinzu kamen tägliche Meetings mit seinem psychologischen Fachpersonal; vermutlich hielt er monatlich unzählige Vorträge vor Wissenschaftlern aus aller Welt. Ich war total gespannt. Für den Nachmittag stand Nordic-Walking auf dem Programm. Da es heute vom Wetter her ein herrlicher Tag werden sollte, freute ich mich total darauf. Endlich wieder sportliche Aktivität unter freiem Himmel. Ich liebte das.

Doch zunächst mal ein paar Brötchen futtern und das Koffein durch die Blutbahn jagen.

Vor den drei Fahrstuhlkabinen war mal wieder ordentlich was los. Sogar Elliot war schon da und grüßte mich geschmeidig mit seinem kurz erhobenen Zeigefinger. Er lächelte wieder traurig oder schluchzte fröhlich. Man erkannte es absolut nicht an seiner Mimik.

Leider stiegen mit mir Bernd und Peter in die Kabine ein. Flach atmen war ab sofort angesagt, wenn einem auf nüchternen Magen nicht schon am frühen Morgen speiübel werden sollte. Denn die beiden Saufnasen rochen schon wieder wie ein explodierter Kiosk nach Rauch und Alkohol. „Na, letztes Frühstück einnehmen?", fragte ich die beiden.

„Klaro und dann geht's ab nach Hause. Wird auch Zeit", meinte Peter und lächelte nikotingelb. „Wann haut ihr denn ab?"

Bernd öffnete seine Sprachkloake: „Morgen früh um sechs." PLING! Die Fahrstuhltür glitt nach kurzer Fahrt auf und Magoo trat hinein. „Guten Morgen. Fahren alle nach unten zum Frühstücken?", fragte die stark kurzsichtige, ältere Dame und lächelte pauschal in den gesamten Fahrstuhl hinein. Sie „blickte" jeden einmal kurz an, obwohl sie niemanden erkannte, da war ich mir sicher. „Genau und ich nehme Sie gerne mit in den Speisesaal", offerierte ich ihr und bekam ein „Vielen Dank, junger Mann. Das ist aber sehr nett", erwidert. Bernd und Peter grinsten beide und ich lächelte. Magoo war einfach zu rührselig.

Im Speisesaal ging es fast schon tumultartig zu. „Wo steht der Kaffee?", fragte eine junge Adipöse. „Gibt es heute keine Brötchen?" Ein Mann neben mir schaute sich suchend um. „Ach, der Salat ist jetzt hier?", stellte eine Patientin fragend fest. Zwischen all den ratlosen Menschen turnte der Speisesaal-Chef, Herr Brünger, hastig herum. „Wir haben ein wenig umgestellt. Es gibt auf jeden Fall weiterhin Kaffee und das Salatbuffet." Brünger wies mit seinem Zeigefinger in die entsprechenden

Richtungen. Die Blicke folgten seinen Hinweisen und anschließend setzten sich die jeweiligen Personen in Bewegung. Ich hatte den neuen Standort des Kaffeebehälters schnell entdeckt und steuerte darauf zu, um mir einen ordentlichen Pott von der schwarzen Plörre einzulassen. Der Brötchenkorb stand seit heute in unmittelbarer Nähe zum Kaffeebehälter und die Brötchen konnten quasi gleichzeitig auf einem kleinen Teller mitgenommen werden. Daraufhin drehte ich eine weitere Runde, um mir Marmelade und Honig zu holen. Dann war ich zufrieden. Einige Gäste anscheinend aber immer noch nicht. Ich sah Brünger weiterhin wie von der Tarantel gestochen hin -und herlaufen. Dabei führte er einzelne Patienten, die Hand leicht auf deren Schulter gelegt, zu ihren Wunschzielen im Speisesaal. Irgendwann schien sich alles beruhigt zu haben. Das übliche Gemurmel setzte ein und die Kaffeelöffel klimperten beim Umrühren gewohnt in den Tassen. Brötchen wurden aufgeschnitten, Bananen geschält und in Äpfel gebissen. „Was für eine Unruhe", stellte Anne fest und nippte an ihrem Tee, der seit heute nicht mehr direkt neben dem Kaffeebehälter stand sondern merkwürdigerweise bei der Milch für die unterschiedlichen Müsli-Sorten. „Das machen die doch, um uns zu fordern", meinte Stefan und wirkte ernst.

„Das hält den Geist fit. Gewohnheit lähmt. Macht unser Supermarkt alle zwei Wochen", sagte Abby.

„Was? Frühstücksbuffet?", fragte Stefan verwirrt. Abby lachte sein herrliches afrikanisches Lachen. „Nein, Produkte woanders hinstellen. Regale umräumen. Verstehst Du, Stefan?" Der schüttelte mit dem Kopf. Ich vermutete ebenso, dass diese Aktion rein organisatorische Ursachen hatte. Fordern? Waren wir hier in einer Versuchsreihe für depressive Individuen, eine Art Speisesaal-Memory? Wo liegt was? Wo lag denn gestern die Butter? Hat jemand den Kakao gefunden?

„Was liegt heute noch so bei Dir an?", fragte Stefan und riss mich aus meinen Gedanken.

„Nordic Walking und ein Gespräch beim Oberguru."

„Kalil?", fragte Stefan weiter.

„Ja. Was grinst du so blöd?"

„Viel Spaß und hau dir vorher mindestens drei von deinen Red Bulls rein." Stefan erzählte mir auf meine Nachfrage hin, dass Dr. Kalil die irakische Schlaftablette in Person sei. „Der ist Iraker?" Dabei schaute ich vielleicht ein bisschen zu entsetzt, denn Abby mischte sich ein. „Das sind auch Menschen. Nur eben Muslime."

„Klar. Ich denke dabei eher an die Sprache oder das Verständnis für Frauen bei seinen weiblichen Patienten", meinte ich und sah zu Anne, die zustimmend nickte. „Verständnis für Frauen? Wer hat das schon?", stellte Stefan fest und schaute ebenfalls zu Anne herüber.

„Freundchen! Du möchtest wohl Ärger haben?", entgegnete Anne mit lustigem Unterton und zwinkerte Stefan zu. „Im Ernst", wollte ich weiter wissen, „was erwartet mich bei dem Gespräch? Warst du schon bei ihm?" Stefan nickte und meinte :

„Lass dich einfach überraschen, Nik. Das wird schon." Dabei tätschelte er grinsend meine Schulter, stand auf und sah sich suchend im Speisesaal um.

Ich verabschiedete mich nach dem Frühstück von meinen Tisch-Mitessern und verließ den Speisesaal. Auf dem Weg hinaus fiel mir ein Tisch neben dem Saalausgang auf, auf dem ein Warmhaltebehältnis für Rührei stand. Hätte ich das eher gefunden. Patienten neu fordern. So ein Blödsinn. Totale Verwirrung, nannte ich das. Der Fahrstuhl entließ mich auf meiner Etage und ich schlenderte gemütlich am Pflegestützpunkt vorbei. Auf dem Display der Waage blinkte freudig eine „165". Nicht schlecht und auf jeden Fall rekordverdächtig. Mein Blick wanderte weiter und fiel auf einen schriftlichen Hinweis, der links neben der Bürotür des Stützpunktes mit Klebestreifen an die Wand geheftet worden war: „Heute, 15 Uhr im großen Besprechungsraum: Vortrag Dr. Kalil „Kein Stress mit dem Stress", 45 Minuten. Teilnahme erforderlich. Bitte Therapieheft mitbringen."

Aha, so wurden hier derartige Veranstaltungen angekündigt. Der Oberarzt persönlich hielt einen Vortrag und niemand bekam davon etwas mit. Ich war mir ziemlich sicher, dass dieser Vortrag nicht in meinem aktuellen Therapieplan aufgeführt war. Hätte das Waagen-Display nicht wie eine Leuchtreklame meine Aufmerksamkeit erregt, wäre mir das Zettelchen niemals aufgefallen und schon hätte ich einen wichtigen Eintrag in meinem Therapieheft verpasst mit anschließendem Ärger bei meinem Rentenversicherer, der mir diesen wunderbaren Aufenthalt ja bezahlte. Andererseits könnte ich gleich mal in meinem Schließfach nachsehen. Vielleicht lag dort ja doch inzwischen eine Terminankündigung dieser Veranstaltung. Außerdem würde mich der Oberarzt bei meinem Einzelgespräch mit Sicherheit darauf hinweisen. *Ist ja gut, Nik, du wirst schon nichts verpassen.* Ich machte kehrt und hüpfte schwungvoll in die mittlere Fahrstuhlkabine, die sich soeben vor mir öffnete.

Es lag tatsächlich ein Hinweis in meinem Schließfach, zusammen mit einem aktualisierten Therapieplan, den ich sofort überflog. Darin erfuhr ich zum Beispiel, dass übermorgen ein Aufnahmetest stattfand, an einem Samstag. Der Begriff „Test" verwirrte mich ein wenig. Womöglich fand dieser Test extra samstags statt, damit mehr Ruhe im Gebäude herrschte und sich jeder besser auf die Testfragen konzentrieren konnte. Was sollte überhaupt das Ergebnis solch eines Tests sein? Gab es dabei ein „Richtig" oder „Falsch"? Oder ging es mehr um die Geschwindigkeit? Wer die Fragen am schnellsten beantwortete, durfte ein paar Tage früher nach Hause reisen; der Zweitplatzierte bekam zum Abendbrot ein Bier serviert? Wurden überhaupt Fragen gestellt? Ich hatte in diversen Zeitschriften schon einige dieser sogenannten Persönlichkeitstests und Psycho-Tests gemacht. Meines Erachtens ging es dort immer nur um jeweilige Befindlichkeiten und Reaktionen auf relevante Äußerungen oder eben Antworten auf „was wäre wenn"-Fragen und es wurden unterschiedliche Punkte je Antwort vergeben; einige Seiten weiter las man dann in einer „Auflösung", dass die Suizidgefahr gefährlich groß sei und man umgehend einen Psychiater aufsuchen sollte.

Ich war total auf diesen Test gespannt.

In einer halben Stunde erwartete mich Dr. Kalil. Genügend Zeit für ein kurzes Päuschen. Dass ich mir so viele Pausen eingestehen konnte. Ich, der vor einigen Wochen oder Monaten vor lauter Aktionismus das Wort „Pause" komplett aus seinem Vokabular verbannt hatte. Mit dem Resultat, ab sofort in einer Beklopptenanstalt, in einem Nest mitten in Mitteldeutschland zu hocken, um sich gleich von einem finster blickenden irakischen Arzt fragen zu lassen, wie es mir ging.

„Wie geht es Ihnen?", fragte Dr. Kalil und sah mich gelangweilt aus seinen Augenschlitzen an. Der Mann sah total übermüdet aus. Schlimmstenfalls leistete er gerade die dritte Schicht in Folge ab. Stress pur. Kurz vorm Burnout, der Mann. Ein Fall für sich selbst.

Dr. Kalil hatte tiefschwarze Augenbrauen, die über der Nase zusammenwuchsen. Seitlich sah es so aus, als ob sie sogar direkt in seine buschigen Koteletten übergingen. Das Gesicht dieses Mannes wurde augenscheinlich von Haaren umrahmt. Sein dunkles Haupthaar war ziemlich voll und stand wüst vom Kopf ab. Ich schätzte ihn auf Mitte 50. Er war

nicht besonders groß und auch nicht sehr korpulent. Wirkte aber dennoch ein wenig dicklich auf mich, so wie er in seinem riesigen Chefsessel hinter einem gigantischen Glas-Schreibtisch vor mir saß und sein Bäuchlein nach vorn schob. Ich hockte auf einem völlig unbequemen Holzstuhl, der selbst für eine schäbige Kleinbetrieb-Kantine zu unmodern war. „Ich denke schlecht, sonst wäre ich ja nicht hier", antwortete ich auf seine Frage und versuchte, dabei zu lächeln, um der Antwort ein wenig Schärfe zu nehmen. Nur, machte ein Depressiver Scherze? „Schön, dass Sie Ihren Humor nicht verloren haben. Das passiert ganz schnell", sagte er zu mir. Seine Stimme war relativ leise und ich hörte genau hin. Dafür war sein Deutsch nahezu perfekt. Ein Blick auf seine goldene Armbanduhr erzeugte ein Seufzen bei ihm, als ob er in diesem Augenblick eine wichtige Verabredung verpassen würde. Wegen mir. Warum bekam ich jetzt unmittelbar Schuldgefühle? „Hatten Sie Stress im Job?", fragte er mich gelangweilt. Ein Gähnen von ihm hätte mich nicht im Geringsten überrascht. Stattdessen lehnte er sich gemütlich zurück und sein Chefsessel machte knartschende und quietschende Geräusche. Ein erneuter Blick zur Uhr, während ich antwortete: „Allerdings. Mein Job hat mich offensichtlich fertig gemacht." Wieder ein Blick durch seine engen Augenschlitze zu mir; ein weiterer Seufzer. „Deswegen sind Sie ja hier", wisperte der hochqualifizierte Mann mir zu. Ach, was? Das ist ja mal etwas so richtig Neues. Ich erwartete die nächste Frage von dieser Koryphäe auf dem psychiatrischen Wissensgebiet. „Oh, die Zeit rast uns davon, Herr Reimann. Wir sehen uns heute Nachmittag auf meinem Vortrag." Er erhob sich und reichte mir seine behaarte Hand über die leere Glasplatte seines Schreibtisches. Fast leer: Ein Apfel lag an der oberen linken Ecke, neben einem Foto, auf dem zwei vermummte Frauen abgebildet waren. Direkt daneben eine moderne LED- Schreibtischlampe. Eine Tischuhr wäre von Nutzen; dann bräuchte dieser übermüdete Mann nicht andauernd so auffällig auf seine Armbanduhr schauen. So wie jetzt gerade wieder. Davon angeregt schaute ich ebenfalls auf mein Zeiteisen am Handgelenk und stellte überrascht fest, dass dieses Gespräch ganze vier Minuten gedauert hatte. „Ja, wir sehen uns später, Dr. Kalil. Mit Therapieheft?"
„Selbstverständlich. Alle Vorträge sind Pflichtbesuche und werden dokumentiert", sagte er ein wenig entrüstet; aber sehr leise. Dafür wieder in nahezu perfektem Deutsch. Marlon Brando in „Der Pate". Genau dar-

an erinnerte mich der Sprachton dieses irakischen Akademikers. „Ciao, Luigi", hätte er dazu sagen und sich dabei langsam mit dem Handrücken über das Kinn streichen müssen; dann wäre es perfekt. Ich verließ sein Büro und beherrschte mich, erst auf dem Flur den Kopf zu schütteln. Dieses Oberarzt-Gespräch war mir so überflüssig vorgekommen, wie Sonnencreme bei einer Stadtrundfahrt durch London im November.
Der Saal oder besser gesagt, der Raum, in dem der Anti-Stress-Vortrag gehalten wurde, war derselbe, in dem alle Neuankömmlinge kürzlich vom Klinikleiter begrüßt worden waren.
Nachdem ich meine nach dem Mittagessen im Ort erworbenen Einkäufe im Etagenkühlschrank verstaut hatte, machte ich mich sogleich auf den Weg zum Vortrag, um möglichst nicht in der ersten Reihe zu sitzen. Dort bestand definitiv allerhöchste Einschlafgefahr, dazu unter Beobachtung des Meisters persönlich. Die bestand ein paar Reihen dahinter zwar auch, allerdings würde ich dort unauffällig die Augen schließen können. Vielleicht entpuppte sich Dr. Kalil völlig überraschend als vorzüglicher, unterhaltsamer und lustiger Power-Point-Präsentator und wir alle verließen vollkommen geflasht den Raum, um einige wissenswerte Fakten über unsere Scheiß-Krankheit (oder war es mehr ein Gemütszustand?) bereichert.
Vor der Eingangstür zum großen Besprechungsraum hatte sich bereits eine Schlange gebildet wie zu einer Autogrammstunde von Justin Bieber. Einige der Gesichter kamen mir bekannt vor, viele sah ich zum ersten Mal. Es war 14.50 Uhr und immer noch kein Einlass. Wahrscheinlich war Dr. Kalil gerade beim Soundcheck. Ein paar ganz Kluge drängelten sich durch die Menschen bis zur Tür durch und drückten die Klinke herunter. „Mist. Noch zu", brummelte einer von diesen Idioten. Als ob wir anderen einfach mal munter plaudernd hier auf dem tristen Gang stehen bleiben wollten. Es wurde 15.02 Uhr und die ersten Unmutsäußerungen verschafften sich Gehör. Klar, typisch deutsch. Da erwartete man Pünktlichkeit. Aber was durfte man schon von einem Iraker erwarten und dieses Exemplar hier war ja sowieso ein komischer Kauz. So langsam wurde auch ich ein wenig lustloser, da ich bereits mehrfach das Standbein gewechselt hatte. Wechseln musste! Zusätzlich machte sich mein Rücken bemerkbar, das Ventil meiner angespannten Psyche. Oder war nur mein Rücken angespannt? Egal, ich hatte Schmerzen im Lendenwirbelbereich und das lag definitiv am langen Stehen. Also, Dr. Kalil,

mach hinne und komm!
Und dann kam er. Fast unsichtbar glitt der relativ kleine Iraker durch die Menschenmenge vor dem Vortragsraum. Er grinste und nickte einigen Patienten freundlich zu. Wahrscheinlich alles Leute, die ebenfalls ganze vier Minuten in seiner Speed-Sprechstunde zugebracht hatten. Mit „Speed" war auf jeden Fall ausschließlich die schnell abgelaufene Gesprächszeit gemeint.
Dr. Kalil schloss auf und ein kollektives „in den Raum drängeln" setzte ein. Wie blöd konnte man sein? So etwas kannte ich sonst nur von Veranstaltungen oder Konzerten mit freier Platzwahl. Hauptsache ich ergatterte einen Platz in den hinteren Reihen.
Während Stühle gerückt, Krücken platziert und Rollatoren geparkt wurden, suchte Dr. Kalil den Einschaltknopf am Beamer. Er hatte wahrhaftig eine Powerpoint-Präsentation vorbereitet. Der Beamer strahlte auf die von der Decke heruntergelassene Leinwand und Dr. Kalil wischte mit einem behaarten Zeigefinger über das Cursorfeld seines Laptops, als ob eine fette Raupe darüberkriechen würde und unmittelbar erschien das Startbild seines Vortrages auf der Leinwand: „Kein Stress mit dem Stress". Augenblicklich wurde das Gemurmel in dem großen Raum leiser. Dr. Kalil blickte einmal in die Runde und sagte: „Bringen Sie mir bitte zuerst die Therapieheftchen zur Unterschrift. Ich muss Ihre Anwesenheit bestätigen." Sofort setzte wieder eine gewisse Unruhe ein. Menschen erhoben sich und stolperten durch ihre Sitzreihen, um zur Autogrammstunde des Irakers zu gelangen.
„Tschuldigung...Verzeihung...Darf ich mal?", hörte ich um mich herum. Es bildete sich eine lange Schlange vor Dr. Kalils Tisch, auf dem sein Laptop stand. Der Arzt hatte die Ruhe weg. Fast vermutete ich, er machte das, um die Zeit besser rumzukriegen. Vielleicht dauerte sein Vortrag nur 15 Minuten, aber es wäre zu auffällig, dann schon den Raum zu verlassen. Deswegen musste, wie auch immer, die Zeit totgeschlagen werden und da diese Vorträge außerdem Pflichtveranstaltungen waren, durfte die Unterschrift im Therapieheft nicht fehlen. Die wichtige Unterschrift des Oberarztes! Dieser Mann belegte heute gleich zwei Zeitblöcke in meinem Tagesablauf. Geschlagene zwanzig Minuten später hatte jeder Anwesende seine Unterschrift bekommen. Die Hälfte der Raumbelegungszeit war vorbei. Unfassbar! Dr. Kalil blieb dabei gänzlich ruhig. Anscheinend war es für ihn überhaupt kein Problem, dass seine Power-

point-Präsentation nur 25 Minuten dauern durfte. Er würde es hinbekommen. Ganz sicher. Mit absoluter Entspanntheit und Ruhe. Warum war ich so angespannt? Weshalb reagierten einige Leute um mich herum so gereizt? Manche meinten flüsternd: „So möchte ich mal mein Geld verdienen", oder „Dafür wird der Kerl bezahlt?"
„Hochbezahlt", gab eine andere Person aufgeregt ihren Kommentar in normaler Lautstärke ab. Die meisten Anwesenden waren auf jeden Fall leicht säuerlich, weil Dr. Kalil stumpf sein Ding mit stoischer Ruhe durchzog. Eigentlich beneidenswert. Was da gerade auf die Leinwand gebeamt wurde, war sein Mantra: „Kein Stress mit dem Stress." Wahrscheinlich ließ er erst gar keinen Stress bei sich aufkommen. Außerdem erzeugte es auch kein großes Vertrauen, wenn so ein Vortragsredner völlig fickerig reagierte und hibbelig hinter seinem Schreibtisch mit dem Powerpoint-Marker herumfuchteln würde. Das wäre doch total unglaubwürdig. Ich nahm ihm einen behutsamen Umgang mit Stress und all seinen Faktoren durchaus ab. Dieser Mann war ein Anti-Stress- Vollprofi. Garantiert!
„Stress ist nicht gut", begann er mit seinem Vortrag. Er klickte mit seinem Marker die nächste Seite an und wir konnten Definitionen zum Thema „Was ist Stress?" lesen. Vorausgesetzt, es waren keine Legastheniker im Raum. Ich setzte das einfach voraus, Dr. Kalil scheinbar nicht. Er las Wort für Wort von der Leinwand herunter. Leider so langsam, dass man hätte mitschreiben können. Machte selbstverständlich niemand. Nur war jeder schneller mit dem Ablesen fertig, als der Doktor las. Über Eu-Stress (positiver Stress) und Dis-Stress (die negative Erscheinung) ging es weiter. Mir fielen die ersten Rechtschreibfehler auf. *Leissungssteigernd* und *Sehle*. Mein Gott, der Mann ist Akademiker und hat möglicherweise auf einer morgenländlichen Elite-Universität studiert. Na ja, er war Iraker und erst seit 27 Jahren in Deutschland, hatte ich heute per Handy im Internet recherchiert. Aber das waren doch die einfachsten Vokabeln, oder? Wie ein gelangweilter Nachrichtensprecher, den es nicht im Geringsten interessierte, welche Horror-News er da verbreitete, brummelte Dr. Kalil die untereinander aufgelisteten Fakten weiter vor sich hin. Ja, er sprach mehr zu sich selbst, als zu seinen Zuhörern. Die ersten „Lauter!"- Rufe wurden vernommen. Dr. Kalil ließ sich davon nicht stressen. Das Stressmodell nach Selye und seine einzelnen Stressphasen hätten sicherlich unterhaltsamer und sogar neugierig machend

präsentiert werden können. Aber diese Intention hatte Dr. Kalil so überhaupt nicht. Seite für Seite quälte er sich weiter lustlos die Zeilen entlang. *Stresshohrmohne*, las ich auf der Leinwand und rieb meine Augen. Das würde mein sechsjähriger Neffe sogar fehlerfrei schreiben. Wozu gab es Autokorrektur? Unmöglich!
Nicht ein einziger eigener Kommentar zu dem, was er da herunterfaselte, kam über seine Lippen. „....Stress macht krank...", laberte er weiter und ich war mir sicher, die Befürchtung, diese Krankheit zu bekommen, brauchte Dr. Kalil niemals zu haben. Seine „Work-Life-Balance", das nächste Powerpoint-Thema und Diagramm auf der Leinwand, war bei diesem Doktor absolut im Gleichgewicht. Stressbewältigungsstrategien hatte dieser Mann mit Löffeln gefressen, so tiefenentspannt und abgeflacht wie er seinen Vortrag zu dieser Thematik fortsetzte. Ob dieser Mann sich überhaupt im Klaren war, welche unterschiedlichen Jobinhaber ihm da gegenüber saßen? Allein, wenn ich schon an meinen Job dachte, hätte ich auf der Stelle ausflippen können. „Spontane Entspannung, positive Selbstgespräche und Einstellungsänderungen" las ich und las er vor. Lass es! Macht keinen Sinn. Ich sah zur Uhr und stellte mit Erstaunen fest, dass ihm zehn Minuten blieben, um sein Auditorium weiter zu langweilen. „Das Pareto-Prinzip: Mit 20 Prozent der Zeit 80 Prozent der Ergebnisse erreichen." Auf Dr. Kalil und seine Vortragsart angewandt würde ich sagen: Mit 20 Prozent Einsatz 100 Prozent Inhalt vorgelesen und sein Publikum würde davon 5 Prozent im Gedächtnis behalten. Immerhin. Er näherte sich dem Ende seines „Monologes mit Untertitel" auf der Leinwand. „Merken Sie sich diese vier Positiv-Regeln", murmelte er monoton und wurde bereits von einigen Schnarchgeräuschen in meiner Nähe übertönt. Tatsächlich waren zwei Patienten in den hinteren Reihen auf ihren Stühlen eingenickt und sägten ziemlich laut. Es keimte leichtes Gelächter auf und beide schreckten aus ihren Tagträumen hoch, mit peinlichem Lächeln in ihren errötenden Gesichtern. Das störte Dr. Kalil nicht wirklich. Er schloss mit den, natürlich für jedermann ablesbaren Worten: „Machen Sie sich ein schönes *Läben*. Danke für Ihre Aufmercksahmkeit." Der Beamer wurde ausgeschaltet, der Laptop zugeklappt und schon war der Iraker auf dem Weg zur Tür.
Viele im Raum schauten sich ungläubig an. Was war das denn? Irgendjemand aus der ersten Reihe wies auf den Schreibtisch und rief: „Hier liegen getackerte Blätter mit dem Vortrag!" Ach so. Die sollte sich schein-

bar jeder mitnehmen. Zum Nachlesen. In der Eile- Quatsch-,vor lauter Entspannung hatte der Doktor völlig vergessen, uns darauf hinzuweisen. Ich nahm mir eine Zettelsammlung mit und verließ nachdenklich den Raum.

Was freute ich mich doch auf meine Nordic-Walking-Stunde, die in wenigen Minuten vorm Klinikeingang losging.

In der Fahrstuhlkabine war der „Vortrag" von Dr. Kalil weiter Thema und sorgte für Diskussionsstoff und Gelächter. „Dafür bekommt der Kerl 'ne Menge Kohle, das glaub man", ärgerte sich ein älterer Mann und erntete zustimmendes Nicken. Auch von mir. Wenn ich mir recht überlegte, entschied so ein demotivierter Mann wie dieser Arzt später über meine berufliche Zukunft und somit über den Rest meines Lebens. Schließlich würde es unter anderem von seinem Urteil -oder besser-, seiner Diagnose abhängen, ob ich zukünftig arbeitstauglich war oder nicht; mit welchen finanziellen Mitteln ich meinen weiteren Lebensunterhalt bestreiten müsste. Darüber hatte ich mir im Klaren zu sein. Wer bezahlte diese akademische Schlaftablette, die scheinbar lustlos und ohne Nachkorrektur seine Power-Point-Vorträge in den PC hackte; scheißegal, was dann auf die Leinwand projiziert wurde? Genau, mein Rentenversicherer entlohnte den muslimischen Legastheniker. Somit zählte ich mir an einer Hand ab, welches Resultat mein Entlassungsbericht ergeben würde. Es würde bestimmt so formuliert, dass die hervorragende Statistik dieser Klinik keinen schwarzen Fleck bekam. Ich hatte in den letzten Tagen häufiger mit Patienten gesprochen, die hofften, arbeitsunfähig entlassen zu werden, aufgrund ihres jungen Alters aber wenig Chancen dafür sahen. Womöglich beurteilten ihre eigenen Ärzte zu Hause den Gesundheitszustand derartig negativ, dass sie diesen Patienten rieten den Job zu kündigen und der Gesundheit wegen nur noch halbe Tage zu arbeiten oder sogar den Weg in die Erwerbsminderungsrente einzuschlagen. Weil eben nichts Anderes mehr möglich war. Der Akku leer war und der innere Antriebsmotor so irreparabel, dass keine weitere Leistungssteigerung oder Kraftaufladung mehr stattfand. Alle berichteten mir, dieser Zustand würde hier überhaupt nicht gesehen; erst recht nicht akzeptiert. Hier musste man unbedingt arbeitsfähig entlassen werden. Ich sprach mit einem 60-jährigen Mann, der fast 40 Jahre lang als Straßenbahnführer in Berlin gearbeitet hatte und bereits das zweite Mal in dieser Klinik weilte. Immer aus demselben Grund: Totale

Erschöpfung; leichte Depression. Eine Scheidung und ein Alkoholproblem, das aber angeblich nur ein paar Monate dauerte, hatten ihn Kraft, sowie Geld gekostet, sodass er es sich nicht erlauben konnte, von irgendwelchen Ersparnissen zu leben, um eine kleine Auszeit zu nehmen. Mal davon abgesehen, dass sein Arbeitgeber da ebenfalls nicht mitgespielt hätte. So wurde er immer häufiger krankgeschrieben. Vor zwei Jahren dann der erste Reha-Aufenthalt mit einem „voll arbeitsfähig" in den Entlassungspapieren. Nach wenigen Monaten folgte jedoch die nächste Erkrankung, weil ihn die Depression nie losgelassen hatte. Die darauffolgende Langzeit-Therapie führte ihn dann letztendlich wieder in diese Klinik und relativ frühzeitig hatte man ihm hier signalisiert, wohin seine Reise gehen würde: Zurück an den Arbeitsplatz. Darauf schüttelte ich nur mit dem Kopf. „Ich hoffe, ich kann beim Aufnahmetest ein wenig tricksen", sagte er mir. Der Aufnahmetest stand mir ebenfalls bevor und würde morgen stattfinden, an einem Samstag. „Wie willst Du denn da schummeln?", fragte ich schon ein wenig neugierig. Wollte ich mir da etwa Tipps holen, um den Test so zu absolvieren, dass das Ergebnis für mich optimal ausfallen würde? Was wäre denn für mich optimal? Arbeitsunfähig? Berentet? Zur Zeit konnte ich mir ein Leben ohne Beschäftigung, ohne Arbeit, gar nicht vorstellen. Ehrlich gesagt, ich hatte die Wochen oder sogar Monate seit meiner letzten Krankschreibung, völlig ohne Steigermann-Objektmöbel und dem Schnaller-Genöle, schon genossen. Dinge machen zu dürfen und zu können, weil die Zeit dazu geschenkt wurde, war schon klasse. Trotzdem gelang es mir nicht wirklich, total herunterzufahren um weitaus mehr zur Ruhe zu kommen. Ach ja, die Ruhe. Das war eigentlich alles, was ich laut meinen behandelnden Ärzten und Therapeuten in Unmengen benötigte. Ich selbst gönnte sie mir viel zu selten.
„Du kreuzt ausschließlich Möglichkeiten an, die ein negatives Bild deiner Stimmungslage wiedergeben", beantwortete mein Gesprächspartner meine Frage.
„Fällt das denn nicht auf?", wollte ich weiter wissen.
„Da sollen angeblich Fallen oder Fangfragen eingebaut sein, damit die das merken", meinte er und machte daraufhin einen traurigen Gesichtsausdruck. Als ob dieser Test seine letzte Hoffnung auf die ersehnte Rente wäre. „Klar," sagte ich, „ die sind ja nicht blöd."
Ich nahm mir auf jeden Fall vor, die reine Wahrheit anzukreuzen und

nichts als die Wahrheit, um mich nicht selbst zu bescheißen. Basta!
Ich hatte Conny in unserem letzten Telefonat gebeten, meine Nordic-Walking Stöcke bei ihrem Wochenendbesuch mitzubringen. Für das heutige Walking musste ich somit mit den Leihstöcken der Klinik vorlieb nehmen, die es an der Rezeption bei Herrn Braun gab. Der rollte soeben eine Art Golfschläger-Trolley mit einer bunten Mischung an Nordic-Walking-Stöcken vor seinen Tresen und begab sich sodann wieder hinter selbigen. Schließlich war er hier der Rezeptionist und kein Nordic-Walking-Stöcke-Verleih. Diese Information sendete Herr Braun einzig durch den Blick über seine halbe Lesebrille, die wieder ganz vorn auf der Nase ruhte.

In dem Trolley steckten ungefähr 20 Paar Walking-Stöcke für unterschiedliche Körpergrößen ihrer Nutzer. Manche waren mittels Teleskoptechnik auf verschiedene Längen einstellbar. Ich griff mir ein Paar, welches mir ausreichend lang vorkam. Mein Test verlief positiv; die Unterarme nahezu im rechten Winkel zu meinen Oberarmen. Perfekt. So peu a peu trudelten die übrigen Teilnehmer im Foyer ein und schnappten sich ihre Stöcke. Einige Wenige hatten ihre eigenen Sportgeräte dabei. Wir warteten nun alle auf unseren Kursleiter, Herrn Glötz. Der kam dann aber ebenfalls um die Ecke, in einem grauen Jogginganzug, der auf jeden Fall schon bessere Zeiten erlebt hatte. 80er-Jahre-Look vom Feinsten. Seine kahle Stirn schmückte ein Stirnband, bei dessen Anblick sich selbst die ehemalige Aerobic-Queen Sydney Rome damals hätte übergeben müssen. „Hallo, alle miteinander", begrüßte Herr Glötz seine Stockententruppe. „Zunächst mal her mit euren Autogrammheftchen." Die Therapiehefte in dieser Klinik waren wirklich so etwas wie die Bibel im Kloster oder der Fahrschein in der U-Bahn. Ohne die lief hier gar nichts. Nachweis musste sein. Wer eine Therapieeinheit versäumte, bekam womöglich den Ärger seines Lebens. Rentenentzug auf ewig! Zwei Wochen Beugehaft! Keine Ahnung. Mir fiel es nur immer wieder auf, wie akribisch darauf geachtet wurde, dass hier jeder Teilnehmer seine Unterschrift vom Therapeuten abholte. Nachdem jeder Mit-Walker sein Autogramm von Herrn Glötz erhalten hatte, wurde kollektiv der Schließfachraum aufgesucht, um die Therapiehefte in den jeweiligen Postfächern zu verstauen. Aufgrund ihres Formats passten die Hefte in keine Trainingshosentasche. „Wir gehen vor die Tür und beginnen unser Vorspiel", sülzte Glötz und schritt voraus. Die Schiebetür öffnete sich mit ei-

nem Zischlaut und erinnerte mich mal wieder an die gute, alte Raumschiff- Enterprise -Zeit. Beam me up!
Das „Vorspiel" war unser Aufwärmen, damit nicht mit kalter Muskulatur in den Kurpark gestöckelt wurde. „Warme Muskeln sind wichtig, sonst gibt es Muskelkater an Stellen, an denen Sie es sich nicht wünschen, Herrschaften", blökte Glötz und tat sehr wichtig. Ich schaffte es nicht, meinen Blick von seinem hellblauen, hässlichen, durchgeschwitzten Stirnband abzuwenden. „Stöcke links und rechts anfassen und dann Arme strecken", befahl Glötz. Einige ältere Teilnehmer hatten arge Schwierigkeiten, in die Streckung zu gelangen. „Brust raus, meine Damen. Und Männer: Augen dabei geradeaus!" Was war Glötz für ein sexistischer Scherzkeks. Dennoch lachten ein paar seiner Mitläufer, sogar die Damen. „Ich bin jetzt schon kaputt", schnaufte eine Mittdreißigerin neben mir. Ich sah zu ihr herunter, denn sie war fast zwei Köpfe kleiner als ich und gehörte zu dem Frauentyp, den man gewöhnlich mit kurvig umschreiben würde, falls man sich nett ausdrücken wollte. „Wie lange werden wir denn gleich latschen?", fragte mich das vollbusige Wesen schließlich.
„45 Minuten", antwortete ich knapp.
„Das schaffe ich nicht", keuchte sie in ihrem postgelben Trainingsanzug. Sie sah tatsächlich aus wie ein runder Briefkasten. Ich wurde wieder gemein, denn gerade fragte ich mich zusätzlich, wo denn der Einwurfschlitz sitzen würde. Leise in mich hineinlächelnd machte ich weiter und war froh, dass meine weibliche Mitläuferin keine Gedanken lesen konnte.
„Nun bücken wir uns alle und die Herren haben bitte keine Hintern-Gedanken." Der einzige Herr mit hinter(n)Gedanken war Glötz, da war ich mir sicher. „Wir stützen uns auf beide Stöcke und setzen ein Bein gestreckt nach hinten. Wir beginnen mit links." Glötz machte die Übung vor und alle anderen streckten, wie bei einer Choreographie für Bewegungseingeschränkte, zeitgleich ihr Bein nach hinten. Toll! In den 70er-Jahren gab es doch die große Trimm-Dich-Bewegung in Deutschland. Viele Wälder wurden zu der Zeit mit irgendwelchen Holzgeräten vollgestellt, an denen das gemeine Volk seine Turnübungen verrichtete. Nur mal so im Wald Spazierengehen gab es nicht mehr. So wanderte man damals von Übungsstation zu Übungsstation und hüpfte über Balken, stemmte schwere Baumstämme oder hing wie ein totes Schwein an ei-

ner Holzreckstange. Glötz stammte aus dieser Zeit, war zwischendurch eingefroren und vor ein paar Monaten im Keller der Dr. Waldemar-Bruck-Klinik wieder aufgetaut worden, um Nordic-Walking-Aufwärmübungen par exellence vorzuführen. Ich musste schmunzeln und das fiel dann doch der kleinen Kurvigen neben mir auf. „Worüber lachst Du? Sieht das bei mir so doof aus?" Oh Gott, die Dame hatte Komplexe.
„Nein. Du machst das schon richtig toll. Ich finde sein Stirnband so hässlich." Den letzten Satz flüsterte ich fast, um keinen Ärger zu bekommen.
„Echt, ich mache das klasse?" Mist, damit hatte ich sie wohl am Haken. Ob ich wollte oder nicht. Und ich wollte definitiv nicht. Schön, wenn es sich um Sylvia gehandelt hätte. Nein! Auch dann nicht! „Mit beiden Beinen festen Stand suchen und den Oberkörper leicht nach links und rechts schwingen", kommandierte Glötz. „Die Vollbusigen bitte ausreichend Abstand zum Nebenmann halten", juchzte Glötz und lachte sich halb schlapp. Es lachten einige mit, davon fast alle Ü50iger. Das war passenderweise deren Midlife-Crisis-Humor. Wann walkten wir endlich los? „Diejenigen, die die Strecke bereits kennen, gehen voraus, der Rest folgt dem Führer." Mit diesen Worten setzte sich Glötz in Bewegung und vollführte stechschrittartige Gehbewegungen mit seinen Stöcken in den behandschuhten Händen. Ich folgte ihm mit einigem Abstand und mein weiblicher laufender Meter trottete schnaufend neben mir her.
„Ich bin die Christine", sprach meine Begleiterin.
„Nik", gab ich ihr zurück.
„Schöner Name." Nik, pass auf, dachte ich. Die will mehr.
„Hast Du auch Depressionen?", fragte sie mich und versuchte krampfhaft, mit mir Schritt zu halten. Ich verlangsamte sogar ein wenig mein Tempo. Ich war ja kein Unmensch. „Ja. Burnout erlebt und Ehe kaputt." Wieso erzählte ich ihr das mit meiner gescheiterten Ehe? Ich hätte mich selbst ohrfeigen können. „Ach, bist Du Single?" Offensichtlicher ging es nicht. Mann, legte die los. „Nein. Nicht mehr. Hab wieder eine tolle Partnerin." Das hatte garantiert gesessen.
„Ich bin auch verheiratet", sprach Christine weiter. „Letztes Wochenende war mein Mann zu Besuch." Na bitte! Gerettet!
„Aber ich hatte mir den Samstag völlig anders vorgestellt", erzählte Christine mir und ihr schien es vollkommen gleichgültig zu sein, ob ich die Geschichte hören wollte oder nicht. Natürlich erwartete sie ein diesbezügliches Nachfragen von mir. Tat ich aber nicht. War sowieso egal.

Sie plapperte munter weiter. „Wenn man sich nach längerer Zeit wiedersieht, da möchte man doch... Du weißt schon?" Ich schaute sie irritiert an. „O.K. , wir sind schon seit fast zehn Jahren verheiratet, aber da ist doch immer noch eine gewisse Leidenschaft. Oder?" Sie blickte zu mir hoch und erhoffte bestimmt meine Zustimmung. „Ja. Klar", sagte ich ziemlich belanglos. Zumindest sollte es so klingen.

„Bei Werner nicht. Werner ist mein Mann. Ich hatte mich extra hübsch gemacht und wir waren zunächst lecker Essen." Christine schnaufte und keuchte immer mehr, sodass ihre Worte mit jedem Ausatmen herausgepresst wurden. Ferner hatte sie den Rhythmus, mit dem die Walking-Stöcke gesetzt werden sollten, völlig verloren. Es sah inzwischen so aus, als ob ihre Arme wahllos die Stöcke auf den Asphalt knallten, während ihre Schritte mal tippelnd und mal schreitend aussahen. Auf jeden Fall traten die Füße nicht mehr synchron zu den Stockspitzen auf, so wie es sich gehörte. Christine wollte einfach ihr Herz ausschütten und ich sollte mir den ganzen Seelenmüll anhören. „Nach dem Essen sind wir kurz spazieren gegangen. Ich dachte dann, wir verschwinden vor seiner Abreise ein bisschen auf mein Zimmer." Sie suchte offenbar meinen bestätigenden Blick. Den gab es aber nicht. Ich starrte stur geradeaus und tat so, als ob ich mich auf meine Strecke konzentrieren würde. Ich wollte sauber walken. „Ich bin müde", sagte der Blödmann zu mir. „Kannst Du dir das vorstellen? Müde?" Wir erreichten eine kleine Steigung. Christine hielt tapfer mit mir mit, obwohl ihre Gesichtsfarbe ins Tiefrote glitt. Fast erweckte sie Mitleid. Aber nur fast. Eigentlich nervte sie mich total.
„ Noch vor der Klinik gab er mir den Abschiedskuss. Und der war nicht einmal mit Zunge", empörte sie sich und mir wurde es ein wenig peinlich, zumal wir etwa fünf Meter hinter uns drei weitere Nordic-Walker hatten. „Wie lange dauerte denn seine Heimfahrt?", wollte ich von ihr wissen.

„Na, so gut drei Stunden. Wieso fragst Du?"

„Bei so einer langen Fahrt hätte ich vorher auch keine Sauerei mehr gemacht", gab ich von mir und hoffte, damit das Thema beendet zu haben. Christine lachte so laut und heftig, dass ihr fast die Stöcke aus den Händen geglitten wären. „Sauerei! Der war gut!", quiekte sie und mir wurde es immer peinlicher. „An was für eine Sauerei hast Du denn gedacht?", fragte sie mich dann sogar und kam mir seitlich etwas näher. Ich lief rot an und das lag sicher nicht an der körperlichen Anstrengung.

Außerdem war ihre Frage total überflüssig und blöd. Zu Teenager-Zeiten stellte man solche Fragen. Selbst dann nicht. Ich überlegte mir, es ihr nun so richtig zu geben. Verbal, versteht sich. „Du wolltest doch gerne ficken, oder?" Christine blieb stehen und quiekte ihr Fieps-Lachen. Das war nicht meine Absicht gewesen. Jetzt hatte sie die volle Aufmerksamkeit der Mit-Walker vor, neben und hinter sich. Statt dass ich sie mit meiner vulgären Art so geschockt hatte, dass ihr vor Entsetzen die Worte fehlten, schien sie sich darüber köstlich zu amüsieren. Wie man sich doch täuschen konnte. „Ficken sagt der Kerl so lapidar. Ich fasse es nicht!" Sie kriegte sich vor Lachen nicht mehr ein. Ich versuchte, mein Tempo beständig beizubehalten, um den peinlichen Fragen der Anderen, die da sicher kommen würden, zu entgehen. Ich lächelte aufgesetzt, als ich zwei ältere Damen aus unserer Gruppe überholte. Schwebten über diesen Frauen Gedanken-Luftblasen wie in einem Comic, stünden da garantiert Worte wie „Lüstling" und „Drecksau" drin. Keine der beiden Damen sagte etwas. „Hey! Warte doch!", rief Christine hinter mir her. Ich verlangsamte meine Schrittfolge, bis der Kugelblitz mich wieder eingeholt hatte. Unter ihren Achseln hatten sich inzwischen schwarze Schweißflecken gebildet, sodass sie ihre gelbe Trainingsjacke öffnete, die sie über ihrem giftgrünen T-Shirt trug. Ich sah kurz, dass selbst zwischen ihren gewaltigen Brüsten der Schweiß ins Stoffgewebe gelaufen war. Christine schwitzte wie eine Marathonläuferin auf der Zielgeraden. Mir wurde lediglich ein bisschen warm. Ich walkte munter weiter und achtete dabei auf gleichmäßiges Ein-und Ausatmen. „Du bist mir vielleicht ein Spaßvogel, Nik", meinte sie dann wieder mir zugewandt und lächelte. Ich versuchte möglichst teilnahmslos zurückzulächeln. „Sag mal, Nik, hättest du abends mal Bock auf ein Bierchen oder Weinchen?" Was sollte das jetzt? Ich schaltete in meinen Hab-Acht-Modus und überlegte genau, was ich darauf antwortete. „Ja, gerne", war es bestimmt nicht, sagte ich aber unvorstellbarerweise. Es war mir so rausgerutscht.

Schnell schob ich ein: „Kommt aber immer auf meine Tagesform an", hinterher. So hatte ich mir ein Hintertürchen offen gelassen. „Klar. Uns geht's ja allen mal schlecht. Gibst du mir nachher deine Handy-Nummer, dann speichere ich dich bei Whatsapp ab?!"

„Sicher", sagte ich ziemlich leise und schaute mich dabei um, wo der Rest der Gruppe blieb. Seit einigen Minuten hatte ich niemanden mehr mit Walking-Stöcken gesehen. „Ich glaube, wir sind falsch", bemerkte dann auch Christine messerscharf. „Die anderen sind alle weg", fügte sie hinzu. Während unserer Plauderei hatten wir beide uns überhaupt nicht mehr um den Anschluss an unsere Gruppe oder Herrn Glötz gekümmert. Wir waren stupide immer geradeaus weitergegangen und standen nun an einer Weggabelung. Ziemlich am Ende des Kurparks. „Rechts oder links?", fragte Christine mich. Ich hatte allerdings ebenfalls keine Ahnung beziehungsweise Orientierung. „Gefühlt links", sagte ich und schlug direkt diese Richtung ein. Meine kleine, kurvige Begleiterin folgte mir brav. „Der Kutscher kennt den Weg", sprach sie lachend. *„Der Kutscher lässt sein dickes Pony gleich hier stehen und gibt dann so richtig Gas"*, dachte ich und setzte tatsächlich an, mit schnelleren Schritten zu walken.

„Mensch Nik, willst du mich abhängen?", kam prompt die Reaktion von hinten. Ich erblickte vier Mitläufer unserer Gruppe auf der anderen Seite der riesigen Rasenfläche, an der wir soeben vorbeigingen. Einer der Vier war Herr Glötz, der zu uns herüberrief und mit einem Walking-Stock fuchtelte: „ Heh! Nicht abkürzen!"

Abkürzen? Mir kam es eher wie eine Streckenerweiterung vor. Christine und ich überquerten verbotenerweise die Rasenfläche, um wieder Anschluss an unsere Gruppe zu bekommen. „Da wollten wohl zwei in die Büsche", lästerte Herr Glötz.

„Hat aber leider nicht geklappt", äußerte sich Christine, sah mich an und erntete ein „Oh!" von den anderen Walkern. Mir war es total peinlich. Ich wollte nur noch auf mein Zimmer und schnellstmöglich mit Conny telefonieren. Da wusste ich, wo ich hingehörte und vor allen Dingen, wer zu mir gehörte. 15 Minuten später war es dann geschafft. So nach und nach trudelten alle Teilnehmer vor dem Klinikgebäude ein. „Dehnen, Herrschaften!", trötete Glötz und ließ seine Stöcke zu Boden fallen, um sich anschließend nach vorn zu beugen, bis seine Fingerspitzen den Boden berührten. Das bekamen nicht alle hin. Erst recht nicht Christine. Ihre Titten waren eindeutig im Weg. Die schienen allerdings fast den Boden zu berühren. Ich merkte, dass ich sie anstarrte und erschrak. Die anderen waren bereits bei der Streckung. Ich streckte mich ebenfalls und sah in die Runde, um mich zu vergewissern, dass niemand meine Blicke von eben bemerkt hatte. „Augen geradeaus, Herr Reimann!", kommandierte Herr Glötz. Mist, er hatte es natürlich mitbekommen. Wahrscheinlich ruhte sein Augenmerk ebenfalls auf Christines gewaltiger Oberweite. Endlich war die peinliche Vorstellung vorbei und alle steckten ihre Nordic-Walking-Stöcke wieder in den Trolley. Das war das Signal für Herrn Braun. Er schoss wie eine Kreuzspinne in ihrem Netz hinter seinem Rezeptionstresen hervor und schnappte sich den Trolley, um diesen wieder an Ort und Stelle zu bringen. Akkurat.

„Deine Nummer", sprach Christine mich an. Ich hatte das schon längst wieder vergessen. „Äh, klar. Ruf mich dann an, damit ich deine Nummer sehen und abspeichern kann." Was sollte ich auch sonst sagen. Christine zuckte erwartungsvoll blickend ihr Handy. „Nicht so schnell!", meinte sie, als ich die Ziffernfolge herunterratterte. Dann eben noch mal für unsere Senioren und ganz langsam. „So, nun teste ich mal", sprach das mopsige Wesen und rief meine Nummer an. Mein Handy vibrierte und brummte. Ich hielt es hoch und sagte: „Na, wer sagt es denn? Funktioniert tatsächlich." Christine freute sich wie ein kleines Mädchen über seine erste Barbie. Ich blickte ein wenig besorgt zu Herrn Braun und hoffte, er hatte unseren Verstoß gegen das Handyverbot in der Klinik nicht bemerkt. „Ja, ich gehe dann mal duschen", meinte ich, um mich endlich von Christine zu lösen. „Allein?" Was war das denn für eine Frage? Da schrillten nicht nur meine Alarmglocken, da fuhr mein gesamtes System in höchste Abwehrbereitschaft. Ich guckte demzufolge ziemlich entsetzt, sodass Christine entschuldigend sagte: „War nur Spaß, Nik. Ehrlich." Ich hätte es ihr fast abgenommen, wenn sie nicht gezwinkert hätte. Ich drehte mich wortlos um und schritt zügig durch das Foyer an Herrn Braun vorbei zu den Fahrstuhlkabinen. Bereits im Fahrstuhl vibrierte mein Handy erneut und ich konnte mir vorstellen, wer das wohl war. Nachdem ich auf meiner Etage ausgestiegen war, wurde meine Vermutung beim Blick auf das Display bestätigt. Eine Whatsapp-Nachricht von Christine. Während ich über den Flur auf meine Zimmertür zuging, las ich ihre Nachricht: *„Sorry wegen eben. Ich mag dich sehr und da habe ich wohl ein bisschen überschwänglich reagiert. Vielleicht darf ich das bei einem Bierchen im Ort wieder in Ordnung bringen. Träum schön. Bis morgen. Christine."*

„Ich mag dich sehr." Diese Worte stachen mir ins Auge und machten mich völlig nachdenklich. Christine war eine verheiratete Frau; davon mal abgesehen, absolut nicht mein Typ, und ich in einer festen Beziehung. Das hatte ich Christine auch genau so gesagt. Sie schien in ihrer

Ehe sehr unzufrieden zu sein und suchte hier in Bad Weilingen anscheinend Trost und aller Wahrscheinlichkeit nach sogar etwas mehr, wenn es sich denn ergeben würde. Ich würde so etwas niemals anfangen. Nein, auch nicht mit Sylvia. Obwohl mir diese Frau tatsächlich sehr gefiel. Aber das war rein optisch und ich würde definitiv keinerlei Anstalten machen, dass daraus mehr würde. Dafür liebte ich Conny viel zu sehr. Ich vermutete, dass mein Hormonhaushalt immer noch ein wenig durcheinander und die Trennungsgeschichte psychisch weiterhin nicht vollkommen verarbeitet worden war. Ich würde es mit einem leichten Schockzustand bezeichnen, in dem ich seit einiger Zeit unterwegs war.

Mein Handy vibrierte. Christine. Mit einer weiteren Nachricht. Jetzt erst fiel mir ihr Profilbild bei Whatsapp auf: Ein Selfie vor dem Haupteingang der Klinik. Der Schriftzug „Dr. Waldemar Bruck-Klinik" war fast komplett zu lesen. Was sollte dieses Foto signalisieren? *Ich bin in einer Psycho-Klinik gelandet. Das habt ihr nun davon.* Oder was? Denn Christine blickte auf dem Selfie sehr ernst in ihre Kamera, fast schon traurig. Überschwänglich lachend sähe vor diesem Hintergrund allerdings total bescheuert aus. *Bin in der Klappse. Ich lach mich tot.*

„Geschockt?", lautete ihre Kurzmitteilung. Es wurde Zeit, zurückzuschreiben, damit endlich Ruhe herrschte. „Nein. Alles gut. Du bekommst das mit deinem Mann schon wieder hin. Drücke Dir dafür ganz fest die Daumen. Bis dann." Ich erhoffte mir von dem Hinweis auf ihren Mann zukünftig einen größeren Abstand zu ihr. So würde sie hoffentlich mehr über ihre Ehe nachdenken, als sich nach einem Kurschatten umzuschauen. Ich wollte auf gar keinen Fall ihr Kurschatten werden! „Dieser Mistkerl soll mir gestohlen bleiben!" Das war ihre nächste Whatsapp-Nachricht. Ich hatte anscheinend ein Problem mehr an der Backe.

Aufnahmetest und Hardcore-Begegnungen

Während meines spätabendlichen Telefonats mit Conny „beichtete" ich ihr meine Begegnung mit Christine. Von Sylvia erwähnte ich nichts. Warum auch? Ich war der festen Überzeugung, dass es Conny während unserer Beziehung nicht entgangen war, dass ich nicht blind durch die Gegend lief; aber meilenweit von einem untreuen Schürzenjäger entfernt war. Umgekehrt machte es mich ein bisschen stolz, wenn sich andere Männer nach meiner Conny umdrehten. Wichtig war doch letztendlich, dass wir beide wussten, wo wir hingehörten. „Na, die steht aber auf dich. Bist ja auch ein lecker Männchen", war ihr einziger Spruch zu Christines Verhalten.

„Bist du denn gar nicht eifersüchtig?" Ich sah förmlich ihr energisches Kopfschütteln vor mir. „ Du weißt ja wohl ganz genau, was du an mir hast." Da hatte sie natürlich absolut recht. Conny war mein starker Rückhalt und ich mochte mir oft gar nicht ausdenken, was mit mir geschehen wäre, wenn ich sie nicht kennengelernt hätte.

Hatte ich aber und war dafür jeden Tag dankbar. Wir vereinbarten unsere Wochenendbegegnung und freuten uns beide darauf. Endlich wieder Umarmungen. Küsse. Sex. Geil! Während unseres Telefonats hob mein Ständer die Bettdecke an. „Jetzt könnte ich dich gerade ganz gut gebrauchen", meinte ich zu Conny und blickte auf die Wölbung meiner Zudecke. „Wozu?", fragte sie ein wenig irritiert.

Ich lies mein dreckiges Lachen verlauten und Conny wusste sofort Bescheid. „Du kleines Schweinchen", sagte sie frech zu mir. Nach 45 Minuten hauchten wir beide unsere letzten Liebkosungen in den Handy-Hörer und dann drückten wir zeitgleich das Gespräch weg. Ich lag noch lange wach und dachte an meine Traumfrau. An Conny. Übermorgen wäre es dann endlich soweit; sie würde mich besuchen kommen. Hoffentlich blieb Herr Braun hinter seinem Tresen und kam nicht auf die Idee, an meine Zimmertür zu klopfen. „Haaaben Sie etwa Daaamenbesoooch?"

Ich schmunzelte und irgendwann war ich dann auch eingeschlafen. Ich wälzte mich die ganze Nacht im Bett unruhig umher; mein Kopfkino zeigte eine Spätvorstellung, die den Titel *„Schnaller wartet auf Dich"* trug. Der blöde Arsch war mal wieder „Freddy-Krüger-Like" in meinen Traum hereinspaziert mit der Mission, mir den Schlaf zu rauben. Da konnte ich vorher ein wundervolles Telefonat mit meiner Liebsten geführt haben, dieser Blödmann dominierte immer wieder jeden nächtlichen Gedanken. *„In fünf Wochen kriege ich Dich",* sagte der Schnaller in meinem Traum zu mir und streckte seine kurzen Ärmchen nach mir aus. Er trug ein viel zu kleines Jackett zu einer Hochwasserhose und taumelte wie ein Zombie auf mich zu. Ich wurde wieder wach. Dieser Horror-

film bekam einige Fortsetzungen in dieser Nacht.
Nach einer erfrischenden Dusche am nächsten Morgen mit der Hoffnung, danach fit und munter zu werden, zog ich mir mein AC/DC-T-Shirt über und eine frische Jeans. Fit und munter hatte ich anders in Erinnerung. Der Frühstückskaffee musste einiges an Aufbauarbeit leisten. Ich fühlte über mein karges Haupthaar und fasste den Entschluss, in den nächsten Tagen den Friseur im Ort aufzusuchen, damit er seinen Haarschneider ohne Millimeterbegrenzung ansetzte. Heute Vormittag fand mein Aufnahmetest statt. Jenes Prozedere, auf das mich schon einige Patienten aufmerksam gemacht und insbesondere darauf hingewiesen hatten, wie wichtig dieser Ankreuztest war. Allein schon die Bezeichnung „Test" war in diesem Fall irreführend. Ich musste hier schließlich nichts bestehen. Die Klinik wollte sich lediglich nochmals ein genaueres Bild meines Geisteszustands oder meiner psychischen Verfassung machen. Allerdings wurde bei diesem Verfahren ausgiebig gemogelt, um die Schwere der psychischen Erkrankung zu verstärken, damit die Formulierung auf den Entlassungspapieren entsprechend negativ ausfiel. War zumindest die Meinung einiger Patienten, die sie mir munter kundtaten. „Kreuz immer schön das Negative an." Ja, und? Bekam man dann nach fünf Wochen eine Kurverlängerung oder wurde man gleich in Rente geschickt? Wollte man das denn überhaupt; mit viel weniger Geld auskommen zu müssen? Denn diese ominösen „Tipps" bekam ich nicht unbedingt von Menschen, die ohnehin kurz vor ihrer Berentung standen sondern fast ausschließlich von Männern, die sich in ihrer Lebensmitte befanden. Anscheinend gab es hier in der Klinik ein kollektives „Midlife-Crisis"-Stelldichein der männlichen Ü40-Generation. Ich konnte mir absolut keinen Reim darauf machen, welche Auswirkungen dieser Fragebogen auf meinen weiteren Reha-Aufenthalt oder letztendlich die Entlassung haben sollte. Ich nahm mir fest vor, wahrheitsgemäß zu antworten. Außerdem war ich so. Klar war es für mich kein Problem, zu lügen, wenn es darauf ankam. Allein im Job schickte ich häufig eine Lüge voraus, wenn ein Kunde zum Beispiel einen genauen Liefertermin wissen wollte. Aber so eine Lüge hatte dann meistens ihren richtigen Zweck erfüllt: Der Kunde war zunächst zufrieden gestellt. Was erfüllten falsch gesetzte Kreuzchen in diesem Test für einen Zweck? Wollte ich denn bereits in Rente geschickt werden? Die Äußerungen der Patienten mir gegenüber während loser Unterhaltungen oder kurzer Gespräche im Fahr-

stuhl bewirkten, dass ich darüber doch ins Grübeln und Nachdenken geriet; sogar die Berechnungssumme meines letzten Rentenbescheids gedanklich abrief. Davon konnte ich ganz sicher nicht leben. Allein deswegen verdrängte ich diesen Gedanken schnellstens wieder.
Ich saß im Wartebereich vor dem Speisesaal, kurz bevor das Frühstück losging und Käpt'n Brünger seine Eingangsschleuse öffnete. Einige Leute gingen, humpelten oder rollatorten an mir vorbei (nannte man es so?) und blieben vor der verschlossenen Glasschiebetür des Speisesaals stehen. Das Gemurmel wurde immer lauter und ich konnte mich gar nicht mehr auf meine Gedankengänge konzentrieren. Ich wollte es auch gar nicht. Sollten die doch ankreuzen, was sie wollten. Wahrscheinlich war der Test ohnehin mit Fallen angereichert, die derartige, mutwillige Falschankreuzungen entlarvten und dann den jeweiligen Patienten erst recht ins negative Bild rückten mit entsprechenden Konsequenzen für die zukünftige Behandlung hier in der Klinik und später nach der Entlassung aus dieser Einrichtung. Sozusagen von vornherein eine Skepsis bei den Ärzten erzeugte. So etwas wollte ich auf gar keinen Fall!
Wie bei der „Enterprise" glitten die Schiebetüren zischend auseinander und alle stoben in den Speisesaal. Ich saß immer noch auf meinem Stuhl davor und war gedanklich weiterhin beim Aufnahmetest. Plötzlich legte sich eine schwarze Hand auf meine Schulter und Abebe sprach mich an. „Na, keinen Hunger auf leckere, aufgebackene Brötchen?" Als ich in sein Grinsegesicht schaute, musste ich lachen und schlagartig waren alle ernsten Gedanken weg. „Doch. Ich habe auf meinen schwarzen Bruder gewartet." Wir gingen gemeinsam in den Speisesaal.
Während des Frühstücks erzählte Abby, dass auch er gleich im Anschluss am Aufnahmetest teilnahm und er ein bisschen Angst hätte, die Fragen nicht richtig zu verstehen. Abby sprach zwar ein nahezu perfektes Deutsch, allerdings bestand bei ihm ein Unterschied zwischen dem gesprochenen und dem gelesenen Wort. „Ich setze bestimmt die Kreuzchen falsch und dann verliere ich meine Freiheit." Das meinte er wirklich ernst. Abebe senkte nachdenklich den Blick auf seinen leeren Teller.
„Niemand nimmt dir deine Freiheit, Abby. Du fährst nach der Reha genauso nach Hause, wie alle anderen", versuchte ich, ihn zu beruhigen.
„Die denken später, ich bin völlig verrückt. Die nehmen mir meine Therapeutenzulassung weg. Ein Verrückter darf nicht an die Patienten ran."
Abbys Blick nahm in diesem Augenblick sogar einen verzweifelten und

hilflosen Ausdruck an. Seit einigen Jahren arbeitete er in einer kleinen Praxis als Ergotherapeut und führte nebenbei privat Klangschalen-Therapien bei den Leuten zu Hause durch. „Außerdem bist du schon fast im Rentenalter und die letzten zwei, drei Jahre bekommst du locker rum." Mein nächster Versuch, wieder ein Lächeln in das schwarze Gesicht zu bekommen. Es funktionierte sogar. „Jo, Mann. Trotzdem will ich diesen Scheiß-Test richtig machen." Abby lächelte wieder. Ein bisschen zumindest. Ich war froh.

Nach dem Frühstück entnahm ich meinem Postfach den neuen Therapieplan, der keine Überraschungen bot. Die folgenden Tage waren mehr oder weniger mit bekannten Therapieformen oder Vorträgen des einschläfernden Oberarztes angefüllt. Es blieb zum Glück täglich immer genügend Zeit, um in den Ort zu gehen. Vielleicht ergab es sich am Sonntag sogar, mit Connys Auto die nähere Umgebung abzufahren, um möglicherweise ein interessantes Café zu entdecken. Ich war richtig spießig geworden. Nik auf Café-Entdeckungsfahrt. *Sonntags gibt es bei uns immer Kaffee und ein Stück Kuchen. Danach machen wir einen ausgiebigen Spaziergang. Nach der Tagesschau schauen wir den „Tatort".* Ich schüttelte den Kopf und lachte über mich selbst, während ich mir zwei aufgebackene, sehr helle Brötchen auf den Teller legte. Unsere Frühstücksrunde war heute nicht besonders gesprächig. Anne mümmelte ihre Weißbrotscheibe mit Quark und Erdbeermarmelade, Stefan verdrückte seine drei Brötchen, allesamt mit Wurst belegt. Abbys Frühstück bestand fast ausschließlich aus einem Potpourri an Obst. Im Anschluss machte ich mich auf den Weg zu dem Raum, in dem der berüchtigte Aufnahmetest stattfinden sollte. Ich hatte kürzlich zum wiederholten Mal im Internet recherchiert und dabei herausgefunden, dass dieser Test in etwa mit einem intensiven therapeutischen Gespräch gleichzusetzen war. Die Auswertung wurde sozusagen zu den anderen Untersuchungsberichten geheftet. Am Ende meines Aufenthaltes würde es dann einen erneuten Test geben, um herauszufinden, in welchen Punkten es bei mir Veränderungen gegeben hatte. Diese konnten entweder positiv, als auch negativ ausfallen. Die Patienten, die hierbei schummelten, machten das eben durch bewusst falsch gesetzte Kreuzchen, um ihre negativen Empfindungen hervorzuheben. Bloß nichts Positives ankreuzen! Mit einer negativen Auswertung erhofften sie sich dann einen entsprechend formulierten Entlassungsbericht, der zum Schluss die für sie dann wichtige Anmerkung *„Arbeitsunfähig entlassen"* beinhalten sollte. Der erste Schritt zur Erwerbsminderungsrente oder sogar Altersrente; je nachdem, welches Baujahr man hatte. Die Akademiker, die den Test entwickelt hatten, waren ja nicht blöd. Immer wieder tauchten ähnlich formulierte Fragen zu Empfindungen, Gefühlen oder Wahrnehmungen auf, die man während des Tests gar nicht als ähnlich erkannte und möglicherweise dann das Kreuzchen an anderer Stelle setzte, als 57 Fragen zuvor. Und schon war man als Psychotest-Betrüger entlarvt worden. Ich wollte hier auch gar nichts erschleichen oder irgendwelche Betrügereien durchführen. Ich wollte tatsächlich für mich selbst wissen, was in meinem Schädel los war oder warum mir mein Gehirn so häufig so schlimme Gedanken vorgaukelte und ich ständig erschöpft ins Bett fiel, obwohl draußen immer noch die Sonne schien. Ich wollte mich am Ende der Reha entscheiden, wohin meine berufliche Reise weitergehen sollte. Überhaupt weitergehen konnte. Wie mein zukünftiges Leben demnächst aussehen würde.

Abby saß bereits auf einem Plastikstuhl vor dem Raum, in dem der Test stattfinden würde. Er hatte vom Speisesaal aus irgendeine Abkürzung genommen. Neben ihm saß einer der Patienten, der mir vor ein paar Tagen von den vielen Möglichkeiten der Tricksereien bei dieser Psycho-Bestandsaufnahme erzählt hatte und sah ziemlich gelangweilt aus. Als sich unsere Blicke trafen, zwinkert er mir zu. *„Ich hab das hier vollkommen im Griff",* sollte das wohl anzeigen. Ich setzte mich mit einem „Hi!" neben Abby, der heftig mit seinen Beinen wippte. „Immer noch so nervös?" Abby nickte stumm. „Hey, dir passiert hier rein gar nichts." Ich knuffte ihn leicht mit der Faust.

„Wenn ich nicht alle Fragen verstehe..." Abby senkte seinen Kopf. Die Tür zum Testraum wurde geöffnet und eine junge Frau schob einen Türkeil in Position. „Sie dürfen bitte eintreten. Bitte lassen Sie die ersten drei Plätze für die Patienten frei, die eine Kopfhörerbefragung benötigen." Bei dem Wort Kopfhörerbefragung schaute Abby mich erstaunt an. „Was bedeutet das mit den Kopfhörern?", fragte er das junge Ding aufgeregt.

„Gehört zu unserem Integrationsprojekt. Manche Patienten mit Migrationshintergrund können nicht richtig lesen und denen werden die Fragen und Ankreuzmöglichkeiten per Audiolesung langsam übermittelt. Möchten Sie einen Kopfhörerplatz?" Abby nickte kräftig und sah an-

schließend breit grinsend zu mir herüber. Na bitte, geht doch!
Während ich nach einer kurzen Einweisung in die Bedienung der PC-Tastatur durch die junge Dame meine Kreuzchen setzte, blickte ich ab und zu immer wieder zu Abby herüber, der konzentriert den Worten aus seinem Kopfhörer lauschte und mit Bedacht ein Kreuz nach dem anderen auf dem Blatt vor ihm machte. Wie ich es mir vorgenommen hatte, kreuzte ich die Wahrheit an und nichts als die Wahrheit. Es ging im Großen und Ganzen darum, wie ich mich in den letzten sieben Tagen gefühlt hatte. Mir fiel dabei selber auf, dass ich tatsächlich meistens die negativen Vorschläge markierte. Aber so war es nun einmal.

Nach etwa zwei Stunden war der Spuk vorbei. Von jetzt an lag es in den Händen der Psychologen oder wer auch immer sich die Zettel ansah, welche Schlüsse sie aus meinen Angaben zogen oder welche weiteren Therapieformen bei mir sinnvoll Anwendung fanden. Zumindest vermutete ich es so. Wer garantierte mir eigentlich, dass diese Bögen nicht direkt zu meinem Rentenversicherer nach Berlin geschickt wurden? Es war letztendlich egal. Entscheidend war einzig und allein das Endergebnis meines Reha-Aufenthalts. Diese Testbögen flossen lediglich in das Resultat mit ein. So dachte ich es mir. So kam es mir plausibel vor.

Ich nahm mir vor aufgrund des herrlichen Wetters in den Kurpark zu gehen, um mich dort bei entsprechender Temperatur mit einem spannenden Buch auf eine der ergonomisch geformten, fest im Boden verankerten Metallliegen zu legen. Diese Liegen waren an verschiedenen Stellen im gesamten Kurpark installiert worden und ließen sich auf ihrem Drehgestell zur Sonne hindrehen. Ab 15 Uhr wollte ich mich dann in einem Büro im Erdgeschoß melden, um mein Fahrgeld abzuholen. Immerhin gab es 26 Cent je gefahrenen Kilometer. Ich fand heute eine entsprechende Mitteilung in meinem Schließfach. „Diesen Zettel unbedingt vorlegen!", stand unter anderem darauf. Klar doch! Von mir aus noch eine Blut-oder Urinprobe. Für einen runden Fuffi tat ich doch fast alles. Mich wunderte es ohnehin, dass dieses Büro an einem Samstag besetzt war. Wahrscheinlich peitschte der Mitarbeiter oder die Angestellte unter der Woche die Patienten aus, die beim Psychotest geschummelt hatten.

Der Himmel war strahlend blau und die Temperatur über 20 Grad; gefühlt sogar weit drüber. Ich empfand es schwül. Eine Jacke brauchte ich definitiv nicht anzuziehen. Mit „Totenfang" von Simon Beckett in der Hand machte ich mich auf den Weg. Ich war erst ein kurzes Stück die abschüssige Straße vor der Klinik hinuntergegangen, als ich auf einem Betonpfeiler, der die Zufahrt zum Kurpark für Pkw blockierte, einen Mann sitzen sah, den ich schon häufiger in der Klinik gesehen hatte. Er fiel extra auf, da seine Körpergröße fast an zwei Meter kratzte, seine Haut auffällig blass war und seine Augen so hellblau, dass sie in seinem Gesicht so gut wie gar nicht zur Geltung kamen. Albinoaugen hätten besser zu ihm gepasst. Dieser Mann saß seltsam nach vorn gebeugt auf dem Poller und stützte seinen kahlen, weißen Schädel in den Händen. Seine Ellbogen ruhten auf den spitzen Knien, die durch seine Jeans hervorstachen. Er saß mitten in der Sonne und glühte sehr wahrscheinlich vor Hitze. Ich trug wie immer eine Basecap und schlenderte freundlich grüßend an ihm vorbei. „Hi! Ganz schön heiß, was?", fragte ich ihn. Er wollte eine Hand zum Gruß heben, sackte dabei aber von seiner Sitzgelegenheit herunter und landete ungelenk auf dem Boden. Zuerst fiel er auf seine Knie, dann auf die linke Seite. Ich bewegte mich schnell auf ihn zu. „Hey, alles in Ordnung? Ist Ihnen schlecht?" Er schüttelte den Kopf und versuchte sich mit den Händen abstützend in eine Sitzposition zu bringen. Ich half ihm dabei und lehnte ihn an den Betonpfeiler. „Mir ist total schwindelig", stammelte er leise. „Ich vertrage die neuen Pillen nicht", sagte er weiter. Mir schwante Schlimmes. „Neue Tabletten? Hier aus der Klinik?", fragte ich besorgt, aber durchaus neugierig und deutete hinter mir auf das Gebäude. „Von Schamowski. Ich hatte die bisher nie eingenommen." Das Sprechen fiel ihm spürbar schwer. Dr. Lecter-Frankenstein-Schamowski hatte ihm anscheinend ein Medikament verordnet, was er überhaupt nicht vertrug. Wahrscheinlich eine Testreihe von Dr. Frankenstein persönlich. „Ich renne die paar Meter zur Rezeption und lasse Sie hier abholen. O.k.?" Ein schwaches Nicken.

„Ich bin Arzt. Was ist passiert?" Plötzlich stand ein älterer Herr neben mir und beugte sich zu dem blassen Patienten herunter. Anscheinend war er gerade zufällig vorbeigekommen. „Ich hole weitere Unterstützung aus der Klinik", sagte ich zu diesem Mann und lief los.

Herr Braun blickte mich irritiert an. Hatte dieser Mann denn nie frei? „Wie, ein Patient von uns läägt da drausssen? Brauchön Sö einen Oorzt oder was?"

„Ich ganz bestimmt nicht und ein Arzt ist auch bereits bei ihm. Man sollte ihn nur schnellstens aus der Sonne holen und in die Klinik bringen." Ich wurde mit jedem Wort lauter. Unfassbar. Braun blickte mich immer noch so an, als ob ich ihn verarschen wollte. „Wön nääämen wir denn do?", fragte Braun sich selbst und glitt mit seinem Zeigefinger das Telefonregister entlang. „Ah, Frau Sommerrr hat heute Dönst und Schwäster Isabäll." Braun wählte eine Nummer und nach etwa fünf Minuten kamen die angerufenen Damen gemütlich um die Ecke geschlendert. Schwester Isabell roch stark nach Rauch. Wahrscheinlich hatte sie kurz zu Ende gequalmt, damit keine Minute ihrer wertvollen Pause vergebens war. „Der Patient kann nicht mehr eigenständig gehen. Sie benötigen einen Rollstuhl oder so etwas Ähnliches", meinte ich, nachdem die beiden Damen sich bereits auf den Weg ins Foyer machen wollten. „Wo kriegen wir das denn her?", wollte Schwester Isabell wissen. Ich schaute außerordentlich verdutzt. „Im Sani-Raum steht glaube ich einer," sagte Frau Sommer und blickte tatsächlich dabei mich an. Der Sanitätsraum war gleich um die Ecke und dort stand glücklicherweise ein zusammengeklappter Rollstuhl. Frau Sommer brach an dem Teil herum und versuchte angestrengt, den Rollstuhl auseinander zu klappen. Schließlich zog Schwester Isabell an der Sitzlehne und der Rollstuhl stand auf allen vier Rollen vor ihnen. „Ich gehe mal voraus," schlug ich vor. Ich hörte das Klappern der Rollstuhlrollen hinter mir und Schwester Isabell fluchte: „Eigentlich hab ich noch Pause."

„Unglaublich", dachte ich. Nach wenigen Minuten- mir kam es ohnehin viel zu lange vor, seitdem ich mich bei Herrn Braun gemeldet hatte-, erreichten wir den zusammengebrochenen Mann. Der ärztliche Passant war noch bei ihm. „Diesem Mann wurde Digoxin verabreicht. Das ist durchaus heftig", sprach der Arzt zu den beiden Helferinnen, die gleichzeitig mit den Schultern zuckten. „Doktor Schamowski wird das sicherlich verordnet haben", meinte Frau Sommer. Ich wusste immer noch nicht, welche Funktion oder Position diese Frau hier überhaupt inne hatte. „Ich wollte mein eigenes Medikament nehmen. Schamowski meinte..." der blasse Mann schnappte nach Luft und sprach sehr leise weiter: „ Er meinte, das gäb es bei Ihnen nicht. Diese Tabletten wären ähnlich." Das Sprechen fiel ihm spürbar schwerer. Inzwischen hatten Frau Sommer und ich den erschöpften Mann in den Rollstuhl gehievt. „Wie hieß denn Ihr eigenes Medikament?", fragte der Arzt nach.

„Ramipril", flüsterte der Patient. Frau Sommer drehte ihn in Fahrtrichtung Klinik und setzte sich in Bewegung. Schwester Isabell half mit, den leichten Mann die ansteigende Strecke bis zur Klinik zu schieben. „Das

Mittel ist doch völlig gängig", meinte der Arzt zu mir.

„Ich habe da keine Ahnung", sagte ich schulterzuckend.

„Aber ich. Na ja, jetzt wird dem Armen ja zum Glück geholfen." Ich verabschiedete mich, setzte meinen Weg in den Ort fort und dachte: *„Jetzt gerät er womöglich erneut in die Fänge von Dr. Frankenstein."*

Im Kurpark waren nicht sehr viele Menschen unterwegs. Wahrscheinlich bekamen die meisten gerade in irgendeiner Klinik irgendeine Therapie oder Anwendung. Ich steuerte eine der Liegen an und legte mich darauf. Die Sonne blendete mich, sodass ich mein Buch nicht lesen konnte. Also drehte ich mir die Liege passend, um die Sonne im Nacken zu haben. In dieser Liegeposition hatte ich sogar einen wunderbaren Blick auf einen kleineren See, wie es ein paar von ihnen im großen Kurpark gab. Direkt am Ufer erblickte ich ein großes Schild aus Holz, welches mit feuerroten Buchstaben bepinselt worden war: „Achtung! Brütende Schwäne. Schwäne sind aggressiv! Kinder nicht in die Nähe der Schwäne lassen! Schwäne beißen!" War das hier ein Kurparkteich oder Raubtiergehege?

Mal ganz davon abgesehen, erblickte ich beim besten Willen überhaupt keinen Schwan. Lediglich ein Entenpaar paddelte seelenruhig seine Runden. Ich nahm mir mein Buch und schlug die Seite mit dem Lesezeichen auf. Nach wenigen Zeilen schlief ich bereits ein. Die Sonne kitzelte herrlich im Nacken, eine leichte Brise wehte über mein Gesicht und die Stille im Kurpark sorgte für einen fast einstündigen Schlaf.

„Maaamiii!", schrie plötzlich ein kleines Kind ganz in meiner Nähe. Ich war sofort hellwach und riss meine Augen auf, starrte in die Richtung, aus der der kindliche Schrei kam und erblickte ein etwa sechsjähriges Mädchen, das am Seeufer entlang rannte und von einem Schwan verfolgt wurde, der das Kind um einige Zentimeter überragte. Die Mutter des Mädchens kam an mir vorbei gelaufen und rief: „Jennifer, lauf zu mir. Dreh dich nicht um!" Natürlich drehte sich Jennifer um und blieb wie angewurzelt stehen. Der Schwan kam auf etwa einen Meter auf sie zu, als sich das kleine Kindermündchen wieder öffnete und einen schrillen Quiekton herausschrie, der wahrscheinlich auch dem Schwan einen Tinnitus verpasst hatte, wenn so etwas möglich war. Ich hatte einen. Ich hatte sowieso einen Tinnitus und dieser wurde in diesem Moment verstärkt. Der Aggro-Schwan blieb tatsächlich stehen und spreizte seine Flügel. Dabei ließ er einen trompetenartigen Laut aus dem Schnabel ertönen. Inzwischen hatte die Mutter ihr Kind erreicht und fest in die Arme geschlossen. „Jennifer. Du darfst die Schwäne doch nicht ärgern." Meiner Ansicht nach hätte die Mutter besser auf das Warnschild achten müssen und ihre Göre erst gar nicht in Ufernähe gelangen lassen. Der Schwan legte seine Flügel wieder an und watschelte langsam ins Wasser, bis er sich schwimmend weiterbewegte. Irgendwo in unmittelbarer Nähe musste das Nest mit dem brütenden Weibchen sein. Es kehrte wieder Ruhe im Kurpark ein. Dachte ich. „Miiiiooooooooaaaaaliiioooouuuuaaaa!" Was war das denn? An Weiterlesen war überhaupt nicht mehr zu denken. Stattdessen versuchte ich den Verursacher dieses seltsamen Geräusches ausfindig zu machen. Es klang auf jeden Fall schlimmer als das Kindergeschrei oder Schwan-Trompeten von eben.

„Kloooonnnnngaaaaahmeeeeeh!" Wo fand das Opferritual statt, bei dem sich das Opfer anscheinend die Seele aus dem Leib schrie? Wer führte da mal eben eine Alien-Beschwörung oder einen Exorzismus durch? Ich hatte mich von meiner Liege erhoben und setzte mich in die Richtung, aus der die seltsamen Laute kamen, in Bewegung. Am anderen Ende des Sees stand eine sehr alte, ehemalige Konzertmuschel. Diese kleine Bühne war sicherlich in den 70er-Jahren vom Kurorchester genutzt worden. In der heutigen Zeit allerdings stand sie wie ein großes Bushaltestellenhäuschen mit abblätternder Farbe und stark verwittertem Putz im Park herum. Ich hatte des Öfteren kleine Kinder auf der Bühne gesehen, die ihren davor stehenden Eltern eine Popstar-Imitation zum Besten gaben. „Hooooliiiiiidriiiiööööö!" Oh mein Gott, jetzt wurde auch noch gejodelt. Ich entdeckte eine ganz in weiß gekleidete Gestalt in der Bühnenmitte. Es war eine jüngere Frau, die mir in „meiner" Klinik schon über den Weg gelaufen war. Sie trug immer ein knöchellanges Kleid und ließ ihre sehr langen Haare struppig bis zum Arsch fallen. Ich erinnerte mich noch an ihren scheuen Blick. Beziehungsweise, sie schaute immer weg, wenn sie Menschen auf dem Flur begegnete. Zeugt ja eigentlich von mangelndem Selbstbewusstsein. Hier hingegen schien sie geradezu vor Selbstwertgefühl zu platzen. Immerhin sang sie keine Arien oder andere bekannte Sachen, sondern schien Gesangsübungen durchzuführen und das in einer Lautstärke, als ob sie sich vornahm, den gesamten Kurpark mit ihrem Gejaule zu beschallen. Sie streckte beide Arme gen Himmel und schrie: „Jaaaaaameeeeeelooooooh!"

Hoffentlich fing es deswegen gleich nicht an zu regnen. Würde mich nicht wundern. Aber dann musste sie mir unbedingt den Trick verraten oder die Laute, die man dafür jaulte. Ich sah auf meine Uhr. Es war Zeit, wieder in Richtung Klinik zu gehen, um später das Fahrgeld in Empfang zu nehmen. Langsam schlenderte ich an der Konzertmuschel vorbei. Die Heulboje stand dort vornübergebeugt und atmete hörbar aus, denn sie ließ mit einem „Pfffft" Luft entweichen und die Arme locker hängen. Komische Tante, dachte ich. Aber die zog ihr Ding durch. Was auch immer „ihr Ding" sein mochte.

Der Raucherpavillon war mal wieder überfüllt. Gestikulierende Silhouetten bewegten sich hinter den vergilbten Scheiben wie ein Schattenspiel. Die Tür öffnete sich und zusammen mit einer Rauchschwade kam eine ältere Dame aus dem Raucherhäuschen. Sie hustete und fasste sich dabei an die Brust. Die hätte doch zum Sterben gleich im Pavillon bleiben können. Was hatte ich wieder für abscheuliche Gedanken.

Herr Braun sah mich über seine halbe Brille an, die wie immer ganz vorn auf seiner Nasenspitze ruhte. Man kam sich ihm gegenüber immer wie ein Bittsteller vor, der es wagte, eine Information von ihm zu erlangen. Aber genauso war es. Zudem überkam zumindest mich sogar ein schlechtes Gewissen, diesen viel beschäftigten Mann wegen einer popeligen Auskunft bei seinem wichtigen Tun zu stören. Sein wichtiges Tun war in diesem Fall das Sortieren der Nordic-Walking-Stöcke nach Längen, um diese dann geordnet wieder in den Trolley zu stecken. Hochkonzentriertes Arbeiten war da gefordert! Vielleicht sollte ich Herrn Braun mal darüber aufklären, dass die Stöcke allesamt teleskopisch konstruiert waren.

„Ich bekomme heute mein Fahrgeld erstattet und hätte gerne gewusst, wo sich das zuständige Büro befindet." Wieso hatte ich sogar das Gefühl, als ob ich sein privates Konto dafür plündern würde? „Wo kommän Sö denn härrr?", wollte er von mir wissen. „Aus dem Kurpark", antwortete ich gewissenhaft.

„Nein, von wo Sö angerrreist sönd?" Was ging ihn das denn an?
„Wieso?", fragte ich dann.
„Manchmol stähen hier Leutä und dääänken, sie bekämen Fahrgällld, dabei wooohnen die um die Äcke. Man kann's ja mal versuuuchen."
„Aber das Büro hat doch Unterlagen", erwiderte ich etwas verwirrt.
„Ist ja auch ägoool. Zimmärrr 13, den Gang dorrrt hinonter." Na, also.

Ich blickte in die Richtung, in die sein Zeigefinger wies und bedankte mich. Die ganze Zeit spürte ich seinen stechenden Blick im Nacken, während ich den Flur entlangging. Ich drehte mich blitzartig um. Braun fiel fast die Brille von der Nase, wobei sie an einem Kettchen um seinen Hals hängen geblieben wäre, so sehr hatte er sich über meine plötzliche Reaktion erschrocken. Sein Mund formte ein stummes „Oh" ; er nahm unmittelbar wieder einen Nordic-Walking Stock in die Hand und ließ ihn demonstrativ in den Roll-Trolley fallen. Ich ging grinsend weiter. Blöder Nazi-Concierge.

Zimmer 13 war geschlossen, sodass ich zaghaft anklopfte. Nachdem kein „Herein!" ertönte, klopfte ich etwas kraftvoller an die Bürotür. „Ja, ist ja gut. Reinkommen!" O.K., das passte. Diese durch die Tür herrisch klingende Frauenstimme hätte sehr gut zu Herrn Brauns Schwester oder Frau gehören können. Ich öffnete die Tür und betrat ein wenig eingeschüchtert das telefonzellenkleine Büro, in dem es penetrant nach „Kölnisch Wasser" roch. Schon nach zwei Schritten stand ich direkt vor dem Schreibtisch von Frau Binsen. Sie hatte ein riesiges Namensschild vorn auf der Schreibtischkante platziert. Nach erneutem Hinsehen erkannte ich die altdeutsche Schrift. Hier passte einfach alles zum übrigen Erscheinungsbild und Eindruck. Der obligatorische vertrocknete Gummibaum vegetierte in einer Ecke vor sich hin und die schmuddelige Kaffeetasse stand griffbereit vor dieser älteren Dame, die ihre grauen Haare zu einem Dutt zusammengebunden hatte. Ihr Gesicht war faltiger als eines meiner ungebügelten Hemden. Das waren keineswegs Lachfalten. „Was gibt es denn so dringend, Herr....?"

„Reimann. Niklas Reimann. Ich möchte gerne meine Fahrtkosten abholen."

„Nun, zunächst einmal haben Sie Fahrtkosten verursacht und ich sehe gleich mal, ob es für Sie eine Erstattung geben wird." Schon klimperten ihre knochigen Finger auf der Computertastatur herum. „Ich hatte einen Zettel in meinem Schließfach", gab ich kurz von mir. „Den kriegen alle." Ab jetzt durfte ich auf die Gnade dieser alten Hexe hoffen, um meine lumpigen 50 Euronen zu kassieren. „Reimann. Niklas. Hier habe ich Sie. Sie kommen aus Walde?"

„Wenn es da steht", antwortete ich ungewohnt trotzig. Sie sah ernst über ihren Bildschirm zu mir herüber. „Wie viele Kilometer wollen Sie denn gefahren haben?"

„280 Kilometer hin und zurück."
„Noch sind Sie ja hier. Aber selbstverständlich bekommen Sie auch Ihre Rückfahrt erstattet. Mein Routenplaner sagt 274 Kilometer. Das wären dann 71,24€." Ich staunte, denn bei meinen Überlegungen hatte ich nur meinen besagten Fünfziger errechnet. Vielleicht noch drei oder vier Euro mehr oder weniger. Aber so um die 70 Euro war schon klasse. Deshalb wollte ich auf keinen Fall auf meine 280 Kilometer beharren. Außerdem war Mathe noch nie meine Stärke gewesen. Sie zog eine Schublade auf und holte eine altertümliche Stahlkassette hervor, die sie scheppernd vor sich auf den Schreibtisch stellte. Einer anderen Schublade entnahm sie den dazugehörigen Schlüssel, öffnete die Kassette und ich sah, wie Fünfzigeuro-und Einhunderteuroscheine herausquollen. Hier würde sich definitiv ein Überfall lohnen, aber womöglich war Frau Binsen schwer bewaffnet und hatte eine Pumpgun unterm Schreibtisch verborgen. Sie zählte das Geld langsam vor mich hin. Ich nahm es dankend und ließ die Kohle in meinem Portmonee verschwinden. „Hier ist Ihre Quittung." Sie schob mir einen per Hand ausgefüllten Quittungszettel über die Tischplatte.
Ich verabschiedete mich und verließ das parfumgeschwängerte Büro dieser missmutigen alten Dame. Das Geld brachte ich zunächst auf mein Zimmer, bevor ich mir eine Tanzveranstaltung unten im Keller anschauen wollte. Herr Höcker hieß der Veranstalter dieser Darbietung, die freiwillig war und an der jeder Patient teilnehmen konnte. Beatrice aus meiner Therapiegruppe hatte mir dieses Event besonders nahegelegt. „Das musst du mal gesehen und erlebt haben." Ich war schon immer ein absoluter Tanzlegastheniker, wollte aber aus purer Neugier dort vorbeischauen. Es kämen einige, laut Beatrices Erzählung, echt nur zum Zugucken vorbei. Aber Herr Höcker wäre nun einmal eine Nummer für sich und brachte das richtig toll über die Bühne. Na denn.
Ich sortierte auf meinem Zimmer das ganze Kleingeld aus meinem Portmonee heraus, um in den nächsten Tagen wieder den Parkautomaten zu füttern. Dieser Automat war an den Wochenenden wahrscheinlich praller gefüllt, als mancher einarmige Bandit in Las Vegas. Ich schüttelte mit dem Kopf, so unfassbar fand ich diesen Zustand und die hiesige Parksituation grundsätzlich.
Auf jeden Fall zog ich mir ein frisches T-Shirt über und spritzte ein paar Tröpfchen meines 007-Parfums seitlich an meinen Hals. Zum Duschen

war keine Zeit mehr. Außerdem hatte ich keinen Bock. Ich fand, ein Mann durfte ruhig ein bisschen nach Stallhengst duften.

Fast gleichzeitig öffneten sich alle drei Fahrstuhlkabinen und waren tatsächlich leer. Ich war so sehr darüber erstaunt, dass ich fast das Einsteigen vergaß. Kabine 2 schloss sich bereits wieder. Ich drückte auf „K", wie Keller und ließ die Fahrstuhlkabine in die böse Welt der Dr. Waldemar Bruck-Klinik hinabgleiten. Meine Phantasie spielte mir sofort ein entsprechendes Szenario vor: Dunkle Katakomben erwarteten mich, in denen bucklige, bleiche Gehilfen die Rollatoren der Patienten entgegennahmen, um sie für die Besitzer zwischenzuparken. Sozusagen ein Valet-Parking für Gehbehinderte. In den Gängen flackerten schwache Glühbirnen und ich würde ständig irgendwelche Schmerzensschreie oder irgendein Gestöhne hören. Von irgendwoher drang Peitschengeknalle an mein Ohr.

Die Fahrstuhlkabine öffnete sich und vor mir stand Beatrice. „Schön, dass du da bist", empfing sie mich. „Du guckst so komisch? Bin ich schlecht geschminkt?" Jetzt erst wurde mir bewusst, dass ich noch meine gruseligen Gedanken im Schädel hatte und von Beatrice' Anblick schlicht und ergreifend überrascht worden war. Positiv natürlich. Daher entgegnete ich: „Nein. Super! Hatte nur jemand anderes erwartet."

Bucklige Horrorfiguren und nicht so eine geile Schnitte, wie dich!

„Oh, wen denn?", fragte sie prompt.

„Niemanden. Ich hab das nur so gesagt." Das war bestimmt die blödeste Antwort, die Beatrice bekommen konnte. Aber zu dem Zeitpunkt fiel mir diesbezüglich kein lockerer Spruch ein. „Ich freue mich auch, dass du da bist", schob ich daher hinterher.

Ich folgte ihr einen kurzen Gang entlang und vernahm bereits Geräusche, die nach lauter Musik und ausgelassenem Gebrabbel und Gelächter klangen. Der Ursprung dieser Geräuschkulisse schien hinter der Stahltür zu sein, die Beatrice für mich öffnete.

„Ring of Fire" von Jonny Cash schlug mir entgegen. In Jet-Lautstärke. Aber dieser Jet startete soeben seine Düsen!

„I..felt...into...a...burning...ring...of...fire..."! Ich wollte gerade ein Bein in den relativ großen Raum setzen, als eine Horde von etwa zwanzig Menschen von links kommend an mir vorbeirannten und dabei den Refrain mitgrölten.

Ich zog mich schnell wieder zur Stahltür zurück und stieß dabei angenehm mit Beatrice zusammen. „Ja, du musst hier schon aufpassen. Das ist wie beim Überqueren einer Hauptstraße", lachte Beatrice und schubste mich in den Raum hinein. Nun kam die Meute krakelend von der rechten Seite angerannt. Vielmehr erkannte ich nun, das sich alle irgendwie bei den Armen ihres jeweiligen Partners eingehakt hatten und wie eine lange Menschenkette den Saal durchpflügten. „Herr Höcker macht heute wieder Square-Dance", erklärte mir Beatrice schreiend. „Ich verstehe!", blökte ich zurück. Eine normale Unterhaltung war definitiv nicht möglich. Plötzlich wurde die Musik und alles Andere von einer lauten Stimme, die über sämtliche Lautsprecherboxen übertragen wurde, überschallt. „Und nun wechseln wir das Sprungbein, Ladies und Cowboys!"

Darauf folgte ein kollektives „Jiiiiehaaaa!" Irgendwo am anderen Ende des Saals entdeckte ich dann Herrn Höcker, der ein Headset-Mikro unter seinem Cowboyhut trug. Überhaupt schien er vorher im Bad Weilinger Kostümverleih vorbeigeschaut zu haben. Über seine Jeans hatte er sich ein Fransenimitat gezogen, sodass die Hose gewisse Ähnlichkeit mit einer Cowboyhose vortäuschte. Das Schlimmste aber waren seine Cowboystiefel. In denen hätte sich sogar John Wayne geschämt. Es waren rot-weiße Boots mit angesteckten Sporen, die allein schon aus dieser Entfernung nach billigem Plastik aussahen. Ein groß-kariertes Baumfällerhemd und ein enorm zu kleines Lederwestchen mit einem selbstgebastelten Sheriff-Stern rundeten das erbärmliche Aussehen ab.

Plötzlich kam die tanzwütige Horde wieder angetrabt. Diesmal von links und ich konnte nicht mehr rechtzeitig reagieren, beziehungsweise zur Seite springen. Ein kräftiger Arm packte mich und positionierte mich aufs Geratewohl in die Tanz-Hüpf-Reihe mit hinein. Ich war ab jetzt Teil dieser Südstaaten-Imitations-Menschenkette. „Einfach nach vorn!", schrie mein Nebenmann, dem ich meine derzeitige Position zu verdanken hatte. Beatrice schien rechtzeitig ausgewichen zu sein, denn sie stand lauthals lachend an einen der Stehtische gelehnt. Ich versuchte ein krampfhaftes Lächeln und konzentrierte mich gleichzeitig auf meine Beine und Füße, während ich links und rechts beobachtete, welche Tanzschritte meine Mittänzer in den PVC-Boden stampften. Anscheinend hatte Johnny Cash während seiner fulminanten Karriere eine viertelstündige Version dieses Songs produziert. So kamen mir die endlosen Minuten, die ich von links nach rechts und zurück durch den kleinen

Saal mit tobte, vor.

Der Schweiß lief mir aus allen Poren. In dem fensterlosen Raum sank der Sauerstoffgehalt gegen Null. Ich japste nach Luft; meine Beine wurden immer schwerer. Egal wohin ich schaute, lachende und grölende Menschen. Lachten die alle über mich?

Irgendwann konnte ich Beatrice nicht mehr entdecken. Stattdessen sah ich Christine, die sich in einen Jeansrock gepresst hatte und mir mit einem Glas Wasser zuprostete.

In was für einem Albtraum war ich hier geraten?

„ ...and it burns...burns..burns...." sang der gute, alte Jonny Cash. Mir brannten die Lungenflügel.

„Hi!", schrie Christine mir ins Gesicht, nachdem die Kurklinik-Cowboy-Polonaise mich wieder ausgespuckt und freigelassen hatte. Die Countrymusik knallte weiterhin lautstark durch den Raum; inzwischen „Cotton Eye Joe" von Rednex. Zu dem Song war ich vor Jahren -wohl eher Jahrzehnten- mal ausgeflippt.

Ich bemühte mich zu einem höflichen Lächeln und hoffte aber insgeheim, dass Christine sich nicht an mich kletten würde. Und wo zur Hölle war Beatrice hin verschwunden?

„Ist super, wie der Höcker das macht, ne?" Christine sah mich erwartungsvoll an.

„Ist mir hier zu laut", blaffte ich sie an und im nächsten Moment tat es mir leid. Ich war ja normalerweise gar nicht so aufbrausend und genervt. Eigentlich nur von ihr. Christine nippte ängstlich an ihrem Wasser. „Sollen wir woanders hingehen?", fragte sie mich dann plötzlich. „Nein!", rief ich gegen die Musik an. „Ich werde langsam müde."

Nach diesen Worten drehte ich mich abrupt von ihr weg und bewegte mich zur Tür hin. Ich hoffte, Christine würde mir nicht folgen. Hoffte ich stattdessen, wieder auf Beatrice zu treffen? Natürlich nicht und wenn, dann nur wegen der netteren Unterhaltung. Die Stahltür fiel hinter mir zu und ich stand zunächst alleine im Kellerflur. Der Lärm aus dem Square-Dance-Raum kam dennoch dumpf an meine Ohren.

Erst in der Fahrstuhlkabine kehrte vollends Ruhe in meinem Schädel ein. Ich freute mich auf eine Dusche und mein Telefonat mit Conny. Noch 31 Tage. Fast hätte ich mit einem Kugelschreiber Striche auf die Tapete gemacht, wie ein Knacki bis zu seiner Entlassung. Ich verwarf diesen bescheuerten Gedanken aber, während ich mich meiner nass geschwitzten Klamotten entledigte. Irgendwie hatte mir mein kurzer, aber intensiver Besuch der Pseudo-Cowboy- Veranstaltung auch Spaß bereitet. Fest stand, alle Patienten unten in diesem Kellerraum hatten sichtlich ihren Spaß an der Sache. Herr Höcker schien da wirklich etwas Tolles initiiert zu haben. Wo war Beatrice abgeblieben? Die Dusche rief.

Höhepunkte

Ich sprang heute Morgen förmlich aus dem Bett. Heute besuchte mich Conny und dieser Gedanke beflügelte mich zu dieser morgendlichen Aktivität, die ich im Anschluss unmittelbar wieder bereute, denn jeder Knochen und jede Sehne schrien: *„Schön langsam, Nik. Wir sind noch nicht so weit."* Conny und ich hatten fast die ganze Nacht telefoniert, bis Conny meinte: „Dann haben wir morgen nichts mehr zu erzählen."
Worauf ich nach einem Blick auf die Uhr sagte: „Du meinst heute." Wir lachten beide, hauchten uns unsere Küsse ins Handy und beendeten das Gespräch. Ich schlief selig ein. Selbst mein „Alptraum-Schnaller" schien heute Nacht Ruhe zu geben.
Es war Sonntag und das bedeutete: Keine Therapien und keine langweiligen Dr. Kalil-Seminare oder genauer ausgedrückt: Powerpoint-Vorlesungsversuche eines unmotivierten irakischen Akademikers.
„Deine gute Laune kotzt mich an", meinte Stefan am Frühstückstisch und stieß mir leicht seinen Ellenbogen in die Seite. „Kommt deine Olle heute?" Ich nickte mit vollem Mund. Abebe grinste, hob einen Daumen und Anne freute sich für mich mit. Dabei war sie es eigentlich, die dringend Besuch benötigte. „Morgen kommt meine Tochter", teilte sie uns dann mit. Ich hob den Daumen und zwinkerte ihr zu.
Für Abby war es in Ordnung, keinen Besuch zu bekommen. Der einzige Verwandte, der tatsächlich noch lebte, weil er mit Abebe aus der Bürgerkriegsregion in Kenia geflohen war, war sein Sohn und der hielt zur Zeit keinen Kontakt zu seinem Vater. „Der kommt irgendwann bei mir zu Hause vorbei", erzählte Abby uns neulich. „Spätestens, wenn seine

Freundin schwanger von ihm ist." Niemand erwiderte etwas darauf. Stefan erwartete ebenfalls keinen Besuch, zumal seine Ehe fast den Bach heruntergegangen war und beide Parteien den derzeitigen Abstand brauchten. Von irgendwelchen tiefen Freundschaften hatte er uns bisher nichts berichtet.

„Schling doch nicht so", ermahnte Stefan mich. Ich merkte selbst, wie hastig ich mir die mit Honig beschmierte Brötchenhälfte in den Mund schob. Fast im Ganzen. „Ja, Papa", schmatzte ich. Nach dem Frühstück gönnte ich mir eine halbe Stunde auf dem Hometrainer oder Kardiometer. Fahrrad fahren, ohne von der Stelle zu kommen wäre passender. Zumindest würde ich beim Blick auf den Fernseher wieder die neuesten Schreckensnachrichten erfahren.

Nahezu alle Fitness-Räder waren besetzt. Ich reservierte mir eines der beiden letzten freien Räder, indem ich mein Schweißhandtuch über den Lenker hing; ich musste vorher dringend pinkeln. Kam mir vor wie beim Pool-Liegen-Reservieren im Club „Los Piratos" auf Gran Canaria. Damals war ich oft um sechs Uhr aufgestanden, um einer der Ersten am Pool zu sein und unsere Badehandtücher auf drei Liegen zu verteilen. Oftmals bekam ich selbst um diese Uhrzeit nur noch defekte Liegen, die zu allem Unglück ohne Schattenplatz waren. Aber um fünf Uhr in der Früh wollte ich auf keinen Fall an der Handtuch-Ralley teilnehmen. Das passierte alles zu den Zeiten, als ich mit meiner Ex und unserem Sohn eine intakte Familie bildete. Jedes Jahr wurde ein anderer Club auf einer anderen touristisch völlig erschlossenen Insel gebucht. Möglichst mit dem kompletten Bespaßungsprogramm für die ganze Familie. Bingo um 9 Uhr, 14 Uhr und abends um 20 Uhr; gerne nahm man auch an diversen Poolpartys teil und Karin und ich ließen uns im brühwarmen Chlorwasser eiskalte Caipis schmecken, während unser Sohn meistens mit anderen Kindern gemeinsam Gameboy-Spiele zockte oder sich anderweitig beschäftigte. Hauptsache, jeder hatte seinen Spaß. Es war eine schöne Zeit. Wo war ich denn gerade wieder mit meinen Gedanken, während ich mich vor dem Pinkelbecken positionierte?

Alexander aus meiner Psycho-Gruppe stand am Nachbar-Pissoir. „Hi", grüßte er und blickte zu mir herüber. Oder sah er auf meinen Schwanz? Aber das machten Männer ja automatisch. Mal kurz abchecken, was sonst so auf dem Markt herumbaumelt. „Na, gleich auf's Fahrrad?", fragte er mich.

„Ja. Du auch?" Alexander nickte und schüttelte ab.

„Bis gleich", sagte er noch, während er, ohne sich die Hände zu waschen, den gekachelten Raum verließ. Ich dachte über seine Situation nach. Dieser Mann sah eigentlich wie der typische Gewinner aus. Muskulös, braungebrannt, Designerklamotten und immer gepflegt aussehend. Aber er wusch sich nach dem Pinkeln nicht die Hände! Sein Schwanz war selbstverständlich immer sauber. Blitzeblank und bestimmt allzeit bereit. Andererseits vögelte seine Ex-Frau mit dem Nachbarn und war erst vor Kurzem bei selbigem eingezogen. So bekam Alexander täglich mit, wenn seine Ex-Frau fröhlich pfeifend das Nachbarhaus verließ, um zur Arbeit zu fahren. Währenddessen schmierte Alexander Jessica die Schulbrote, obwohl seine 17-jährige Tochter das sicherlich auch selbst hinbekam. Aber Alexander versuchte ihr immer die schöne, heile Welt vorzugaukeln. Papi macht es dir immer noch schön. Mama ist ja die Böse.

So hatte er es in einer unserer Therapie-Sitzrunden erzählt. Mit einer Überzeugung, alles richtig gemacht zu haben und immer alles richtig zu machen, dass unsere Therapeutin einschreiten musste, um ihn auf den Boden der Tatsachen zurückzuholen. Nichts war richtig. Er sollte schleunigst da wegziehen und seine Tochter am besten mitnehmen oder sie sollte endgültig zur Mutter. So würde es für ihn immer unerträglicher werden, wenn er jeden Tag beim Blick aus dem Fenster oder beim Gang zum Mülleimer seine ehemalige Ehefrau mit dem Nachbarn herumknutschen oder einfach nur scheiße gut drauf erlebte. Nach dieser Äußerung der Therapeutin brach Alexander in Tränen aus und heulte den Rest der Therapiestunde leise vor sich hin. Der unantastbare und unkaputtbare Mann hatte erheblichen Schaden genommen. Ich wusch mir die Hände und war der festen Überzeugung: Meiner ist länger.

Auf dem Flatscreen lief ein Live-Bericht über einen Tornado in den Staaten; anschließend widmete man sich einer Überschwemmung irgendwo in Südamerika. Katastrophen ohne Ende. Das Dumme war nur, jeder im Kardiometer-Raum musste auf diesen Bildschirm starren, wollte man nicht stumpf auf eine stümperhaft gestrichene weiße Wand glotzen. Die Fensterfront lag genau auf der gegenüberliegenden Seite. Blödes Raumkonzept.

Ich verabreichte mir heute eine etwas niedrigere Watt-Zahl als Tretwiderstand. Schließlich plante ich, heute Abend noch bei Conny eine Best-

leistung abzuliefern. Mist! Ich bekam einen Ständer und der machte das bequem auf dem Sattel Sitzen gerade unmöglich. Als ob ich Ameisen in der Hose hätte, bewegte ich meine Arschbacken im Wechsel linksseitig und rechtsseitig auf dem Sattel hin und her. „Alles klar bei Dir?", fragte Alexander denn auch gleich und fixierte mit seinem Blick interessiert meinen Schritt. Glücklicherweise waren alle übrigen Strampler sehr stark auf den Katastrophen- Fernseher fixiert. „Alles in Ordnung. Ich hatte noch nicht die richtige Sitzposition für mein Bestzeit-Fahren", erklärte ich lächelnd.
„Sah eher so aus, als ob du mit einem mördermäßigen Rohr zu kämpfen hättest", sagte Alexander lachend und ich spürte, wie mir das Blut ins Gesicht schoss. Das war wiederum gut, denn der Blutfluss verlagerte sich so von unten nach oben. Ich konnte wieder einigermaßen bequem auf dem Sattel sitzen. Alle übrigen Trainierenden starrten weiterhin auf den Bildschirm. Entweder interessierten sie sich tatsächlich für die Massenkarambolage auf der A2, die gerade ohne Ton in irgendeiner Nachrichtensendung gezeigt wurde oder sie ließen sich hinsichtlich Alexanders anzüglicher Bemerkung nichts anmerken. Wir strampelten ungefähr zehn Minuten nebeneinander, als Alexander plötzlich zu mir gewandt sagte: „Dagmar mache ich fertig." Fragend und gleichzeitig entsetzt blickte ich ihn an. Dagmar war seine Frau beziehungsweise baldige Ex-Frau. „Wieso? Ich meine, wie denn und warum?" Blöder konnte ich nicht reagieren.
„Wieso? Die vögelt mit meinem Nachbarn. Das weißt du doch!"
Klar wusste ich das. „Aber was willst du daran ändern?"
„Gar nichts. Sie soll nur merken, dass ich mich nicht länger verarschen lasse. Sie soll mit ihm wegziehen."
„Aber deine Tochter findet es doch bestimmt ganz gut, ihre Mama in der Nähe zu haben."
Alexander schüttelte energisch den Kopf. „Die ist alt genug. Ihre Mutter kann sie ja gerne regelmäßig abholen. Egal, wo sie hinzieht."
„Also gehst du davon aus, das Sorgerecht zu bekommen?" Mein Trainingspartner schluckte und nahm sein Handtuch zur Hand, um sich damit den Schweiß von der Glatze zu wischen. Einerseits schwitzte er aufgrund der Anstrengung, andererseits möglicherweise wegen meiner Äußerung. Das Sorgerecht war nämlich keineswegs geklärt. Da musste noch ein Richter entscheiden. Das wusste ich. Alexander sah mich seit-

lich mit zusammengekniffenen Augen an. „Bei der Schlampe kann sie ja wohl nicht bleiben." Ich zeigte keine Reaktion. Was sollte ich schon dazu sagen. „Demnächst wird sie einen fetten Kratzer auf ihrem Beetle finden", sagte Alexander und starrte dabei auf den Flatscreen, auf dem die Reportage „Mein Mann, der Frauenmörder" lief. Eher seichte Unterhaltung, für den Sender. „Anschließend könnte es sein, dass die Reifen platt sind. Alle!" Er lächelte bösartig. Dieser durchtrainierte, top-gestylte, braun gebrannte und nach Außen alles im Griff habende Mann, mutierte da neben mir zu einem Psychopathen.

„Wieso?", fragte ich.

„Weil sie es verdient! Jessica kriegt sie nicht!" Alexander drehte am Rädchen, um die Wattzahl zu erhöhen. Ich sah aus dem Augenwinkel, wie sich die Ziffern auf dem Display seines Kardiometers in den dreistelligen Bereich bewegten. Er griff sich sein giftgrünes Handtuch und legte es sich in den Nacken. „Das ist dann aber Sachbeschädigung und du bekommst enormen Ärger", kommentierte ich sein Vorhaben ganz vorsichtig.

„Scheiß egal! Außerdem habe ich den Beetle mitfinanziert."

Sein Grinsen verwandelte sich dabei in ein nahezu bösartiges Lächeln. Ich blickte auf meine Stoppuhr im Display und entschied, genug trainiert zu haben. Womöglich wurde ich hier noch zu einem Mitwisser. Wer weiß, was diesem Kerl alles für Boshaftigkeiten einfielen.

„Denn noch viel Spaß." Alexander nickte nur, drehte erneut am Verstellrad und starrte wieder auf den Bildschirm.

Auf Etage 2 verließ Frau Magoo die Kabine, ohne vorher gefragt zu haben, ob sie auch wirklich richtig wäre. Ich eilte auf mein Zimmer und hatte nur noch die Dusche im Sinn.

Um 14 Uhr begab ich mich schließlich vor die Klinik und lief wie ein unruhiger Wolf im zu kleinen Gehege die Zufahrt rauf und runter. Ich wartete auf Conny. Die Menschen im Raucherpavillon waren mal wieder nicht mehr zu erkennen. Ich fragte mich, ob das extra dicke Scheiben waren, damit man die Lungenteerer nicht husten hörte, denn es drang kein Laut nach draußen. Ich ging wieder von links nach rechts und wieder zurück.

Hinter mir hörte ich, wie die Eingangstür geöffnet wurde. Peter, der schmale Alki stakste ins Freie. Ich drehte mich zu ihm und hob die Hand. Peter lächelte sein Gelbzahn-Lächeln und schlurfte zum Raucherpavillon, die Kippe bereits im Mund und das Feuerzeug im Anschlag. Die Chance stand immer noch 50 zu 50 bei ihm, ob er sich in dem Ort ein paar Bierchen holte oder den vollgeräucherten Glaskasten mit Holzummantelung aufsuchte. Letzteres war der Fall. Ich latschte wieder die Zufahrt bis zur Straße runter und wollte just wieder umkehren, als ich mein SUV die Straße hochkommen sah, mit Conny am Steuer. Sie winkte von Weitem und mein Herz hüpfte. Conny fuhr kurz an den Straßenrand und ließ die Seitenscheibe herunter. „Wo kann ich das Schiff denn parken?" Ich wies mit einer Hand in die Fahrtrichtung, damit sie den Schotterparkplatz der Klinik finden würde. Hoffentlich hatte sie genügend Kleingeld dabei. Dieser blöde Parkscheinautomat nahm ja nur Münzen. Der Wagen glitt an mir vorbei und ich bewegte mich in Richtung Parkplatz. Vor dem Vögeln könnten wir eine Runde durch den Kurpark oder Ort drehen.

Sie sah umwerfend aus. Ein wallendes Oberteil, das über ihrer engen Jeans zu schweben schien. Sie trug ihre Haare offen, so wie ich es am liebsten bei ihr sah.

Wir fielen uns in die Arme, um den Hals, knuddelten, erdrückten und küssten uns. Herrlich! Sie roch wahnsinnig gut. Ich schnüffelte gierig an ihrem Hals herum, bis es sie so sehr kitzelte, dass Conny mich etwas auf Distanz hielt. Ich war ein ausgehungerter Wolf.

„Hier bist du also die nächsten Wochen untergebracht", sagte Conny und lenkte ihren Blick an mir vorbei zum hässlichen Betonklotz, der meine Reha-Klinik darstellte. „Jep."

„Trinken wir irgendwo einen Kaffee oder willst du mir unbedingt erst dein Zimmer zeigen?", fragte sie mich und lächelte hinterlistig, was mich sofort wieder scharf machte. „Wir nehmen einen Kaffee-to go und gehen auf mein Zimmer", sagte ich scherzhaft. „Ich zeige Dir den Ort", schob ich nach und fasste ihre Hand. Wir schlenderten gemütlich die Zufahrtsstraße hinunter und plauderten unterwegs ein wenig.

„Das ist ganz schön abgeschieden hier. Ich traute dem Navi das ein oder andere Mal nicht."

Ich lachte und wies dann mit einem Finger auf ein Café. „Da ist es sehr gemütlich und es schmeckt."

„Dort gehst du wahrscheinlich täglich mit deinem Kurschatten hin?", fragte Conny provozierend. Wieso ich dabei nun ausgerechnet an Christine dachte, konnte ich mir nicht erklären. Möglicherweise, weil sie die penetranteste Kurschatten-Bewerberin in der Klinik war; was meine Person anging.

Viel lieber würde ich mal mit Sylvia einen Kaffee trinken. Weshalb nun wiederum dieser Gedanke durch meine Hirnwindungen kreiste, erklärte sich mir genauso wenig. Ich schob es mal wieder auf meinen immer noch bestehenden Schockzustand seit der Trennung von Karin und den verstärkten Testosteronschub wegen Conny. Beides war einfach zu heftig.

„Genau. Woher weißt du das?", versuchte ich dann eine lustige Antwort auf Connys Frage. Sie knuffte mich und nahm dann meinen Kopf in ihre Hände und drückte mir einen Kuss auf die Lippen. Im Café waren noch einige Plätze frei. Wir suchten uns einen separat stehenden Tisch, der gleichzeitig den Blick auf die Promenade ermöglichte.

Eine ältere Bedienung nahm unsere simple Bestellung auf. „Zwei Kaffee Crema. Sehr wohl."

„Erzähl. Wie gefällt es dir hier?"

„Könnte schlimmer sein. Eigentlich finde ich es am besten, dass ich hier auf Gleichgesinnte treffe. Oder sollte ich besser Gleichgestörte sagen?" Conny lächelte und meinte: „Du bist nicht gestört, Nik."

„Na ja, irgendwie ja schon. Sonst könnte ich ja weiter arbeiten."

„Das kommt alles wieder."

Dieser Satz von Conny machte mich sehr nachdenklich. Ich sah anscheinend sehr ernst und besorgt in ihr Gesicht. Sie schaute wiederum nun ziemlich irritiert zu mir.

„Was ist los, Nik?"

„Ich dachte gerade an die Zeit nach der Reha. Was wird dann kommen? Wo werde ich dann arbeiten?"

„Darüber mach dir mal noch keinen Kopf. Vielleicht musst du bei Steigermann kündigen. Oder willst du weiter mit Schnaller zusammenarbeiten?"

Als dieser Name fiel, zog sich bei mir wieder alles zusammen und gleichzeitig fühlte ich, wie mein Puls raste. Unglaublich! Als ob Conny „das böse Wort" ausgesprochen hatte. Wie *„Voldemort"* in den Harry-Potter Büchern. „Hast du auch gerade an Voldemort gedacht, so wie Du guckst?", fragte sie mich plötzlich. Ich lachte laut auf und nickte.

„Ja. Wahnsinn! Wie kommst du darauf?"

Sie lachte mit. „Wir ticken so gleich, Nik. Das ist ja das Tolle."

Die Kellnerin setzte die beiden Kaffeetassen vor uns ab. Die nächsten Minuten tranken wir schweigend unser heißes, belebendes Getränk und suchten immer wieder Blickkontakt. Es war so wunderbar mit Conny. Ich war so froh, sie kennengelernt zu haben und dass sie in mein Leben getreten war. Mir wurde zum wiederholten Mal schlagartig bewusst, ohne sie wäre ich nicht in dieser Klinik. Mit größter Wahrscheinlichkeit würde ich weiterhin bei Steigermann-Objektmöbel arbeiten, zwischendurch immer mal wieder krankfeiern und mich von Schnaller fertig machen lassen. Bis zum bitteren Ende. Wie hätte das dann ausgesehen?
Conny schaute ernst auf den Grund ihrer inzwischen leeren Tasse. Als ob sie dort nach weiteren Worten suchte.
„Ich kann da nicht hin zurück", griff ich unser Gesprächsthema wieder auf. „Die wollen mich nicht mehr. Das ist so was von offensichtlich." Meine Worte kamen nicht sehr selbstbewusst aus meinem Mund und mit dem nötigen Nachdruck, von dem Gesprochenen auch wirklich selbst überzeugt zu sein. Eher klangen meine Sätze wie ein Mitleid erhaschendes Genörgel. Ausgerechnet jetzt drängte dazu eine Träne aus mir heraus. Daraus wurde dann innerhalb kürzester Zeit eine richtige Heulattacke. Zum Glück saßen wir mit einigem Abstand zu den übrigen Gästen. Es war mir echt peinlich, hier die Heulsuse zu geben. Aber es ging einfach nicht mehr. „Du hast die richtige Entscheidung getroffen, Nik. Und zu Hause feierst du erst mal weiterhin krank. Und dann schauen wir mal in Ruhe." Conny streichelte meine Wange. Ich schniefte und seufzte; rotzte ein Taschentuch voll, welches Conny mir reichte. Diese Frau tat mir so gut. „Sagst du bitte, wir möchten zahlen?", wandte ich mich zaghaft an meine Partnerin.
Wir spazierten noch etwa 20 Minuten gemütlich durch den Kurpark. Conny zeigte sich von den Beeten und Grünanlagen sehr angetan. „Das war mal ein Landesgartenschaugelände. Glaube ich", versuchte ich zu erklären.
„Zeig mir dein Zimmer, Nik."
Unsere Schritte wurden nun schneller. Ich überlegte mir unterwegs, ob Herr Braun dort sitzen würde und welche Ausrede ich ihm präsentierte, wenn Conny zusammen mit mir vorm Fahrstuhl wartete. „Guten Tog Herr Rrreimann. Ah, Ihre Frau?" Braun schob sich die halbe Brille auf der Nasenspitze zurecht und musterte Conny.
„Äh, ja. Sozusagen. Meine Frau möchte schließlich auch mal sehen, wie

schön ich es hier habe." Wahrscheinlich lief ich gerade feuerrot an. "Meine Frau" hörte sich super für mich an. Conny lächelte ihr zauberhaftestes Lächeln in Richtung Braun. "Na klar. Herzlich Willkömmen!" Was war denn heute mit ihm los? Irgendein Geburtstag einer Nazigröße oder hatte sein Lieblingsverein gewonnen? Egal. Wir stellten uns locker vor die Fahrstuhltüren.

Pling! Gleich die erste Kabine war komplett frei. Bereits im Fahrstuhl schnappte ich mir Conny und wir küssten uns heftigst. "Ruhig Brauner. Verausgabe dich nicht", sagte Conny lachend. Ich schnaufte in der Tat wie ein Pony beim Reitturnier. "Ich hab dich so vermisst", meinte ich wahrheitsgemäß.

"Ein paar Tage musst du schon noch aushalten, Nicky." Wenn sie mich Nicky nannte, wusste ich, sie war gut drauf und wollte mich ein bisschen ärgern. Meistens nannte ich sie im Anschluss Cornelia. Das mochte sie nämlich überhaupt nicht. "Ich weiß, Cornelia."

Wir rissen uns in meinem kleinen Zimmer die Klamotten vom Leib und Conny plumpste auf mein Bett, welches sofort ein Knarr-und Knackgeräusch von sich gab. Sie erschrak und richtete sich wieder auf. "Keine Panik. Diese Betten stehen in jedem Zimmer und du musst dir manchen Patienten mal ansehen, der darin liegt."

"Aber unsere beiden Gewichte? Ich hab doch etwas zugelegt, Nik." Ich setzte mich sanft auf die Bettkante und drückte Conny seicht zurück, bis ich schließlich neben ihr zum Liegen kam. Es knarrte und quietschte unter uns. Egal. Conny fühlte sich fantastisch an.

Wir duschten anschließend gemeinsam in meiner beengten Duschkabine. Conny lachte immerzu. Sie lachte sehr laut. "Eigentlich ist immer noch Mittagsruhe", ermahnte ich sie lächelnd und hielt ihr einen Zeigefinger vor den Mund. "Na und?" Sie drehte plötzlich das kalte Wasser auf und sprang im selben Augenblick aus der winzigen Duschwanne. Ich schrie kurz auf und drehte beide Regler auf Null. "Du Biest!", rief ich ihr hinterher. Jetzt waren mit Sicherheit alle Zimmernachbarn wach geworden. Gleich würde Udo Lindenberg durch eine Wand erschallen. Nachdem wir uns angezogen hatten, schlug ich vor, in den nächsten Nachbarort zu fahren, um dort einen Snack zu uns zu nehmen.

"Och nö", nölte Conny und verzog ihr Gesicht, "hier ist es doch total schön und ich möchte nicht schon wieder im Auto sitzen. Das Vergnügen habe ich doch später noch." Überredet. Daher hieß es erneut: Auf in den wunderschönen und aufregenden Kurort Bad Weilingen. Von mir aus. Mir war viel wichtiger, dass meine Partnerin bei mir war und mir in jeder Sekunde den Eindruck vermittelte, vollkommen zu mir zu halten und mich insbesondere in dieser schwierigen Phase meines Lebens bestmöglich zu unterstützen.

Wir befanden uns gerade auf dem Flur, als aus Elliots Zimmer laute Grunz-und Stöhnlaute zu vernehmen waren. „Wer wohnt denn hier oder ist das euer Hundezwinger?" Conny wies mit dem Daumen auf Elliots Tür. Tatsächlich hörte es sich so an, als ob zwei Rottweiler ihr Paarungsritual vollzogen. Die Laute, die da an mein Ohr drangen würde ich als Knurren und Winseln von zwei sehr großen Hunden bezeichnen. Da dachte ich die ganze Zeit, dieser klobige Typ wäre so mit Medikamenten vollgedröhnt, dass er keiner Fliege etwas zu Leide tun könnte, dabei wurde er in dem Augenblick dort hinter der Tür zum rolligen Bernhardiner. Zusätzlich stellte sich mir die viel interessantere Frage: Mit wem trieb er es da? Natürlich eine blöde Frage, denn weshalb sollte nicht auch so ein Mann eine Frau an seiner Seite haben? Oder etwa einen Kerl? Das war aus den Lauten beider Personen in dem Zimmer nicht eindeutig herauszuhören. Klang das eben wie ein Bellen? Doch zwei Rottweiler? Ich zerrte Conny weiter, die tatsächlich ihr Ohr an die Tür legte. „Du spinnst wohl!", sagte ich zu ihr.

„Das klang so interessant", lachte sie. Unten im Foyer glaubte ich zuerst, Braun zwinkerte mir zu. Dann war es wohl doch nur ein nervöses Augenzucken, was ich da bemerkt hatte.

„Du hast es hier ja ganz gut getroffen", stellte Conny fest, als wir nach draußen traten.

„Ja, hätte schlimmer kommen können. Wobei die Therapien nicht wirklich hilfreich sind", entgegnete ich. Wir schlenderten wieder die Straße hinunter in Richtung Ort.

„Was läuft denn falsch?"

„Ach, ich werde hier den Eindruck nicht los, die müssen hier Quote für den Rentenversicherer machen. Von 100 Patienten sollen mindestens 95 als gesund entlassen werden. Mit Ausnahme der Soldaten."

„Soldaten?"

„Ja, die kommen nach jedem Auslandseinsatz prophylaktisch hier her. Aber alle anderen müssen eine „arbeitsfähig"-Bescheinigung auf ihre Entlassungspapiere bekommen."

Conny nickte stumm und nahm meine Hand. Wir schlenderten gemütlich die Straße hinunter und sprachen die nächsten Minuten kein Wort.
„Wie kommst Du denn hier wohl raus?", fragte sie mich erneut; das Thema schien auch Conny zu beschäftigen.
„Ich habe keine Ahnung. Aber ich werde wohl noch ein paar Jahre arbeiten müssen."
„Klar. Aber du gehst auf keinen Fall zurück zu diesem Arschloch!"
Mich wunderte es, dass sie nicht meinen Arbeitgeber nannte, sondern gleich auf Schnaller zu sprechen kam. „Das wollte ich eben noch erzählen. Der Anwalt bereitet meine Kündigung vor. Steigermann-Objektmöbel wird es also definitiv nicht mehr geben."
„Dann wirst du arbeitslos entlassen. Hier, aus der Klinik?"
Ihre Worte erzeugten einen kurzen Schreckmoment bei mir. Ich hatte zwar schon häufiger darüber nachgedacht, allerdings traf es mich in dem Augenblick bewusster, nachdem eine außenstehende Person; in diesem Fall Conny, die zukünftige Situation nach meiner Klinik-Entlassung konkret benannte. „Äh, ja. So wird es wohl sein. Aber ich finde bestimmt wieder etwas Neues."
„Bekommst du nicht eine Abfindung?"
„Die steht mir ja eigentlich zu. Nur ich kündige ja selbst und da sieht die Welt ganz anders aus, was das angeht."
Schweigen. Ich konnte mir sehr gut vorstellen, was jetzt in Conny's Köpfchen vor sich ging. Entweder dachte sie: *„Schön blöd"* oder der finanzielle Aspekt war ihr vollkommen egal. Immerhin waren wir nicht verheiratet und jeder musste mehr oder weniger für sich selbst sorgen. Bei mir zukünftig wohl eher „weniger". Darüber hatte ich mir aber nicht so intensiv Gedanken gemacht. Wir erreichten ein nett aussehendes Restaurant mit dem vielversprechenden Namen „ Pappsatt" und da unser beider Hunger inzwischen gewaltig angewachsen war, entschlossen wir uns dort einzukehren. Das relativ kleine Restaurant war gut besucht und der Ober hatte Mühe, zwei freie Plätze bereitzustellen. Das Tischchen direkt neben dem WC wollten wir auf keinen Fall haben. Nach einer kurzen Wartezeit quetschte er uns zwischen zwei Vierer-Tische an denen bereits Gäste saßen und aßen. Man sah etwas argwöhnisch und genervt zu uns. „Guten Tag und guten Appetit", sagte ich vorsichtshalber übermäßig freundlich in die Runde. Ein paar Gäste nickten und der ein oder andere erwiderte zumindest ein „Tag." Conny war die Situation sehr un-

angenehm, das sah ich in ihrem Gesicht und merkte es an ihrer Körperhaltung. Sie zog ihre Schultern nach oben und blickte starr nach unten auf die Speisekarte. Diese war recht überschaubar, da es nur fünf Gerichte zur Auswahl gab. Das hatte sicherlich den Vorteil, dass diese immer frisch zubereitet wurden. Vermuteten wir. Von meinem Platz aus hatte ich leider zwischen den Gästen hindurch einen direkten Blick in die Küche. Diese war durch eine saloonartige Schwingtür vom Gastraum getrennt. Immer wenn die Schwingtür aufschwang, weil ein Kellner mit einem Tablett voller Speisen, die in wahren Bergen auf den Tellern geschichtet waren, hindurchschritt, konnte ich einem der Köche bei der Arbeit zusehen; wenn auch nur für Sekunden. Beim ersten Blick sah ich, wie dieser bei einer großen Konservendose den Deckel abzog; beim zweiten Blick schabte er mit einem Kochlöffel eine breiige Masse aus einem Kunststoff-Eimer direkt in den Kochtopf. Die dritte Sichtkontaktmöglichkeit gewährte mir einen Einblick der Fleischbeschaffung dieses Etablissements: Der Koch riss eine Folie von einem großen Stück Fleisch, welches er dann in den Topf mit der breiigen Masse klatschen ließ, dass die Soßentropfen-oder was immer das war-, hochspritzten und seine weiße Jacke besprenkelten, die er immerhin trug. Dafür hingen ihm seine langen Haare wirr ins Gesicht. Das berühmte Haar in der Suppe wurde hier wahrscheinlich nicht allzu selten gefunden. Egal. Wir hatten Hunger. „Pappsatt" bedeutete mit absoluter Sicherheit: Hier würden wir satt. Pappsatt eben.
Eine Tüte mit gefrorenem Gemüse wurde gerade aufgeschnitten, dann schwang die Saloontür wieder zurück und ich blickte zu Conny. „Hier gibt es Fertigfraß."
Sie schaute zum ersten Mal hoch und nicht mehr starr nach unten. „Wie kommst du denn darauf?"
Ich schaute mich geheimnisvoll um, als ob ich vermeiden wollte, dass einer der neben uns Sitzenden etwas mithörte und flüsterte laut: „ Ich habe die ganze Zeit gesehen, wie einer der Köche irgendwelchen Dosenfraß oder Fleisch in Folien verpackt in einen Topf gekippt hat."
„Mit der Folie?", fragte Conny entsetzt.
„Nein. Das nun gerade nicht. Aber eben kippte er noch gefrorenes Gemüse dazu. Als ob der EISMANN vorhin angeliefert hätte."
Conny lachte. „So ein Essen bist Du doch gewohnt." Sie spielte auf meine Essensgewohnheiten aus der Vergangenheit an. Ich hatte ihr natür-

lich irgendwann mal erzählt, dass es aus Zeitgründen häufig Fertiggerichte bei Karin und mir gab. Für mich war diese Art der Ernährung vollkommen in Ordnung, ergänzte sie doch zu dieser Zeit mein Kantinenessen. So brauchte sich mein Magen nicht allzu sehr umstellen. Karin kochte selten frisch. Außerdem kam ich oftmals zu den unmöglichsten Zeiten nach Hause. Da war das einfach die beste Art der „frischen" Essenszubereitung. „Außerdem trägt der Koch einen Heavy-Metal-Haarschnitt", meinte ich.
„Wie sieht der denn aus?", fragte Conny lachend.
„Lange Haare, die in der Pfanne hängen."
Einer der hinter mir sitzenden Gäste beugte sich nach hinten und sprach mich an.
„Was sagen Sie da?" Ich erschrak ein wenig und überlegte mir eine passende Antwort. Ich wollte irgendwelchen Ärger vermeiden, mit dem ich in diesem Moment rechnete. Vielleicht war dieser Gast mit dem Wirt sehr gut befreundet. Oder sogar mit dem Koch. Diesen sah ich schon wutschnaubend mit gewetztem Messer an unseren Tisch eilen. „Der Koch hat schöne Haare", antwortete ich dem Mann hinter mir und spürte, wie mir bei dieser blöden Antwort das Blut in den Kopf schoss. „Wenn Sie das sagen", meinte er dann und wandte sich wieder seinen Mitessern am Tisch zu. Conny prustete plötzlich laut los und musste sich die Lachtränen mit der Serviette abtupfen.
„Oh Nik! Du bist einer!" Der Ober kam und nahm unsere Bestellung auf, die ich für Conny sprechen musste, denn sie lachte immer noch. Wir nahmen beide das Hähnchenbrustfilet mit Kroketten und einer Currysauce. Der Kellner zog mit einem „Gerne!" wieder ab. Die Schwingtür flog auf und ich sah den langhaarigen Koch eine Kippe rauchen. In der Küche! Wo zum Teufel waren wir hier gelandet?
Wir bekamen unsere Cordons bleus mit Kroketten serviert; Conny ihr Glas Rotwein und ich mein Bierchen. Das Essen sah sehr gut aus und ich überlegte, welcher Lieferant dahinter stecken könnte. Ich tippte auf FROSTA. Es schmeckte. Könnte genauso gut von IGLO sein. Die Portion war ordentlich und das „PAPPSATT" machte seinem Namen alle Ehre. Nach einem Haar oder gar Ascheresten einer Kippe suchte ich, beiläufig auf dem Teller stochernd, vergeblich. Nach meinem zweiten Bier und Connys Wasser; weil sie fahren musste, verlangte ich nach der Rechnung.

Wir gingen gemütlich die Straße zurück bis zum Parkplatz, auf dem Conny geparkt hatte. Unterwegs wechselten wir nur wenige Worte miteinander. Es genügte uns, nur händchenhaltend nebeneinander herzugehen; uns zu haben. „Ich komme dann nächstes Wochenende wieder", sagte Conny. Sie überreichte mir meine eigenen Walking-Stöcke, die sie von der Rückbank holte. Schmutzwäsche brauchte ich ihr nicht mitzugeben; die hatte sich bei mir in der kurzen Zeit nicht angesammelt; was Conny dennoch seltsam fand. Wir küssten uns und dann stieg sie in mein SUV. „Ich hatte übrigens nicht genug Kleingeld und finde das sowieso eine Frechheit. Gab aber kein Knöllchen", sagte sie mir, nachdem die Seitenscheibe heruntergefahren war. Dann fuhr sie los.

Yeah, yeah, yeah!

Ich fühlte mich an diesem Morgen irgendwie nicht ausgeschlafen. Mal wieder. Conny hatte mich noch spätabends angerufen, um mir mitzuteilen, dass sie ohne größere Verzögerungen wieder zu Hause angekommen war. Dieses Telefonat hatte dann bis etwa ein Uhr nachts gedauert und ich war nach Beendigung des Gesprächs völlig aufgelöst in Tränen ausgebrochen. Warum, konnte ich mir selbst nicht annähernd beantworten. Das totale Gefühls-und Gedankenchaos in meinem Schädel. Dazu kam die für mich irrsinnige Vorstellung, hier tatsächlich mehrere Wochen zu verbringen. Wo war ich nur gelandet? Was war mit mir passiert? Aus diesen Gedanken heraus wurde mir dann schlagartig klar, dass das den Tatsachen entsprach, ich daran nichts zu ändern vermochte und dadurch wurde es noch schlimmer. Ich heulte Rotz und Wasser in mein Kopfkissen. Danach ging es mir wesentlich besser. Ich hatte alles wortwörtlich heraus-, meinen Gefühlen freien Lauf gelassen. Dafür schämte ich mich kein bisschen. Im Gegenteil. Da mir derartige Heulattacken zu Hause häufiger passiert waren, erzählte ich das nicht nur Conny, sondern irgendwann auch meinem Freundeskreis. Die erlebten mich glücklicherweise oftmals in einer freudigen Verfassung und in bester

Laune. Da entstand dann schnell der Eindruck: Dem Nik geht es doch spitze und was hat er denn überhaupt? Nicht um mich zu rechtfertigen, sondern um meinem sozialen Umfeld klar zu machen, dass derartige krasse Stimmungsschwankungen zwischen himmelhochjauchzend und zutiefst betrübt zu meiner Krankheit dazugehörten. An sogenannten „schwarzen" und ausgesprochen miserablen Tagen bekamen mich einige meiner Leute oftmals erst gar nicht zu Gesicht. Von daher dominierten bei denen verständlicherweise die gemeinsamen Zeiten, an denen ich wirklich Bock hatte, mich mit ihnen zu treffen und entsprechend gut gelaunt war oder zumindest den Anschein wahren konnte; gewissermaßen die „Fröhlich-Maske" aufsetzte. Conny hingegen bekam täglich meine gesamte Gefühlspalette zu spüren; erlebte sie jedes mal mit. Sie ging prima damit um und äußerte diese zwar lieb gemeinten Floskeln, wie „Das wird schon wieder" oder „Kopf hoch, Nik", von vornherein nicht. Das half ohnehin nicht. Conny ließ mich während meiner Heulattacken nur in Ruhe und fragte irgendwann ganz vorsichtig „Geht es wieder, Nik?" Zudem versuchte sie meine Stimmungsschwankungen und damit einhergehende Übellaunigkeit oder Gereiztheit weitestgehend zu ignorieren. Ich bewunderte sie. Ich war so froh, dass sie das alles mit mir durchstand und hoffte inständig, sie würde nicht selber einen seelischen Schaden dadurch erleiden. Da vertraute ich auf ihren gesunden Menschenverstand und ihre therapeutische Ausbildung.

Heute stand mein Friseurbesuch an. Die Stoppeln auf meiner Pläte drängten sich schon im Millimeterbereich nach Außen. Da meine bisherigen Selbstversuche einer Kopfrasur kläglich gescheitert waren, beschloss ich, den ortsansässigen Frisurenmeister den Rasierer ansetzen zu lassen. Gleich nach dem Frühstück machte ich mich auf den Weg in den Ort, denn mein Therapieablaufplan gewährte mir fast zwei Stunden freie Zeit, bevor es wieder zum Schleifer Herrn Jäger in die Sporthalle ging.

Es schien die Sonne und der Himmel beherbergte lediglich ein paar zarte Wölkchen. Fast wäre ich ohne Jacke vor die Tür gegangen. Im letzten Moment erinnerte mich mein Verstand, dass es immer noch April war und die Temperaturen entsprechend niedriger, als in einem Sommermonat. Ich wollte mir hier in der Klinik auf gar keinen Fall eine Erkältung oder dergleichen einfangen. Das würde wiederum bedeuten, mich erneut in die grauenvollen Fänge von Dr. Schamowski -„Lecter" zu bege-

ben. Womöglich käme das einem Todesurteil gleich. *„Wir mussten ihn einschläfern."* Apropos: Ich hatte den erst kürzlich zusammengebrochenen Patienten bisher nicht wiedergetroffen. War er schon längst entsorgt worden? Verstand die Klinik das unter „Überführung in den Alltag?"
„Keine Ahnung, wo Herr XYZ geblieben ist. Eines Tages war er plötzlich verschwunden."
Über meinen eigenen bescheuerten Gedanken schmunzelnd setzte ich den Weg fort. Es kamen mir einige Mitpatienten entgegen und nicht wenige machten sich gleichzeitig ebenfalls auf den Weg ins Örtchen. Ich beschloss, mich keinem Grüppchen anzuschließen, sondern alleine weiterzugehen. Ohnehin war mir nicht nach Smalltalk. In einigen Metern Entfernung beobachtete ich ein bekanntes Szenario, wie eine Oma mit Rollator unweit des Zebrastreifens die Straße überqueren wollte. Relativ mittig in der scharfen uneinsehbaren Kurve. Doch sie hatte Glück und setzte den Rollator auf dem Bürgersteig der gegenüberliegenden Straßenseite ab, als ein Mulden-Lkw um die Ecke kam und rein prophylaktisch sein Drei-Klang-Horn abhupte. Die Oma erschrak und rief irgendwelche altdeutschen Flüche hinter dem Lkw her. Dennoch dachte ich, es hätte übelst enden können.
Das Friseurgeschäft lag direkt am Ortseingang, bevor die Fußgängerzonen begannen. Draußen vor dem Geschäft stand ein Aufsteller, der mit Kreide beschriftet worden war: *„Ohne Termin!"* Ich öffnete die Glastür, löste damit ein Bimmelglöckchen aus und betrat den Laden. Nach drei oder vier Schritten stand ich vor den einzigen beiden Frisierstühlen. Alte, robust aussehende Exemplare, bei denen hinten jeweils das bekannte Pumppedal aus der Fußbodenverankerung hervorschaute, anhand dessen der Stuhl in die für den Haarstylisten passende Arbeitshöhe gepumpt wurde.
Saß man in den Stühlen, erblickte man sein eigenes Antlitz in einem annähernd die gesamte Wand bedeckenden Spiegel. Der Spiegel wies an einigen Stellen blinde Flecken oder von der Sonneneinstrahlung in Mitleidenschaft gezogene dunkle Flächen auf.
In unmittelbarer Nähe standen drei schlichte Stahlrohrstühle, die anscheinend den Wartebereich bildeten. Auf einem dieser Stühle saß der Maestro persönlich und las überaus vertieft die Tageszeitung. Der alte Mann trug ein blütenweißes Arbeitsjackett. Aus einer aufgenähten

Brusttasche lugten ein silberner Kamm und eine Schere hervor. Beides Utensilien, die er definitiv nicht bei mir anzuwenden brauchte. Er schien mich nicht bemerkt zu haben, obwohl das Türglöckchen heftig gebimmelt hatte. „Guten Tag!", rief ich zu ihm herüber. Erschrocken senkte er die Zeitung und erhob sich mühsam von seinem Stuhl. „Guten Tag. Entschuldigen Sie bitte, aber mein Gehör ist nicht mehr das Beste." Ich hoffte, dass seine im Mittelalter erlernte Handwerkskunst für das ruhige und konzentrierte Führen einer Haarschneidemaschine reichen würde. Mit wackeligen Schritten kam er auf mich zu und wies mit einer knochigen Hand zittrig auf einen der beiden Frisierstühle. Dieser Mann hatte eindeutig das Rentenalter lange überschritten. Er hielt sich den Laden lediglich als Hobby; seitdem vor einigen Jahren seine Frau von einem Mulden-Laster erfasst worden war. Meine Einschätzung.

Nachdem ich Platz genommen hatte, wickelte er unmittelbar die typische Krepppapierhalskrause um meinen Hals und mit der nächsten Bewegung legte sich ein grauer, nach in Jahrzehnten eingesickerten billigen Aftershaves riechender Umhang über meinen Oberkörper.

„Was kann ich denn für Sie tun?", fragte er dann dicht an meinem Ohr, während er gleichzeitig das Pumppedal malträtierte, denn es quietschte gewaltig und der Stuhl bewegte sich allmählich nach oben. Danach war der Herr der Lockenwickler ziemlich fertig und schnaufte ein paar Mal, bevor er tüddelig den Stecker des Haarschneiders in die Steckdose gegenüber prokelte. Ich hatte kurz vorher „Einfach alles ab", geantwortet.

Sein Haarschneidegerät war offensichtlich aus der Gründerzeit seines Friseurgeschäftes. Ich hatte selber so ein Ding zu Hause. Aus Kunststoff, mit Akku und einem verstellbaren Aufsatz für die entsprechenden Millimeter der Haarlänge. Der ältere Mann hinter mir hielt hingegen ein metallisch aussehendes, brotmesserlanges, laut brummendes Gerät in seiner zitternden Rechten, welches für alle Fälle auch einen Verbrennungsmotor beinhaltete; es hätte mich nicht im Geringsten gewundert. Ein schwarzes, stoffummanteltes Kabel, welches an diversen Stellen ausgefranst war, steckte in der vergilbten Steckdose. „*Hoffentlich überlebt er diesen Einsatz*", überlegte ich und meinte damit nicht nur das Schneidegerät. Mein „Alles in Ordnung?", hörte er schon gar nicht mehr, denn er hatte das Schneidemonstrum bereits auf meiner Kopfhaut platziert und zog die erste Spur von meinem Nacken bis zur Stirn. Mein Schädel spürte die Vibration des technischen Schneidwerkzeugs auf der gesamten

Schädelplatte. Als ob mir jemand mit einer elektrischen Poliermaschine die Glatze polieren würde. Dabei setzte der Scheitelzieher erst zur zweiten Schneidbahn an. Ich ließ meine Augen durch den Frisiersalon wandern, wenn er denn diesen Namen überhaupt verdient hatte. Ich sah nirgends die obligatorischen Trockenhauben für die Damenwelt. An der Wand rechts neben mir hing eine beachtliche Anzahl Meisterbriefe und Zertifikate hinter Glas und ich entzifferte Ausstellungsjahrgänge zwischen 1961 und 1967, parallel zur Karriere der Beatles. Die letzte Fortbildung schien demnach schon ein Weilchen her zu sein. Egal, für meinen Amateurschnitt würde seine Aus-und Fortbildung sicherlich reichen. „Au!", schrie ich plötzlich, nachdem die Säbelmaschine versuchte, mein linkes Ohrläppchen zu zerstückeln. Der Friseur riss die Klingen aber geistesgegenwärtig und reaktionsschnell von meinem Fleisch weg. „Oh, Verzeihung! Ist aber nichts passiert. Blutet nicht einmal", entschuldigte er seinen Fauxpas; nervös mit zwei Fingern mein Ohrläppchen befummelnd. Instinktiv griff ich jetzt ebenfalls nach meinem Ohrläppchen und berührte dabei mit meinem Zeigefinger das immer munter weiter ratternde Schneidwerk. „Au!", erklang es ein zweites Mal von mir. „Das waren Sie jetzt aber selbst!", verteidigte der Weißkittel sich.
„Ja ja. Ist schon gut. Nichts passiert", sagte ich und merkte, wie meine Körperspannung zunahm. Die Maschine glitt erneut von meinem Nacken aus bis vorn zur Stirn und wiederholte diesen Vorgang ein paarmal. Für einen Augenblick stellte sich bei mir das Gefühl eines Zahnarztbesuches ein; ähnliche Angstzustände.
Nach knapp fünf Minuten war alles gelaufen. „Soll ich ein wenig mit dem Messer nacharbeiten?", fragte mich der wie ein Rehpinscher zitternde Coiffeur. Mein entsetztes „Nein!" ließ ihn förmlich zusammenzucken. Da tat er mir fast schon ein bisschen leid. „Entschuldigung. Aber ich bin etwas in Eile", sagte ich daher zu ihm. Mit zwei Handgriffen, die dieser alte Mann wahrscheinlich schon seit über 50 Jahren vollführte, entfernte er die Halskrause und den Umhang. Ich bezahlte meine elf Euro und gab ihm zwei Euronen Trinkgeld in die knochige Hand. Rentenaufbesserung. „Auf Wiedersehen", wünschte er mir, welches ich erwiderte, mir aber sehr sicher war, dass das nicht in diesem Leben sein würde; in seinem Leben.
Meine Blase drückte. Ich wollte dazu nicht zurück ins Friseurgeschäft, um auf dem Kunden-WC zu pinkeln. Entlang der Flaniermeile reihte sich

Café an Café und somit reichlich Möglichkeiten, meinen Lurch auszuwringen. Einige dieser Kaffeeausschankstuben ließen anhand selbstgekritzelter Schilder erkennen, dass die Benutzung ihres Abortes 50 Cent kosten würde, falls man nicht irgendein Getränk zu sich nahm. Das kannte ich bisher nur in Venedig auf dem Markusplatz. Ein Blick auf meine Armbanduhr signalisierte mir, mich in aller Ruhe an eines der liebevoll dekorierten Tischchen zu setzen, um eine Tasse Kaffee zu mir zu nehmen. Meine Blase erlaubte mir, vorher die Bestellung abzusetzen. Mein Hintern hatte gerade erst den doch reichlich unbequemen Sitz des Metallstuhles berührt, als eine ältere Bedienung angerauscht kam. „Bitte?", wandte sie sich an mich.

„Bitte was?", fragte ich frech zurück.

„Was möchten Sie trinken?" Anscheinend sah ich so satt aus, dass sie gar nicht erst nach meinem Kuchenwunsch fragte. „Einen Becher Kaffee, bitte", äußerte ich meinen bescheidenen Wunsch und rechnete fest mit einem *„Draußen nur Kännchen"*. Dem war aber nicht so. „Gerne", blökte sie mir entgegen und entschwand ins Innere des Etablissements. Ich checkte mal eben eventuelle Nachrichteneingänge auf meinem Handy, als die Bedienung schon mit meinem Becher Kaffee zurückkam. Der war wahrscheinlich vorbereitet und in der Mikrowelle erhitzt worden. Er schmeckte köstlich.

„Schmeckt's?", wurde ich plötzlich von der Seite gefragt. Ich hob erstaunt mein Haupt und sah in das hübsche, leider von einer Sonnenbrille verdeckte Gesicht von Sylvia. „Oh. Äh. Ja, sehr lecker", stammelte ich wie ein Teenager beim ersten Date.

„Möchtest du dich setzen?", fragte ich, doch sie schüttelte den Kopf.

„Mir geht es immer noch nicht so gut. Deshalb hatte ich mich neulich nicht auf Höckers Tanzveranstaltung blicken lassen; selbst wenn das immer richtig klasse ist." Anhand meines fragenden Blickes vermutete Sylvia scheinbar, dass ich doch bitte schon etwas genauer informiert werden wollte, um nicht zu sagen: Ich war schrecklich neugierig. Daher fuhr sie fort: „Eine Art von Weichteilrheumatismus. Alles was irgendwie mit Muskeln oder Sehnen und Gelenken zu tun hat, schmerzt höllisch. Und gestern hatte ich meine 800er Ibus eigenständig reduziert. Schön blöd."

„Na ja, das sind ja echt ordentliche Hammer-Teile, die du da schluckst."

„Trotzdem hätte ich die Abend-Pille nicht einfach so weglassen sollen. Wir beiden hätten bestimmt einen ordentlichen Square-Dance durch den Raum getanzt."

Ich nickte. „Das sah echt super aus, was Höcker da aufs Parkett zaubern ließ."

„Dann will ich mal langsam weiter und mich wieder hinlegen. Wollte das tolle Wetter einfach mal ausnutzen." Sie winkte mir zu und drehte sich dann um. Ich beobachtete, wie sie recht langsam die leichte Steigung der Zufahrtsstraße zur Klinik hochging.

Ich trank die Pfütze aus meiner Tasse und legte einen Fünf-Euro-Schein auf die Untertasse. Das sollte inklusive Trinkgeld reichen. Ich war nicht knauserig. Bevor Schleifer Jäger mich wieder seltsame Sachen wie „Ball an die Wand schmeißen" oder „über Kindergarten-Hürden gehen" machen ließ, wollte ich mich ein Weilchen aufs Ohr legen. Doch zunächst schrie meine Blase lauter nach Entleerung. Durch die Begegnung mit Sylvia war mein Organismus ordentlich durcheinandergeraten. Das fehlte noch, dass ich mir in einem Senioren-Café in die Hosen pinkelte. Da ich in dem Café immerhin einen Kaffee verzehrt hatte, erlaubte ich mir eine kostenlose Toilettenbenutzung.

Die WC-Räume befanden sich im Keller, der über eine wahnsinnig steile Steintreppe zu erreichen war. Nichts für Gehbehinderte, geschweige denn Rollifahrer. Derartige Gäste waren hier anscheinend nicht erwünscht. Oder verteilte die Bedienung Bettpfannen an den Tischen? Alte Menschen, speziell alte Männer tummelten sich hier durchaus, wie ich soeben feststellte. Die Herrentoilettentür war eine Schwingtür und schwang nach innen, als ich sie anstieß. Ich betrat den gekachelten Raum mit der Pissoir-Aufreihung und staunte nicht schlecht. Fast alle Pinkelbecken wurden von alten Herren ins Visier genommen. Ich blickte auf eine Parade Rückenansichten dieser Männer und hörte ab und zu ein Räuspern, Keuchen und sogar Gestöhne. Wahrscheinlich, wenn es nicht so richtig lief. Bei einem der Kandidaten hingegen lief es besser, als er selbst erwartet hatte. Mit einem „Mist!" fummelte er seinen faltigen Schwengel aus dem Hosenstall, doch hatte dieser scheinbar vorher einen Teil seiner Ladung in den Schiesser-Grob-Ripp-Schlüpper gezischt. Denn der Mann hielt einen bereits tropfenden Pimmel in der Hand und versuchte ihn zur Vollendung des Vorgangs in die richtige Richtung zu bewegen. Um seine Sandalen, in denen er weiße Tennissocken trug, bildete sich langsam eine Pissepfütze. Igitt! Ein Becken wurde gerade frei. Der Opa zog zitternd den Reißverschluss nach oben und taumelte an mir vorbei. Ich trat nicht sehr dicht an das Pissoir heran, weil sich auch vor diesem Teil eine gelbliche Lache ergoss. Die Fliesen drumherum waren ebenfalls gelb gesprenkelt. Der Opa hatte wohl beim Festhalten seiner altersschwachen Python extrem gezittert. Gott sei Dank hatte ich genügend Druck auf meiner Pipeline, sodass ich die fehlende Entfernung durch meinen satten Strahl wettmachte. Neben mir wurde ein langgezogener Furz freigelassen, dem ein zackiges „Jawoll!" folgte. Ich wollte hier ganz dringend wieder raus. Was freute ich mich auf mein kleines, schnuckeliges, sauberes Bad in der Klinik. Ich machte mich wieder auf den Weg zu meiner Herberge, um nach einem kurzen Päuschen Jägers Sport-Therapie auszuhalten.

*

„Heute Abend könnten wir die Beatles hören!", rief Abby aufgeregt am Abendbrottisch und sah von einem zum anderen Gesicht. „Wie, die Beatles? Werden die exhumiert und wiederbelebt?", fragte Stefan trocken und selbst Anne kicherte über seinen Gag.
„Quatsch, weißer Mann! Eine Revival-Band. Überall hängen die Plakate." Abby zeichnete mit seinen Zeigefingern die Umrisse eines Plakats nach, welches demnach fast so groß wie ein Kiss-Poster aus der Bravo zu sein schien.
Aber es stimmte; ich konnte mich an diverse Plakate in der Innenstadt erinnern, die ich unbewusst wahrgenommen hatte. „Wo spielen die denn?", fragte ich meinen aufgeregten schwarzen Tischnachbarn. „Im Kurhaus", antwortete Abby wie aus der Pistole geschossen. Das Kurhaus war für mich nicht unbedingt die geeignete Location für Rock'n Roll. Aber letztendlich befanden wir uns in einem Kurort und dort fanden Konzerte eben im Kurhaus statt. „Wann denn?", fragte jetzt tatsächlich Stefan.
„Hätte man da nicht schon längst Tickets reservieren müssen?", interessierte sich inzwischen auch Anne für das Event.
„Nein. Wir werden bestimmt noch Plätze ergattern", meinte Abby fröhlich zuversichtlich, denn er merkte so langsam das steigende Interesse bei uns. Ich musste zugeben, dass man hier gerne mal nach einem Abwechslungsstrohhalm griff. Und es gab bestimmt Schlimmeres als eine Beatles-Cover-Band. Ich mochte die Musik der Pilzköpfe. Sie dudelten

zwar nicht ständig aus meinen Boxen, aber die meisten ihrer Songs waren mir geläufig. „Los, lasst uns mit Abby dahin gehen", schlug ich deshalb vor. Die beiden anderen nickten und Abby grinste bis über beide schwarzen Ohrläppchen. „Wir treffen uns um halb acht vor der Klinik und gehen zu Fuß zur Halle. Sind maximal zehn Minuten." Abby nahm weiterhin das Ruder in die Hand. Wir stimmten ihm zu.
Bei meiner Sporteinheit mit „Schleifer" Jäger hatte ich heute Nachmittag verstärkte Rückenschmerzen vorgetäuscht, um zumindest das erniedrigende „Volleyball-an-die-Wand-schmeißen" wegzulassen, da ich heute überhaupt nicht in der Lage war, mich nach dem Ball zu bücken. Jäger zog skeptisch beide Augenbrauen nach oben. Die „Gummiband-Wandsprossen-Zug-Aktion" würde mir heute wirklich höllische Schmerzen verursachen. Jäger blickte schon nach meiner zweiten Schmerzbeichte etwas verzweifelter und es fehlten ihm weitere Alternativen, die mein geschwächter Körper hätte ausführen können. So waren die 45 Minuten in der Sporthalle relativ geschmeidig an mir vorübergezogen; einige Minuten davon saß ich gelangweilt auf einer der langen Sitzbänke vor der gewaltigen Fensterfront ab. Duschen musste ich nicht, entschied ich, schließlich war mein Körper nicht übermäßig ins Schwitzen gebracht worden. Ein Klamottenwechsel musste heute Abend ausreichen. Mein Testschnüffeln unter den Achseln bestätigte meinen Entschluss. Außerdem würde ich später beim Beatles-Konzert ohnehin wieder aus allen Poren triefen. Inzwischen hatte ich total Bock auf das Event. „She loves you, yeah,yeah,yeah!", sang ich beim T-Shirt-Wechseln vor mich hin.
Ein sauberes, aber ein wenig zerknittertes Motörhead-Shirt und eine frische schwarze Jeans bildeten mein Outfit für den heutigen Abend. Plötzlich brummte mein Handy und vibrierte auf dem kleinen Schreibtisch vorm Fenster. Eine Whatsapp-Nachricht von Christine. Mein Blick ging zur Zimmerdecke und ich verdrehte meine Augen. Was wollte die denn?
„Habe gehört, ihr geht zu einem Konzert. Würde Dich gerne begleiten, wenn du magst. Lieben Gruß. Chrissie." *Chrissie!* Oh mein Gott! Sie stellte sich vor, dass ich sie ab sofort mit ihrem Kosenamen ansprach. Das machte die ganze Sache weitaus intimer. *„Darfst mich Nicky nennen, Chrissie",* schoß es durch mein Hirn. Auf gar keinen Fall würde es ein Gespräch in diese Richtung geben. Es war höchste Zeit, mit Christine

Klartext zu reden. Die bildete sich sonst eindeutig zu viel auf unsere Begegnung ein. Ich meinte es letztendlich nur gut mit ihr.
„Wir sind schon zu viert und möchten es bei unserer Tischrunde belassen. Sorry. Nik." Ich drückte auf „senden". Entweder käme gleich eine traurige, enttäuschte Rückantwort von Christine oder sie hatte mich verstanden. Mein Handy brummte erneut. Sie hatte vermutlich nichts verstanden. *„Hey, Kurpark-Schreck! Wie ist die Lage und bekommen Dir die Anwendungen?"* Die Nachricht kam von meinem Kumpel Hagen. Ich freute mich und las sie ein zweites Mal. Es war im richtigen Leben schon äußerst selten, dass Hagen per Whatsapp Kontakt zu mir aufnahm. An Telefonieren war von seiner Seite gar nicht zu denken. Unsere Freundschaft pflegte daher ich wesentlich intensiver. Ich mochte den Dicken einfach viel zu sehr und verzieh ihm oft seine eigene Mitteilungsschwäche. Ich schrieb ihm zurück und erklärte ihm, dass ich bekanntlich noch nicht allzu lange hier wäre und demzufolge bisher nicht das komplette Therapieprogramm durchlebt hätte. Die Leute hier seien auf jeden Fall sehr nett. Die Ärzte beschrieb ich mit *„ein wenig gruselig",* obwohl ich damit fast ausschließlich Dr. Lecter-Schamowski meinte. Dr. Kalil gehörte mehr zur Kategorie *„seltsam".* Mit einem *„Man sieht sich"* beendete ich mein Getippel knapp und schickte die Worte auf Reisen. *„Halte durch. Lass Dich nicht ärgern",* kam final von Hagen zurück. Ich musste lächeln und wurde gleichzeitig ein wenig melancholisch. Mir schossen wieder völlig unerwartet Tränen in die Augen, während ich weiter auf das Display starrte und Hagens Worte las. Mit einem „Warum passiert das denn jetzt?", warf ich mich aufs Bett und schluchzte in mein Kopfkissen, dabei trommelte ich mit den Fäusten auf die Matratze. Hagen hatte scheinbar mit seinen Worten den passenden Knopf bei mir gedrückt. Jetzt fehlte nur noch, dass Conny anrief, um meinen Gefühlsmix komplett durchzurühren. Stattdessen brummte mein Handy wieder und durch meinen tränenverschleierten Blick hindurch sah ich, dass tatsächlich Christine zurückgeschrieben hatte. *„Schade. Aber dann ist es so."* Sie hatte es kapiert! Uff!
Stefan, Anne und Abebe standen schon wartend vor der Klinik, als ich gemütlich herausgeschlendert kam. „Heulst Du?", fragte mich Abebe. Verdammt, entweder hatte ich immer noch gerötete Augen oder der Kerl hatte ein so sensibles Gespür für die Gefühle seines Gegenübers. „Sieht man das immer noch?" Ich rieb mir wie ein kleiner Junge unbe-

holfen die Augen. „Das macht es nur noch schlimmer", klugscheisserte Abebe.

„Ach Mann! Ja, ich musste eben auf dem Zimmer heulen, nachdem mein Kumpel sich gemeldet hatte."

„Ooh, sein lieber Kumpel hat mit ihm telefoniert", machte Stefan sich über mich lustig. Aber es wirkte. Ich musste ebenfalls lachen und mit einem „Du Aggro-Blödmann!", boxte ich ihm leicht gegen seine Schulter. Hier fühlte ich mich immer mehr verstanden. Alle hatten mehr oder weniger dieselben nervlichen Ausbrüche durchgestanden oder es stand ihnen noch bevor. Deswegen waren wir ja schließlich hier.

Wir folgten Abby, der ein paar Meter vorausgegangen war. In einiger Entfernung sah ich weitere Menschen diese Richtung einschlagen. Die Beatles zogen noch immer. Das Konzert war mit Sicherheit ausverkauft.

Dann standen wir Vier vor dem Kurhaus, der Konzerthalle. Durch die geöffneten Glastüren des Haupteingangs drängten sich einige ältere Menschen. Mir kamen sofort Gedanken, wie: „Typisch Rentner. Immer die ersten sein." Oder: „Was wollen die ganzen Mumien denn auf einem Rock'n Roll-Konzert?". Morgens um 7 Uhr bildete sich täglich eine ähnliche Schlange vor der Praxis meines Hausarztes, die ausschließlich aus den älteren Patienten bestand. Im Vorbeigehen erblickte ich ein im Foyer hängendes Plakat von der heutigen Veranstaltung. *Unser Kurorchester entführt Sie in die musikalische Welt der 60er-Jahre und Epoche der Beatles."*

Kurorchester? Ich sah zu Abebe, der mich breit angrinste. „Na, freust Du dich schon?", fragte er mich völlig unbefangen.

„Abby, weißt Du wie die Band heißt?"

Mein farbiger Mit-Patient schüttelte den Kopf. „Ist doch vollkommen egal, Nik. Hauptsache wir hören die Beatles. Oder?"

Ich hatte ein ungutes Gefühl. Irgendwie sah ich meine Erwartungen, was die musikalische Qualität anging, stark schwinden. Kurorchester! Alte Säcke an noch älteren Instrumenten.

Und genau so war es!

Respekt, der Saal war gerammelt voll. An den Außenseiten der Sitzreihen parkten reichlich Rollatoren; unzählige Krücken ragten über die Rückenlehnen der Klappsessel. Aber hier gab es ja ansonsten keine kulturellen Höhepunkte oder Attraktionen, die das Kurleben bereicherten. An den Litfaßsäulen oder auf den Plakaten entlang der Flaniermeile

standen zwar ständig Ankündigungen irgendwelcher Ausstellungen oder sonstigen Veranstaltungen, aber speziell für jüngere Kurpatienten-und dazu zählte ich mich-, war das Angebot ziemlich rar gesät. Daher erblickte ich im Saal, während ich mich umschaute, einige Frauen und Männer in meinem Alter. Sicherlich war auch auf der Info-Säule in unserer Klinik auf diese Veranstaltung hingewiesen worden, ich blickte zugegeben, so gut wie nie richtig bewusst auf die dort angehefteten Plakate oder Hinweiszettel. Manchmal stachen mir höchstens im Vorbeigehen Worte wie „Strumpfblumenbasteln mit Annegret" oder „Wanderung im Weilinger Forst mit Pfarrer Kirchner" ins Auge und fielen unmittelbar durch mein Interessensraster.
Auf der relativ kleinen Kurhausbühne stand ein enorm großer Flügel. Auf jeden Fall beanspruchte er eine gewaltige Standfläche. Neben diesem gewaltigen Instrument standen ordentlich aufgereihte Plastikstühle, vor denen Notenständer aufgestellt waren.
Das ein oder andere Instrument ruhte auf einem passenden Ständer in unmittelbarer Nähe. Ich entdeckte ein Saxophon. Immerhin. Zu meiner Erleichterung konnte ich auf der Bühne kein Cello erblicken. Stattdessen einen E-Bass und glücklicherweise zwei E-Gitarren, die neben einer Akustikgitarre in ihren jeweiligen Instrumentenständern ruhten.
Das ließ hoffen! Im Hintergrund bauten zwei junge, komplett in schwarz gekleidete Männer ein Schlagzeug auf. Von meinen unzähligen Rock- oder Metal-Konzert-Besuchen war ich da einiges gewohnt. Die bombastischten Schießbuden der Drummer hatte ich auf etlichen Konzerten erlebt. Hier beschränkte man sich auf zwei Trommeln, die sich hinter einer Bass-Drum befanden mit anmontierten Becken. Auf den ersten Blick würde ich dieses Schlagzeug-Arrangement eher einer drittklassigen Seniorennachmittag-Kapelle zuordnen. Niemals einer Rock'n Roll spielenden Kombo. Ich musste mich wohl oder übel überraschen lassen. Ich würde mit Sicherheit eines Besseren belehrt. Hoffte ich. Einer der beiden Schlagzeug-Bastler platzierte einen Mikrophonständer mittig am Bühnenrand und steckte das Mikro in die Halterung. Er drückte auf einen Knopf und hauchte ein „Test, Test!" ins Mikro. Man hörte nichts. Es schien aber für ihn vollkommen in Ordnung zu sein. Immerhin blinkte das grüne Lämpchen am Mikro.
Dann erlosch das Licht. Sieben Herren in schwarzen Anzügen kamen aus dem „Off", betraten die von hinten beleuchtete Bühne und setzten sich.

Das Licht ging wieder an. Ich erkannte auf der Bühne nur alte Männer in schlecht sitzenden schwarzen Anzügen, wie bei einem „Blues Brothers-Casting" für Ü70er. Einer von ihnen hielt wahrhaftig eine Geige in den Händen. In welchem Beatles-Song kam eine Geige vor? Ein weiterer Bandgenosse hatte eine Posaune quer auf den Schenkeln liegen. Der Klarinettist pustete hochkonzentriert in das Mundstück seines Instruments. Am Flügel saß, meiner Ansicht nach, der Methusalem dieser musikalischen Seniorentruppe. Dieser erhob sich und schritt gemächlich zum Mikrophonständer am Bühnenrand. Hatte überhaupt jemand beim Erscheinen der mumifizierten Beatles geklatscht? Ich hatte es gar nicht mitbekommen. Jetzt allerdings wurden einige Hände rhythmisch zusammengeführt. Der alte Mann vorn auf der Bühne verbeugte sich artig.
„Guttän Aabend, Daaamän und Härrränn!"
Ach du Scheiße! Ich war doch auf der richtigen Veranstaltung? Nach seiner Aussprache zu urteilen würde hier gleich heftigste Polka oder gar ein Kasatschok abgeschossen. Dann sprach der Mann weiter und erzählte in wenigen Sätzen den Verlauf des heutigen Abends. „Ähren wir die Biietäls mit schönäär Muusick. Machen wir schöönään Abbend." Unter verhaltenem Applaus nahm Opa wieder hinter seinem Tasteninstrument Platz.
Ich hatte noch nie in meinem Leben eine derartige Instrumentalversion von „She loves you" gehört. Das „Yeah,yeah,yeah!" trötete der Klarinettist; aber am eigenartigsten fand ich die Art und Weise der Darbietung; die Haltung und den Ausdruck der Musiker. Mit Herz und Seele sah für mich anders aus. Die mussten vermutlich alle auf ihr Herz achtgeben. Stockssteif hockten sie hinter ihren Notenständern und bewegten weiter nichts als ihre Finger oder Arme, um die entsprechenden Töne aus ihren Instrumenten herauszuholen. Kein Wippen des Taktes mit dem Fuß. Kein winzigkleines Kopfnicken. Headbanging hatte ich auch gar nicht erwartet. Auf jeden Fall bloß keine Rumpf-oder Kopfbewegung, die womöglich als Ekstase ausgelegt werden könnte und unmittelbar zu einem Bandscheibenvorfall geführt hätte.
Der Schlagzeuger sah aus, als ob ein Roboter seine Extremitäten abwechselnd auf die Trommeln herniedersausen ließ. Na ja, eher sanftes Berühren der Trommelbespannungen mit den Trommelstöckchen. Sein Blick blieb stur geradeaus gerichtet. Es folgte „Yellow Submarine" und so wie diese Altherren-Combo es interpretierte, hätte es auf jeder Beer-

digung zwischendurch gespielt werden können. Angeblich konnte man den Rhythmus dieses Songs optimal bei einer Herzmassage anwenden, um Leben zu retten. Die Version der osteuropäischen Senioren da vorn auf der Bühne hätte dagegen unmittelbar zu einer Flatline geführt. Grausam! Ich blickte mich im Saal um und sah ernste Gesichter. Mein Gott, wir waren hier doch nicht auf einem kirchlichen Orgelkonzert! Der Flügel spielende Opa trat anschließend wieder ans Mikro. „Nun wärrdän wir bisschen ruhig. Können verschnauffän. Häiii Juuuuhd." Das war anscheinend die Ankündigung für „Hey Jude" und sie spielten das in demselben Tempo, wie die Songs zuvor. Zumindest erkannte ich da keinen Unterschied.

John Lennon würde sich im Grabe umdrehen und Paul McCartney jedem auf der Bühne seine kleine Bassgitarre über den Schädel ziehen. Nur Abebe schien es offensichtlich zu gefallen. Er klatschte sogar während der Darbietungen mit. Nur sein Klatschrhythmus passte überhaupt nicht zu den Taktfolgen der senilen Musiker. Abby hatte einfach seinen Spaß. Und darum ging es ja letztendlich. Im Nachhinein konnte ich mich sogar über dieses Möchtegern-Beatles-Revival-Konzert amüsieren. „Obladi Oblada" als Slowfox-Nummer oder so ähnlich. Darüber musste ich völlig lachen und prompt richteten sich reichlich Augenpaare auf mich. Wahrscheinlich alles keine Kenner der 60er-Jahre- Musikszene.

Bei „Lady Madonna" gab überraschend der Saxophonspieler alles. Der alte Knochen erhob sich von seinem Sitzplatz und machte ein paar Schritte zum Bühnenrand, um anschließend knochenknackend (obwohl man es logischerweise nicht hören konnte) auf die Knie zu fallen. Ich rief fast schon nach seinem Zivildienstleistenden, damit dieser dem Pflegefall auf der Bühne wieder auf die Beine half. Das Publikum tobte. So viel Agilität hatte man dem Methusalem gar nicht zugetraut. Ich gebe zu, auch ich war völlig überrascht. Nichtsdestotrotz konnte selbst dieses Solo den Rest des Abends -und überhaupt die gesamte Veranstaltung-, nicht mehr wettmachen. Im Grunde war ich zutiefst enttäuscht, machte aber Abebe dafür keinen Vorwurf. Er hatte uns zwar in dieses musikalische Desaster gelockt, war aber mit Sicherheit völlig ahnungslos gewesen, was die Art und Weise der Darbietung anging. Im Übrigen hatte sich Abby heute Abend köstlich amüsiert.

Nach insgesamt 80 Minuten war der Spuk dann zu Ende und die „Band" verbeugte sich artig am Bühnenrand. Ich muss zugeben, der Applaus

war nahezu frenetisch. Ich vermutete, die Menschen im Saal bekamen nicht allzu oft Live-Musik zu hören, beziehungsweise besuchten Konzerte. Rock-Konzerte. Ich war da natürlich extrem verwöhnt, da ich fast alle großen Bands aus dem Hard-Rock Genre live erlebt hatte.
Heute Abend war ganz klar mehr Bescheidenheit angesagt. Vor mir sah ich ein älteres Paar, das an ihren Hörgeräten herumfummelte. Vermutlich stellten sie die Dinger wieder auf „on". Es war vorhin bestimmt viel zu laut für ihre sensiblen High-Tech-Geräte. „Worüber lachst Du denn jetzt schon wieder,Nik?", fragte mich Stefan.
„Nichts", log ich und grinste beim Herausgehen.
Die Menge strömte aus dem Konzerthaus und Anne, Stefan und Abebe schlenderten mit mir gemütlich in Richtung Klinik. „Das war doch lustig", meinte Anne.
„Scheiße war das!", bemerkte Stefan hart und sprach mir aus der Seele.
„Ich bin leider auch mit zu hohen Erwartungen an die Sache herangegangen", meinte ich dann ehrlich.
„Wieso", fing Abby an, „Du hast Musik von den Beatles gehört. Nicht mehr und nicht weniger."
„Eher weniger", warf Stefan ein und steckte beide Hände in die Hosentaschen.
„Abby, du kannst ja nichts dafür", versuchte ich die etwas angespannte Situation zu Abbys Gunsten zu retten. Schließlich hatte er es ja gut gemeint.
„Ich bin zufrieden", meinte Abebe und ging lässig neben mir her. Ich blickte ihn von der Seite an und er schielte im gleichen Moment zu mir herüber. Dann mussten wir beide herzhaft lachen.
„Yeah.Yeah.Yeah", sang Abby betont monoton, langsam und gelangweilt. Wir kamen beide aus dem Lachen nicht mehr heraus.

Verhaltensmuster

Meine Stimmung senkte sich gewaltig, nachdem ich den neuen Therapieplan aus meinem Fach im Foyer genommen und einen Blick darauf

geworfen hatte. Es gab bereits für den heutigen Tag eine aktuelle Änderung: Chefarzt Dr. Kalil hielt es wieder für notwendig, eines seiner langweiligen Seminare oder besser ausgedrückt, Power-Point-Lesungen abzuhalten. Denn nichts anderes waren die Wort für Wort vom Beamer auf die Leinwand geworfenen, vom Oberarzt abgelesenen Power-Point-Graphiken. Genauer: Die Inhalte der Kästchen in den Graphiken wurden vorgelesen und alles, was zusätzlich über oder unter den Kästchen stand. Es würde mich nicht im Geringsten wundern, wenn er heute sogar die Linienführung der Kästchen beschrieb. Verdammt nochmal, er las einfach schlichtweg und stur seine Blätter vor! Dieser faule Sack! 60 Minuten pure Langeweile erwarteten uns, die auf unbequemen Stühlen ertragen werden musste. Ich fühlte mich an die monotonen Predigten meines Pastors während der Konfirmandenzeit im Gottesdienst erinnert; insbesondere zu Weihnachten. Zu meiner Schande gestehe ich, fast ausschließlich an Weihnachten in die Kirche gegangen zu sein. Inzwischen nur noch zu Beerdigungen. Vor dem Power-Point-Debakel hatte ich ausgiebig Zeit, mich im Ergometerraum zu ertüchtigen. Ich setzte mein Vorhaben, mindestens drei Mal in der Woche so ein Fahrrad ohne Ankunftsziel zu besteigen, wahrhaftig in die Tat um. 45 Minuten mit einer angemessenen Watt-Zahl-Einstellung. Ich wollte dort nicht vom Sattel kippen, zumindest aber mit Achselschweiß den Raum verlassen. Die Nutzung der Ergometer-Räder bescheinigte man sich sogar selber in seinem Therapieheftchen. Auf einem kleinen Tischchen am Ende des Raumes lagen ein Kugelschreiber und Stempel. Lediglich die Einweisung erfolgte von einem Therapeuten, ansonsten war man dort auf sich alleine gestellt. Diese sportliche Aktivität, als auch das Nordic-Walking oblag jedem Patienten selbst und durfte jederzeit selber durchgeführt und von jedem eigenmächtig im Therapieheftchen unter der Rubrik der freiwilligen Einheiten bescheinigt werden. Ich fügte hinsichtlich freiwilliger sportlicher Unternehmungen kurze Zeit später die Besuche im Kraftraum hinzu.
Daher zog ich mir meine schnuffelige Jogginghose an, ein Mötley Crüe-Shirt und warf mir lässig mein Handtuch über die Schulter. Der Fahrstuhl fuhr unglaublicherweise ohne Zwischenstopp bis in die unterste Etage, in der sich der Ergometerraum befand. Nicht einmal Magoo begegnete mir. Wahrscheinlich war sie in einer der anderen Kabinen unterwegs. Seit Stunden.

Ich betrat den bekannten Fitnessraum, in dem sich zehn Trimm-Dich-Fahrräder aneinanderreihten. Mir fiel erneut auf, dass die Räder allesamt schon bessere Zeiten erlebt hatten. Für meine 45 Minuten mit gemütlichen 90 Watt reichten sie bedenkenlos aus. 90 Watt Widerstand fühlte sich für mich in etwa so an, als ob ich einen kleinen Hügel hochstrampelte. Einen sehr kleinen Hügel. Mehr so eine Kuppe. Das war aber egal. Letztendlich lief es ja nur auf die Bewegung an sich hinaus.
Drei Patienten, die ich bisher nie gesehen hatte und Sylvia drehten bereits fleißig ihre Pedalen in die Runde. Mehr machte man ja ohnehin nicht auf diesen kargen Dingern.
Ich nahm das Fahrrad direkt hinter Sylvia, sodass ich einen prima Blick auf ihren ansehnlichen Arsch werfen konnte, während sie in ihren heißen Leggings den Po mal nach links und mal nach rechts vom Sattel rutschen ließ. So möchte ich es mal beschreiben.
„Starrst Du mir auf den Arsch?", fragte Sylvia mich plötzlich; ich hatte in diesen Sekunden erst knapp 100 Meter heruntergestrampelt. Das Display meines Ertüchtigungsgerätes zeigte es mir zumindest so an. Ich erschrak und gleichzeitig fühlte ich mich ertappt. Hätte Sylvia sich zu mir umgedreht, hätte sie womöglich in mein dunkelrot angelaufenes Gesicht geschaut. Das lag nicht an der körperlichen Anstrengung. „Was? Wieso? Nur wenn es sich lohnt." Was war das denn für eine Antwort? „Lohnt es sich denn?" Meine Antwort war scheinbar doch nicht so schlecht. Jetzt drehte sie sich zu mir um und ließ ein äußerst freches Grinsen erscheinen. „Hab schon Schlimmeres gesehen", sagte ich, zwinkerte ihr zu und lächelte. Sylvia blickte wieder nach vorn und trat weiter in die Pedale. Prima, dass sie sich heute anscheinend besser fühlte und mit meinem Scherz umgehen konnte. Auf dem Bildschirm an der Wand flimmerte in diesem Moment die Nachricht über unzählige Tote aufgrund des Drogenkrieges in Mexiko. Toll, darüber in Kenntnis gesetzt zu werden. Nach dem nächsten Szenariowechsel wurden blutige Kampfszenen und Opferbilder aus Bürgerkriegsregionen gezeigt. Welcher Vollidiot hatte den Fernseher derartig eingestellt und boshaftig die Fernbedienung versteckt?
„Gehst Du gleich auch zum Schnarch-Seminar von Dr. Kalil?", fragte ich meine vor mir radelnde Mitsportlerin und verfolgte mit meinen Augen dann doch lieber ihre Po-Bewegungen, als das elendige Weltgeschehen im TV. „Ich fürchte ja. Vielleicht nehme ich mir etwas zum Lesen mit",

antwortete sie lachend.

„Gute Idee", meinte ich keuchend, denn ich passierte soeben den ersten Kilometer. Links, rechts, links, rechts...herrlich, wie sie beim Strampeln mit dem Arsch wackelte. Sylvia stieg nach etwa zehn Minuten von ihrem Ergometer herunter und lächelte mir zu. „Geschafft! Wir sehen uns." Dann schlenderte sie zum Tischchen mit dem Stempel und verpasste sich ihre freiwillige Teilnahmebestätigung dieser Fitness-Übung.

Ich hatte noch 35 Minuten vor mir, leider ohne erotischen Anblick. Nach etwa einer Viertelstunde nahm dann ein Sumoringer auf dem Rad vor mir Platz und stellte sich schnaufend die Sattelhöhe ein. Der Mann war schon erschöpft, bevor er die ersten Pedalumdrehungen absolviert hatte. Und ich sah nicht einmal mehr die Wand vor mir, sondern musste auf seine fast 20 Zentimeter freiliegende Arschritze blicken. Halte durch, Nik!

Auf dem Weg zu den Fahrstühlen lief mir später der große, bleiche Mann über den Weg, dem ich kürzlich Hilfe organisiert hatte, nachdem er unterwegs aufgrund einer falschen Medikation vom Horror-Arzt zusammengebrochen war. Mit etwas Grauen dachte ich an diese Situation zurück und bis damals endlich die angeforderte Hilfe eintraf.

„Hallo. Alles wieder im Lot?", wandte ich mich an den Mann.

„Danke nochmals. Geht wieder einigermaßen. Ich nehme jetzt ja wieder meine eigenen Tabletten und nicht die Drogen von unserem Klinik-Arzt", meinte er gequält lächelnd.

„Das ist für mich immer noch unbegreiflich. Was hätte da alles passieren können?" Ich schüttelte mit dem Kopf und merkte meine Fassungslosigkeit über die Fehlmedikation und das unbeholfene, völlig unprofessionelle Verhalten der beiden Schwestern wieder hochkommen. „Ich bin ja noch am Leben. Aber so eine Scheiße möchte ich nicht nochmal erleben."

„Ich auch nicht. Ansonsten helfe ich immer wieder gern", meinte ich scherzhaft und fügte hinzu: „Bei mir hat er übrigens eine nicht mehr vorhandene Schilddrüse ertastet." Wir lachten beide darüber, obwohl jedem das Lachen eigentlich im Halse stecken blieb; so ungeheuerlich war dieser hier als somatischer Stationsarzt tätige Mann.

Ich schüttelte erneut den Kopf und sagte: „ Der ist normalerweise untragbar. Ich habe angeblich schlechte Blutwerte und muss Schonkost futtern."

„Davon stirbt man aber nicht", sagte mein Gegenüber scherzhaft. Im Anschluss dieses Gesprächs gingen wir weiter unserer Wege. Bis zum Seminarbeginn wollte ich vorher ausgiebig duschen.

Vor dem Seminarraum hatte sich eine kleine Menschentraube gebildet. Fast bekam man den Eindruck, es wurde gespannt auf den Einlass gewartet. Ich hörte dagegen Wortfetzen wie: „ ...werden mir bestimmt gleich sofort die Augen zufallen"; oder „Kannst Du nicht einfach mein Heftchen mit unterschreiben lassen und ich gehe ein bisschen in die Stadt?" Ich schmunzelte. Dann kam Dr. Kalil und holte ein Schlüsselbund aus seiner Jeanshose, die von einem zerfledderten Ledergürtel direkt unter dem Bauchnabel seiner kleinen Plauze gehalten wurde. Er sagte gar nichts. Wahrscheinlich schonte er seine Stimme für den gleich folgenden wichtigen Vortrag. Mein Grinsen wurde breiter. Die Menschenmenge strömte ungeduldig in den großen Raum und besetzte murmelnd die Stühle. Mir fiel auf, es setzte sich niemand in die erste Reihe. Die blieb lange komplett frei. Letztendlich war es aber nicht mehr anders möglich und die Nachzügler nahmen wohl oder übel in der Streberreihe Platz. Dr. Kalil saß schweigend hinter einem schlichten Kantinentisch und hatte seine behaarten Hände gefaltet auf der Tischplatte. Er sah in sich ruhend aus. Ein pelziger Buddha. Irgendwann griff er eine Fernbedienung und ließ den Beamer erstrahlen. Anschließend klappte er langsam seinen vor ihm liegenden Laptop auf, der selbstverständlich mit dem Beamer gekoppelt war und in dem das langweilige Grauen, das uns gleich bevorstand, abgespeichert war.

„Zuerst die Unterschriften. Ihre Therapieheftchen bitte. Haben Sie die dabei?"

Es antwortete niemand, sondern die ersten drei bis vier Patienten erhoben sich mit besagten Heftchen von ihren Plätzen, um sich ihr Autogramm von der Psycho-Koryphäe abzuholen. „Bleiben Sie bitte sitzen. Reichen Sie einfach die Therapiehefte nach vorn."

Dr. Kalil sah aus, als ob er gerade einen genialen Einfall ausgesprochen hatte. Er grinste zufrieden. Jemand tippte mir auf die Schulter und überreichte mir sein Therapieheft. Ich reichte dann insgesamt vier Heftchen an meinen Vordermann weiter. So lief es die nächsten Minuten. Irgendwann hatte Dr. Kalil zwei Heftstapel vor sich auf dem Tisch.

Alle schauten gespannt zu ihm. Warum? Weil bei so einem langweiligen Anlass jede Unterbrechung pures Entertainment bedeutete. Was macht er als Nächstes?

Der Doktor nahm sich das oberste Heftchen vom Stapel und blätterte konzentriert zur passenden Seite, um dann dort zu unterschreiben. Das Heft wanderte auf einen neu errichteten Stapel, der im Laufe der nächsten 20 Minuten; so lange dauerte die Unterschriftenaktion tatsächlich, anwuchs. Was darauf folgte, hatte mit Sicherheit niemand der Anwesenden erwartet. „ Frau Klöckner!", rief der Doktor in den Raum und hielt das Therapieheft der aufgerufenen Dame in die Höhe. Diese begriff erst gar nicht, was er von ihr wollte. Es dauerte, bis sie sich erhob und durch die Sitzreihe stolperte, um sich ihr Heft bei ihm abzuholen.

Das zog er dann wirklich weitere 20 Minuten so durch. Als ich dann an der Reihe war, fühlte ich mich kurz wie bei der Rückgabe einer Klassenarbeit im achten Schuljahr.

Besonders in Mathe fing ich dann immer an zu schwitzen. Inzwischen machte sich Unruhe unter den Zuhörern breit. „So schlägt man auch die Zeit tot", sagte einer oder „Und das bekommt der richtig gut bezahlt."

Dr. Kalil blieb total gelassen und gab endlich das letzte Heft an eine Patientin zurück, wartete, bis diese sich wieder hingesetzt hatte und drückte dann auf die Enter-Taste seines Computers. Das Startbild seines endlich folgenden Vortrages wurde auf die weiße Wand hinter ihm geworfen.

„Arbeitsbezogene Verhaltens-und Erlebensmuster" stand schwarz auf weiß auf der Leinwand. Dr. Kalil las uns die Überschrift vor. Dann ließ er die Worte scheinbar auf uns wirken. Ungefähr zwei Minuten lang. Ich ertappte mich dabei, diese vier Worte auswendig zu lernen. Mir war jetzt schon langweilig. Ich fing an, die Worte in meinem Gedächtnis still vor mich hin zu buchstabieren. Plötzlich sprach der Doktor wieder. „Mögliche Fragen in diesem Zusammenhang?" Alle dachten, er hätte sich tatsächlich direkt an seine Zuhörerschaft gewandt. Weit gefehlt. Dr. Kalil hatte schlicht und ergreifend vergessen, die „Enter"-Taste zu drücken, damit die Powerpoint-Präsentation zur nächsten Folie, zum nächsten Bild, wechselte. Das holte er dann nach und las die Worte monoton, ohne jegliche Satzmelodie, vor. „Mögliche Fragen in diesem Zusammenhang?" Kann man ja nicht oft genug fragen. Gab er uns denn gleich die nötigen Antworten? Wir waren bis auf das Äußerste gespannt. Gott, war das hier aufregend! „Beruf ist gleich Berufung?", fragte er mit Blick auf die Leinwand. „Sinnhaftigkeit der Arbeit?" Fragen über Fragen. Wir

waren alle total überfordert.
WIR WAREN ALLE VÖLLIG FRUSTRIERT! Was sollte dieser Mist?
Jetzt schaute er nicht einmal zu seinem Publikum, sondern stand quasi mit dem Rücken zu uns und starrte die von der Decke hängende Leinwand an. Zwischendurch drehte er seinen massigen Oberkörper unbeholfen zum Laptop, um die „Enter"-Taste zu betätigen. Es folgte Darstellung auf Darstellung; mit Diagrammen oder ohne. Seine brummelige, leise Stimme übertrug das bereits von uns Gelesene erneut zu uns herüber. „Subjektive Bedeutsamkeit der Arbeit." Immerhin war er auf Seite 3 angelangt. Es wäre auch zu schön, um wahr zu sein, wenn dort nicht ganz unten noch der Zusatz „von 12 Seiten" gestanden hätte. Ich gähnte. Laut und herzhaft. Meine Sitznachbarn lachten hinter vorgehaltener Hand. Dr. Kalil bekam davon gar nichts mit oder er war womöglich meisterhaft im Darüberhinwegsehen oder Überhören.
„Ein hoher Wert der Arbeit führt zur Vernachlässigung der Familie, Partnerschaft und Gesundheit." Stand so auf der Leinwand. Las er uns vor. In der Tat beschäftigte ich mich ganz kurz mit dieser Aussage. Sie traf zu Einhundertprozent auf mich zu. Die Arbeit hatte für mich immer einen sehr hohen Wert und wirkte sich letztendlich schädlich auf meine Gesundheit aus. Dass ich meine Partnerschaft vernachlässigt hatte und in dem Sinne letztendlich meine Familie, war mir durch Karins Trennung mehr als deutlich zu verstehen gegeben worden.
Dr. Kalil hatte weiter gequatscht und ich vernahm undeutlich „...Arbeit macht Spaß und ist eine gute Voraussetzung für die Karriere." Genau. Karriere hatte ich selbstverständlich auch gemacht. Spaß war ebenfalls mit im Spiel, das stand mal fest. Schnaller musste erst kommen, um mir den Spaß zu verderben. Glückwunsch! Mission gelungen! Ich spürte mein Herz rasen. Mein Atmen wurde heftiger. „Alles in Ordnung?", fragte mein rechter Sitznachbar. Anscheinend wurden meine körperlichen Reaktionen immer stärker und von außen bemerkbar. „Alles gut. Ich bin von seinem Vortrag so beeindruckt", antwortete ich grinsend. Gleichzeitig beruhigte ich mich zum Glück wieder. Der Mann neben mir lachte leise. Ich atmete tief ein und wieder aus. Immer wieder.
„Bei zu viel Ehrgeiz wird die Familie vernachlässigt. Und die Freunde auch", faselte der Doktor weiter. Welch wahnsinnige Erkenntnisse dieser weise Mann uns da vermittelte.
„Ist Ihre Verausgabungsbereitschaft zu hoch, dann vernachlässigen Sie

auch noch Ihre Gesundheit." Dabei blickte er mit einem ernsten Gesichtsausdruck zu seinem Auditorium und erwartete wohl, in unser aller Gesichter das blanke Entsetzen zu erkennen oder zumindest ein zustimmendes kollektives Nicken zu beobachten. Doch wir hatten diese Zeile längst abgelesen und waren bei „ Perfektionsstreben mit einem zu hohen Wert führt häufig zu sozialen Konflikten" angelangt. Alles irgendwie Aussagen, die man sich selbst erklären konnte und dafür nicht extra ein Seminar besuchen musste, auf dem ein gelangweilter und überbezahlter Psycho-Doktor monoton und stumpf eine schwarz-weiße Power-Point-Präsentation herunterlas. Dr. Kalil hätte von einem Erdbeben in Bad Weilingen berichten können, wir hätten diese Nachricht gar nicht zur Kenntnis genommen. Er hätte sich die Pulsadern aufschneiden können.

Ich schaute auf meine Uhr und nahm zur Kenntnis, dass wir alle sage und schreibe seit 45 Minuten hier saßen und Sätze ablasen, die uns Dr. Kalil lustlos vorlas. Leider lasen wir alle anscheinend wesentlich schneller, sodass sich immer ein bisschen Unruhe breitmachte, sobald die Zuhörer mit dem Lesen fertig waren und darauf warteten, bis der Doktor sich durch den letzten Nebensatz genuschelt hatte.

Gerade las er uns über die verschiedenen Arbeits-Typen vor, als da sind der Nicht-Risikotyp mit einem sehr hohen Wohlbefinden. Er kommt nach Feierabend völlig entspannt nach Hause. Im Gegensatz dazu der Risikotyp, welcher nach getaner Arbeit nur noch ein Häufchen seiner Selbst ist. Das wurde dann zusätzlich mit einer Karikatur verdeutlicht. Hoppla, welch Auflockerung! Die Steigerung dessen war dann schließlich der Burnout-Typ. Beide Karikaturen zeigten eine total ausgemergelte Person, die sowohl vor der Arbeit, als auch im Anschluss extrem fertig aussah. Gehörte ich etwa bereits zur letzten Kategorie? Ich stellte mir diese Frage mit Schrecken. Den Schontyp und Gesundheitstyp gab es letztendlich auch noch, aber ich nahm immer wieder die Zeichnungen des Burnout-Typen ins Visier. Vielleicht sah ich körperlich noch nicht so zerfallen aus, aber mein psychischer Zustand war hinsichtlich Arbeitsbelastung annähernd so darstellbar. Davon war ich überzeugt.

Na bitte, hatte sich das Seminar doch gelohnt. Ich war demnach eindeutig der Burnout-Typ. Vorher fertig und nachher noch fertiger. *Mensch, Nik, deswegen bist du doch hier!*

In dem Power-Point-Kästchen des Burnout-Typen las ich an letzter Stel-

le: Neue Zielsetzung und Sinnfindung.
Was bedeutete das? Von Dr. Kalil war dazu keine Erklärung zu erwarten. Etwa drei Minuten später las er lediglich diese Worte herunter und kam dann zu den Maßnahmen, wie zum Beispiel Sport, Entspannungsübungen oder das Schaffen von Zufriedenheitserlebnissen.
Zielsetzung und Sinnfindung gingen mir von da an nicht mehr aus dem Kopf. Vielleicht sollte ich meine Sinnfindung nach dieser Kur woanders suchen und nicht mehr bei Steigermann-Objektmöbel. Eine neue Zielsetzung hinsichtlich meiner beruflichen Laufbahn überlegen. Etwas finden, zu dem man als Schonungstyp hinfährt und als derselbe wieder nach Hause kommt. Die dazugehörigen Karikaturen sahen wesentlich gesünder und ansehnlicher aus. Das merkte ich mir.

Nette Runden

In dem gestrigen Telefonat erzählte ich Conny von dem wieder einmal todlangweiligen Seminar von Doktor Kalil. „Immerhin hast Du ja einen Schluss daraus gezogen", sagte sie im Laufe unseres Gesprächs. Ich überlegte kurz, was sie damit meinte und dann fiel mir die Zeichnung vom „Schonungstypen" ein, der ich letztendlich irgendwann einmal werden wollte. „Der wirst Du noch, Nik. Das braucht Zeit." Ganz gewiss hatte sie Recht.
Nach unserem Gespräch übermannte mich ein traumloser Schlaf.
Die morgendliche Dusche bewirkte zusätzlich einen Energieschub, der mich den Flur entlangeilen und ungeduldig vor den Fahrstuhltüren warten ließ.
Ich sah einmal kurz an mir herunter und erschrak, weil ich einige Zahnpastaflecken auf meinem schwarzen T-Shirt entdeckte; als wäre ich in einen Taubenschwarm mit Dünnschiss geraten. Ich hatte mir augenscheinlich völlig in Gedanken erneut mein Nacht-Shirt übergestreift, in dem ich mir auch die Zähne putzte; heute Morgen offensichtlich ziemlich unkonzentriert. Mein Outfit im Bett sah ja eh keiner. So ging ich

schnellen Schrittes wieder zu meiner Zimmertür zurück und begegnete prompt Elliot.

„Etwas vergessen?", fragte mich der große Mann, blickte dabei auf irgendeine Art starr geradeaus, während er im Bademantel und riesigen Flip-Flops an mir vorbeischlurfte.

„Muss mich umziehen", erwiderte ich und schaute ihm nach. Eine weitere Reaktion war von seiner Seite aus nicht mehr möglich. Elliot konzentrierte sich scheinbar völlig auf die bevorstehende Fahrstuhlfahrt.

Ich griff mir mein Volbeat-Shirt, ließ die Tür hinter mir zufallen und rannte in Marlies hinein. Fast wäre die dürre Frau umgefallen. „Nicht so stürmisch, junger Mann. Wohin soll es denn so eilig gehen?", fragte sie mich und hob ihren fallengelassenen Putzlappen wieder auf. „Nur zum Postfach. Ich habe heute Morgen einen Energieschub. Das muss ich ausnutzen", antwortete ich ihr lachend und ging dabei weiter.

„Dann volle Kraft voraus!", rief mir die nette Putze hinterher. Ich überlegte, ob man Marlies auch ein Trinkgeld auf das Kopfkissen legen müsste, so wie es in einigen Urlaubsregionen üblich ist. Ich verneinte es mir selbst. Schließlich war dieses hier kein Urlaubsaufenthalt, sondern … Ja, was war es eigentlich oder sollte es speziell für mich werden? Zurück in meinen Job zu finden? Mit Schnaller klar zu kommen oder die Brocken bei Steigermann-Objektmöbel hinzuschmeißen und sich etwas Neues zu suchen? Ab in die Arbeitslosigkeit? Was war nochmal das Resultat meines Anwaltsgesprächs? All diese Gedanken hatte ich mir doch schon zig Mal gemacht; mal nur für mich und immer wieder gemeinsam mit Conny. Ich spürte, wie mein Herz anfing zu rasen und sich langsam ein Beklemmungsgefühl in der Brust breitmachte. Diese Symptomatik kannte ich nur allzu gut und ich wollte Schlimmeres verhindern. Ich verlangsamte meine Schritte und blieb tief ein-und ausatmend vor den Fahrstuhltüren stehen. Hinter mir betrat eine adipöse Frau die Waage des Pflegestützpunktes. Interessiert las ich mit zusammengekniffenen Augen die an der Wand befindliche Displayanzeige. 147 Kilogramm blinkten in der LED-Anzeige rot auf. „Zwei Kilo runter. Das ging schnell", brabbelte die dicke Frau und notierte sich ihr Gewicht ins Therapieheftchen. Ich dachte *„Dann schaffst Du die restlichen 77 Kilo ja locker."* Mein Atem hatte sich beruhigt, ich merkte mein Herz zwar weiterhin heftig schlagen, allerdings fühlte es sich nicht mehr so an, als ob sich dieses Organ durch die Brust nach außen quetschen wollte. Außerdem

war ich scheinbar wieder in der Lage, schäbige Gedanken zu bilden. Mit einem Grinsen im Gesicht betrat ich die mittlere Fahrstuhlkabine und stand vor Elliot. „Na, etwas vergessen?", fragte ich den gewaltigen Menschen.
„Mein Handtuch." Er sah mich an und ich hatte den Eindruck, er erkannte mich in Wirklichkeit gar nicht. Der Mann war nur gruselig. Aber immer nett.
Elliot watschelte aus der Fahrstuhlkabine, die Türen glitten wieder zu.
Es saßen schon alle drei Mitesser an meinem Tisch im Speisesaal. „Auch schon da?", begrüßte mich Stefan und grinste. „Da hat aber wieder einer besonders lange mit seinem Mäuschen telefoniert und ist noch ganz müde", kam ein Kommentar von Anne. Darüber war ich ein wenig überrascht. Das hatte ich Anne gar nicht zugetraut. „Treffer, Anne. Bin hundemüde." Dabei fühlte ich mich frisch und fast ausgeschlafen. Egal. Manchmal war es besser, nicht die Wahrheit zu sagen, um mehr Ruhe zu haben. Denn obwohl ich mich als ziemlich fit empfand, wollte ich keine ausschweifenden Gespräche führen, sondern einfach nur frühstücken.
„Wollen wir heute Abend mal in die kleine Cocktailbar?", fragte Abebe plötzlich und grinste jeden von uns erwartungsfroh ins Gesicht. Anne sah seltsamerweise zu mir rüber und auch Stefan schien zunächst meine Antwort auf diesen Vorschlag abzuwarten, bevor er sich selbst dazu äußerte. „Von mir aus, gerne", sagte ich schließlich und Anne nickte.
„Ein paar Caipis schlürfen wäre bestimmt nicht verkehrt", sagte Stefan dann.
„Macht dich der Alkohol nicht aggressiv?", fragte Abebe Stefan ernst.
„Ich bin ja unter Beobachtung und ihr wisst, was dann zu tun ist", meinte dieser gelassen, während er seinen Kaffee schlürfte.
„Was denn?", wollte ich von ihm wissen.
„Ihr müsst mir ein bis zwei knallen und dann bin ich wieder geerdet."
Anne blickte daraufhin ziemlich entsetzt zu Stefan rüber. Der grinste weiterhin und setzte die Tasse langsam ab. „Alles gut, Anne. Es gibt auch alkoholfreie Cocktails, die lecker schmecken und außerdem würde mir ein Tapetenwechsel mal guttun."
Erleichtert lächelte Anne. „Ich reserviere uns einen Tisch für 20 Uhr?", wandte sich Abebe wieder an uns. Wir drei nickten. „Ich fahre uns, dann sind wir schneller da und wieder zurück", schlug Abebe vor. „Ich trinke

nämlich auch nur alkoholfreie Schnäpse", verkündete er voller Stolz. Jetzt prustete Anne los und hatte sogar Tränen in den Augen. „Wo bekommst du die denn her, Abby?"

„Wie sagt man denn bei euch? Alkoholfreie Schnäpse sind für mich alle alkoholfreien Getränke, die es sonst mit Prozenten gibt." Abby kam aus der Nummer nicht mehr raus. Er lachte nun selber über seine eigenen Formulierungen. „Abby, lass gut sein. Bestell dir einfach deinen Tee. Mit Strohhalm und Schirmchen", meinte Stefan trocken. Wir alle lachten und ich freute mich wirklich auf den Abend, der zu 50 Prozent aus nichtalkoholischen Getränken bestehen würde. *Willkommen in Deiner Kur, Nik!*

„Hast du denn genügend Platz in deinem Auto?" Keine Ahnung, weshalb ich das fragte. Vielleicht vermutete ich, Abebe wäre mit einem schrottreifen Smart angereist, der mit Hängen und Würgen die Strecke gemeistert hatte. Abbys Budget schien in meinen Gedanken nicht sehr hoch zu sein, weil mir des Öfteren von seiner Lebenssituation berichtete.

„Mein Caddy hat genügend Sitzplätze." Mir fiel das Kinn herunter und ich blickte erstaunt zu Abby. „Du. Fährst. Einen. Caddy?" Ich machte nach jedem Wort eine kleine Pause.

Vor meinen Augen sah ich den großen, sportlichen, dunkelhäutigen Mann mit Sonnenbrille grinsend hinter dem gewaltigen Lenkrad eines Cadillacs sitzen, während er das fast sieben Meter lange Gefährt langsam vor die Klinik gleiten ließ. Abby und sein Caddy. Ich wurde neidisch. Abebe schaute mich ein wenig irritiert an und nickte nur, als ob so ein wunderschönes Fahrzeug das Normalste auf der Welt wäre.

„Wow! Seit wann hast du so ein Fahrzeug? Beziehungsweise, wie alt ist die Kiste? Aus den 50igern?" Ich merkte meine anwachsende Begeisterung und Abby gefiel meine Bewunderung für sein Auto, obwohl er immer noch verwundert schaute. „Seit fast vier Jahren. So alt ist die Kiste nun auch wieder nicht." Das war mir dann letztendlich egal. Dann eben ein Caddy aus den 60er oder 70er-Jahren. Wir würden auf jeden Fall ordentlich Aufsehen erregen, wenn wir heute Abend mit dem Hubraum-Monster vor der Cocktailbar parkten. „Wo hast Du den Giganten denn stehen?", wollte ich daher von ihm wissen, denn ich konnte mich nicht erinnern, so einen Boliden auf dem Schotterparkplatz der Klinik entdeckt zu haben. „Auf dem Schotterparkplatz", antwortete Abby jedoch.

„Dann gehe ich nachher schon mal gucken", meinte ich begeistert. Abby hob die Schultern und die anderen beiden schwiegen. Wie waren die denn drauf? Ich hatte noch nie in einem Caddy-also Cadillac-gesessen. Heute Abend wäre dann meine aufregende Premiere.
Ich sah auf meine Armbanduhr und sagte: „Oh, ich muss los. Habe in einer Viertelstunde meine Ergotherapie. Wir sehen uns." Ich erhob mich und ging schnellen Schrittes zu den Fahrstuhlkabinen.
Die Kabine, die ich betrat, war nass. Komplett nass. Auf dem Fußboden stand eine Wasserlache, als ob jemand einen Eimer Wasser hineingekippt hatte. Außerdem roch es stark nach Chlor. Wahrscheinlich war ein Patient pitschnass aus dem Schwimmbad direkt in die Fahrstuhlkabine gegangen. Unglaublich! Dann kam mir der Gedanke, dass es sich doch hoffentlich wirklich um Wasser handeln würde? Nein, es schimmerte bläulich, nicht gelblich. Ich wurde wieder beruhigter und stieg hier sowieso aus.
Ich griff mir eine Red Bull-Dose aus dem Kühlschrank in der Etagenküche und leerte sie im Gehen auf dem Weg zu meinem Zimmer. Mein Therapieheftchen lag auf dem kleinen Schreibtisch. Würde ich gleich ein Handtuch benötigen? Ich konnte es mir nicht vorstellen. Im Laufschritt hastete ich wieder zu den Fahrstühlen. Pling! Die rechte Kabinentür glitt auf und und gab den Blick auf zwei gewaltig große Frauen in Bademänteln frei. Sie waren zudem extrem dick. Ich sah schon mein Gesicht zwischen vier gigantischen Brüsten von zwei Seiten eingequetscht. Freundlich lächelnd sagte ich daher: „Ich nehme dann mal den Nächsten. Schönen Tag noch, die Damen."
„Oh, wie schade. Wir hätten Dich schon nicht aufgefressen", meinte eine der Beiden. Da war ich mir nicht so sicher. Die mittlere Kabine bot mir dann ausreichend Platz zum Stehen und Atmen. Den dünnen Mann, der in einer Fahrstuhlecke stand, hatte ich zunächst gar nicht bemerkt.
„Oh, hallo", grüßte ich ihn. Der Mann senkte seinen Blick und nickte zaghaft. Ich textete ihn mal besser nicht weiter zu. Möglicherweise war die Fahrstuhlfahrt ohnehin seine heutige Höchstleistung. Dieser Mann erzeugte den Eindruck, nicht gerne unter Menschen zu sein. Wer weiß, welche Phobien ihn sonst noch einnahmen. Schlimm!
Der Ergotherapieraum befand sich im Keller und ein einziges schmales Kellerfenster diente als Tageslichtquelle. Dort saßen bereits alle übrigen Teilnehmer meiner Therapiegruppe, die auch jedes Mal bei den Ge-

sprächsrunden mit der Psychotherapeutin anwesend waren.

Dieter fiel mir wieder als Erster auf. Ich hätte ihm heute auch den Ergotherapeuten abgekauft. Dieter sprach mit Manuela, die anscheinend immer noch keine Lust auf Arbeit hatte, denn ich hörte ihn Sätze zu ihr sagen wie: „Aber Mädel, Du musst doch von irgendetwas leben oder„... auch ohne Ausbildung findet man etwas." Manuela sah wieder aus, wie aus einer 70er-Jahre Hippie-Dokumentation entsprungen. Auffällig bunt würde ihren heutigen Look beschreiben. Petra hingegen schnäuzte sich gerade die Nase, da ihr mal wieder die Tränen liefen und das Leben mit ihrem Ehegatten weiterhin scheiße war. Klaus saß grinsend auf seinem Stuhl und sah zu mir, als ich neben ihm Platz nahm. Alexander redete tröstend auf Petra ein, erzielte aber keine richtige Wirkung. Die resolute Beatrice blätterte in einem Taschenbuch. Ich versuchte, den Titel auf dem Cover zu lesen: „ 10 Schritte zum Glück." Bei welchem Schritt war sie angekommen? „So ein Quatsch", sagte Beatrice plötzlich und legte kopfschüttelnd ihr Buch weg. War wohl ein Fehlschritt dabei.

Dann betrat Frau Kleine-Döppke, unsere Ergotherapeutin den Raum und begrüßte uns mit einem überschwänglich fröhlichen „Hallo, zusammen!" Diese Frau strahlte eine gute Laune aus, die wie eine Welle der Fröhlichkeit über uns hinweg schwappte. Die meisten von uns antworteten ebenfalls mit einem mehr oder weniger fröhlichen „Hallo!" Sie setzte sich auf den letzten freien Stuhl unseres Stuhlkreises und legte mehrere plakatgroße, weiße Blätter vor sich auf den Boden. Dazu schmiss sie einige Filzstifte in unterschiedlichen Farben. Ich hatte noch nie in meinem Leben vorher etwas über Ergotherapie gehört und wozu diese nützlich sein sollte. Allem Anschein nach hatte es etwas mit Malen auf großen Blättern zu tun.

„Die Kennenlernrunde lassen wir mal weg und widmen uns sofort der heutigen Aufgabe, die ich für euch mitgebracht habe. Anschließend werden wir eure Zeichnungen besprechen und ihr werdet alle sehen, was wir währenddessen von den anderen so alles erfahren."

Dabei lächelte sie freudestrahlend jedem ins Gesicht. Selbst Petra lächelte ein kleines bisschen zurück.

Nun verteilte Frau Kleine-Döppke die großen Blätter und reichte gleichzeitig jedem einen Filzstift. „Jeder von Ihnen nimmt bitte den Stift und zeichnet sich selbst in seinem sozialen Umfeld. Das muss kein Selbstporträt werden, sondern skizzenhaft, wie man sich selbst in seiner näheren

Umgebung wahrgenommen sieht. Hat das jeder verstanden?" Ihr Blick schweifte in die Runde und traf auf einige fragende Gesichter. „Wie jetzt? Ich soll mich und meine Freunde malen?", fragte Alexander.
„Nein. Malen schon mal gar nicht. Sie dürfen auch ruhig Symbole verwenden. Ein Kreuz für sich oder einen Kreis für jeden Freund. Lassen Sie Ihrer Fantasie freien Lauf", erklärte die Ergotherapeutin lächelnd. Jeder schaute auf sein Blatt und fast jeder kaute auf dem Filzstift herum. Klaus faltete nach weniger als einer Minute sein Blatt zusammen und reichte es Frau Kleine-Döppke. „Legen Sie es vor sich ab. Wir werden später gemeinsam über Ihre Darstellung sprechen."
Nach etwa zehn Minuten hatte jeder Gruppenteilnehmer sein Werk vollendet und ein Blatt Papier vor sich auf dem Fußboden liegen. Da ich zeichnerisch nicht völlig untalentiert war, wie mir in der Vergangenheit immer mal wieder bestätigt wurde; hatte ich frecherweise eine Karikatur von mir zentral auf das Blatt gezeichnet und drumherum Gesichtersilhouetten meines Freundeskreises, die ich mit der Gesichtskarikatur durch einen Strich verbunden hatte. Somit war meine Grafik selbsterklärend. Ich sagte trotzdem ein paar Worte dazu, als ich aufgefordert wurde, den Anfang der Bilderbesprechungsrunde zu machen.
„Ich habe zehn sehr feste und langjährige Freunde um mich herum. Meine Partnerin zähle ich mal nicht mit..."
„Wieso das denn nicht?", wollte die arbeitsfaule Manuela plötzlich wissen und unterbrach meinen Redefluss. Manu hatte ihre dürren Beine regelrecht ineinanderverschlungen und sah auf ihrem Stuhl sehr verkrampft aus. Da täuschten ihre giftgrüne Batikhose und das quietschgelbe zerfranste T-Shirt nicht drüber hinweg. „Weil..äh, meine Partnerin ist für mich schon etwas Besonderes." Ich überlegte kurz und meinte dann: „Ich hätte Conny natürlich direkt neben mich malen können."
„Warum hast Du es nicht getan?" Manuela änderte darauf die Verschlingung ihrer Beine. Alle starrten auf mich. Es war mir total unangenehm und erzeugte tatsächlich so etwas wie ein Schuldgefühl in mir: Ich hatte meine Conny vergessen! Unverzeihlich.
„Herrn Reimann ging es primär um die Darstellung seines Freundeskreises. Das ist auch absolut in Ordnung. Wer einen Partner oder eine Partnerin hat, zählt diese Person nicht unbedingt zu seinen Freunden. Die Partner nehmen immer Sonderstellungen ein", half mir Frau Kleine-Döppke aus meiner Misere. „Genau", warf ich schnell ein. Gerettet!

„Herr Sobotka, was haben Sie denn Schönes gezeichnet? Sie waren ja als Erster fertig", wandte sich die Ergotherapeutin an Klaus, der sofort rot anlief und seinen Blick verstohlen auf den Boden richtete, gleichzeitig hob er langsam das Blatt auf. Klaus faltete das große Papier auseinander und hielt es so, dass es für alle sichtbar war. Dabei gab es konkret gar nichts darauf zu erkennen. Mittig erkannte ich mit zusammengekniffenen Augen einen Punkt. Das war aber auch schon Alles. „Ich sehe nur einen Punkt", meinte dann Dieter sehr treffend.

„Das bin ich", erklärte Klaus. „Ich habe keine Freunde."

Die danach einsetzenden Schweigesekunden empfand ich als unangenehm. Niemand konnte oder wollte etwas dazu sagen. Nur ein Punkt. Unvorstellbar!

Sogar Frau Kleine-Döppke war zunächst sprachlos, bevor sie sich mit ihrem fröhlichen Tonfall an Klaus wandte. „Wie sah das denn in Ihrer Jugend aus?"

Klaus überlegte kurz. „Eigentlich genauso. Ich wollte immer nur für mich allein sein."

Die Ergotherapeutin nickte. Alle anderen im Stuhlkreis blickten verlegen zu Boden, sogar Manuela.

„Haben Sie Geschwister und leben Ihre Eltern?" Frau Kleine-Döppke schaute dabei ein wenig hoffnungsvoll zu Klaus. Irgendwo musste es doch noch weitere wichtige Personen geben, die ihm nahe standen.

„Nein. Ich bin Einzelkind und zu meinen Eltern habe ich keinen Kontakt."

„Weswegen sind Sie hier in der Klinik?", fragte die Therapeutin. Normalerweise war ich davon ausgegangen, dass jede behandelnde Person hier über den jeweiligen Patienten bestens Bescheid wusste. Scheinbar aber nicht. Klaus schluckte und antwortete: „Weil ich nicht mehr zur Arbeit gehen kann. Ich komme mit anderen Menschen nicht mehr klar. Ich will nur noch alleine sein und klettern."

„Klettern?" Jeder hätte wohl diese Frage gestellt. Sie kam aber von Frau Kleine-Döppke.

„In Berlin? Gibt es dort Berge?", fragte die Ergotherapeutin weiter.

„Ich gehe in Kletterparks. An so künstliche Wände."

Es nickten alle im Stuhlkreis, denn wir wussten ja bereits alle über Klaus' Hobby Bescheid. „Treiben Sie diesen Sport allein?", fragte Frau Kleine-Döppke. Klaus nickte.

„Wie sieht es denn mit einer Partnerin aus? Vielleicht hat ja möglicherweise eine Dame mal Lust, mit Ihnen klettern zu gehen?" Klaus schüttelte den Kopf und schwieg. Jeder in der Runde hatte den Eindruck, dass Klaus nichts mehr sagen wollte. Dieser junge Mann hatte wahrscheinlich schon zu viel von sich preisgegeben. Anschließend durfte dann Alexander sein Beziehungsumfeldbild zeigen. Er hatte sich als Strichmännchen zentral in die Blattmitte gekritzelt und um sich herum unzählige kleine Strichmännchen, die alle durch einen Strich mit dem zentralen Strichmännchen verbunden waren. Das Bild erinnerte ein bisschen an ein Spinnennetz. Alexander brauchte sich scheinbar um soziale Beziehungen keine Gedanken machen. Die übrigen Zeichnungen waren nicht weiter spektakulär; eventuell noch Dieters schöpferischer Erguss, er hatte sich ebenfalls mittig dargestellt und um sich herum jede Menge kleine und große Kreise, die Schnittmengen bildeten, gezeichnet. Alles enge Freunde oder eher Bekannte, die anhand der Kreisgrößen zu unterscheiden sein sollten. Dieter schien in einigen Chören und Vereinen aktiv zu sein und zählte deren Mitglieder zu seinen Bekannten. Sein Bild sah aus wie eine Mengenlehre-Aufgabe aus der früheren Grundschulzeit.

Nach der Ergotherapierunde war ich zunächst ziemlich erschöpft. Klaus ging mir nicht aus dem Kopf. Gut, ich hatte jetzt keinen riesigen Bekanntenkreis, dafür aber einen überschaubaren Freundeskreis und den seit einigen Jahren. Ich pflegte meine Freundschaften, da war ich mir sicher. Umgekehrt wurde ich selber ebenfalls häufig von meinen Freunden kontaktiert. Mein Freundeskreis war eine solide Basis. Das waren alles Menschen, die ich nachts um halb 3 anrufen durfte, damit sie mich von irgendwo abholen kamen, weil mir der Sprit ausgegangen war. Davon war ich überzeugt und nur derartige Leute bezeichnete ich als Freunde. Es stimmte mich traurig und machte mich nachdenklich, dass es Menschen wie Klaus gab, die anscheinend niemanden um sich herum hatten, der ihnen nahe stand. Da jeder bei seiner Bild-Präsentation und Interpretation einiges von sich selbst preisgegeben hatte, kannte man sich von nun an untereinander etwas besser. Mir stellte sich die Frage, wie ich auf die anderen wirkte, welchen Eindruck sie von mir hatten. Passte ich hierher? Gehörte ich überhaupt hierhin? Wie so oft stellte ich meine Aufenthaltsberechtigung in dieser Klinik vollkommen in Frage; meistens wenn ich auf Menschen traf, denen es meiner Ansicht nach gesundheitlich schlechter ging, als mir. Die hatten es doch viel nötiger, hier behandelt zu werden. So konnte man sich täuschen.

Beim Mittagessen vereinbarten wir in unserer Tischrunde, dass Abby seinen Caddy um halb Acht vor den Haupteingang fahren sollte, damit wir zusteigen konnten. Der Vorschlag kam von mir, denn ich wollte schon, dass ein paar neugierige Patienten, die vor der Klinik stehen würden oder vielleicht sogar jemand aus dem Raucherpavillon, sehen konnten, wie wir in das riesige fahrbare Schiff von Abebe stiegen und majestätisch von dannen rollten. Das würde eine Show! Abebe blickte mich die ganze Zeit verständnislos an. Schließlich fragte er: „Was findest Du an meinem Auto eigentlich so toll, Nik?"

„Äh, Du hast ihn Dir doch letztendlich auch gekauft, weil Du ihn klasse findest. Oder?"

Abebe nickte. „Klar. Der hat viel Platz für meinen Kram."

„Siehste. So große Karren sind einfach nur geil und wenn der Motor so herrlich blubbert." Ich geriet wieder ins Schwärmen. In der Nähe meines Heimatortes fand immer am letzten Maiwochenende ein sogenanntes Oldtimer-Treffen statt. Insbesondere Ami-Schlitten aus den 50er-oder 60er-Jahren bekamen meine Aufmerksamkeit, während sie zunächst durch den Veranstaltungsort fuhren um anschließend auf einer riesigen Festwiese zu parken. Dort konnte man die Hubraummonster ausgiebig betrachten und im Festzelt spielte am Samstag immer eine Rock'n Roll-Band. Ich war leider selber noch nie in so einem gewaltigen Fahrzeug mitgefahren. Das sollte sich heute Abend ändern. Ich freute mich total. Abbys Gesichtsausdruck hingegen änderte sich nicht. Er sah mich fragend an.

Mein Blick in den Schrank offenbarte mir, ich hatte augenscheinlich ausschließlich Band-T-Shirts mitgenommen. Für die heute Abend stattfindende Cocktail-Runde fand ich mein AC/DC-Shirt angemessen, zumal es nicht so intensiv nach Schweiß roch, wie zum Beispiel das schwarze Motörhead-Shirt. Dieses Shirt MUSSTE nach Schweiß riechen. Am Wochenende würde ich Conny einiges zum Waschen mitgeben. Umgekehrt, so hatten wir in unserem letzten Telefonat besprochen, brachte sie mir einige frische Shirts mit. War jetzt schon gespannt, welche Fummel sie da zu Tage förderte und stellte mir lebhaft ihren geschockten Gesichtsausdruck vor, wenn sie weitere verwaschene Band-Shirts von mir aus dem Schrank pulte. Am heutigen Nachmittag stand eine weitere

Moorpackung bei Frau Schäde an und ich war auf ihr Gesprächsthema gespannt. Auf jeden Fall würde es sich wieder um irgendeine Emanzipationsgeschichte handeln. Frau Schäde war stolze „Emma"-Abonnentin, wie sie mehrfach erwähnte. Leider war die „Emma" nicht unbedingt ein Frisuren-Magazin, wie mir schien. Frau Schädes Friseur war entweder der Wind oder ein vorbeifahrender Bus. Weitere Therapien standen nicht an, sodass ich die übrige Zeit für einen erneuten Bummel durch den Ort nutzte. Ich hatte mir in den Kopf gesetzt, unbedingt einen weiteren Ratgeber in einer Buchhandlung zu erwerben, den ich neben meiner eigentlichen Lektüre, die zur Zeit aus „Panikherz" von Stuckrad-Barre bestand, lesen konnte. Derartige Lebensratgeber oder Life-Coaching-Bücher verschlang ich nunmehr seit ein paar Jahren regelrecht. Leider las ich sie in der Tat nur und nahm sie mir nicht sonderlich zu Herzen. Ich verinnerlichte sie nicht; schon gar nicht führte ich die darin oftmals angebotenen Übungen oder Aufgaben aus. Während ich so ein Buch las, empfand ich häufig ein *„Genau so ist es"* -oder *„Das kann ich bestätigen"*-Gefühl. Das genügte mir. Zu wissen, es ging anderen Menschen genauso oder bestenfalls noch schlimmer als mir; zumindest was deren Gemütszustand oder seelische Verfassung anging. Es erweckte in mir den Eindruck einer gewissen Normalität, schriftlich bestätigt zu bekommen, dass andere Menschen gleiche Ansichten teilten oder genau wie ich viele Dinge schlichtweg nicht mehr aushielten und die dafür typischen Verhaltensauffälligkeiten zeigten. Blöderweise führte das bei mir meistens dazu, gar nichts dagegen unternehmen zu wollen. Aber hier und jetzt war ich ja bei den richtigen Profis und stellte mich meinen Problemen.

Schon im ersten Buchladen wurde ich fündig. „Der 7-Tage-Coach für's Leben" wanderte in meine Jackentasche, denn da passte das kleine Büchlein hinein. Selbstverständlich drückte ich vorher meine 7,99€ an der Kasse ab. Die nächsten sieben Tage waren so gerettet. Innerhalb einer Woche würde ich meine Lebenseinstellung komplett ändern, versprach zumindest der Bestseller-Autor.

Quatsch! Warum sollte ich? Das war doch die Aufgabe der ganzen Therapeuten und Ärzte in der Dr.Waldemar-Bruck-Klinik. Oder? Wenn alle Leser die Ratschläge aus den meisten dieser Lebensratgeber in Wirklichkeit umsetzen würden, müssten einige dieser Kliniken dicht machen und Psychotherapeuten ständen auf der Straße. Bestseller sorgt für Kli-

nik-Schließung! Ich lachte, während ich die Straße mit diesem Gedanken entlangschlenderte. Wer wollte ausgerechnet Dr. Lecter-Schamowski beschäftigen, wenn er sich nach einer neuen Stelle umsehen musste? Deswegen kam dieses Büchlein zu Hause ins Regal zu den anderen Ratgeber-Büchern, die mich im Grunde genommen nur unterhalten hatten. Dennoch nutzte ich die verbleibende Zeit bis zum Abendessen damit, auf meinem Zimmer einen ersten Blick in das Buch zu werfen.
Wie ich vermutete, setzte auch dieser Autor in der Kindheit an. Natürlich im Allgemeinen, denn er wusste selbstverständlich nichts über mich im Speziellen.
Dennoch waren die Anmerkungen und teilweise die Fragen so formuliert, dass ich mich annähernd persönlich angesprochen fühlte. Offenbar gab es tausende Menschen mit ähnlichen Kindheitsschicksalen wie meines. Wobei ich meine Kindheit grundlegend als schön und angenehm bezeichnen würde. Ich las zunächst mal weiter. Irgendetwas war in meiner Vergangenheit passiert, dass ich mir heute dieses Buch zugelegt hatte; meinte der Autor. Nach dem Motto: Wenn es dem Leser gut geht, würde er nicht diesen Ratgeber in den Händen halten. Klang logisch. Nichtsdestotrotz hatte ich laut Einleitungstext zehn Tage Zeit, mein Problem oder wie immer man das nennen wollte, zu ergründen. Was bedeutete dann der Titel mit dem „7 Tage-Coach"? Bei diesem Schmöker ging von vornherein jeder in die Verlängerung. Nach etwas über zwei Stunden hatte ich den Ratgeber durchgelesen und war um die Erkenntnis reicher: Schuld an meiner seelischen Verfassung waren eindeutig meine Eltern. Ich hatte mich in meiner Jugend und später- mitten im Berufsleben stehend-, zuviel um sie gekümmert. Ich war immer da. Es hatte bei mir keine Ablösung vom Elternhaus stattgefunden. Woher wusste der Autor das? Da ich mit meiner Ex-Frau in der oberen Etage meines Elternhauses wohnte, war ich jederzeit und sofort zur Stelle. Das leistete ich scheinbar zu häufig und hatte so langsam aber sicher ein Helfersyndrom entwickelt, welches sich im Laufe der Berufsjahre zusätzlich in anderen Lebensbereichen, vornehmlich aber im Job, bemerkbar machte. Ich gehörte zu der Personengattung, die immer alles gleich und sofort erledigen wollte. Immer jedem zur Hilfe eilend und stets zuvorkommend; vor allem immer zu Einhundertprozent.
Aber das wusste ich eigentlich alles schon, schließlich hatte ich ja bereits einige Therapiesitzungen bei Herrn Böckler absolviert. Ich legte das

Buch auf den Mini-Schreibtisch und sah auf meine Armbanduhr. In einer Viertelstunde gab es Abendessen. Passend dazu knurrte mein Magen. Als ich mich zu den anderen setzte, entdeckte ich meine neue Essensmarke. Auf meinem Platz lag eine „Normalkost-Marke". Verwundert nahm ich den Plastikchip in die Hand und drehte ihn vor meinen Augen, als ob ich die Echtheit prüfte. Warum durfte ich plötzlich normales Essen zu mir nehmen, obwohl keine weitere Blutwerteuntersuchung bei mir durchgeführt worden war? Ich sprach spontan mal den Speisesaal-Chef Herrn Brünger an. „Auf meiner heutigen Änderungsliste stehen Sie als „Normalverköstiger". Der Doktor hat das geändert; das darf auch nur er."
„Schamowski?", fragte ich verwundert.
„Klar. Wer denn sonst?", entgegnete Brünger weitaus verwunderter.
„Der hat mich vorher gar nicht untersucht."
„Freuen Sie sich doch einfach oder soll ich die Plakette gegen eine „Diät-Münze" eintauschen?", fragte Brünger und lachte dreckig. Ich setzte mich wieder und konnte gerade noch einen Blick auf ein Handyfoto von Annes Tochter werfen, welches sie mal wieder in die Runde zeigte. Anne war unheimlich stolz auf dieses Mädchen, welches laut ihren Erzählungen einen Musikpreis nach dem anderen abräumte. Zumindest in ihren regionalen Kreisen war sie eine Virtuosin auf der Geige. „Hier ist sie vor der Semper-Oper in Dresden. Dort ließ man sie vorspielen."
Anne klickte das Foto schon wieder weg, als Stefan fragte: „Und? Haben die sie genommen?"
Das war die falsche Frage, selbst wenn sie offensichtlich schien. Anne war es wirklich nur darum gegangen, ihre Tochter vor diesem wunderschönen Gebäude zu zeigen; über die vergebliche Mühe beim Vorspielen wollte sie gar nicht sprechen. „Nein." Mehr sagte sie dazu nicht, sondern steckte mit einem enttäuschten Gesichtsausdruck das Handy wieder ein. Niemand sagte etwas. Ich überlegte, wie die peinliche Stille durchbrochen werden konnte. „Na, hast du den Boliden schon vollgetankt?", fragte ich daher Abby.
„Für die kurze Strecke?" Abby schüttelte den Kopf.
„Bei so einer 20-Liter-Karre ist doch jeder Meter entscheidend", lachte ich und Abby setzte wieder seine fragende Miene auf. Wie bescheiden dieser Kerl war. Fuhr einen Cadillac und tat immer so, als ob das nichts Besonderes wäre. „Heute Abend mit dem Caddy zur Cocktailbar. Ich

freue mich!" Anne und Stefan lächelten mich an, Abebe hob nur etwas die Augenbrauen und nickte stumm zu mir rüber. Unser gemeinsames Abendessen verlief relativ schweigsam. Hoffentlich besserte sich die Laune der anderen bis um Acht, wenn wir unsere Caipis und Schnäpse ohne Alkohol schlürften, wie Abby diese nannte.

„Dann also bis um halb Acht vor der Tür", verabschiedete ich mich und legte meine Papierserviette gefaltet auf den benutzten Teller.

*

Stefan stand als Erster draußen vor der Schiebeglastür der Klinik. „Hi", begrüßte er mich mit so etwas wie einem Lächeln. „Auf die Frauen müssen wir wieder warten?", fragte ich scherzhaft. „Welche Weiber hast Du denn noch eingeladen?", kam erstaunt von ihm zurück.

„War nur Spaß. Anne braucht etwas länger vorm Schminkspiegel", meinte ich darauf.

„Bei der hilft doch eh nur noch die passende Beleuchtung", giftete Stefan zurück und grinste fies.

„Boah, bist du schäbig, Mann", gab ich ihm dann zu verstehen, lächelte aber dabei.

Mit einem Zischlaut öffnete sich die Schiebetür und Anne schritt fröhlich lächelnd auf uns zu.

„Mensch, siehst du toll aus", empfing Stefan unsere Mitfahrerin und ich schaute bestimmt ziemlich überrascht aus der Wäsche. „Ach, hör doch auf zu lügen", entgegnete Anne und knuffte Stefan leicht gegen die Schulter.

„Wo bleibt unser Chauffeur? Poliert der immer noch die sechs Meter aus Stahl und Blech für uns?", fragte ich lachend.

„Meinst Du echt, der fährt so'n Ami-Schlitten?", wandte sich Stefan an mich.

„Abby und sein Caddy. Hallo? Was soll denn sonst 'n Caddy sein?"

Ich wurde eines Besseren belehrt, denn kurz darauf hörten wir ein Fahrzeug vom angrenzenden Parkplatz näher kommen. Der Motor klang normal. Stinknormal sozusagen.

Kein Acht-Liter-Geblubbere, eher ein 60 PS-Gebrumme, welches von scheppernden Geräuschen aus dem Wageninneren übertönt wurde. Als ob jemand einen Kofferraum voller Kuhglocken transportierte. Dann

kam der „Caddy" um die Ecke und es war tatsächlich ein **Caddy**. Ein Kastenwagen von VW den dieser traditionelle deutsche Hersteller „Caddy" nannte. Das stand sogar gut sichtbar hinten am Heck, auf einer der beiden hinteren Flügeltüren, die den ordentlichen Laderaum verschlossen. Das glockenhafte Gebimmel hörte auf und Abby entstieg seinem dunkelroten Gefährt. Der schwarze Mann grinste. „Mein Caddy, Nik. Ich räume nur noch etwas um, damit ihr alle Platz habt." Schon schob er eine seitliche Schiebetür beiseite und begann, irgendwelche blechern aussehenden Schalen in unterschiedlichen Größen übereinanderzuschichten und vorsichtig weiter in den Heckbereich des Autos zu legen.
„Verkaufst Du Bettpfannen?", fragte ich ihn verwundert. Wobei ich mir keine goldenen oder bronzenen Bettpfannen vorstellen konnte. Diese Behältnisse, die der große dunkelhäutige Mann da umpackte, sahen dennoch ähnlich aus. „Das sind meine Klangschalen. Ich bin zusätzlich Klangschalentherapeut", erklärte Abebe ernst und überreichte mir eine kleinere Schale. Ich klopfte mit dem Zeigefinger dagegen und erzeugte einen hellen Klang, der ziemlich lange nachhallte. „Und wen oder was behandelst Du damit und wozu?" Ich starrte auf die Blechschüssel, als ob sie von einem fernen Planeten stammen würde oder doch eine Bettpfanne war. „Entspannungsübungen. Die unterschiedlichen Klänge führen zu völliger Entspannung. Würde Dir mal ganz guttun, Nik. So, bitte alle einsteigen." Abby machte eine einladende Geste und wir kletterten in den Caddy, der verblüffend geräumig war. Ich stellte keine weiteren Fragen.
„Deswegen hast Du mich immer so blöd angeguckt, wenn ich auf Dein Auto zu sprechen kam und neidisch wie ein kleiner Junge war", sagte ich zu Abby, der grinsend nickte.
„Ich kenne einen Cadillac, aber ich kannte die Kurzform „Caddy" nicht", meinte er.
Nach knapp zehnminütiger Fahrt waren wir an der Cocktailbar angekommen, die uns in Pole-Position direkt einen Parkplatz anbot. Um diese Uhrzeit war noch nichts los. Das Barleben startete vermutlich auch in so einem Kurort erst ab 22 Uhr. Und was war dann mit dem Zapfenstreich und den verriegelten Klinikzugängen? Was machte ich mir da für unnütze Gedanken. Wahrscheinlich fand das eigentliche Nachtleben ohnehin nur unter den Einheimischen statt. Ich half Anne aus dem Fond und schob die Schiebetür zu.

„Hast Du reserviert?", fragte ich Abby.

„Klar. Auf Dibaba, meinem Nachnamen. Mal sehen, ob die damit etwas anfangen konnten. Ich musste ihn ausnahmsweise nicht mal buchstabieren." Abby lachte und nahm die drei Stufen vor dem Eingang auf einem Mal. Dieser 62-jährige Mann war fit wie ein Turnschuh. Auf jeden Fall fitter als seine männlichen Begleiter des heutigen Abends. Da war ich mir sicher.

„Ah, die Herrschaften von der **IngDiba**!", begrüßte uns ein Kellner gleich im Eingangsbereich. Abby grinste. „Das hatte ich noch nicht. Aus Dibaba wurde dieses Dibadibadu-Dings." Wir lachten und sorgten beim Kellner für ein wenig Verwirrung. Ich klärte die Situation sofort auf und der junge Mann führte uns zu einem Tisch im hinteren Bereich der Cocktailbar. Anne rückte er sogar den Stuhl zurecht. „Schon etwas vorab zu trinken, bevor gleich die leckeren Sachen auf den Tisch kommen?", fragte er dann geschickt. Stefan und ich starteten beide mit einem Bier, Anne schüttelte den Kopf und Abby lehnte breit grinsend ab. Der Kellner huschte davon. „Hast Du alkoholfreies Bier bestellt, Stefan?", wandte sich Anne an ihn.

„Wieso? Bist Du meine Mutter?" Stefan antwortete todernst und ich erinnerte mich an unser heutiges Gespräch, bei dem es in der Tat darum gegangen war, möglichst alkoholfreie Sachen zu uns zu nehmen. Stefan war scheinbar mutig geworden und mir war es ohnehin egal. Ein Bierchen konnte bestimmt nicht schaden. Auch bei Stefan nicht. Hoffte ich mal. Anne zog ein Gesicht und drehte sich mit „Meine ja nur", ein wenig von Stefan weg. Hoffentlich kippte jetzt nicht die Stimmung. In der Bar saßen fünf weitere Gäste an zwei Tischen. Vom Alter her hätte ich sie alle auf 30 bis 45 geschätzt. Im Hintergrund lief irgendeine Salsa-Nummer. Ich empfand die Lautstärke als angenehm. So brauchte ich mir das schleimige Musikstück nicht konzentriert anzutun, sondern hörte locker darüber hinweg. Schließlich wollten wir uns unterhalten.

Anne nahm bereits eine der überdimensionalen Cocktailkarten in die Hand und schmunzelte. „Was die sich immer für Namen für Ihre Getränke ausdenken. Flying Cat oder Horny Bird." Abby hatte ebenfalls den Flying Cat-Cocktail entdeckt, denn er meinte: „Den nehme ich. Der ist schön fruchtig und ohne Alkohol."

„Warum heißt der dann „Fliegende Katze?", wollte Stefan wissen.

„Weil Du danach abhebst und schnurrst wie ein Kätzchen", erklärte

Abby souverän.
Anne lachte nun tatsächlich richtig laut los, was eine ansteckende Wirkung auf uns hatte. Unser Tisch war demzufolge innerhalb fünf Minuten in bester Stimmung.
Der Ober war scheinbar davon angelockt worden und brachte die beiden Biere.
Wir bestellten dann für Abby die fliegende Katze, einen Black Russian für Stefan und je einen Caipi für Anne und mich. Ich merkte an Annes Gesichtsausdruck, dass sie ursprünglich wieder etwas zu Stefan und seinem Alkoholkonsum sagen wollte, aber darauf verzichtete, um keine miese Stimmung zu erzeugen. Im nächsten Moment legte uns Anne ihr Handy auf den Tisch und hatte fix ein Foto ihrer Tochter auf das Display gepackt.
„Da spielt sie in Köln und hat gleich den zweiten Preis gewonnen." Das Foto zeigte ein durchaus hübsches junges Mädchen, das allein auf einem Hocker saß und hochkonzentriert vor sich auf den Notenständer blickte. „Wer wurde Erster?", erkundigte sich Stefan unhöflich. Als ob das etwas zur Sache tat. „Irgend so ein japanisches Wunderkind", antwortete Anne giftig.
„Ja, die Japaner können auch Geige spielen", setzte Stefan noch einen drauf. Ich fand es an der Zeit, einzuschreiten, bevor Anne traurig oder wütend das Lokal verlassen würde. „Aber der zweite Platz in Köln ist doch super. So hat sie auch überregional von sich reden gemacht." Anne nickte nur stumm und scrollte das nächste Foto auf den kleinen Handy-Bildschirm. Wir starrten alle höflich darauf und sie erklärte:
„Das ist bei uns im Garten. Wir haben einen Swimmingpool." Ihre Tochter schaute frech lächelnd aus dem Plantschbecken und stützte ihr Kinn in den Händen. „Hübsch", sagte ich und erzeugte nun endlich wieder ein Lächeln auf Annes Gesicht. „Ja. Und schon 25 Jahre alt", seufzte sie.
„Voll das junge Ding!", meinte Abby laut.
„Am Alter der Kinder merkt man erst, wie alt man selbst geworden ist", sagte Anne und betrachtete sehnsuchtsvoll das Foto.
„Du bist doch selber jung Anne und kannst noch ganz viel mit Deinem Mann unternehmen", versuchte ich eine weitere Aufmunterung.
„Oder lebt Dein Kerl nicht mehr?", fragte Stefan wieder auf seine „feinfühlige" Art, obwohl er eigentlich am Speisesaal-Tisch das ein oder andere Telefonat von Anne mit ihrem hilflosen Mann mitbekommen ha-

ben musste, wenn dieser zum Beispiel nach der Bedienung der Mikrowelle nachfragte.

„Klar lebt Rainer noch. Das weißt Du doch! Aber Clara fehlt uns total. Sie war immer unser Sonnenschein und Lebensmittelpunkt."

„Du redest von ihr, als ob sie bei einem Crash ums Leben gekommen ist", meinte Stefan zwar trefflich, aber wieder unpassend.

Anne standen die Tränen in den Augen. „Sie fehlt uns so, seitdem sie weggezogen ist."

„Wohnt sie denn weit entfernt?", fragte ich möglichst behutsam.

„Knapp 50 Kilometer", antwortete Anne fast heulend.

„Das ist doch fast Nachbarschaft", stellte Stefan fest. Der Typ war heute ein richtiger Ätzbär. Wir bekamen unsere Getränke serviert und der Kellner blickte uns erstaunt an. Noch vor wenigen Minuten hatte er an diesem Tisch die Bestellungen aus lachenden Mündern aufgenommen. Schweigend zog er wieder ab. Sogar wir nuckelten nur still an unseren Strohhalmen. Anne spielte gedankenverloren mit dem Cocktailschirmchen, indem sie es immer wieder auf-und zuschnappen ließ. Irgendwann gab das Material nach.

„Kinder muss man gehen lassen, Anne", sprach Abebe plötzlich und bekam unsere volle Aufmerksamkeit. „Wir Eltern ziehen sie groß und bereiten sie für die Welt vor. Dann müssen sie gehen." Nach diesem Satz zog Abby erneut an seinem Strohhalm.

„Du hast ja Recht. Sie fehlt nur so. Auch als Aufgabe für mich. Ich konnte mich immer um sie kümmern", jammerte Anne. Da war unüberhörbar viel Selbstmitleid im Spiel, dachte ich.

„Wie geht denn dein Mann damit um?", fragte ich Anne.

„Ach der! Dem ist das eigentlich egal. Der arbeitet ja den ganzen Tag. Rainer hat seine Tochter gar nicht aufwachsen gesehen. Jedenfalls nicht bewusst."

„Unternehmt ihr beiden denn etwas gemeinsam?", wandte sich Stefan an Anne. Mal etwas Anderes, als eine dumme Bemerkung, wie vor einigen Minuten.

„Kaum. Meistens will er Fußball gucken oder zumindest irgendeine Sportsendung, die mich nicht interessiert." Anne begann, den defekten Papierschirm zu zerrupfen.

„Dann musst du dich selber kümmern", gab Abebe ihr seinen Tipp. „Besorge dir ein Hobby oder triff dich mit Freunden. Geh in einen Verein."

Anne schnaufte. „Das sind ja die Floskeln, die man ausschließlich zu einsamen Witwen sagt", meinte sie darauf.
„Du lebst ja fast wie eine", kommentierte Stefan. Ich gab ihm Recht. Anne schien offenbar nur noch aus Gewohnheit bei ihrem Mann zu bleiben. Für ihn hatte sich nicht großartig etwas geändert.
Unser lustig angefangener Cocktail-Abend mutierte in wenigen Minuten zu einer Eheberatung für Anne.
Weder Stefan, Abby oder ich hatten den Mut, ihr zu sagen: „Dann musst du dich von ihm trennen oder ihm dringlich zu einer Veränderung raten." Aber wir alle drei dachten es. Anne sicherlich auch.
Trotzdem bestellten wir nochmal dasselbe, als sich der Ober vorsichtig genähert hatte.
„Jetzt habe ich euch den Abend versaut", meinte Anne.
„Quatsch. So etwas gehört dazu", äußerte Stefan sich und lächelte Anne zu. Die erzeugte in etwa so etwas wie den Ansatz eines Lächelns. Anne würde wahrscheinlich heute Nacht lange wach liegen und über Vieles nachdenken.
Nach etwas über einer Stunde war uns dann nach Aufbruch zumute. Wir bezahlten jeder für sich und stiegen dann in Abbys Caddy. Mit sanften Klangschalenklängen aus dem Heck fuhren wir zur Klinik zurück.

Rechtlicher Beistand

Ich hatte vor einigen Tagen meinen ersten Termin im Kraftraum absolviert; wobei dieser mit den obligatorischen Muskeltrainingsgeräten vollgestopfte Raum hier in der Klinik „Fitness-Raum" genannt wurde. Es gab daneben die weithin bekannten Übungsgeräte wie „Butterfly", eine Hantelbank und den Trizep-Bowdenzug. Der Raum war ungewöhnlich klein und durch die Anordnung der Trainingsgeräte zusätzlich beengt. Führte man zum Beispiel seine Bauchmuskelstrecker-Übungen an einem dafür speziellen Gerät durch, indem sitzend der Oberkörper ein vor die Brust gepresstes, gepolstertes Gewicht nach vorn drückte, atmete man zwangsläufig den Schweißgeruch und Mief eines gegenüber sitzenden Trainingskollegen ein, der mit ähnlichen Bewegungen seinen Rückenstrecker trainierte. In seinem Fall lag das Polster entsprechend auf den Schulterblättern auf. So beugten diese beiden Trainierenden in drei Übungseinheiten mit je 15 Wiederholungen fortwährend ihre Oberkörper aufeinander zu und übertrugen bei einem dann erzielten Abstand von etwa 20 Zentimetern ihre Körperdüfte. Ekelhaft!

Ich beobachtete, wie eine ältere Dame in einem pinkfarbenen Jogging-Anzug alle möglichen Geräte ausprobierte, anfasste oder sich mit ihrem klatschnass geschwitzten Rücken auf die Polsterungen der Bänke legte, ohne ein Handtuch als Unterlage zu benutzen. Die notwendige, unmittelbar nach jedem Gerätewechsel stattzufindende Desinfektion mit einem speziellen Mittel, welches immer griffbereit auf kleinen im Raum verteilten Tischchen stand, unterließ sie komplett. So griff jeder folgende Teilnehmer in die mit ihrem Schweiß vollgesogenen Handgriffe oder legte sich in ihre Schweißpfützen auf den Liegebänken, um die Langhantel hochzustemmen. Igitt!

Herr Tschewkow gab mir seinerzeit die Einweisung in für mich in Frage kommende Trainingsgeräte. Mit meinen Rückengeschichten und Knieproblemen durfte ich verständlicherweise nur gezielte Übungen durchführen. „Probirrren Sie mal Beinprässä. Zunächst ohne die Gewicht", sprach er und deutete mir, auf dem Sitz dieses gewaltigen Gerätes Platz zu nehmen. Ich tat, wie mir geheißen und drückte die quadratmetergroße Stahlplatte, auf der meine Füße ruhten, mit einem Ruck weg und brachte so meine Beine in Streckung. Ich schrie laut auf. Ein plötzlicher Schmerz durchzog mein rechtes Knie, in dem der Meniskus nur noch aus Faserstreifen zu bestehen schien. Vor einigen Jahren konnte ich durch Schonung, einer Physiotherapie und moderates Nordic-Walking eine Knie-OP vermeiden. In dem Moment durchschoss mich der Gedanke, die Chirurgen konnten ihre Messer wetzen. „Nicht ganz in volle Sträkkung gähen!", rief Herr Tschewkow und blickte mich entsetzt an. „Ach was?", war mein einziger Kommentar. Ich stand auf und humpelte zu einer Bank, auf der gerade niemand schwitzte oder saß. „Können Sie auf Fahrrad fahren oder Crosstrainer benutzen?", fragte der Trainer in seinem sibirisch angehauchten Dialekt. „Ich fahre zu Hause Rad und habe sogar selber so ein Ding zu Hause stehen." Ich zeigte auf den Crosstrainer, der in diesem Moment quietschend von einem adipösen Patienten in Bewegung gehalten wurde. „Wenn er da drüben fertig ist und das Gerät dann weiterhin funktioniert, kann ich da ja mal draufsteigen", sagte ich zu Herrn Tschewkow. Dieser nickte nur. Er wies mich in ein paar weitere Geräte ein, die mir alle nicht unbekannt waren und zeigte mir zum Schluss den wichtigen Stempel, der auf seinem Schreibtisch für alle zugänglich herumlag, um den Besuch im Fitnessraum zu dokumentieren. „Machen Sie freiwillig." Mit diesen Worten ließ er mich stehen und wandte sich einer jung aussehenden Frau zu, die soeben in Leggings und einem knalleng sitzenden T-Shirt, zudem eindeutig ohne Unterwäsche den Raum betrat.

Gleich bei meiner ersten Trainingseinheit haute ich mir prophylaktisch mal drei Stempel in die Fitnessraum-Teilnahme-Felder meines Therapieheftchens. Sicher ist sicher. Heute nahm ich mir aber unbedingt vor, eine volle Runde mit allen Geräten und den vorgegebenen Übungswiederholungen herunterzuspulen.

Mit einem beherzten Sprung zur Seite wich ich einer auf mich zurollenden Zehn-Kilo-Hantelscheibe aus, die einem älteren Herrn von der Hantelstange gerutscht war, weil er die Feststellschraube nicht angezogen hatte. Da seine Hantelstange seitdem einseitig mit einem Gewicht belastet war, schlug sie ihm seitlich weg und riss den alten Körper gleich mit von der Liegebank herunter. Ich half dem alten Mann wieder auf die Beine, fragte nach möglichen Frakturen und meinte fürsorglich: „Lieber mal mit weniger Gewicht." Die Feststellschraube erwähnte ich gar nicht. Nachdem ich mich auf den Sitz des Rückenbeugers gesetzt hatte, sah ich, wie der ältere Herr nach einer Fünf-Kilo-Hantelscheibe griff und sich diese auf die Hantelstange schob. Die Feststellschraube drehte er unter größter Anstrengung fest. So weit, so gut. Die Zehn-Kilo-Scheibe auf der anderen Seite ließ er dummerweise drauf. Ich glaubte zuerst nicht, was ich da gerade sah und war zu perplex, um eingreifen zu können. Schon riss es den alten Sack wieder von der Bank, weil die Zehn-Kilo-Scheibe tatsächlich schwerer zu sein schien, als ihr Fünf-Kilo-Pendant gegenüber. Ich schüttelte den Kopf und schlenderte wieder zu ihm. Plötzlich stand Herr Tschewkow neben dem alten Mann und griff ihm beherzt unter die Arme. So gehörte sich das. Am besten wäre es, der Trainer würde dem alten Probanden mal den Unterschied zwischen den einzelnen Gewichtsangaben auf den Hantelgewichten erklären. Ich beugte und streckte weiter meine Rückenmuskulatur.

Nach einer Bowdenzugübung am Kraftturm und ein paar Situps auf einer Gymnastikmatte, besetzte ich den Crosstrainer. Dieses High-Tech-Gerät war relativ neu. Es wollte zunächst wissen, ob ich männlich oder weiblich sei und mein derzeitiges Gewicht. Sämtliche Angaben programmierte ich in einen Mini-Computer, der in Brusthöhe auf dem Gerät angebracht war und mir alle Eingaben im Display anzeigte. Dort wurden mir verschiedenartige Trainingsintervalle angezeigt, die in mehr oder weniger anstrengend aussehenden Graphiken verdeutlichten, was ich mir zumuten mochte. Einige Graphiken stellten extrem verlaufende Auf- und Abwärtslinien dar mit enorm hohen Watt-Zahlen. Eine hohe Watt-Zahl bedeutete eine enorme Anstrengung und kam daher womöglich einer Bergbesteigung gleich. Ich entschied mich für eine mittlere Einstellung, immerhin war ich ein erfahrener Nordic-Walker. Auf dem Gerät stand man etwa 30 Zentimeter höher und hatte somit einen wunderbaren Rundblick durch den beengten Fitnessraum. So konnte ich mitverfolgen, wie sich eine zu krass geschminkte Mittfünfzigerin in einem hellblauen ADIDAS-Trainingsanzug und giftgrünen Nikes heftig den Kopf an einem der stählernen „Butterfly-Arme" stieß. Sie hatte ihren Sitz eindeutig zu niedrig eingestellt, sodass die Polsterungen für ihre Unterarme nicht in Brusthöhe, sondern in Augenhöhe waren. Bei dieser Körperhaltung kann niemand ausreichend Kraft entwickeln, die hinter einem befindlichen Gewichte durch Zusammenpressen der „Butterfly-Arme" nach vorn zu bewegen. So machte die Dame ungefähr bei halber Bewegungsstrecke schlapp und musste sich den zurückschnellenden Metallarmen des Gerätes ergeben. Der linke Gerätearm knallte ihr vor die Nase. Ich musste mir ein Lachen verkneifen. Das war Slapstick pur und sogar live. Aber Herr Tschewkow war selbstverständlich wieder sofort zur Stelle. Ich fragte mich, wie viele Verletzte dieser Trainer jeden Monat in seinem Zuständigkeitsbereich zu verzeichnen hatte. Oder gab es sogar Tote? „Mann von Zwanzig-Kilo-Hantelstange zerquetscht!", lautete sicher irgendwann die Schlagzeile in der „BILD". Herr Tschewkow sah sich die Nase der Patientin genauer an und schüttelte nur mit dem Kopf. Dann half er ihr behutsam auf die Beine und begleitete die Frau aus dem Fitnessraum hinaus. Im Vorbeigehen sah ich, dass aus beiden Nasenlöchern Papiertaschentuchfetzen herausschauten. Offenbar war die Nase doch heftiger getroffen worden und blutete. Eventuell war sie sogar gebrochen.

Ich beendete meine Crosstrainer-Übungseinheit und stieg nach zwei Kilometer, die auf dem Display als zurückgelegte Wegstrecke angezeigt wurden, vom Gerät herunter. Direkt daneben stand die Desinfektionsflasche. Sie war leer. Ich tupfte die Haltegriffe mit meinem Handtuch ab. Mehr ging ohnehin nicht. Für das Nachfüllen des Desinfektionsmittels war ich nicht zuständig. Anschließend setzte ich drei weitere Stempel in mein Therapieheftchen. Am Ende der Reha sollten die ruhig glauben, ich wäre jemand, der auf seinen Körper achten würde. Gewissermaßen das fleißige Lieschen der Kraftübungen.

Mit lässig um den Hals geworfenem Handtuch stolzierte ich aus der Muckibude heraus und begab mich zum Fahrstuhl. Die verbleibende Zeit bis zu meinem weiteren Einzelgespräch bei Frau Schwalbe wollte ich nach einer Dusche ruhend verbringen. Auf dem Weg zu meinem Zimmer überlegte ich, was Frau Schwalbe gleich mit mir besprechen würde. Ich grübelte darüber, welche Dinge mich zur Zeit gedanklich belasteten und unbedingt angesprochen werden mussten. Mir fielen erstaunlicherweise so gar keine Themen ein. In solchen Momenten stellte ich mir dann vermehrt die Frage: Was mache ich hier überhaupt?

Die Dusche erfrischte und ich legte mich anschließend nackt ins Bett. Ach, wenn doch jetzt Conny bei mir wäre. Noch zwei Tage, dann war es wieder soweit. Am Samstag würde sie mich besuchen. Bei dem Gedanken stellte ich ein kleines Zelt auf meiner Körpermitte auf.

Ich nickte für 45 Minuten ein.

Bevor ich mich in die zweite Etage zum Einzelgespräch mit Frau Schwalbe begab, griff ich mir aus dem Kühlschrank der Etagenküche ein Red Bull und leerte die Dose in einem Zug. Der nachmittägliche Schlaf war nicht mehr als ein Dösen geworden und daher fühlte ich mich immer noch müde und vor allem schlapp. Ich nahm die Treppe und versuchte so zusätzlich zum Taurin- und Koffeinschub meinen Kreislauf in Schwung zu bringen. Völlig außer Atem stand ich vor Schwalbes Tür und klopfte an. „Kommen Sie rein, Herr Reimann", erklang es von drinnen.

„Hallo", sagte ich beim Eintreten und setzte mich unaufgefordert auf einen der beiden Wartezimmerstühle, die Schwalbe vor einem kleinen Tischchen stehen hatte. Sie saß auf einem modernen Bürodrehstuhl an ihrem Schreibtisch und sah auf den Bildschirm ihres PCs. Auf den ersten Blick hielt ich die Therapeutin wieder für einen Kerl. An ihr war- bei aller Liebe-, nichts fraulich Aufreizendes. Riesige Hände schwebten über der

Tastatur und pickten mit langen Fingern auf die Buchstabentasten. Ihre Jeans hätte locker aus einem Heimwerkerausstatter-Geschäft sein können. Weder figurbetonend, noch chic. Eher ein praktisches Teil, genau wie ihre Schuhe, die frappierende Ähnlichkeit mit Sicherheitsschuhen aufwiesen, wie sie unsere Staplerfahrer - die Schuhspitze mit Stahlkappe-,trugen und am Ende ihrer langen, sehnigen Beine völlig plump aussahen. Ihr wallender Wollpullover fände bei mir sofort den Weg ins Katzenkörbchen; als Einlage für unsere Stubentiger. „Wie geht es Ihnen heute, Herr Reimann?" Mit dieser Frage hatte ich natürlich gerechnet. „Eigentlich ganz gut. Übermorgen kommt mich meine Partnerin besuchen", sagte ich und blickte Frau Schwalbe in ihre dunkelbraunen Augen. Die hatten wiederum etwas. Wenigstens doch etwas Attraktives an der Frau. „Wieso **eigentlich**? Das ist doch toll. Oder?" Sie hatte ja Recht. „Okay, das „eigentlich" können Sie aus dem Protokoll streichen", meinte ich lapidar. Sie machte offensichtlich so etwas wie eine Durchstreichbewegung mit ihrem Kugelschreiber auf dem Notizblock, den sie auf dem Schoß liegen hatte.
„Aber das sind doch gute Perspektiven, Herr Reimann."
„Was jetzt?"
„Dass Ihre Freundin Sie besucht."
„Sie meinen meine Partnerin?"
Frau Dr. Schwalbe schaute mich irritiert an. „Klar. Oder erhalten Sie weiteren Damenbesuch?" Dabei konnte sie sogar herzhaft lachen. Ihr Lachen war aber nicht ansteckend, eher derb, wie Schenkelklopfen nach einem Stammtischwitz. Ich lächelte gezwungen mit. „Natürlich nicht! Ich freue mich auf meine Conny."
„Wo sehen Sie sich denn am Tag nach Ihrer Entlassung?"
Jetzt schaute ich fragend zu ihr herüber. „Werden Sie wieder zu Ihrem Arbeitgeber zurückkehren?", fragte Frau Schwalbe weiter. Das ging jetzt aber schnell. Zu schnell für mich. Mit dieser Frage hatte ich wiederum nicht gerechnet. Mein Herz fing wie wild an zu schlagen, ich fühlte den Schweiß aus allen Poren fließen und atmete tief ein, um daraufhin ein sehr lautes: „Nein!" herauszuposaunen.
„Das war deutlich. Wollen Sie kündigen?"
Ich wusste auch darauf zunächst keine Antwort. Außerdem war ich seit Monaten gar nicht mehr in der Lage, irgendwelche schwerwiegenden Entscheidungen zu treffen, insbesondere wenn die Entscheidungen

mich betrafen. Ich brauchte jedes Mal den Rat oder die Meinung eines anderen Menschen. Meistens die Beurteilung der Sachlage durch Conny. Theoretisch könnte ich heute Abend dieses Thema mit Conny am Handy diskutieren. Daher antwortete ich fast schon flüsternd und vor mich auf den Boden starrend: „Keine Ahnung. Besser wäre es wohl."
„Wie sähe denn das weitere Arbeitsverhältnis aus?"
Ich zog die Schultern hoch und schüttelte mit dem Kopf, um Ahnungslosigkeit anzuzeigen. Was sollte ich nach so langer Abwesenheit wieder bei Steigermann-Objektmöbel anfangen und wie war Schnaller mir gegenüber eingestellt? Dachte er *„Schwamm drüber"* und resettete sich mal eben, um ganz von vorn mit mir zu beginnen?
Mit. Sicherheit. Nicht.
„Ich muss da weg. Ich telefoniere erneut mit meinem Anwalt, was ich da machen kann."
Diese Sätze fielen förmlich aus meinem Mund. So, als ob ich schon seit längerer Zeit darüber nachgedacht hätte. Dem war aber nicht so. Ab und zu kamen mir derartige Gedanken, wenn ich allein auf meinem Zimmer saß. Aber sobald ich ein Telefonat mit Conny führte, wurden Jobthemen oder generell, wie es mit mir zukünftig weitergehen sollte, nicht vertieft. Seltsamerweise. Obwohl mir schon klar war, dass auch Conny irgendwann Klarheit darüber haben wollte, wie ich später mein Geld in den gemeinsamen Haushalt einzubringen gedachte. Und mit „später" war definitiv nach Ende dieser beschissenen Reha gemeint. Blieben wir überhaupt zusammen? Möglicherweise hatte Conny bereits total die Schnauze voll von mir und meinem Geflenne. Ich wurde wieder unruhiger und mein Atem heftiger. „Sprechen Sie mit Ihrem Anwalt. Der ist da geschult und wird Ihnen den richtigen Tipp geben." Nach diesen Worten legte Frau Schwalbe den Notizblock auf den inzwischen zugeklappten Laptop. Sie klickte die Kugelschreiber-Mine ein und steckte sich den Kugelschreiber an ihren weit ausgeschnittenen Rollkragen. Der gab nicht im Geringsten den Blick auf irgendwelche ansehnlichen Vorbauten frei oder ließ gar welche vermuten. Da war in diesem Fall schon mehr als reichlich Fantasie gefragt. Welch gehässiger Gedanke von mir. Ich sollte mich schämen. Allerdings beruhigte sich meine Atmung wieder. Ich verzog mein Gesicht. „Was grinsen Sie denn so, Herr Reimann. Gedanklich schon beim Samstag?" Ich nickte einfach nur. Sollte sie doch glauben.
Auf dem Weg zurück zu den Fahrstühlen, die mich auf meine Etage brin-

gen sollten und die gefühlten 400 Meter vom Fahrstuhl bis zu meinem Zimmer dachte ich darüber nach, ob ich wirklich meinen Anwalt benachrichtigen sollte. Ich hatte vor wenigen Monaten ein Beratungsgespräch beim Fachanwalt für Arbeitsrecht Herrn Schröder. Dieser empfahl mir, so lange weiter zu arbeiten, bis Steigermann-Objektmöbel mich rausschmeißen würde. Mit anderen Worten: Bis zum bitteren Ende durchhalten und anschließend eine fette Abfindung einsacken. Aber so war ich nicht. Durchhalten unter therapeutischer Begleitung. Das schloss sich für mich schon untereinander aus. Welches Ziel sollte die Therapie denn haben? Durchhalten bis zur Kündigung oder wieder fit werden und den harten Arbeitsalltag mit allen Schikanierereien durch Schnaller und der Geschäftsleitung, sowie sämtlichen Repressalien durch die Personalleitung widerstehen? Rückgrat bekommen. Das dicke Fell zurückerhalten. Ein „Leckt mich am Arsch-Gefühl" erzeugen. Nicht. Mit. Nik.

Eine Tür fällt zu und irgendwo öffnet sich eine neue. In meinem Fall würde sich in irgendeinem menschlich geführten Unternehmen eine Tür zum Versandbüro öffnen und am hinteren Ende dieses Raums stand ein nigelnagelneuer Schreibtisch für den neuen Versandleiter. Mich!

Nach dem zweiten Klingeln wurde abgenommen und ich hatte die Sekretärin von meinem Anwalt Herrn Schröder am Telefon. Nachdem sie ihren langen Begrüßungstext heruntergefaselt hatte, fragte ich höflich, ob Herr Schröder kurz zu sprechen wäre. War er.

„Schröder."

„Reimann. Guten Tag Herr Schröder. Es geht um meinen Arbeitsplatz."

Ich laberte sofort los, hoffte, der Advokat konnte sich an mich erinnern und erzählte ihm in komprimierter Form nochmals meine Vorgeschichte, die hauptsächlich aus Problemen mit Schnaller, der Geschäftsleitung und Personalleitung bestand; den daraus resultierenden Überlastungsanzeichen, bis Schröder mich mit: „Die Firma will Sie nicht mehr, Herr Reimann. Schon gemerkt?", unterbrach. Ich war für einige Sekunden perplex und konnte darauf zunächst nichts sagen.

„Da haben Sie wohl Recht", erwiderte ich, nachdem ich mich wieder ein wenig gefasst hatte. Wir sprachen noch ein paar Minuten und Schröder gab mir dann den Tipp, die Reha in Ruhe zu Ende zu bringen, währenddessen würde er mein Kündigungsschreiben vorbereiten. Eine Abfindung könnte ich dann natürlich knicken. Er würde versuchen, wenigstens ein paar Monate Gehaltszahlung während einer Freistellung herauszuholen. Damit war ich einverstanden und legte auf. Mein Magen erzeugte seltsame Töne und ich kam mir seltsamerweise wie nach einem Marathonlauf vor. Erschöpft und kurzatmig schlurfte ich zum Klo und ließ mich darauf nieder. Schlecht war mir nicht, eher ein wenig unwohl. Unmittelbar stellte ich das eben geführte Telefonat beziehungsweise das Resultat total in Frage. Hatte ich richtig gehandelt oder wieder einmal, wie es bei mir häufiger der Fall ist, überhastet? Schröder hatte aber so was von Recht. Steigermann-Objektmöbel hatte eindeutige Signale gesendet, mich nicht mehr weiter beschäftigen zu wollen. Er war sich sicher, dass die zunächst mal eine Wiedereingliederung anbieten würden. Wäre so üblich, wenn Mitarbeiter nach einer langen Krankheitsgeschichte wieder zurückkehrten. Das funktionierte in manchen Firmen sogar ganz gut, wenn die Krankheit nicht durch die Firmenleitung selbst ausgelöst worden sei. Aber genau das wäre bei mir eindeutig der Fall. Bei meinen Wiedereingliederungsgesprächen mit der Personalleitung und im Beisein von Schnaller, schärften die nur ihre „Waffen", um dann beim Finale vorm Arbeitsgericht richtig gut aufgestellt zu sein. *„Wie geht es Ihnen denn so oder was machen Sie denn zur Zeit in Ihrer Freizeit?"* ‚würde bei derartigen Angelegenheiten gerne gefragt und die Antworten später von Fachleuten ausgewertet und für sie passend aufbereitet. Als Mitarbeiter mit einer psychischen Störung konnte man dabei nur verlieren, war Schröders Meinung. Dieser Mann hatte Erfahrung. Dieser Mann war Profi. Ich verließ mich auf ihn. Mein Magen grummelte erneut und dann bekam ich Durchfall. War mir anscheinend alles auf den Magen geschlagen.

Christine

Ich schlief schlecht und wälzte mich ständig umher. In meinem Kopf kreisten Gedanken wie: „War das die richtige Entscheidung?" „Nun geht Dir die Abfindung durch die Lappen."

Das war eine meiner Schwächen: Ich hörte und verließ mich zu sehr auf das Urteil oder zunächst die Meinung anderer Leute. Hatten diese zusätzlich einen Doktortitel oder arbeiteten in Jobs, die ich bewundernswert und respekteinflößend fand-und ein Anwalt gehörte definitiv in diese Kategorie-, so nahm ich deren Worte für Gesetz. Was hätte denn Herr Schröder davon, mich falsch zu beraten? Klar, seine Gerichtsverhandlung vorm Arbeitsgericht bekam er auch dann, wenn Steigermann-Objektmöbel nicht auf seinen Vorschlag, den er mit mir besprochen hatte, eingehen würde. Schröder wäre so oder so der Gewinner. Gelobt sei meine Rechtsschutzversicherung. Vor wenigen Monaten war ich in die Gewerkschaft eingetreten, nachdem irgendjemand mir dazu geraten hatte. Vermutlich wieder so eine bewundernswerte Person, der ich alles abnahm, was sie von sich gab. In dem Fall meinte ich mich zu erinnern, vom Betriebsratsvorsitzenden darauf gestoßen worden zu sein. „Hier ist so ein Info-Blättchen. Schau da mal rein und dann meldest Du dich bei mir an." Ich nahm ihm den Flyer ab und bereits einen Tag später saß ich vor seinem kargen, von Kaffeeflecken übersäten, aufgeräumten Schreibtisch und unterschrieb einen Mitgliedsvertrag bei der Gewerkschaft. Die bekam ab dem nächsten Monat einen kleinen Teil meines Bruttogehalts. Sollte es mal hart auf hart kommen, könnte ich auf deren versierte und erfahrene Anwälte hoffen. „Die kennen da sämtliche Tricks, Nik", sagte mir der Betriebsratsvorsitzende. Mir fällt immer noch nicht sein Name wieder ein. Sicherlich lag es daran, dass er mich nach der geleisteten Unterschrift mied oder aus dem Weg ging und für mich zu einem Phantom wurde. Vielleicht bildete ich mir das aber ein. Bekam er denn so etwas wie eine Abschluss-Provision? Egal. Ich hatte ab sofort eine Armada von Anwälten zur Verfügung. Zunächst einen Anwalt, den meine Rechtsschutzversicherung bezahlen würde. Herrn Schröder hatte mir ein ehemaliger Arbeitskollege empfohlen, den Schröder damals vertrat und erfolgreich dessen Abfindung erstritt. Jetzt hatte ich den Stein ins Rollen gebracht.

Morgen kam Conny und ich bekam jetzt schon einen Ständer, weil ich an den morgigen Nachmittag dachte. Sie hatte am Telefon zwar gefragt, ob ich mit ihr nicht in einen der hübschen Nachbarorte fahren könnte. Das wäre dann auch für mich ein Tapetenwechsel. „Klar machen wir das", sagte ich pauschal. Meine Pläne sahen da nämlich etwas anders aus. Schließlich hatten wir uns einige Tage nicht gesehen und vor allen

Dingen nicht gespürt. Sie sollte zunächst einmal ankommen.
Für mich stand heute Nordic-Walking an. Vorm Frühstück fing mich Christine auf dem Flur zum Speisesaal ab. Mir war diese Begegnung unangenehm, zumal ich sie letztens fürchterlich hatte abblitzen lassen und sogar die ein oder andere abweisende Bemerkung in ihre Richtung abgelassen. Aber Christine ließ nicht locker. „Na, auch zum Frühstück?", fragte sie blöd.
„Ja, will heute der erste am Brötchenkorb sein, damit niemand die Sesambrötchen weggrabscht." Ich lächelte gequält. Ursprünglich wollte ich Christine nicht mehr mit meinen lustigen Sprüchen erheitern. Dadurch wurde sie dann umso anhänglicher. Schon gackerte sie drauflos. „Als ob die sonst noch jemand isst."
„Klar", sagte ich. „Vorgestern war nicht ein einziges Sesambrötchen mehr da."
„Sehen wir uns nachher beim Walken?", fragte sie mich dann. Als ob meine Abfuhr neulich vollkommen aus ihrem Gedächtnis gestrichen worden war. „Äh, ja. Klar. Um 11 Uhr. Oder?"
Sie nickte und zwinkerte mir zu. Verdammt. Alles wieder auf Anfang.
„Was ist denn mit Dir los?", fragte Abebe mich, während ich gedankenverloren auf einem Sesambrötchenbissen herumkaute. „Du schaust ja, als ob es draußen den ganzen Tag geregnet hätte." Dabei regnete es wahrhaftig seit fast einer Stunde. Und in dieses Mistwetter musste ich gleich raus, um mit Gehstöcken bewaffnet durch den Kurpark zu latschen. Erschwerend mit Christine im Schlepptau. „Ich muss bei dem bescheidenen Wetter meine Nordic-Walking-Truppe begleiten."
„Setz dich doch nach ein paar hundert Meter von denen ab und hock dich ins Café", schlug Stefan grinsend vor.
„Das wäre ja noch besser. Christine und ich im Café", maulte ich.
„Ach, die kleine Dicke rückt dir wieder auf den Pelz?", fragte Stefan und sein Grinsen wurde breiter und vor allem fieser. „Ja, sie hat mich eben erwischt." Ich kaute weiter und nahm einen kräftigen Schluck Kaffee.
„Die ist doch total nett", meinte Anne. Das war natürlich die Meinung einer Frau.
„Klar", sagte ich bloß. *„Mehr aber auch nicht",* dachte ich zusätzlich.
Auf dem Weg zu den Fahrstuhlkabinen schälte ich mir eine Banane und begann sie zu essen. Magoo stand in der sich öffnenden Fahrstuhlkabine und blickte mit zusammengekniffenen Augen auf das Bananenstück

in meiner Hand.
„Ist es nicht etwas zu kühl für ein Eis, junger Mann?", wandte sie sich schmunzelnd an mich. „So ein Bananeneis schmeckt bei jedem Wetter", entgegnete ich lächelnd, was sie überhaupt nicht wahrnahm.
„Sind wir schon auf der Vier?"
„Nein, hier ist die Drei. Einen müssen Sie noch", sagte ich zu der fast blinden alten Dame und verließ den Fahrstuhl. Ich blickte aus meinem Fenster und nahm erfreut zur Kenntnis, dass der Regen etwas nachgelassen hatte. Nichtsdestotrotz war der Himmel dunkelgrau und schien nur ein wenig zu verschnaufen, bevor er wieder alle Schleusen öffnete.
Das passte irgendwie zu meiner Stimmung. Obwohl Conny morgen zu Besuch kam, befand ich mich stimmungsmäßig mal wieder weit unten. Das lag nicht nur an Christine. Mein Anwaltsgespräch ging mir nicht mehr aus dem Kopf. So langsam wurde mir klar, dass ich die Weichen für eine Zukunft ohne Steigermann-Objektmöbel gestellt hatte. Eine Zukunft ohne Schnaller und seinem Gefolge aus der obersten Etage. Nur, wie sah diese Zukunft aus? Welchen Job bekam ich nach meiner Reha? Jedenfalls hatte ich seit fast 30 Jahren keinen anderen Arbeitgeber gesehen. Ich war bestimmt „Steigermann"-verseucht. Bei keiner anderen Bude einsetzbar. Ich kannte deren Abläufe doch überhaupt nicht. „Dann lernst Du sie eben", sprach ich zu mir selbst und zog mich für das Nordic-Walking um. Prompt setzte der Regen wieder heftiger ein. Wie passend.
Christine trug dunkelblaue Leggings, die unvorteilhafter nicht sein konnten. Auf den ersten Blick hielt ich die Falten für Falten, auf den zweiten Blick sah ich, dass diese Art Hose jede Deformierung ihrer dicken Beine umschloss und zur negativen Geltung brachte. Ich war fies. Auf ihrem Arsch kam-ich konnte es kaum glauben-, sogar die Cellulite durch den Stoff durch.
„Hallo, Nicki!", rief Christine von Weitem, winkte heftig mit dem rechten Arm, während sie in ihrer linken Hand die Nordic-Walking-Stöcke hielt. Dabei hob sich ihr hellblaues T-Shirt über ihre dicke Plauze. Gleichzeitig bemerkte ich, dass sie keinen BH trug. „Du bist zu dünn angezogen", meinte ich.
„Wir laufen uns doch warm", sagte sie. Bei ihr reichten wieder die ersten einhundert Meter, um den Schweiß aus allen Poren fließen zu lassen. So wie beim letzten Mal, als sie nach kürzester Zeit schwer atmend

und japsend neben mir her trottete.

„Wenn du meinst", erwiderte ich gelangweilt. Ich hatte die Zwiebeltechnik angewandt und über mein Unterhemd ein T-Shirt, darüber zwei langärmelige Sweatshirts und schließlich eine Jacke angezogen. Auf meinem Kopf saß meine Guns'n Roses-Cap. So dürfte mir der derzeitige Regen nichts ausmachen.

Die anderen Teilnehmer trudelten inzwischen ebenfalls ein und Herr Glötz erschien mit gezücktem Kugelschreiber. „Zunächst die Autogrammstunde, meine Damen und Herren." Alle reihten sich brav ein und ließen Herrn Glötz wie einen Superstar seinen Namen in ihre Therapieheftchen krickeln. Dann schloss jeder sein Heft in das entsprechende Schließfach ein. „Jeder sollte die Strecke kennen. Also gehen wir einfach mal los und die Langsameren bleiben in meiner Nähe", krakeelte Glötz lautstark nach einer sehr kurzen Aufwärmphase.

„Willst du bei Glötz mitlaufen?", fragte ich Christine hoffnungsvoll.

„Nein! Wir gehen schwungvoll voraus, Nicki!", entgegnete Christine ziemlich entsetzt und bestimmend, als ob ich die bescheuerteste Idee des heutigen Tages geäußert hatte. Dieses „Nicki" ging mir auf den Sack. Niemand nannte mich Nicki. Meine Mutter sprach mich zuletzt als Zwölfjährigen so an und das war mir zu der Zeit schon megapeinlich.

„Ich heiße Nik. Das ist doch kurz genug." Christine nickte nur und wandte sich dann in Richtung Wegstrecke. Ich gab ihr einen Vorsprung. Der Regen wurde wieder stärker, während ich Christine eingeholt hatte. Ihrem Gesichtsausdruck nach zu urteilen war sie entweder noch sauer auf meine Äußerung von vorhin oder sie ärgerte sich über den Regen und dass sie sich nicht entsprechend dagegen gekleidet hatte. Ich sah, wie ihre Brustwarzen durch das nasse T-Shirt hervortraten und wandte schnell den Blick wieder ab. Ihre gewaltigen Dinger hüpften bei jedem Schritt. Christine machte zur Zeit energische, weit ausholende Schritte, als ob sie mich wieder abhängen wollte. „Bist ganz schön schnell unterwegs", versuchte ich ein Kompliment.

„So?", kam von ihr lapidar zurück. Die nächsten 500 Meter schwiegen wir. Man hörte nur den Regen auf den Schotterweg des Kurparks fallen und unser Aufsetzen der Nordic-Walking-Stöcke. Plitsch.... Klick... Platsch...Klick!

Irgendwann erreichten wir eine Gabelung und ich drehte mich nach möglichen weiteren Teilnehmern um. Doch da war niemand zu sehen;

zumindest niemand mit Nordic-Walking-Stöcken. Ein paar Spaziergänger mit Regenschirmen kamen an uns vorbei.
„Müssen wir jetzt nach links oder rechts?", fragte Christine mich.
„Keine Ahnung. Ich stehe bei jeder Gabelung vor derselben Frage. Ich glaube aber, hier müssen wir nach links weitergehen." Sie folgte mir brav aber schweigsam. Der Regen ließ wieder ein wenig nach. Tropfen fielen von dem Schirm meiner Cap. Ansonsten fühlte ich mich nicht wirklich durchnässt. Bei Christine sah das hingegen anders aus. Ihre Leggings klebte förmlich an ihren gewaltigen Oberschenkeln. Die Brustwarzen stachen hervor wie die Hütchen eines Hütchenspielers. Warum starrte ich immer wieder auf diese Dinger? Weil sie so unglaublich groß waren. Alles an dieser Frau war unglaublich groß. Nur sie selbst nicht.
„Hier sind wir doch nicht richtig", stellte Christine plötzlich fest und hatte Recht. Wir erreichten eine Bushaltestelle mit einem gläsernen Wartehäuschen, das an einer stark befahrenen Straße stand. Beim zweiten Blick erkannte ich, dass es sich um die Hauptstraße, die durch Bad Weilingen führte, handelte. Wir waren unfreiwillig Richtung Ortszentrum gestöckelt. „Toll, dann können wir ja den Bus zurücknehmen", versuchte ich einen Gag zu landen. Christine verzog keine Miene.
„Komm, wir setzen uns da drüben in das Café", schlug ich vor und glaubte gerade selber nicht, dass diese Worte aus meinem Mund gekommen waren.
„Ich habe aber kein Geld dabei", meinte Christine. Ich kramte einen zerknüllten Zehn-Euro-Schein aus meiner Sporthose, den ich mir eingesteckt hatte, um nach der sportlichen Betätigung ein paar Energy-Drinks zu kaufen, bevor es wieder auf mein Zimmer ging.
„Ich lade dich ein", sagte ich höflich und erzeugte unmittelbar ein Lächeln in dem rundlichen Gesicht meiner Begleitung. Es störte uns nicht im Geringsten, dass wir nicht unbedingt passend für einen Café-Besuch gekleidet waren. Unter den zahlreichen Gästen saßen einige, die augenscheinlich ebenfalls direkt von ihrer Bewegungstherapie hierher gegangen waren oder es sich beim Joggen spontan überlegt hatten. Hier herrschte definitiv kein Dresscode. Wir setzten uns innen an einen kleinen, runden Tisch.
Es herrschte ein reges Gebrabbel und Besteck-auf-Geschirr-Geklimpere.
„Ich muss doch meine Stöcke abgeben", meinte Christine plötzlich schreckhaft und schaute mich an, als ob mir soeben ein Ohr abgefallen

wäre. „Ganz ruhig. Du gibst Deine Spieße einfach beim braunen Braun ab. Glötz wird schon kein Suchkommando hinter uns herschicken." Damit gab sie sich zufrieden und bestellte bei der netten Bedienung ihren Cappuccino. Trotz voller Hütte und reichlich zu bedienender Tische war die hübsche Kellnerin total freundlich. Derartiges Verhalten fiel mir immer auf und ich merkte mir die Läden, in denen so etwas -leider Seltenes-,vorkam. Natürlich merkte ich mir auch ihr süßes Lächeln. Und registrierte den Knackarsch. Verdammt! Nik! Wahrscheinlich war mein Hormonhaushalt schon auf Conny programmiert und produzierte auf Hochtouren.

Mein schwarzer Kaffee schmeckte stark und gut. Christine nippte an ihrer Tasse und man brauchte keine Psychologie studiert haben, um zu merken, dass ihr etwas auf der Seele lag. Sie starrte auf ihren Cappuccino und dann zu mir. „Weißt du Nik, irgendwie ist alles so richtig scheiße", sagte sie leise und die ersten Tränen liefen ihr über die drallen Wangen. „Was ist denn los?" Ich reichte ihr ein Tempo, welches sie dankend annahm und kräftig hineinschnäuzte. „Vor ein paar Tagen hat mich wieder mein Mann besucht", redete sie schniefend weiter. Ich blickte verstohlen nach beiden Seiten, denn die Tische standen hier dicht nebeneinander und es war mir etwas peinlich, dass sich eine fremde Frau mir gegenüber zu ihrem Mann äußerte, und ich rechnete dabei nicht mit Belobigungen, so wie Christine klang. „Er hat mich zunächst warten lassen. Angeblich Stau."

„Das soll vorkommen", entgegnete ich barsch und fand mich dabei selbst unhöflich.

„Ja, aber dann meldet man sich, wenn man weiß, es wartet jemand auf mich. Also, ich habe ja schließlich auf meinen Mann gewartet." Sie bekam ein neues Taschentuch.

„Fast eine Stunde habe ich unten im Foyer bei diesem bescheuerten Braun gesessen. Der guckte schon ganz blöd."

„So guckt der Nazi immer", versuchte ich eine heitere Bemerkung. Ohne Erfolg.

„Ich weiß. Nach über einer Stunde war Manfred dann endlich da und sagte zuerst...." Dann brachen alle Dämme und Christine heulte Rotz und Wasser. Die ersten Köpfe drehten sich zu uns. Ich registrierte deren neugierige Blicke. „Darf es bei Ihnen noch etwas sein?", fragte die süße Kellnerin unerwartet neben mir.

„Äh, nein, wir sind wunschlos glücklich", erwiderte ich und merkte im selben Augenblick, wie unpassend diese Antwort momentan war. Aber das war immer mein Standardspruch, wenn ich nichts bestellen wollte. Die Kellnerin schaute ein wenig irritiert zu Christine, ging dann aber einen Tisch weiter.

Ich möchte mich hinlegen", sprach Christine.

„Kein Problem. Ich zahle mal eben schnell."

„Nein. Das sagte mein Mann zu mir. Er wolle sich hinlegen. Statt mir um den Hals zu fallen, wollte er schlafen."

„Vielleicht war das ja als Aufforderung zu etwas Anderem gemeint." Ich zwinkerte mit einem Auge.

„Wenn es das mal gewesen wäre. Volle zwei Stunden hat er gepennt und ich habe in meinem Buch gelesen." Christine wurde etwas lauter und mir wurde es wieder umsomehr peinlich.

„War er denn lange Auto gefahren?"

„Knapp drei Stunden. Das muss er sonst beruflich jeden Tag. Und da pennt er bestimmt nicht." Das nächste Taschentuch wanderte zu ihr herüber.

Mir fiel in diesem Moment seltsamerweise ein, dass ich gar nicht wusste, weshalb Christine hier überhaupt zur Kur war. Ich vermutete eine Essstörung; konnte mir aber inzwischen eine Depression vorstellen.

„Weshalb bist du eigentlich hier?"

Sie sah mich erstaunt an. „Wer? Ich? Wieso fragst Du, Nik?" Eine neue Heulattacke setzte ein. „Nun, äh, vielleicht müssen die dich anders therapieren. Je nachdem, was du hast."

„Depressionen." Also doch. „Ich bin in der Metzgerei fertig gemacht worden."

Schäbigerweise kamen mir Gedanken wie: *Beim Wurst stehlen erwischt worden oder heimlich vom Wurstebrei genascht.* „Mobbing?", fragte ich stattdessen.

Sie nickte schniefend. „Ich bin manchmal ganz schön ungeschickt und mache viele Fehler."

„Das kann beim Wurstschneiden an der Maschine aber gefährlich werden", sagte ich und erzeugte das erste Lächeln auf ihrem Gesicht.

„Mehr so beim Abwiegen oder Kasse machen. Aber jeder macht doch mal Fehler."

„Klar. Es gibt keinen Grund, dich deswegen fertig zu machen. War es der

Chef selbst?"

„Ja und einige Kolleginnen. Diese blöden Kühe."

Das Weinen hörte auf. Offensichtlich tat es ihr gut, darüber zu sprechen. Trotzdem war dann wieder die Begegnung mit ihrem Manfred das Thema.

„Nach seinem Nickerchen wollte Manfred etwas essen."

„Ihr seid also gemeinsam Essen gegangen?"

Christine nickte. „In so eine blöde Imbissbude im Ort. Er hätte Bock auf einen Döner, hat er gesagt."

Dimitris Knoblauchbude unten im Ort. Dort hatte ich mir kürzlich eine Dönertasche auf die Hand geben lassen. Super lecker. Aber sicherlich nicht das passende Ambiente für ein Pärchen, welches sich nach einigen Tagen des Getrenntseins wiedersieht.

„Das schmeckt aber doch total gut bei Dimitri", sagte ich trotzdem.

„Jetzt fang du auch noch an. Das war auch Manfreds Argument. Ich wollte aber richtig Essen gehen." Das war mir schon klar.

„Manfred war das gemeinsame Spazierengehen wichtiger", versuchte ich es erneut. Warum verteidigte ich diesen Kerl überhaupt?

„Wenn er denn mal mit mir gesprochen hätte."

So langsam hatte ich die Erkenntnis über Christines und Manfreds Ehe. Sie war, vorsichtig ausgedrückt, angeknackst und möglicherweise fast ein Scherbenhaufen.

Du solltest eure Eheprobleme unbedingt in deinem nächsten Therapiegespräch ansprechen", riet ich ihr deshalb. Christine nickte stumm.

„Ich möchte aufs Zimmer", sagte sie leise. Die Bedienung stand zufällig am Nebentisch und ich ließ den Zehner auf dem Tisch liegen, zeigte der Süßen den Schein aber vorher. Wir verließen das Café. Bis zur Klinik sprach Christine kein Wort. Irgendwie tat sie mir leid.

Wo bleibt 007 ?

Ich hatte noch lange in meinem Bett wach gelegen und an Conny gedacht. Es war so herrlich gewesen, den Samstag-Nachmittag mit ihr verbracht zu haben, nachdem wir vorher ausgiebig den Lattenrost meines

Bettes auf Haltbarkeit getestet hatten. Diesmal wurde Conny sogar freundlich von Herrn Braun begrüßt. Bevor wir den Fahrstuhl betraten, sah ich mich nochmals zu ihm um und vergewisserte mich, dass tatsächlich der alte Nazi mit der halben Lesebrille hinterm Empfangstresen stand und kein Double.

Conny fuhr relativ spät vom Schotterparkplatz der Klinik herunter und winkte mir durch die geöffnete Seitenscheibe meines SUV's. Ich schlenderte vollkommen beschwingt durch das Foyer, in dem Braun schon vor einiger Zeit die Rollos seines Empfangs heruntergelassen hatte und betrat den Fahrstuhl. Bis zu meinem Zimmer schwebte ich über den Flur.

Irgendwann sehr spät musste ich dann eingeschlafen sein. Gegen vier Uhr morgens trieb mich meine Blase aufs Klo. Anschließend pennte ich weitere volle zwei Stunden tief und fest. Um kurz nach sechs Uhr wollte ich noch nicht aufstehen, sondern schnappte mir mein Ratgeberbüchlein und blätterte ein paar Seiten durch. *„Nimm dir einen Zettel und schreibe Deine Lebensziele auf. Diesen Zettel trägst Du ab sofort immer im Portmonee bei Dir."* Beim ersten Lesen kürzlich hatte ich die kleinen Aufgaben aus diesem Buch geflissentlich ausgelassen. Ich las die beiden Sätze mehrfach und stand dann auf, um mir einen Notizzettel vom Schreibtisch zu nehmen und zumindest ein Lebensziel aufzuschreiben: *Ich möchte einmal ein Buch veröffentlichen.* Ich hatte zu dem Zeitpunkt zwar nicht die geringste Ahnung, was das für ein Buch werden sollte; aber diese Idee war mir grundsätzlich schon vor längerer Zeit gekommen. Ich hatte gewissermaßen einen Traum. Bisher amüsierten sich meine Freunde oder Verwandte über lustige Gedichte, die ich mir ausdachte und auf der ein oder anderen Feier zum Besten gab. Während meiner Oberstufenzeit entdeckte ich das Schreibmaschine schreiben und tippte wie ein Besessener Kurzgeschichten auf die Blätter. Die ein oder andere humorvolle Geschichte fand das Interesse eines Redakteurs von einer der beiden auflagenstärksten Zeitungen in unserer Region und wurde erfreulicherweise gedruckt. Irgendwann begegnete mir dieser Redakteur total besoffen in einer Szene-Kneipe und laberte mich an der Theke dermaßen voll; beziehungsweise kritisierte mit übelster Wortwahl eine meiner eingereichten Geschichten, dass ich mein tolles Hobby leider einschlafen ließ. Wieder eine Respektsperson, die mir vorgab, was ich zu tun oder- wie in diesem Fall -, zu lassen hatte. Den Zettel steckte ich mir dann gefaltet in meine Geldbörse. So, dann sollte sein

Zauber mal wirken. Ich war soweit. Inzwischen war es an der Zeit zu duschen. Heute war Sonntag und das bedeutete, es gab heute Mittag nur eine durchsichtige Suppe oder einen Eintopf „mit Allem". Mit Allem, was in der Küche zusammengefegt werden konnte. Darauf hatte ich keinen Bock. Ich würde mein Mittagessen in irgendeinem der Restaurants im Ort zu mir nehmen. Das Frühstück in wenigen Minuten wollte ich mir stattdessen aber nicht entgehen lassen. Ich musste auf jeden Fall von den Sonntagsbrötchen essen.
Anne kaute an ihrem Brötchen, als ich mich an unseren Tisch setzte. Die beiden Anderen bedienten sich am Buffet und ich sah, wie Stefan gleich mehrere Brötchen auf seinen Teller legte. Dieser verfressene Hund. Abby kam mit einem überschaubaren Arrangement, welches lediglich aus einer Melonenscheibe und zwei Pfirsichen bestand, an den Tisch zurück. „Keinen Hunger?", fragte ich ihn.
„An einem Tag in der Woche esse ich immer sehr wenig", antwortete Abby lächelnd.
„Schön blöd", sagte Stefan, während er sich setzte. Er hatte inzwischen einige Wurstscheiben und Marmeladenpäckchen zu den Brötchen gepackt.
„Heute abend gibt es ein Filmmusik-Konzert im Kurhaus", tat Abebe kund und blickte erwartungsvoll in die Gesichter seiner Tischnachbarn.
„Wieder diese Rentnercombo?", fragte Stefan. Abby zuckte mit den Schultern.
„Keine Ahnung. Aber wäre doch mal wieder etwas Anderes. Eine Abwechslung." Abby ließ nicht locker und letztendlich erlagen wir alle seinem Charme und versprachen, ihn dorthin zu begleiten. Wie immer war der Eintritt frei. Diese Art Veranstaltung wurde von unserer Kurtaxe finanziert. Abby hatte ja Recht. Auf dem Zimmer würde ich noch lange genug hocken. Außerdem wollte ich schon immer mal das James-Bond-Thema live gespielt hören und ich ging fest davon aus, dass es zum Repertoire dieser Band gehören würde; auf jeden Fall passte es thematisch. „Wir sollten um sieben Uhr heute Abend losgehen", schlug Abby vor. Anne nickte. „Um gute Plätze ganz vorn zu bekommen", fügte sie lachend an.
„Anne unser Rentner-Groupie", ätzte Stefan. Anne lachte über diesen Spruch mit.
Ich legte mich nach dem Frühstück ein wenig auf mein Bett und er-

schrak, als ich erst nach über zwei Stunden wach wurde. Irgendwie schien mein Körper die Ruhe benötigt zu haben. Ich überlegte, mit Connys Wagen in einen anderen Ort zu fahren, um dort mein Mittagessen einzunehmen. Außerdem war es höchste Zeit, denn die Restaurants würden nicht den ganzen Nachmittag geöffnet haben. Mit meinem AC/DC-Shirt dachte ich, ausreichend ordentlich zum Mittagessen gekleidet zu sein. Im Grunde genommen war es mir aber scheißegal. Ich fuhr vom Parkplatz und orientierte mich ganz einfach am nächsten Schild, auf dem Lengenberg stand. In fünf Kilometern sollte ich laut Angabe den Ort erreichen. Die Bundesstraße war wenig befahren, sodass ich gut vorankam und nach knapp zehn Minuten auf dem Parkplatz einer Pizzeria einparkte. Torsten, der ewig rauchende Mitpatient aus meiner Klinik verließ gerade das italienische Lokal, sah mich und kam auf mich zu.
„Na, auch Hunger?", fragte er mich.
„Genau und keinen Bock auf dünne Suppe", antwortete ich. Torsten hatte eine Kippe im Mundwinkel hängen; sicherlich sein Nachtisch. Außerdem roch ich seine Fahne, die eindeutig nicht vom Bier stammte. Der Kollege hatte tatsächlich schon zu Mittag dem Hochprozentigen zugesprochen. Was machte ich mir überhaupt für Gedanken? Sollte er doch. Schließlich war er ein erwachsener Mann. Aber das war ebenfalls eines meiner Probleme. Ich fühlte mich immer für jeden und jederzeit verantwortlich. Am Liebsten hätte ich Torsten sämtliche Sprüche mit den Warnhinweisen auf den Zigarettenschachteln heruntergebetet. Was hätte es genutzt? Dass Torsten um diese Tageszeit bereits nach starkem Alkohol stank war ausschließlich sein Problem und deshalb hatte er sich in die Klinik zur Therapie, zum Entzug, begeben. Er benötigte weder meine Kommentare noch meine Unterstützung. „Du rauchst zuviel, Torsten", sagte ich plötzlich zu ihm. Ich konnte nicht anders. Ich konnte meine Worte einfach nicht für mich behalten. Dabei ernährte ich mich öfters ungesund. Gut, seitdem Conny mich bekochte, hatte sich da Einiges bei meinen Essgewohnheiten zum Positiven geändert. Aber die Jahrzehnte vorher hatte ich sämtliche Fast Food-Tempel besucht, die auf meinen Wegen lagen. Ich sagte mir aber immer, das scheißt Du irgendwann wieder aus, Nik. Das Gift der Zigaretten bleibt ewig und drei Tage im Körper. Ja, so ging ich durch's Leben. Die Pizzeria war rappelvoll, wie man so schön sagt. Als Einzelperson bekam ich dennoch einen recht guten Sitzplatz an einem Tisch für Zwei. Mein rituelles

Gericht in einer Pizzeria war seit ewigen Zeiten eine „Pizza Hawaii". Die kam nach knapp zehn Minuten. Hatte der Koch da mal etwas vorbereitet? Sie schmeckte köstlich und ich trank ein alkoholfreies Weizenbier dazu. Seltsamerweise schmeckte mir ein Weizenbier nur in der Autofahrer-Variante, die alkoholhaltigen Weizenbiere rührte ich nicht an. Mein Handy brummte und vibrierte neben mir auf der Tischplatte. Es war eine „Kussmund"-Whatsapp-Nachricht von Conny. Ich schmunzelte und schob mir gleichzeitig das letzte Stück Pizza in den Mund. Anschließend schickte ich ihr ebenfalls einen „Kussmund" zurück. *Wie zwei Teenies"*, dachte ich. Der Kellner stand plötzlich neben mir und legte stumm die Rechnung vor mich hin. Ich hatte noch gar nicht danach gefragt. „Äh.."stammelte ich ihm hinterher und er drehte sich tatsächlich um. „In zehn Minuten kommen die nächsten Gäste, für die dieser Tisch reserviert war", erklärte er mir. Soso. Ich musste also dieses Lokal verlassen. Vielleicht hätte ich vorher gerne ein Tiramisu gegessen? Oder möglicherweise einen der teuren Rotweine gekostet. Ich wusste selbst, dass dem nicht so war. Hier ging es ums Prinzip. Ich fühlte Wut in mir aufsteigen. Das Blut schoss mir in den Kopf. „Hätte ich gerne vorher gewusst", sagte ich nur. Da war der Kellner aber bereits in Richtung Küche weitergegangen. Bei so einem Verhalten konnte er nicht wirklich mit einem Trinkgeld rechnen. Leider hatte ich keine 13,50€ klein und legte 15€ auf den kleinen Teller mit der Rechnung. Normalerweise wäre ich aufgestanden und alles wäre erledigt. Nein. Heute nicht. Ziemlich übellaunig zählte der Kellner die Einsfuffzig auf den Teller und grummelte ein „Schönen Tag noch." Immerhin. Ich fühlte mich schlecht.
Ich setzte mich gesättigt in den Micra und fuhr zur Klinik zurück. Den Nachmittag wollte ich lesend verbringen und eventuell eine Runde Nordic-Walking durch den Kurpark anhängen, bevor wir uns um 19 Uhr zum Filmmusik-Abend trafen.
Ich schlief fast volle drei Stunden und erschrak, als ich auf meine Armbanduhr schaute. Richtig wohltuend ist so ein langer Nachmittagsschlaf nicht gerade. Ich fühlte mich wie gerädert und fast nicht ausgeruht. Müde schleppte ich mich zum Schreibtischstuhl, um mir meine Jogginghose anzuziehen, die ich gestern über die Rückenlehne gehängt hatte. Die Nordic-Walking-Runde wollte ich unbedingt durchziehen. Allein schon, um den Schädel frei zu bekommen. Frische Luft würde mich bestimmt wacher machen. Conny hatte ja meine eigenen Walking-Stöcke

mitgebracht und diese schnappte ich mir, setzte mein „Rolling-Stones"-Cap auf den Kopf und ging schnellen Schrittes über den Flur. Unterwegs überholte ich grüßend Elliot. „Haallooo", hauchte er hinter mir her. Ich war bereits um die Ecke zum Fahrstuhl gebogen. Zu schnell für diesen trägen Mann. Aber er vögelte wie ein Hengst. Das hatte zumindest die Geräuschkulisse aus seinem Zimmer angedeutet, die Conny und ich bei ihrem letzten Besuchen vernommen hatten. Was nahm der für ein Zeug? Wieso war er so oft auf den Fluren dieser Klinik unterwegs? Jagte bei ihm eine Therapie die nächste? Fragen über Fragen. Elliot war längst ein Mysterium für mich.

Im Kurpark war nicht viel los und nach etwa dreißig Minuten verließ mich sogar die Lust, weiterzulaufen. Daher nahm ich die nächste Abkürzung und stand wenige Minuten später vor Herrn Brauns Empfangstresen und wollte ihm routinemäßig meine Stöcke über selbigen reichen, als mir einfiel, dass es sich um meine eigenen Exemplare handelte. Macht der Gewohnheit. Braun entlockte das sogar ein leichtes Grinsen; aber nur ein klitzekleines.

Die anschließende Dusche erfrischte mich; wobei sich weder die Sportaktiviät noch das Abbrausen belebend auf meinen Organismus ausgewirkt hatten. Ich schrieb auf die Schnelle eine liebe Kurznachricht an Conny und legte mich anschließend mit einem Buch aufs Bett. Bereits in einer Stunde war der Treffzeitpunkt vor der Klinik. Um 18.45 Uhr wurde ich wach; das Buch lag aufgeschlagen auf meiner Brust. Wieder fühlte ich mich wie gerädert. Verdammt, hörte dieses Gefühl heute gar nicht mehr auf? Ich überlegte, ob sich in unserem Etagenkühlschrank noch ein Energy-Drink von mir befand. Müde schleppte ich mich zu meinen Klamotten für den heutigen Abend. Der heutige Abend! Ich sah erschrocken auf meine Uhr. In knapp zehn Minuten warteten die Anderen auf mich. Schnell sprang ich in meine Jeans und zog mir mein Motörhead-Shirt über den Kopf. Schuhe an und los ging's. Zum Glück saß meine Milimeter-Frisur und da ich dem passenden Geschlecht angehörte, entfiel die zeitraubende komplette Gesichtsrestaurierung. Ich war froh, dass Conny diesbezüglich eher sparsam unterwegs war, was das Schminken oder teure Friseurbesuche anging. Sie war von Natur aus eine wunderschöne Frau.

Vor den Fahrstuhltüren schnappte ich japsend nach Luft. Langsam Nik, ganz langsam. Mein Motor lief scheinbar weiter auf Sparflamme. Ich

hatte mich heute definitiv zu oft hingelegt und kam so gar nicht in Schwung. Stefan, Anne und Abebe warteten schon im Foyer und begrüßten mich im Chor: „Hey, Nik!"
Wir schlenderten gemütlich zur Konzerthalle. Ein von unzähligen Straßenlaternen hell beleuchteter Weg führte vom Kurpark aus direkt zum 70er-Jahre-Betonklotz. Die Laternen, die in weniger als zehn Meter Abstand links und rechts vom Weg gesetzt worden waren, fand ich etwas übertrieben. Damals machten sich die Stadtväter eben noch nicht so viele Gedanken über die Verwendung der Steuergelder. Machten sie das denn heute? Ich erinnerte mich daran, wie kurz vor meinem Kurantritt an sämtlichen Beleuchtungsträgern in Walde die alten Lampen gegen teure LED-Leuchten ausgetauscht wurden. Demnächst flatterte bestimmt ein Kostenbeteiligungsschreiben der Gemeinde bei Conny ins Haus.
„Hier kannst du besoffen entlangtorkeln und findest immer den Weg nach Hause", meinte Stefan. Wir lachten endlich mal wieder, denn der Weg war ein ordentliches Stück schweigsam zurückgelegt worden. Ich entdeckte an einer Laterne ein Plakat vom heutigen Abend.
Erleben Sie die bekanntesten Film-Melodien live! Darunter war ein Foto der Band und mir fiel sofort der dicke Posaunist auf. Daneben stand der dürre Klavierspieler. Es war eindeutig die Rentner-Combo von neulich. Die alten Herren schienen ja ein unerschöpfliches Repertoire zu haben. Ungewöhnlicherweise liefen die Menschen nicht unbedingt in Scharen zur Veranstaltungshalle. Ich sah mal hier und da ein Pärchen durch den Eingang schreiten. Beim Beatles-Abend hatte das ganz anders ausgesehen. Es war schließlich noch Zeit. Die Massen konnten also noch kommen. Wir setzten uns in die dritte Reihe. Ich schätzte das Fassungsvermögen dieser Halle auf circa 500 Menschen. Bis jetzt waren in etwa 50 Leute eingetroffen und in 20 Minuten war Konzertbeginn. Der Geiger stimmte bereits sein Instrument und im Hintergrund zupfte der Bassist hochkonzentriert an den Saiten.
In mir kam seltsamerweise ein Fremdschämgefühl auf. Warum, konnte ich mir selbst nicht erklären. Ich fand es einfach nicht in Ordnung, dass nur so wenige Menschen zu dieser Veranstaltung kamen. In solchen Situationen, die zugegebenermaßen selten waren, na klar; überkam mich aber fast immer das Gefühl, selbst hierfür einen Teil der Schuld zu tragen oder mir zumindest die Frage zu stellen, was ich daran hätte ändern

können. Totaler Schwachsinn, das war mir schon klar! Ich stellte mir dann häufig vor, wie ich mich fühlen würde, wenn ich auf dieser Bühne stünde und dann nur so wenige Zuschauer erblickte. Durch derartige Gedanken wurde mein Fremdschämgefühl natürlich heftig befeuert. Fast hätte ich meinen Begleitern vorgeschlagen, besser wieder den Rückweg anzutreten, als diesem Elend weiter zuzuschauen oder später zuzuhören. Wobei genau das ja für die Musiker weitaus peinlicher wäre. Ich beschloss für mich, dieses Thema in einer meiner nächsten Einzeltherapie-Sitzungen bei Herrn Böckler anzusprechen. Es belastete mich enorm. Die Saaltüren wurden geschlossen. Auf den Balkon-Rängen saß nicht eine Person, wie ich bei einem heimlichen Rundumblick bemerkte. Ich rutschte tiefer auf meinem Stuhl. „Alles in Ordnung? Aufgeregt?", fragte Anne mich und blickte ein wenig besorgt zu mir herüber.
„Alles in Ordnung. Ich wundere mich nur über so wenig Publikum."
Die ersten Töne von *„Dr. Schiwago"* erklangen. *„Gut"*, dachte ich mir, *„die arbeiten sich von den älteren Epochen bis heute vor."* Merkwürdigerweise gab es am heutigen Abend keine Begrüßung durch den Bandleader oder dass sich überhaupt jemand ans Publikum wandte. Die Altherren-Kapelle legte sofort los.
Es folgten *„Over the rainbow"* und *„I just called to say I love you."* Die musikalischen Dinosaurier hatten demnach die neueren Stücke erreicht. Na ja, ich erkannte die Darbietungen zumindest, auch wenn sie mich nicht aus dem Stuhl hauten. Wartete ich eben entspannt auf mein innigst erwartetes „James-Bond-Thema". Der Klavierspieler erhob sich und trat gemächlich vor das Mikrophon am Bühnenrand, wahrscheinlich motivierte ihn die überschaubare Zuschauermenge ohnehin nicht über die Maßen: „Guttän Takk, sähr verährte Dammen und Härren. Spillen wir nun die Mettli von die grosse russische Film."
Ich sah zu Abby, der schaute mir ins Gesicht und lächelte. Für Abby war es vollkommen egal, welchen Mist die debilen Senioren da oben auf der Bühne heruntertudelten. Abby hatte seinen Spaß. Immer wieder bewundernswert, dieser schwarze Mann. Ich wollte dagegen die Halle verlassen. Was interessierte mich russische Filmmusik. Nie gehört und dabei sollte es meinetwegen bleiben. Aber als Abby zudem seine strahlend weißen Zähne zeigte und sein Grinsen einmal um seinen kugelrunden Kopf zu gehen schien, entschloss ich mich, bis zum bitteren Ende bei meiner Gruppe auszuharren, allein schon, um Abby damit einen Gefal-

len zu tun. Die ersten Besucher erhoben sich jedoch und verließen den Saal. Ich konnte mir nicht vorstellen, dass zehn Leute zum kollektiven Pinkeln gegangen waren, zumal sich unter ihnen auch Männer befanden und die gingen in der Regel immer alleine aufs Klo. Mein schlechtes Gewissen meldete sich verstärkt zu Wort und ermahnte mich, sitzen zu bleiben. Es gehörte sich einfach so. Basta!

Ich hätte ewig auf das „James-Bond-Thema" warten können. Ich hätte eine ganze Weile auf irgendeine bekannte Melodie warten können. Die nächsten 45 Minuten gehörten ausschließlich der russischen Filmmusik und dann war das Spektakel endlich zu Ende. Fassungslos schaute ich zu Stefan. Er schlief. Ich stieß ihm meinen Ellbogen in die Seite und mit einem „Zwei Brötchen, bitte", erwachte er aus seinem Traum, in dem die von ihm so angehimmelte Bäckereiverkäuferin seines Wohnortes offensichtlich eine Rolle spielte.

Auf dem Weg zurück zur Klinik wandte ich mich an Abebe. „Du kannst ja nichts dafür, Abby, aber das war doch wieder ein Schuss in den Ofen, mit dieser Rentnerband."

„Ich fand es gut. Schöne Klänge", erwiderte der Afrikaner.

„Hat mir richtig gut gefallen", meinte Anne, „Schade, dass so wenig Zuschauer da waren."

„Ich habe lecker geschlafen", sagte Stefan lachend.

Langeweile II

Die nächsten Tage und knapp zwei Wochen schlichen sich so dahin. An den Wochenenden kam zumindest immer Conny. Im wahrsten Sinne des Wortes. Aus Elliots Zimmer erklangen weiterhin jeden Samstag die Brunftschreie eines rattigen Hirsches. Für das kommende Wochenende kündigten meine Freunde ihren Besuch an. Darauf freute ich mich im Besonderen. Die Nasen hatte ich schon seit langer Zeit nicht mehr gesehen; gefühlt waren seit unserer letzten Begegnung Jahre vergangen.

Heute Morgen hatte ich verschlafen. Mein Handy vibrierte neben mir und sandte die angenehme Weckmelodie an mein Ohr. Wahrscheinlich war die Melodie zu sanft und wiegte mich immer wieder erneut in den Schlaf. In einer halben Stunde gab es Frühstück. Eigentlich zeitlich nicht das Problem für mich, jedoch war ich seit ein paar Tagen ziemlich lethargisch geworden. Es war inzwischen sogar soweit gekommen, dass ich nur noch die Stempel in das Therapieheftchen setzte, ohne gewalkt, im Fitnessraum trainiert oder eine Kardio-Einheit absolviert zu haben. Ich blieb stattdessen immer auf meinem Zimmer und las oder schlief. Ich sprach das bei meinem letzten Einzelgespräch mit Dr. Schwalbe an; zumindest die Lethargie, auf keinen Fall die eigenmächtigen Stempelaktionen. Es wäre völlig normal. So ein Durchhänger ereilte fast jeden während einer Reha-Maßnahme. Na denn. Tröstlich fand ich ihre Worte allerdings nicht. Zu dem Zeitpunkt konnte ich mir nicht vorstellen, dass sich mein Zustand zu Hause wieder ändern würde. Ich sah mich schon täglich in Jogginghose und Unterhemd auf dem Sofa Chips fressen und Bier saufen; vollkommen das Hartz IV-Klischee erfüllend. Als Krönung lief dazu „Shopping Queen" im TV. Herzlichen Glückwunsch, Nik!

Anscheinend waren unserer Tischgruppe im Laufe der Zeit die Gesprächsthemen ausgegangen. Wir nahmen mehr oder weniger schweigend unser Frühstück ein. Jeder benannte lediglich seine für heute anstehenden Therapien und erhielt das obligatorische „Na denn" oder „Das geht ja noch" zur Antwort. Von nur einem Brötchen war ich satt, beziehungsweise hatte irgendwie keinen Bock mehr auf die drei Mitesser am Tisch. „Man sieht sich", verabschiedete ich mich. Abby hob wenigstens die Hand, sah mich dabei aber nicht an. Der Fahrstuhl entließ mich auf der zweiten Etage und ich setzte mir einen weiteren Stempel vom Kardio-Training in mein Therapieheft. Im Beisein von etwa zehn Trainierenden, die schwitzend in die Pedale traten. Es war mir egal! Ich war über mich selbst entsetzt aber derzeit nicht anders möglich.

Heute stand auf jeden Fall wieder eine Gruppensitzung an. Vorher nahm ich meinen Termin bei der Elektrotherapie wahr, denn die zarten Stromstöße zeigten tatsächlich Wirkung, mein Schulterschmerz ließ merklich nach; zudem fühlte ich mich nicht mehr so angespannt. „Herr Reimann", rief mich Herr Klumpp auf. Ich folgte ihm gewohnheitsgemäß bis zum „elektrischen Stuhl", wie er das Sitzmöbel nannte, auf dem jeder Platz zu nehmen hatte, dem er die Elektrodenplättchen anlegte. Heute schenkte ich mir mal die Spielerei mit der Stromfrequenz und ließ

den Strom einfach nur fließen. Es kribbelte in der Schulter und die nächsten 20 Minuten kippte ich meinen Kopf leicht nach hinten und nickte unmittelbar ein. Der Wecker schrebbelte neben mir und ich erschrak. Während meines Schlafes hatte ich mir die linke Schulter vollgesabbert. War mir das peinlich, als Klumpp die Elektroden entfernte und ich seinen erstaunten Blick bemerkte. „Zum Glück haben Sie nicht direkt auf eine Elektrode gesabbert. Das hätte in der gesamten Abteilung einen Kurzschluss verursachen können", meinte er dann ernst zu mir. Ich lief rot an. Auch das noch. Dann fing er plötzlich lauthals an zu lachen. Herr Klumpp hatte mich voll verarscht. Trotzdem lachte ich mal mit und warf mein Handtuch über den Sabberfleck, während ich den Raum verließ. Klumpp rief, weiter lachend, den nächsten Patienten zu sich herein. Wie peinlich!
Ich brauchte gar nicht weit zu gehen, denn gleich um die Ecke befand sich der Raum, in dem die Muskelentspannungsübungen stattfanden, meine nächste Therapieeinheit. Wie im Wartebereich beim Hausarzt saßen vier Teilnehmer auf billigen Plastikstühlen im Flur. Oberhalb der Tür vom Therapieraum leuchtete ein Schild „Bitte Ruhe. Therapie." Das machte die Sache richtig spannend. Muskelentspannung hatte wohl mit ganz viel Konzentration und reichlich Ruhe zu tun. Mein Körper schrie seit Tagen nur nach Ruhe und Möglichkeiten, diese zu erhalten und zu genießen. Letzteres gelang mir leider immer noch nicht so wirklich. Meine Gedanken gönnten mir weiterhin keinerlei Erholung oder generell die Akzeptanz von schönen Dingen. Mein Hirn signalisierte immer wieder Gegenteiliges; es stand mir alles reinweg nicht zu. Bei mir selbst setzte sich dann parallel das Selbstzweifelkarussell in Bewegung und nahm immer mehr an Fahrt auf.
Ich setzte mich ebenfalls auf einen dieser labilen Wackel-Wipp-Stühle und wenige Meter von uns entfernt gab die Espressomaschine der Cafeteria mächtig Dampf ab, indem sie schnaufte wie ein asthmakranker Gorilla. Bitte Ruhe, Therapie! Auf dem Flur war ein Kommen und Gehen; man unterhielt sich, immer wieder erklang ein Klingelton, trotz Handynutzungs-Verbots. Von Ruhe keine Spur. Vermutlich war der Therapieraum aber schallgeschützt. Nur, wozu dann das Schild? Egal. Ich würde es erleben. Das Warn-Signal erlosch und die Tür wurde geöffnet. Tatsächlich handelte es sich dabei um eine schwere, gepolsterte Stahltür. Statt des Muskelentspannungsraumes hätte sich genauso gut ein Luft-

schutzbunker dahinter befinden können. Ich hätte mir bei Dr. Schamowski sogar eine persönliche Folterkammer vorgestellt, inklusive Medikamententestung. *"Sie schlucken jetzt diese Pillen! Sofort!"*
Zu Acht betraten wir den Raum und wurden im Eingangsbereich von der Therapeutin abgefangen, die hinter einem schäbigen Küchentisch hockte und von niemandem bemerkt worden war. „Bitte zuerst Ihre Heftchen." Artig hielt jeder ihr sein Therapieheft zur Unterschrift hin, die sie mit einem Lächeln hineinkritzelte.
Der Raum war karg und in ihm standen lediglich zehn Stühle L-förmig an den Wänden aufgereiht. Wir setzten uns, die Therapeutin setzte sich mittig auf einen Drehhocker, um jeden im Blick zu behalten und erst jetzt fiel mir auf, dass dieser Raum keine Fenster besaß. Dementsprechend schlecht war das Luftgemisch im Zimmer. Ein Flair aus Schweiß, Parfums und wer weiß was sonst noch, strömte in meine Nase. „Hat jeder sein Handtuch dabei?", fragte die Therapeutin Frau Scheel in die Runde. Alle nickten artig. Vorbildliche Truppe.
„Bitte legen Sie sich das Handtuch zusammengerollt in den Nacken und lehnen den Kopf an die Wand, damit Sie es bequem haben." Wir taten, wie geheißen aber bequem war definitiv etwas anderes. Wieso gab es nicht gleich Hochlehnsessel mit Nackenstützen in diesem Therapieraum? Ich vermutete, wieder eine Frage der Kosten. Stattdessen gab es eben eine Hightech-Espressomaschine in der Cafeteria, die täglich ihre fünf bis maximal zehn Kaffees in die Tassen rotzen konnte, denn mehr waren es bestimmt nicht. Immer wenn ich an der Cafeteria vorbeikam, saß entweder niemand an einem der Tische oder höchstens Magoo, die möglicherweise dachte, sie würde im Wartebereich der Moorpackungen sitzen.
„Bitte schließen Sie Ihre Augen und atmen fünf Mal tiiieeef ein und aaauuuus."
Ein kollektives Schnauben ging durch den Raum, wodurch die Raumluft nicht besser wurde. Anschließend sprach Frau Scheel mit monotoner Stimme langsam und leise weiter. Wir sollten jeweils unsere rechte Faust ballen, kurz die Spannung halten und wieder lockern, dann die linke Faust und so ging es mit den Armen weiter, bis schließlich die Beine an der Reihe waren. Immer wurden Muskeln angespannt, ein paar Sekunden in der Spannung gehalten und dann wieder gelockert. Sogar der Nackenmuskel, Stirn und Kaumuskel waren dabei. Zuletzt hatte somit

jeder jeden Muskel im Körper einmal angespannt und nach wenigen Sekunden wieder entspannt; dem Geruch nach war bei einigen Teilnehmern sogar der Schließmuskel dabei. Mein Körper fühlte sich dermaßen entspannt an und schrie nach meinem Bett. Da die Übungen durchweg mit geschlossenen Augen praktiziert wurden, öffnete ich ganz vorsichtig mein linkes Auge und versuchte, mich umzuschauen. Alle schienen im Sitzen zu schlafen oder zogen gerade Grimassen beim Gesichtsmuskel anspannen, was schon skurril aussah. Manche lehnten ihren Kopf auf die Handtuchrolle an der Wand, andere ließen ihren Kopf einfach nach vorn fallen. „Augen bleiben geschlossen!", kam die Warnung an mich gerichtet. Ich sah die Reaktion von Frau Scheel zwar nicht, fühlte mich aber als Einziger angesprochen. Wie bescheuert, sich so laut an mich zu wenden, denn nun wurden die anderen logischerweise wieder wach. Das war wohl als gemeinschaftliche Bestrafung gedacht. Ich wurde da gerade den anderen vorgeführt. Innerlich brodelte es in mir. Ich fühlte mich ertappt und peinlichst getroffen. Wieder einmal zeigte sich, wie sehr empfindlicher ich hier während meines Aufenthaltes geworden war. Oder hatte noch jemand geblinzelt? Hätte ja sein können. Typisch für mich war wieder die komplette Schuldzuweisung an mich selbst. Ich spannte meine Rückenmuskulatur an. Locker lassen. Meine Bauchmuskulatur. Gab es da denn welche? Klar, schließlich war ich jahrelang ins Fitness-Studio gegangen. Als ich jünger war. Trotzdem erwachten da einige Muskelfasern unter meiner Bauchdecke wieder zum Leben. Locker lassen. Ich wurde müde. Mein Kopf sank nach vorn. Nach zehn Minuten - ich hatte auf meine Uhr geschaut -, schrak ich hoch, meine Handtuchrolle war hinter mich gefallen und ich hatte einen Nackenkrampf von der ungesunden Kopfhaltung während meines Nickerchens bekommen. Die ganzen Entspannungsmomente waren wieder für den Arsch. Selbigen musste ich übrigens auch anspannen. Die Therapieeinheit war zügig beendet; die Teilnehmer bewegten sich zur Gummizellen-Tür hin und verabschiedeten sich lustlos. Müde schnappte ich mir Therapieheftchen und mein Handtuch; dann schlurfte ich träge aus dem Raum. Im Flur überflog ich meinen heutigen Therapieplan: Atemübungen standen als Nächstes auf dem Programm. Super, kam ich aus dem Schlafmodus gar nicht mehr heraus. Meine niedergeschlagene Stimmung senkte sich weiter ab. „Hallo Nicki!", rief Christine von weitem und kam winkend auf mich zu. Die hatte gerade noch gefehlt! „Nenn mich nie wieder Nicki!", fuhr ich sie an. Die kleine, pummelige Person zuckte merklich zusammen und tat mir in dem Augenblick sogar leid. „Entschuldige, sollte nicht so rüberkommen", sagte ich zu ihr.

„Ich muss mich entschuldigen, dass ich dich hier so überfalle. Aber ich hatte meine Gruppentherapie und die war echt super!"

„Ja? Na toll." Mehr konnte und wollte ich nicht sagen; vor allen Dingen musste ich einen sich anbahnenden Laberflash von Christine vermeiden. Darauf hatte ich absolut keinen Bock. Demonstrativ schaute ich auf meine Armbanduhr. „Oh, die Atemübungen warten auf mich." Ohne sie eines weiteren Blickes zu würdigen, setzte ich mich wieder in Bewegung. Unmittelbar setzte mein Mitleid wieder ein. Um für derartige Reaktionen, wie ich sie in diesem Augenblick gegenüber Christine zeigte bereit zu sein; sie auszuhalten, musste ich viel mehr abhärten. Derzeit wurde ich noch zu stark von meiner überschwänglichen Nächstenliebe übermannt und kämpfte dagegen an. Ich wollte einfach jedem gefallen und jedem einen Gefallen tun. Im Laufe der Jahre wurde so mein Äußeres weichgeklopft, damit mein inneres, weiches „Ich" sich immer voll entfalten konnte. Schließlich verpulverte ich so im Laufe der Jahre reichlich Lebensenergie, die ich in anderen Situationen dringender gebraucht hätte, zum Beispiel im Job oder gegenüber meinen Eltern. Jetzt war es zu spät; nun war ich hier.

„Viel Spaß, Nik!", rief Christine mir hinterher. Ein „Danke" schenkte ich mir. Sie tat mir zwar immer noch leid, aber ich wollte den harten Stiefel weiter bei ihr durchziehen. Christine war so etwas wie meine Versuchsperson, um meine härteren Wesenszüge und Anteile hervorzutun. Konnte ja nicht schaden. Wer wusste schon, was mich zukünftig erwartete und wie ich mich dann zum eigenen Schutz zur Wehr setzen musste; rein mental und von der Psyche her gesehen, klar. Körperlich wollte ich auf keinen Fall zum um sich schlagenden Aggro-Typen mutieren. Ich beabsichtigte ernsthaft nur meine Resilienz gegenüber Stress-Situationen und die psychische Abwehrhaltung gegen mir schadende Personen zu stärken. Ich stand immer noch auf dem Flur und sah Christine hinterher.

Die Atemübungen fanden in einem Bereich der Sporthalle statt. Ich betrat die Halle und sah als Erstes Elliot auf dem Rücken liegend, die gewaltigen Arme unter seinem Kopf verschränkt. Es sah so aus, als ob er schliefe. Ich näherte mich ihm, um meine Bodenmatte auszurollen und

vernahm in der Tat leichte Schnarchgeräusche. Unfassbar! Dieser Typ war so abgebrüht oder mal wieder so vollgedröhnt. Eventuell kam er von einer Muskelentspannungseinheit. Elliot war eine einzige, wandelnde Muskelentspannung. Schmunzelnd legte ich mich neben ihn auf meine Matte. So nach und nach trudelten die übrigen elf Mit-Atmer ein und platzierten sich schweigend in der Halle auf ihren Matten, die sich jeder von einem Stapel nahm und ausrollte. Ich wusste, dass diese Matten, wie bei den Rückenübungen, unmittelbar nach der Therapieeinheit wieder zusammengerollt und feucht oder nassgeschwitzt auf dem Mattenwagen stumpf übereinandergelegt wurden. Bei Übungen, die man in Bauchlage durchführte, achtete ich deshalb darauf, mein Handtuch in Gesichtshöhe zu legen, damit meine Nase oder gar der Mund bloß nicht mit dem feuchten Gummibelag der Unterlage in Berührung kamen. Ekelerregend! Frau Leicht hieß die Therapeutin und machte ihrem Namen alle Ehre. Sie war eine knochige, sehnige, ziemlich groß gewachsene Frau. Sie war so dünn, dass sie in einer der dickeren Turnmatten einsinken würde. Mein Gedankenkarussell drehte mal wieder seine Runden. „Schön, dass Sie alle bereits liegen, aber ich benötige zuerst einmal ihre Therapiehefte." Es war doch immer dieselbe Prozedur vor jeder Therapieeinheit und fast immer mussten wir dazu aufgefordert werden; wir waren schon zu abgestumpft. Alle erhoben sich stöhnend von ihren Matten. Elliot blieb liegen. Ich beobachtete seinen Bauch und stellte mit Erleichterung fest, dass er sich hob und senkte. Er lebte! „Auch Sie bitte, Herr Meister!", rief Frau Leicht zu ihm rüber. Daraufhin stand er auf, der Herr Meister. Der Meister aller Klassen. Vögelmeister. Meister der Langsamkeit. Elliot Meister machte in vielen Dingen seinem Namen alle Ehre. Wie auch immer er das anstellte. Dieser massige Typ überraschte mich immer wieder aufs Neue.
Bei den Atemübungen gab es für mich nur das Ziel einzuschlafen. 20 Minuten mal kurz wegzunicken. Seltsamerweise wurde mein Schädel jedes Mal „frei" und die schlechten Gedanken verabschiedeten sich fast komplett. Ich nahm mir fest vor, diese Übung zu Hause öfters mal anzuwenden. Bloß kannte ich mich zu gut und wusste eigentlich jetzt schon, dass mein innerer Schweinehund gewaltig die Zähne fletschen würde. Letztendlich würde mein Vorhaben einschlafen und nicht ich.
Nach exakt 20 Minuten wurde ich wieder wach. Meine Arme kribbelten; sie schliefen wohl noch. Es herrschte eine relative Stille in der Halle, ob-

wohl inzwischen alle aufgestanden waren und ihre Matten zusammenrollten, die sie dann auf erwähnten Rollwagen übereinanderlegten. Schweigend verließen wir den Ort. Vorab geplant wollte ich vor meiner Gruppentherapie-Sitzung in den Fitnessraum. Allein schon, um den immer mehr zur Ruhe kehrenden Körper wieder ein bisschen in Schwung zu bringen. Schwitzen und meine Kraft zu spüren, war mein Vorhaben. Mein Kopf mit meinen Gedanken entschied allerdings anders. *„Leg Dich hin!"*, befahl er mir. So tat ich es. Später in meinem Zimmer. Wieder fast eine Stunde gedöst und dann hundemüde das Therapieheftchen geschnappt und auf den Weg zum Gruppenraum gemacht. Obwohl es nur noch zehn Minuten bis zum Therapiebeginn waren, war die Tür verschlossen und es stand seltsamerweise niemand davor. Verwundert blätterte ich in meinem Therapieplan und stellte überraschend fest, dass sich die Raumnummer heute geändert hatte. Ich musste in die sechste Etage; sozusagen aufs Dach des Betonklotzes. Der Fahrstuhl brauchte eine Ewigkeit, bis er auf meiner Etage anhielt und gefühlt einige Minuten, bis sich die Kabine endlich in der sechsten Etage öffnete. Ich fuhr übrigens mutterseelenallein. Nachdem ich ausgestiegen war, drehte ich fast sofort wieder um, denn die Umgebung kam mir seltsam vor. Ich stand in einer Küche und erblickte eine altdeutsche Küchenzeile. Von dort ging es den Flur weiter entlang, auf dem Wandlampen leuchteten, die in den 70er-Jahren anmontiert wurden. Der Flur war außerdem mit einem wollweichen aber stark in Mitleidenschaft gezogenen Teppich ausgelegt. Während ich durch diesen Flur schritt, erhaschte ich Blicke durch die offenen Türen in eindeutig privat aussehende Räume. Ich erkannte so etwas wie ein Esszimmer und erblickte sogar ein beige-gekacheltes Badezimmer. Mit einer riesigen Badewanne. Wo war ich hier und war ich überhaupt richtig? Am Ende des Flurs entdeckte ich einen Plakataufsteller, wie er sonst vor Restaurants zu finden ist, mit der Beschriftung „Gruppentherapie". Ich war tatsächlich richtig. Diese privat aussehenden Gemächer gehörten wahrscheinlich früher dem Klinikbesitzer. Dr. Waldemar Bruck -so er denn noch unter uns weilte-, genoss inzwischen sicherlich die Annehmlichkeiten einer riesigen neumodernen Villa. In dem Zimmer standen ein paar unterschiedliche Stühle zu dem gewohnten Kreis aufgestellt und an den Wänden sah ich helle, rechteckige Stellen, an denen früher mal Bilder gehangen hatten. Ich setzte mich und hörte Stimmen und Schritte nahen.

Alexander kam rein und nickte mir zu, dann setzte er sich neben mich.
„Die Alte spinnt jetzt komplett", sagte er plötzlich.
„Wer?"
„Meine Ex. Ich soll woanders hinziehen, damit Jessica sich besser an ihren Neuen gewöhnen kann. Ich würde dem ja keine Chance geben. Die spinnt!"
Das klang selbst für mich als Außenstehenden ziemlich verrückt und unlogisch. Alexander war in seine Tochter vernarrt und kümmerte sich in dieser, für alle Beteiligten verrückten Zeit, rührend um sie. So erzählte er es zumindest. Während seiner Reha-Tage war sie bei ihrer Mutter und scheinbar versuchte diese nun in besonderem Maße Einfluss auf sie zu nehmen. „Was sagt Deine Tochter dazu?", fragte ich.
„Jessi ist schon völlig durcheinander und ergreift natürlich keine Partei. Es ist zum Kotzen." Dieter betrat den Raum und blieb zunächst neben dem Stuhlkreis stehen.
„Wer kotzt?", fragte er belustigt, ohne zu wissen, welch heikles Thema wir da gerade besprachen. „Niemand. Setz dich!", blaffte Alexander ihn an.
Manuela und Beatrice kamen gemeinsam und setzten sich nebeneinander. Der arbeitsunwillige Klaus schlurfte als Letzter in das seltsame Zimmer und hatte Frau Dr. Schwalbe im Schlepptau. Die lachte, als hätte Klaus soeben einen schmutzigen Witz gerissen. „Alle da?", fragte sie in die Runde und setzte sich auf ihren knöchernen Hintern. Zum ersten Mal entdeckte ich einen Ehering an ihrer Hand. Welcher Kerl fand an so etwas Gefallen? Nik, schäm Dich! „Da sind wir doch mal an einem speziellen Ort, oder?", fragte die Therapeutin in die Runde, um anschließend selbst für Aufklärung zu sorgen.
„Das sind die ehemaligen Privaträume der Mutter des Klinik-Besitzers. Bis vor drei Jahren hat sie hier noch gewohnt und nach ihrem Tod wurde dann entschieden, die Räumlichkeiten zu Therapiezwecken zu nutzen." Ich hatte spontan eine Idee, die Badewanne zusammen mit Conny zu nutzen, wenn sie am nächsten Wochenende zu Besuch kam. Ich teilte meinen Gedanken besser nicht in der Runde.
„Wie war die Woche bisher? Wer möchte beginnen?", fragte Dr. Schwalbe. Ihr Blick traf auf mich und somit würde ich die heutige Gesprächsrunde eröffnen. Schonungslos offenbarte ich allen Teilnehmern, wie beschissen ich mich zur Zeit fühlte. Zwar hatte ich erst kürzlich Be-

such von meiner Partnerin bekommen, aber bereits am nächsten Tag trug ich wieder den Eimer schwarzer Farbe mit mir, um den Tag gedanklich so tief dunkel einzufärben, wie nur möglich. Da half kein „Das wird gleich besser"-Zureden oder „Kopf hoch"-Gebrabbel. Die Gedanken waren einfach da und nisteten sich scheinbar wieder einmal für eine Weile in meinem Hirn ein. „Woran kann das liegen, Herr Reimann?", wandte sich die Therapeutin an mich.

Was sollte diese Frage? Wer war denn hier der Experte?

„Ich habe Angst."

„Wovor?"

„Vor allem. Vor der Zukunft. Vor dem nach Hausekommen."

„Sie freuen sich nicht aufs zu Hause?"

Ich sah mich hilflos um und schaute in erwartungsvolle Gesichter. Lediglich Klaus starrte gelangweilt oder frustriert auf den hässlich braunen Teppich. „Doch. Schon. Aber ich weiß eben nicht, was mich dort erwartet."

„Mensch, Du siehst Deine Frau wieder", versuchte Dieter mich zu ermuntern.

„Meine Partnerin", verbesserte ich ihn und erntete ein „Klugscheißer!" von der Gruppe.

Dann musste ich tatsächlich mal lachen und es fühlte sich gut an. Irgendwie beteiligte sich nun jeder an einem Lösungsvorschlag für meine miserable Stimmungslage und Gemütsverfassung.

Letztendlich kam dabei heraus, dass ich normalerweise den totalen Luxus genoß: Frau an meiner Seite, die einhundertprozentig zu mir stand; Top-Freundeskreis und ein Dach über dem Kopf. Ich musste es mir nur eingestehen und zulassen. Darüber würde ich mir bestimmt in meiner nächsten schlaflosen Nacht Gedanken machen.

Was Beatrice als Nächste dann zu beklagen hatte, war ebenso ein ordentliches Päckchen, welches sie mit sich herumtrug.

Ihr Chef versuchte seit Tagen, sie in der Klinik zu erreichen. Da leistete Herr Braun aber ganze Arbeit und wimmelte derartige Anfragen ganz schnell und rigoros ab.

„Der will mir nur drohen. Ich hatte sogar schon Mails auf meinem privaten Account von ihm bekommen. Zuerst Anzügliches und später drohte er mir mit dem Rauswurf oder Dingen, die er erzählen könnte." Ich war über Beatrices Offenheit in dieser Runde wirklich sehr erstaunt.

„Gäbe es denn etwas zu erzählen?", fragte Dr. Schwalbe. Beatrice nickte nur und schaute verschämt zu Boden, dann brach sie plötzlich in Tränen aus und hielt ihre Hände vors Gesicht. Mehr brauchten und wollten wir gar nicht zu wissen. Klaus verkündete zum wiederholten Mal, er wolle endlich zurück nach Berlin. Ich dachte: *„Warum? Da wartet doch niemand auf Dich. Du hast ja schließlich bei der Ergotherapie nur einen Punkt aufs Papier gemalt."*

„Sie werden dann in Berlin Arbeit aufnehmen?", fragte Dr. Schwalbe ihn. Er schüttelte vehement den Kopf. „Auf gar keinen Fall! Ich lasse mich nicht mehr schikanieren!" Klaus schrie diese Worte fast. Ich überlegte zunächst, ob ihn überhaupt schon mal jemand schikaniert hatte oder Klaus bisher immer den Weg des geringsten Widerstands gegangen war. „Wir werden sehen", meinte Dr. Schwalbe gelassen und schaute auf ihren Zettel, den sie die ganze Zeit in den Händen hielt. Er war mit irgendwelchen Notizen vollgeschrieben, als ob sie für diese Sitzung eine Moderationshilfe benötigte. 30 Minuten später war diese Therapieeinheit beendet. Alle verliessen leise miteinander murmelnd den Raum. Nur Klaus blieb noch sitzen. „Kann ich Sie mal kurz unter vier Augen sprechen?", wandte er sich an die Therapeutin.

„Sie haben nächste Woche eine Einzelsitzung bei mir." Mit diesen Worten verließ Dr. Schwalbe den Raum und ließ Klaus einfach mal so sitzen. Ich stand vor der Tür und hatte das kurze „Gespräch" mitgehört. Ich fand es ungeheuerlich. Was hätte dagegen gesprochen, auf Klaus einzugehen und sei es nur kurz? So dicht gesteckt war der Terminkalender von Dr. Schwalbe sicherlich nicht. Stattdessen drehte sie plötzlich auf der Hacke um und kam nochmals auf mich zu.

„Wir hatten in dieser Woche bisher kein Einzelgespräch, nicht wahr, Herr Reimann?"

„Nein, hatten wir nicht." Ich fand das Gerede in der Mehrzahl äußerst seltsam, machte aber mit. „Ich habe Sie, ehrlich gesprochen, vergessen. Dann hängen wir einfach nächste Woche ein paar Minuten dran." Wieder eine schnelle Drehung auf der linken Hacke und mit großen Schritten stakste sie den Flur entlang. Ich war zunächst völlig baff. Sie hatte mich vergessen. Die Therapeutin hatte eine komplette Therapie-Sitzung mit mir vergessen. Womöglich wären es die entscheidenden Gesprächsminuten gewesen, die mich quantensprungmäßig weitergebracht hätten. Unglaublich! Mir war die fehlende Sprechstunde im Therapieplan natürlich nicht aufgefallen. Bekam der Therapie-Planer von den jeweiligen Therapeuten Tage und Zeiten vorgegeben oder entschied er selbst, wer wann und wo therapierte? Auf jeden Fall hatte man mich nicht eingeplant. Was blieb mir anderes übrig, als Schwalbes Vorschlag zu akzeptieren und nächste Woche eben mein Gefühlschaos-Gequatsche länger auszudehnen. Den Gedanken, mich beim Oberarzt zu beschweren wischte ich schnell wieder beiseite, als ich das einschläfernde Gesicht von Dr. Kalil gedanklich vor mir sah. Das setzte meiner derzeitigen miesen Stimmung noch einen drauf. Ich war übersehen worden, schoss es mir immer wieder in den Kopf. Bei mir wurde eine komplette und im besonderen Maße wichtige Einzelgesprächstherapiestunde vergessen. Selbstverständlich nahm ich so etwas dann sogar persönlich. Weil ich eben so tickte. Ich nahm ja schließlich alles persönlich. Vielleicht hatte Dr. Schwalbe mich vergessen, weil es bei mir gar nicht so darauf ankam. Es war nicht akut genug. Ich brauchte nach Sicht der Dinge gar nicht mehr hier zu sein. Sauer auf mich selbst, eben mein Maul nicht protestierend aufgemacht zu haben und wütend auf alle Therapeuten, insbesondere Frau Dr. Schwalbe, dieser arroganten, abgemagerten Kuh, machte ich mich auf den Weg zu meinem Zimmer. „Ist das hier die 3?", fragte Magoo im Fahrstuhl, kurz bevor ich die Kabine betreten wollte. Ich war darüber wirklich erstaunt und mir wurde wieder einmal bewusst, welche Fahrstuhl-Irrfahrten diese nette, fast blinde Dame täglich absolvierte.

„Nein, die 6. Ich fahre ebenfalls in die 3. Ich nehme Sie ein Stück mit", scherzte ich und erzeugte ein niedliches Schmunzeln auf dem zerknitterten Gesicht der alten Dame. Weshalb war sie überhaupt hier? Zur Belustigung der Fahrstuhl fahrenden Patienten? Ein umherirrender Running-Gag?

„Wir sind da", sagte ich zu ihr und gemeinsam verließen wir die Kabine. Auf dem Weg zu meinem Zimmer fragte ich mich, ob Magoo überhaupt ihr eigentliches Ziel auf der jeweiligen Etage fand? Darüber hatte ich bisher gar nicht nachgedacht. Musste ich ja auch nicht. Was ging mich diese fremde Dame an? Ich hatte kaum die Zimmertür geöffnet, da vibrierte mein Handy. Es war ein Anruf von meinem Anwalt. „Hallo Herr Reimann. Ich schicke Ihnen gleich mal etwas auf Ihre Mailadresse. Ist ein Vorschlag Ihres Arbeitgebers. Vorab nur soviel: Er will nichts bezahlen. Er will, dass Sie wiederkommen. Was sagen Sie dazu?" Ich war

überrumpelt und immer noch völlig angepisst wegen der vergessenen Einzeltherapie bei Dr. Schwalbe, die sich hartnäckig in meinem Hirn festgesetzt hatte. Negative Dinge konnte ich mir besonders merken.
„Der will mich noch? Und warum verhält man sich dann so hinterfotzig zu mir?"
„Herr Reimann, das ist normales Gehabe eines Arbeitgebers. Niemand gibt gerne zu, dass er sich falsch verhalten hat. Die bieten eine Wiedereingliederung mit Ihnen an. Ich rate Ihnen allerdings weiterhin davon ab. Die stellen dabei nur dumme Fragen und richten ihre Waffen für die eventuell bevorstehende Gerichtsverhandlung aus. Das wollen Sie nicht wirklich, denn letztendlich läuft es dann ohnehin auf eine Kündigung hinaus, die man Ihnen quasi in den Mund legen will. Selbst dann würde kein Cent Abfindung fließen." Nein, das wollte ich auf gar keinen Fall. Womöglich müsste ich dann zunächst weiter unter Schnaller arbeiten oder würde in irgendeine unbedeutende Abteilung, schlimmstenfalls die Registratur, weggelobt. Ich hatte in den letzten Jahren derartige Prozeduren mit Kolleginnen und Kollegen erlebt. Immer mit dem Resultat, dass diese sich nach ein paar Wochen wieder krankschreiben ließen oder nicht mehr wiederkamen. Aus welchen Gründen auch immer. Von zwei Burnout-Fällen aus unterschiedlichen Abteilungen wusste ich definitiv. Beide kamen nicht zurück und irgendwann stand darüber am „schwarzen Brett", man habe sich im *gegenseitigen Einvernehmen* getrennt. Natürlich. Für mich stand felsenfest: Ich wollte mit Schnaller, ja mit der gesamten Geschäftsführung, die sein Gebaren ja deckte oder sogar verantwortete, nichts mehr zu tun haben. Ich wollte da weg. Ich **musste** von Steigermann-Objektmöbel weg, wenn ich einigermaßen wieder zu psychischer Stabilität kommen wollte und noch dazu bei Zeiten ohne Psychopharmaka! Also stimmte ich dem Anwalt zu, ein Schreiben zu verfassen, dass mich möglichst geschmeidig, um nicht zu sagen, mit etwas Kohle aus der Sache aussteigen ließ. Meine erträumte Abfindung in sechsstelliger Höhe würde ich auf jeden Fall in den Wind schießen müssen, betonte mir mein Anwalt vorsichtshalber immer wieder. Bestenfalls zahlte mir Steigermann-Objektmöbel ein paar Monate mein volles Gehalt weiter; bei kompletter Freistellung bis zum vertraglichen Kündigungsende.
So kam es dann letztendlich.
Die Tage in der Klinik vergingen seitdem wortwörtlich schleppend. Ich

schleppte mich teilweise von Therapie zu Therapie. Die freiwilligen Einheiten absolvierte ich mal mehr oder weniger motiviert; meistens spulte ich dabei stumpf mein Programm herunter. Lediglich die Stunde im Fitnessraum- der"Muckibude für grenzdebile Senioren"-, wie ich es nannte, nahm ich geflissentlich wahr. Bei entsprechendem Wetter schnappte ich mir sogar meine Walking-Stöcke und marschierte durch den Kurpark. Ein leichter Nieselregen reichte allerdings schon aus, um den sportlichen Gedanken wieder aus meinem Kopf zu vertreiben. Das war sonst anders. Aber meine Stimmung wurde zusehends schlechter, obwohl ich mich der Zielgeraden, was die Aufenthaltszeit in diesem Betonklotz anging, näherte. Die sich stetig wiederholende Tagesablaufstruktur mit den immer gleich ablaufenden einzelnen Therapieeinheiten, den Begegnungen mit den ewig nörgelnden Mitpatienten, zermürbte mich. Ein Leben nach Stundenplan. Ein strukturierter Tages- oder sogar Lebensablauf war mir bisher immer sehr entgegengekommen. Ich hasste normalerweise Spontanität oder generell irgendwelche Veränderungen. Ich war seit jeher immer ein absolutes Gewohnheitstier. Umso merkwürdiger, wie mir der getaktete Therapieablauf hier so nach wenigen Wochen zu schaffen machte. Die Freizeit-Stunden im Ort sorgten ebenfalls nicht mehr für Stimmungsaufhellungen. Ich kannte inzwischen sogar die Busfahrpläne der Hauptlinien, obwohl ich dort nie mit einem öffentlichen Verkehrsmittel unterwegs war. Ich achtete stupide auf die Liniennummern und Zielortangaben an den Bussen und sah zeitgleich auf die Uhr. So prägten sich Buslinie und Uhrzeit ein. Als ob das wichtig für mich wäre. Die Nachmittage verbrachte ich meistens lesend oder schlafend. Ich fand meinen Aufenthalt manchmal total deprimierend, dabei sollte er doch das genaue Gegenteil bewirken. Ich machte mir viel zu sehr und allzu häufig Gedanken, in welchem Zustand man mich wieder entlassen würde, wenn ich derzeit den Eindruck hatte, es ginge mir von Tag zu Tag schlechter. Wäre ich bei meiner Entlassung wirklich als gesund zu bezeichnen? Wer entschied das dann? Ich befürchtete, Dr. Kalil. Immer wieder stellte ich Vergleiche mit anderen Patienten an, mit denen ich mich unterhielt und kam nach solch einem Gespräch häufig zu dem Ergebnis, mir ging es wesentlich besser, als manch einem von denen. Auf der anderen Seite gab es hingegen Unterhaltungen mit hauptsächlich männlichen Patienten, die genau wie ich aus leitenden Positionen ins Burnout geschlittert waren und ähnliche, annähernd deckungsgleiche Schilderungen ihrer Empfindungen und psychischen Verfassung gaben. Das wiederum beruhigte mich, entlastete mein schlechtes Gewissen, hier irgendjemandem den Platz wegzunehmen. Fast alle meiner Gesprächspartner waren übrigens geschieden. Ich hoffte, es würde vor meiner Entlassung noch das ein oder andere Gespräch mit Dr. Schwalbe geben, wenn sie mich denn nicht wieder vergessen würde. Außerdem stand mir mindestens ein Termin beim sozialen Beratungsdienst zu. Den wollte ich unbedingt wahrnehmen, denn ich musste die Frage für mich klären, was passierte, wenn ich als nicht arbeitsfähig nach Hause fuhr? Arbeitsamtsgänge oder Krankschreibungen? Beides Szenarien, die zusätzlich dazu beitrugen, dass ich weiterhin unruhig oder gar nicht schlief. Tiefschlafphase? Was war das denn? Kommenden Samstag kamen ein paar meiner langjährigen Freunde, zwei Paare, zu Besuch. Selbst darauf konnte ich mich leider nicht mehr so richtig freuen, nur absagen wollte ich denen keinesfalls. Normalerweise richtig klasse und total nett, die Strecke auf sich zu nehmen und einen freien Tag dafür zu opfern, ihren bekloppten Freund zu sehen. Den heutigen Tag wollte ich noch irgendwie abhaken. Das ging dann am besten auf dem Ergometer-Fahrrad; mit Horror-Nachrichten auf dem Flatscreen. Ich schnappte mir mein Handtuch und machte mich auf dem Weg zum Fahrstuhl.

Freunde

Paul, Birgit, Olaf und Meike kamen mich heute besuchen. „Irgendwann so gegen Mittag", hatten sie angekündigt. Noch erfreulicher wäre es, wenn Hagen mitgekommen wäre; aber der hatte schlicht und ergreifend keinen Bock auf die lange Fahrt, eingequetscht auf der Rückbank in Pauls Seat Leon. Ich hatte Verständnis. Hagen hätte zwar vorn sitzen können; aber da Birgit selbst kein schlankes Rehlein war, hätte auch sie auf der Rückbank keinen Spaß gehabt. Kamen sie eben als Quartett. Abby freute sich total für mich und selbst Anne sagte beim Frühstück:

„Dann hast Du ja heute einen tollen Tag vor Dir, Nik." Stefan hingegen sagte gar nichts. Mir fiel ein, dass er in den vergangenen Wochen, die wir schon hier verbrachten, nie Besuch empfangen hatte. Abby sowieso nicht, denn seine Verwandtschaft oder die, die trotz des Bürgerkrieges noch lebten, schafften es verständlicherweise nicht, mal eben für ein Wochenende von Afrika herüberzujetten. Sein erwachsener Sohn war zwar mit ihm nach Deutschland geflohen, mied aber seitdem jeglichen Kontakt zu ihm. Seine Freunde, die er in seiner neuen baden-württembergischen Heimat-Region gefunden hatte, mochten demzufolge die etwa 500 Kilometer nicht auf sich nehmen. Aber Stefan kam aus dem Raum Hannover und das waren nur knapp zwei Stunden bis nach Bad Weilingen und sollte für Freunde kein Problem darstellen, wenn es denn überhaupt Menschen in seinem Umfeld gab, die Bock auf ein Treffen mit ihm hatten. Es traute sich jedoch niemand von uns, ihn darauf anzusprechen, weil keiner einen Aggressionsschub bei ihm verursachen oder ihn kränken wollte. Andererseits war es durchaus für mich vorstellbar, dass mit ihm kein leichtes Auskommen war und sich im Laufe der Jahre, während des Fortschreitens seiner „Verhaltensstörung" , immer mehr Freunde von ihm abgewandt hatten. Selbst mir hielt die Therapeutin wiederholt positiv vor Augen, wie froh ich über meinen langjährigen und immer zu mir haltenden Freundeskreis sein könnte. Bei depressiven Menschen war es häufiger so, dass sich das soziale Umfeld immer weiter von ihnen abwandte. Mit der Krankheit konnte oder wollte nicht jeder umgehen. Da war es dann am einfachsten, den Betroffenen links liegen zu lassen. Nicht jeder hatte Lust, sich das Gejammer von so einem anzuhören. Ein Depressiver bringt leider öfters schlechte Stimmung mit und heult sich lieber aus, als nett zu unterhalten. Ich war tatsächlich froh, dass ich mich sowohl bei Hagen, als auch bei den anderen seelisch auskotzen konnte. Jederzeit.

Ich strampelte noch ein paar Kilometer auf dem Ergometer, schaute mir einen gewaltigen und todbringenden Erdrutsch in Nicaragua auf dem Flatscreen an und duschte anschließend ausgiebig. Bei Herrn Brünger, dem Herrscher über den Speisesaal, hatte ich mich für heute Mittag anständig abgemeldet. Schließlich war es für mich heute selbstverständlich, mit meiner Freundes-Truppe irgendwo lecker Essen zu gehen. Um 12.30 Uhr trat ich dann ungeduldig vor den Haupteingang und hielt Ausschau nach Pauls orange-farbenem Seat Leon; der mich deswegen immer an ein Fahrzeug von der Straßenmeisterei erinnerte; so'n Streckenkontrollfahrzeug. Und dann kamen sie. Wild hupend. Es war mir zunächst peinlich, denn sogar die Glastür vom Raucherpavillon wurde voller Neugier geöffnet, sodass eine Rauchwolke nach draußen stob, doch dann dachte ich mir: „*Drauf geschissen*".* Durfte jeder hier mitbekommen, was für verrückte und wunderbare Freunde ich hatte. Ich gab Paul per Handzeichen- was mehr wie ein wildes Herumgestikulieren aussah-, zu erkennen, wo sich der Parkplatz befand. Nach einigen Minuten kamen die Vier dann um die Ecke geschlendert. „Wir mussten alle noch unser Kleingeld für den beschissenen Automaten zusammenkratzen", meinte Paul, als er mich umarmte.

„Ach ja, das hatte ich vergessen zu erwähnen. Was meint ihr, was ich da inzwischen alles reingeballert habe. Davon hätte ich in Vegas zwei Wochen lang durchgespielt." Alle lachten und dann meinte Meike: „Du siehst toll aus, Nik. Die Kur scheint Dir ja zu bekommen." Ich wusste im ersten Augenblick nicht, was ich dazu sagen sollte. Ich wusste es wirklich nicht. Tat mir diese Reha gut oder nicht und woran erkannte man das äußerlich? Was hatte sie bisher mit mir gemacht oder eben nicht erreicht? „Danke. Ja, mir geht es hier ganz gut." Das war schön belanglos ausgedrückt. Keiner hinterfragte meine Aussage.

„Schon ein paar Kurschatten klargemacht?", fragte Olaf und erntete von beiden Frauen einen ernsten Blick. „Ooolaf!", ermahnten sie ihn gleichzeitig.

„Na klar. Montag bis Mittwoch geregelt. Für den Rest der Woche muss ich mich noch kümmern", meinte ich süffisant.

„Nik!", riefen Meike und Birgit entsetzt.

„Spaaaß!", sagte ich lachend und daraufhin setzten wir uns in Bewegung.

„Soll ich euch mal zeigen, unter welchen Bedingungen ich mein karges Dasein hier fristen muss?"

Herr Braun war beschäftigt. Zumindest hatte er dem Bedientresen den Rücken zugewandt und sortierte im Hintergrund irgendwelche Papiere. Wahrscheinlich hobbymäßig alte Wahlzettel aus den 40er-Jahren. Dieser plötzliche blöde Gedanke erzeugte ein Grinsen auf meinem Gesicht, was Birgit nicht verborgen blieb. „Worüber schmunzelst du denn jetzt schon wieder?" Sie knuffte mich in die Seite und erwartete gar keine Antwort. Braun bekam zum Glück nicht mit, wie wir Fünf den Fahrstuhl betraten. Mir war sowieso nicht klar, warum ich mir da solche Sorgen machte, er könnte meinem Besuch den Zutritt verweigern oder gar rausschmeißen. Wir benahmen uns zivilisiert und waren nicht zu laut. Dennoch wusste ich, dass es eigentlich gegen die Hausordnung verstieß, Besucher bis in die Wohnetagen zu bringen. „Was sind das denn für Geräusche?", fragte Paul, als wir an Elliots Tür vorbeikamen.

„Das ist hier der Stecher vom Dienst", meinte ich im Vorbeigehen. Uns drangen die üblichen Grunz-und Stöhngeräusche aus dem besagten Zimmer in die Ohren. Dieses Mal wurde ich an die Robbenfütterung im Osnabrücker Zoo erinnert. In diesem Moment vermisste ich Conny; aber wir hatten gestern Abend am Telefon besprochen, dass unsere Freunde getrost den Tag allein mit mir verbringen sollten. Ich konnte mich somit hundertprozentig auf meine liebenswerten Lieblingsmenschen einlassen. Nicht das Conny gestört hätte, es wäre dennoch irgendwie anders gewesen. So passte es schon.

„Hereinspaziert!"

Ich öffnete meine Zimmertür und nachdem wir den Raum komplett betreten hatten, war er voll. „Gemütlich", meinte Meike.

„Und hier ist Dein Nagelstudio", stellte Olaf fest und drückte mit beiden Händen meine Matratze runter. „So ist es. Und nach diesen vier Wochen schon durchgenudelt", stellte ich fest. Meike und Birgit verdrehten nur die Augen. Es war herrlich, in ihrem Beisein mit ruhigem Gewissen derartige Sprüche ablassen zu dürfen. „Können wir mal auf dein Klo?", fragte Birgit. Ich hatte fast damit gerechnet. Typisch Frauen. Nach zweistündiger Fahrt war deren Blase kurz vorm Platzen. Wir Männer warteten auf dem Flur und gingen dann mit unseren weiblichen Begleitern zu den Fahrstuhlkabinen. Aus Elliots Zimmer kamen unvermittelt weiterhin Rammelgeräusche. Der musste definitiv ein paar Tage vor seinem Damenbesuch die Entspannungspillchen absetzen. Anders war ein derartiges Verhalten nicht zu erklären. Vor allen Dingen: Eine solch unglaubliche Ausdauer! Plötzlich schlich sich wieder ein selten dämlicher Gedanke in meinen Schädel: Elliots Zimmertür würde aufgehen und ein Schaf käme blökend herausgetrabt. Vielleicht sollte ich selbst mal über meine Medikamenteneinnahme nachdenken. „Du grinst schon wieder so blöd, Nik. Was ist heute mit Dir los?", fragte Birgit und ich schüttelte nur lachend den Kopf.

„Ich freue mich, dass ihr alle da seid."

Wir verließen die Klinik und ich nickte im Vorbeigehen Herrn Braun zu, der ein wenig überrascht über seine halbe Lesebrille zu uns herübersah. Gleichzeitig schien er mit seiner rechten Hand eine Notiz zu machen. Er hat uns notiert. Wir sind auffällig geworden und er wird Meldung machen. Ich ging grinsend weiter. Sollte er doch!

„Wo gehst du denn immer essen?", fragte Birgit.

„In der Klinik. Das ist auch in Ordnung. Wirklich genießbar. Die Portionen könnten etwas größer sein, aber das mache ich dann mit meinem Nachtisch wieder wett."

„Darfst Du denn Conny übernachten lassen?", fragte Olaf. Warum auch immer schien er heute nur ein Thema zu haben. War mein Kumpel etwa untervögelt? „Olaf! Was fragst Du so blöd?", kam dann prompt von seiner Meike. „Man darf doch mal fragen. Hast du denn den Kerl hinterm Tresen eben nicht gesehen? Der hat sich uns alle aufgeschrieben."

„Und wahrscheinlich muss ich deswegen vier Tage länger bleiben. Pro Person einen Tag", sagte ich todernst zu Meike.

„Ja klar, Nicki. Aber mal im Ernst: Conny war doch sicherlich schon hier?" Aha, nun wurde anscheinend auch Meike neugierig.

„Logisch. Aber eben nicht über Nacht. Das wäre dann doch etwas zu dickfellig."

„Der Typ in dem Zimmer mit den animalischen Pornogeräuschen. Was ist das für einer?" Olafs Neugier war noch nicht befriedigt. „Ein zwei Meter- Riese, der ständig mit irgendwelchen Psychopharmaka oder sonstigem Zeug zugedröhnt durch die Flure schleicht. Ich bin selbst immer erstaunt. Das Krasse ist, ich habe bis jetzt nie jemanden aus dem Zimmer kommen sehen, außer ihn selbst." Nachdem ich das gesagt hatte, fing ich selbst nochmal an zu überlegen. Denn das war mir bisher gar nicht so bewusst gewesen. Elliot grunzte und stöhnte; zusätzlich waren aber eindeutig Lustgeräusche einer weiteren Person aus seinem Zimmer zu hören, wenn das Wochenende eingeläutet worden war. Bei Elliot wurde dann sogar bis einschließlich Sonntagabend lautstark herumgehechelt. Die Frau, die vermutlich dazugehörte, hatte ich noch nie zu Gesicht bekommen. In den nächsten Tagen würde ich das klären. Schließlich teilten wir uns seit Wochen einen Flur und hatten bisher immer nett miteinander geplaudert, wenn man maximal vier Worte zur Erwiderung als Unterhaltung bezeichnete. Anscheinend sparte sich Elliot seine gesamte Energie für Sex auf. Sehr schlau! 48 Stunden Selbstbefriedigung beim Porno-Marathon-Glotzen? Diese Variante durchlief soeben meine Gehirnwindungen, als ich immer noch über Elliots Sex-Aktivitäten nachdachte. Schrie man denn so dabei?

Unterwegs in den Ort wurde viel gelacht. Die Vier taten mir gut und ich kam auf andere Gedanken. Natürlich erzählten sie mir von ihren jeweiligen Jobsituationen und ich bekam so gut wie nichts Positives zu hören. Alle waren sie mehr oder weniger von ihrer Arbeit angenervt. Das erzeugte bei mir ein bisschen das Gefühl von *„Zum Glück muss ich das nicht mehr durchstehen."* Andererseits wusste ich ja überhaupt nicht, was im Anschluss der Reha auf mich zukommen würde. Vielleicht erlebte ich irgendwann bei irgendeinem anderen Arbeitgeber Ähnliches? In diesem Moment, wo fast jeder meiner Freunde zu Wort gekommen war und sich über seinen Arbeitgeber auskotzte, hatte ich zwar dieses Erleichterungsgefühl; konnte es jedoch überhaupt nicht genießen. „Was schaust du so ernst, Nik?", fragte mich Meike plötzlich und riss mich aus meinen Gedanken.

„Ach, ich weiß gerade nicht, wohin meine Reise geht. Ihr erzählt von euren Jobs und ich weiß eben nicht, was mich in ein paar Wochen erwartet." Ich merkte, wie meine Stimmung schlagartig umschlug und mir darüber hinaus meine Augen geflutet wurden. Insbesondere dieses Thema schien mich in dem Moment emotional zu berühren. Aufzuwühlen. Paul legte seinen Arm auf meine Schulter und sagte: „Alter, warte erst mal ab. Zunächst lässt du dich weiter krankschreiben."

Klar, das würde wieder etwas Zeit bringen. Aber, wofür? Auch diese Überlegungszeit war irgendwann vorbei und was dann? Es war für mich unerträglich, in so einer Ungewissheit zu stecken und keine Planungssicherheit zu erhalten. In ein paar Tagen hatte ich einen Termin beim Sozialberater der Klinik. Hoffentlich hatte er einen wegweisenden Vorschlag für meine Zukunft. Für meine **berufliche** Zukunft. Wir erreichten das „Toppolino", ein italienisches Restaurant. „Wir sind da. Ich habe hier allerdings nicht reserviert." Paul haute mir auf die Schulter und meinte: „Ich gehe mal kurz rein und kläre." Keine Ahnung, was es da zu klären gab, aber schon kurz darauf winkte uns Paul durch die geöffnete Tür zu, hineinzukommen. „Das hast du ja prima geklärt", sagte ich zu ihm.

„Wir müssen nur in 90 Minuten den Laden wieder verlassen haben, dann kommen die Reservierungen zum Futtern", meinte Paul.

„Wir drehen im Anschluss 'ne Runde durch den Park und dann gibt es als Krönung Kaffee und Kuchen", schlug ich vor. Damit war jeder einverstanden.
„Wann musst du denn wieder in der Anstalt sein?", fragte Olaf.
„Bis 23 Uhr. Vorher schmeiße ich euch sowieso raus." Mit meinen Freunden durfte ich so reden. Das war ja das Unkomplizierte an unserer Freundschaft. Nicht lange überlegen, sondern es einfach heraushauen, ohne dass sich jemand verletzt fühlte. Diese Truppe kannte ich seit über 30 Jahren. Das sollte uns erst mal einer nachmachen. Die Freunde, die heute nicht zu Besuch gekommen waren, zählten ebenfalls seit mindestens drei Jahrzehnten zu meinem Freundeskreis. Insgesamt kam ich auf neun richtig gute Freunde, so wie ich „Freunde" eben definierte. Derartige Menschen konnte ich nachts um zwei Uhr aus dem Bett klingeln, wenn es mir nicht gut ging oder ich irgendwelche Probleme hätte. Oder einfach nur quatschen wollte; dieses Bedürfnis gab es allerdings zu deren Glück bisher noch nicht. Alles andere fiel bei mir unter die Kategorie „Bekannte". Ich unterschied da nicht zwischen guten und sehr guten Bekannten. Es waren schlicht Bekannte. Der Postbote war ein Bekannter. Wenn er mir irgendwo begegnete, grüßte man sich oder hielt ein kurzes Schwätzchen. Dieser Mensch würde niemals Intimes über mich erfahren. Zumindest nicht von mir persönlich. Obwohl; wenn ich so recht überlegte, hatte ich während meiner Krankheitsphase so ziemlich jedem Menschen, der mir begegnete, meine halbe Lebensgeschichte aufgetischt, ob die jeweilige Person es wollte oder nicht. Die Brötchenverkäuferin hörte mir kopfnickend zu; mein Klempner hielt während einer Heizkesselwartung die Rohrzange still in der Hand, als ich ihm mein Seelenleben präsentierte. Mein Laberflash war immer zu übermächtig gewesen. Vermehrt in dieser schwierigen Lebensphase. Ansonsten war ich nicht so. Zumindest würde ich mich selbst so einschätzen. Könnte durchaus sein, dass andere es eben anders sahen. Ich erwartete in solchen Momenten auch keine Zustimmung oder Verhaltensempfehlungen, es reichte, dass diese Menschen zuhörten und zumindest interessiert taten, in dem sie eben mit dem Kopf nickten oder ein bestätigendes „Hmhm oder Ja...ja.." von sich gaben.
„Was ist mit Dir?", riss Birgit mich aus meinen Gedanken. „Du guckst irgendwie selig."
„Ich habe mich gerade über euch gefreut."

„Soll man lügen?", erwiderte Olaf flapsig und setzte sein bekannt fieses Grinsen auf.
Dann kam unser zwischenzeitig bestelltes Essen, beziehungsweise unsere Pizzen wurden auf radkappen-großen Holztellern vor uns abgesetzt. Sie dufteten verführerisch und sahen lecker aus. Tatsächlich schmeckte es uns allen und nach einem weiteren Getränk schlug ich vor, das Lokal in Richtung Kurpark zu verlassen, um wie vorgeschlagen noch irgendwo einen Cappuccino oder Ähnliches einzunehmen. „Ehrlich gesprochen würde ich mich gerne wieder auf den Rückweg machen", meinte Paul und wandte sich seinen Mitfahrern zu.
„Du bist der Kutscher", sagte Olaf und zog die Schultern hoch. Allgemein waren sie sich aber einig, den Nach-Hause-Weg anzutreten. Ich hatte vollstes Verständnis, auch wenn ich mir den Besuch etwas länger vorgestellt hatte. Den Vieren steckte eine Arbeitswoche in den Knochen und mir lediglich ein paar bräsige Reha-Tage. „Dann gehen wir auf dem Rückweg zum Auto wenigstens durch den Kurpark. Dann seht ihr, wo ich meine langweiligen Nachmittage verbringe", schlug ich lachend vor.
„Wo du heimlich einen wegsteckst", meinte Olaf und grinste wieder schelmisch.
Wir bezahlten und ließen reichlich Trinkgeld auf dem Tisch liegen, nachdem die Rechnung auf einem kleinen Silbertablettchen zusammen mit fünf Pralinen gereicht worden war.
Im Kurpark war um diese Zeit so gut wie nichts los. „Hier ist ja wirklich nichts los", stellte dann Paul treffend fest. „Da musst du mal nachmittags hier sein. Ich weiche dann ständig den Stockenten aus", sagte ich und meinte die Nordic-Walker. Meike fand meinen Begriff für diese „Sportler" lustig und lachte sich halb tot. „So gut war der Gag nun auch wieder nicht", meinte Paul und nahm Meike in den Arm. Olaf und Birgit gingen nebeneinander vor uns. Ich fragte mich, warum fassten sie sich nicht bei den Händen? Interpretierte ich da vielleicht zuviel hinein? Schließlich war dieses Paar seit über zwei Jahrzehnten zusammen und einige Jahre davon verheiratet. Schaute ich mir Paare seit meiner Trennungsgeschichte intensiver an? Wahrscheinlich entwickelt sich so etwas automatisch bei demjenigen, der sozusagen als gebranntes Kind davon einmal betroffen war. Mir ging es doch in Sachen Beziehung wieder spitze. Andererseits kamen erwartungsgemäß immer wieder Gedanken an frühere Zeiten mit Karin in mir hoch und mussten entsprechend häu-

fig während meiner Einzelgespräche analysiert werden. Hauptsächlich bei den Sitzungen mit Herrn Böckler, meinem Psychotherapeuten. Es war immer ähnlich wie ein Betrauern der gescheiterten Beziehung und Ehe. Ich hatte, wie es schien, nicht lange genug getrauert, sondern war zu schnell in die neue Beziehung gestartet. Das war mir zwar bewusst, aber ich machte mir dazu eigentlich keine richtigen Gedanken. Die kamen immer automatisch zu den unpassendsten Momenten. Wie jetzt gerade.

„Was ist los?", fragte Meike, als ich neben ihr her schlenderte und sie mich seitlich anschaute. Scheinbar haben Frauen einen speziellen Blick für merkwürdige Blicke der Männer. „Ach, nichts. Ich dachte nur gerade an etwas." Mir war klar, dass das nicht als Antwort ausreichen würde. Meike löste sich von Paul und hakte sich bei mir ein. In dem Moment merkte ich, wie mir wieder reichlich Pipi in die Augen schoss. „Ich fühle mich augenblicklich wie das fünfte Rad am Wagen", sagte ich leise und schniefte.

„Aber das bist du doch gar nicht. Deine liebe Conny ist nur zur Zeit nicht hier", tröstete Meike. Alle Freunde blieben stehen und starrten mich an. Ich fing an zu heulen und schämte mich sogar ein bisschen. „Hey, Alter. Alles gut. Sollen wir doch noch irgendwo einen heben?", schlug Olaf vor.

„Nein, ist schon gut. Das habe ich hier öfters. Alkohol ist auch keine Lösung." Ich schnäuzte mir die Nase und versuchte über meine letzte Bemerkung ein wenig zu lachen.

„Das ist ja schließlich nicht so lange her, mit euch beiden", sagte Birgit.
„Mit welchen beiden?", fragte ich und meinte Conny und mich.
„Eure Trennung", stellte Birgit allerdings fest.
„Habt ihr eigentlich noch Kontakt zu Karin?", fragte ich die anderen, als ob es das Selbstverständlichste wäre. Die Antwort, die ich bekam, hatte ich nicht erwartet; vielleicht erst recht nicht erhofft. „Nein. Da ist nichts mehr", antwortete Olaf für alle anderen. „Es gab ein paar Wochen sehr losen Whatsapp-Kontakt und dann kam von ihr nichts mehr. Irgendwann haben wir sie konsequent aus der Chat-Gruppe rausgeworfen."
Das klang tatsächlich ziemlich hart in meinen Ohren und ich merkte, wie Karin anfing, mir diesbezüglich leidzutun. Meine Freunde waren normalerweise auch ihre besten Freunde; insbesondere Meike und Birgit. Die drei Frauen hatten oft Einiges gemeinsam unternommen und sich regel-

mäßig zum Quatschen, Tratschen oder Shoppen getroffen. Wie Frauen das eben so machen. „Außerdem ist sie in den schönen Süden gezogen. Irgendwo bei München", meinte Birgit.

„Zu einem Kerl?", fragte ich ein bisschen zu vorsichtig, denn Meike stellte sich vor mich und sagte behutsam: „Ja. Es gibt da seit einer Weile eine Internet-Bekanntschaft, die sie einige Male getroffen hat und nun ist sie zu ihm gezogen."

„Internet-Bekanntschaften können gut ausgehen", sagte ich und versuchte wieder zu lächeln. Das Lächeln wechselte aber in ein Schluchzen über. Ich benutzte erneut ein Taschentuch.

„Und Marc? Kennt der den Neuen?", fragte ich, denn nun machte ich mir Gedanken, wie mein Sohn mit einer neuen Beziehung seiner Mutter klarkommen würde.

„Ja. Die hatten sich wohl mal ganz kurz getroffen." Da fiel mir wieder auf, wie abgekühlt mein Kontakt zu meinem Sohn war. Ich hatte folglich keine Ahnung, was Marc von der neuen Beziehung seiner Mutter hielt. Ich wusste allerdings auch so gar nicht einzuschätzen, wie Marc derzeit zu Conny stand.

Detaillierter fragte ich jetzt nicht weiter nach. Auf jeden Fall wünschte ich mir wieder eine Begegnung mit meinem Sohn. Am allerliebsten wäre mir, es drückte jeder von uns beiden die „Reset-Taste" und alles wäre wieder auf Anfang; zumindest, was unser miteinander Umgehen beträf. Es wird die Zeit kommen. Mit diesem Gedanken, den Abebe mir neulich eingepflanzt hatte, beruhigte ich mich ein wenig.

Plötzlich hatten wir den Parkplatz erreicht und Paul drückte die Schlüsselfernbedienung. „Dann mach dir noch eine entspannte Restzeit, Nik", sagte Birgit und umarmte mich. Die anderen Drei taten es ihr gleich und quetschten sich wieder in den Seat. Paul ließ die Scheiben herunter, sodass alle aus dem rollenden Fahrzeug winkten. Ich winkte zurück und begab mich langsam und nachdenklich zum Haupteingang der Klinik zurück. Elliot verabschiedete sich gleichzeitig von einer über die Maßen gut aussehenden Frau. Der gewaltige Mann stand im Bademantel draußen vor der Glasschiebetür und hielt eine etwa 40-jährige in seinen massiven Armen; seine Hände ergriffen ihren prallen Arsch.

Ich ertappte mich dabei, dass ich stehen geblieben war und die Szene beobachtete. Ich glotzte mit offenem Mund. Wie peinlich und höchst auffällig. „Nabend", stammelte ich, nachdem ich mich wieder gesam-

melt und in Bewegung gesetzt hatte. Die beiden Turteltäubchen erwiderten nichts. Im Gebäude angelangt, drehte ich mich nochmals um und sah, wie Elliot die Frau innigst küsste. Ich war wieder erstarrt. Nun wusste ich, mit wem der stille große Mann in seinem Zimmer an den Wochenenden bei wildestem Sex herumstöhnte. Diese Sau!
Nur kein Neid, Nik.

*Anmerkung des Autors: Siehe „Drauf geschissen"; HOBER-Verlag

Wichtige Entscheidungen

Wieder ein gewöhnlicher Tag in der Klinik mit gewohnten Anwendungen oder Therapie-Einheiten, je nachdem wie man es bezeichnete, was hier so mit einem veranstaltet wurde; letztendlich sogar **aus** einem gemacht wurde. Inzwischen hatte ich mich sogar an „Schleifer" Jäger gewöhnt und absolvierte beim „Sport" durchaus nur die Übungen, die ich für richtig und gut befand; auch wenn ich deren Nutzen nicht wirklich verstand. Zudem stellte ich überhaupt keine Fragen mehr. Es war mir derweil egal, dass Dr. Lecter es nicht kapierte, dass Hallen-Sport zur Zeit mit meinen Rückenproblemen und Kniebeschwerden definitiv nicht möglich war. „Wir versuchen noch einmal", meinte er immer wieder. Blöder russischer Dr. Frankenstein-Verschnitt. Erst gestern hatte er wieder seine phänomenalen Kompetenzen bewiesen: Völlig ungeeignet und für die Patienten sogar gefährlich zu sein. Die ein oder andere falsch verordnete Medikamenten-Dosierung oder gar das komplette falsche Tablettchen, welches er auf seine Verordnungen kritzelte, waren schon unter den Opfern des Kurpfuschers bekannt. Oftmals wurden die Pillen einfach weggeworfen, wenn die Packungsbeilage dem mündigen Patienten zu viele Risiken offenbarte. Den Vogel hatte Dr. Lecter-Schamowski allerdings vor wenigen Tagen abgeschossen. Ich würde es nicht glauben, hätte ich als Zeuge nicht unmittelbar daneben gestanden. Ich kam den Flur entlang, auf dem sich das Sprechzimmer des Doktors befand. Warum ich mich dort aufhielt oder was ich gerade machen wollte, weiß ich gar nicht mehr; möglicherweise hatte ich mich mal wieder verlaufen. Zwei Wände sind für mich ein Labyrinth. Jedenfalls sah ich in seinem winzigen Wartebereich, direkt vor seiner Sprechzimmertür, eine ältere Frau auf dem Boden liegen und vor sich hinstöhnen. „Ich kann nicht mehr. Mir ist so übel", klagte sie. Sofort wollte ich an die Tür des Doktors klopfen, als diese plötzlich geöffnet wurde und der Arzt in Zivil mit einer Aktentasche in der rechten Hand herausspaziert kam. Wie immer wollte er grußlos an mir vorbeigehen. „Heh! Herr Doktor Lec...Schamowski! Die Dame hier braucht dringend Hilfe!"

„Ich habe Feierabend; rufen Sie Schwester", sagte er brummig- sein „ch" klang wie ein Schnarchgeräusch- und stapfte tatsächlich stur weiter. Ja, er blickte nicht einmal zur älteren Dame, die sich inzwischen in Embryo-Stellung auf dem Fußboden zusammenkrümmte. „Hallo!", rief ich ihm hinterher. „Geht's noch! Sie sind Arzt. Sie **müssen** helfen!"

Nun blieb er endlich stehen und drehte sich im Zeitlupentempo um. Mit einem Gesichtsausdruck, der nach sieben Tagen versalzenem Essen aussah, kam er zurück. „Was haben Sie denn?", fragte er barsch an mich gewandt. Ich deutete kommentarlos auf die Frau.

„Mein Magen tut so weh!"

„Bestimmt zuviel gegessen." Das war allem Anschein nach seine Diagnose. Denn daraufhin stand er wieder aus der Hocke auf und sah sich suchend um. Wonach hielt er Ausschau? Nach seinem Stellvertreter? Der existierte ja auf jeden Fall in so einem großen Laden.

Scheinbar war in diesem Augenblick keiner in Sicht. „Können Sie aufstehen?", fragte er die Dame. Für mich war es an der Zeit, den Doktor alleine weitermachen zu lassen. Nicht dass er noch auf die Idee kam, ihm zu assistieren. Obwohl ich da durchaus prädestiniert wäre, schließlich lag mein Erste-Hilfe-Kurs erst ca. 30 Jahre zurück und machte mich allein deswegen wohl kompetenter, als dieser ukrainische Möchtegern-Pillendreher.

Leise und behutsam schlich ich mich davon. Einen Tag später traf ich die Dame vor unserem Pflegestützpunkt. „Und? Konnte Dr. Lecter Ihnen helfen?"

Sie schüttelte den Kopf. „Nein. Er half mir auf einen Stuhl und telefonierte dann eine Pflegerin herbei. Sie solle sich weiter kümmern. Er hätte schließlich Feierabend. Die war dann aber total nett und bereitete mir einen Magen-Darm-Tee zu und gab mir ein entkrampfendes homöopathisches Mittel aus ihrem eigenen Fundus. Nach einer halben Stunde ließen meine Magenkrämpfe endlich nach. Das hätte aber durchaus etwas Anderes sein können." Ich nickte zustimmend und war total entsetzt.

„Eigentlich müssen Sie das der Klinikleitung melden. Das war unkorrektes und lebensgefährliches Verhalten", riet ich ihr.

„Nein", meinte sie kopfschüttelnd. „Ich muss hier noch vier Wochen aushalten und wer weiß, was der Doktor sich dann alles einfallen lässt, um mir die Zeit zu versüßen."

Sie lachte. „Außerdem sitzt der doch am längeren Hebel." Ich hob die Schultern.

„Wenn Sie meinen. Zumindest in der Beurteilung für den Rententräger sollte es erwähnt werden. Ich bin ja dabei gewesen und könnte sogar eine weitere Horrorgeschichte beisteuern." Ich beließ es bei dieser Erwähnung und ersparte der Dame die detaillierte Erzählung vom Zusammenbruch des bleichen Riesen neulich im Ort und die ihm von Schamowski verabreichten Todespillen. Dann ging ich kopfschüttelnd weiter. Im Laufe der Wochen hatte ich immer mehr den Eindruck gewonnen, hier musste Quote gemacht werden. Die Klinikleitung hatte- so meine bestehende Vermutung-, quartalsweise an den Rentenversicherer Bericht zu erstatten, wie viele Patienten wieder in den Arbeitsmarkt integriert worden waren; mit meinen Worten: Welche Anzahl von armen Schweinen wieder frühmorgens bei der Arbeitsagentur eine Nummer zogen oder sich erneut in die Tretmühle ihres sie krank machenden Jobs begeben mussten. Von 100 kranken oder fast erkrankten Menschen mussten nach vier bis sechs Wochen mindestens 95 ein „arbeitsfähig" auf ihren Entlassungspapieren stehen haben. Sollte das über längere Zeit nicht erreicht werden, drehte der Rentenversicherer dieser Klinik den Geldhahn zu. Dann blieben Herrn Dr. Waldemar Bruck nur noch sechs Kliniken übrig. Die arme Sau.

Mit „Panikherz" von Stuckrad-Barre wollte ich einen Teil meines Nachmittages gestalten. Wenn möglich noch dazu mit etwas Schlaf. Ich lag in voller Montur über meiner Zudecke und hielt das Buch in den Händen, als mein Handy klingelte. Im Display stand „Schröder"; mein Anwalt. Gespannt und tatsächlich ein wenig ängstlich nahm ich das Gespräch an.

„Herr Reimann", legte er sofort los, ohne seinen eigenen Namen zu nennen, „Steigermann-Objektmöbel hat einen Vorschlag gemacht, den ich Ihnen gerne mal senden möchte." Ich wollte ihm weiter zuhören, doch da kam nichts mehr. Er wartete auf meine Reaktion. Diese bestand aus einem: „ Ja. Machen Sie mal. Melde mich dann." Seine kurze Verabschiedung hörte ich schon gar nicht mehr. In meinen Ohren zirkulierte das Blut wie wild und erzeugte ein orkanartiges Pseudo-Meeresrauschen. Zeitgleich meinte mein Tinnitus, die extra-laute Trillerpfeife benutzen zu müssen. Mein Herz legte eine Schüppe drauf für extreme körperliche Ertüchtigungen. Schließlich lag ich ja im Bett, da konnte man nicht genug Puls haben. Irgendjemand war heimlich in mein Zimmer gekommen und hatte zwei Ambosse auf meiner Brust abgesetzt. Hätte ich einen Not-Klingelknopf greifbar gehabt, ich hätte ihn gedrückt. Da fiel mir der Notknopf an der Strippe in meiner Dusche ein. Nein, Nik. Lass es! Beruhige dich einfach wieder und lies erstmal die Mail vom Anwalt. Vielleicht bietet dir Steigermann ein lebenslanges Gehalt bei sofortiger Freistellung an oder eine traumhafte Abfindung, die dich auf einen Schlag zum Multi-Millionär macht. Mein Handy brummte und ich öffnete mein Mail-Postfach. Sie wollten gar nichts zahlen! Was, bitte schön, war das denn für ein Vorschlag? Verarsche war das. Fast 30 Jahre geknechtet und dann mit einem „Arsch abputzen" ins Nichts geschickt? Ich rief Herrn Schröder zurück. „Das ist ein Ding, was Herr Reimann?", flötete er prächtig gelaunt. Nahm der irgendein Advokaten-Zeug zu sich?

„Ich muss doch mindestens während meiner Kündigungsfrist mein Gehalt weiter beziehen", äußerte ich zunächst. Meine Stimme klang wie die eines aufgeregten Waschweibs: Schrill und krächzend, sie drohte zu kippen.

„Klar. Nur, die wollen sie ja behalten. Die wollen Sie gar nicht ziehen lassen. Daher werden wir nicht die vollen Monate herauskitzeln. Ich sehe aber gute Chancen, wenigstens die Hälfte zu erreichen."

Schröder spuckte die Worte so aus, als ob er soeben den Anwalts-Award gewonnen hatte.

Verdammt! Es drehte sich hier in diesem Moment um meine finanzielle Zukunft. Was kam nach den Monaten der Kündigungsfrist? Genau, das Arbeitsamt. Verzeihung: Die Arbeitsagentur. Nummer ziehen. Jeden Scheiß annehmen. Mein Horror-Film-Kopfkino begann gerade wieder mit einer Extra- Vorstellung. „Bitte geben Sie Alles, Herr Schröder. Wegen dieses Dreckladens bin ich schließlich hier gelandet." Er versprach mir, „denen einen gepfefferten Brief" zu schicken und möglicherweise dreiviertel der anrechenbaren Monate zu erkämpfen, dann legte er auf. Ich hielt noch zwei Minuten lang das Handy in der Hand und starrte aufs Display, als wenn jeden Moment die erlösende Nachricht aufblinken würde, die alles zum Guten wendete. Ich fragte mich, wie diese Nachricht lauten müsste. *Wir stellen Sie bis zum Rentenbeginn bei vollen Bezügen frei.* Steigermann wollte mich nicht gehen lassen. Hatte ich deren Zeichen jahrelang falsch gedeutet; Schnaller bei jedem Zusammentreffen missverstanden? In Wirklichkeit war er ein total netter Kerl und liebenswerter Kollege, der sich redlich um meine berufliche Karriere kümmerte, sich einfühlsam meine Sorgen anhörte und sich ständig darum kümmerte, dass es mir gut ging.

So. Ein. Bullshit! Steigermann redete ausschließlich gegenüber meinem Anwalt so. Die Wahrheit sah eindeutig anders aus und hatte mich nach mühseliger körperlichen und psychischen Gegenwehr zum Schluss in diese Klinik gebracht.

Nach schlafen war mir nicht mehr zu Mute und nach Stuckrad-Barres Drogenbeichte erst recht nicht. Ich verspürte den Drang, irgendetwas zu unternehmen. Mein Therapieheft zeigte mir nach einem Blick auf die entsprechende Seite, was ich zu unternehmen hatte: Das Einzelgespräch bei Frau Doktor Schwalbe. In fünf Minuten.

In fünf Minuten?! Ich erschrak. So lange war mir meine Bettzeit und das Telefonat gar nicht vorgekommen. Ich hechtete förmlich aus meinem Zimmer zum Fahrstuhl. Als ob dieser nur noch auf mich gewartet hätte, stand Kabine zwei mit offenen Türen noch in Wartestellung. Ich empfand das sogar ein bisschen unheimlich. In der Kabine standen drei Adipositas-Männer, alle in hellblauen Frottee-Bademänteln. Auf den ersten Blick gehörten sie zur Synchron-Schwimmergarde der Ü120kg-Kampfklasse, wenn es denn so etwas gab. Sie tropften. Die Kabine roch stark nach Chlor. Mein Pünktlichkeitsfimmel sorgte dafür, dass ich mich mit hineinquetschte. Frau Dr. Schwalbe sollte nicht auf mich warten müssen. Nach der kurzen Fahrt entließ mich der Fahrstuhl auf der angewählten Etage, die drei Dicken brummten ein „Tschüss" im Chor und ich ging, intensiv nach Chlor, billigem Deo und Schweiß riechend zum Sprechzimmer meiner Therapeutin.

„Oh, waren wir schwimmen?", empfing sie mich. Gott, war mir das peinlich und ich stammelte eine Erklärung, die von drei dicken, tropfenden, Fahrstuhl fahrenden Männern in Bademänteln handelte. „Adipöse mit Inkontinenz nennen wir diese Menschen hier", klärte mich meine Therapeutin ernst auf. Ich sagte dazu mal gar nichts.
„Wie geht es Ihnen heute?" Immer dieselbe Frage.
„Ganz gut." Immer dieselbe Antwort; bis auf wenige Ausnahmen. Ich sah Dr. Schwalbe direkt in ihre dunkelbraunen Augen. Die Augen waren definitiv das Attraktivste an dieser Frau, also schaute ich auch dorthin. Außerdem gehörte es sich ja so, obwohl mich derartiges Verhalten in vielen Fällen Überwindung kostete. Des Öfteren schaute ich bei Unterhaltungen-speziell wenn ich etwas erzählte-, an meinem Gesprächspartner vorbei. Ich musste einen Menschen schon innigst kennen, um bei einem Gespräch direkten Blickkontakt herstellen zu können.
„Ich habe Nachricht von meinem Arbeitgeber. Ich werde dort ohne Abfindung gehen."
Dr. Schwalbe notierte irgendetwas auf einem Block, der vor ihr auf ihrem Schreibtisch lag. Ansonsten schrieb sie kontinuierlich mit ihrer Tastatur, die sie ständig beklimperte.
„Wie fühlt sich das für Sie an? Da wegzugehen? Die Abfindung interessiert mich nicht."
„Mich aber schon. Immerhin reden wir da über ein ordentliches Sümmchen; aber der Drecksladen will mir den Tritt in den Arsch umsonst verpassen!" Ich regte mich augenblicklich mal wieder auf. Bilder entwickelten sich in meinem Kopf, die keine andere Reaktion zuließen. Ich sah Schnaller, wie er mit dem Gesellschafter ein „Gimme Five" vollzog und diabolisch grinste, während sich beide die rechten Handflächen gegeneinander klatschten. Ich hatte ihn quasi vor mir in diesem Zimmer sitzen. Er saß vor der gegenüberliegenden Wand und lächelte zu mir herüber. Überheblich. Macht ausübend und siegessicher. Mein Herz raste und ich fühlte, wie sich mein Blut im Gesicht staute. Mein Atem hechelte im Stakkato. Ich war wahrscheinlich puterrot angelaufen.
„Sie werden knallrot und atmen Sie mal ganz langsam und achtsam, Herr Reimann", sagte Dr. Schwalbe. Sie beugte sich mir entgegen. Ich wich ihrem Blick aus, sah auf die leere Wand hinter ihr und merkte, dass Schnaller nur pure Einbildung war. Logisch. „Fast 30 Jahre habe ich mir für die den Arsch aufgerissen!" Anscheinend war ich noch nicht soweit,

herunterzukommen. „Aber ich muss da weg."
„Was machen Sie dann?", fragte die Therapeutin. Auf diese Frage war ich von ihr überhaupt nicht gefasst. Ich wollte diese Frage eigentlich in den nächsten Tagen dem Sozialberatungsdienst der Klinik stellen; sobald feststand, wie man mich hier entlassen würde. Damit war gemeint, ob ich einen „Arbeitsfähig" - Eintrag auf dem Entlassungsbericht vorfinden würde oder eben eine Nicht-Arbeitsfähig-Bescheinigung zusammen mit meinen Papieren in die Hand gedrückt bekam. Mir stellte sich dem Moment eine ganz andere Frage: Was wollte ich wirklich?
„Ich habe keine Ahnung", beantwortete ich wahrheitsgemäß ihre Frage und zuckte mit den Schultern. Eine Traurigkeit und Hilflosigkeit überkam mich plötzlich. Als ob ich irgendwann in den nächsten Tagen nackt, ohne Nahrung und Wasser mitten im Wald ausgesetzt würde und irgendjemand mir im Vorbeigehen mitleidig auf die Schulter klopfte. „Das wird schon." Hatte die Therapeutin da gerade zu mir gesprochen?
„Bitte?"
„Ich habe nichts gesagt", kam von ihr. Wieder machte sie sich auf dem Block eine Notiz.
Muss weitere fünf Wochen bleiben; stand da bestimmt. „Nein, ich möchte nach Hause." Jetzt blickte sie mich fragend an.
„Natürlich fahren Sie nach Hause. Aber was machen Sie dann beruflich weiter?"
„Ich sagte Ihnen doch, dass ich keine Ahnung habe. Schlagen Sie mir etwas vor."
Dr. Schwalbe lächelte ihr jungenhaftes Lächeln. „Das ist nicht meine Aufgabe", sagte sie.
Super! Simpler hätte sie sich nicht herausreden oder aus der Verantwortung stehlen können. „Werde ich denn nach der Reha wieder arbeiten gehen können?", traute ich mich ganz leise zu fragen, fast war es ein Flüstern und noch dazu nicht direkt an sie gerichtet, sondern mehr in Richtung des Bildschirms ihres Laptops. „Selbstverständlich. Sie lesen Bücher. Folglich können Sie auch irgendeiner stressfreien Tätigkeit nachgehen."
Wann hatte ich ihr denn erzählt, dass ich Bücher lesen würde? Oder wurde mein Zimmer heimlich überwacht? Was für eine blöde Schlussfolgerung: Wer lesen kann, kann auch arbeiten. Wer Hummeln frisst, kann irgendwann fliegen oder bekommt zumindest einen pelzigen

Arsch. Mir wurde etwas mulmig zumute, weil ich gedanklich anscheinend für mich etwas anderes vereinbart hatte und nun hilflos der neuen Perspektive ins Auge blicken musste. Im Laufe der Tage und Wochen und nach einigen Gesprächen mit meinen Mit-Patienten, die entweder in meiner Therapiegruppe waren oder sich mit mir auf den Fluren unterhielten, keimte in mir dieser Gedanke auf, womöglich als arbeitsuntauglich eingestuft zu werden. Dieter zum Beispiel aus meiner Therapiegruppe war schon zum dritten Mal hier und stürzte sich nach einer missglückten Wiedereingliederung (da hatte mein Anwalt eindeutig Recht, so etwas funktionierte nicht!) und erneutem Klinikaufenthalt, in den nächsten stressverursachenden Job, der ihn psychisch fertig machte. Zwei Jahre später stand er wieder mit seinem Köfferchen voller Udo Lindenberg-CDs vor dieser Klinik und ließ sich von Herrn Braun den Zimmerschlüssel überreichen. Andere erzählten mir ähnliche Erlebnisse und von dem bescheidenen bis gar keinem Bemühen der Arbeitsagentur, etwas „Passendes" zu finden, damit es einem wieder gut ging und das endlich ein Dauerzustand wurde. Diese Leute hangelten sich von einem Zeitarbeitsunternehmen zum nächsten. Sollte das meine berufliche Zukunft werden? Ich entwickelte eine regelrechte Angst. Ich hatte fast 30 Jahre lang nichts mit dem Arbeitsamt zu tun gehabt und das sollte auch so bleiben. Behördengänge waren mir schon immer ein Graus. Es musste ein eigentümlicher Schlag Menschen sein, die sich freiwillig einen Job in einer Behörde suchten. Waren diese Menschen machtgeil? *„Ich entscheide, ob Sie die Zuzahlung erhalten!"* Ich tippte zum Teil auf stumpfsinnig und resigniert. Für mich stand unwiderruflich fest, nicht mehr zu meinem alten Arbeitgeber zurückkehren zu können und erst recht nicht zu wollen. Würde sich daran etwas ändern, wenn ich von Schnallers Kündigung hören würde? Da waren immer noch die Häuptlinge aus der obersten Etage, die diesen blöden Wadenbeißer eingestellt und ihm seine Mission eingetrichtert hatten. Da gab es weiterhin Frau Klöppke als Leiterin der Human Ressources, die sich für mich einsetzte, wie ein Habicht sich um das Wohl eines Hühnerhofes kümmerte. „In anderen Firmen wird auch nur mit Wasser gekocht", sagte mir neulich ein Betriebsleiter, zu dem ich mich ins Klinik-Café gesetzt hatte. Das bedeutete: Es war durchaus möglich, dass es mir auch in anderen Betrieben gesundheitlich schlecht ginge und der nächste Zusammenbruch vorprogrammiert war. Da ich bis zum heutigen Tage keine andere Firma außer Steigermann-Objektmöbel kennengelernt, geschweige denn dort gearbeitet hatte, verließ ich mich auf das, was mir innerhalb dieser Mauern oder eben über mein soziales Umfeld zugetragen wurde. Auch meine Kumpels stöhnten und nörgelten ordentlich an ihren Arbeitgebern herum. Das war aber meistens das übliche „Morgen ist wieder Montag"-Gejammere, dazu auf höchstem Niveau. Darauf würde ich mich auf jeden Fall wieder einlassen, wenn es denn dabei bliebe. Ich befürchtete jedoch wieder den Weg abwärts bis ans Ende der Spirale und irgendwann mit der finalen Konsequenz und das wäre dann definitiv mein Ende. Wortwörtlich. Eine Stabilisierung meines geistigen Zustands oder meiner Psyche; so etwas wie die Stärkung meiner Resilienz, wenn es sie denn überhaupt noch gab, das wieder Anzüchten eines dicken Fells; den harten Stress-und Sorgen-Abprallpanzer anzulegen; all das war hier mit mir nicht im Geringsten geschehen. Gut, meine Heulattacken und Weinkrämpfe ließen ein wenig nach und ich weinte fast ausschließlich nur noch nachts das Kopfkissen voll; an erholsamen Schlaf war weiterhin nicht zu denken. Inzwischen glaubte ich, mich daran gewöhnt zu haben, was aber völliger Irrsinn wäre und dem Körper garantiert nicht guttat. Ach was? Je häufiger ich in stillen Momenten -und die gab es hier reichlich-, über meine berufliche Zukunft nachdachte, desto öfter stellte ich mir die Frage, was sich für mich in den letzten Wochen verändert hatte? Nichts, war jedes mal mein Ergebnis. Rein gar nichts. Die Gespräche mit den Patienten um mich herum erzeugten häufig das Gefühl, dass es mir zum Glück nicht völlig scheiße ging; an anderen Tagen sah ich dann wieder bei mir die schlimmere Variante einer Depression hervortreten; meistens, wenn um mich herum über die Maßen gelacht wurde. Die vermehrt gestellte Frage an mich selbst gerichtet: „Was mache ich hier überhaupt?" Ich stellte fest, dass sich meine Zukunftsangst hier auf jeden Fall gesteigert hatte. Ich erkannte kein Ziel. Außerdem war ich eine gewisse Zeit in dem Glauben gewesen, jeder Therapeut und jeder Arzt waren auf meiner Seite und wollten für mich das Beste während dieser Therapie für mich herausholen. Leider entpuppte sich das bereits nach den ersten Gesprächen mit entsprechendem Fachpersonal als totales Wunschdenken. Immer wieder entstand bei mir der Eindruck und wurde auch von ganz vielen anderen psychisch erkrankten Menschen hier in der Klinik bestätigt, dass eine möglichst hohe Wiederherstellungsquote von Patienten für den Arbeitsmarkt erreicht werden musste. Eventu-

ell sah das in den orthopädischen oder adipösen Klinikbereichen anders aus. In solchen Fällen sah man aber schon rein optisch, ob die Therapie angeschlagen hatte. *"Oh, Camilla; hatte Dich gar nicht wiedererkannt, mit 110kg weniger auf den Rippen."* Konnte jemand nach Beendigung seiner Therapie die Krücken wegschmeißen, war er definitiv geheilt und mit großer Wahrscheinlichkeit wieder willig und voller Tatendrang, einem Job nachzugehen. Das sah man uns Depressiven oder psychisch angeknacksten Individuen aber alles nicht an. Die „Klatsche" war eben nicht offensichtlich oder ertastbar. Die scheiß Waage machte die Ergebnisse nicht sichtbar. Ich konnte zu dem Zeitpunkt niemandem eine klare Aussage über meinen Gesundheitszustand geben. „Ganz gut soweit", war meine Standard-Antwort auf die Frage nach meinem Befinden. Reichte das aus, um daraus schlussfolgern zu können, dass so ein Mensch wieder arbeiten gehen konnte? „Ich lese viel." War das das Startsignal, sich um einen neuen Job zu kümmern? Die vor mir sitzende Therapeutin wähnte mich auf meiner Zielgeraden und das Ziel hieß „Arbeitsagentur". Ich versuchte mir krampfhaft einzureden, weshalb „Bücher zu lesen" jemanden prädestinierte, zur Arbeit gehen zu können. Ach ja, richtig; es gab da doch diese dreistündigen stressfreien Zeittotschlag-Jobs. Welche waren das überhaupt? Ich hielt mir die Hände vors Gesicht und nahm an, die ganze Angst würde sonst aus meinem Kopf auf den billigen Teppich des Therapeutinnen-Zimmers tropfen. Ich fühlte mich wie auf der Anklagebank. Mein Vergehen war das Lesen von Büchern und gleichzeitig hatte meine Verteidigerin die Seiten gewechselt und wurde ab sofort von der Staatsanwaltschaft bezahlt.
„Ich kann doch nicht sofort zum Arbeitsamt", meinte ich sehr leise und vorsichtig.
„Das nicht. Drei Wochen schreibe ich Sie noch krank. Aber innerhalb dieser Zeit müssen Sie sich zumindest dort einmal gemeldet haben. Sie wissen doch, wie langsam deren Mühlen mahlen."
Das baute mich ja richtig auf. Ich würde mal sagen: Die bisherigen vier Wochen waren jetzt komplett für den Arsch! Das hatte meine Super-Therapeutin, die durchaus mal ein Einzelgespräch vergisst, mit nur einem einzigen Satz hinbekommen. „Mir ist gerade furchtbar schlecht", stammelte ich und merkte, wie sich meine Magenwände nach innen aufeinander zubewegten und sich annähernd so etwas wie eine Panikattacke anbahnte. „Schön. Wir sind auch fertig. Ich muss noch in Ihr

Therapieheft schreiben." Ich reichte es stumm und zitternd zu ihr herüber. Überwies sie mich jetzt an Dr. Lecter? „Melden Sie sich bei der Pflegestützpunkt-Apotheke."

Tolle Idee. Anastasia sollte mir womöglich ein Magen-Darm-Präparat aushändigen. Vorher würde sie mich mit ihrem russischen Akzent von oben bis unten durchbelehren, dass so etwas nur mit einer Verordnung von Dr. Schamowski möglich sei. Ich verzichtete dankend und würde eher kotzen, als am Stützpunkt um ein Medikament zu betteln, was der Kurpfuscher verordnete. Mit einer völlig am Boden liegenden Stimmungslage, Herzrasen, Magenkrämpfen und mittelstarken Kopfschmerzen, die ich aber tapfer ohne Medikamente ertrug, schlurfte ich aus dem Zimmer. Für heute reichte es an miesem Input. In den nächsten Tagen wollte ich unbedingt den Sozialberatungsdienst aufsuchen. Was erhoffte ich mir von diesem Besuch? Rettung vor dem Arbeitsamt oder eventuell das Aufzeigen alternativer Möglichkeiten? Auf jeden Fall schockierte mich die Vorstellung, beim sogenannten Jobcenter vorsprechen zu müssen. Die steckten mich bestimmt in irgendeine blöde Fortbildungsmaßnahme oder Umschulung. Dann würde ich da zwischen Sonderschulabbrechern, Flüchtlingen und Resozialisierungs-Teilnehmern hocken. *„Zunächst erzählt mal jeder hier den anderen, was er bisher so gemacht hat".*

Ich fiel heulend auf mein Bett.

Nette Begegnungen

„Ich bin dann mal weg" stand auf dem Filmplakat, das an der Werbesäule im Foyer angepinnt war. Ich hatte schon Einiges von Hape Kerkelings Buch gehört, es aber leider selbst nicht gelesen. Der Film würde mich schon interessieren. Vielleicht hatten die anderen von meinem Speisetisch ebenfalls Lust auf Kino. Wobei der Film gar nicht im Kino gezeigt wurde, sondern im Kurhaus. Ich stellte mir spontan einen alten Filmprojektor vor, der von einem tatterigen Greis bedient wurde und seine Bil-

der auf eine vergilbte Leinwand warf, die von einem angerosteten Ständer herunterbaumelte; das Ganze ohne Ton. Stattdessen klimperte eine etwa achtzigjährige Frau mit ihren Gichtgriffeln auf einem Klavier herum, das neben der Leinwand platziert worden war. Ich verdrängte meine bescheuerten Fantasien. Ich wollte den Film sehen.
„Klar. Bin dabei", meinte Stefan spontan, als ich meine Idee beim Frühstück vortrug. Anne hatte auch Lust auf den Streifen und Abby war sowieso für irgendwelche Aktionen, die ihn aus dem Klinikalltag herausführten, zu haben. Am Nebentisch saß Sylvia und hatte offenbar etwas von unserem Vorhaben mitgehört. Sie wandte sich zu uns hin und sagte: „Darf man noch mitkommen?"
„Selbstverständlich", antwortete ich ein bisschen zu erfreut, denn von Stefan kam ein „Hört, hört. Der alte Casanova hat wieder ein Fischlein an der Angel." Ich lief wegen dieses saublöden Spruchs puterrot an.
„Sylvia, ich freue mich, wenn mehr als vier Leute den tollen Film sehen wollen", versuchte ich aus der Nummer herauszukommen.
„Wann geht ihr denn los?"
Wir vereinbarten 19 Uhr als Startzeit vor der Klinik. Nach einer Runde im Fitnessraum und anschließenden 30 Minuten auf dem Ergometer-Fahrrad nahm ich eine Dusche und legte mich danach 45 Minuten aufs Ohr. Mein Handy-Wecker bimmelte und ich machte mich fertig für die Sporthalle, um unter „Schleifer" Jäger eine neue Runde Hardcore-Zirkeltraining zu absolvieren. Vorgabe dieses Mal: Mindestens acht von zehn Teilnehmern mussten auf allen Vieren aus der Halle kriechen. Zum Glück würde ich zu den zwei Aktiven gehören, die entspannt, mit dem Handtuch über der Schulter, pfeifend aus der Halle schlenderten. Mein Zirkeltraining war wieder eine Light-Version und heute schaffte ich es sogar, eine Übung komplett wegzulassen, weil ich Jäger dermaßen die Ohren volljammerte, dass er zum Schluss genervt sagte: „Herr Reimann, dann bleiben Sie einfach auf der Bank sitzen."
An dem 10kg-Medizinball-an-die-Wand-schmeißen-und-wieder-auffangen" konnte ich beim besten Willen immer noch keine therapeutische Nuance entdecken. Deshalb hatte ich verstärkt „Rücken"(um wieder bei dem wunderbaren Hape Kerkeling zu landen) und war somit nicht in der Lage, stattdessen den ersatzweise vorgesehenen Volleyball zu nehmen. Selbst nach so einem Ball konnte ich mich heute nicht bücken. Das war einfach so. Ehrlich!

Somit war der heutige Tag mehr als genügend von sportlichen Aktivitäten angefüllt. Da hatte ich mir den erholsamen Filmabend redlich verdient. Hoffentlich saß Sylvia neben mir, damit womöglich nicht Christine auf die Idee kam und ihren dicken Hintern neben mich quetschte; obwohl ich mir nicht einmal sicher war, ob sie überhaupt mitkam. Ich empfand Sylvia eben als eine attraktive Frau und da saß man grundsätzlich gerne daneben oder unterhielt sich mit ihr. Zumal sie außerdem eine angenehme Gesprächspartnerin war. Ausgiebige Gespräche hatte ich zwar bis jetzt nicht mit ihr geführt, war aber davon überzeugt, dass es dann so wäre. Nach dem Mittagessen lief mir Christine über den Weg und fragte, ob ich nicht Bock auf den Film mit Hartmut Kerklein hätte. Ich wusste natürlich, was oder wen sie meinte, stellte mich aber blöd und verneinte kurz angebunden. Dummerweise war die Plakatsäule während unseres kurzen Gesprächs in Sichtweite und Christine zeigte sofort mit ihrem dicklichen Zeigefinger auf das Filmplakat. „Ach so, den. Ja, da gehen wir rein. Also, mein Tisch und ich. Du weißt schon." *Mein Gott Nik, was laberst Du für eine Scheiße! Wie in der Unterstufe, wenn unsere Jungenclique beriet, wen sie von den Mädchen zur Fete einladen wollten und welche pickelige Bratze davon nichts mitbekommen durfte.*
Letztendlich lief es sowieso darauf hinaus, dass Christine uns begleiten würde. Aber neben mir würde Sylvia sitzen; dafür würde ich schon sorgen. „Um 19 Uhr vor der Klinik und sei pünktlich", meinte ich zu Christine. Die wollte darauf etwas erwidern, als plötzlich mein Handy vibrierte und ich darüber erschrak, dass ich es überhaupt mit mir führte. Es war mir hier schon so in Fleisch und Blut übergegangen, mein Handy auf dem Zimmer zu lassen. „Hierrr härrscht Handy-Verböööt!", rief dann erwartungsgemäß Herr Braun hinter seinem Tresen zu uns herüber und in dem Augenblick fühlte ich mich wie ein Junge, den man beim Wichsen erwischt hatte. Ich ließ Christine mit einem „Entschuldigung" einfach stehen und verließ mit dem Handy am Ohr das Gebäude. Mein Vater war am Telefon und kündigte den Besuch meiner Eltern für kommenden Sonntag an. Marc würde sie fahren. Das bedeutete, ich würde meinen Sohn seit längerer Zeit mal wieder zu Gesicht bekommen. Während des Telefonats empfand ich leider keine richtige Freude und gewiss merkte mein Vater das an den kurzen Antworten von mir. Seltsamerweise kam praktisch ein Gefühl auf, dass nahe dran am Ärger zu sein schien; Ärger über einen von meinen Eltern vorgeplanten Sonntag. Kei-

ne Zeit für mich und angenehme Dinge. Ich empfand in diesem Moment die Besuchsankündigung durch meinen Vater als Belastung. Eine Begegnung mit meinen Eltern war in meiner derzeitigen Verfassung eine Belastung und kam mir wie eine unlösbare Aufgabe vor. Auf meinen Sohn freute ich mich total, obwohl ich ihn an dem Tag nicht für mich alleine haben würde. Diesbezüglich keimte Angst in mir auf; ich hatte arge Bedenken, den bevorstehenden möglichen ernsten Themen an diesem Nachmittag nicht gewachsen zu sein. Ich hatte eine Gesprächsvorstellung, bei der Marc alle seine Probleme mit mir ausdiskutieren wollte; hinzu kamen die Sorgen meiner Eltern -unter anderem hinsichtlich ihres Gesundheitszustandes-, die dringender Klärung bedurften. Mein betrübliches Gedankenkarussell drehte sich und drehte sich. Höchste Zeit, die Bremse zu ziehen, wenn ich nicht hier und jetzt in Tränen ausbrechen wollte, die sich unmittelbar anbahnten. Ich kramte ein Taschentuch aus meiner Hosentasche und schnäuzte hinein, während ich in Gedanken versunken wieder das Foyer betrat. „Sollen wir gar nicht kommen?", hörte ich meinen Vater fragen. Ich hätte das Handy fast schon wieder mit dem Taschentuch in die Hose gesteckt. „Handyverböööt!", schrie Braun nun fast und hatte sich von seinem Stuhl erhoben. Er beugte sich wie eine riesige Puppentheater-Figur über den Rezeptionstresen. „Entschuldigung", schrie ich hysterisch zu Braun herüber.
„Was ist los, Junge?", vernahm ich die Stimme meines Vaters aus dem Handy. Die Situation begann für mich zu eskalieren, da ich selbst nicht mehr die Lage beherrschte.
„Ich telefoniere mit meinem Vater und das ist wichtig!" Ich wurde immer lauter und verließ mit hochrotem Kopf erneut das Foyer. Draußen beendete ich nach ein paar erklärenden Worten an meinen Vater und dass ich mich auf ihren Besuch riesig freuen würde, mein Telefonat.
Ich war fix und fertig. Wieder wurde mir aufgezeigt, wie kurz meine Zündschnur zur Zeit immer noch war. Ich fand mich selbst erschreckend und setzte mich in Richtung Kurpark in Bewegung. Ein langer Spaziergang sollte meinen Schädel wieder frei bekommen.
Zehn Film-Interessierte standen um Punkt 19 Uhr in der Kälte vorm Klinikgebäude und machten sich zusammen mit mir auf den Weg zum Kursaal, um „Ich bin dann mal weg" anzuschauen. Somit war schon mal gewährleistet, dass der Film nicht in einem gänzlich vor Leere gähnenden Saal gezeigt wurde, was ich dann wenig überraschend wieder auf meine

Kappe genommen hätte. Ich schlenderte gemütlich neben Sylvia her, meine Hände in den Jackentaschen vergraben. Von hinten näherte sich immer wieder Christine, die sich zu dünn angezogen hatte und beständig anmerkte, dass sie fror. Dabei sollten Speckschichten doch angeblich wärmen. Sylvia und ich waren extrem fies, denn wir unterhielten uns weiter, ohne Christines Genörgel irgendwelche Beachtung zu schenken. Ich erfuhr, dass Sylvia ebenfalls von der anhänglichen Christine angenervt war. Sie hatte sogar gelegentlich bei Sylvia ihr Herz über ihren Gatten ausgeschüttet. Eindeutig ein Fall für den Eheberater. „Stefan! Was macht man, wenn es in der Beziehung nicht mehr rund läuft?", wandte ich mich plötzlich an ihn. Stefan ging wenige Meter hinter uns her und hinter ihm spazierten, an den Armen gegenseitig eingehakt, Abebe und Anne. „Einer von beiden sollte die Koffer packen. Alles andere bringt rein gar nichts. Wieso?"
„Nur so", erwiderte ich. „War gerade Thema bei uns."
„Wer will sich denn trennen?", fragte Stefan neugierig geworden und schloss mit schnellen Schritten zu uns auf. „Doch wohl nicht Du, Nik? Du hast es doch gerade erst hinter dir?"
Stefan lachte laut und das reichte aus, um Christine einzuschüchtern, sodass sie sich wieder ein wenig zurückfallen ließ. Sofort tat sie mir schlagartig wieder leid. Irgendwann sah ich, wie sie sich mit den Worten „dann musst Du mich eben wärmen", bei Abebe einhakte. Der große schwarze Mann hatte nun Anne und Christine im Schlepptau. Ich erlaubte mir einen Spruch und rief ihm zu: „Weiberheld!" Abby lachte, wie nur Abby lachen konnte. Herrlich ansteckend. Mein schlechtes Gewissen Christine gegenüber war weg. So war es okay; es fühlte sich besser an. So ein gemeiner Kerl war ich eigentlich gar nicht. Ich schob mein derartiges schäbiges Verhalten anderen Menschen gegenüber auf meine psychische Verfassung und der daraus resultierenden übermäßigen Angespanntheit und Gereiztheit. Meine Reizschwelle war derzeit eben besonders niedrig.
Vor dem Saaleingang stauten sich die Menschen. Hape Kerkeling beflügelte immer noch die Massen, obwohl der Bundesstart seines Films schon einige Monate zurücklag. In einem Kurort lechzten die Menschen, insbesondere die Kurgäste, natürlich umso mehr nach solchen Unterhaltungsbonbons. Wir nahmen uns Sitzplätze in der vierten Reihe, ziemlich mittig. „Wir", das waren: Abebe, Anne, Christine, Sylvia, Stefan und ich.

Ich saß erfreulicherweise neben Sylvia. Ihr Parfum schmeichelte meiner Nase. Ich kannte den Geruch irgendwoher. So hatte meine „Ex" Karin immer geduftet. Verdammt! Warum ausgerechnet „Chance" von Chanel? Daher genoss ich den mir wohlbekannten Duft und wartete, dass das Licht im Saal erlosch, damit das Gebrabbel der Menschen um mich herum zum Stillstand kam. Mit Sylvia unterhielt ich mich vorher prima. Auch sie lebte in Scheidung und hatte vor Kurzem wieder einen neuen Partner kennengelernt. Ich ertappte mich kurz dabei, dass ich ein wenig eifersüchtig auf diesen fremden Mann wurde. Aber nur in dem Augenblick und nur für wenige Sekunden. Anscheinend sprang mein Gewissen rettend ein, damit mein Gehirn nicht weitere unnötige und falsche Gedanken zuließ. In solchen Situationen merkte ich jedes Mal, wie aufgewühlt ich noch unterwegs war. In solchen Momenten funktionierte ich anders und vor allen Dingen total hormongesteuert. Dabei war ich mir sehr sicher, dass ich niemals gegenüber einer fremden Frau schwach werden würde, selbst wenn diese wahnsinnig gut aussähe, dafür liebte ich Conny viel zu sehr. Gemeinsam mit ihr würde ich meinen immer noch tief sitzenden und bisher nicht komplett verarbeiteten Trennungsschock verarbeiten. Umgekehrt machte ich mir bei Conny keine Gedanken, sie könnte mir fremdgehen, obwohl wir uns nicht so lange kannten und Conny schon nach kurzer Beziehungszeit gravierende Veränderungen mit mir erlebte. Ich rechnete ihr das hoch an, trotzdem zu mir zu halten, obwohl meine berufliche und gesundheitliche Zukunft völlig im Ungewissen lag. Karin kannte ich seit fast 26 Jahren. Mein halbes Leben. Wieso dachte ich jetzt daran zurück? Wahrscheinlich weil mich meine Unterhaltung mit Sylvia immer wieder an Conny denken ließ; mein Gewissen sich immer wieder bemerkbar machte und meine Gedanken in die richtige Spur lenkte. Zum Glück wurde der Raum abgedunkelt und der kleine Vorhang vorn auf der Bühne öffnete sich quietschend aber vollautomatisch. Dahinter kam eine kleine Leinwand zum Vorschein, die von einer Deckenhalterung ebenfalls elektronisch heruntergelassen worden war. Wann wurde der Projektor angeschmissen? Gab es vorher Stützstrumpf- Werbung? Kam gleich eine Eisverkäuferin, die noch „Dolomiti" in ihrem Bauchladen verkaufte? Den Projektor suchte man vergeblich. Ein Hightech-Beamer projizierte den Film auf die Leinwand; wahrhaftig in gestochen scharfen Bildern. Der Ton kam aus mehreren Boxen, die auf hohen Ständern montiert, rings im Saal herum verteilt standen. Es war perfekt. Der Film war perfekt und wenn Sylvia gleich auf einen Absacker mit in eine Kneipe käme, wäre es absolut perfekt. Weil sie so gut duftete. „Das schaffen wir bis zum Zapfenstreich nicht, Nik. Und auf die Schnelle möchte ich nichts Hochprozentiges hinunterspülen." Meine Einladung an sie war mir kurz vorher aus dem Mund gefallen. Sylvia war eben eine vernünftige Frau. Das sollte dann so sein. Wenigstens unterhielten wir uns auf dem Rückweg zur Klinik angenehm und wurden sogar von Christine in Ruhe gelassen. Die gesellte sich erstaunlicherweise nicht wieder zu Anne und Abebe, sondern spazierte gemütlich mit einem wesentlich älteren Herrn zurück. Ich hörte häufig ihr auffälliges Gekicher und aufgesetztes Lachen. Der alte Mann neben ihr schien ein wahrer Spaßvogel zu sein. Schon wieder eifersüchtig, Nik? Die Frage verneinte ich mir selbst. So war ich sie wenigstens los. Im Klinik-Foyer verabschiedeten wir uns freundschaftlich, indem wir uns alle gegenseitig umarmten. Mein Gott, duftete Sylvia gut. Mist, wie sehr mich das an Karin erinnerte. Ich wünschte allen wiederholt eine gute Nacht und betrat zusammen mit Abby die Fahrstuhlkabine. Die anderen Drei wollten sich beim Treppensteigen die Beine vertreten. „Ist eine tolle Frau", meinte Abby zu mir und grinste im grellen Fahrstuhl-Kabinenlicht.

„Wer?", fragte ich.

„Sylvia", meinte er kurz.

„Ja. Schon. Aber ich bin ja in festen Händen", sagte ich zu Abby, als ob ich mich rechtfertige. „War nur eine Feststellung", sprach er und grinste wieder.

Endlich hatte der Fahrstuhl meine Etage erreicht und die Türen glitten auseinander. Ich spürte, wie mir kleine Schweißperlen vor die Stirn traten. Abby hob zum Abschied lässig eine Hand. Dieses Mal grinste er nicht, sondern schaute mir ein wenig besorgt nach. Möglicherweise interpretierte ich wieder nur irgendetwas Besonderes in seinen Blick hinein. Auf dem Flur ging das Licht aufgrund unzähliger Bewegungsmelder an. Vor einer Zimmertür stand Frau Magoo und stocherte mit einem Schlüssel in einem Türschloss herum. Ich wusste inzwischen, dass sie nicht auf dieser Etage wohnte. „Sie müssen doch auf die Vier", wandte ich mich behutsam an die alte Frau. Zunächst erschrak sie, dann aber grinste sie verschmitzt und meinte: „Wusste ich's doch. Aber hier sieht ja auch alles gleich aus." Womit sie definitiv Recht hatte. Ich erinnerte mich spontan an den von mir aufgefüllten Kühlschrank in der falschen Etage. „Schönen Abend noch, junger Mann", verabschiedete sich die nette Dame und trippelte den Flur in Richtung Fahrstühle. Hoffentlich wurde es für sie keine lange Nacht im Fahrstuhl. Um diese Zeit waren nicht mehr viele Menschen im Gebäude unterwegs, die sie hätte fragen können. Ich schickte später einige liebevolle Whatsapp-Nachrichten an Conny, eventuell, um mein Gewissen weiter zu beruhigen und fiel dann hundemüde ins Bett. Heute bekam ich dann meinen hohen Besuch. Meine Eltern zusammen mit meinem Sohn. Ich war so gespannt, dass ich die halbe Nacht lang wach lag.

Dementsprechend quälte ich mich am nächsten Morgen aus dem Bett und schlurfte ins Bad. Ich hockte länger auf dem Klo, als erforderlich war; ich war beim Kacken eingeschlafen. Mein Kopf schnellte erschrocken hoch, als er fast meine Knie berührte. Diese abrupte Bewegung verursachte unmittelbare Nackenschmerzen. Ich rieb mir die Stelle und überlegte, jetzt wäre es höchste Zeit für eine erfrischende und wach machende Dusche. Heute war Samstag und somit therapiefrei. Die Zeit bis zur Ankunft meines Besuchs füllte ich mit Lesen und Sport aus. Nachdem ich mich angezogen hatte, sah ich beim Blick aus dem Fenster die Sonne ein wenig hinter den Wolken hervorlugen und fasste spontan den Entschluss, eine Nordic-Walking-Runde zu absolvieren. Ich schnappte mir meine eigenen Stöcke und schritt mit großen Schritten an Elliot vorbei zu den Fahrstuhlkabinen. Elliot hauchte ein: „Morgen", hinter mir her; zumindest hörte es sich ähnlich an. Im Foyer rief ich Herrn Braun ein zackiges „Guten Morgen!" zu und dachte, seinen rechten Arm kurz zu einer Aufwärtsbewegung zucken gesehen zu haben. Grinsend durchschritt ich die aufgleitenden Glastüren vom Haupteingang. Ein Blick nach links zeigte mir, dass der Raucherpavillon voll war. Irre! Eine Kippe zum Frühstück. Bereits um diese Uhrzeit hätte man einen Aal hineinhalten können, um ihn nach wenigen Minuten durchgeräuchert wieder herauszuziehen. Kopfschüttelnd schnallte ich mir die Handgriffe der Stöcke um meine Handgelenke. Kurze Dehnübungen zum Aufwärmen. Los ging's in Richtung Kurpark. „Huhuu! Niiik!", rief eine mir bekannte Stimme hinter mir her. Christine! Mit Walking-Stöcken! Abhängen war nicht mehr möglich, dafür war sie mir schon zu nah gekommen. „Auch so früh schon unterwegs?", fragte sie blöd.

„Ja, bevor mein Besuch kommt", antwortete ich und kam mir sofort gemein vor, da ich mir sicher war, dass heute niemand sie besuchen kam. „Meine Eltern mit meinem Sohn", setzte ich noch obendrauf. Irgendwann hatte mir Christine von ihrer Familienplanung berichtet und dass das kinderlose Dasein nach dem Willen ihres Mannes ruhig so bleiben konnte; wohingegen sie sich nichts sehnlicher wünschte, als ein Kind. Mir kamen sofort Gedanken wie *„Das kittet die Beziehung auch nicht mehr"* oder *„Wieder ein Blag, das in einer zerrütteten Beziehung aufwachsen muss."* Warum war ich ein so schäbig denkender Mensch geworden? Hing das mit meiner Krankheit zusammen, die es ja letztendlich immer noch gab? Diese nachlassende Empathie für bestimmte Menschen, die daraufhin so gar keine Chance mehr bei mir bekamen, erschrak mich heftig. Christine gehörte definitiv zu den Leidtragenden von meiner Seite aus.

„Das ist ja schön. Meine Eltern sind tot." Ich zuckte zusammen, als Christine mir diese Worte sagte. Zum Glück erwiderte ich ein „Das tut mir leid" und gleichzeitig schämte ich mich total.

„Ach, die sind schon sehr lange tot. Ein Unfall. Ich war noch ganz klein."

Ich wollte jetzt keine Details wissen. Wieder merkte ich, dass sich emotional dabei gar nichts bei mir regte; ich stattdessen eine gespielt besorgte Miene aufsetzte, weil ich der Auffassung war, es in so einer Situation tun zu müssen. Diese doch traurige Information von Christine löste weder Bedauern noch Mitgefühl in mir aus. Ich war diesbezüglich eiskalt geworden.

Die nächsten hundert Meter walkten wir schweigend nebeneinander her. Ich versuchte dieses Mal nicht, meine dickliche Begleiterin abzuhängen. Zumindest da kam noch ein bisschen der „nette Nik" durch. Nach einer knappen Dreiviertelstunde erreichten wir wieder gemeinsam die Klinik. Christine schwitzte stark und mir war lediglich etwas warm geworden. Mein regelmäßiges Training zeigte Wirkung. „Man sieht sich", verabschiedete ich mich von Christine, während ich in mein Postfach schaute. Es war leer.

Bis zur Ankunft meiner kleinen Verwandtschaftsrunde legte ich mich nach dem Duschen eine Stunde aufs Ohr. Marc und meine Eltern legten eine Punktlandung hin. Um Schlag 15 Uhr rollte der Fiesta meiner Eltern vor den Haupteingang. Ich wartete bereits dort, denn da ich keine Verspätungsnachricht über mein Handy von ihnen bekommen hatte, wusste ich, sie kämen pünktlich. Mein Vater öffnete die Beifahrertür und wollte aussteigen. „Hier dürft ihr nicht stehen bleiben. Der Parkplatz ist da vorne um die Ecke", zeigte ich mit dem Zeigefinger. Marc saß hinter dem Steuer und nickte. Mein Vater stieg trotzdem schon mal aus. „Hallo, Junge", begrüßte er mich und drückte mich an seinen massigen Körper. Für seine 75 Jahre sah er noch ganz gut aus, wenn man den gewaltigen Bauch über den stelzigen Beinen übersah. Was allerdings unmöglich war.

„Trinken wir gleich eine Tasse Kaffee? Gibt es denn hier bei euch ein Café in der Klinik? Haben die selbstgebackene Torten?" Mit diesen Fragen bombardierte mich mein Erzeuger, kurz nachdem er die Wagentür zugeschlagen hatte. „Lass uns durch den Kurpark in den Ort gehen. Dort reiht sich ein Café an das nächste", erklärte ich ihm.

„Wo bleiben die denn?", fragte er mich, als meine Mutter und mein Sohn nach zehn Minuten immer noch nicht bei uns eingetroffen waren. „Wahrscheinlich suchen die ihr Kleingeld zusammen. Parken ist hier teuer." So war es ja wirklich. Laut fluchend kam Marc mit meiner Mutter im Schlepptau den Bürgersteig entlang. „Sieben Euro in Kleingeld. Gott sei Dank hatte Oma in fast jeder Autoablage etwas Klimpergeld herumfliegen", meinte Marc und nahm mich in seine muskulösen Arme.

„Wie läuft es im Haus Sonnenschein?", erkundigte ich mich nach seiner Ausbildungstätigkeit. „Können wir heute mal nicht über die Arbeit sprechen", erwiderte er barsch. Ich hatte das zu akzeptieren, verstand es aber nicht, denn ich hielt es für einen fürsorgenden Vater angemessen, sich nach dem Wohlergehen seines Sohnes zu erkundigen, obwohl dieser erwachsen war und sein Arbeitsleben gehörte für mich nun mal dazu. In gemäßigtem Tempo, wie man eben mit älteren Herrschaften so unterwegs sein konnte, näherten wir uns dem Kurpark. Es war kalt aber trocken. „Ich friere", klagte meine Mutter, obwohl sie in eine dicke Winterjacke mit Schal eingemummelt war. „Wir können gerne das teure Café im Kurpark ansteuern. Dann brauchen wir nicht mehr so weit laufen", schlug ich vor und erntete Zustimmung. Das Café war zum Bersten voll. Ich fragte eine genervte Kellnerin, ob es für uns vier freie Stühle geben würde. Schweigend wies sie mit dem Finger in den hinteren Bereich des Gastraumes. Ich blickte in die angezeigte Richtung und entdeckte beim besten Willen keinen Tisch mit ausreichend freien Stühlen. „Wo meinen Sie denn?", hakte ich dann bei der Bedienung nach. „Links um die Ecke ist noch ein Tisch." Und weg war sie. Der Tisch war ein Zwei-

Personen-Bistro-Tischchen, an das andere Gäste überzählige Stühle herangestellt hatten, um selbst genügend Platz an ihren Tischen zu haben. Als mein Vater an dem Tischchen Platz genommen hatte, war im Prinzip jeder Quadratmeter um den Tisch herum belegt. Natürlich quetschte sich dann meine Mutter in ihrem dicken Mantel an den Tisch und schließlich Marc und ich. Wir saßen da wie fehl am Platz. Es war definitiv fehl an Plätzen. Egal. Ich half unbeholfen meinem Vater aus seiner Jacke und schaffte so etwa 20 Quadratzentimeter mehr Bewegungsraum für ihn. Die Jacke hing ich über seine Rückenlehne. Marc half entsprechend meiner Mutter aus ihrem Mantel. Die genervte Kellnerin näherte sich unserem Tisch. „Drinnen nur Tassen", äußerte sie schnell, bevor jemand von uns eine Bestellung abgab. „Ich nehme eine Tasse Cola", ätzte Marc und erntete einen giftigen Blick von ihr. „Cola für den jungen Mann?", fragte sie blöd und überhörte scheinbar seine Anspielung. Meine Eltern bestellten jeweils eine Tasse entkoffeinierten Kaffee und ich gönnte mir einen Cappuccino, der hier locker 3,50€ kostete. Gemeinerweise setzte ich mal voraus, dass meine Eltern die Rechnung übernahmen. So war es nämlich meistens. „Was haben Sie denn für Kuchen?", fragte mein Vater, als die Tassen und Marcs Glas auf den Tisch abgestellt wurden. Der Gesichtsausdruck der Bedienung gab zu erkennen, warum diese Frage nicht bei der Getränkebestellung gestellt worden war. „Käse und Apfel", kam ihr kurzer Kommentar.
„Wie? Käse und Apfel? Was ist mit Kuchen?", fragte mein Vater hartnäckig weiter.
„Käsekuchen und Apfelkuchen", antwortete die Kellnerin etwas lauter und einen Hauch unverschämt zumindest aber wesentlich stärker angenervt. Meine Mutter änderte ihre Gesichtsfarbe vor lauter Peinlichkeit von blassweiß in dunkelrot. Wir orderten alle Käsekuchen. Mit einem *„Warum denn nicht gleich so-Blick"* schwirrte die Bedienung ab. Der Kuchen schmeckte vorzüglich. Marc aß mehr oder weniger schweigend; wohingegen mein Vater genau wissen wollte, was die in so einer Klinik mit den ganzen Bekloppten anstellten. „Die sind nicht bekloppt, Vaddern. Die haben ein Ernährungsproblem, sind orthopädisch eingeschränkt, alkoholabhängig oder eben psychisch am Ende", versuchte ich zu erklären. „Sag ich doch. Bekloppt. Hat sich das denn bei Dir schon gebessert?"
Ich gab auf. Mit einfachen Worten erklärte ich ihm einen Teil der Thera-

pien. Dabei erwähnte ich ausschließlich die Aktivitäten, die ich nicht näher zu erläutern brauchte, wie zum Beispiel Sport treiben oder symbolträchtige Bilder in der Ergotherapie malen. Dachte ich.
„Du malst Bilder?", fragte meine Mutter.
„Ich stelle Menschen oder Dinge dar, die mich in dem Moment beschäftigen."
Dabei merkte ich, wie meine Mutter angestrengt versuchte, mir gedanklich zu folgen.
„Und über diese Bilder wird dann mit allen Teilnehmern gesprochen. Jeder erklärt, was er damit gemeint hat." Ich kam aus der Nummer nicht mehr raus. Die gedanklichen Fragezeichen über dem Kopf meiner Mutter vermehrten sich rasend.
Dass überhaupt fremde Menschen erfuhren, welche schlimmen Gedanken mich belasteten oder warum ich mich gerade in bestimmten Momenten schlecht fühlte, war meiner Mutter suspekt. „Ist Dir das dann nicht peinlich?", fragte sie erwartungsgemäß.
Ich schüttelte den Kopf. „Das darf mir nicht peinlich sein, sonst funktioniert die Therapie hier gar nicht." Marc schwieg weiterhin und ich sah, wie er häufig auf sein Handy blickte.
„Du willst bestimmt heute noch mit Deinen Kumpels los?", fragte ich ihn.
„Keine Panik, Vaddern. Wir haben keine Uhrzeit ausgemacht."
„Wir können aber bezahlen und dann so langsam wieder losfahren", meinte mein Vater und kramte schon sein Portmonee aus der Hosentasche.
Ich fragte mich, warum sie überhaupt den relativ weiten Weg für diese paar Begegnungsminuten auf sich genommen hatten. Dann erinnerte ich mich, wie bisher irgendwelche Krankenbesuche abgelaufen waren: Man grüßte sich, der Besuchte erzählte wie schlecht es ihm ging und meine Eltern erwiderten meistens genau dasselbe und man konnte sich im Anschluss fragen, wer von den Anwesenden eigentlich die kranke Person war. Demzufolge lief dieser Besuch bei mir auch nur nach „Schema F" ab.
Auf dem Rückweg durch den Kurpark zum Auto merkte ich während unserer weiteren Unterhaltung, dass meine Eltern überhaupt nicht mit meiner Erkrankung umgehen konnten. Bei ihnen war ich immer „zur Kur"; aus puren Erholungsgründen hier. Täglich durch das Solebecken

schwimmen und immer brav die leer getrunkenen Mineralwasserflaschen von der Heilquelle in die Leergutkisten auf den Flur zurückstellen. Ab und zu eine Moorpackung abholen, was in diesem Fall ja sogar stimmte. So ungefähr stellten sich beide meinen Aufenthalt in dieser psychosomatischen Klinik vor. Marc interessierte das gar nicht. Ich fand es natürlich toll, dass er seinen alten Herrn besuchte und seine Großeltern gleich mitbrachte. Andererseits zeigte er mir mit jeder Geste und Reaktion auf meine Fragen, wie tief die Trennung von Karin, seiner Mutter, in ihm steckte; an ihm nagte und definitiv bis zu diesem Tag nicht verarbeitet war.

Ich traute mich heute aber leider nicht, ihn auf eine eigene Therapie zur Bewältigung dieser ganzen Geschichte anzusprechen. Nach meiner Reha wollte ich ihn unbedingt danach fragen. Man brauchte dafür keine Psychologie studiert zu haben, um Marc anzusehen oder anzumerken, wie stark ihn die ganze Trennungsgeschichte und sicherlich auch mein psychischer Verfall, mitgenommen hatten. Ich bildete mir ein, Marc hatte häufig zu mir aufgeschaut und war ein bisschen stolz auf das, was sein Vater erreicht und aufgebaut hatte. Unser Familienzusammenhalt war für uns alle ein Fels in der Brandung. Damals. Marc tat mir unendlich leid. Ich nahm mir fest vor, ihn häufiger persönlich aufzusuchen oder zumindest regelmäßiger zu kontaktieren, damit er immer wieder feststellte, dass sein Vater bei ihm war; für ihn da war. Zumal ich weiterhin die schlimme Vermutung hatte, dass er den Kontakt zu seiner Mutter komplett beendet hatte. Ihr quasi die komplette Schuld zugesprochen hatte und sie dafür verurteilte. Dabei war es doch hauptsächlich meine Schuld. Nur diesen Gedanken sollte ich auf Anraten meines Therapeuten ja immer ganz schnell aus meinem Hirn verbannen. Ich hätte die Trennung schließlich nicht angebahnt. Überzeugen und von dieser Schuldenlast befreien konnte ich mich zugegebenermaßen selbst nicht. Da lag noch viel Arbeit vor Herrn Böckler; in dieser Klinik bekamen die das ohnehin nicht hin.

„Hol Du schon das Auto, Marc", bat mein Vater seinen Enkel. Marc nickte und stiefelte los. „Wann kommst Du wieder nach Hause?", fragte meine Mutter mich.

„In sechs Tagen."

„Und wann musst Du wieder arbeiten?", fragte mein Vater. Allein daraus schloss ich, dass sie nichts begriffen hatten. In Kenntnis gesetzt und

quasi auf dem Laufenden gehalten hatte ich beide seit Beginn meiner Lebenskrise und depressiven Phase. Schließlich war ich trotz meines Umzugs zu Conny fast täglich bei meinen Eltern vorbeigefahren. Selbst nach den ersten Krankschreibungen besuchte ich sie annähernd regelmäßig.
Sie hatten nichts kapiert oder wollten es nicht. Wollten es einfach nicht wahr haben. In ihrer Generation sprach man nicht über solche Probleme. Man hatte sie erst gar nicht oder verdrängte sie. Das war ja das Gefährliche daran. Letztendlich hatte ja auch ich meine Probleme ebenfalls zunächst verdrängt und mich zu spät darum gekümmert. Ich konnte mir gut vorstellen, wie sämtliche Nachbarn im Dorf meiner Eltern nach mir fragten und wie sich mein Vater um Kopf und Kragen stammelte, nur um nicht die reine Wahrheit auf den Tisch legen zu müssen. In seinen Augen gehörte ich zu den Bekloppten, immerhin verbrachte ich einige Wochen in einer Klappse und so etwas durften die Nachbarn auf gar keinen Fall erfahren. Ich wartete auf die nächsten persönlichen Begegnungen mit den Nachbarn, damit sie endlich erfuhren, wie ich mit meiner Krankheitsgeschichte umging: Vollkommen offen. Ich saß nicht im Rollstuhl oder ging an Krücken. Meine Krankheit war für Außenstehende unsichtbar. Das war das Vertrackte daran.
„Vielleicht gar nicht mehr", beantwortete ich die Frage meines Vaters. Das fühlte sich für mich zwar seltsam an; entsprach in dem Moment aber eher meiner Gefühlslage und dem ehrlichen Umgang mit mir selbst und entsprechenden Aussagen für Außenstehende, die sich danach erkundigten.
Mein Vater nickte nur, umarmte mich und stieg dann auf der Beifahrerseite in den Fiesta. Marc hob kurz den Arm zum Abschied und rief ein:
„ Mach's gut, Vaddern!", durch den Fahrzeuginnenraum. Meine Mutter umarmte mich ebenfalls und ich meinte, ein paar Tränchen zu erblicken, als sie sich nach hinten setzte. Dann fuhren sie los. Ich winkte, selbst als sie bereits um die Ecke gebogen und nicht mehr zu sehen waren. Mein Gedankenkarussell drehte die nächsten Runden.

.

Achtsam!

„Oh!", dachte ich, *„endlich mache auch ich die hochgelobte Achtsamkeitsübung von der alle sprechen."*
Da muss man erst einmal vier Wochen in so einem Psycho-Tempel verbringen, bis die einen mit der Therapie versorgten, die im Moment in allen Zeitungen und im Internet hervorgehoben oder über die im besonderen Maße berichtet wurde: Die Achtsamkeitsübung.
Ich hatte öfters in den unzähligen von mir verschlungenen Ratgebern darüber gelesen, aber die beschriebenen Übungen nie angewandt. Es kam mir suspekt vor, sich selbst von oben bis unten abzuklopfen und dabei die Augen zu schließen; sich gewissermaßen selbst zu spüren. Ich konnte damit nichts anfangen. Ich **wollte** damit nichts anfangen. Doch heute musste ich es.
11 Uhr Achtsamkeitsübungen mit Frau Bökel. Deren Namen hatte ich weder gehört noch auf irgendeinem Mitarbeiter-Plan gelesen. Gab es möglicherweise auch externe Therapeuten, die von der Klinik für spezielle Übungen eingekauft wurden? *„Aushilfe bei Achtsamkeitsübungen auf 450€-Basis gesucht. Bewerbungen bitte an Herrn Braun."* Wahrscheinlich. Mir sollte es doch egal sein. Erlebte ich heute endlich mal eine Achtsamkeitsübung. Um 14 Uhr, las ich, wartete erneut der schalldichte Raum mit Frau Scheel und ihrer progressiven Muskelentspannung auf mich. Frau Scheel ging gewiss davon aus, dass wir alle brav im Zimmer täglich ihre Entspannungsübungen exerzierten. Nur die ständigen Wiederholungen während des Alltags führten zum gewünschten Resultat. Bisher hatte ich ein oder zwei Mal mein Badehandtuch auf dem Fußboden ausgerollt, um eine Atemübungseinheit durchzuführen und mich höchstens zwei Mal auf meinen Stuhl gesetzt, um die progressive Muskelentspannung zu absolvieren. Jedes Mal war ich entweder durch nachbarschaftliches Handybrummen und anschließendes Gequatsche oder von übermäßig laut abgespieltem Udo Lindenberg-Genuschel aus meiner Ruhe gerissen worden. Oder mein eigenes Handy klingelte. Im Zimmer der Reha-Klinik funktionierten Übungen, die eine gewisse Ruhe benötigten, absolut nicht; wie sollten derartige Praktiken dann zu Hause effizient durchgeführt werden? Für mich war so eine Vorstellung der Therapeuten ganz klar am Alltag vorbei gedacht. Vor diesen Thera-

pieeinheiten war eine letztmalige Moorpackung bei Frau Schäde vorgesehen und den Rest des Tages teilte ich mir selbst ein.

Frau Schäde hatte wieder ein hochbrisantes politisches Thema, während sie mir ihre muffigen, feuchten Matschkissen auf dem Rücken verteilte. Kopftuchverbote für muslimische Lehrerinnen. Mir persönlich war es völlig egal, welche Kopfbedeckung eine Lehrerin trug, selbst wenn es in so einem Fall ein Zeichen ihrer Religion wäre. Trotzdem. Es war mir egal. „Demnächst stellen die womöglich Schamaninnen an unseren Schulen ein", regte sich Frau Schäde auf. Von mir aus. Es war mir egal. Ich ging nicht mehr zur Schule und mein Sohn war ebenfalls aus der Nummer raus. Von mir aus konnten sich Lehrerinnen eine Glatze rasieren und „Justin Bieber" auf die Kopfhaut tätowieren lassen.

Ich überlegte, welche Kopfbedeckung eine Schamanin trug.

Bis zur Achtsamkeitsübung hatte ich eine Dreiviertelstunde Zeit. Diese wollte ich zum Lesen und Whatsapp-Nachrichten schreiben nutzen. Conny bekam ein paar liebevolle Zeilen geschickt und alle Freunde aus meiner Kontakteliste ebenfalls. Es hatten nicht alle einen Whatsapp-Status, ich hatte aber keine Lust zusätzlich SMS-Nachrichten zu verfassen. Vor ein paar Tagen hatte ich tatsächlich Postkarten -genauer Ansichtskarten vom Ort-, verschickt. An alle, deren Adresse ich im Handy abgespeichert hatte. Fast zwanzig Postkarten gingen auf Reisen. Jede Karte hatte die unaufgeregte, spießige Luftaufnahme vom Kurort als Motiv. Auf jeder Karte stand: „Das Wetter ist schön. Das Essen schmeckt. Mir geht es gut. Liebe Grüße." Sehr einfallsreich. Aber genau das war der Gag an der Sache. Man erwartete höchstwahrscheinlich etwas Besonderes von mir und bekam es auf diese Art: Minimalistisch und spießig. Ich fand es spaßig.

Ich klappte „Panikherz" zu und griff mir „Joyland" von Stephen King. Der Altmeister des Horrors sollte eine erneute Chance von mir bekommen, nachdem mich „Der Buick" und „Die Arena" nach jeweils 15 Seiten nicht aus den Socken hauen konnten und daher wieder ins Regal gestellt worden waren. Nach wenigen Minuten schlief ich ein. Irgendwann wurde ich wach, schaute augenreibend und müde auf die Uhrzeitanzeige meines Handys, blinzelte mehrfach und erschrak: 10.55 Uhr! In fünf Minuten musste ich mich abklopfen. Achtsamkeitsübung. In der vierten Etage. Zum Glück konnte meine Frisur niemals durcheinandergeraten, selbst wenn ich mich extrem unruhig auf dem Kissen hin und her ge-

wälzt hatte. Daher brauchte ich nur in meine Sportschuhe schlüpfen, das Therapieheftchen grabschen und über den Flur zum Fahrstuhl hetzen. Pling! Kabine drei glitt auf und war erstaunlicherweise leer; allerdings nicht geruchsleer. Es roch, als ob eine Mordkommission wenige Minuten vorher die verweste Leiche, die seit mehr als sieben Wochen in dieser Fahrstuhlkabine unentdeckt vor sich hinverweste, weggeschafft hatte. Der Tatortreiniger schien unterwegs zu sein. Auf dem Kabinenboden stand eine Wasserpfütze. Neben der Wasserpfütze erkannte ich die nassen Abdrücke von gigantischen Flip-Flops. Elliot! Der vollgedröhnte Riese hatte nach seinem Schwimmunterricht in dieser Kabine den gewaltigsten Furz seines Lebens abgelassen. Ich verließ den kleinen kontaminierten Raum schnell und wartete auf den nächsten Fahrstuhl. Im Laufschritt hastete ich den Flur entlang, an dessen Ende sich der Raum mit der Achtsamkeits-Therapie-Runde befand. Mir stieg kurz davor ein süßlicher Geruch in die Nase. Was sollte das sein? Je näher ich der Tür kam, umso heftiger reagierten meine Geruchsnerven. Zögerlich öffnete ich die Tür und reihte mich zunächst mal in den Kreis ein, den alle Teilnehmer gebildet hatten. Ich erkannte Abebe unter ihnen und wir grüßten uns stumm durch Kopfnicken. Im Mittelpunkt stand Frau Bökel. Sie war vom Kopf bis zu den Füßen in Leinen oder Ähnlichem gehüllt und könnte direkt von einem „Woodstock-Revival-Festival" gekommen sein. Genauer war es für mich nicht zu definieren, denn in Sachen Bekleidung war ich nicht wirklich fachmännisch bewandert. Hauptsache es passte und war bequem. Frau Bökels Kleidung sah zumindest sehr bequem aus. Auf dem Kopf saß eine Art Wickelturban; ihren Körper bedeckte ein wallendes, völlig zerknittertes gelbes Kleid aus Leinen oder was auch immer und an den Füßen trug sie sogar Leinen-Schuhe. Vermutlich. Vorstellbar, dass Frau Bökel zum Ende des Monats ihre Bekleidung rauchte. Der süßliche Geruch kam definitiv von ihr. Sie schien ein illegales Parfum zu benutzen, welches zu den Düften bewusstseinserweiternde Substanzen verströmte. Ich wollte da gar nicht weiter drauf eingehen, nur mein Kopf erzeugte seine für mich typischen Bilder. Am Ende dieser Therapieeinheit hockten wir alle um ein Teelicht-Lagerfeuer und kifften uns das Hirn breiig.
Dann stand plötzlich Christine vor mir. Ich erschrak und schaute ängstlich zu Frau Bökel. Die aber gestikulierte mit weit ausholenden Bewegungen und erzählte etwas von Klopfübungen, um sich und den Ande-

ren zu spüren. Die Anspannungen wegklopfen und den Geist wieder frei für schöne Dinge bereiten. Die „schönen Dinge" konnte ich mir bei Frau Bökel so richtig vorstellen. Jeder solle sich einen Klopf-Partner für diese Übungen aussuchen. Ich hatte mich in Richtung Abebe in Bewegung gesetzt, als überfallartig Christine breit grinsend vor mir stand. Ich konnte gar nicht schnell genug reagieren, so fix war Christine von der gegenüberliegenden Raumseite zu mir herübergesprungen. Sie vibrierte noch etwas im Stand, so wie damals Grobi aus der Muppet-Show. Nur war der magerer. Abebe schaute zunächst verdutzt, dann aber lächelte er mir schulterzuckend zu und suchte scheinbar nach einem neuen Klopfpartner.

„Du darfst mich klopfen, Nik ", sagte Christine aufgeregt. Ich hätte sie am liebsten verprügelt oder von oben bis unten beleidigt, äußerte meine Gedanken natürlich nicht laut, da ich den Rest der Reha nicht in Gewahrsam erleben wollte.

„Ja, äh..,das ist doch toll." Mehr fiel mir nicht ein. Der Schreck saß noch zu tief. Offenbar reichte meine seit längerer Zeit ihr gegenüber gezeigte Antipathie nicht aus. Oder sie verstand meine Signale wirklich nicht. Sie **wollte** sie nicht verstehen! Heute durfte sie sogar auf mir herumklopfen. Obwohl ich vom weiteren Verlauf dieser Therapiestunde keine Ahnung hatte oder mir irgendwelche Vorstellungen davon machen konnte, gruselte es mich, diese seltsame Frau direkt vor mir stehen zu haben. Christine hatte eine graue Schlabberhose an, die vor Jahrzehnten einmal zur Kategorie Jogging-Hose gehörte und trug ein T-Shirt mit dem Aufdruck: „Im ersten Leben war ich Prinzessin." Das mochte stimmen, denn im jetzigen Leben war sie eine dickliche Nervensäge. „Stört es Dich, Nik?", fragte sie mich wie ein kleines Schulkind, das sich vorab nach seinen Weihnachtsgeschenken erkundigte. Sehr gute Menschenkenntnis, Christine. Du störst mich definitiv. „Nein. Schon gut." Ganz schwach, Nik.

„So, meine Damen und Herren. Stellen Sie sich bitte breitbeinig vor ihren jeweiligen Partner und lassen die Arme locker hängen." Ich sah zu der Hippie-Tante und stellte fest, dass scheinbar Abby heute ihr schwarzer Klopfpartner war. Außerdem überlegte ich, ob niemand sonst mit dem dunkelhäutigen Mann diese Übungen absolvieren wollte. Ich wurde nachdenklich, sah aber Abbys strahlendes Lächeln und beruhigte mich wieder. Frau Bökel zeigte uns den richtigen Stand; mit schulterbreit auseinanderstehenden Füßen. Bei Christine hing so ziemlich alles locker. Ich bemerkte mit Entsetzen, dass sie mal wieder keinen BH trug. Ihre fetten Brüste gingen nahtlos in die Speckrollen ihres Rumpfes über. Sie strahlte mich voller Vorfreude an. Gleich wurde sie von ihrem Lieblingspatienten beklopft. Bekloppt war sie ja schon. Frau Bökel demonstrierte uns die Klopftechnik an Abby, den sie -in meinen Augen-, ein wenig zu lüstern anschaute. Frau Bökel fing mit dem Klopfen an. Ihre Fingerspitzen beider Hände trommelten auf der hohen Stirn des schwarzen Mannes, als ob sie auf einem unsichtbaren Glatzenklavier spielen würde. Dann wanderte sie mit ihren Fingern immer weiter klopfend über Abbys Brust bis zu seinem Bauchnabel. Meine Augen weiteten sich vor Entsetzen! Ich würde Christine niemals mit meinen Fingerspitzen auf ihren dicken Titten herumklimpern. Das käme bei ihr einer Aufforderung zum Geschlechtsverkehr gleich. Frau Bökel musste meine entgleiste Mimik bemerkt haben. „Bei gemischten Paaren wird nur der obere Brustbereich bis Dekolleté-Anfang beklopft. Wir veranstalten hier keine Swinger-Orgie." Allgemeines Gelächter. Vollständige Erleichterung bei mir. Enttäuschtes Gesicht bei Christine. Geht's noch?! „Bitte fangen Sie an!", gab Frau Bökel das Klopfkommando. Ich trommelte los, beziehungsweise ich setzte an, mit meinen Fingerspitzen Christines Stirn wie ein leichter Regenschauer zu beklopfen. Sie schloss die Augen und schien es zu genießen. Dann wanderten meine Finger und Hände an ihren Schultern entlang nach unten, um sich unterhalb ihres Halses dem Dekolleté zu nähern. Ich sah, wie sie ihren Mund zu einem Grinsen verzog; ja sogar die Zungenspitze herausschauen ließ. Abrupt platzierte ich meine Finger auf ihren Bauchnabel und führte dort die Klopferei weiter fort. Meine Finger sanken leicht in ihrem Bauchschmull ein oder verschwanden komplett zwischen ihren Speckrollen. „Nicht so doll, Nik!", ermahnte Christine mich. Erschrocken sah ich, dass meine Finger fast bis zum zweiten Fingerglied in ihrem weichen Bauch steckten. Ich war scheinbar in irgendwelchen Gedanken. „Sorry", sagte ich leise und klopfte ihre Oberschenkel ab; wobei in dieser Körperregion dieselbe Problematik bestand: Weiches Gewebe, welches sich nicht leicht beklopfen ließ, ohne darauf Acht zu geben, mit den Fingerspitzen nicht zu tief reinzupieksen. Christine kicherte aufgrund meiner zaghaften Fingerspitzenberührungen. Ich wanderte dabei mit meinen Fingerspitzen über die Schienbeine zu den Füßen. „Wechseln!", rief Frau Bökel, präsentierte sich mit ausgebreiteten Armen dem vor ihr stehenden Abebe und schloss ihre Augen. Abby stand vor ihr und schaute von oben bis unten an ihr herunter, als ob er fragen wollte: „Kann ich das nicht mitnehmen und zu Hause erledigen?"

Ich erhob mich aus der Hocke, in der ich die letzten Klopfungen auf Christines Füßen durchgeführt hatte. Schon fing Christine an, mich auf meiner Stirn zu begrabbeln, anders konnte ich ihr Klopfen nicht betrachten. Es war mehr ein sanftes Fingerspitzenstreicheln und ich mochte es nicht. „Du musst schon klopfen", wies ich sie zurecht. Ihre dicklichen Fingerchen betatschten daraufhin meine Wangen und sogar meine Lippen. Mir wurde fast schlecht, denn in diesem Augenblick stellte ich mir vor, wo diese Finger möglicherweise vor Therapiebeginn gesteckt oder was sie angefasst hatten. Christines Finger rochen nach billiger Handseife, wie sie auf den öffentlichen Toiletten der Klinik zu finden war. Meine Übelkeit steigerte sich. Ich versuchte, dagegen anzuatmen.

„Entspann dich mal, Nik", forderte meine Klopf-Partnerin mich auf. Ich nickte nur und schnaufte durch meine Nase. Mein Brustkorb wurde erreicht und irgendwann traf sie auf meine leichte Bauchwölbung. „Ein Sixpack ist das nicht gerade", kommentierte Christine. Mir lag eine richtig schäbige Erwiderung auf den Lippen, aber ich war ja Gentleman und schwieg. Stattdessen ließ ich wenigstens ein „Na, na", verlauten. Sie war mir ein Stück zu weit an den Innenschenkeln unterwegs. Es dauerte mir einen Deut zu lange, bis sie sich weiter zu den Schienbeinen von mir durchklopfte. Nur noch die Füße. Überstanden! Für Christine war diese Therapieeinheit sicherlich ihr größtes Sex-Erlebnis in dieser Woche. Was erzähle ich: Während der gesamten Reha, denn mit ihrem Kerl war ja während seiner Besuche nichts gelaufen; das hatte sie mir schließlich brühwarm berichtet. Im Anschluss hielt Frau Bökel -nachdem sie wieder in unseren Sphären gelandet war-, einen kurzen Vortrag über den Ursprung des Achtsamkeit-Klopfens. Abby schaute mir ein wenig zu ernst; irgendetwas war ihm bei dieser Klopferei komisch vorgekommen, das merkte ich ihm sofort an. Diese Therapie stammte, wie so Vieles, aus dem östlichen Kulturkreis, erzählte uns Frau Bökel. Man könne diese Übungen selbstverständlich auch ohne Partner durchführen; zum Beispiel im Sitzen auf einem Stuhl. Sie legte es uns innigst ans Herz, sich mehrmals wöchentlich abzuklopfen. Vornehmlich morgens. „Klopfen regt den Kreislauf an und da wir uns selbst dabei intensiv spüren, gehen wir aufmerksamer in den Tag und zur Arbeit." Da war es wieder. Mein böses Schlüsselwort : Arbeit. Mir wurde in diesem Moment schlagartig bewusst, weshalb ich mich in diesem Raum aufhielt, um vor wenigen Minuten die pummelige Christine mit meinen Fingerspitzen von oben bis unten zu berühren. Selbst diese für mich unangenehme Übung diente einzig und allein dazu, mich wieder arbeitstauglich hinzubekommen; das musste ich mir klar machen. Eines hatte Christine tatsächlich hinbekommen: Ich hatte während ihrer Klopf-Berührungen den eigentlichen Sinn und Zweck meiner Anwesenheit hier in diesem Raum verdrängt. Respekt!

Die gesamte Klopferei hatte nur 20 Minuten gedauert. Frau Bökel händigte final jedem eine genaue Beschreibung mit Zeichnungen des Klopfvorgangs aus und selbst dieses Papier verströmte einen merkwürdigen Geruch. Frau Bökel grinste die ganze Zeit, während sie jedem einen Zettel in die Hand gab. Eventuell würde sie im Anschluss freudig lächelnd ein bis zwei der bedruckten Blätter rauchen. Ich ging zu Abby und fragte ihn, was mit ihm los sei. „Die hat sogar eben meinen Schwanz beklopft", flüsterte er mir zu. Ich musste mir das Lachen verkneifen, denn Abebe sah mich echt verstört an. „Du meinst, die hat Deinen Penis angefasst?" „Nein, nur geklopft. Ich hatte fast eine Erektion." Jetzt konnte ich nicht mehr anders, als lauthals loszuprusten und zog dabei Abby mit vor die Tür. „Abby, das ist ja sexuelle Nötigung oder hat es Dir etwa gefallen?" Abby machte mit den Armen beschwichtigende Bewegungen zu mir, denn scheinbar waren meine Worte doch lauter als gedacht aus meinem Mund gekommen. Ein paar Augenpaare nahmen uns ins Visier. Wir gingen ein Stück den Flur entlang. „Nik, es ist mir total peinlich. Diese Frau hat sogar meine Hand genommen, auf ihre linke Brust gelegt und mir „Klopf!" befohlen."

Ich konnte nicht mehr vor Lachen und zum Glück setzte Abebe mit ein, denn er verzog seinen Mund zuerst zu einem Grinsen, dann lachte er lauthals los.

„Abby, da hattet ihr doch beide Spaß. Oder?"

Abebe nickte lachend, hielt sich eine Hand vor den Mund und knuffte mich mit der anderen Hand vor die Brust. Dann verabschiedeten wir uns. Ich hörte Abby den halben Flur entlang lachen. In einer Stunde musste ich mich bei der progressiven Muskelentspannung einfinden. Auf dem Weg zu meinem Zimmer überflog ich die Zeilen auf meinem duftenden Zettel und versuchte flach zu atmen. *Wozu ist Entspannung gut?* Las ich. Entspannend fand ich die ganze Finger-Tippserei auf fremden Körpern eben nicht. Eher nervend und abtörnend, was aber durchaus an meiner Klopf-Partnerin gelegen haben konnte. Mag ja sein, dass bei einer Eigenbeklopfung die Entspannung eintritt. Das betörend riechende Papier warf ich zu den anderen, mir in einigen Kursen übergebenen Zetteln in meinen Koffer. Ob ich da je wieder einen Blick drauf werfen würde? Würde ich überhaupt irgendeine der Übungen zu Hause durchführen oder sogar anwenden? Ehrlich gesprochen konnte ich mir das ganz und gar nicht vorstellen. Ich konnte mir nicht einmal vorstellen, in welchem Zustand ich an meinem Entlassungstag durch den Haupteingang ins Freie schreiten würde. Mit einer Arbeitsunfähigkeitsbescheinigung oder mit der Erlaubnis, mich in den nächsten zwei Wochen bei der zuständigen ARGE zu melden? Und was dann? Ich schloss den Koffer, um den süßlichen Geruch nicht im Zimmer zu haben oder mich womöglich einer Drogenkontrolle unterziehen zu müssen (*„Da kommt ein seltsamer Geruch unter der Tür durch"*) und warf mich aufs Bett. Womöglich würde Elliot an meine Tür klopfen und nach dem Zeug fragen.

Mit hinter dem Kopf verschränkten Armen überlegte ich mir meine Wunschvorstellung des Gangs in die Freiheit. Fakt war: Es gab kein Zurück zu Steigermann-Objektmöbel. Den Gefallen wollte ich Schnaller und den anderen Sklaventreibern nicht machen. Heuerte ich denn womöglich auf einer anderen Galeere an? Wie sah denn dort das Arbeitsklima aus und vor allen Dingen, was würde ich dort für Aufgaben bekommen? Nach so vielen Jahren in einer Firma mit einem speziellen Tätigkeitsfeld entzog es sich meiner Vorstellungskraft, jemals für einen anderen Chef eine andersartige Position oder Funktion, als die des Logistikleiters oder Versandleiters, zu verkörpern. Ich konnte nichts anderes. Ich wollte nichts anderes. Verdammt, ich würde mit Sicherheit auf viel Geld verzichten müssen; das war mal klar! Den guten Verdienst von Steigermann-Objektmöbel müsste ich mir woanders erst wieder komplett erarbeiten. Andererseits stellten -das erfuhr ich vom Hörensagen-, einige Firmen vorzugsweise externe Leute ein, als auf das Eigengewächs zurückzugreifen und zahlten einem Fremdling grundsätzlich mehr, als wenn jemand den klassischen Weg von der Ausbildung bis zum regulären Job in einem Unternehmen durchlaufen hatte. Das wusste ich aus

diversen Gesprächen mit meinen Kumpels oder anderen hart arbeitenden Menschen bei unterschiedlichen Arbeitgebern. Der Super-GAU wäre mit absoluter Sicherheit der Gang zum Arbeitsamt. Dann eher weiter krankgeschrieben werden. War ich denn immer noch krank? So eine Reha diente doch dazu, entweder gesund nach Hause zu fahren oder eben mit einer Verordnung zur Weiterbehandlung den Arzt seines Vertrauens aufzusuchen. Was wollte ich denn? Wie fühlte ich mich? Ich. Hatte. Keine. Ahnung.
Die Möglichkeit, dass irgendjemand, den ich nicht kannte, mir Arbeitsaufgaben stellte um diese dann unter Termindruck mit Kollegen oder Kolleginnen, von denen der größte Teil mich womöglich nicht ausstehen konnte oder von meiner Seite von vornherein Antipathie entgegengebracht wurde, abzuarbeiten, war eine schrecklich gruselige Vorstellung für mich. Aber warum?
Frau Scheel war mies drauf. Ohne den jeweiligen Patienten anzusehen nahm sie das Therapieheftchen und setzte lustlos ihre Unterschrift hinein. Letztendlich wusste sowieso jeder, wo er sich hinzusetzen hatte und was im Anschluss folgen würde. Ihre begleitenden Worte kamen heute mehr wie eine Art Kommando. „Faust ballen...Anspannung halten....Faust öffnen..." Ich fuhr gar nicht genügend herunter, um mich auf die Entspannung einzulassen. Jedes Mal, wenn ich meine Augen schloss, um nach den sanften Wogen der inneren Ruhe zu suchen, schreckten mich die befehlstonartigen Worte wieder auf. „Augenbrauen nach oben...Stirn runzeln....Augen fest schließen..."
Es ging augenscheinlich jedem so, denn ich sah mich heimlich um und erkannte, dass die meisten ihre Augen geöffnet hatten, also weit entfernt von einer Entspannung waren. „Schließen Sie Ihre Augen, sonst wird das hier nichts!" Frau Scheel hatte die Unkonzentriertheit ihrer Teilnehmer offensichtlich bemerkt. Wie auf Kommando -und das war es wahrhaftig-, schlossen alle ihre Augen und senkten die Köpfe. Kollektives Spontan-Relaxen in höchster Perfektion. Diese Übungseinheit verließen alle heute völlig angespannt und genervt. Von wegen „progressiv"; aggressiv war die Therapeutin. Zum Glück kannten wir sie anders.

*

Herr Schmitt, der Sozialberatungsdienstmitarbeiter, saß in einer Telefonzelle von einem Büro und war von Aktenordnern umgeben, die sich auf seinem winzigen Schreibtisch und auf dem Fußboden aneinanderreihten; sein Ordnerregal war ohnehin pickepackevoll. Das dünne Männlein mit der Nickelbrille und, ungelogen, im Norweger-Pullover schaute mich verängstigt an, als ob ich mit einem Karren weiterer Ordner hereingerollt gekommen wäre.
„Bitte?", flüsterte er scheu.
Ich passte meinen Tonfall und die Artikulation seinen scheinbar zarten Nervenfasern und Gehörnerven an. „Ich benötige bitte einen Termin bei Ihnen. Nächste Woche verlasse ich das Haus."
„Gefällt es Ihnen bei uns nicht?", fragte der Sozialarbeiter zaghaft und setzte seine Brille ab. Mit zwei knochigen Fingern massierte er sich den Nasenrücken und setzte die Brille wieder auf. Ohne Brille sah er ein bisschen aus wie „Catweazle". Ich passte auf, nicht auf „Külwalda" zu treten.
„Doch, doch. Ich werde offiziell entlassen und hätte gerne erfahren, was dann so auf mich zukommt."
„Natürlich arbeiten", zischte der zarte Mann gar nicht mehr so zart sondern eher gemein und fies. So schaute er mich sogar an. Seine Augen waren zu Schlitzen zusammengezogen; sein Mund zugekniffen. Was für eine merkwürdige Mutation hier gerade vor meinen Augen stattfand. „Catweazle" verwandelte sich unmittelbar in „Gollum". „Äh, könnte ich in den nächsten Tagen mal bei Ihnen vorbeischauen?"
Der Dürre blätterte flink in seinem Tischkalender und warf mir über seine Nickelbrille einen wichtigtuerischen Blick zu.
„Morgen Nachmittag. 17 Uhr."
„So spät arbeiten Sie noch?"
„Selbstverständlich. Sie doch sicherlich auch?"
Ich schluckte, als er mir diese Frage gestellt hatte. War das etwa eine Fangfrage und er würde sich eine Notiz machen, wie ich reagiert hatte, gleich nachdem ich sein schäbiges Büro verlassen hatte? „Länger. Ich arbeite in der Regel länger." *„Sehr gut, Nik",* dachte ich. Prima Konter. Meine provokante Antwort erzeugte ein aufgesetztes Grinsen in seinem Gesicht. Diese Schlacht hatte ich gewonnen. „Bis morgen", sagte ich beim Hinausgehen. Ich war auf das morgige Gespräch gespannt. Welchen Sozialberatungsdienstmitarbeiter würde ich dann in dem Kabuff

vorfinden? Zunächst den schüchternen, dürren kleinen Mann und im Laufe des Gesprächs, wenn es um meine eigentliche Entlassung gehen würde, womöglich einen Waden beißenden, aus böse funkelnden Augen starrenden Hexenmeister.
Immer noch etwas verstört ging ich ins Foyer, um einen Blick in mein Postfach zu werfen. Auf meine letzten Tage würden die sich hier bestimmt etwas Besonderes einfallen lassen; wobei ich mir nicht erklären konnte, was das sein sollte und wie ich überhaupt auf den Gedanken kam. Ein wenig überrascht fummelte ich einen Zettel aus dem Fach, faltete ihn auseinander, registrierte, dass er von Frau Dr. Schwalbe war und las ihn direkt vor der Schließfachwand.

„Sehr geehrter Herr Reimann, Ihre Zeit bei uns in der Klinik nähert sich dem Ende. Mir ist es daher ein besonderes Anliegen, Ihnen noch eine spezielle Übung mit auf den Weg zu geben und ich bitte Sie, bereits heute damit zu starten. In den vergangenen Wochen hatten Sie mir immer wieder den Namen Ihres Vorgesetzten genannt, wenn es an die Ursachenfindung Ihrer Krise und Lebensphase ging. Daher schlage ich Ihnen vor, sich ein Foto von dieser Person zu besorgen und dieses Abbild immer dann anzuschreien oder mit Beleidigungen zu versehen, wenn Ihnen danach ist. Sie befassen sich in dem Moment sehr intensiv mit Ihrem Hauptproblem und können dieser Person wirklich Alles sagen, ohne dass Sie Gegenwehr zu spüren bekommen. Es wird Ihnen nach dieser zugegebenermaßen ungewöhnlichen Methode besser gehen. Alles Gute für Sie Annemarie Schwalbe."

Ich las mir das Geschriebene nochmals durch. Anschließend las ich es ein weiteres Mal, so unbegreiflich fand ich es. Ein Foto von Schnaller anschreien. Schon überlegte ich mir, wie ich denn an ein Foto von dem Arschloch gelangen konnte und spontan fiel mir Google ein. Ich erinnerte mich, dass auf einer Firmenpräsentation im Netz Fotos von Schnaller zu finden waren. Auf meinem Zimmer schnappte ich mir meinen Laptop und begab mich in die Etage mit freiem WLAN. Bereits nach wenigen Minuten starrte ich auf eine Vergrößerung eines Fotos von meinem Noch-Vorgesetzten, wie dieser auf einer Messe in ein Gespräch vertieft zu sein schien. Ich hatte sein Gesicht herangezoomt.
Für mich fühlte es sich gerade so an, als ob ich den Showdown eines ek-

ligen Splatter-Horror-Films ansehen würde; mit dem Unterschied, an dem schockierenden Film Gefallen zu finden. Wohingegen das Schnaller-Foto abstoßende Reaktionen in mir hervorbrachte, die sich schnell einer Wut näherten und nicht mehr weit von Hass entfernt zu sein schienen. Nur, wie sollte ich ihn hier vor Ort anschreien, beziehungsweise sein Foto? Ich saß vor einem der Leihbücherregale und mit mir hielten sich hier fünf weitere Patienten auf. Selbst ein lautes „Schnaller"-Sprechen würde mehr Aufmerksamkeit erzeugen, als mir lieb war. Ich näherte mich mit meinem Gesicht dem Laptop-Bildschirm und berührte fast mit der Nase Schnallers Foto. „Du blödes Arschloch", flüsterte ich und blickte mich vorsichtig um. Niemand schien von mir Notiz zu nehmen; drei Frauen unterhielten sich laut, was für eine gewisse Gegen-Geräuschkulisse sorgte und zwei Männer lasen. Also sprach ich etwas lauter zum Foto auf meinem Laptop: „Du beklopptes, blödes Schwein. Du hast mich fertig gemacht." Mein erneuter Rundumblick ergab keine Veränderungen. „Du blödes Arschloch! Ich hasse Dich!"
Alle Augenpaare waren auf mich gerichtet. Ich schluckte und schaute verschämt und entschuldigend in die Runde. Einer der Männer hielt sein Buch auf dem Schoß und zeigte mir den erhobenen Daumen. „Na, Foto-Aggressionstraining von der Schwalbe aufgebrummt bekommen?" Erleichtert nickte ich.
„Ja. Fühlt sich komisch an und wo soll ich es sonst machen?"
„Ist schon in Ordnung. Ich mache das immer kurz vor der Mittagspause, wenn hier mehr los ist. Dann kann ich lauter brüllen." Der Mann grinste und zwinkerte mir zu. Die drei Frauen verfielen wieder in ihr Gespräch. Diese Klinik war schon ein seltsamer Ort.
Mir genügte es für heute mit dem „Foto-Anschreien" und ich klappte den Bildschirm herunter. Auf dem Weg zu meinem Zimmer überlegte ich, wo ich diese Übung am besten zu Hause durchführte, ohne dass Connys Kinder mich komplett für verrückt hielten. Ich musste sie vorher unbedingt aufklären.
In dieser Nacht hatte ich einen schrecklichen Traum: Sozialarbeiter Schmitt und Schnaller prügelten sich, während ich auf einem Tennis-Schiedsrichterstuhl saß und beide abwechselnd anfeuerte. Schnaller riss irgendwann Schmitt einen Arm heraus und dieser wehrte sich, indem er Schnaller mit weit aufgerissenem, zahnlosem Mund anschrie, bis Schnaller der Schädel platzte. Stephen King hatte das Drehbuch ge-

schrieben und Wes Craven für die Verfilmung gesorgt. FSK 18; wenn überhaupt. Eher direkt auf den Index. Schweißgebadet wurde ich wach und musste dringend aufs Klo. Danach schlief ich unruhig weiter. In dieser Nacht wurde ich etwas später von meinem eigenen Schrei erneut wach. Entsetzlich!

Entlassungsvorbereitungen

In drei Tagen ging es wieder nach Hause. So langsam aber sicher freundete ich mich mit dem Gedanken an, hier die Zelte abzubrechen, den Micra zu packen, um Conny wiederzusehen und in die Arme zu nehmen; meine Freunde besuchen, wann ich es wollte. Keine Sporteinheit mehr beim „Schleifer" Jäger. Der Arzt meines Vertrauens würde mir wieder gegenüber sitzen und nicht dieser Dr. Frankenstein-Verschnitt von Schamowski. Zu diesem musste ich nichtsdestotrotz leider noch zur finalen Abschlussuntersuchung. Falls dieser Termin nicht in seine Feierabendzeit fiel. Gestern Abend entnahm ich meinem Postfach den letzten Therapieplan. Heute und in den nächsten Tagen saß ich demnach in einer finalen Gruppentherapierunde, nahm letztmalig an der Ergotherapie teil und führte ein letztes Einzelgespräch mit Dr. Schwalbe. Den Chefarzt bekam ich allem Anschein nach tatsächlich nicht noch einmal zu Gesicht. In den gesamten fünf Wochen hatte es lediglich dieses vierminütige Gespräch zu Beginn meines Aufenthaltes gegeben. Ich wusste inzwischen, dass dieser Mann seine Unterschrift unter den Entlassungsbericht setzen würde; was wiederum bedeutete: Egal was Dr. Schwalbe, Frau Kleine-Döppke oder meinetwegen auch Dr. Schamowski an Untersuchungsergebnissen bei mir herausgefunden hatten, der abendländische Doktor Kalil konnte alles revidieren, wenn ihm irgendetwas nicht passte. Sein Wort war Gesetz. Andererseits entzog es sich meiner Vorstellungskraft, dass diese irakische Schlaftablette sich generell die Mühe machte, einen Patienten erneut in seinem Büro zu untersuchen, um dann die bisherigen Therapieergebnisse auf links zu ziehen. Niemals! Wenn es in der Tat so wäre, hätte die ganze Prozedur dieses Aufenthaltes bei mir eine höhere Glaubwürdigkeit erlangt. Der Chef hat bekanntlich das letzte Wort. In dieser Institution schien mir das undenkbar. Na gut, ich kannte nichts von den Abläufen bei den Adipösen, Orthopädiefällen oder Alkis. Womöglich lief das in deren Bereichen anders ab. Als letzten Eintragungspunkt in meinem Therapieheftchen las ich, am vorletzten Tag einen finalen Abschluss-Psycho-Test zu absolvieren. Da hätte ich dann richtig Lust, meine Häkchen und Kreuzchen an die Stellen zu setzen, wo es normalerweise kein Zurück mehr von einer Aufenthaltsverlängerung gab. Alle Suizid-Fragen bekämen von mir ein *„Ja, ich denke stündlich daran"* oder *„Ich lerne die Fahrpläne der Regionalbahnen auswendig und stehe nervös vor unbeschrankten Bahnübergängen." „Ich finde Fernsehtürme und hohe Brücken grundsätzlich sehr schön."*

Heute fand auf jeden Fall mein Termin bei Herrn Schmitt statt, dem Gargoyle des Sozialdienstes dieses Hauses. Der „Orc" im Norweger-Pullover. Jetzt war es aber langsam mal gut mit meinen gehässigen Gedanken zu diesem Mann. Mir war es schon wichtig zu wissen, welche Möglichkeiten sich mir auftaten, sobald ich wieder heimatlichen Boden unter den Füßen hatte. Bekam ich eine Bedenkzeit in Form einer Krankschreibung mit oder musste ich direkt den Parkplatz der Arbeitsagentur ansteuern? Ich lag auf meinem Bett und starrte nachdenklich an die Decke. Was war denn in den letzten 30 Tagen mit mir passiert? Welche Veränderungen, am besten zum Positiven hin, stellte ich an mir und insbesondere an meiner Verfassung fest? War ich stressresistenter geworden -resilient- und stand deswegen demnächst in irgendeiner anderen Firma wieder meinen Mann in der Position des Logistikleiters? Auf jeden Fall nicht mehr bei Steigermann-Objektmöbel. Was wäre, wenn Steigermann-Objektmöbel in der Zwischenzeit Schnaller einen Tritt in den Arsch gegeben hatte? Könnte ich mir dann eine Rückkehr an meinen alten Arbeitsplatz vorstellen? Diese Frage beantwortete ich mir schnell selbst: Nein. Die oberste Etage hatte sich ja in den letzten Wochen, in denen ich von Projekt zu Projekt hüpfte und die langweiligen, irrelevanten Meeting-Runden Überhand nahmen; mein Tagesgeschäft ständig angezweifelt wurde, immer mehr von mir abgewandt, statt meine geäußerte Hilflosigkeit ernst zu nehmen. In diesem Augenblick beschleunigte sich mein Puls und warf regelrecht den Turbo an. Mein Herz schlug wild gegen meine Rippen und ich spürte eine leichte Panikattacke in mir aufkommen. So viel zum Thema: Was war in den letzten Wochen mit mir geschehen? Zumindest, was meine Einstellung zu meinem alten Arbeitgeber anging, scheinbar gar nichts. Mein Körper und meine Psyche reagierten immer noch genauso heftig auf intensive Gedanken an Steigermann-Objektmöbel, wie vor Reiseantritt in dieses beschauliche Nest. Das machte die Sache für mich natürlich nicht leichter, denn die Zukunft, wie es arbeitsmäßig weitergehen würde, war ungewisser denn je. Wo würde ich landen? Wie würde ich weiter mein Geld verdienen? Was würde Conny zu all dem sagen? Der Termin beim sozialen Beratungsdienst-Mitarbeiter bekam für mich immer mehr Bedeutung; entwickelte sich zum Weichensteller für meine Zukunft. Mir graute es jetzt schon vor der Begegnung mit diesem seltsamen Brillen-Kauz. Letztendlich musste er aber seinen Job machen und ich nahm mir fest vor, den knöchrigen Zwerg mit Fragen zu torpedieren. Ich wollte die Klinik so verlassen, dass ich in etwa Bescheid wusste, welches die nächsten Schritte sein würden, die ich zu Hause unternehmen musste. Alles andere wäre für mich nicht tragbar und gar nicht auszuhalten. Den Blick in meine ungewisse berufliche Zukunft hatte ich fünf Wochen ausgehalten. Jetzt sollte damit Schluss sein.

Ich war der Erste vor der Tür zum Gruppentherapieraum. Anscheinend war der Therapieplan der anderen normal dicht gesteckt. Beatrice näherte sich von weitem mit energischen Schritten den Flur entlang. „So, meinem Freund habe ich es eben gegeben", sagte sie, als sie mich erreicht hatte.

„Was?"

„Der machte doch immer nur sein eigenes Ding. Hing ständig mit seinen Motorradjungs ab. Ich habe ihm mitgeteilt, dass ich auch einen Motorradführerschein machen werde. Basta!"

Ich sah sie erstaunt an. Beatrice machte zwar von Anfang an einen resoluten Eindruck auf mich und stellte sich entsprechend in unserer Gruppe als toughe Person dar; mit dieser Reaktion ihrem Partner gegenüber überraschte sie mich allerdings.

„Du, ich habe jahrelang immer nur das gemacht, was andere von mir wollten, einschließlich Sören, meinem Freund. Vorher bin ich nur für meinen Ex gesprungen. Von der Firma wollen wir mal gar nicht reden. Es reicht. Das haben die mir hier beigebracht."

Sie verschränkte trotzig ihre Arme vor ihrem gewaltigen Busen.
„Respekt, Beatrice", entgegnete ich ihr und erblickte im selben Moment Klaus, der langsam den Flur entlang schlurfte. Man sah ihm schon an seinem Gang an, dass Klaus definitiv keinen Bock auf diese Therapiegruppe - eigentlich auf die gesamte Reha-, hatte. Mit hängenden Schultern und gesenktem Blick kam er vor uns zum Stehen.
„Hatte ich schon erwähnt, dass ich keine Lust habe?", fragte er rhetorisch. Doch auch für ihn war es heute die letzte Gesprächsrunde. Dieter und Manuela kamen gemeinsam, sich laut unterhaltend. Es drehte sich um Psychopharmaka, wie wir alle mithörten. Dieter war da offenbar ein richtiger Experte, so viel unterschiedliche Tabletten wie er diesbezüglich schon eingeworfen hatte. „Und die aus meiner Jugend mal nicht mitgerechnet", erzählte er lachend. Eigentlich ein armer Tropf. Schon das dritte Mal in einer solchen Einrichtung; ständig neue Jobs ausprobiert, um immer wieder in irgendwelchen Kliniken zu Reha-Maßnahmen verdonnert zu werden. Eine stete Abwärtsspirale, aus der Dieter scheinbar nicht wieder herauskam oder immer wieder hineingeriet. Vielleicht klappte es ja diesmal. Plötzlich stand Alexander neben mir. Ich hatte den kräftigen, muskulösen Mann gar nicht kommen gesehen. „Na, alle noch hochmotiviert?", fragte er energisch in die Runde.
„Selbst?", kam die Gegenfrage von Manuela, die heute in giftgrün daherkam.
„Alles Tippitoppi. Meine Ex wird wohl wegziehen."
Das freute mich tatsächlich für ihn, denn der derzeitige Zustand war wirklich untragbar. Seine Ex war ja bekanntlich zum gemeinsamen Nachbarn gezogen und schien endlich einen Ortswechsel vornehmen zu wollen.
„Und was ist mit Deiner Tochter?" Diese Frage konnte ich mir einfach nicht verkneifen.
Alexanders Gesichtsausdruck veränderte sich daraufhin schlagartig. „Die nimmt sie zwar mit; ich darf mich aber alle zwei Wochen mit ihr treffen." Ich sah, wie sich seine Augen mit Tränen füllten. „Aber immer nur für drei Stunden." Dann brachen die Dämme bei ihm und er heulte los. Ich reichte ihm ein Papiertaschentuch, während er sich seine Brille absetzte. Frau Dr. Schwalbe war inzwischen eingetrudelt und schloss den Raum auf. Sie blickte nur kurz zu Alexander herüber. Wir setzten uns auf unsere Plätze und Alexander ließ den Kopf auf die Knie sinken, in der

linken Hand hielt er seine Brille. Aus seinem Weinen wurde ein Schluchzen. „Was ist denn mit Ihnen los, Herr Priem?", wandte sich die Therapeutin endlich an den zitternden Mann. Ich bekam ein schlechtes Gewissen, denn schließlich hatte meine blöde Frage seine Gemütsveränderung erst ins Rollen gebracht.

„Nichts", antwortete Alexander unerwartet.

„Möchten Sie denn beim Befindlichkeitsspiel mitmachen?"

Alexander nickte schniefend. Jeder konnte praktisch sehen, wie es um seine Befindlichkeit stand. Frau Dr. Schwalbe legte ihr „Spielbrett" mit der „Befindlichkeiten-Torte" auf den Fußboden und entleerte wieder die Tüte mit den bunten Steinchen. Wir kannten das Prozedere und nahmen uns wie immer jeder drei gleichfarbige Steinchen. Ich legte alle Drei auf das Feld mit der Beschriftung *„Neugierig"* obwohl ich zwischen diesem Feld und *„ängstlich"* schwankte. Es scharten sich ein paar weitere Steinchen um meine Exemplare herum und fast alle Patienten hatten positive Felder mit ihren Steinchen belegt. Selbst Alexander verteilte seine Kiesel erstaunlicherweise auf die Felder *„neugierig"*, *„aktiv"* und *„wütend"*. Letzteres konnte ich mir absolut erklären. Lediglich Klaus hatte alle Steinchen auf *„müde"* geworfen. „Schlecht geschlafen?", fragte Dr. Schwalbe ihn unmittelbar.

„Ja. Ich habe wieder zu lange vor meinem PC gesessen", antwortete er.

„Hast Du denn WLAN im Zimmer?", wollte Manuela aufgeregt wissen.

„Nee. Ich zocke Spiele, die ich vorher abgespeichert hatte."

„Wie, so'n Solitaire-Kram oder so ähnlich?", ließ Manuela nicht locker. Klaus nickte.

Arme Wurst. Der Reha-Aufenthalt hatte bei ihm auf jeden Fall gar nichts bewirkt. Eher die Erkenntnis, weiterhin nichts tun zu wollen, was irgendwie nach arbeiten aussah. Es gab bei Klaus keinen Unterschied zwischen „vorher" und „nachher".

Ich erzählte von meiner Kündigung bei Steigermann-Objektmöbel und dass ich schauen wollte, was es an Alternativen für mich gab. Frau Dr. Schwalbe hob ihren Daumen. Nachdem ich meine Sätze gesprochen hatte, überdachte ich diese bereits wieder. Ich wollte doch den sozialen Beratungsdienst abwarten und daran meine Entscheidungen knüpfen. Es fühlte sich in dem Moment, als ich relativ euphorisch über meine Zukunft plauderte so an, ich müsse den anderen Teilnehmern dieser Runde auf jeden Fall zeigen, dass es ein Leben nach der Reha gab. Der gehobene Daumen der Therapeutin beflügelte mich zunächst und bestätigte mich in meinen Äußerungen. Ich brauchte dieses „Lob", diesen Hinweis. Was ehrlich gesprochen vollkommener Quatsch war! Insgeheim erhoffte ich mir zunächst weitere Krankschreibungen, um in Ruhe mit Conny meine berufliche Zukunft zu planen. Wenn es denn überhaupt eine geben würde. Eigentlich war ich mir so gar nicht mehr sicher, was ich wollte. Ich wusste ja noch nicht einmal, zu was ich beruflich überhaupt noch in der Lage war. Schließlich hatte ich fast 30 Jahre lang keinen anderen Stallgeruch als den bei Steigermann-Objektmöbel wahrgenommen. Da hatte ich vor wenigen Minuten euphorisch meine Steinchen auf ein positives Tortenfeld geschmissen, freute mich kurz darauf über den Daumen der Therapeutin und stellte sofort wieder alles komplett in Frage. Hätte in dem Moment mein Therapeut Herr Böckler neben mir gesessen und die Steine für mich auf dem Brett platziert, hätte ich seine Wahl ohne zu zweifeln angenommen. Käme kurz darauf meine Psychiaterin Frau Dr. Wenger hinzu, um die Steinchen auf andere Felder zu verschieben, wäre eben das von mir anstandslos akzeptiert worden. Ich gruselte mich vor mir selbst. Selbstwertgefühl oder Selbstachtung, geschweige denn ein Selbstbewusstsein schienen keineswegs wieder zu meinem Repertoire zu gehören. Ich traute mich gerade nicht, den anderen in dieser Runde von meinem Schnaller-Foto-Anschreien zu erzählen. Mir war es einfach zu peinlich.

Alexander hatte vor, auf jeden Fall wieder zu seinem Versicherungsbüro zurückzukehren und den Außendienstjob weiterzumachen. Klaus freute sich auf die neueröffnete Kletterhalle in Berlin. Dieter erhoffte sich in seiner neuen Wahlheimat Dresden eine berufliche Zukunft und gemeinsames Leben mit seiner neuen Partnerin. Selbstverständlich bewarb er sich wieder als Produktionsleiter. Die nächste psycho-somatische Klinik in Sachsen hielt wahrscheinlich schon ein Zimmer für Dieter frei. So langsam musste es doch bei ihm klingeln, dass diese Art der Betätigung anscheinend nicht das Richtige für ihn war. Aber, wie singt sein Lieblingssänger Udo Lindenberg so schön: „Hinterm Horizont geht's weiter." Für Dieter musste es immer weiter gehen. Normalerweise beneidenswert, wenn nicht Dieters negativer finaler Abschluss bei jedem Projekt, das er in Angriff nahm, dabei herauskam. Manuela hoffte weiterhin auf die Gnade des Jobcenters und dass die dortigen Mitarbeiter endlich kapierten, dass sie dem Arbeitsmarkt nicht zur Verfügung stand. Sie war

schlicht und ergreifend nicht belastbar. Beatrice wollte auf jeden Fall ihr Ding durchziehen und in der Firma als Marketing-Leiterin kündigen. „Irgendeine schnuckelige Bäckerei sucht mich und dann verkaufe ich leckere Brötchen." Sie stapelte wesentlich tiefer und setzte das mit weniger Stress gleich. Ich fand das ganz schön blauäugig. Cool, dass sie den Motorradführerschein wahrhaftig in Angriff nahm.
Die sensationellste Zukunftsäußerung kam von Petra, obwohl mal wieder unter Tränen. Sie wollte ihren Mann verlassen und ein neues Leben beginnen. Ihren Job hatte sie gestern telefonisch von der Klinik aus gekündigt und musste nur noch das obligatorische Schreiben nachsenden. Zudem war sie völlig zuversichtlich, wieder irgendeinen kleinen Bürojob zu ergattern; gerne halbtags. „Mein Mann ist dann ja unterhaltspflichtig." Petra war wie verwandelt und ich behaupte, diejenige mit der größten widerfahrenen Veränderung seit ihrem Einzug in dieser Institution. Schon in den letzten Runden war mir aufgefallen, sie weinte immer seltener und ihr Redeanteil an den Gesprächen innerhalb der Gruppe war wesentlich größer geworden. Petra hatte von der Reha offensichtlich profitiert.
In der nächsten halben Stunde berichtete jeder, was er in den letzten Tagen unternommen hatte oder noch beabsichtigte. Alexander überlegte, sich einer Wandergruppe anzuschließen, die morgen die nähere Waldregion beschritt. Beatrice nahm sich heute vor, im Kunstraum der Klinik ihre getöpferten Sachen zu zerstören, weil sie das von Anfang an für blöd gehalten hatte und ihre Kunstwerke zudem als nicht gelungen betrachtete. Seltsamerweise schien das aber für Frau Schwalbe und die übrigen Gesprächsrundenteilnehmer völlig in Ordnung zu sein. „Wo zerdepperst Du die Teile denn?", fragte ich neugierig.
„Hinter der Klinik, auf dem Weg in den Wald. Ist ja alles aus Ton, also natürlich."
„Du verabschiedest Dich regelrecht von den Gebilden?", ließ ich nicht locker, denn ich fand ihr Vorhaben sehr merkwürdig. „Sozusagen weg mit dem Scheiß. Tschüss blöder Aschenbecher. Auf Nimmer-Wiedersehen doofe verunstaltete Vase. Au Revoir entstellter Hund." Ich sah Beatrice stumm nickend an. Sie zog das resolut so durch. Insgesamt kam in der nächsten halben Stunde jeder nochmals zu unterschiedlichen Themen, die Dr. Schwalbe vorgab- Anwenden der Therapieelemente zu Hause oder berufsmäßige Umorientierungsmöglichkeiten zum Beispiel-,

zu Wort und äußerte sich entsprechend. Dann war diese Sitzgruppe aufgelöst.

„Wir sehen uns ja gleich noch, Herr Reimann", verabschiedete sich Frau Dr. Schwalbe und blickte einmal in die Runde, obwohl sie nur mich angesprochen hatte. Jeder brummelte ein „Tschüss!" oder Ähnliches; niemand ein „Auf Wiedersehen". Obwohl das bei Dieter eventuell gepasst hätte. Ich fand die Verabschiedung durch Frau Dr. Schwalbe kalt und halbherzig. Immerhin hatten wir in den letzten 35 Tagen einige Stunden als Gruppe zusammen verbracht. Schien bei ihr reine Routine zu sein und nach einer alten Gruppe ist vor einer neuen Gruppe. Wie gesagt, ich hatte mir wärmere Worte zur Verabschiedung gewünscht.

Bis zur Ergotherapie- ebenfalls zum letzten Mal-, verblieben zwei Stunden; genügend Zeit, um in Ruhe in den Ort zu gehen und den Kühlschrank mit ein paar Red Bull-Dosen aufzufüllen. Außerdem schien die Sonne. Also zog ich meine Jacke über und machte mich direkt auf den Weg. Vor der Eingangstür stand Abby und schien auf jemanden zu warten. „Was hast Du denn vor, Nik?", fragte er mich.

„Kurz in den Ort und Du?"

„Frische Luft fangen."

„Schnappen", verbesserte ich ihn.

„Wen?", fragte er verwirrt.

Ich erklärte ihm seinen Versprecher und bot ihm an, sich mir anzuschließen. Ich hatte nichts gegen seine Gesellschaft. Abebe war ein netter Kerl. „Freust Du Dich auf zu Hause?", wandte er sich an mich. Ich wollte nicht sofort „Ja, sehr!" herausschreien, weil ich ihm gegenüber ein schlechtes Gewissen gehabt hätte. Auf Abby wartete niemand, wenn er in drei Tagen seinen Caddy in der Nähe von Stuttgart einparkte und seinen Koffer zwischen den Klangschalen herauszog. Sein Sohn hatte sich während der gesamten Reha-Zeit nicht ein einziges Mal bei ihm gemeldet. War ich denn von meinem Sohn kontaktiert worden? Nicht direkt; immerhin war er mit meinen Eltern persönlich zu Besuch vorbeigekommen. Das rechnete ich ihm hoch an. „Ich freue mich, hier wegzukommen", antwortete ich daher. „Mir gefällt es hier nicht mehr."

„Hat es Dir denn mal gefallen?" Abby sah mich neugierig und gleichzeitig grinsend an. Er wusste meine Antwort bereits. „Die ersten paar Tage vielleicht. Dann habe ich hinter die Kulissen geschaut." Abby nickte.

„Die müssen ihre Quote erfüllen und schubsen dich so hier durch, dass

am Ende ein für die Klinik und Rententräger zufriedenstellender Abschluss dabei herauskommt."
Abby bestätigte durch ein Nicken. „Mir haben sie sehr geholfen. Ich verletze mich nicht mehr." Dabei zeigte er mir seine Unterarme, die vor wenigen Wochen aussahen, als ob Abby mit einem Rudel Tiger-Babies gespielt hatte. Die Unterarme waren völlig zerkratzt; von ihm selbst. Offenbar hatten die Therapeuten Abby in den Griff bekommen, sodass er seine blöde Angewohnheit ebenfalls in den Griff bekam. Er brauchte sich selbst nicht mehr zu spüren. Nichts Anderes waren diese Kratz-Attacken gegen sich selbst gewesen. So erklärte er mir sein Verhalten vor einigen Tagen bei einer Tasse Kaffee im Klinik-Café und präsentierte mir ohne Scheu die heftigen Spuren auf der Hautoberfläche. Ich bemerkte, wie sich andere Gäste oder Patienten zunächst voyeuristisch zu uns hinwandten, um dann entsetzt wegzuschauen. „Das freut mich total für Dich, Abby. Wenigstens einen von uns haben die wieder hinbekommen." Wir lachten beide und beschleunigten unsere Schritte. „Du wohnst wieder bei Conny?" Ich war ein wenig über diese Frage überrascht. Es war selbstverständlich für mich, weiterhin bei meiner neuen Partnerin zu wohnen und ich war davon überzeugt, es war auch in Connys Sinn. „Ja klar. Warum fragst Du?" Er sah mich ernst an.
„Weil Du Deine alte Beziehung echt nicht lange betrauert hast."
Aha, daher wehte also der Wind. Hatte sich der schwarze Mann doch Gedanken darüber gemacht, was ich ihm vor schätzungsweise drei Wochen einmal in einem langen und stillen Moment erzählt hatte. „Das stimmt. Mit Conny passt es einfach und schließlich wohne ich ja schon seit ein paar Monaten bei ihr." Damit war das Thema anscheinend erledigt und wir erreichten den EDEKA-Markt, in dem ich meine Energy-Drinks kaufen wollte. Seine Frage machte mich dennoch weiterhin stutzig. Ich wollte aber nicht weiter darüber reden. Abby kaufte sich einen Apfel, während ich drei Red Bull-Dosen auf das Kassenband stellte. Der eine lebt eben gesund und der andere ist ein Koffein-und Taurin-Junkie. Was soll's. Ich übernahm Abbys Apfel bei der Bezahlung. „Danke, weißer Mann", scherzte er und biss herzhaft in das Obst. Auf dem Rückweg erzählte er mir, dass er in Sindelfingen eine Physiotherapie-und Klangschalen-Praxis eröffnen wolle; was ich für sein Alter sehr gewagt fand, es ihm aber natürlich nicht sagte. „Und was hast Du so vor, Nik?"

Ich hob die Schultern und meinte nur: „Keine Ahnung, ehrlich gesprochen. Ich traue mir Alles und Nichts zu. Im Moment fühlt es sich noch nach ganz viel Ruhe an. Ich werde mich deshalb weiterhin krankschreiben lassen." Diese Antwort war selbst für mich völlig unbefriedigend. Meine drei kleinen Steinchen vorhin in der Therapierunde hatten zwar auf *„neugierig"* gelegen, doch schien diese Neugierde wieder schlagartig eingestampft worden zu sein. Erklären konnte ich mir das nicht. Wahrscheinlich musste ich erst wieder in heimischen Gefilden sein, um über Zukunftsabsichten und neue Job-Aktivitäten nachzudenken. „Du wirst schon etwas finden. Ansonsten bleibst Du besser zu Hause." Abby sah mich sanft an und ging neben mir her. Bei ihm wusste ich immer, dass seine Worte ehrlich gemeint waren. Um etwas zu finden, wie er sagte, musste ich wohl oder übel das Haus verlassen. Andererseits gab es ja die bekannten Internetplattformen mit ihren unerschöpflichen Jobangeboten. Dort würde ich mich in Ruhe umsehen. „Es muss einfach zu Dir passen und Dich zufrieden machen."
Diese Worte wollte ich mir merken.
„Da werde ich ganz genau schauen und auf mich achten, Abby." Wir erreichten die Klinik und vorsichtshalber warf ich einen Blick in mein Postfach. Es war leer. Zum Glück. Demnach hatte ich gleich mein Einzelgespräch bei Frau Dr. Schwalbe, im Anschluss die letzte Ergotherapie und direkt danach den Termin beim sozialen Beratungsdienst. Hardcore, aber machbar. Was blieb mir anderes übrig?
Ich las noch ein wenig in „Joyland" , bevor das Einzelgespräch anstand. Seltsamerweise verließ ich mit klopfendem Herzen mein Zimmer. Was sollte mir denn schon passieren? Okay, diese Frau wird mir gleich erzählen, mit welchem Resultat ich die Klinik verlassen werde. Es fühlte sich ähnlich an wie bei einer Zeugnisvergabe und der Entscheidung zur Versetzung. Grausam! Tief durchatmen, Nik. Meine Schritte wurden träge und schleppender. Der Fahrstuhl kam mir heute langsamer vor, dafür war die Kabine leer und roch nur nach Fahrstuhl. Fahrstuhl zum Schafott. Was für ein abstruser Gedanke. Frau Dr. Schwalbe stand vor ihrem Sprechzimmer. Ich schaute auf meine Uhr, um mich zu vergewissern, pünktlich zu sein. „Pünktlich!", sagte sie zu mir. Ich atmete heftig aus.
„Ganz außer Atem, Herr Reimann? Sind Sie gerannt?"
„Nein. Ich bin total aufgeregt", antwortete ich ehrlich.
„Wieso das denn?"

„Weil ich gleich erfahre, wie es mit mir weitergeht."
„Das werde ich Ihnen ganz sicher nicht sagen. Ihr Leben müssen Sie schon selber leben."
Was sollte denn diese blöde Antwort? Immerhin würde mir diese hagere Frau gleich erklären -je nach Ergebnis der Ärztebesprechung-, ob ich überhaupt eine berufliche Zukunft hatte oder dem Arbeitsmarkt nicht mehr zur Verfügung stand, wie es im Behördendeutsch heißt.
Ich setzte mich auf einen der beiden harten Stühle, die an einem kleinen, runden Kunststofftisch standen. Die Therapeutin saß in ihrem bequem aussehenden Schreibtischstuhl und blickte auf den Computerbildschirm. Dieses Mal entdeckte ich keinen Notizblock. Die Gesetze waren eh geschrieben und nicht mehr veränderbar. Der Drops hier war gelutscht. Ich holte nur mein Todesurteil ab, wie auch immer das formuliert sein würde.
„Wie geht es Ihnen denn zur Zeit?"
Sollte ich lügen und sagen, mir ginge es total schlecht? Das konnte ich nicht. Andererseits sagte das kleine Angstmännchen in mir, wenn es mir zu gut gehen würde und ich das genauso mitteilte, wird mir Dr. Schwalbe sofort eine Wartenummer für das Jobcenter in die Hand drücken. Egal, was da in ihrem Entlassungsbericht stehen würde.
„Soweit ganz gut. Ich bin nur ängstlich."
„Wovor haben Sie denn Angst?"
„Vor der Zukunft. Wie es mit mir weitergeht." Meine Stimme kippte und ich begann bereits etwas zu krächzen. Ich räusperte mich.
„Sie sind doch neugierig, Herr Reimann. Das haben Sie uns doch eben in der großen Runde gezeigt. Wo lagen denn Ihre Steinchen?"
Ach, jetzt waren meine Kieselsteinchen dafür verantwortlich, was mit mir weiter geschehen würde? Wie seltsam war das denn? Mir gefiel ihre Art, wie sie mir die Worte entgegenschleuderte nicht. Das hatte etwas Provokantes. Sie zeigte mir mit jedem Wort und sogar ihrer lässigen Sitzhaltung auf ihrem Chefsessel, dass sie ohnehin am längeren Hebel saß. Mir wurde immer mulmiger zumute. „Sie suchen sich einen anderen Arbeitgeber. Bei ihrem bisherigen ist es ja nicht mehr möglich, dort weiterzuarbeiten. Ich schreibe mal *„das Arbeitsverhältnis ist zerrüttet."* Sie tippelte auf ihrer Tastatur herum.
„Ihre Ängste müssen Sie in einer Folgetherapie in den Griff bekommen. Sie sind ja weiterhin in therapeutischer Behandlung." Ach so. Ich gehe

zum Jobcenter und lasse mich irgendwohin vermitteln, während Herr Böckler versucht, mir die Angst davor zu nehmen.
„Sie sind echt noch zu jung, um nicht mehr zu arbeiten." Leider saß ich nicht in einem Rollstuhl, um nach Außen hin zu zeigen, dass etwas mit mir nicht stimmte. Meine glatzenartige Frisur -wenn man diese denn als solche bezeichnete-, kam nicht von einer Chemotherapie. Zum Glück! Dazu lächelte ich manchmal sogar und verdammt, ich ließ häufiger einen lockeren Spruch los. Ach ja: Ich las Bücher. Waren das alles Anzeichen dafür, dass es mir gut genug ging, um wieder auf Jobsuche zu gehen? Denn genau diese Verhaltensweisen hatte ich in den Gesprächsrunden der Therapiegruppe oder überhaupt in der gesamten Klinik gezeigt, das war mir schon klar. Aber so war ich nun einmal. Vielleicht hätte ich viel häufiger heulend auf meinem Zimmer hocken sollen, um einige Therapieeinheiten schlichtweg zu verpassen, damit man hier den Ernst der Lage; den Ernst meines seelischen Zustandes begriff. Denn ich erlebte mich auf gar keinen Fall als geeignet, wieder auf Job-Angriff zu gehen, selbst wenn man mir vorher eine gewisse Karenzzeit per Krankschreibung zubilligen wollte. Ich fühlte mich wie das Karnickel im Angesicht der Schlange. Erstarrt. Orientierungslos und völlig verängstigt.
„Welchen Job kann ich denn machen?" Diese Frage schlich sich langsam und leise aus meinem Mund. Ich sah Frau Dr. Schwalbe noch nicht einmal dabei an.
„Das ist hier nicht meine Aufgabe. Aber da draußen gibt es bestimmt ganz viele Sachen, die Ihnen Spaß bereiten werden, Herr Reimann. So. Noch einen schönen Tag." Sie reichte mir ihre lange, dürre Hand und ich ergriff sie zaghaft wie ein Konfirmandenbübchen die Beglückwünschung durch den Pfaffen.
Nachdem ich das Sprechzimmer verlassen hatte, schossen mir Tränen in die Augen und ich lehnte mich nach wenigen Schritten an die Wand auf dem Flur. Es war niemand in der Nähe. Es war mir ohnehin in dem Moment völlig egal. So sah man wenigstens, wie schlecht es mir ging. Ich hatte es eben gar nicht mehr registriert, dass ich meinen Entlassungsbericht gegengezeichnet hatte. Ich wusste überhaupt nicht, was ich da vorhin bei Frau Dr. Schwalbe unterschrieben hatte, als sie mir überraschend einen Wisch bis an die Schreibtischkante schob, den ich zu unterzeichnen hatte. Ich war nicht in der Lage, den Mut aufzubringen und um ein Durchlesen meinerseits zu bitten. Ich unterschrieb einfach nur.

Die Ergotherapie schloss sich nahtlos an. Ich schnäuzte in ein Taschentuch und machte mich auf den Weg zum entsprechenden Raum. Dort saß Manuela mit angewinkelten Beinen auf dem Fußboden und hob ihren Kopf an. „Was ist denn mit Dir los? Heimweh?", fragte sie mich mit einem humorvollen Unterton, der allerdings keine Wirkung bei mir erzeugte. „Ist das zu offensichtlich?", stellte ich meine Gegenfrage, wusste jedoch, dass sie selbst aus ihrer Perspektive meine verheulten und geröteten Augen wahrgenommen hatte. „Kommst Du von der Schwalbe?"
Ich nickte und holte sofort wieder mein Taschentuch hervor. Nach und nach trudelten die übrigen Gruppenmitglieder ein. „Alles klar bei Dir?", wandte sich Dieter an mich. Zu einer Erklärung kam ich gar nicht, denn schon wurde ich von Beatrice befragt. Hatten die sich heute alle abgesprochen, mich mal genauer in Augenschein zu nehmen? „Ich habe eben bei der Schwalbe meine Entlassungspapiere unterschrieben oder so etwas Ähnliches und glaube, mir damit keinen Gefallen getan zu haben."
„Die darf die doch gar nicht ausstellen", stellte Dieter fest. „Das macht doch der Iraker."
„Weiß ich doch. Nichtsdestotrotz schob die mir eben einen Wisch hin, auf dem ich nur grob etwas von „Entlassungstag" und „Folgetherapie" lesen konnte. Ich traute mich gar nicht, alles vorab einmal durchzulesen. Scheiße!"
Dieter kam auf mich zu und am Ende des Flurs näherte sich Frau Kleine-Döppke, die Ergotherapeutin. „Folgetherapie klingt doch gut und nach einer weiteren Erholungsphase für Dich. Zumindest kein Gang zum Arbeitsamt." Er klopfte leicht auf meine linke Schulter.
„Bist Du sicher?" Ich blickte Dieter wie ein Grundschüler im Aufklärungsunterricht an. „Musst Du noch zum sozialen Dienst?", wollte er weiter wissen. Ich nickte. „Gleich nach unserer Malstunde hier."
„Heute wird nicht gemalt, Herr Reimann. Wir möchten uns doch heute alle voneinander verabschieden", sagte Frau Kleine-Döppke, die bereits nah bei uns stand und somit meine Worte gehört hatte; gleichzeitig schloss sie den Raum auf. Wir nahmen alle unsere üblichen Plätze ein. Es sollte laut der Aussage der Therapeutin heute zwar nicht gemalt werden; alle hatten da bestimmt noch Klaus' erbärmliches und trauriges Kunstwerk mit dem einzelnen Punkt vor Augen, dennoch verteilte Frau

Kleine-Döppke Zettel und gab jedem einen schwarzen Edding in die Hand. „Jeder notiert bitte nur ein Wort, welches sein Gefühl für die Entlassung aus unserer Klinik ausdrückt." Es wurde still im Raum. Diese Frage oder Aufforderung schien alle gedanklich zu beschäftigen; hatte bei jedem etwas bewirkt. Automatisch schaute ich zu Klaus, als ob ich wieder erwartete, er würde den Edding einmal auf die Blattmitte tupfen und „fertig!" rufen. Stattdessen überlegte er immer noch und schob sich die Stiftrückseite in den Mund, um daran wie an einem Lolli zu lutschen. „Nur ein Wort?", fragte Alexander. Die Ergotherapeutin nickte.
„Angst" stand schließlich auf meinem Zettel, den ich einmal in der Mitte knickte. Sollte ja nicht jeder sofort lesen können. Nach etwa fünf Minuten waren alle mit ihrer Blattbeschriftung fertig. „Frau Steffen, Sie beginnen einfach mal und halten uns Ihr Wort in die Höhe." Petra nahm zaghaft ihren Zettel und hielt ihn mit beiden Händen in Gesichtshöhe. Sie war nicht mehr zu sehen, allerdings hielt sie das Blatt verkehrt herum. „Wie Sie sehen, sehen Sie nichts", kommentierte Dieter das kleine Missgeschick. Petra wurde knallrot, zog ihren Kopf zwischen die Schultern und drehte den Zettel um. *„Wut"* lasen wir alle. „Was bedeutet Ihre Wut?", fragte Frau Kleine-Döppke. „Ich bin wütend auf meinen Mann und dass ich mir seine Schikanen so lange habe gefallen lassen." Wahrscheinlich erwarteten jetzt alle im Raum einen weiteren Tränenausbruch von Petra; der blieb jedoch aus. Sie schniefte lediglich einmal kurz und atmete dabei heftig aus. *„Kleine Brötchen backen"* lasen wir auf Beatrice' Blatt.
Schon ergriff Dieter das Wort: „Ich sehe da drei Worte."
„Klugscheißer", sprach Beatrice an ihn gewandt. „Aber „klein" oder nur „Brötchen" hätte ja wohl nicht gereicht."
Dann hättest Du eben weiter darüber nachdenken sollen", erwiderte Dieter.
„Ausnahme. Bitte erklären Sie uns Ihre kleinen Brötchen", versuchte die Therapeutin die Situation zu retten. Einige schmunzelten, mich eingeschlossen, denn zumindest die männlichen Teilnehmer dieser Runde hatten bei „ihren kleinen Brötchen" Beatrice' knackigen aber nicht gerade kleinen Arsch vor ihrem geistigen Auge. Da war ich mir sehr sicher.
„Ich hatte ja neulich schon erwähnt, dass ich meinen Marketing-Job kündigen werde und zukünftig tatsächlich in der kleinen Bäckerei im Nachbarort Brötchen verkaufen werde. Also, keine kleinen Brötchen.

Aber beruflich werde ich eben kleine Brötchen backen, wie man so schön sagt. Also, nicht wirklich Brötchen backen, sondern... ."
„Wir haben Sie, denke ich, verstanden, Frau Tümmler", unterbrach die Therapeutin den Redefluss ihrer Patientin. Beatrice lächelte verschämt.
Dieters *„Neuanfang"* bedurfte normalerweise keiner Erklärung. Er schwafelte dennoch darüber und für mich ergab sich ein Bild, auf dem Dieter im nächsten Jahr wieder mit gepackten Koffern vor Herrn Braun stand oder irgendwo anders. Manuela äußerte sich kurz und knapp zu ihrem *„frei"* und niemand stellte eine Frage. Alexanders *„Singledasein"* sollte scheinbar ein allgemeines „Oh!" oder andere Laute des Bedauerns auslösen; die blieben jedoch aus. Er war definitiv im „Standby-Modus", was seine Noch-Ehe anging und hoffte wohl, seine Frau würde den Nachbarn verlassen und wieder zu ihm zurückkehren. „Klaus' *„schwindelfrei"* wäre fast ein Monolog übers Indoor-Klettern geworden; Frau Kleine-Döppke wusste auch ihn zu stoppen, sodass ich endlich meine *„Angst"* erklären durfte. „Ich habe Zukunftsangst, um genauer zu sein. Ich weiß nicht, ob oder was ich im Anschluss dieser Reha arbeiten werde."
„Das ist doch spannend und aufregend. Da gehört Angst einfach dazu", meinte die Therapeutin und lächelte mich Bestätigung einfordernd an. Ich nickte stumm und mit gesenktem Kopf. „Vielleicht kann ich gar nicht mehr arbeiten", murmelte ich mehr so vor mich hin. Ich wollte damit keine Diskussion auslösen. Ich musste Petra um ein Taschentuch bitten, da ich meinen Vorrat auf dem Weg hierher aufgebraucht hatte. Mir schossen nämlich Tränen in die Augen. Das Gute in dieser Einrichtung war, dass es zur Normalität gehörte, wenn sich jemand seine Tränen wegwischte und anschließend die Nase schnäuzte. Offenbar war ich wieder zu intensiv mit dem Zukunftsthema beschäftigt. Jetzt löste nicht mehr Schnaller derartige Gefühlsausbrüche bei mir aus, sondern allein schon der Gedanke an meine ungewisse Zukunft. Die Angst vor einem erneuten Scheitern in irgendeinem beschissenen Job; mit der Konsequenz, dass Conny es nicht mehr mit mir aushielt und ebenfalls die Trennung wollte. „Herr Reimann, lassen Sie es einfach auf sich zukommen. Manche Dinge kann man eben nicht beeinflussen oder ändern."
Die Worte der Ergotherapeutin nahm ich, wie viele andere Floskeln, zur Kenntnis und nickte nur.
„Ich hätte da noch etwas", meinte Dieter plötzlich und griff in seine

rechte Hosentasche. Er zog einen sehr klein gefalteten Zettel hervor und mit einem weiteren Griff beförderte er drei kleine Kieselsteine zu Tage. Mein erster Gedanke: *„Wieso hatte Dieter eben Steinchen von der Gruppensitzung bei der Schwalbe mitgehen lassen?"*
Als ob er meine Gedanken lesen konnte, sagte er: „Die habe ich immer bei mir und die Gebrauchsanleitung würde ich euch gerne vorlesen, wenn Frau Kleine-Döppke es gestattet?" Die Angesprochene schaute zunächst leicht verwirrt, gab dann aber ihr O.K. Sie war wohl selber gespannt, was Dieter da vortragen wollte.
Dieter las: „Wie bin ich? Allmorgendlich finde ich Kiesel in meiner linken Tasche. Alltäglich vollbringe ich gute Taten. Nach jeder guten Tat soll ein Kiesel meine linke Tasche verlassen und in meine rechte Tasche wandern. Dieser Kiesel soll mich alltäglich an meine gute Tat erinnern, bevor er wieder in die linke Tasche zurückwandert. Allzeit soll mich dieses Gefühl erkennen und erleben lassen, wie ich wirklich bin: Gut, aufmerksam, traurig, rücksichtsvoll, anteilnehmend, verliebt, gerecht, schwach, stark, freudig, glücklich, zufrieden, mit mir einverstanden. Hierfür benötige ich mich und eine liebevolle Aufmerksamkeit auf mich und was ich tue, vertrauensvoll, wertschätzend, achtsam, angenehm, wohlwollend. SO BIN ICH!" Die letzten Worte rief Dieter förmlich, atmete tief aus und blickte zu Boden. Niemand sagte etwas. Fast hätte ich geklatscht, fand das aber im letzten Moment unpassend und verschränkte die Arme.
„Wunderbare Schlussworte, Herr Berger. Da haben Sie uns noch etwas zum Nachdenken mit auf den Weg gegeben", durchbrach die Therapeutin die Stille. Dieter nickte wieder nur. „Möchte noch jemand etwas sagen? Niemand? Fein. Dann wünsche ich Ihnen allen eine zufriedene Zukunft. Machen Sie es gut." Frau Kleine-Döppke sammelte die Zettel und Stifte wieder ein, die Gruppenteilnehmer bewegten sich brabbelnd zur Tür. Zugleich waren nach dieser letzten Ergotherapieeinheit meine Vorstellungen von einer würdigen Verabschiedung völlig anders, als das eben Praktizierte. Ich verließ mit den anderen den Raum.
Meine Armbanduhr zeigte mir an, dass ich bis zum Gesprächstermin beim sozialen Beratungsdienst mindestens 45 Minuten Zeit hatte. Die wollte ich in meinem Zimmer zum Regenerieren nutzen. Obwohl. Eigentlich sollte mich der Mitarbeiter, dieser Gollum, in genau dieser Verfassung antreffen. Nach diesen zwei letzten Therapieeinheiten fühlte ich mich nicht im Geringsten motiviert, dem seltsamen Vogel gleich ei-

nen enthusiastischen Nik zu präsentieren, der von ihm lediglich hören wollte, wie lange er noch krankgeschrieben werden durfte, um die Zeit danach zu planen; möglichst mit genauen Jobvorstellungen. Von wegen! Der sollte mir gefälligst helfen, mich im Anschluss dieser Gehirnwäsche wieder in der freien Natur, im richtigen Leben zurechtzufinden. Machte das nicht Herr Böckler bei mir? Egal. Dann sollte der Orc mir sagen, wie nahe ich an der Erwerbsminderungsrente dran war. Vielleicht stand die mir schon längst zu und dieser Kasper verheimlichte sie mir, damit sein Scheiß-Kostenträger mich nicht auf den Deckel bekam! Warum steigerte ich mich da soeben in eine Wut hinein, obwohl ich nicht einmal mit dem Sozialdienst-Mitarbeiter gesprochen hatte? Ich verabreichte mir in diesem Moment selbst mal eben gedanklich den absoluten Psychostress. Darin war ich Vollprofi. Völlig erschöpft fiel ich auf mein Bett. Ich stellte den Timer meines Handys auf 20 Minuten. Ich schlief prompt ein.

Das erste Weck-Klingeln ignorierte ich gepflegt und drehte mich im Bett um. Das Handy gab noch zwei Mal ein Wecksignal im Abstand von jeweils zehn Minuten. Das bedeutete, ich hatte 40 Minuten gepennt. Ich rieb meine Augen und setzte mich müde auf die Bettkante. Zu dem Termin mit Herrn Schmitt, diesem übelwollenden Sozial-Kobold, hatte ich gar keine Lust mehr. Seine Antworten konnte ich mir eh an drei Fingern abzählen. Ein erneutes Gedankenkarussell stoppte ich geradeso eben. Ich schlüpfte in meine Jeans und zog mir das Motörhead-T-Shirt über den Kopf. Fünf Minuten später stand ich bei dem sozialen Dienst vor der Tür. Auf mein Klopfen kam ein zaghaftes „Herein." Leider wusste ich jetzt ja, was für ein widerlicher Kerl sich hinter der Elfenstimme verbarg.

„Bitte setzen Sie sich", wies Herr Schmitt mit einem Fingerzeig auf den schäbigen Stuhl vor seinem Schreibtisch hin. Er sortierte ein paar Blätter auf seiner Schreibtischunterlage und blickte mit zusammengekniffenen Augen zu mir. Mit Sicherheit war ich in seinen Augen auch so einer, der sich von ihm ein angenehmes Leben, ohne arbeiten gehen zu müssen, erbetteln wollte. Dabei war ohnehin klar, dass dieser knorrige Mann da rein gar nichts bewirken konnte. Insbesondere nicht, wenn auf den Entlassungspapieren „voll erwerbsfähig" stand. So wie bei mir.

„Was steht da?", fragte ich etwas erstaunt. Ich hatte zumindest mit einer vorübergehenden Befreiung vom Arbeitsmarkt oder wie man das nennen wollte, gerechnet. „Sie werden als voll erwerbsfähig entlassen.

Ich kann rein gar nichts für Sie tun." Er schob die Blätter zusammen und öffnete seine Augenschlitze ein wenig. Ich sah gar keine Pupillen. Nur schwarze Augäpfel. Wie bei einer Schlange. Gleich käme seine geteilte Zunge zwischen den zusammengepressten Lippen hervor. Ich schüttelte den Kopf, um diese blöden Gedanken zu vertreiben. „Doch, das steht hier", interpretierte Herr Schmitt meine Reaktion falsch und schob mir den Entlassungsbericht über seinen Schreibtisch.

„Ich werde doch vier Wochen krankgeschrieben", las ich ihm vor.

„Sicherlich. Aber dann melden Sie sich beim Jobcenter." Unter den Entlassungsbericht hatte Frau Dr. Schwalbe die Empfehlung einer Krankschreibung für meinen Hausarzt geschrieben. Immerhin gewährte man mir einen weiteren Monat Ruhe. Möglicherweise würde ich bei meinem Hausarzt Dr. Leppner ein wenig mehr herauskitzeln. Es fühlte sich einfach besser an. Je länger der Zeitraum bis zum Gang zum Arbeitsamt war, umso vorteilhafter für mich. Ich sah mir dann entspannter und in aller Ruhe die Jobangebote an. Oder stellte den Rentenantrag? Dieser Gedanke schlich sich immer wieder ein.

„Was passiert denn, wenn ich keinen Job fand oder das Arbeitsamt mir nichts anbieten konnte? Immerhin war ich schon fast 50." Ich startete einen weiteren Versuch.

„Sie bekommen noch einige Monate Arbeitslosengeld I und während dieser Zeit werden Sie bestimmt etwas finden. Sie sind zu jung, um in Rente zu gehen."

„Niemand hat etwas von „Rente" gesagt. Ich will bloß alle Möglichkeiten genannt bekommen, die ich draußen in Anspruch nehmen kann oder ganz einfach, was in naher Zukunft mit mir passiert. Ich ertrage dieses „in der Luft hängen" nicht mehr. Mein Leben war bisher durchgeplant und strukturiert." Ich regte mich auf und die Augen der Schlange vor mir wurden größer. Ich richtete meinen Blick wieder auf den Entlassungsbericht.

Dort stieß ich auf einen Satz, den ich Herrn Schmitt laut vorlas: „Leistungen zur Teilhabe am Arbeitsleben nicht zielführend." Mein fragender Blick erzeugte folgende Antwort bzw. Frage: „Das steht da?" Am liebsten hätte ich den Kopf von diesem merkwürdigen Seppel in beide Hände genommen und seine Nase mit voller Wucht auf den Satz ganz unten auf meinen Entlassungspapieren, geknallt. Allem Anschein nach hatte er meinen Bericht gar nicht bis zum Ende gelesen, sondern nur überflogen.

Unvorbereitet nannte man so etwas und das machte mich sauer. Hier ging es um meine Zukunft. Um mein Leben! „Das ist fast schon eine Aufforderung zu einem Rentenantrag", sagte Herr Schmitt plötzlich sehr leise. Er verfiel wieder in seine schüchterne Haltung und zog den Kopf zwischen die Schultern. „Was?" Ich glaubte, mich verhört zu haben.
„Sie erhalten von der Arbeitsagentur keine Umschulungsmaßnahmen oder Wiedereingliederungshilfen, falls Sie im nächsten Job nicht zurechtkommen sollten."
Mit anderen Worten, so erklärte er mir das weiter, ich würde zunächst auf mich allein gestellt sein, was die Jobauswahl anginge und könnte dann tatsächlich später einen Rentenantrag stellen, sollte ich mit der jeweiligen Arbeit nicht klar kommen. Ich müsste aber schon Bemühungen zeigen, wie zum Beispiel Bewerbungen verschicken oder zumindest nach Jobs Ausschau halten. Das Arbeitsamt würde sich dann nicht weiter um mich kümmern, sondern direkt an den Rentenversicherer verweisen und der hätte mit dieser Reha schon genügend bewerkstelligt. Bei mir kam das so an wie „von einem Kostendeckel zum nächsten geschoben." Sozial-Pinball. Grausam. Beängstigend.
„Wo muss ich denn als Erstes hin, wenn ich wieder zu Hause bin?"
„Sie melden sich unmittelbar bei der zuständigen Arbeitsagentur. Zum Arzt müssen Sie ja wegen der Krankschreibung sowieso." Er grinste tatsächlich. Warum? Es war mir egal. Irgendwie hatte ich nun meine Zukunftsaussicht genannt bekommen und irgendwie auch nicht. Im Großen und Ganzen eine Mischung aus Eigeninitiative und Jobcenter; falls das nicht klappte, kümmerte sich der Staat ohnehin weiter um mich. Ich verabschiedete mich von Herrn Schmitt und verließ völlig unbefriedigt sein mickriges Büro. Auf dem Flur stieß ich fast mit Elliot zusammen. „Auch zu Herrn Schmitt?" Der große Mann nickte und lächelte oder weinte; ich erkannte es wieder nicht. Die Schlange würde bestimmt ihre Freude mit ihm haben. Welchen Job konnte Elliot denn ausüben? Auf dem Weg zu meinem Zimmer stellte ich mir vor, wie Elliot als Pförtner in seinem Pförtnerhäuschen saß und mit dem Kopf auf dem Schranken-Knopf eingeschlafen war. Vor ihm bewegte sich die Schranke immer rauf und runter. Grinsend setzte ich meinen Weg fort.

Abschlüsse

Ich konnte es kaum fassen. Heute war mein letzter Tag in der Klinik. Morgen früh um 9 Uhr würde ich mit Connys Micra vom überteuerten Parkplatz rollen und wieder nach Hause fahren. Nach Hause? Klar, das war seit Kurzem dort, wo Conny mit ihren beiden Kindern wohnte. Gleich am nächsten Tag wollte ich mich beim Arbeitsamt melden. Typisch für mich. Bloß nicht zu lange warten. Conny hatte mich in unserem gestrigen nächtlichen Telefonat ermahnt, nicht wieder alles auf einem Mal und gleichzeitig zu erledigen. Aus genau diesem Grund wäre ich letztendlich in die Klinik gekommen. Ob ich denn da gar nichts gelernt hätte. Außerdem wäre der Weg zum Hausarzt ja wohl viel wichtiger, als das beschissene Arbeitsamt aufzusuchen. Sie klang leicht säuerlich und genervt. Wahrscheinlich interpretierte ich aber wieder nur zu viel in ihre Äußerungen hinein. Zum Schluss sagte sie mir aber, dass sie sich total auf meine Rückkehr freue. Gott.Sei.Dank!
Heute Nachmittag stand ein erneuter Psycho-Test an, was mir durchaus logisch erschien, schließlich brauchten die hier Vergleichsmaterial vom psychischen Zustand der Patienten während der Aufnahme und bei der Entlassung. Sozusagen der finale Beweis, ob hier korrekt therapiert worden war. Ob die Quote erreicht wurde. Das stand allerdings bereits fest, denn jeder, der morgen entlassen wurde, hatte seinen Entlassungsbericht unterschrieben und wusste daher, wie es mit ihm weiterging. Nur ich nicht. Ich schwankte zwischen Neugier auf einen neuen Job und völliger Verzweiflung, gepaart mit einer gehörigen Portion Zukunftsangst darüber was kommen könnte, welches mit dem Zustand während der Aufnahme vor fünf Wochen vergleichbar wäre und sich mit dem Ergebnis meiner Steinchen auf der Spielbretttorte im letzten Gruppengespräch decken würde. Es war mir jetzt schon klar, dass mir diese Entscheidung entweder vom Sachbearbeiter des Jobcenters oder meinem Hausarzt abgenommen werden musste. Ich wollte auf jeden Fall versuchen, schnellstmöglich wieder einen Termin bei meinem psychologischen Psychotherapeuten und meiner Psychiaterin zu bekommen. Es fühlte sich für mich so an, dass ich deren Unterstützung und Begleitung benötigen würde, um mich nach fast 30 Jahren auf Jobsuche zu bege-

ben. Ich brauchte diese Profis an meiner Seite, wenn ich zu Vorstellungsgesprächen oder irgendwann und irgendwo zum Probearbeiten antreten musste. Klar begleiteten sie mich nicht persönlich dabei, aber nur zu wissen, dass ich regelmäßige Gesprächstermine bei ihnen wahrnehmen konnte, beruhigte mich. Zur Zeit allerdings noch nicht. Ich hatte ja bis jetzt nicht mit beiden telefoniert. Hoffentlich bekam ich zeitnah die jeweiligen Termine. Ich merkte schon wieder etwas Angst in mir hochsteigen. Ich bremste mich in meinem Drang, etwas Neues ausprobieren zu wollen schon wieder aus. Das Wort „wollen" musste ich ohnehin durch „müssen" ersetzen. Das Wort „Rente" war ganz weit hinten in meinem Gehirn abgelegt worden. Doch zunächst frühstückte ich mit meiner Tischrunde. Anne saß bereits dort und knabberte an ihrem Brötchen. „Henkersmahlzeit. Zumindest das Frühstück", meinte sie.
„Genau. Die labberigen Brötchen werde ich vermissen", äußerte ich mich dazu. Eigentlich waren die Brötchen gar nicht mal so schlecht. Ich wollte einfach irgendetwas sagen. Anne nickte nur. „Morgen", grüßte Stefan und schob sich hinter meinem Stuhl vorbei zu seiner Sitzgelegenheit. Er hatte einen Teller mit Aufschnitt und Käse mitgebracht. Seine Brötchen lagen aufgeschnitten vor ihm. Fehlte nur noch Abebe. Als Abby nach 30 Minuten immer noch nicht zu uns gestoßen war, wurde ich etwas nervös. Anne sah zu mir rüber und ich deutete ihren Blick wie eine Aufforderung, mich doch irgendwie nach Abby zu erkundigen. „Ich frage mal den Saalchef." Herr Brünger verarschte gerade wieder Neuankömmlinge, indem er ihnen suggerierte, für sie wäre kein Frühstück vorgesehen. Wie oft im Monat er diese Nummer durchzog, ich wusste es nicht. Herr Brünger hatte aber sichtlich seinen Spaß. Er haute einem der beiden vor ihm stehenden Männer auf die Schulter und blökte sein „Spaaaß!" Die beiden Kerle lachten gequält. Wahrscheinlich stark Depressive, die in diesem Moment ganz kurz ihre „Fröhlich-Maske" aufgesetzt hatten, obwohl sie diese gar nicht mitnehmen wollten. „Herr Brünger, hatte sich Abebe abgemeldet?" Brünger sah mich, weiterhin über seinen genialen Verarschungstrick lachend, an. „Herr Dibaba ist doch heute in aller Frühe abgereist."
Ich starrte Brünger an. Ich sagte nichts. „Herr Reimann? Alles in Ordnung?"
„Abby ist abgereist?" Ich vermutete wieder einen blöden Scherz von diesem Saal-Pinguin.

„Herr Dibaba hatte sich gestern höflich von mir und den Köchen verabschiedet. Sie wussten das gar nicht?" Ich schüttelte den Kopf und begab mich wieder zum Tisch.
„Abby ist heute Morgen schon abgereist." Die beiden anderen starrten mich an, Anne hörte auf zu kauen und Stefan setzte die Kaffeetasse sehr laut auf dem Tisch ab.
„Warum hat der Kerl sich nicht verabschiedet?", fragte Stefan die zu erwartende Frage.
„Keine Ahnung. Hatten wir Streit?" Ich sah abwechselnd zu Anne und Stefan.
„Natürlich nicht. Ich glaube, der mochte keine große Abschiedszeremonie. Manche Menschen können das nicht gut." Annes Vermutung fanden Stefan und ich plausibel. „Hat jemand von euch seine Adresse?", fragte ich, doch beide verneinten. Also hoffte ich, Abebe Dibaba über Google ausfindig machen zu können. Denn ich wollte auf jeden Fall in Kontakt mit diesem besonderen Menschen bleiben. Unsere Stimmung war in den nächsten Minuten gedrückt. Der schwarze Mann fehlte total.
„Dieser Blödmann. Ich hatte noch so viele Fragen an ihn", überraschte uns Stefan. Mir war gar nicht aufgefallen, dass die beiden intensivere Gespräche geführt hatten. Zugegeben hatte ich die meiste Zeit des Tages nicht ihre Gesellschaft genossen. War ich enttäuscht? Eher traurig. Aber Abby hatte bestimmt seine Gründe, weshalb er die Klinik in aller Herrgottsfrüh verlassen wollte. „Müsst ihr heute auch noch zum Abschluß-Psycho-Test?", fragte Stefan, um ein anderes Thema anzuschneiden. „Ja", antwortete ich, „und Dr. Lecter bekommt mich ebenfalls zu fassen."
„Bei dem war ich gestern", meinte Stefan. „Der hat mich vielleicht fünf Minuten untersucht, dann konnte ich wieder gehen. Unfassbar!" Anne schüttelte den Kopf.
„Mich hat er gefragt, wie lange meine letzte Schwangerschaft her sei."
„Hört, hört! Vielleicht sucht er eine Leihmutter für seine Mutationen", scherzte Stefan. Anne verzog angewidert das Gesicht. „Ich habe meine Tochter vor 28 Jahren zur Welt gebracht."
„Das hätte ich jetzt aber nicht gedacht, Anne. So jung, wie Du aussiehst", schleimte Stefan und wir lachten alle am Tisch. Ich verabschiedete mich nach dem Frühstück und schlenderte gemütlich zum Fahrstuhl. Abbys Reaktion, beziehungsweise seine überhastete Abreise

ging mir immer noch nicht aus dem Kopf. Ich googelte ihn gleich mal. Mit Abby hatte ich einige tiefgehende Gespräche geführt und zum Teil fand ich seine Äußerungen als sehr weise. Dieser Mann hatte soviel in seinem Leben durchgemacht und schreckliche Dinge erlebt; dennoch steckte in ihm ganz viel Humor und vor allen Dingen Empathie. Pling! Die mittlere Kabinentür glitt auf. Frau Magoo stand in der Kabine und fragte: „Ist das hier die 3?" Wie ich diese Fragen vermissen werde!
„Nein, Sie sind im Erdgeschoss. Ich nehme Sie mit." Wie immer bedankte sie sich höflich. Wie kam diese Frau bloß in ihrem wirklichen Leben zurecht? Was aß sie? Wo hielt sie sich auf? Gab es einen Herrn Magoo? Nachdem ich meinen Laptop vom Zimmer geholt hatte, begab ich mich in die zweite Etage, wo es WLAN gab. Ich setzte mich in einen der durchaus bequemen Lesesessel, die dort verteilt herumstanden. Angedacht war dieser Bereich tatsächlich zum Lesen oder einfach in Ruhe anderen Dingen nachzugehen; wie ich jetzt mit meinem Laptop. Dieses Mal gab es zum Glück keine lauten Unterhaltungen. Alle derzeitig Anwesenden lasen oder starrten auf ihre Computerbildschirme. Mein Laptop fuhr hoch. *Abebe Dibaba* gab ich in das Suchfenster ein. „Null-Treffer". Mist! Dann versuchte ich es mit *Physiotherapie Sindelfingen* oder *Klangschalen Sindelfingen*. Jedes Mal Fehlanzeige. Abby war im Internet nicht zu finden. Zumindest nicht nach meinen Recherchen. Es war garantiert ein erfolgloses Unterfangen, hier in der Klinik an seine Anschrift heranzukommen. Abby war zwar mit einigen Leuten in Kontakt getreten; war mir jedenfalls so vorgekommen, jedoch glaubte ich nicht, dass er denjenigen seine Adresse gegeben hatte; geschweige denn danach gefragt worden war. Sollte das dann doch der Fall sein, hätte er insbesondere seinem „Tisch" ebenfalls seine Kontaktdaten genannt; war ich mir bei ihm ziemlich sicher. Fest stand, von uns übrigen Tischnachbarn hatte niemand seine Kontaktdaten bekommen. Allem Anschein nach wollte Abebe in seinen baden-württembergischen Gefilden nicht von irgendwelchen externen Menschen oder flüchtigen Bekannten oder gar Bekloppten aufgesucht werden. Abby lebte sein eigenes Leben in seinen regionalen Radien. Damit konnte ich es mir selbst plausibel machen. Eine ausgiebige Verabschiedung wäre garantiert darauf hinausgelaufen, ihn nach seiner Adresse oder Handy-Nummer zu fragen. Die Zeit hier in der Klinik sollte als ein separates Kapitel abgeschlossen werden. Endgültig. So wollte ich es dann auch durchziehen. Bad Weilingen waren fünf

Wochen in meinem Leben und sonst gar nichts. Ich klappte den Bildschirm herunter und machte mich auf den Weg zu meinem Zimmer. Dabei kam ich am Wasserspender vorbei, der auf dieser Etage stand. Neben dem gewaltigen Glasbehälter standen unterschiedlich hohe Türme Plastikbecher, von denen ich mir einen griff; ich bekam plötzlich eine trockene Kehle. Gerade griff ich nach dem Hebel, der das kühle Nass befreite und in den Becher fließen lassen sollte, als mir irgendetwas in dem Behälter auffiel, was dort nicht hingehörte. Ein relativ langes Haar trieb wie eine einsame Alge mittig in der klaren Flüssigkeit. Offensichtlich gehörte es zu einer weiblichen Person und ich stellte mir die komplette Frisur vor: Das Haar würde demnach fast bis zum Arsch reichen. Ekelig! Hygienischer Supergau. Ich schaute mich um und erblickte Frau „Moorpackung"-Scheede. Wenn ich sie auf diesen Missstand hinwies, würde sie mich in irgendeine ellenlange Diskussion verwickeln und darauf hatte ich so gar keinen Bock. Also sah ich mich erneut um und trat einen Schritt zur Seite. In dem Moment hielt ein Mitpatient seinen mitgebrachten Kaffeebecher unter den Wasserstutzen und betätigte den Hebel. Das lange Haar wurde wie in einem Sog nach unten gezogen und verschwand durch die Auslassöffnung. In die Tasse. Ich schlenderte pfeifend um die Ecke zum Fahrstuhl und grüßte Frau Scheede freundlich. Als sich die Fahrstuhltür öffnete, hörte ich aus der Entfernung ein Husten, Würgen und wie jemand „Boah, was ist das denn für ein Scheiß?", fluchte. Das Haar war anscheinend entdeckt, bzw. geschmeckt worden. Igitt!
Ich legte den Laptop auf den Schreibtisch in meinem Zimmer zurück und schnappte mir mein Therapieheft, um mich auf den Weg zum Grusel-Doc Schamowski zu machen. Die letzte somatische Untersuchung stand beim Master of Medical Desaster an.
Die Zimmertür von Schamowskis Sprechzimmer war offen. Ich trat stumpf ein und blieb zunächst im vorderen Bereich des Raumes stehen. Der Schreibtisch vom Doktor war aufgeräumt; ich entdeckte darauf nur ein Blatt Papier. Neugierig bewegte ich mich ganz langsam, die Tür im Auge behaltend, zum Schreibtisch hin. „Somatischer Befund Niklas Reimann" las ich als Überschrift. Darunter stand ein Lückentext, der Begriffe wie *Haut und Schleimhäute, Gebiss saniert* und *Schilddrüse nicht vergrößert tastbar,* sowie *schluckverschieblich* enthielt. Das fand ich besonders interessant, zumal es meine Schilddrüse bekanntlich gar nicht

mehr gab. Die wurde mir vor zwei Jahren entfernt. *Wirbelsäule lotrecht* las ich weiter. Lotrecht? Wie konnte mein Rücken mit einem Bechterew und Scheuermann lotrecht sein? Dagegen war der schiefe Turm zu Pisa im Lot; aber definitiv nicht mein Rücken. Was hatte dieser Schrieb für eine Bedeutung? *Extremitäten frei beweglich*. Ich war ja schließlich nicht gefesselt. Was für ein seltsamer Wisch und wurde der weiter ausgefüllt oder diente dieser Beleg tatsächlich als somatisches Endresultat? Ich hörte Schritte. Schamowski war im Anmarsch. Wahrscheinlich war er mal eben wieder kacken gewesen und hatte seinen Wartebereich kontaminiert.
„Tack", grüßte er mich. War ich Bruder Tack? „Tag", entgegnete ich nicht wirklich freundlich. Seine Miene allein schon erzeugte bei mir eine Abwehrhaltung. Der Doktor schaute mich an, als ob ich ihm seinen Tag versauen wollte. Ich hatte ihm seinen Tag bereits komplett versaut, weil ich einfach pünktlich zum Termin erschienen war. „Heute letzte Mal?"
„Was?", fragte ich verwundert, obwohl ich doch genau wusste, was er meinte.
„Untersuchung bei mir."
„Genau", sagte ich und dachte: *„Zum Glück!"*
Er klopfte mit der flachen Hand auf die Pritsche und wollte mir anscheinend zu erkennen geben, mich auf selbige zu legen. „Schmerzen?"
„Immer", scherzte ich. Keine Regung in seinem Gesicht. Stattdessen dieser mürrische, gelangweilte Gesichtsausdruck. „Nein. Nur bei bestimmten Bewegungen", korrigierte ich mich. Es interessierte ihn nicht im Geringsten.
„Was macht Rücken?" Oh, tatsächlich diese Frage.
„Hallensport war nicht möglich. Nordic-Walking und Fitnessraum gingen. Ergometer klappte ganz gut."
„Hm", machte Dr. Lecter. Ich hatte gerade mein Todesurteil gesprochen. *Unheilbar. Muss eingeschläfert werden.* „Aber nicht schlimmer geworden?"
„Nein. Aber auch nicht besser." Klar, eigentlich war ich ja wegen meiner lädierten Psyche hier gewesen. Andererseits sollte doch beides miteinander verknüpft sein und einhergehen. Also: Stabilere Psyche, weniger Rückenschmerzen. Ich wusste ja schließlich, dass mein Rücken gleichzeitig das Stressventil meines Körpers war. Machte ich aber falsche Bewegungen oder sportliche Übungen, nutzte selbst der entspannteste Tag

nichts; ich bekam Schmerzen. Der Doktor blickte mich fast eine Minute lang stumm an. Dann drehte er sich auf seinem Hocker um, erhob sich und setzte sich an seinen Schreibtisch. Er griff sich den seltsamen Lückentext, auf den ich vorhin bereits einen Blick geworfen hatte. Ich sah, wie er etwas auf das Blatt schrieb. *„Total bekloppt. Unheilbar. Arbeitsunfähig."*
Hätte ich mir durchaus so vorstellen können. Keine Ahnung, was der merkwürdige Arzt in Wirklichkeit dort hingekritzelt hatte. Wünschte ich mir eine Arbeitsunfähigkeitsbescheinigung oder weshalb kam mir das Wort eben spontan in den Sinn? Ich wusste mal wieder überhaupt nicht, was ich konkret wollte. Ich wollte weiterhin nicht zurück zu Steigermann-Objektmöbel. Basta!
„Einmal Hose lüpfen." Was kam denn jetzt? Ich war schon ein wenig entsetzt. Heute zeigte mir der Arzt ein bisschen zuviel Engagement. Nervös nestelte ich an meinem Hosengürtel herum und zog den Reißverschluss nach unten, um die Hose bei angehobenem Arsch ein Stück herunterzuziehen. Schließlich lag ich immer noch auf der Pritsche.
„Dann holen Sie mal das lange Lineal", dachte ich und schmunzelte.
Mit seinen eiskalten Fingern drückte er mir in der Leistengegend herum. „Tut weh?" Ich schüttelte den Kopf.
„Sie haben kalte Finger."
„Tut denn weh?"
„Nein."
Er setzte sich wieder an den Schreibtisch und schrieb in den Lückentext hinein.
Dort stand jetzt *„Tut nicht weh"*. Fast hätte ich laut über meine blödsinnige Idee gelacht. Der Grusel-Doc drehte sich erneut zu mir und gab mir per Handzeichen zu verstehen, ich dürfte nun gehen. Er wies einfach auf die Tür. Dabei wollte ich ihm noch reichlich Fragen stellen. Dann eben nicht. Da hatte ich schon mal die Gelegenheit, eine Koryphäe vor mir zu haben und dann hat dieser nobelpreisverdächtige Mediziner keine Zeit für mich. Ich zog mir, über meinen albernen Scheiß schmunzelnd, die Hose wieder hoch und glitt von der Pritsche. „Wiedersehen", sagte ich, bekam aber keine Rückmeldung. Der Schock-Arzt saß wieder über den Lückentext gebeugt. *„Völlig plemplem"* notierte er. Bestimmt.
Der restliche Nachmittag stand mir zur freien Verfügung. Ich wollte zum letzten Mal in den Ort und mich letztmalig in ein Café setzen, um einen

Cappuccino und ein Stück Käsekuchen zu genießen. Um 17 Uhr erwartete man mich dann noch einmal zum Abschluß-Psycho-Test. Für mich waren diese Tests das eigentlich Ausschlaggebende. Bereits der erste Test vor einigen Wochen war von mir ehrlich und offen bearbeitet worden. So nahm ich es mir heute erneut vor. Leider stand im Einleitungstext, dass die Auswertung der angekreuzten Antworten zu den psychologischen Fragen nur statistischen Zwecken dienen würde. Die Daten wurden an die Uni-Eppendorf in Hamburg übermittelt und dort entsprechend ausgewertet. Wozu? Ich schenkte dem keinen Glauben. Für mich war klar, diese Daten flossen meinem Rentenversicherer zu und wenn es irgendwann einmal hart auf hart zugehen sollte, würden sie mit herangezogen. „Damals hatten Sie aber *„geht mir etwas besser"* angekreuzt, Herr Reimann. Daher müssen Sie sich schon auf die Umschulung zum Tierpfleger im Elefantenhaus einlassen." Ich hatte nichts zu verbergen. Auf gar keinen Fall wollte ich den Test bewusst manipulieren, indem ich grundsätzlich nur negativ belastete Aussagen ankreuzte, um den Eindruck eines sich verschlechternden Gesundheitszustandes oder einer Depressionsverschlimmerung zu erzeugen. Die Fragen waren so geschickt gestellt und tauchten an anderer Stelle in anderer Formulierung erneut auf, sodass eine Schummelei ohnehin sehr schwierig war und mit Sicherheit auffiel. Was dann? Rentenbetrug? Knast? Acht Wochen Zwangs-Reha mit täglichen Sporteinheiten bei Herrn Jäger mit anschließender Organentnahme durch Dr. Schamowski; ohne Betäubung? In den Wochen hier in der Klinik hatte ich den ein oder anderen Patienten getroffen und im Gespräch erfahren, dass manche von denen tatsächlich so tickten und alles Erdenkliche versuchten, um den Aufenthalt mit einer Erwerbsunfähigkeit zu beenden. Koste es, was es wolle. Warum wurde man so? In mir erzeugte allein der Gedanke zu betrügen ein schlechtes Gewissen und die Abgebrühtheit, so ein Ding während der Psycho-Gespräche mit den jeweiligen Therapeuten durchzuziehen hatte ich ganz und gar nicht. Eine Fangfrage und man hätte mich ertappt. Auch wenn ich im Job die ein oder andere Lüge völlig locker und oftmals skrupellos über die Lippen gebracht hatte. Das war etwas anderes. Notlügen. Außerdem interessierte es mich wirklich, was mit mir los war. Denn in den letzten beiden Tagen machte ich mir häufig Gedanken und wachte davon nachts öfters auf, was hier mit mir geschehen war. Fühlte ich mich wirklich besser? War es mir überhaupt so schlecht gegangen, dass diese fünf Wochen notwendig gewesen waren? Stolzierte ich hier als geheilt heraus und fuhr entspannt zu Conny? Zu all diesen Fragen konnte ich mir selbst keine Antwort geben. Die Antwort stand auf meinen Entlassungspapieren.

Der Testraum war nicht annähernd halbvoll. Einige Patienten schienen in den letzten Tagen entlassen worden zu sein. Eine junge Dame erklärte erneut die Benutzung des PCs und wies nochmals darauf hin, dass dieser Test nicht in die gesundheitliche Bewertung oder Beurteilung eines Patienten seitens der Klinik einfließen würde. Wer's glaubt.

„Fühlen Sie sich niedergeschlagen"? Ich hatte die Auswahl von „gar nicht" bis „ständig" und überlegte. Obwohl man bei diesem Test die Kreuzchen ohne großes Überlegen setzen sollte. Ich fand eine Minute Überlegungszeit noch ziemlich spontan und kreuzte „sehr häufig" an. Hatte ich das beim ersten Test ebenfalls angekreuzt? Egal. Hier ging es nun um jetzt und heute.

„Hatten Sie in den letzten zehn Tagen suizidale Gedanken?" Suizidal wurde sogar erklärt. Wahrscheinlich, damit niemand es mit irgendwelchen ferkeligen Angelegenheiten in Verbindung brachte und „ständig" ankreuzte. Durch so ein Missverständnis wären schnell vier Wochen geschlossene Psychiatrie möglich. In den letzten zehn Tagen hatte ich zwar einige Male „schwarze Gedanken", wie ich es immer bezeichnete, wenn mir ein Scheiß-Tag bevorstand, weil ich einfach alles an diesem Tag scheiße finden würde; einschließlich mich selbst. Doch so extrem, gleich mit dem Leben abzuschließen, befanden sich meine Gedanken dann doch nicht im Keller. Das lag schon ein Weilchen zurück; die Erinnerung daran war aber weiterhin stark präsent. Vor meinem geistigen Auge tauchte wieder das Abschleppseil von Connys Vater auf, welches er uns mal für eine Baumfällaktion in Connys Garten geliehen hatte. Ich musste es ihm während der Zeit schnellstens zurückbringen. Nicht, weil er es dringend benötigte, sondern weil ich mich zu häufig und viel zu intensiv mit den Gedanken beschäftigte, dieses Seil zwar um einen Baum zu binden; allerdings nicht, um diesen beim Fällen in die gewünschte Richtung zu ziehen. Also schnell weg damit. Ich kreuzte daher „gar nicht" an.

67 Fragen lagen noch vor mir und ich tauchte immer tiefer in meine seelischen Abgründe ab, die sich im Geiste vor mir auftaten. Mit jeder Frage wurde ich gezwungen, mich verstärkt mit mir selbst auseinanderzusetzen. Durch die Spontanität der Beantwortungen und unterschiedli-

chen Thematiken der Fragestellungen sprang ich von einem Gedankenkarussell zum nächsten. Ab Frage 55 wurde ich so langsam erschöpft und müde. Ich brauchte für die restlichen Fragen länger. Einige Minuten später hatte ich *„Würden Sie sich eine Arbeit mit anderen Schwerpunkten zutrauen?"* mit „auf keinen Fall" beantwortet. Der Test war beendet und ich war fix und fertig mit den Nerven. Das war mein definitiver Abschluss hier in der Klinik. Morgen reiste ich wieder nach Hause. Nach Hause? War denn Connys Haus schon zu meinem Zu Hause geworden? Zum größten Teil schon, denn ich fühlte mich dort total wohl, trotz der ab und zu stattfindenden Meinungsverschiedenheiten mit ihrer pubertierenden Tochter oder wenn ich meine Ruhe haben wollte und Björn, Connys Sohn meinte, seine Hip-Hop-Scheiße bis zum Anschlag laut hören zu müssen. Ja, ich fühlte mich dort angekommen. Anderseits fehlte mir mein eigener Sohn. Theoretisch wäre sogar noch Platz, quasi ein Zimmer für ihn, in dem riesigen Haus frei. Marc ging aber bekanntlich seinen eigenen Weg und dieser würde ihn sicherlich mal wieder bei mir vorbeiführen. Hoffte ich.

Und tschüss!

„Ihre Entlassungspapiere bekommen Sie erst um 10 Uhr!" Stationsschwester Sofia sah mich streng an. Sehr streng. Ich hatte die halbe Nacht nicht geschlafen und bereits um 5 Uhr früh mein Gepäck fertig gepackt. Ich war startklar und abreisefertig. Dass die Entlassungspapiere erst am Entlassungstag angefertigt wurden, nervte mich gewaltig, ich zügelte mich jedoch und ließ lediglich ein „In Ordnung; dann bis 10 Uhr", verlauten. Ein Kaffee im Klinik-Café wäre jetzt das Richtige. Auf dem Weg zum Fahrstuhl telefonierte ich mit Conny; mir war es in dem Moment scheißegal, dass im Gebäude Handy-Verbot herrschte. Sollten die mich doch rausschmeißen! Conny hatte das Gespräch soeben entgegengenommen, als mir Dr. Kalil über den Weg lief und seine buschigen Augenbrauen zusammenzog. „Hier ist Handyverbot!" Hätte nur gefehlt, dass er mir mein Telefon aus der Hand riss und wütend auf den Boden schmiss, um dann schreiend darauf herumzutrampeln. Sozusagen als Beispiel für eine fehlgeschlagene Anti-Stress-Therapie. „Hi, ich bin's und ich melde mich später noch einmal", sprach ich im Schnellsprechtempo ins Handy nachdem ich Conny's „Hallo, mein Schatz", gerade noch gehört hatte. Mit einem entschuldigenden Grinsen in Richtung Oberarzt steckte ich mein Handy wieder in die Hosentasche. Dr. Kalil ging schweigend weiter. Wahrscheinlich musste er sich auf eine weitere todlangweilige Powerpoint-Präsentation im Word-Dokumenten-Look vorbereiten. Ich nahm die Treppe und begab mich ins Café, in dem ein paar Patienten saßen und lasen oder sich bei einer Tasse Kaffee unterhielten. Vom Frühstücksbuffet hatte ich mich bereits gestern bei Herrn Brünger abgemeldet. Dieser meinte: „Und wer isst jetzt die abgelaufenen Sachen?", und lachte sich halbtot. Anne und Stefan wollten mich unmittelbar vor meiner Abfahrt verabschieden; beide reisten erst morgen ab. Zur Zeit saßen sie im Speisesaal und frühstückten. Der Hunger meldete sich. „Ein Mars", bestellte ich bei der älteren Dame, die hinter dem Tresen arbeitete und die Kaffees und Kuchenstücke herüberreichte. In diesem Fall meinen Mars-Riegel. „Ach, und bereiten Sie mir bitte einen schwarzen Kaffee zu?"

„Kaffee ist hier immer schwarz." Sollte das als Scherz gemeint sein? Ich erwiderte darauf nichts, sondern wartete einfach, dass die Alte mir die winzige Tasse auf einer Untertasse über ihren Glastresen reichte. „Tatsächlich. Ganz schwarz." Ich konnte mir diese Bemerkung nicht verkneifen und gab ihr die 2,50€. Ein Trinkgeld hatte sie sich nicht verdient. Der Kaffee war stark und schmeckte. Ich spülte damit die Karamell-Reste zwischen meinen Zähnen weg. Immer wieder schaute ich zur Uhr. Noch eine Stunde bis zur Entlassung. Als ob ich aus dem Knast kam. Eingesperrt hatte ich mich hier eigentlich nicht gefühlt. Dadurch dass ich immer in den Ort gehen konnte, je nach Behandlungszeitpunkt im Therapieplan, empfand ich hier keinerlei Einschränkung. Alkohol? Ich hatte ihn nicht vermisst und es gab ja die Abende mit den Anderen, an denen wir alle etwas Alkohol zu uns genommen hatten. Solche Abende hätten wir gerne häufiger verabreden können. Zu spät. Zukünftig konnte ich mich wieder mit meinen Kumpels treffen. Herrlich, die alten Rüben wiederzusehen. Bei derlei Gedanken kamen mir die fünf Wochen viel länger vor. Die BILD hatte ich dann in aller Ruhe gelesen -so lange hatte ich

noch nie für das Revolverblatt benötigt-, und um Punkt Zehn begab ich mich wieder zum Pflegestützpunkt. Ich klopfte an die Milchglasscheibe. Nichts. Ich klopfte an den Holzrahmen der Tür; mit der Faust. Nichts. Das durfte doch nicht wahr sein! Ich hörte erstaunlicherweise keinerlei Geräusche durch die Scheibe. Als ob sich wirklich niemand in dem Raum aufhielt. Dann ging die Tür der Medikamentenausgabe plötzlich auf und eine völlig wüst auf dem Kopf aussehende Schwester Sofia lugte um den Türrahmen und knöpfte sich hastig den obersten Kittelknopf zu. „Ah, Herr Reimann. Ihr Bericht ist fertig. Einen Moment noch bitte." Sie verschwand wieder im Zimmer und ich bewegte mich zu den Wartestühlen auf dem Flur hin. Dr. Kalil kam durch die Milchglasscheibentür getreten, nickte mir zu und eilte schnellen Schrittes in Richtung seines Sprechzimmers, das sich nur ein paar Meter weiter befand. Ich schaute ihm hinterher und sah, dass sein linker Schnürsenkel offen war und er frisurenmäßig wie vorm Ventilator gesessen, aussah. Mir kam da so ein Gedanke, um nicht zu sagen ein Verdacht auf. Dieser geile Bock. „Bitte sehr und alles Gute, Herr Reimann!" Schwester Sofia zwinkerte mir zu, während sie mir den Umschlag mit meinem Entlassungsbericht aushändigte. „Danke sehr und Ihnen noch eine schöne Zeit hier." Mit diesen Worten drehte ich mich um und ging den Flur entlang zu meinem Zimmer. Da hatte ich anscheinend eben ein Schäferstündchen gestört. Elliot kam mir entgegen. „Nach Hause?", hauchte er mir zu, blickte dabei allerdings an mir vorbei. Der Koloss trug seine hellblaue Jogginghose, die unter seiner gewaltigen Plauze endete. Sein rotes T-Shirt war ein wenig zu kurz geraten, sodass sein bleicher Bauch zum Vorschein kam. Ich entdeckte etwas Glitzerndes oder Blinkendes an seinem Bauchnabel. Einen Ring! Elliot trug ein Bauchnabel-Piercing. Kaum zu glauben, aber wahr! Da setzte dieser seltsame Mensch an meinem letzten Tag noch einen obendrauf. Das hätte ich jedem zugetraut, aber nicht diesem Mann. „Wie lange hast Du denn noch?", fragte ich ihn.
„Übermorgen geht's nach Hause."
„Dann eine gute Heimfahrt und alles Gute im weiteren Leben." Ich gab ihm die Hand, die er mit seiner fleischigen Pranke umschloss, sodass sie gar nicht mehr zu sehen war. Es schmerzte aber überhaupt nicht. Elliots Handinnenfläche war extrem gut gepolstert.
Ich blickte ihm noch etwas nach, bis er um die Ecke zu den Fahrstühlen gebogen war. Dieser Mann war mit Abstand der seltsamste Kauz unter

den Patienten, die ich getroffen hatte. Was kam wohl im wirklichen und weiteren Leben auf ihn zu? Was kam denn auf mich zu? Ich schloss meine Zimmertür auf und betrat den Raum, mein Reha-Zimmer. Mir war ein klein wenig melancholisch zumute. Ich atmete tief ein und aus, schnappte mein Gepäck und ging zum Fahrstuhl. Mit Marlies hatte ich abgesprochen, meine Tür offen stehen zu lassen. Den Schlüssel wollte ich Herrn Braun übergeben. Der Fahrstuhl meinte es an meinem Entlassungstag gut mit mir, alle drei Kabinen öffneten sich fast gleichzeitig und waren gähnend leer. Kurz darauf stand ich vorm Tresen des Nazi-Concierges und wartete, von ihm bedient zu werden. Zumindest dass er registrierte, wie ich den Schlüssel auf seinen Tresen legte. „Auf Wiedersehen Herr Braun", sagte ich artig. Braun blickte mich über den Rand seiner Lesebrille an und entgegnete: „Ihr Postfach ist leer?"
Ich war überrumpelt. „Wieso? Ich reise ab. Was soll da noch sein?"
„Hinweise für Ihren Arzt zum Beispiel."
„Ich habe meinen Entlassungsbericht."
„Das ist etwas Anderes." So schnappte ich erneut den Zimmerschlüssel und schaute in mein Postfach. Mein Gott, wann ließen die mich endlich abfahren? Das Fach war leer. Ich knallte den Schlüssel auf Brauns Tresen, griff mein Gepäck und machte mich eiligst auf den Weg zum Ausgang. „Herr Reimann!", blökte Braun hinter mir her.
Ich drehte mich um.
„Was denn noch!" Ich war genervt.
„Auf Wiedersehen und kommen Sie gut nach Hause." Bitte geht doch!
Die 250 Kilometer spulte ich in einem Stück herunter. Ich wollte endlich zu Hause ankommen. Unterwegs schnell auf einen Kaffee angehalten, der mir sehr heiß in einer Tankstelle zubereitet wurde. Also, der Kaffee war lauwarm, aber das Mäuschen hinter der Bedientheke sah sensationell aus. Ich kam mir vor, wie nach 15 Jahren Knast und erblickte zum ersten Mal wieder ein weibliches Wesen. Conny tat mir jetzt schon leid. Am letzten Wochenende kam sie mich nicht besuchen, da eine wichtige familiäre Verpflichtung sie zu Hause festhielt. Heute Abend durfte sie das wiedergutmachen. Knapp 50 Kilometer trennten mich von meinem Lieblingsmenschen. Ich trat aufs Gaspedal.
„Walde" stand auf dem Ortseingangsschild und ich hatte mich noch nie so sehr gefreut, diesen Namen zu lesen. Conny erwartete mich in der Hofeinfahrt.

„Willkommen zurück, du Bekloppter", sagte sie lachend zu mir und wir fielen uns in die Arme. Wie sie duftete. Herrlich. Wir küssten uns innig und ich merkte sofort wieder, wie dolle ich diese Frau liebte. Mir schossen Tränen in die Augen. „Was ist mit Dir?" Dabei nahm sie ganz sanft mein Gesicht in ihre Hände und schaute mich besorgt an.
„Ach, nichts", schniefte ich. Typische Antwort nach so einer Frage. Mehr so eine Ausrede, um nicht weiter darüber sprechen zu müssen. Aber mit wem würde ich nicht lieber darüber reden, als mit Conny? „Es ist gerade alles zu viel für mich. Zu überwältigend."
„Was denn? Komm, lass uns erstmal reingehen." Ich nahm das größere Gepäckstück und Conny meine Sporttasche und die Walking-Stöcke. Drinnen erwartete mich der Duft frisch zubereiteten Kaffees. Wir setzten uns an unseren Esstisch und Conny schenkte mir den Kaffee ein. Ich blickte auf einen ganzen Stapel Post für mich. Hastig wühlte ich ihn durch und zog ein Schreiben von Steigermann-Objektmöbel heraus. „Langsam, Nik. Komm doch erstmal an." Das ignorierte ich mal ganz schnell und riss hastig den Umschlag auf.
Es war meine Kündigung. Kündigung? Verdammt! Die hatten mir tatsächlich gekündigt.
Ich brach wieder in Tränen aus, diesmal heftiger und ließ das Papier auf den Boden gleiten.
„Aber das wusstest Du doch", wandte sich Conny an mich und legte ihre Hand auf meinen Arm. Klar, wusste ich das. Aber es so schwarz auf weiß zu lesen erzeugte eine unendliche Traurigkeit und Wut und Zorn und alles auf einmal in mir. Es war so endgültig. Gleichzeitig kam mir der Gedanke: Wieso? Und was kommt jetzt? Was kann ich denn noch machen?
Ich beruhigte mich überhaupt nicht mehr, sodass Conny vorschlug, ich sollte mich zunächst einfach ins Bett legen, während sie sich um meine Sachen kümmern würde.
Guter Einfall. Ich zog nur meine Schuhe aus und legte mich in unser Bett. Kurz darauf war ich eingeschlafen.
Nach vollen drei Stunden öffnete Conny vorsichtig die Schlafzimmertür und rief ein leises „Nik!" in den Raum. Ich war nur im Halbschlaf und erhob mich vom Bett. Der Schlaf hatte gut getan und anscheinend hatten mein Körper und besonders mein Geist ihn dringend benötigt. „Danke. Das war eine gute Idee." Ich gab Conny einen Kuss.

„Du warst ja auch so fertig. Geht es Dir denn jetzt besser?"
„Ja, klar", log ich.
Die übrige Post bestand aus Versicherungsrechnungen und Werbekram. Diesen hätte Conny mit ruhigem Gewissen vorher wegwerfen dürfen.
„Ein paar Monate bekomme ich mein Gehalt weiter und dann wird es düster", meinte ich zu meiner Partnerin.
„Nichts wird düster. Wir schaffen das schon. Du bekommst nicht gerade wenig Arbeitslosengeld, Nik." Allein dieses Wort bewirkte wieder in mir eine totale Abwehrreaktion und erzeugte eine leichte Panik. Mit so etwas wollte ich nie zu tun haben oder sogar davon betroffen sein.
Willkommen in der Realität, Nik! „Ich muss mich beim Jobcenter melden oder Arbeitsamt. Keine Ahnung, wie das heutzutage genannt wird." Mein Ton war abfällig. Ich gehörte nicht zu den Leuten, die sich ihre Stütze abholen mussten. Seit fast 30 Jahren sorgte ich immer für mich selbst. Ich hatte scheinbar nichts begriffen. Ab jetzt war ich auf die Unterstützung von Vater Staat angewiesen. Es sei denn, ich besorgte mir schnellstmöglich wieder einen neuen Job. Dieses Gefühl und der Eindruck, ich hätte dazu genügend Kraft und Willen, holten mich gedanklich wieder aus meinem Tief. Ich wollte etwas bewegen. Es fühlte sich zumindest in dem Moment so an. Mein körpereigener Motor nahm sich nochmal einen ordentlichen Schluck Kraftstoff, um die Energie für meine weiteren Jobvorhaben zu erzeugen. Leider schien mein Tank nicht wieder vollgetankt zu sein. Meine Akkus waren nicht komplett aufgeladen. „Ich gucke mal nach einem neuen Job", sagte ich zu Conny, die mich entgeistert anschaute, während sie unser Abendessen zubereitete. Ich merkte selbst, wie dieser Satz von mir nur so daher gesagt wurde und ich selbst gar nicht von meiner Aussage überzeugt war.
„Du sollst doch nicht arbeiten", meinte sie. „Die haben Dich doch krankgeschrieben."
„Wer? Die Klinik? Ach ja, zum Arzt muss ich auch noch." Am liebsten wäre ich sofort ins Auto gestiegen und zum Arzt gefahren; anschließend zum Jobcenter; die hatten bestimmt eine Spätschicht, soviel, wie die zu tun hatten. Wobei sich nach dem Arztbesuch Letzteres wahrscheinlich ohnehin zunächst für ein paar Wochen erledigt hatte. Na gut. Dann meldete ich mich zumindest auf den gängigen Job-Portalen im World- Wi- de- Web an. Konnte ja nicht schaden. Je eher ich wieder in Lohn und Brot käme, desto besser für unsere finanzielle Situation. Conny merkte

mir meinen euphorisch übertriebenen Enthusiasmus sofort an. Sie unterbrach das Köcheln und setzte sich zu mir an den Tisch; dabei griff sie meinen Arm. „Nik, Du bleibst erstmal weiter zu Hause. Morgen früh gehst Du zum Arzt." Ich nickte. Ich wusste ja, dass Conny Recht hatte. Ich konnte oder wollte mir die derzeitige Situation einfach nicht eingestehen. Was ich zu dem Zeitpunkt nicht wusste: Ich musste mir diese Situation für den Rest meines Lebens eingestehen! Nie wieder arbeiten. Stop!
Richtig lautete es: Nie wieder arbeiten zu können.
Nach einem leckeren Abendessen und langen, intensiven Gesprächen mit meiner Partnerin fiel ich sehr spät hundemüde ins Bett und schlief wie ein Murmeltier. Außerdem ließ ich Conny im Bett zufrieden schlafen; mir war überhaupt nicht nach Sex. Ungewöhnlich, aber so signalisierte es mein Körper oder genauer, meine psychische Verfassung. Ich sehnte mich extrem nach Ruhe. Wir frühstückten am nächsten Morgen gemeinsam mit Connys Kindern, die sich ihre Brote hastig einschoben, um dann eilig zur Schule zu starten. Diese Jugend. Irgendwann verabschiedete sich Conny von mir, um sich auf den Weg zur Arbeit in ihrer Physiotherapie-Praxis zu machen und erinnerte mich daran, heute Vormittag meinen Hausarzt aufzusuchen. Klar. Das wollte und würde ich für mich tun. Als Conny winkend am Küchenfenster vorbeifuhr, brach ich sofort in Tränen aus. Ich legte die Stirn auf meine Arme, die auf der Tischplatte ruhten und heulte hemmungslos. Ich wusste mir das nicht zu erklären. Schließlich war ich doch wieder zu Hause. Bei Conny. Ich fühlte mich hilflos, nutzlos und absolut nicht liebenswert. Ich mochte mich selbst nicht. Dieses Gefühl wurde von Minute zu Minute schlimmer, während ich verheult und mit geröteten Augen aus dem Küchenfenster starrte, als ob ich erwartete, Conny würde dort immer noch winkend in ihrem Micra sitzen. Irgendjemand hatte meine Gedanken komplett mit schwarzer Farbe eingefärbt. Nach etwa einer Stunde wunderte ich mich selbst, dass ich immer noch im Bademantel und Schlafklamotten am Tisch saß und mein Kopf wieder auf den Armen ruhte. Mein Kaffee war inzwischen kalt. Behäbig erhob ich mich und stellte das Geschirr in die Spülmaschine, um gleich darauf wieder in Tränen auszubrechen. War das heute meine Aufgabe? Heulen und Geschirr wegräumen? Ich versuchte gedanklich in meine Zukunft zu schauen und sah, was meine zukünftigen Aufgaben anging, eine gähnende Leere. Wozu war ich über-

haupt noch nütze? Mein Blick fiel wieder nach draußen und blieb auf der klapprigen Holztür unseres kleinen Geräteschuppens haften. Dahinter hing mal das geborgte Abschleppseil meines Schwiegervaters. Ich erschrak vor meinen bescheuerten, tödlichen Gedanken. Mit den Handballen rieb ich heftigst meine Augen, als ob ich damit die Horror-Bilder wegwischen konnte und beschloss, eine Dusche zu nehmen. Das sollte mich vitalisieren und vor allen Dingen, wieder auf andere Gedanken bringen. Nur, auf welche? Ganz sicher später ein Thema beim Hausarzt. Mühsam quälte ich mich aus meinen Klamotten und ging duschen. Die Dusche half leider überhaupt nicht. Ich war danach nur nass und sauber; kein Gefühl von Frische oder Vitalisierung. Ich trocknete mich ab und zog mich wieder an. Meine Armbanduhr zeigte 9 Uhr an. Es wurde Zeit, zum Arzt zu fahren, denn vormittags hieß es dort: „Der Nächste bitte!" Ich schnappte mir ein Buch, um die zu erwartende lange Wartezeit zu überbrücken und stieg ins Auto. Und heulte wieder los. War das eine normale Reaktion beim Akklimatisieren nach einer psycho-somatischen Reha? Es war jedenfalls ganz bedrückend. Wenigstens war ich nicht in den Geräteschuppen gegangen, um nach einer Abschleppseil-Alternative zu suchen. Weg von diesem Gedanken! Ich fuhr los und erreichte die nächsten 30 Minuten keine höhere Geschwindigkeit als 50 km/h. Auf der Landstraße wurde ich pausenlos überholt. War mir egal. Eine höhere Geschwindigkeit ließ meine Konzentration gar nicht zu. Natürlich war das Wartezimmer rappelvoll. Es dauerte zunächst einige Minuten, bis ich zumindest den Anmeldetresen erreicht hatte, denn die Warteschlange zum Anmelden hatte ihren Anfang auf dem Parkplatz vor der Treppe zur Praxis. Brav reichte ich der Arzthelferin meine Krankenkarte. „Ah, Herr Reimann! Von Ihnen haben wir heute den Entlassungsbericht der Reha-Klinik erhalten. Können Sie ja gleich mit dem Doktor besprechen." Na bitte, es lief doch. Ich setzte mich in das nach unterschiedlichen Deos, Schweiß und Mundgeruch müffelnde Wartezimmer. Um mich herum wurde gehustet. Anscheinend war gerade wieder Grippe -oder Erkältungszeit. Nahm ich eben eine Infektion mit nach Hause. War mir dann egal. Blieb ich eben deswegen zu Hause. Zehn Seiten schaffte ich in der „BUNTE" zu lesen, dann rief eine junge Stimme meinen Namen.

Dr. Leppner war selber stark erkältet. „Sie müssen mal zum Arzt", scherzte ich.

„Die sind doch alle überlaufen", konterte er nasal zurück.
„Wie war es denn? Wie geht es Ihnen?"
Zu viele Fragen auf einmal. „Scheiße und ganz gut", antwortete ich. Wir lachten beide.
„Was war denn so scheiße?" Ich erzählte ihm von meinem Eindruck, dass die Klinik Quote hinsichtlich der „geheilten" Patienten machen musste, um ihre Gelder vom Rentenversicherer nicht zu verlieren. „Die Psychotherapeutin hatte mich zwei Mal vergessen. Ich bekam deswegen weniger Einzelgespräche." Doktor Leppner schüttelte den Kopf. „Und was haben Sie nun vor? Die haben Sie als voll erwerbsfähig entlassen, so wie ich das hier sehe." Er tippte mit dem Zeigefinger vor sich auf den Computerbildschirm, auf dem mein Entlassungsbericht zu sehen war. Ich richtete mich entsetzt auf.
„Was steht da?"
„Sie sind laut deren Ergebnis wieder voll einsatzfähig. Aber, keine Panik. Ich schreibe Sie auf jeden Fall weiter krank. Nach so einer Maßnahme brauchen Geist und Körper zunächst eine gewisse Wiedereingewöhnungszeit an das gewohnte Umfeld."
Diese Arschlöcher. Ich hatte doch bei denen einen Wisch unterschrieben, aus dem hervorging, dass ich nicht mehr bei Steigermann-Objektmöbel weiterarbeiten konnte. „Genau", meinte der Doktor, der anscheinend meine Gedanken las, „die gehen aber davon aus, dass Sie auf jeden Fall woanders arbeiten können. Ich schreibe Sie für vier Wochen krank und dann sehen wir mal weiter. Außerdem gehen Sie bitte weiterhin zur Therapie." Schon tippte er auf seiner Tastatur und kurz darauf spuckte der Drucker neben dem Bildschirm eine Krankschreibung aus.
„Haben Sie noch Ihre Psychopharmaka?" Ich nickte. Die Klinik hatte mir tatsächlich zwei Schachteln der Spaßpillchen mitgegeben; sozusagen als Abschiedsgeschenk.
Also weiter Therapie. Konnte man während einer Therapie arbeiten? Ich wusste, dass manche Kollegen ebenfalls eine Psychotherapie bekamen, nachdem sie von ihren Frauen verlassen worden waren, allerdings erst nach einer längeren Abwesenheitsphase vom Job. Demzufolge zum Stabilisieren, um anschließend wieder bei der Arbeit ihren Mann stehen zu können. Ich Trottel hatte ja immer weiter gearbeitet und war während dieser Zeit parallel gestärkt worden, was im Nachhinein betrachtet, zusätzlichen Stress verursacht hatte. Die gut gemeinten Worte und Rat-

schläge von meinem Therapeuten waren seinerzeit sofort verpufft, sobald ich nach so einem Psycho-Gespräch die Rückfahrt antrat und 45 Minuten später wieder auf den Mitarbeiterparkplatz gerollt war.
In den mir zusätzlich genehmigten vier Wochen wollte ich in Ruhe schauen, was ich zukünftig machen könnte und wollte. Seltsamerweise traute ich mich nicht, den mir gegenüber sitzenden Arzt sofort zu fragen, wie er mich denn einschätzen würde. Das sollte ausschließlich mein psychologischer Psychotherapeut machen. Ich wollte mir heute noch telefonisch einen Termin bei Herrn Böckler besorgen. Der würde sich bestimmt über das Wiedersehen freuen. „Dann gönnen Sie sich bitte Ruhe und in vier Wochen schauen Sie wieder rein. Falls etwas ist, sofort vorbeikommen." Doktor Leppner überreichte mir die Krankschreibung. *Falls etwas ist?* Was meinte er damit? Falls ich mit dem ehemaligen Schaukelseil in der Hand auf der Leiter vorm Kirschbaum stand? An „schwarzen" Tagen nicht heulend auf dem Sofa sitzen sondern ihn anrufen? Und dann? Ab in die Geschlossene? Ich wollte darüber gar nicht weiter nachdenken, sondern verabschiedete mich nur und verließ die Praxis. Dann fiel mir ein, wer bekam die Ausfertigung der Krankschreibung, die normalerweise für den Arbeitgeber bestimmt war? Den gab es ja nicht mehr für mich. Ich tippte mal auf das Jobcenter, denn letztendlich würde ich mich bei denen melden, wenn die vier Wochen herum waren und ich mich wieder fit für einen Job fühlte. Machte ich mir da nicht etwas vor? Ich beschloss, mich mit der Krankmeldung beim Arbeitsamt zu melden. Konnte sicherlich nicht schaden. Somit war ich dort auf jeden Fall schon mal registriert, wenn ich dann irgendwann einmal offiziell deren Hilfe in Anspruch nehmen musste. Ich wollte sofort dort vorbeifahren.
„Nummer 127" stand auf meinem Wartezettelchen, welches ich aus dem Wartezetteldrucker gerissen hatte. Auf der LED-Anzeige an der gegenüberliegenden Wand vom Wartebereich blinkte die Nummer „121". Mal schauen, wie lange es dauern würde. Ich setzte mich zu den südländisch aussehenden Wartenden und den Ungepflegten mit Fettfrisur, nikotinverfärbten Fingern und Hochwasserhosen. Tatsächlich wurden hier im Wartebereich von den dort Sitzenden alle Klischees bedient und ich hockte mittendrin; jedoch lief auf dem Flatscreen an der Wand kein RTL II sondern Info-Videos für die Arbeitssuchenden. Nach einer Stunde ertönte ein angenehmer Gong und die Anzeige sprang auf mein Nümmer-

chen um. Ich erhob mich und begab mich in das Büro meiner zuständigen Sachbearbeiterin.
Frau oder Fräulein Gebhard gab mir ihr zartes Händchen zur Begrüßung und wies mir einen Stuhl gegenüber ihres Schreibtisches zu. „Sie sind zum ersten Mal hier?"
Ich nickte. „Ich erfasse zunächst einmal Ihre Daten und da Sie krankgeschrieben sind, brauchen Sie anschließend nichts weiter zu unternehmen. Werden Sie weiterhin krankgeschrieben, reichen Sie die nächste Meldung bitte postalisch ein. Sobald Sie wieder gesund sind, melden Sie sich bitte telefonisch und machen mit mir einen Beratungstermin aus. Noch Fragen?" Das alles brabbelte sie in monotoner Navi-Stimmlage und wie am Fließband herunter, so wie sie es wahrscheinlich 50 Mal am Tag machte. Eigentlich hätte sie mir stattdessen eine Aufzeichnung abspielen können oder ich hätte weiter im Wartebereich gehockt und auf das passende Video gewartet. „Okay", sagte ich und war auf weitere Fragen hinsichtlich meiner Daten gefasst. Die kamen aber nicht. „Meine Daten?", fragte ich daher.
„Die habe ich bereits bekommen und erfasse sie später." Mein erstaunter Gesichtsausdruck erzeugte ein leichtes Lächeln in ihrem hübschen Gesicht. Die junge Frau war höchstens Mitte Zwanzig. Wollte sie den Rest ihres Lebens hier in diesem kargen Büro vergammeln und täglich mit ratlosen oder ratsuchenden, zum Teil stinkenden und der deutschen Sprache nicht mächtigen, angsteinflößenden, deprimierenden Gestalten zubringen? Ich war da wirklich die Ausnahme und möglicherweise so etwas wie ein Lichtblick in ihrem Klientenpool. Zumindest heute. Davon war ich überzeugt.
Sie gab mir eine dicke Mappe mit dem Arbeitsagentur-Logo in die Hand. „Das sind ein paar Hinweise und Zugangsdaten für unsere Online-Jobbörse."
Also doch. Ich wurde aufgefordert nach Jobs zu gucken. Irgendwie überkam mich gerade der Zweifel, ob das hier in dieser Sekunde alles so richtig für mich lief. „Ich war ja nun sehr lange in einer Krankheitsphase. Werde ich da tatsächlich so behandelt wie ein „normaler" Arbeitssuchender?" Diese Frage stellte ich Frau Gebhard völlig spontan, denn ich fühlte mich dort die ganze Zeit wie fehl am Platz. Was wäre gewesen oder was hätte ich gemacht, wenn ich nicht mit einer Krankschreibung hier hereingerauscht wäre, sondern tatsächlich nach einem Job gesucht

hätte? „Seit wann sind Sie denn krank und weswegen?" Aha! Von wegen „ich gebe Ihre Daten gleich ein."
„Ich bin seit über einem Jahr in einer Depressionstherapie nach erfolgtem Burnout und komme frisch aus einer psychosomatischen Reha." Das hatte ich richtig fein aufgesagt. Das hübsche Mädel zog die Augenbrauen hoch und verzog den Mund.
„Oh, dann ist es besser, Sie erhalten eine Integrationsberatung. Möglicherweise werden wir ein Gutachten von Ihnen anfertigen, um zu sehen, für welche Jobs Sie noch geeignet sind." Sie tippte etwas auf ihrer Tastatur herum und wandte sich dann wieder zu mir. „Herr Bodenschläger aus der Integrationsberatung wird sich um Sie kümmern und in den nächsten Tagen anrufen. So lange brauchen Sie nichts weiter zu unternehmen." Nun lächelte sie sogar wieder. Hätte ich eben mein Maul nicht aufgemacht, wäre ich ganz normal durch deren Tretmühle mit entsprechendem Formulardschungel gescheucht worden, um möglicherweise irgendwann wieder in einen stressgewaltigen Job hineinzupreschen.
Ich verabschiedete mich und fuhr wieder nach Hause. Abwarten hieß jetzt die Devise. Innerlich führte ich einen Kampf mit mir selbst. Wollte ich darauf warten, was die Integrationsberatung mir anzubieten hatte? Wahrscheinlich irgendwo ganz klein wieder von ganz unten in winzigen Schritten beginnen. Nur, als was denn? Was war mir in meinem jetzigen Zustand zuzumuten? Was traute ich mir selbst zu? Ich traute mir scheinbar eine ganze Menge zu, denn abends am selben Tag formulierte ich mein Universal-Bewerbungsschreiben. Ich erdachte mir einen Text, der minimal verändert, bei jeder Firma funktionieren würde. Meine monatelange Arbeitsabstinenz begründete ich in dem Schreiben mit einer genommenen Auszeit. Das klang glaubwürdig, zumal die sogenannten „Sabbaticals" immer häufiger durch die Gazetten liefen.
„Du spinnst doch komplett", war Connys Kommentar zu meinen Bemühungen, wieder einen Job zu bekommen. „Dann wirst Du wieder krank. Du **bist** krank, Nik."
„Ja, aber ich muss doch irgendetwas machen." Anscheinend verstand ich Conny nicht richtig. „Du musst gar nichts machen. Du bist krankgeschrieben. Ruh Dich aus oder mach Sachen, die Dir gut tun." Unsere Meinungsverschiedenheit fand sogar im Bett ihre Fortsetzung. Ich hatte wirklich den Eindruck, Conny machte sich ernsthaft Sorgen um mich und

wollte absolut nicht, dass ich mich weiter um Arbeit bemühte. Waren ihr die letzten Wochen oder sogar Monate zu nahe gegangen? Wenn dem so war, so hatte ich das nicht bemerkt. In der Klinik war ich sowieso abgelenkt gewesen und falls Conny nach ihren Besuchen sorgenvoll und nachdenklich nach Hause gefahren war, so war mir ihre Sorge oder Nachdenklichkeit während ihrer Besuchszeit und in den abendlichen Telefonaten nicht aufgefallen. „Du hast in der Klinik nichts gelernt", kam von ihr. Sie hatte sich im Bett zu mir gedreht und stützte den Kopf in eine Hand. „Die sagen doch, ich muss wieder arbeiten."
„Du bist krankgeschrieben, Nik. Du musst nicht arbeiten. Und nach der Krankschreibung sehen wir mal weiter." Daraufhin gab sie mir einen Kuss und drehte sich auf die andere Seite. „Schlaf mal eine Nacht drüber. Gute Nacht", murmelte sie in ein Gähnen hinein.
Ich lag die ganze Nacht wach. Immer wieder dachte ich über Connys Sätze nach. *Du musst nicht arbeiten. Du hast nichts gelernt.*
Wie gerädert erhob ich mich aus dem Bett und stellte fest, dass Conny bereits aufgestanden war und Kaffee kochte. „Morgen, mein Schatz", begrüßte ich sie müde. Conny war schon in ihren Klamotten, umarmte und küsste mich. „Morgen, Du Arbeitstier."
Wir setzten uns lachend an den Tisch und frühstückten. Svenja und Björn mussten offenbar erst später zur Schule, denn von den beiden war noch nichts zu sehen.
„Was hast Du heute vor?", fragte Conny mich. Zunächst fühlte ich mich etwas verarscht. Was sollte ich schon unternehmen? Ich war ja krankgeschrieben. Andererseits nicht bettlägerig und durfte durchaus mobil sein. „Ich schaue bei meinen Eltern vorbei und erledige den Einkauf für uns." Das war mir spontan eingefallen.
„Sehr gut. Leg Dich heute Nachmittag hin und ruhe Dich aus."
Was sollte das immer, mit dem Ausruhen? Ich fühlte mich zwar müde, aber nicht ausgelaugt oder gar krank. „Du hast unruhig geschlafen, Süßer und Dich ständig hin -und her gewälzt. Woran hast Du gedacht?"
„An was wohl? Wie es mit mir weitergeht. Wobei ich mich an meine nächtlichen Gedanken im Detail gar nicht mehr erinnern kann." Das stimmte. Mein Gedankenkarussell hatte zwar reichlich Runden gedreht und wie im Stakkato waren Bilder vor meinen Augen aufgetaucht, die mit der Klinik und Steigermann-Objektmöbel zu tun hatten. Kurz vorm Aufwachen dachte ich an meinen Sohn und tatsächlich auch an Karin.

Scheinbar gab es diese Baustellen zusätzlich in meinem Hirn. Arbeit für Herrn Böckler. Bei dem hatte ich morgen wieder eine Sitzung. Die gestrige SMS zur Terminabsprache hatte er wenige Minuten später beantwortet. Schien nicht besonders überlaufen zu sein, der alte Seelenklempner.
Der Besuch bei meinen Eltern verlief erwartungsgemäß. Beide konnten mit meiner Erkrankung immer noch nichts anfangen. Was die in der Klinik denn nun mit mir gemacht hätten? Wann ich wieder gesund würde? „Mensch, Du hattest doch so nette Kollegen", meinte mein Vater, nachdem ich ihm von meiner Kündigung erzählt hatte. Mein Sohn hatte meinen Eltern vor ein paar Tagen seine neue „Flamme" vorgestellt. Immerhin. Ich würde das Mädel bestimmt noch früh genug kennenlernen. Bevor ich wieder von meinen Eltern losfuhr, setzte ich eine Whatsapp-Nachricht an Marc ab, denn auf mein Klingeln hatte er nicht reagiert; wahrscheinlich war er wirklich nicht in seiner Wohnung. Wann er mal Zeit hätte, um mit seinem alten Herrn einen Happen essen zu gehen. „Wir hören seit Tagen oben in der Wohnung keine Geräusche und gesehen haben wir Marc auch länger nicht", meinte meine Mutter zu mir. Ich beruhigte sie mit einer Erklärung, dass Marc nun einmal noch sehr jung sei und sicherlich bei seiner neuen Freundin nächtigen würde. Wieder im Auto sitzend bekam ich einen Heulanfall und konnte nicht losfahren. Im Kopf ausschließlich negative Gedanken und ich wurde immer verzweifelter. War alles richtig? Warum war alles so? Wie würde das enden?
Ich fuhr zumindest vom Haus meiner Eltern weg, damit mich meine Mutter nicht mehr durch ihr Wohnzimmerfenster sehen konnte. Ich hielt an der nächsten Bushaltestellenausbuchtung an und nahm ein Taschentuch. Vor mir entstand eine völlige Perspektivlosigkeit. Wie auch immer man sich so ein Bild davon vorstellte. Ich malte mir Herrn Böckler aus, wie dieser nur mit den Schultern zuckte. „Da kann ich Ihnen leider nicht mehr helfen." Im nächsten Negativ-Szenario erschien meine Psychiaterin Dr. Wenger, um mir mitzuteilen, dass sie erst wieder in 9 Monaten einen Termin frei hätte. Alles nur unheilvolle Gedanken in meinem Schädel. Dr. Wenger hatte ich bis jetzt nicht kontaktiert. Die wäre Ende der Woche dran. Viel wichtiger war mir mein Psychotherapeut und den hatte ich sofort angetroffen. Ich rotzte mein Taschentuch voll. Einige Minuten starrte ich einfach durch die Windschutzscheibe ins

Nichts, nahm die umliegenden Gebäude gar nicht wahr. Die schwarzen Gedanken schienen meinem Blick zu folgen und verschwanden im Nirwana der Unendlichkeit. Vorläufig. Ich fand es erschreckend, wie sich meine Stimmung innerhalb kürzester Zeit änderte. Tief durchatmen. Weiterfahren.
Die nächsten Wochen waren seltsam. Skurril. Aufregend und schockierend. Ich befand mich tatsächlich in einem Bewerbungsflow. Auf sämtlichen Portalen, auf denen ich angemeldet war -und es waren einige-, bekam ich Einladungsnachrichten zu Vorstellungsgesprächen von Firmen, denen ich mein geniales Universalbewerbungsschreiben geschickt hatte. Conny nörgelte und schimpfte mit mir in den ersten Tagen; eine gewisse Zeit später resignierte sie und schüttelte nur den Kopf, wenn sie sich morgens von mir verabschiedete und auf ihre Frage, was ich heute unternahm, ein: „Vorstellungsgespräch bei Firma XYZ" , zu hören bekam.
Die meisten Vorstellungsgespräche endeten mit der Gehaltsfrage und oftmals sogar mit einem vorbereiteten Arbeitsvertrag, den mir mein jeweiliges Gegenüber zur Unterschrift über den Tisch schob. Entweder bat ich um Bedenkzeit, sagte einen Tag später dann ab oder ich unterschrieb, mit dem Wissen, in den nächsten Tagen der Firma eine Absage zu erteilen. Alles nur für mein platt geklopp23es Ego. Nach etwa einer Woche kam ich morgens überhaupt nicht mehr aus dem Bett und das lag dann nicht an übermäßiger Müdigkeit, sondern an meiner gesamten körperlichen und seelischen Verfassung. Als ob mich eine fremde Macht immer wieder zurück ins Bett drücken würde. Stand ich dann endlich auf und duschte im Zeitlupentempo, nahm mich diese Macht erneut in ihren Schraubstock und machte es mir unmöglich, mich anzuziehen. Stattdessen fiel ich aufs Sofa und flennte hemmungslos. Nach einer besonders heftigen Heulattacke zog ich mich an und fuhr direkt zu Doktor Leppner, um wieder einmal meine Krankschreibung verlängern zu lassen. „Sie können es aber auch nicht sein lassen, Herr Reimann", meinte er mehr als ein Mal zu mir, nachdem ich ihm wahrheitsgemäß seine Frage *„Was machen Sie so am Tag?"* mit „Bewerbungen abschicken und an Vorstellungsgesprächen teilnehmen", beantwortet hatte. Ich bekam aber immer brav die Bescheinigungen für das Jobcenter und für die Krankenkasse. Mir ging es immer beschissener. Inzwischen hatte ich meinen psychologischen Psychotherapeuten (ich wunderte mich immer

noch über diese Berufsbezeichnung) aufgesucht und von meinem Aktionismus erzählt. „Sie sind ein menschlicher Tesla, Herr Reimann. Ihr Akku lädt nur noch 20%, aber der Fahrer will 100% Leistung abrufen. Das kann rein technisch schon nicht funktionieren." Diesen Vergleich mit dem Elektro-Fahrzeug fand ich richtig treffend und einleuchtend. Damit konnte ich etwas anfangen. „Außerdem verbrauchen Sie die restliche Energie, die noch in Ihren Akkus steckt. Danach geht gar nichts mehr. Gönnen Sie sich endlich Ruhe. Machen Sie Ihre Entspannungsübungen." Herr Böckler sah mich ernst an, während ich den Blick immer weiter sinken ließ. Als ob ich mich schämte. „Aber ich muss doch irgendetwas unternehmen. Ich muss doch etwas machen."
„Genau! Sie müssen etwas machen. Aber etwas, das Ihnen guttut. Gehen Sie ins Kino oder auf eines dieser lauten Konzerte, die Sie so mögen. Machen Sie endlich etwas für sich. Für andere Menschen haben Sie genug getan!" Den letzten Satz sprach er deutlich lauter und beugte sich zu mir. Angekommen! Ich hatte ihn verstanden. Von meinem letzten Job, den ich noch ausprobieren wollte, erzählte ich ihm besser nichts. Ich hatte mich doch tatsächlich bei einem dieser Sklaventreiber und Zeitarbeitsunternehmen beworben. Als Logistikberater. *Ich würde offene Türen einrennen und meine Provision würde unvorstellbare Dimensionen erreichen,* erklärte mir die Geschäftsführerin wild gestikulierend während des Einstellungsgesprächs. Das Fix-Gehalt lag jenseits von Gut und Böse oder wie man so schön sagte: Zum Sterben zu viel und zum Leben zu wenig. Aber die Provision! Ich könnte mir schon mal den Grand Cherokee bestellen!
Die nächsten 12 Tage hüpfte ich täglich aus dem Firmenwagen raus, betrat irgendwelche Speditionen oder Versandabteilungen und stieg meistens enttäuscht wieder in den Firmenwagen hinein. Ich musste „Klinkenputzen". Firmen besuchen und denen Leiharbeiter für deren Versandabteilung aufschwatzen; also letztendlich Seelen verkaufen. Unter einer Beratung hatte ich mir etwas völlig Anderes vorgestellt. Ich schlief keine Nacht mehr durch und vollführte während meiner Dienstfahrten zum Teil waghalsige Fahrmanöver, da meine Konzentration immer mehr nachließ. Irgendwann setzte auch hier die fremde Macht ihre volle Wirkung ein und ich schleppte mich nur noch in mein Auto, um Dr. Leppner aufzusuchen. „Ich ziehe bei Ihnen wieder den Stecker! Sie bleiben nun für längere Zeit zu Hause, Herr Reimann. Ich hätte da so eine Idee..."

Diese „Idee" hatte dann meine Psychiaterin ebenfalls und Herr Böckler applaudierte, als ich sie ihm ebenfalls nannte. Rentenantrag! Dieses Wort war bisher ganz weit weg von mir und normalerweise in meinem Wortschatz gar nicht enthalten. Ich hatte fast 30 Jahre lang geackert, gemacht und meine Kohle verdient. Ich hatte noch über 15 Jahre zu arbeiten. Außerdem brauchte ich doch das Geld! Tatsächlich?
Gleich am nächsten Tag setzte ich mich mit Conny an den Tisch und sie zückte den spitzen Bleistift, um unsere häusliche finanzielle Situation zu berechnen. Meine zu erwartende Erwerbsminderungsrente entnahmen wir der letzten Bescheinigung vom Rentenversicherer. „Wir kommen gut klar, Nik", sagte Conny und schaute von ihrer Tabelle auf, die sie inzwischen als Excel-Tabelle auf ihrem Laptop sichtbar gemacht hatte. Unterm Strich sah es wahrhaftig nicht schlecht aus. Klar, schlechter als vorher. Aber wir wären nicht arm. „Alles, was Dich interessiert, Deine Konzerte und ins Kino, Bücher lesen... Du kannst das alles machen. Du darfst das machen, Nik." Conny lächelte mich an. Ich sah abwechselnd erstaunt auf den Bildschirm und dann in ihre Augen. Schließlich ließ ich mich von ihrem Lächeln anstecken und sagte: „Dann werde ich eben Rentner."
Der Integrationsberater, Herr Bodenschläger -ich suchte ihn unmittelbar nach meiner Kündigung beim Seelenverkäufer auf-, war sofort Feuer und Flamme, als ich ein paar Tage später vor seinem Schreibtisch saß. In den vorherigen Gesprächen hatte er mir vorab klar gemacht und versichert, dass er mich in Ruhe lassen würde. Im Gegensatz zur üblichen Praxis im Jobcenter, musste ich keine zwei Bewerbungen die Woche heraushauen, obwohl ich Tage vorher mehr als das Doppelte abgeschickt hatte sondern mich alle zwei Wochen telefonisch bei ihm melden und kurz über mein Befinden sprechen. Da ich jedes Mal in einer Krankschreibung war und ihm daher ohnehin nicht zur Verfügung stand, selbst wenn ich ihn hätte aufsuchen können, war Herr Bodenschläger mit mir immer sehr zufrieden und ziemlich schnell mit dem Gespräch fertig. Wahrscheinlich hatte er wesentlich unangenehmere Klienten, die er in Jobs vermitteln musste und diese wollten es sehr häufig gar nicht, obwohl sie dazu noch in der Lage waren. Bei mir war es quasi umgekehrt, aber ich hatte ja inzwischen begriffen, was für mich wichtiger war. Wenn Herr Bodenschläger mir einen Job angeboten hätte, wäre mein Prozess genauso abgelaufen, wie es bisher ablief, wenn ich eine

Einladung zum Vorstellungsgespräch bekommen hatte und schließlich die Unterschrift leistete. Ich hätte alles gegeben und meine 20% innerhalb kürzester Zeit verbraucht. An eine Aufladung der Energiereserven war gar nicht mehr zu denken. Am Ende des Monats gab es ein großes Problem: Das Arbeitsamt weigerte sich, für mich Arbeitslosengeld zu zahlen und die Krankenkasse überwies mir kein Krankengeld. Hinzu kam die Tatsache, dass ich vor drei Tagen tatsächlich einen Rentenantrag gestellt hatte. Niemand fühlte sich mehr für mich zuständig. Ich war ein Pendel zwischen Job und Krankschreibung, das in der Mitte den Rentenantrag streifte. Nach über einer Woche erhielt ich dann endlich zwei erlösende Schreiben. Die ARGE zahlte nach und die Krankenkasse übernahm zukünftig mein Salär. Die Information meines gestellten Rentenantrages veranlasste Herrn Bodenschläger, ein innerbetriebliches Gutachten über mich bei seiner Behörde zu erwirken, aus dem hervorging, dass ich dem Arbeitsmarkt nicht mehr zur Verfügung stehen konnte. Die notwendigen ärztlichen Unterlagen und Befugnisse hatte ich per Schweigepflichtentbindung ermöglicht. Das war eine Win-Win-Situation für uns beide. Er hatte einen Fall weniger auf seinem akkurat aufgeräumten Schreibtisch und ich konnte in aller Ruhe auf die Entscheidung des Rentenversicherers warten. Die Krankenkasse zahlte pünktlich mein Geld ein und Dr. Leppner sorgte für ausreichend Wartezeitüberbrückungsbescheinigungen.

Meine schlechten Tage häuften sich allerdings. Der Eimer schwarze Farbe wurde des Öfteren über meine Gedanken gekippt und verteilt. Teilweise wieder so extrem, dass ich morgens den Geräteschuppen mit den verschiedenartigen Aufknüpfungsmaterialien ins Visier nahm. Das mich vor meiner Reha dort im grellen Gelb anstrahlende Abschleppseil von Connys Vater hatte ich ihm ja vor langer Zeit zurückgegeben. Manchmal durchzuckte mich der fürchterliche Gedanke, mein Auto einfach mal in den Gegenverkehr zu lenken. „Dann nehmen Sie noch unschuldige Menschen mit", ermahnte mich Herr Böckler, als ich ihm von meinem morbiden Gedanken erzählte.

Die Warterei auf die Entscheidung meines Rentenversicherers machte mich völlig fertig. Die Vorstellung, dass mein zukünftiges Leben von der Entscheidung eines Sachbearbeiters in Berlin abhing, war unerträglich. Mal wieder eine fremde Person, die Schicksal bei mir spielte. Ein paar Tage später, ich hatte gerade wieder Conny zum Abschied durch das Kü-

chenfenster gewunken, mir eine zweite Tasse Kaffee eingeschenkt, als zunächst Björn in die Küche geschlurft kam. „Moin", murmelte er, setzte sich an den Tisch und begann sich ein Brot zu schmieren, das er mit zur Schule nehmen wollte. Eine Minute später gesellte sich Svenja hinzu.
„Warum gehst Du eigentlich nicht mehr arbeiten?", startete Björn die Fragerunde. Ich setzte meine Tasse ab und sah beide Jugendlichen erstaunt an. Die Frage war natürlich absolut berechtigt und ich fand es ein bisschen peinlich, mit ihren Kindern bisher gar nicht über meine Situation gesprochen zu haben. Im gleichen Augenblick fiel mir ein, dass sogar mein eigener Sohn Marc noch gar nichts von meinen neuen Lebensumständen wusste. Meine Eltern wussten zwar Bescheid, begriffen die ganze Angelegenheit jedoch nicht wirklich.
„Also", begann ich, „ich bin schon länger krankgeschrieben, wie ihr sicherlich mitbekommen habt?" Beide nickten und bissen in ihre Toastbrote, die zwischenzeitlich aus dem Toaster gehüpft waren. Björns tropfte von reichlich Nutella.
„Es sind psychische Probleme. Ich bin nicht mehr belastbar. Mein Akku ist leer." Möglicherweise hätte man es nicht blöder erklären können.
„Müde und kaputt sind wir doch alle mal", kommentierte Björn. Svenja aß weiter stumm ihren Käsetoast.
„Ja klar. Nur bei mir dauert so eine Phase immer viel länger und scheint sich derzeit auch nicht zu bessern." Ich merkte, wie ich den Erklär-Modus verließ und langsam in den Rechtfertigungsmodus überglitt. Musste ich mich vor den Beiden rechtfertigen? Außerdem schien es mir heute sogar richtig gut zu gehen. Normalerweise würde ich mich gleich an meinen Laptop setzen und die Job-Portale durchstöbern; im Anschluss mindestens acht Bewerbungen abschicken. Allerdings hatte ich gestern in Connys Beisein alle Anmeldungen auf derartigen Netzseiten gelöscht. Mich gab es dort nicht mehr. Daher hatte ich keinen weiteren Grund, dort irgendetwas nachzusehen.
„Ich bin nicht nur bloß erschöpft. Ich bin regelrecht fertig, durch, am Ende und komme nicht mehr hoch." Leider füllten sich meine Augen mit Tränen und das war mir in deren Beisein sehr unangenehm. Den Kindern ebenfalls. „O.k.. Dann noch gute Besserung." Björn erhob sich, warf sich den Rucksack über die Schulter und verließ kauend die Küche.
„Geht man mit so etwas zum Seelenklempner?" Ich nickte auf Svenjas Frage, während ich mir die Nase schnäuzte. Von wem hatte sie den Be-

griff Seelenklempner? Wahrscheinlich von ihrem Vater, in dessen Augen ich bestimmt der totale Versager und Loser war. Er, der mächtige und allzeit motivierte Manager. Mir musste einfach klar sein, dass in der Familie über mich gesprochen wurde und die Familie war nun einmal verstreut. Auch Connys beiden Brüder machten sich sicherlich Gedanken, an wen Conny denn da geraten war. Einen Psycho. Svenja verabschiedete sich und ich warf mich heulend auf das Sofa im Wohnzimmer. Hoffentlich kam bald die Post vom Rentenversicherer. Diese Ungewissheit hielt ich nicht mehr allzu lange aus.

Ein Jahr später...

„Wissen Sie eigentlich, wen Sie hier vor sich sitzen haben?" Ich fragte das und schaute in den daraufhin verdutzt dreinblickenden Gesichtsausdruck des Geschäftsführers eines mittelständischen Küchenherstellers, bei dem ich mich als Logistikleiter beworben hatte.
Diese Stellenanzeige stand ganz klassisch in der Regionalpresse. Diese Bude suchte jemanden, der die Logistik komplett von Null aufbaute.
„Das schaffst Du niemals und das sollst Du auch gar nicht. Du bist bescheuert", meinte Conny zu meiner Aktivität. Die Anzeige erblickte ich etwa drei Wochen, bevor mein erster Rentenbescheid kam. Aus purem Vergnügen und schlicht, weil ich neugierig war, vereinbarte ich mit der Sekretärin einen Vorstellungsgesprächstermin. Ich fuhr tatsächlich in dem festen Glauben dorthin, den Job entweder sowieso nicht zu bekommen oder ihn selbst abzulehnen. Mir war vollkommen klar, dass die Rente der einzig wahre Weg für mich war und hoffte auf entsprechenden positiven Bescheid. Andererseits wollte ich weiterhin in Übung bleiben, was derartige Gespräche anging und einfach schauen, ob mein Universal-Bewerbungsschreiben immer noch funktionierte. Und wie es funktionierte! Ich hatte neun Vorstellungstermine auf 15 Anschreiben erhalten! Ja, richtig: Ich hatte mich weiterhin beworben. Immer im Versand -oder Logistikbereich. Nachdem ich bei diesem seltsamen Zeitar-

beitsunternehmen auf die Schnauze gefallen war, machte ich einige Wochen Probearbeiten bei unterschiedlichen Firmen in verschiedenartigen Jobs. Mal als Disponent, mal als Sachbearbeiter in einer Papierfabrik oder wieder als Versandleiter bei einer Küchenfirma. Überall durfte ich mindestens eine Woche Probearbeiten und alle hätten mich eingestellt. Nur wusste ich meistens schon am ersten Tag, dass ich dem gar nicht gewachsen war. Die hätten mich den ganzen Tag an den Locher zum Konfetti-Stanzen setzen können; ich wäre dabei zugrunde gegangen. Allein schon wegen der Unterforderung. Bore-Out-Gefährdung! Aber grundsätzlich, weil ich nicht mehr die geringste Belastung kompensieren konnte. Mein Alltag mit seinen klitzekleinen Anforderungen füllte mich voll und ganz aus und reichte mir. Vormittags den Geschirrspüler ein -und ausräumen, die Waschmaschine anstellen und die fertige Wäsche aufhängen; ein Einkauf im Supermarkt. Fertig. Danach musste ich mich hinlegen. Meistens nachmittags nochmals zum Supermarkt, weil ich häufig zwei Sachen vergaß; trotz Einkaufszettel. Ich besuchte regelmäßig das Sport-Reha-Zentrum und führte meine Rückenmuskel-Stärkungsübungen aus oder Nordic-Walking über die Feldwege der Felder unseres Wohnortes. Der Staubsauger wurde mein bester Freund und die Katze und der Kater freuten sich über meine Zuwendungen und regelmäßigen Futterzuteilungen. Die Wohnung war stets gesaugt und zwei Mal wöchentlich gewischt. Conny hatte sich ein Heinzelmännchen ins Haus geholt. So würde ich meine Tätigkeiten bezeichnen: Heinzelmännchen-Dinge. Conny erledigte den Hausputz zwar immer etwas gründlicher und übernahm das ab und zu am Wochenende, aber unter der Woche war zumindest immer „Grund" drin. Um die Wäsche kümmerte sie sich überhaupt nicht mehr. Zum Glück wurde unsere Wäsche nicht gebügelt. Ich glaube, davor hätte ich gekniffen.

„Wen habe ich denn vor mir sitzen? Ich denke, Sie sind Herr Reimann und möchten unsere Logistik aufbauen?" Der Geschäftsführer sprach merklich irritiert und fühlte sich verständlicherweise verarscht. Das sollte er auch. Denn nun legte ich meine Karten auf den Tisch.

„Ich bin seit ein paar Jahren aufgrund einer Depression in einer Psychotherapie und musste nach einem Burnout meinen Job aufgeben. Wollen Sie mich noch?"

Ich spürte selbst, wie aufgesetzt mein Grinsen wirken musste. Der Geschäftsführer sagte einige Sekunden gar nichts und wies dann mit dem

Zeigefinger zur Bürotür. „Dann war's das wohl. Schade; und den Weg hätten Sie sich schenken können und ich hätte meine Zeit besser nutzen können. Wiedersehen, Herr Reimann."
Warum ich so einen Mist machte? Meinem Therapeuten sagte ich später: „Ich brauchte das für mein Ego." Genau so war es. Wenn man fast 30 Jahre alle möglichen Dinge geregelt und organisiert hatte und ab sofort ein Einkaufszettel die Grenzen des noch Möglichen aufzeigte, dann taten solche Aktionen richtig gut. Mir war allerdings schon klar, dass dieses Gespräch auch mein letztes sein würde. Immerhin strapazierte ich damit Connys Nervenkostüm und verhielt mich kontraproduktiv zu meiner Therapie.
Das sogenannte ALG I kam immer pünktlich von der Agentur für Arbeit auf mein Konto. An die geringere Summe im „Haben" meines Girokontos hatte ich mich gewöhnt. Conny und ich kamen zurecht. Mein Integrationsberater wusste, dass ich auf den Rentenbescheid wartete und verzichtete weiterhin auf Besuche von mir. Er regelte das intern.
Zwischendurch wurde ich von Dr. Leppner krankgeschrieben und wechselte wieder ins Krankengeld. Von meinen Bewerbungsaktivitäten erzählte ich dem Integrationsberater nichts. Was er nicht wusste, machte ihn nicht heiß.
Dann kam das Schreiben vom Rentenversicherer. Ich war im Bademantel zum Briefkasten gegangen. Conny war seit einer Stunde bei ihrer Arbeit. Hastig riss ich den Umschlag auf. Irgendwo mittig stand „Bitten wir Sie, zum angegebenen Gutachten-Termin pünktlich bei Frau Dr. med. Tollkes zu erscheinen... ." Ich wurde also begutachtet. Endlich. Gleichzeitig keimte wieder Angst in mir auf. Was würde passieren, wenn Frau Doktor der Ansicht wäre, dass meine Situation oder meine psychische Verfassung durchaus reichten, um am Arbeitsleben teilzunehmen, wie es im Beamtenjargon hieß. Zumindest für drei Stunden täglich. Irgendeine stumpfsinnige Arbeit für Blöde verrichten. Im Pförtnerhäuschen Pornos lesen und jede halbe Stunde den „Hoch"-Knopf der Zufahrtsschranke drücken. Anschließend den „Absenk-Knopf". Bitte nicht! Ich schrieb sofort eine Whatsapp-Nachricht an Conny und berichtete ihr von dem Schreiben. Der Gutachten-Termin war bereits nächste Woche. Nun konnte es denen anscheinend nicht schnell genug gehen. Sollte mir recht sein.
Ich fieberte Connys Feierabend entgegen. Den Vormittag hatte ich mit

Nordic-Walking verbracht und meine übliche Runde auf 45 Minuten ausgedehnt. Ich musste etwas machen. Jetzt bloß nicht aufs Sofa setzen und lesen. Da kamen nur schwarze Gedanken in meinen Schädel. Das wusste ich. Ich musste mich ablenken. Mittags hing ich die fertig gewaschene Wäsche auf und befüllte die Maschine gleich wieder mit dreckigen Handtüchern. Normalerweise war das meine Tätigkeit für morgen gewesen. So plante ich bereits. Jede kleine Tätigkeit des Heinzelmännchens wurde auf die Woche verteilt, sodass sich ein ansehnlich angefüllter Terminkalender ergab. Wenn es denn einen Terminkalender dafür gegeben hätte. Ich kochte mir Nudeln und überschwemmte sie mit Ketchup. Das war mein Mittagessen. Noch vier Stunden. Saugte ich eben heute zwei Mal die Wohnung. Beide Stubentiger suchten wieder das Weite, sobald ich meinen Freund, den Staubsauger aus der Ecke holte. Aus meinem kurzen Mittags-Nickerchen wurde dann eine Stunde. War wohl doch alles etwas zu viel. Fehlplanung der Alltagsstrukturierung, Nik!
Dann hörte ich Connys Micra auf den Hof fahren, kurz darauf die Wagentür zuklappen.
„Ich werde begutachtet!", rief ich Conny aus etwa einem Meter Entfernung ins Gesicht, während sie gerade ihre Arbeitstaschen abgestellt hatte und aus ihren Schuhen schlüpfen wollte. „Ruhig, Brauner. Wer will Dich begutachten?" Sie zog ihre giftgrünen Gummi-Hausschlappen an. „Der Rentenversicherer. Also, der Seelenklempner von denen. Nächste Woche Mittwoch." Wir setzten uns an den Tisch und ich bereitete zwei Kaffee zu. Conny überflog das Schreiben mit dem Begutachtungstermin.
„Das ist doch toll. Dann bekommst Du endlich Gewissheit." Welche Gewissheit das sein könnte, beschäftigte mich die nächsten sechs Tage, bis zum Termin. Zusätzlich gaben mir die Nächte ausgiebig Zeit, darüber nachzudenken. Ich malte mir diese Gewissheit und das Ergebnis der Begutachtung nicht in den schillerndsten Farben aus sondern in einem schlichten Schwarz. Ablehnung! Jobcenter! Erneuter Burnout! Feierabend! Das schrie mir mein Hirn zu. Dazu pfiff der Tinnitus sein Klagelied; immer lauter.
Es war soweit. Frau Dr. Tollkes empfing mich in einem riesigen Sprechzimmer, das so voller Grünpflanzen gestellt war, dass man fast eine Machete benötigte, um zu ihrem Schreibtisch zu gelangen. Die nächsten 45 Minuten wurde ich von ihr verbal ausgequetscht und landete dabei im-

mer wieder in meiner Kindheit. Sie reichte mir eine Box Papiertücher über den Schreibtisch, damit ich mir die Nase schnäuzte. Meine Kindheit war allem Anschein nach immer noch ein heikles Thema für meine sensiblen Nervenstränge. Mein Job scheinbar auch. Ich redete mich über Schnaller und die Geschäftsführung in Rage und musste von der Psychiaterin ausgebremst werden. Sie ließ mich dabei ein bis zwei Minuten weiter heulen. Irgendwann war ich bei meiner Hardcore-Bewerbungs-Phase und den unzähligen Probearbeitstagen angelangt, sowie den kurzen Beschäftigungstagen bei diversen Arbeitgebern. „Sie waren aber ganz schön eifrig", meinte sie zu mir. Ich konnte nur nicken. Ich war fertig und wollte nichts mehr sagen.
Es folgte eine Untersuchung meiner Extremitäten und sie drückte mir ein bisschen auf meiner Plauze herum, sodass ich fast gefurzt hätte. Keine Ahnung, was das Ganze mit meiner Psyche zu tun hatte und ich fragte besser nicht danach. „Ich darf Ihnen nicht sagen, wie ich mich entscheide. Ich mache dem Rentenversicherer nur einen Vorschlag. Die entscheiden dann selbst."
Ich nickte erneut und hob langsam meinen Kopf, um der Ärztin wieder in die Augen sehen zu können. Als wir Blickkontakt hatten, musste ich sofort wieder losheulen.
„Wir sind auch fertig. Sie anscheinend auch, Herr Reimann. Fahren Sie nach Hause und ruhen Sie sich aus. Soll ich Sie krankschreiben?" Ich überlegte, ob ich noch eine gültige Krankschreibung meines Hausarztes hatte, beziehungsweise diese derzeit abfeierte oder wie man das nennen wollte. „Wäre nett von Ihnen", meinte ich dann. Sie schrieb mich für sechs Wochen krank. Jetzt konnte ich mir ungefähr denken, welchen Eindruck Sie von mir hatte. Bereits drei Wochen später erhielt ich wieder Post vom Rentenversicherer.
Ich bekam die volle Erwerbsminderungsrente zugesprochen und gleich für ein Jahr.
Als ich das Schreiben heulend in der Hand hielt, wusste ich gerade nicht, ob ich Freudentränen vergoss oder einfach immer noch tieftraurig ob der Gesamtsituation war.
Conny freute sich, als ob ich das Staatsexamen mit einer „Eins" bestanden hatte; ich dagegen kam gleich mit der Frage „Und was kommt danach?" um die Ecke.
In diesem Jahr passierte nicht viel. Die Tage wurden nicht großartig an-

ders. Genauer gesagt, ich hatte weiterhin meine sogenannten schwarzen Tage und blieb dann meistens im Haus und sagte auch Treffen mit meinen Kumpels ab. An guten Tagen ging ich durchaus auf interessante Veranstaltungen oder besuchte Ausstellungen, die ich mir schon immer mal anschauen wollte. Dafür nahm ich liebend gern größere Strecken mit dem Auto in Kauf. Mein Therapeut freute sich immer mit mir mit, wenn ich bei unseren 14-tägigen Terminen davon berichtete. Meine Psychiaterin verschrieb mir weiterhin meine Spaß-Pillchen und ab und zu besuchte ich Dr. Leppner, um ihn als Hausarzt auf den neuesten Stand zu bringen. Ich besuchte regelmäßig in der Woche meine Eltern. Mein Sohn Marc versuchte meine Situation zu begreifen und zu akzeptieren. Das Begreifen war der schwierigste Teil. Die Akzeptanz, dass ich von nun an nicht mehr der managende Logistikleiter mit der fetten Kohle war, fiel ihm, glaube ich, schwerer. Er dachte wohl, dass ich ihn nicht mehr unterstützen könnte. Dabei hatten Conny und ich uns genau Gedanken gemacht, was in Zukunft bei unseren Kindern anstehen würde und wie wir da hilfreich sein konnten.

Drei Monate vor Ablauf der Jahresfrist wurde ich vom Rentenversicherer aufgefordert, von allen mich behandelnden Ärzten Berichte einzufordern und an die Entscheidungsstelle weiterzuleiten. Meine Ärzte spielten mit, indem sie zügig ihre Hausaufgaben erledigten und ich bereits nach einer Woche alle Arztberichte in den Händen hielt. Der Orthopäde hatte sich ebenfalls mächtig ins Zeug gelegt, obwohl ich meine Rückengeschichte seit Monaten ohne Arztbesuch und nur mit Schmerzmedikamenten in den Griff zu bekommen versuchte, was mir sogar einigermaßen gelang. Ich hatte meine gesundheitliche Priorität eindeutig auf meine Psyche gesetzt. Ich schickte alles sofort per Einschreiben nach Berlin zu meinem Sachbearbeiter und Entscheider. Ich schlief zwei Wochen lang so schlecht, wie noch nie. Ich lag nächtelang nur wach und döste ganz viel während des Tages. Conny gingen so langsam die tröstenden Worte aus und mein soziales Umfeld vermisste mich, da ich so gar nichts mehr von mir verlauten ließ. Whatsapp blieb stumm.

Dann kam das ersehnte Schreiben. Ich war wieder im Bademantel und öffnete zitternd die Briefkastenklappe im Haus, nachdem ich den Postboten gerade noch hatte wegfahren sehen.

Es war nur ein Brief im Kasten. Es war **der** Brief. Ich öffnete den Umschlag nicht, ich zerriss ihn und fast noch das Schreiben. Ich sank auf

dem Flur vor der Haustür auf meine Knie und heulte Rotz und Wasser. Von mir fiel eine zentnerschwere Last.
Ich hatte meine unbefristete Erwerbsminderungsrente bewilligt bekommen. Ab jetzt war ich offiziell Rentner.
Es war irgendwie ersehnt und im Besonderen als Resultat erwünscht worden. Ich schwankte dennoch zwischen totaler Freude, Erleichterung und Angst.
Angst? Was würde die Zukunft bringen? Würde ich jemals wieder gesund und belastbar?
Was käme dann?
Tatsächlich hielt ich nach ein paar Tagen ein Zettelchen in den Händen, welches ich aus meinem Portmonee geprokelt hatte (eigentlich wollte ich einen Zehn-Euro-Schein hervorholen). Ich erinnerte mich, es während meiner Reha beschriftet und anschließend ins Portmonee gesteckt zu haben:
„Ich möchte einmal ein Buch veröffentlichen."

Doch das ist eine andere Geschichte.

ENDE

Trost- Aufmunterung

Alles dauert seine Zeit. Und weil das so ist, glaubt man manchmal, ein Zustand wäre ewig. Das stimmt jedoch nicht.
Alles ändert sich, und während wir noch die Stagnation sehen und fast verzweifeln an ihr, bahnt sich die Veränderung bereits an. Glauben Sie mir, während Sie hier sitzen und nichts fühlen als Schwäche und Verzweiflung, bauen sich schon neue Kräfte in Ihnen auf, und eines Tages werden Sie sie voller Erstaunen bemerken.

- unbekannter Therapeut-

Danke

Ich danke Ariane für ihre enorme Unterstützung im Hintergrund und für das stetige Mutmachen.

Ich bedanke mich bei Claudia fürs erbsenzählende Korrekturlesen und Heiko für seine humoristische und journalistische Begutachtung meines Werks sowie seine provokanten, aber immerzu aufmunternden Worte. Danke, alter Coach!

Mein Dank gilt auch Frank, dem Gitarrengott, der mich seit einiger Zeit zu meinen Lesungen persönlich und musikalisch begleitet. Dass wir das Mal zusammen machen, Alter!

Juni 2019

Druck:
Customized Business Services GmbH
im Auftrag der
KNV Zeitfracht GmbH
Ein Unternehmen der Zeitfracht - Gruppe
Ferdinand-Jühlke-Str. 7
99095 Erfurt